Bibliographie méthodique et analytique
des ouvrages et documents relatifs à Montaigne
(jusqu'à 1975)

Pierre BONNET
de la Société des Amis de Montaigne

# Bibliographie méthodique et analytique des ouvrages et documents relatifs à Montaigne

(jusqu'à 1975)

*Avec une préface de Robert AULOTTE*

Editions Slatkine
GENÈVE - PARIS
1983

ISBN 2-05-100528-1

# PRÉFACE

Le 3 décembre 1982, Pierre Bonnet nous quittait. Aussi comprendra-t-on que cette préface, qui ne devait être écrite que par plaisir, se voile d'une infinie tristesse. Pour ceux qui aiment, il n'est certes pas de disparition qui ne survienne trop tôt, mais comment ne pas avoir, ici, le sentiment douloureux qu'un *acerbius vero funus* a frustré le plus diligent des chercheurs de la légitime satisfaction de voir, de ses yeux vivants, publiée l'œuvre à laquelle il avait consacré tant d'années de probe et difficile labeur ?

C'est de très longue date que Pierre Bonnet avait eu l'idée de cette précieuse *Bibliographie de Montaigne* qu'il allait patiemment constituer, non d'ailleurs sans entourer son entreprise de quelque prudent mystère. De l'ouvrage, l'ébauche, d'après sa correspondance, se dessine voici près de sept lustres, vers 1948. A la fin de 1951, la collection de fiches (qui porte à cette époque sur la période 1548-1940) se monte à cinq cents ; un an plus tard, elle a triplé ; la voilà sextuplée, en 1963. Pour Pierre Bonnet, il ne s'agit, pourtant, alors, que d'une distraction passionnante, repos stimulant d'une occupation plus prenante. Comme Montaigne à ses débuts, il engrange, il entasse, il amasse. Mais bientôt, comme Montaigne encore, et, à peu près quatre cents ans après lui, Pierre Bonnet va prendre sa retraite. Une retraite qu'il veut féconde, car il désire la consacrer, assurément, *libertati suae, tranquillitatique et otio*, mais aussi à la mise en œuvre définitive de l'irremplaçable instrument de travail dont, grâce à lui, nous disposons aujourd'hui : une *Bibliographie*, rétrospective et présente, riche de plus de trois mille deux cents entrées commentées, qui englobe pratiquement tout ce qui, dans le monde, s'est écrit sur Montaigne jusqu'en 1975.

Comment ne pas saluer, avec admiration, l'ampleur de la recherche, conduite à travers les publications les plus diverses, l'exactitude minutieuse de tant de dépouillements, parfois fastidieux (nul n'en doutera) mais toujours fructueux (chacun s'en apercevra) ?

L'œuvre de Montaigne est un océan, comme se plaisait à le dire le regretté V.L. Saulnier. Un océan immense, où le navigateur curieux et de bonne foi pourra désormais s'engager, avec moins de crainte, avec moins de témérité, puisque, pour le conduire dans sa lecture, dans ses lectures (car, de Montaigne il n'est que des lectures) il trouvera, dans le travail de Pierre Bonnet, les traces précises et toutes marquées des lectures de ses antecesseurs, qui ne sont pas toutes, reconnaissons-le, vraiment révélatrices, mais à côté des phares, les simples bouées sont, à l'aventure, d'un secours non négligeable, nous le savons tous : par expérience.

De cet ouvrage médité, manié avec ferveur par celui qui eut la généreuse audace de le concevoir, le classement, à l'intérieur des vingt-et-un chapitres suit l'ordre chronologique, ce qui ne peut manquer de faciliter la tâche des chercheurs dans le repérage des documents cités et étudiés, dont certains n'avaient jamais été signalés dans un manuel de bibliographie.

Un tel outil d'investigation scientifique n'a nul besoin de recommandation. Il s'impose par lui-même et les montaignistes — *quibus in promptu ille liber est* — sauront, dans le souvenir reconnaissant porté à la mémoire d'un érudit qui fut toute délicatesse et toute « prud'hommie », l'accueillir à son juste mérite, qui est des plus grands. Et que grâces condignes soient rendues aussi à Madame Bonnet qui, avec tant d'amour, a veillé à la réalisation complète de cette œuvre d'une vie dont elle partagea tout, ainsi qu'à Monsieur Michel-E. Slatkine, qui a bien voulu en assurer, avec un soin zélé, la composition et la publication.

Robert AULOTTE,
professeur à la Sorbonne,
président de la Société française des Seiziémistes,
directeur du Centre de Recherche V.L. Saulnier.

*A MON FILS MICHEL*

# INTRODUCTION

Dans l'ouvrage que nous présentons ici, nous nous sommes proposé d'établir l'inventaire bibliographique des écrits de toute espèce qui ont été publiés pendant quatre siècles sur la double question de Montaigne et de son œuvre. Il nous a été suggéré par la constatation de l'absence d'un semblable document à une époque où l'auteur des *Essais* bénéficie d'une faveur en extension progressive un peu partout dans le monde.

Jusqu'à 1942, la bibliographie montaignienne était représentée par la vieille *Notice* du Dr Payen (1837) et la *Concise bibliography* de S.A. Tannenbaum, deux répertoires dont, malgré d'évidentes qualités, l'information (surtout celle du premier) est aujourd'hui tenue pour insuffisante. Après 1942, les renseignements bibliographiques concernant Montaigne se trouvent dispersés dans des recueils de bibliographie générale comme ceux de Cabeen, Cioranesco, Jeanne Giraud, Otto Klapp ou ceux du C.N.R.S., dans des monographies et des thèses qui comportent en annexe un essai de bibliographie, ou encore dans plusieurs périodiques complétant leurs propres publications par un bilan régulier de la production littéraire (voir notamment : *Bibliothèque d'Humanisme et Renaissance, P.M.L.A., Revue d'histoire littéraire de la France, Revue de littérature comparée, Studi francesi, Studies in philology, Zeitschrift für romanische Philologie*).

Les besoins actuels de la recherche ont rendu indispensable le regroupement de cette documentation relative à un des écrivains les plus complexes que l'on connaisse, et pour lequel nombreux sont ceux qui ont exprimé le désir de faire le point sur la nature et l'importance des études précédemment entreprises à son sujet.

Notre travail, croyons-nous, devrait leur offrir le moyen de satisfaire en grande partie une curiosité aussi légitime, car il tient à la fois de la bibliographie rétrospective et de l'*état présent*, puisqu'il embrasse toute la période comprise entre l'année 1559 — date de trois poèmes adressés par La Boétie à Montaigne — et la fin de l'année 1975, réunissant ainsi les publications les plus variées des époques classique, philosophique et romantique à celles qui sont le fruit de l'investigation moderne non seulement en France mais dans un grand nombre d'autres pays.

Pour un programme de cette étendue, nous avons eu recours à plusieurs sources d'information :

Les unes, d'ordre exclusivement bibliographique, sont constituées par des répertoires, catalogues et manuels divers qui ont donné lieu à de longs mais fructueux dépouillements.

Les autres — sans aucun doute celles aux résultats les plus profitables — relèvent de la consultation directe des textes et nous ont ainsi procuré l'information dite « de première main », la seule dont il soit possible de se porter garant.

Dans les deux cas, les travaux retenus sont en général des études ou fragments d'études monographiques, des thèses, des communications publiées dans des ouvrages collectifs et des articles provenant de périodiques dont la liste fait suite à cette introduction.

Il nous a en outre paru logique d'ouvrir cet inventaire aux études sur Montaigne que renferment les encyclopédies, dictionnaires de biographie, manuels d'histoire littéraire, ainsi que les préfaces de certaines éditions. En effet, on y rencontre très souvent une connaissance approfondie de Montaigne comme homme et comme écrivain, et pour sa philosophie, un exposé qui, même sous une forme schématique, peut offrir un cachet d'originalité nullement négligeable.

Enfin, nous nous sommes gardé d'exclure du groupe des périodiques les hebdomadaires et les quotidiens, pour tenir compte de la remarque faite autrefois par le secrétaire général de la « Société des Amis de Montaigne », Auguste Salles, qui jugeait les articles de journaux, « si concentrés qu'ils soient d'eux-mêmes », comparables parfois à des articles de revues, et constatait avec regret que les bibliographies leur sont « d'ordinaire assez peu hospitalières » (*B.S.A.M.*, 2e sér., no 8, 1940, p. 36).

Les notices servant à réaliser la synthèse des éléments obtenus dans ces conditions ont été établies en principe selon les normes pratiquées dans la technique bibliographique actuelle.

On retiendra cependant que si la désignation des monographies et celle des articles de revues ou de journaux ont été faites sans aucune modification à ces règles, par contre dans le cas d'études extraites d'ouvrages de caractère général, un ordre différent de présentation a été observé pour les notices correspondantes, dans lesquelles sont indiqués successivement : le titre de chaque étude, la position de celle-ci dans l'ouvrage qui la renferme — tomaison (éventuellement), pagination —, enfin le titre et les références bibliographiques de cet ouvrage, renseignements quelquefois remplacés par un numéro de renvoi à une autre notice où ils figurent dans leur intégralité. Une présentation identique a été donnée aux fragments de travaux dont le titre résulte d'une intervention de notre part en vue de bien déterminer la nature du texte que nous incorporions à l'endroit considéré ; on reconnaîtra un titre de ce genre à sa disposition entre crochets.

En ce qui concerne les périodiques inscrits dans nos références, nous nous sommes décidé, par recherche de la clarté et en dépit de l'usage, pour la suppression presque totale des sigles ; une dizaine seulement parmi les plus connus ont été conservés : on les trouvera développés à la table des *Abréviations*. Tous les autres périodiques ont été cités, soit sans réduction de leur titre, soit sous une forme abrégée, mais néanmoins suffisante pour rester, semble-t-il, parfaitement explicite (p. ex. : *Merc. de Fr., Mod. lang. rev.*).

Ainsi fixée, la description des travaux identifiés ne devait d'ailleurs pas se borner à leurs caractéristiques « externes », comme dans les répertoires signalétiques. A un grand nombre d'entre eux en effet nous avons joint un sommaire, des citations probantes ou un commentaire analytique, et même, le cas échéant, l'indication des comptes rendus publiés dans la presse littéraire, — tout au moins lorsqu'il s'est agi d'écrits ayant trait exclusivement à Montaigne, car nous n'avons pas pris en considération les articles de critique se rapportant à des ouvrages plus généraux où l'auteur des *Essais* n'occupe jamais qu'une place relativement limitée.

Le classement méthodique des diverses notices réalisées s'est effectué dans vingt et un chapitres prévus à cet effet, et à l'intérieur desquels celles-ci ont été disposées suivant l'*ordre chronologique*. Au surplus, deux index alphabétiques aideront à retrouver sans peine les auteurs des travaux énumérés et les différents sujets examinés, de même que les nombreux renvois corrélatifs introduits dans le cours de la bibliographie pourront se révéler eux aussi comme des guides efficaces pour le chercheur.

Ce système de classement appelle les remarques complémentaires suivantes :

1° dans le cas d'un auteur appartenant à une époque antérieure, mais dont le texte est signalé d'après une édition moderne, la date de l'œuvre citée a été choisie de préférence à celle de l'édition mentionnée, excepté toutefois lorsque cette dernière apporte un texte de qualité reconnue, ou renferme des pièces jusque là inédites qui lui confèrent un caractère d'édition semi-originale ;

2° pour les documents d'archives, la date que nous avons chaque fois retenue est celle de leur parution dans un ouvrage de librairie ou dans une publication périodique ;

3° lorsqu'il s'est rencontré des études qui comprenaient *au moins deux questions distinctes* sur Montaigne, nous avons opté le plus souvent pour leur classement parmi les *travaux d'ensemble* ou dans des sections de *généralités*, afin d'éviter la multiplication des notices ; pourtant, comme on le verra, le contraire s'est produit avec certains travaux de première importance ou de nature particulière qui ont rendu nécessaire le fractionnement de leur masse, suivi du replacement sous rubriques appropriées des éléments de texte isolés dans cette opération ;

4° les rééditions d'ouvrages et les réimpressions d'articles de revues dans d'autres périodiques ou dans des volumes de refonte sont consignées ordinairement à la suite du titre de la publication première ; il en est de même pour les traductions, les extraits et les résumés que l'on en a éventuellement donné.

Telle est, dans ses principes essentiels, la ligne de conduite suivie pour la composition de la bibliographie spéciale que nous offrons dans ces pages, et qui constitue à sa manière un véritable essai sur Montaigne.

**

Nous ne saurions en achever le travail sans présenter nos remerciements à tous ceux qui nous ont assisté et conseillé dans notre recherche ou dans la mise en œuvre de la documentation recueillie.

Nous avons en effet contracté bien des obligations, d'abord envers certains milieux érudits comme les grandes bibliothèques, publiques et universitaires, qui nous ont généreusement confié leurs trésors, et l'organisme gestionnaire du « Prêt inter-bibliothèques » auquel nous devons la communication de textes dont l'importance n'a parfois d'égale que la difficulté d'accès.

Mais notre pensée reconnaissante devra aussi se porter vers de nombreux lettrés, universitaires pour la plupart, qui à maintes reprises nous ont exprimé tout l'intérêt qu'ils prenaient à notre initiative. Nous voulons parler, — pour la France, de plusieurs membres de la « Société des Amis de Montaigne », en particulier de MM. Pierre Michel, son président national, Jacques de Feytaud et Roger Trinquet, vice-présidents, Robert Aulotte, professeur à l'Université de Paris IV-Sorbonne, qui a bien voulu se charger de préfacer notre ouvrage, et avec eux les représentants estimés de la science du Livre que sont MM. Louis Desgraves, inspecteur général des Bibliothèques, Pierre Botineau, conservateur en chef de la Bibliothèque municipale de Bordeaux et Jean-Paul Avisseau, conservateur des Archives municipales de cette même ville. — Pour l'étranger, nous nommerons dans le même esprit : M. Wm Flygare, professeur à Kyoto, un spécialiste avisé de la question Montaigne-Shakespeare, M. Marcel Françon, professeur honoraire à Harvard University (Mass.) et seiziémiste de qualité, M. l'abbé Zbigniew Gierczyński, professeur à l'Université catholique de Lublin (Pologne), renommé pour ses beaux travaux sur Montaigne et sur Rabelais, Mme Elaine Limbrick, professeur à l'Université de Victoria (Br. Col., Canada), comparatiste et montaigniste affirmée, et M. Frederik Thorkelin dont la collection, si riche en éditions de Montaigne et en œuvres de références, est destinée à faire partie un jour de la Bibliothèque Royale de Copenhague.

A ces différentes personnalités, nous nous faisons un devoir de joindre trois autres éminents spécialistes du XVIᵉ siècle littéraire — MM. les professeurs Enea Balmas, de Florence, Donald Murdoch Frame, de Columbia University (N.Y.) et Walter Kaiser, de Harvard

University — pour les précieux éléments d'information que nous ont apportés leurs travaux.

Enfin, nous tenons à mettre en évidence le rôle joué par notre éditeur, M. Michel E. Slatkine, qui n'a pas manqué de traiter cet ouvrage avec tout le soin qu'il apporte à ses autres publications.

Que tous veuillent bien trouver ici le témoignage de notre profonde gratitude.

Pierre **BONNET**.

# LISTE DES PÉRIODIQUES UTILISÉS

Académie des inscriptions et belles-lettres. Comptes rendus des séances, — Paris (I : 1857—)

Academy (The), — London (I : 1869/1870—)

Acta litteraria Academiae scientiarum hungaricae, — Budapest (I : 1957—)

Actes de l'Académie des sciences, belles-lettres et arts de Bordeaux (I : 1819—)

Action (L') française, — Paris (1898-1944)

Aevum, — Milano (I : 1927—)

Affiches, annonces et avis divers, — Paris (1761-1784)

Age (L') nouveau, — Paris (I : 1938-1939—)

Albany medical annals, — Albany N.Y. (I. : 1880—)

Almanach gascon, — Bordeaux (I : 1931—)

Alsace (L') française, — Strasbourg (I : 1921—)

American literature, — Durham N.C. (I : 1929—)

American (The) Society Legion of Honor magazine, — New York (I : 1930/1931—)

Ami (L') du clergé, — Paris, Bruxelles, Langres (I : 1878—)

Analecta romanica. Beihefte zu den romanischen Forschungen, — Frankfurt/Main

Annales de l'Université de Paris (I : 1926—)

Annales de la Faculté des Lettres de Bordeaux (I : 1879), — voir aussi : Bulletin hispanique et Bulletin italien

Annales de la Faculté des lettres et sciences humaines de Nice (I : 1967—)

Annales de la littérature et des arts, — Paris (1820-1829)

Annales de la Société d'agriculture, sciences et arts de la Dordogne, — Périgueux (I : 1840—)

Annales de la Société Jean-Jacques Rousseau, — Genève (I : 1905—)

Annales du Midi,    Toulouse, Paris (I : 1889—)

Annales homœopathiques de l'hôpital Saint-Jacques, — Paris (I : 1932—)

Annales littéraires et morales, — Paris (1803/1804 - 1805/1806)

Annales politiques, civiles et littéraires du dix-huitième siècle, — Londres, Bruxelles, Paris (1777-1792)

Annali dell'Università di Padova

Annals of medical history, — New York (I : 1917—)

Année (L') littéraire, — Paris (1754-1802)

Année (L') philosophique, — Paris (I : 1890—)

Année (L') propédeutique, — Paris (I : 1948/1949—)

Antaios. Zeitschrift für eine freie Welt, — Stuttgart (I : 1959/1960—)

Antares. Kunst, Literatur und Wissenschaft aus Frankreich, — Mainz (I : 1953—)

Apollon, revue mensuelle littéraire et artistique des médecins, — Paris (I : 1927—)

Arcadie, — Paris (I : 1954—)

Archaeologia, — London ; Oxford (I : 1770—)

Archer (L'), — Toulouse (I : 1929—)

Archiv für das Studium der neueren Sprachen und Literaturen, — Braunschweig, Berlin, Hamburg (I : 1846—), — en abr. : *Archiv*

Archiv für Geschichte der Philosophie, — Berlin (I : 1888—)

Archiv für Kulturgeschichte, — Berlin, Leipzig (I : 1903—)

Archiv für Reformationgeschichte, — Berlin, Leipzig (I : 1903/1904—)

Archives de philosophie, — Paris (I : 1923—)

Archives du bibliophile, — Paris (1858-1907)

Archives historiques du département de la Gironde, — Bordeaux (I : 1859—)

Archives israélites de France, — Paris (1840-1935)

Archivio dell'alto Adige

Artiste (L'), revue de Paris (1831-1904)

Arts : beaux-arts, littérature, spectacles, — Paris (N.S., I : 1945—)

Association française pour l'avancement des sciences... Comptes rendus... (I : 1872—)

Athenaeum (The), — London (1828-1921)

Athenaeum (L') français, revue universelle de la littérature, de la science et des beaux-arts, — Paris (1852-1870)

Atlantic monthly, — Boston (I : 1857—)

Atlantis, — Berlin (I : 1929—)

Atti dell'Accademia Pontaniana, — Napoli (N.S., I : 1951—)

Ausonia, — Siena (I : 1946—)

Australian journal of French studies, — Melbourne (I : 1964—)

Auvergne (L') [littéraire et artistique], — Clermont-Ferrand (I : 1924—)

Avenir (L'), — Paris (I : 1918—)

Bachelor (The) of arts, — New York (I : 1895—)

Baconiana, — London (3e sér., I : 1902—)

Bayerland, — München (I : 1890—)

Beiträge zur Kunstgeschichte, — Leipzig (I : 1878—)

Belfagor, — Firenze (I : 1946—)

Bibliothèque d'Humanisme et Renaissance, — Genève (I : 1941—) [= *B.H.R.*], — suite de : *Humanisme et Renaissance*

Bibliothèque de l'Ecole des Chartes, — Paris (1re sér., I : 1839—)

Bibliothèque universelle. Revue suisse..., — Genève (N.S., I : 1858—)

Bilychnis, — Roma (1912-1931)

Bogvennen, — Köbenhavn (I : 1893—)

Boletim do Instituto francês de Portugal. Número especial consagrado a Montaigne, — Coimbra (IV : 1934, nos 3-4)

Boletín de la Academia argentina de letras, — Buenos Aires (I : 1933—)

Bookman (The), — London (1891-1934)

Books abroad, — Norman, Oklahoma (I : 1927—)

Bouquiniste (Le) français, — Paris (1920-1961), — continué en 1962 par le *Bulletin de la librairie ancienne et moderne*

Bournat (Lou), bulletin de l'Ecole félibréenne du Périgord, — Périgueux (I : 1902/1904—)

Bugey (Le), — Belley, Ain (I : 1909—)

Bulletin critique de littérature, d'histoire et de théologie, — Paris (I : 1880—)

Bulletin critique du Livre français, — Paris (I : 1946—)

Bulletin de l'Académie de médecine, — Paris (I : 1836—)

Bulletin de l'Académie du Var, — Toulon (N.S., IX : 1879/1880—)

Bulletin de l'Académie royale de médecine de Belgique, — Bruxelles (I : 1841—)

Bulletin de l'Association des professeurs de mathématiques de l'enseignement secondaire public, — Paris (I : 1910—)

Bulletin de l'Association Guillaume Budé, — Paris (I : 1923—)

Bulletin de l'Institut français de Copenhague, — Köbenhavn (I : 1951—)

Bulletin de l'Université [et de l'Académie] de Toulouse (I : 1892/1893—)

Bulletin de la Faculté des lettres de Strasbourg (I : 1922/1923—)

Bulletin de la librairie ancienne et moderne, — Paris, — a fait suite en 1962 au *Bouquiniste français*

Bulletin de la Société d'archéologie, sciences, lettres et arts de Seine-et-Marne, — Meaux, ...Melun (I : 1865—)

Bulletin de la Société d'études scientifiques et archéologiques de Draguignan (I : 1856/1857—)

Bulletin de la Société de Borda, — Saint-Sever, Landes (I : 1876—)

Bulletin de la Société de l'histoire du protestantisme français, — Paris (I : 1852—)

Bulletin de la Société des amis de Montaigne, — Paris (I : 1913—) [= *B.S.A.M.*]

Bulletin de la Société des antiquaires de l'Ouest, — Poitiers [Paris] (I : 1834—)

Bulletin de la Société des bibliophiles de Guyenne, — Bordeaux (I : 1931—)

Bulletin de la Société des études littéraires, scientifiques et artistiques du Lot, — Cahors (I : 1880—)

Bulletin de la Société des lettres, sciences et arts de Bar-le-Duc (I : 1913—)

Bulletin de la Société des lettres, sciences et arts de la Corrèze, — Tulle (I : 1879—)

Bulletin de la Société des professeurs français en Amérique, — New York

Bulletin de la Société des sciences, lettres et arts de Bayonne (I : 1874—)

Bulletin de la Société française d'histoire de la médecine, — Paris (I : 1902—)

Bulletin de la Société historique et archéologique de Saint-Emilion (I : 1932—)

Bulletin de la Société historique et archéologique du Périgord, — Périgueux (I : 1874—)

Bulletin de la Société nationale des antiquaires de France, — Paris (I : 1857—)

Bulletin de la Société nivernaise des sciences, lettres et arts, — Nevers (I : 1851—)

Bulletin de la Société philomathique vosgienne, — Saint-Dié (I : 1875—)

Bulletin de littérature ecclésiastique, — Toulouse (I : 1899—)

Bulletin (Le) des lettres, — Paris (I : 1932—)

Bulletin du bibliophile [et du bibliothécaire], — Paris (I : 1834—)

Bulletin folklorique d'Ile-de-France, — Paris (I : 1938—)

Bulletin franco-italien, — Grenoble, Aix-en-Provence, Florence (I : 1909—)

Bulletin hispanique, — Bordeaux (I : 1899—)

Bulletin historique et scientifique de l'Auvergne, — Clermont-Ferrand (I : 1881—)

Bulletin italien, — Bordeaux (I : 1901)

Bulletin officiel de l'Union syndicale des Maîtres-Imprimeurs

Bulletin philologique et historique (jusqu'à 1715) du Comité des travaux historiques et scientifiques, — Paris (I : 1913—)

Bulletin polymathique du Muséum d'instruction publique de Bordeaux (1802-1822)

Bulletin théologique, scientifique et littéraire de l'Institut catholique de Toulouse (N.S., I : 1889—)

Bunka, Nih

Burlington (The) magazine, — London (I : 1903—)

Cahiers de l'Académie canadienne-française, — Montréal (I : 1957—)

Cahiers de l'Association internationale des études françaises, — Paris (I : 1951—) [= C.A.I.E.F.]

Cahiers (Les) de l'Ouest, — Poitiers (I : 1954—)

Cahiers (Les) de Neuilly (I : 1941—)

Cahiers des étudiants romanistes, — Leiden (I : 1963—)

Cahiers du Sud, — Marseille (I : 1915—)

Cahiers internationaux. Revue internationale du monde du travail, — Paris (I : 1949—)

Cahiers lyonnais d'histoire de la médecine (I : 1956—)

Candide, — Paris (I : 1924—)

Caractérologie (La), — Paris (I : 1959—)

Catholic (The) world, — New York (I : 1865—)

Censeur (Le) politique et littéraire, — Paris (1906-1908)

Chamber's Journal, — London (I : 1832—)

Chasseur (Le) bibliographe, — Paris

Chronique de la Société des gens de lettres, — Paris (I : 1866—)

Chronique des lettres françaises, — Paris (I : 1923—)

Chronique (La) médicale, — Paris ; Asnières (I : 1894—)

Chroniqueur (Le) du Périgord et du Limousin, — Périgueux (1853-1856)

Commerce, — Paris (n° 1 : 1924—)

Comœdia, — Paris (I : 1907—)

Comparative literature, — Eugene, Oregon (I : 1949—)

Compte-rendu des travaux de la Commission des monuments et documents historiques... du département de la Gironde..., — Bordeaux ; Paris (1840-1866)

Conferencia. Journal de l'Université des Annales, — Paris (XIV : 1919/1920—)

Conjonction. Institut français de Haïti, — Port-au-Prince (I : 1946—)

Constitutionnel (Le), — Paris (1815-1914)

Contemporary (The) review, — London (I : 1866—)

Convivium, — Torino (I : 1929—)

Correspondant (Le), — Paris (I : 1843—)

Courrier (Le) de la Gironde, — Bordeaux (1843-1886)

Courrier (Le) du Centre

Criterion, — London (I : 1922—)
Critique, — Paris (I : 1946—)
Croix (La), — Paris (I : 1883—)
Cuadernos americanos, — Mexico (I : 1942—)
Cultura (La), — Roma (I : 1881—)
Culture, — Québec (I : 1940—)
Culture française, — Bari (I : 1954—)
Culture humaine, — Paris (I : 1934—)
« Dante », revue mensuelle de culture latine, — Paris (I : 1932—)
Delaware state medical journal, — Wilmington, Del. (I : 1909—)
Delo, — Belgrade (I : 1955—)
Dépêche (La), — Toulouse (I : 1870—)
Dépêche (La) de Rouen (I : 1903—)
Deutsche Literaturzeitung, — Berlin, Leipzig (I : 1880—)
Deutsche Rundschau, — Berlin (I : 1874—)
Deutsche (Die) Schule, — Leipzig (I : 1897—)
Deutsche Vierteljahrsschrift für Literaturwissenschaft und Geites-
    geschichte, — Halle ; Stuttgart (I : 1923—)
Dial (The), — Chicago (I : 1880—)
Dialectica, — Lausanne (I : 1947—)
Diário de notícias
Dissertation abstracts, — Ann Arbor, Mich. (I : 1938—), — devenu,
    en 1966 : *Dissertation abstracts international*
Dix-huitième siècle, — Paris (I : 1969—), — en abr. : *XVIIIe siècle*
Dix-septième siècle, — Paris (I : 1949—), — en abr. : *XVIIe siècle*
Documents. Publié par l'Association française pour l'accroissement
    de la Productivité, — Paris (I : 1946—)
Ecclesia, — Paris (I : 1949—)
Echo de Vésone, — Périgueux (I : 1828—)
Echos de Saint-Maurice, Suisse (I : 1971—)
Eclair (L'), — Paris (I : 1888—)
Ecole (L'), — Paris (I : 1909/1910—), — devenu en 1964 : *L'Ecole
    des Lettres*
Edda, — Oslo (I : 1914—)
Edinburgh (The) review, — Edinburgh, London, Paris, New York
    (I : 1802—)
Education (L') nationale, — Paris (I : 1944—), — devenu : *L'Educa-
    tion* en septembre 1968
Encounter, — London (I : 1953—)
English literary history, — Baltimore (I : 1934—) [= *E.L.H.*]
Enseignement (L') chrétien, — Paris (I : 1882—)

Entretiens (Les) des amis de Pascal, — Paris (I : 1925—)

Equipe, — Recife, Brazil (I : 1969—)

Eranos, — Uppsala, Sverige (I : 1896—)

Erasmus, — Rotterdam (I : 1933 — VII : 1939)

Erasmus, — Wiesbaden (I : 1947—)

Ere (L') nouvelle, — Paris (I : 1917—)

Erziehung (Die), — Leipzig (I : 1926—)

Escorial (El)

Esprit, — Paris (I : 1932—)

Esprit (L') créateur, — Lawrence, Kansas (I : 1961—)

Etudes (Les) classiques, — Namur (I : 1932—)

Etudes de langue et de littérature françaises, — Tokyo (I : 1952—)

Etudes de lettres, — Lausanne (I : 1926—)

Etudes françaises, — Montréal (I : 1965—)

Etudes franciscaines, — Paris (I : 1899—)

Etudes historiques et religieuses du diocèse de Bayonne, — Pau (1892-1903)

Etudes littéraires, — Québec (I : 1968—)

Etudes (Les) philosophiques, — Marseille (I : 1926—)

Etudes théologiques et religieuses, — Montpellier (I : 1926—)

Euphorion. Zeitschrift für Literaturgeschichte, — Bamberg ; Leipzig, Wien ... Heidelberg (I : 1894—)

Europe, — Paris (I : 1923—)

Evidences, — Paris (I : 1949—)

Fanfulla della Domenica, — Roma (I : 1879—)

Figaro (Le), — Paris (I : 1854— ; quotidien à partir de 1866)

Figaro (Le) littéraire, — Paris (I : 1947—)

Filosofia, — Torino (I : 1950—)

Fontaine, — Alger (I : 1938)

Foreign review [and continental miscellany], — London (1828-1830)

Fornightly review, — London (I : 1865—)

Forum for modern language studies, — Edinburgh (I : 1965—)

Français (Le) moderne, — Paris (I : 1933—)

France (La) de Bordeaux [et du Sud-Ouest] (I : 1898—)

France-Grèce, — Paris (n° 1 : 1934—)

France (La) judiciaire, — Paris (I : 1876—)

France (La) militaire, — Paris (I : 1880—)

Francia, — Napoli (I : 1966—)

Fraser's magazine, — London (1830-1882)

Free review, — London (1893-1897)

French (The) quarterly, — Manchester (I : 1919—)

French (The) review, — New York (I : 1927/1928—)

French studies, — Oxford (I : 1947—)

French studies in Southern Africa, — Pretoria (I : 1971/1972—)

Fureteur (Le) médical, — Paris (1957-1966)

Gaulois (Le), — Paris (1866-1929)

Gazette (La) de Lausanne

Gazette hebdomadaire des sciences médicales de Bordeaux (I : 1880—)

Gazette médicale de Paris (I : 1830—)

Gazette médicale du Sud-Ouest, — Paris (I : 1927—)

Gentleman's (The) magazine, — London (1731-1907)

Germanisch-romanische Monatsschrift, — Heidelberg (I : 1909— ;
    N.S., I : 1951—)

Gilyonoth, — Tel-Aviv (I : 1932—)

Giornale critico della filosofia italiana, — Messina, Milano, Firenze
    (I : 1920—)

Giornale storico della letteratura italiana, — Torino (I : 1883—)

Gironde (La), — Bordeaux (1833-1926)

Gironde (La) littéraire, — Bordeaux (1887-1893), — suppl. hebd. de
    *La Gironde*

Gironde (La) littéraire et scientifique, — Bordeaux (1881-1887), —
    suppl. hebd. de *La Gironde*

Good words, — London (I : 1860—)

Grande (La) revue, — Paris (I : 1897—)

Grandgousier, revue de gastronomie médicale, — Paris (I : 1934—)

Greece and Rome, — Oxford (I : 1931—)

Gregorianum, — Roma (I : 1920—)

Guienne (La), — Bordeaux (1838-1886)

Harvard monthly, — Cambridge, Mass. (1885-1917)

Helicon, — Amsterdam, Leipzig (I : 1938—)

Hippocrate, — Paris (I : 1933—)

Hispania, — Stanford, Cal. (I : 1918—)

Humanisme et Renaissance, — Paris (1934-1940), — suite de la *Revue
    du seizième siècle* ; — est devenu en 1941 : *Bibliothèque d'Hu-
    manisme et Renaissance*

Humanitas, — Tucumán, Argentine (I : 1953—)

Humanités (Les), classes de lettres, — Paris (I : 1924/1925—)

Humanités (Les), classes de lettres, sections modernes, — Paris (I :
    1957/1958—)

Huntington (The) library quarterly, — Cambridge, Mass. (N.S., I :
    1937/1938—)

Ideas y valores, — Bogotá (I : 1951—)

Idées (Les) modernes, — Paris (I : 1909—)

Illustration (L'), — Paris (I : 1843—)

Illustrazione (L') italiana, — Milano (I : 1864—)

Indicateur (L'). Journal du département de la Gironde, — Bordeaux (1805-1861)

Information (L') dentaire, — Paris (I : 1919—)

Information (L') littéraire, — Paris (I : 1949—)

Intermédiaire (L') des chercheurs et des curieux, — Paris (I : 1864—), — en abr. : *Intermédiaire*

Interpretation, a journal of political philosophy, — The Hague, Ned. (I : 1970—)

Intransigeant (L'), — Paris (1880-1944)

Italian studies, — Manchester ; Cambridge ; London (I : 1937/1938—)

Italica, — Los Angeles ; Urbana ; Chicago (I : 1924—)

Jahrbuch für Münchener Geschichte, — München ; Bamberg (1887-1894)

Je suis partout, — Paris (1930-1944)

Jewish (The) quarterly review, — London ; Philadelphia (I : 1888—)

Journal de l'amateur de livres, — Paris (1848-1850)

Journal de l'Université des Annales, — Paris (I : 1906/1907—), — a pris en 1919, avec le t. XIV, le titre de *Conferencia*

Journal de médecine de Bordeaux (VIII : 1878—)

Journal des beaux-arts et des sciences, — Paris (1768-1778)

Journal des communautés, — Paris (I : 1950—)

Journal des débats politiques et littéraires, — Paris (I :1789—[jusqu'à 1944])

Journal des économistes, — Paris (I : 1841—)

Journal des savants, — Paris (I : 1665—)

Journal des voyages et des aventures de terre et de mer, — Paris (2e sér., I : 1897—)

Journal général de France, — Paris (1785-1797)

Journal général de l'Instruction publique, — Paris (I : 1832—)

Journal of English and Germanic philology, — Urbana, Ill. (I : 1897—)

Journal of European studies, — London (I : 1971—)

Journal of medieval and Renaissance studies, — Durham, N.C. (I : 1971—)

Journal of the history of ideas, — Philadelphia (I : 1940—)

Journal officiel de la République française. Lois et décrets, — Paris (I : 1871—) [= *J.O.*]

Kentucky foreign language quarterly, — Lexington, Kent. (I : 1954—), — devenu en 1967 : *Kentucky Romance quarterly*

Kriterion, revista da Faculdade de filosofia da Universidade de Minas
    Geraes, Brazil (I : 1946—)

Kultur (Die), — Wien, Stuttgart (1899-1919)

Kwartalnik filozoficzny, — Kraków, Pol. (I : 1922—)

Kwartalnik historii nauki i techniki, — Warszawa (I : 1956—)

Kwartalnik neofilologiczny, — Warszawa (I : 1954—)

Kwartalnik psychologiczny, — Poznan, Pol. (I : 1930—)

Larousse mensuel illustré, — Paris (I : 1907—)

Latomus, — Bruxelles (I : 1937—)

Letterature moderne. Rivista di varia umanità, — Milano ; Bologna
    (1951-1962)

Lettres d'humanité. [Supplément au Bulletin de l'Association Guil-
    laume Budé], — Paris (I : 1942—)

Lettres (Les) françaises, — Paris (I : 1944—)

Lettres (Les) romanes, — Louvain (I : 1947—)

Liberté (La) du Sud-Ouest, — Bordeaux (1909-1944)

Librarium, revue de la Société suisse des bibliophiles, — Zurich
    (I : 1958—)

Library (The), — London (I : 1889—)

Lingue (Le) straniere, — Roma (I : 1952—)

Literarisches Centralblatt für Deutschland, — Leipzig (I : 1850/1851—)

Literaturblatt für germanische und romanische Philologie, — Heil-
    bronn ; Leipzig (I : 1880—)

Littell's living age, — Boston, Mass. (1844-1896), — devenu en 1897 :
    Living age (—1941)

Littératures (Annales publiées par la Faculté des lettres de Tou-
    louse) (I : 1952— ; N.S., I : 1965—)

Living age, — voir Littell's living age

Logos, — Tübingen (1910-1933)

London (The) and Westminster review (1836-1840), — voir aussi :
    Westminster (The) review

Lorraine (La) illustrée

Lychnos, — Uppsala, Stockholm (I : 1936—)

Magasin (Le) universel, — Paris (1833/1834-1840)

Magyar Shakespeare-tár, — Budapest (1908-1922)

Manchester (The) guardian, weekly edition (I : 1919—)

Marche romane, — Liège (I : 1951—)

Marzocco (Il), — Firenze (1896-1932)

Médecine de France, — Paris (I : 1948—)

Mélanges de science religieuse, — Lille (I : 1944—)

Mémoires de l'Académie d'Arras (I : 1817—)

Mémoires de l'Académie de Stanislas, — Nancy (I : 1750— ; 6ᵉ sér., I : 1903/1904—)

Mémoires de l'Académie des sciences, inscriptions et belles-lettres de Toulouse (I : 1782—)

Mémoires de la Société archéologique et historique de la Charente, — Angoulême (I : 1845—)

Mémoires de la Société d'agriculture, sciences, belles-lettres et arts d'Orléans (4ᵉ sér., I : 1852—)

Mémoires de la Société des antiquaires de France, — voir : *Mémoires et dissertations sur les antiquités nationales et étrangères*

Mémoires de la Société des antiquaires de l'Ouest, — Poitiers, Paris (I : 1835—)

Mémoires de la Société royale du Canada, — voir : *Proceedings and transactions of the Royal Society of Canada*

Mémoires et dissertations sur les antiquités nationales et étrangères, — Paris (I : 1817—)

Mémorial (Le) bordelais (1814-1862)

Mercure de France, — Paris (1724-1791)

Mercure (Le) de France au XIXᵉ siècle (1827-1832), — suite du *Mercure du XIXᵉ siècle* (1823-1827)

Mercure de France, série moderne (I : 1890—)

Methodist review, — New York (I : 1852—)

Minervas Kvartalsskrift, — Oslo (I : 1957—)

Mirail (Le). Essais 1948. Lycée Michel Montaigne, — Bordeaux (nᵒ IV, mai 1948)

Modern (The) language Journal [of America], — New York ; Saint-Louis ; Menasha, Wis. (I : 1916—)

Modern language notes, — Baltimore (I : 1886—) [= *M.L.N.*]

Modern language quarterly, — London (1897-1904), — devenu en 1905 : *Modern (The) language review*

Modern language quarterly, — Seattle, Wash. (I : 1940—)

Modern (The) language review, — Cambridge ; London (I : 1905—)

Modern philology, — Chicago (I : 1903/1904—)

Monat (Der), — Berlin, München (I : 1949—)

Monde (Le), — Paris (I : 1944—)

Monde (Le) illustré, — Paris (I : 1857—)

Mondo (Il), — Roma (I : 1949—)

Moniteur (Le) universel, — Paris (I : 1811—), — devenu en 1871 : le *Journal officiel*

Month (The), — London (I : 1864—)

More books, — Boston (6ᵉ sér., I : 1926—)

Mosaïque (La) du Midi, — Toulouse (1837/1838-1842/1843)

Muse (La) française, — Paris (I : 1922—)

Musée (Le) d'Aquitaine, — Bordeaux (1823-1824)

Nación (La), — Buenos Aires (I : 1929—)

Nation (The), — New York (I : 1865—)

National (The) review, — London (I : 1883—)

Neophilologus, — Groningen (I : 1915—)

Neue (Die) Rundschau, — Berlin, Frankfurt/Main (I : 1890—)

Neueren (Die) Sprachen, — Marburg ; Frankfurt/Main (I : 1893—)

Neuphilologische Monatsschrift, — Leipzig (I : 1930—)

Neuphilologische Zeitschrift, — Berlin, Hannover (I : 1949—)

New England quarterly, — Brunswick, Me. (I : 1928—)

New (The) Englander, — New Haven, Conn. (I : 1843—), devenu :
    *Yale review* en 1892

New (The) monthly magazine and universal register, — London
    (1814-1884)

Nineteenth (The) century, — London (I : 1877—)

Nittende (Det) Aarhundrede, — København (1874-1877)

Nord (Le) médical, — Lille (I : 1894—)

Norddeutsche allgemeine Zeitung, — Berlin (1872-1920)

Nordisk tidskrift för vetenskap, Konst och industri, — Stockholm
    (I : 1878— ; N.S., I : 1888—)

North (The) American review, — Boston, New York (I : 1815—)

Nosotros, — Buenos Aires (I : 1907—)

Notes and queries, — London (I : 1849— ; N.S., I : 1954—)

Notre Bordeaux (I : 1951—), — devenu en 1956 *La Vie de Bordeaux*

Nouvelle (La) revue, — Paris (I : 1879—)

Nouvelle revue d'Italie, — Rome, Paris (I : 1904—)

Nouvelle revue encyclopédique, — Paris (1846-1847)

Nouvelle (La) revue française, — Paris (I : 1909—) [= *N.R.F.*]

Nouvelles de la République des lettres, — Amsterdam (1684-1718)

Nouvelles de Versailles

Nouvelles (Les) littéraires, — Paris (I : 1922—)

Nouvelliste (Le) de Bordeaux (1882-1920)

Nova et vetera, revue catholique pour la Suisse romande, — Fribourg
    (n° 1 : 1926—)

Nueva revista de filología hispánica, — México (I : 1947—)

Nuova antologia [di scienze, lettere ed arti], — Firenze, Roma (I :
    1866—)

Nuova rivista pedagogica, — Roma (I : 1951—)

Observer (The), — London (I : 1785—)

Occident (L'), — Paris (1901-1914)

Œuvre (L'), — Paris (1915-1944)

Onze Eeuw, — Haarlem (I : 1901—)

Opéra, — Paris (I : 1944—)

Orbis litterarum, — København (I : 1946—)

Pacific Northwest Conference on foreign languages. Proceedings, — Corvallis, Oregon (I : 1950—)

Padova (I : 1955—)

Paedagogica Historica. Revue internationale d'histoire de la pédagogie, — Gand (I : 1961—)

Pädagogisches Archiv, — Stettin, Leipzig (1859-1914)

Paideia, rivista letteraria di informazione bibliografica, — Genova, Brescia (I : 1946—)

Papers (The) of the bibliographical Society of America, — Chicago (I : 1899—)

Paragone, mensile di arte figurativa e letteratura, — Firenze (I : 1950—)

Paris médical, — Paris (I : 1910—)

Parola (La) e il libro, — Milano (I : 1918—)

Pays (Le) lorrain, — Nancy (I : 1904—)

Pedagogia e vita, — Brescia (I : 1939—)

Périgourdin (Le) de Bordeaux (I : 1924—)

Personalist. A quarterly journal of philosophy, theology and literature, — Los Angeles (I : 1920—)

Petit (Le) Temps, — Paris (1893-1911)

Petite (La) Gironde, — Bordeaux (I : 1872—) ; — a pris en 1944 le titre de Sud-Ouest

Philological papers, — voir : West Virginia University studies

Philological quarterly, — Iowa City (I : 1922—)

Philosophia reformata, — Kampen, Ned. (I : 1936—)

Philosophischer Literaturanseiger, — Meisenheim am Glan (I : 1949—)

Philosophisches Jahrbuch, — Fulda (I : 1888—)

Plume (La) et l'Epée, — Paris (1893-1914)

Pod Znamenem Marksizma, — Moskva (I : 1929—)

Poet Lore, — Boston (I : 1889—)

Poétique. Revue de théorie et d'analyses littéraires, — Paris (I : 1970—)

Politique (La) nouvelle, — Paris (1851)

Polybiblion, — Paris (I : 1868—)

Presse (La) médicale, — Paris (I : 1893—)

Preuves, — Paris (I : 1951—)

Proceedings and transactions of the Royal Society of Canada, — Montréal, Ottawa (I : 1882/1883—)

Proceedings of the American philosophical Society, — Philadelphia (I : 1838—)

Proceedings of the Royal Society of medicine, — London (I : 1907/ 1908—)

Progrès (Le) médical, — Paris (I : 1873—)

Proverbium. Bulletin d'information sur les recherches parémiologiques, — Helsinki (I : 1965—)

Psyché. Revue internationale des sciences de l'homme et de la psychanalyse, — Paris (I : 1946—)

Publications of the modern language Association of America, — Baltimore ; New York (I : 1886—) [= *P.M.L.A.*]

Pyrénées, organe du Musée pyrénéen de Lourdes (I : 1950—)

Quaderni francesi, — Napoli (I : 1970—)

Quarterly (The) journal of speech, Champaign, Ill. (I : 1915—)

Quarterly (The) review, — London (I : 1809—)

Quinzaine (La), — Paris (1894-1907)

Rackham literary studies, — Ann Arbor, Mich. (I : 1971—)

Rassegna di pedagogia, — Padova (I : 1941—)

Rassegna di studi francesi, — Bari (I : 1923—)

Rassegna italiana politica, letteraria ed artistica, — Roma (I : 1918—)

Recueil de l'Académie de législation fondée à Toulouse (4e sér., I : 1920/1921—)

Renaissance and reformation, — Toronto (I : 1964—)

Renaissance news, — Hanover, N.Y. ; New York (I : 1948—), — devenu en 1967 : *Renaissance quarterly*, — New York

Rencontres, — Paris (no 1 : 1941—)

Retrospective (The) review, — London (1820-1828)

Review (The) of the English studies, — London (I : 1925—)

Review (The) of politics, — Notre Dame, Ind. (I : 1939—)

Revista Calasancia, — Madrid (I : 1955—)

Revista de España, — Madrid (I : 1868—)

Revista de filologie romanicà şi germanicà, — Bucureşti (I : 1957—)

Revista de literatura, — Madrid (I : 1952—)

Revista de Occidente, — Madrid (I : 1923—)

Revista pentru istorie, archeologie şi filologie, — Bucureşti (I : 1882/ 1883—)

Revue anglo-américaine, — Paris (I : 1923/1924—)

Revue belge de philologie et d'histoire, — Bruxelles (I : 1922—)

Revue bleue, — cf. la *Revue des cours littéraires de la France et de l'étranger*

Revue britannique, — Paris (1825-1901)

Revue chrétienne, — Paris (I : 1854—)

Revue contemporaine, — Paris (1852-1870)

Revue critique d'histoire et de littérature, — Paris (1866-1935)

Revue d'Aquitaine, — Condom (1856-1870)

Revue d'histoire de l'Eglise de France, — Paris (I : 1910—)

Revue d'histoire de la pharmacie, — Paris (I : 1913—)

Revue d'histoire de la philosophie, — Paris (I : 1927—), — devenue en 1947 la *Revue des sciences humaines*

Revue d'histoire et de philosophie religieuses, — Strasbourg, Paris (I : 1921—)

Revue d'histoire littéraire de la France, — Paris (I : 1894—) [= *R.H.L.F.*]

Revue d'histoire moderne et contemporaine, — Paris (I : 1899—)

Revue de Belgique, — Bruxelles (I : 1869—)

Revue de Bordeaux (1854)

Revue de culture générale, — Aix-en-Provence (I : 1928/1929—)

Revue (La) de France, — Paris (1871-1881)

Revue (La) de France, — Paris (I : 1921—)

Revue de Gascogne, — Auch (I : 1860— ; N.S., I : 1901—)

Revue de l'Alliance française, — Paris (n° 1 : 1920—)

Revue de l'Amérique latine, — Paris (1922-1932)

Revue de l'enseignement philosophique, — Paris (I : 1950—)

Revue de l'enseignement secondaire et de l'enseignement supérieur, — Paris, Bruxelles (I : 1884—)

Revue de l'Université d'Ottawa (I : 1931—)

Revue de l'Université de Moncton, Canada (I : 1967—)

Revue de l'Université Laval, — Québec (I : 1946/1947—)

Revue de la Franco Ancienne, — Vanves, Hts. de Seine (I : 1919—)

Revue de la Renaissance, — Paris (1901-1914)

Revue de littérature comparée, — Paris (I : 1921—)

Revue de Lyon (1849-1850)

Revue de métaphysique et de morale, — Paris (I : 1893—)

Revue (La) de Paris (I : 1894—)

Revue de philologie française et de littérature, — Paris (1887-1934)

Revue de Saintonge et d'Aunis. Bulletin de la Société des archives historiques, — Saintes (I : 1881— ; N.S., I : 1943—)

Revue de synthèse [historique], — Paris (I : 1900—)

Revue des bibliophiles, — Sauveterre de Guyenne, Gironde (1878-1882)

Revue des bibliothèques, — Paris (1891-1936)

Revue des cercles d'études d'Angers (I : 1940—)

Revue des conférences françaises en Orient, — Le Caire (I : 1936—)

Revue des cours et conférences, — Paris (1892/1893-1940)

Revue des cours littéraires de la France et de l'étranger, — Paris (1863-1870), — devenue en 1871 la *Revue politique et littéraire* (en sous-titre : *Revue bleue*)

Revue des Deux Mondes, — Paris (I : 1829—) [= *R.D.M.*]

Revue des études historiques, — Paris (I : 1835—)

Revue des études italiennes, — Paris (I : 1936—)

Revue des études juives, — Paris (I : 1880—)

Revue des études rabelaisiennes, — Paris (I : 1903—), — devenue en 1913 la *Revue du seizième siècle*

Revue des Facultés catholiques de l'Ouest, — Angers (I : 1891—)

Revue (La) des jeunes, — Paris (I : 1910—)

Revue des provinces, — Paris (1863-1866)

Revue des questions historiques, — Paris (I : 1866—)

Revue des races latines, — Paris (1851-1864)

Revue des sciences humaines, — Lille, Paris (1947—), — suite de la *Revue d'histoire de la philosophie*

Revue des sciences philosophiques et théologiques, — Kain, Belg. ; Paris (I : 1907—)

Revue des travaux de l'Académie des sciences morales et politiques, — voir : *Séances et travaux...*

Revue du Bas-Poitou, — Fontenay-le-Comte (I : 1888—)

Revue du Foyer, — Paris (1911-1914)

Revue (La) du mois, — Paris (I : 1906—)

Revue (La) du Palais, — Paris (I : 1897—)

Revue du seizième siècle, — Paris (I : 1913—), — suite de la *Revue des études rabelaisiennes*, et devenue en 1934 : *Humanisme et Renaissance*

Revue encyclopédique, — Paris (1891-1900)

Revue franco-allemande, — München, Berlin, Paris (1899-1901)

Revue générale [belge], — Bruxelles (I : 1865—)

Revue générale des sciences pures et appliquées, — Paris (I : 1890—)

Revue germanique, — Paris (I : 1905—)

Revue (La) hebdomadaire, — Paris (I : 1892—)

Revue historique, — Paris (I : 1876—)

Revue historique de Bordeaux [et du département de la Gironde], — Bordeaux (1908-1945 ; N.S., I : 1952—)

Revue historique de droit français et étranger, — Paris (I : 1855—)

Revue historique de l'Ouest, — Nantes (1885-1901)

Revue historique et archéologique du Libournais, — Libourne (I : 1933)

Revue internationale, — Florence ; Rome (1883/1884-1891)

Revue internationale des études basques, — Paris, San Sebastian (I : 1907—)

Revue juive, — Paris (I : 1925—)

Revue (La) juive de Genève, — (I : 1932/1933—)

Revue (La) juive de Lorraine, — Nancy (I : 1925—)

Revue (La) latine. Journal de littérature comparée, — Paris (1902-1908)

Revue médicale de l'Est, — Nancy (I : 1874—)

Revue (La) méridionale, — Bordeaux (1921-1925)

Revue moderne de médecine et de chirurgie, — Paris (I : 1903—)

Revue (La) nationale. Mensuel littéraire, historique et colonial, — Bruxelles (I : 1929—)

Revue néo-scolastique, — Louvain, Paris (I : 1894—)

Revue pédagogique, — Paris (I : 1878—)

Revue philomathique de Bordeaux et du Sud-Ouest (1897/1898-1939)

Revue philosophique [de la France et de l'étranger], — Paris (I : 1876—)

Revue (La) politique et littéraire, — voir : *Revue des cours littéraires de la France et de l'étranger*

Revue politique et parlementaire, — Paris (I : 1894—)

Revue régionaliste des Pyrénées, — Pau (I : 1894—)

Revue (La) rhénane - Rheinische Blätter, — Mayence ; Strasbourg (1920-1930)

Revue romane, publiée par les Instituts d'études romanes au Danemark, — København (I : 1966—)

Revue (La) savoisienne, — Annecy (I : 1860—)

Revue (La) universelle, — Paris (1920-1944), — en abr. : *Rev. univ.*

Revue universitaire, — Paris (I : 1892—), — en abr. : *Rev. univers.*

Rice (The) Institute pamphlet, — New York (I : 1915—)

Rinascità (La), — Firenze (1938-1944)

Rivista d'Italia, — Roma (I : 1898—)

Rivista di filosofia, — Modena ; Roma, Milano, Torino (I : 1909—)

Rivista di filosofia neo-scolastica, — Firenze ; Milano (I : 1909—)

Rivista di letterature moderne, — Firenze (I : 1946— ; N.S., I : 1950—), — devenue en 1955, avec le t. VI, la *Rivista di letterature moderne e comparate*, — Firenze

Rivista internazionale di filosofia del diritto, — Genova, Roma, Milano (I : 1921—)

Rivista pedagogica, — Roma, Milano (I : 1908—)

Rocky Mountain modern language Association bulletin, — Boulder, Col. (I : 1947—)

Roczniki Humanistyczne. Annales de lettres et sciences humaines, — Lublin, Pol. (I : 1953—)

Romance notes, — Chapel Hill, N.C. (I : 1959/1960—)

Romance philology, — Berkeley, Cal. (I : 1947/1948—)

Romania, — Paris (I : 1872—)

Romanic (The) review, — New York (I : 1910—)

Romanische Forschungen, — Erlangen ; Leipzig ; Frankfurt/Main (I : 1883—)

Romanistiches Jahrbuch, — Hamburg (I : 1950—)

Ruche (La) d'Aquitaine, — Bordeaux (1817-1823)

Saggi e ricerche di letteratura francese, — Pisa (I : 1960—)

Saint Paul's. A monthly magazine, — London (1867-1874)

Saturday (The) review, — London (I : 1855—)

Saturday (The) review of literature, — New York (I : 1924—), — devenu en 1952 : *Saturday (The) review*

School and Society, — Lancaster, Penns. (I : 1915—)

Scribner's magazine, — New York (I : 1887—)

Séances et travaux de l'Académie des sciences morales et politiques. Comptes rendus, — Paris (I : 1840/1841—), devenu à partir de 1936, la *Revue des travaux de l'Académie des sciences morales et politiques*

Século (O), — Lisboa

Serapeum, — Leipzig (1840-1870)

Service public et bon langage, — Paris (nº 1 : 1967.—)

Sewanee (The) review, — Sewanee, Tenn. (I : 1892—)

Shakespeare (The) Association bulletin, — New York (I : 1924—)

Shakespeare Jahrbuch, — Berlin ; Weimar ; Leipzig (I : 1865—)

Shakespeare survey, — Cambridge, G.B. (I : 1948—)

Shakespeariana, — Philadelphia, New York (I : 1883—)

Sinn und Form, — Berlin (I : 1949—)

Société archéologique de Bordeaux. Bulletin et mémoires (I : 1874—)

Société Chateaubriand. Bulletin, — Chatenay-Malabry (nº 1 : 1930— ; N.S., nº 1 : 1957—)

Solco (Il)

South Atlantic quarterly, — Durham, N.C. (I : 1902—)

Southwest (The) review, — Dallas, Tex. (I : 1915/1916—)

Spectateur (Le) français au XIXe siècle, — Paris (1805-1828)

Spectator (The), — London (I : 1828—)

Studi di letteratura italiana, — Napoli (1899-1923)

Studi francesi, — Torino (I : 1957—)

Studi storici, — Pisa (I : 1892-1915)

Studia neophilologica, — Uppsala (I : 1928—)

Studia universitatis Babeş - Bolyai. Series philologia, — Cluj, Rom. (I : 1956—)

Studies in philology, — Chapel Hill, N.C. (I : 1906—)

Studies in the Renaissance, — New York (I : 1954—)

Süddeutsche Monatshefte, — München, Leipzig (1904-1936)

Sud-Ouest, — Bordeaux (I : 1944—)

Sud-Ouest dimanche, — Bordeaux (I : 1949—)

Summaries of doctoral dissertations

Symbolisme (Le), — Laval

Symposium, — Syracuse, N.Y. (I : 1946/1947—)

Synthèses. Revue mensuelle internationale, — Bruxelles (I : 1946—)

Technique, Art, Science. Revue de l'enseignement technique, — Cachan

Temple Bar, — London (1860/1861-1906)

Temps (Le), — Paris (1861-1944)

Temps (Les) modernes, — Paris (I : 1945—)

Thyrse (Le), — Bruxelles (I : 1899—)

Tijdschrift voor Nederlandsche taal-en letterkunde, — Leiden (I : 1881—)

Times (The), — London

Times (The) literary supplement, — London (I : 1902—) [= T.L.S.]

Tout-Lyon (Le) et le Moniteur judiciaire réunis, — Lyon (I : 1956—)

Travaux de linguistique et de littérature, publiés par le Centre de philologie et de littérature romanes de l'Université de Strasbourg, — Paris (I : 1963—)

U.M.F.I.A. Revue officielle de l'Union médicale franco-ibéro-américaine, — Paris (I : 1925—)

Umanesimo

Université (L') catholique, — Paris (1836-1855)

University (The) of Toronto quarterly (I : 1931/1932—)

Vestník istorii mirovoj Kul'tury, — Moskva (I : 1957—)

Vestník Moskovskogo Universiteta, — Moskva (I : 1946—)

Vie (La) bordelaise (1882-1956)

Vie (La) catholique, — Paris (I : 1924—)

Vie (La) de Bordeaux (I : 1956—)

Vie des arts, — Montréal (I : 1956—)

Vie et langage, — Paris (I : 1952—)

Vierteljahrsschrift für wissenschaftliche Pädagogik, — Münster (I : 1925—)

Vilagirodalmi Figyelö, — Budapest (I : 1955—)

Vita e pensiero, — Milano (I : 1914—)

Voici

Voprosy Filosofii, — Moskva (I : 1947—)

Vorträge der Bibliothek Warburg, — Leipzig, Berlin (I : 1921/1922—)

Wascana review, — Regina (Saskatchewan), Canada (I : 1966—)

Washington university studies, — Washington (I : 1913—)

West Virginia university studies. Philological papers, — Morgantown (I : 1936—)

Westminster (The) review, — London (I : 1824—), — voir aussi : London (The) and Westminster review

Wissenschaftliche Zeitschrift der Friedrich-Schiller. Universität Jena-Thuringën (I : 1951/1952—)

Word, — Worcester, Mass. (I : 1945—)

Yale French studies, — New Haven, Conn. (I : 1948—)

Yale review, — New Haven, Conn. (I : 1892— ; N.S., I : 1911/1912—)

Zeitschrift für französischen und englischen Unterricht, — Berlin (I : 1902—)

Zeitschrift für Geschichte der Erziehung und des Unterrichts, — Berlin (I : 1911—)

Zeitschrift für [neu] französische Sprache und Literatur, — Oppeln ; Berlin ; Jena ; Wiesbaden (I : 1879—)

Zeitschrift für romanische Philologie, — Halle ; Tübingen (I : 1877—)

Zeitschrift für Sozialforschung, — Leipzig (I : 1932—)

Zeitwende, — München (I : 1925—)

Zeszyty Naukowe Katolickiego Uniwersytetu Lubelskiego, — Lublin, Pol. (I : 1958—)

# MÉLANGES JUBILAIRES

*Mélanges Boase* .. .. .. .. .. — The French Renaissance and its heritage. Essays presented to Alan M. Boase by colleagues, pupils and friends. — *London, Methuen and Co*, 1968, in-8°, xv-296 pp.

*Mélanges Bohnenblust* . . . — Hommage à G. Bohnenblust. (*Etudes de lettres*, Lausanne, xxv : 1953, n° 3, décembre).

*Mélanges Chamard* .. .. .. — Mélanges d'histoire littéraire de la Renaissance offerts à Henri Chamard par ses collègues, ses élèves et ses amis. — *Paris, Nizet*, 1951, in-8°, 357 pp.

*Mélanges Corsano* .. .. .. .. — Studi in onore di Antonio Corsano. — *Bari, Lacaita editore*, 1970, in-8°, 872 pp.

*Mélanges Edelman* .. .. .. .. — From humanism to classicism. Essays by his former students in memory of Nathan Edelman, edited by Jules Brody. — 304 pp. (*L'Esprit créateur*, XV. : 1975, n°s 1-2, Spring-Summer).

*Mélanges István Frank* . . . — Mélanges de linguistique et de littérature romanes à la mémoire d'István Frank, offerts par ses anciens maîtres, ses amis et ses collègues de France et de l'étranger. — *Saarbrücken, Universität des Saarlandes*, 1957, in-8°, 695 pp. — (*Annales Universitatis Saraviensis*, 6, 1957).

*Mélanges Frappier* .. .. .. .. — Mélanges de langue et de littérature du Moyen âge et de la Renaissance offerts à Jean Frappier... par ses collègues, ses élèves et ses amis. — *Genève, Droz*, 1970, 2 vol. in-8°. — (*Publ. romanes et françaises*, CXII).

*Mélanges Geschiere* .. .. .. — Mélanges de linguistique et de littérature offerts à L. Geschiere par ses amis, collègues et élèves. — *Amsterdam, E. Rodopi*, 1975, in-8°, XIII-297 pp.

*Mélanges Huguet* .. .. ..     Mélanges de philologie et d'histoire littéraire offerts à Edmond Huguet par ses élèves, ses collègues et ses amis. — *Paris, Boivin*, 1940, in-8°, 489 pp.

*Mélanges Herbert J. Hunt* .  Balzac and the nineteenth century. Studies in French literature presented to Herbert J. Hunt by pupils, colleagues and friends. Edited by D.G. Charlton, J. Gaudon and Anthony R. Pugh. — *Leicester, Univers. Press*, 1972, in-8°, 399 pp. portr.

*Mélanges Klaeber* .. .. ..     Studies in English philology : a miscellany in honor of Frederick Klaeber. — ed. by Kemp Malone and Martin B. Ruud... — *Minneapolis, The University of Minnesota Press*, 1929, in-8°, x-486 pp. portr.

*Mélanges Lanson* .. .. .. ..    Mélanges offerts par ses amis et ses élèves à M. Gustave Lanson... — *Paris, Hachette*, 1922, in-8°, 534 pp., bibliogr.

*Mélanges Laumonier* .. ..     Mélanges de littérature, d'histoire et de philologie offerts à Paul Laumonier par ses élèves et ses amis. — *Paris, Droz*, 1935, in-8°, xix-683 pp., bibliogr.

*Mélanges Lawton* .. .. ..     Studies in French literature presented to H.W. Lawton by colleagues, pupils and friends. Edited by John Clifford Ireson, I.D. McFarlane and Garnet Rees. — *Manchester University Press ; New York, Barnes & Noble Inc*, 1968, in-8°, vi-335 pp. portr.

*Mélanges Lebègue* .. .. ..     Mélanges d'histoire littéraire (xvie-xviie siècles) offerts à Raymond Lebègue par ses collègues, ses élèves et ses amis. — *Paris, Nizet*, 1969, in-8°, 399 pp., portr.

*Mélanges Lefranc* .. .. ..     Mélanges offerts à M. Abel Lefranc par ses élèves et ses amis. — *Paris, Droz*, 1936, in-8°, xxxv-506 pp., portr.

*Mélanges Lugli et Valeri* ..   Studi in onore di Vittorio Lugli e Diego Valeri. — *Venezia, Pozza*, 1961, in-8°, lxxxvi-1015 pp. — (*Collana di varia critica*, 16).

*Mélanges Charles Moeller* .   Mélanges d'histoire offerts à Charles Moeller à l'occasion de son jubilé de 50 années de professorat à l'Université de Louvain (1863-1913) par l'Association

| | |
|---|---|
| | des anciens membres du Séminaire historique de l'Université de Louvain. — *Louvain et Paris*, 1914, 2 vol., in-8°. |
| *Mélanges Pellegrini* .. .. .. | Studi in onore di Carlo Pellegrini. — *Torino, Società editrice internazionale*, 1963, in-8°, XXXIX-846 pp. — (*Biblioteca di studi francesi*, 2). |
| *Mélanges Hiram Peri* .. .. | Romanica et Occidentalia. Etudes dédiées à la mémoire de Hiram Peri (Pflaum), éditées par Moshé Lazar. — *Jerusalem, Magnes Press, Univers. hébraïque*, 1963, in-8°, 368 pp. |
| *Mélanges Henri Peyre* .. .. | The classical line. Essays in honor of Henri Peyre. (*Yale French studies*, n° 38, 1967, 267 pp.). |
| *Mélanges Picot* .. .. .. .. | Mélanges offerts à M. Emile Picot, membre de l'Institut, par ses amis et ses élèves. — *Paris, Damascène Morgand*, 1913, 2 vol., in-8°, portr., pl. h.-t. |
| *Mélanges Marcel Raymond* . | De Ronsard à Breton, recueil d'essais. Hommage à Marcel Raymond. — *Paris, José Corti*, 1967, in-8°, 317 pp. |
| *Mélanges Renaudet* .. .. | Mélanges Augustin Renaudet. — *Genève, Droz.* — (*B.H.R.*, XIV : 1952, XXXVII-375 pp.). |
| *Mélanges Bruno Revel* .. .. | Studi di letteratura, storia e filosofia in onore di Bruno Revel. — *Firenze, Olschi*, 1965, in-8°, XX-662 pp. |
| *Mélanges Mario Roques* .. | Mélanges de linguistique et de littérature romanes offerts à Mario Roques, professeur honoraire au Collège de France, membre de l'Institut, par ses amis, ses collègues et ses anciens élèves de France et de l'étranger. — *Bade, Editions Art et Science ; Paris, Marcel Didier*, 1950-1953, 4 vol., in-8°, portr., fig., cartes, bibliogr. |
| *Mélanges Rudberg* .. .. .. | Eranos Rudbergianus. Opuscula philologica Gunnaro Rudberg, A.D. XVI Kal. Nov. anno MCMXLV dedicata. — *Uppsala, Eranos' förlag*, 1946, XII-510 pp. — (*Eranos, Acta philologica Suecana*, t. XLIV). |
| *Mélanges Gustave Rudler* . | The French mind. Studies in honour of Gustave Rudler. Edited by Will Moore, Rhoda Suterland, Enid Starckie. |

|   |   |
|---|---|
| | (Preface by A. Ewert). — *Oxford, The Clarendon Press*, 1952, in-8°, VIII-360 pp., portr. |
| *Mélanges Sandfeld* .. .. ... | In memoriam Kr. Sandfeld. Udgivet paa 70 - Aarsdagen for hans Födsel. — *Köbenhavn, Gydendalske Baghandel,* 1943, in-8°, 260 pp., portr., bibliogr. |
| *Mélanges Schutz* .. .. .. ... | French and Provençal lexicography. Essays presented to honor Alexander Herman Schutz. Edited by Urban T. Holmes and Kenneth R. Scholberg. — *Columbus Ohio Univers. Press,* 1964, in-8°, IX-278 pp. |
| *Mélanges Silver* .. .. .. ... | French Renaissance studies in honor of Isidore Silver. Ed. by Frieda S. Brown. — (*Kentucky Romance quart.,* XXI : 1974, suppl. n° 2, 368 pp.). |
| *Mélanges Solano* .. .. .. ... | Essays in honor of Louis Francis Solano, edited by Raymond J. Cormier and Urban T. Holmes. — *Chapel Hill, University of North Carolina Press,* 1970, in-8°, 202 pp. — (*Studies in Romance languages and literatures,* n° 92). |
| *Mélanges Ernst Tappolet* . | Festschrift für Ernst Tappolet. — *Basel,* 1914, in-8°, XVI-278 pp., portr. |
| *Mélanges Ullmann* .. .. ... | Studies in honor of B.L. Ullmann, presented to him on the occasion of his seventy fifth birthday, edited by Lawler L.B., Robathan D.M. & Korfmacher W.C. — *Saint-Louis, Missouri the Class. Bull.,* 1960, in-8°, XXV-153 pp. |
| *Mélanges Wechssler* .. .. ... | Philologisch - philosophiche Studien. Festschrift für Eduard Wechssler zum 19.10.29. — *Jena u. Leipzig,* 1929, in-8°, 404 pp. — Berliner Beiträge zur Romanischen Philologie, hg. von Ernst Gamillscheg, Bd. 1 — Bild u. Bibliog. |
| *Mélanges Wiley* .. .. .. ... | Renaissance and other studies in honor of William Leon Wiley. Edited by George Bernard Daniel, Jr. — *Chapel Hill, University of North Carolina Press,* 1968, in-8°, 282 pp., portr. — (*Studies in Romance languages and literatures,* n° 72). |

# MÉLANGES DIVERS — CONGRÈS
# RECUEILS D'ARTICLES

Association Guillaume Budé. Congrès de Strasbourg, 20-22 avril 1938. — L'Humanisme en Alsace. — Actes du Congrès. — *Paris, Les Belles Lettres*, 1939, in-8°, 241 pp.

Association Guillaume Budé. — Actes du VII<sup>e</sup> Congrès, Aix-en-Provence, 1-6 avril 1963. — *Paris, Les Belles Lettres*, 1964, in-8°, 594 pp.

Association Guillaume Budé. — Actes du VIII<sup>e</sup> Congrès, Paris, 5-10 avril 1968. — *Paris, Les Belles Lettres*, 1969, in-8°, 813 pp.

Association Guillaume Budé. — Actes du IX<sup>e</sup> Congrès, Rome, 13-18 avril 1973. — *Paris, Les Belles Lettres*, 1975, 2 vol., in-8°, 1057 pp.

Authors and their centuries. Edited by Philip Crant. — *Columbia, University of South Carolina*, College of Arts and Letters, Department of foreign languages and literatures, 1974, in-8°, VI-203 pp. — (*French literature series*, vol. I).

Bungaku to Ningen-zo [La littérature et l'homme]. — *Tokyo University Press*, 1965.

Colloquia Erasmiana Turonensia. Douzième stage international d'études humanistes, Tours, 1969. — *Paris, Libr. philos. J. Vrin*, 1972, 2 vol. in-8°, 976 pp. — (Coll. : *De Pétrarque à Descartes*, XXIV).

V Colóquio internacional de estudos luso-brasileiros. Coimbra — 1963 — Actas. Vol. III. — *Coimbra*, 1965, in-8°, 567 pp.

II<sup>e</sup> Congrès de la langue française, Québec [27 juin-1<sup>er</sup> juillet 1937]... — *Manchester, N.H., L'Avenir national, éditeur*, 1938, in-8°.

*Vires acquirit eundo.* IV<sup>e</sup> centenaire de la naissance de Montaigne, 1533-1933. — Conférences organisées par la Ville de Bordeaux et catalogue des éditions françaises des *Essais*. — Edité sous les auspices de l'Administration Municipale. — (*Bordeaux, Edition Delmas*, 1933), in-8°, 388 pp., portr.

Culture et politique en France à l'époque de l'Humanisme et de la Renaissance. Etudes réunies et présentées par Franco Simone. Atti del convegno internazionale promosso dall'Accademia delle scienze di Torino in collaborazione con la Fondazione Giorgio Cini di Venezia, 29 marzo - 3 aprile 1971. — *Torino, Accademia delle scienze*, 1975, in-8°, XLVII-454 pp.

Documents historiques inédits tirés des collections manuscrites de
la Bibliothèque royale et des Archives ou des Bibliothèques
des départements, publiés par M. Champollion-Figeac. Tome II.
— *Paris, Firmin-Didot*, 1843, in-4°. — (*Collection de documents
inédits sur l'histoire de France*).

From Marot to Montaigne. Essays on French Renaissance literature,
edited by Raymond C. La Charité. (*Kentucky Romance quarterly*, XIX : 1972, suppl. n. 1, 193 pp.).

Mélanges de philologie et d'histoire, publiés à l'occasion du cinquantenaire de la Faculté des lettres de l'Université catholique de
Lille. — *Lille, impr. Desclée, De Brouwer et C^{ie}*, 1927, in-8°,
319 pp. — (*Mémoires et travaux publiés par les professeurs
des Facultés catholiques de Lille. Fasc. XXXII*).

Mélanges littéraires et historiques publiés à l'occasion du centenaire
de la restauration de la Faculté des lettres de l'Université de
Poitiers, 8 octobre 1945. (Poitiers. Université. Faculté des lettres.
Publications. Série des sciences de l'homme, 10). — *Paris, Les
Belles-Lettres*, 1946, in-8°, 318 pp.

*Mémorial* 1963, voir : PALASSIE (Georges).

Michel de Montaigne. (*L'Esprit créateur*, VIII : 1968, n° 3, pp. 175-
252).

Miscellanea Tassoniana di studi storici e letterari, pubblicata a cura
di Tomaso Casini e Venceslao Santi, con prefazione di Giovanni
Pascoli. — *Modena, Formiggini*, 1908, in-8°, XII-510 pp.

*Montaigne, Conférences* 1933, voir *supra* : *Vires...* IV^e centenaire...

Montaigne. (*Europe*, L : 1972, n° 513-514, janvier-février, pp. 3-175).

PALASSIE (Georges). — Mémorial du I^{er} Congrès international des
Etudes montaignistes (*Bordeaux-Sarlat, 1^{er}-4 Juin 1963*), suivi
du texte intégral de toutes les communications. Préface de M.
le duc de Lévis-Mirepoix, de l'Académie française. — *Bordeaux,
Taffard impr.*, 1964, in-8°, 261 pp. portr., fig., plan, fac-sim.

Proceedings of the XIX^{th} international Congress for the history of
Medicine — Basel, 7-11 September 1964 — edited by R. Blaser
& H. Buess... — *Basel, New York, S. Karger*, 1966, in-8°, XXVIII-
687 pp.

Le Réel dans la littérature et dans la langue. Publié par Paul Vernois.
— *Paris, Klincksieck*, 1967, in-8°, v-324 pp. — (Actes du Congrès
de la Fédération internationale des langues et littératures
modernes, F.I.L.L.M., 10. — *Strasbourg*, 29 août-3 septembre
1966). — (*Actes et colloques*, 6).

Renaissance, Maniérisme, Baroque, avec huit planches hors-texte. —
(Actes du XI^e stage international de Tours). — *Paris, Libr.
philos. J. Vrin*, 1972, in-8°, 320 pp. pl. — (Coll. : *De Pétrarque
à Descartes*, XXV).

The Schelling anniversary papers, by his former students. — *New
York, The Century Co*, 1923, in-8°, x-341 pp., portr. front.

Trésors de la Bibliothèque municipale de Bordeaux. Publication faite à l'occasion du IIᵉ centenaire de la Bibliothèque, sous le haut patronage de M. Adrien Marquet, député-maire de Bordeaux, et sous la direction de M. Emile Dacier, inspecteur général des Bibliothèques et des Archives. — *Paris, « Les Trésors des Bibliothèques de France »*, 1936, in-4°, 56 pp., fac-sim., 22 pl. h.-t. — (Extrait des « Trésors des Bibliothèques de France », vol. VI, fasc. 21).

# ABRÉVIATIONS

| | | | |
|---|---|---|---|
| Acad. | Académie | int. | international |
| Ann. | Annales | *Intermé-* | *Intermédiaire des* |
| Arch. | Archiv, archive(s) | *diaire* | *chercheurs et des* |
| *Archiv* | *Archiv für das Stu-* | | *curieux* |
| | *dium der neueren* | J. | Journal |
| | *Sprachen und Li-* | Jahrb. | Jahrbuch |
| | *teraturen* | *J.O.* | *Journal officiel de* |
| Assoc. | Association | | *la République* |
| *B.H.R.* | *Bibliothèque d'Hu-* | | *française* |
| | *manisme et Re-* | Mag. | Magazine |
| | *naissance* | Mél. | Mélange(s) |
| *B.S.A.M.* | *Bulletin de la So-* | *M.L.N.* | *Modern language* |
| | *ciété des Amis de* | | *notes* |
| | *Montaigne* | | |
| Bull. | Bulletin | Monats. | Monatsschrift |
| Cah. | Cahier | N.S. | new series, nouvelle |
| *C.A.I.E.F.* | *Cahiers de l'Associa-* | | série, nuova serie |
| | *tion internatio-* | pl. | planche(s) |
| | *nale des études* | *P.M.L.A.* | *Publications of the* |
| | *françaises* | | *modern language* |
| col. | colonne | | *Association of* |
| coll. | collection | | *America* |
| C.R. | Compte rendu | P.U.F. | Presses Universi- |
| Diss. | Dissertation | | taires de France |
| éd., ed. | édité, edited, édi- | quart. | quarterly |
| | teur, édition | *R.D.M.* | *Revue des Deux* |
| *E.L.H.* | *English literary his-* | | *Mondes* |
| | *tory* | rev. | review, revista, re- |
| ét. | étude | | vue |
| fig. | figure(s) | *R.H.L.F.* | *Revue d'histoire* |
| Gesch. | Geschichte | | *littéraire de la* |
| H. | Heft | | *France* |
| hg., hrsg. | herausgegeben | riv. | rivista |
| Inaug. | Inaugural | s.d., s.l.n.d. | sans date, sans lieu |
| | | | ni date |

| | | | |
|---|---|---|---|
| S.E.D.E.S. | Société d'édition d'enseignement supérieur | *U.M.F.I.A.* | *Revue officielle de l'Union médicale franco - ibéro - américaine* |
| sér. | série | univ. | universel(le) |
| Soc. | Société, Society | Univers. | Université, University, — universitaire |
| St. | Studi, Studies | | |
| t. | tome | | |
| *T.L.S.* | *Times literary supplement* | z. | zu, zum, zur |
| | | Zeits. | Zeitschrift |

CHAPITRE I

# MONTAIGNE

# SOUVENIRS ET DOCUMENTS

## Son nom, son prénom

1. Doit-on prononcer Montagne ou Montaigne ? (*Intermédiaire*, 1866 à 1935).

   Question posée : III : 1866, col. 289 (A. Tornezy). — Réponses :

   a) *Pour Montagne* : — III : 1866, col. 375-76 (P.G.-D.), 405 (P. Blanchemain), 468 (P.G.-D.) ; — IV : 1867-1868, col. 391 (S.R. D.) ; — V : 1869, col. 106 (P.A.L.) ; — 1904, vol. L, col. 249 (J.T.), 298-99 (U. Richard-Desaix), 521 (Brondineuf), 639 (Tabac) ; — 1905, vol. LI, col. 413 (Martellière) ; — 1935, vol. XCVIII, col. 707, note (Saint-Saud).

   b) *Pour Montaigne* : — III : 1866, col. 377 (Daulne), 434 (F.T. Blaisois), 468 (Z.A.) ; — IV : 1867-1868, col. 333-34 (J.B.G.) ; — V : 1869, col. 351-52 (F.T. Blaisois) ; — XI : 1878, col. 491-92 (H.I.) ; — 1904, vol. L, col. 341-44 (Dr Armaingaud) ; — 1905, vol. LI, col. 305 (G. Monval) ; — 1935, vol. XCVIII, col. 834-35 (A. Lelarge).

   c) *Hésitants* : — III : 1866, col. 434 (A.Y.) ; — V : 1869, col. 198, 266 (S.R.D.) ; — 1904, vol. L, col. 166 (H.M.), 297 (Dr Bougnon), 470-72 (Dr A.T. Vercontre, avec un additif signé : Candide).

2. ARGUS. — Causerie bordelaise. (*La Gironde*, 4 décembre 1892, feuilleton de la p. 3).

   Sur la prononciation du nom de Montaigne (le phonème -ègne est ici préféré).

3. BIARD (A.). — Prononciation du nom de Montaigne. (*Rev. de la Renaissance*, XIII : 1912, pp. 104-08).

   Pour l'auteur, « on a le droit de prononcer Montègne en vertu d'une sorte de prescription, mais on prononçait couramment Montagne au XVIe siècle ».

4. [Montègne ou Montagne ?]. (*Entretiens des Amis de Pascal*, VII : 1930, n° 23, mai-juin, pp. 154-56).

   Le débat engagé sur cette question à la Société des « Amis de Pascal » s'est conclu en faveur de *Montagne*.

5. JARECKI (C.). — Comment faut-il qu'on prononce le nom de Montaigne ? (*J. des Débats*, 7 juin 1933, p. 2 ; — repris dans le *B.S.A.M.*, 2ᵉ sér., nᵒ 2, 1937, p. 59).

A vrai dire, la prononciation *Montègne* ou *Montagne* semblerait également justifiée, bien que la seconde soit préférable « quand il s'agit de donner au nom de Montaigne sa valeur historique et de lui rendre la prononciation qui lui était propre ».

6. MARCHAND (J.). — Pourquoi Montaigne a-t-il reçu le prénom de Michel ? (*B.S.A.M.*, 2ᵉ sér., nᵒˢ 13-14, 1948-1949, pp. 11-12).

Ce prénom a été vraisemblablement choisi par son père — qui était né le jour de la fête de St Michel.

7. TOURNEMILLE (J.). — Montaigne, montaignistes, montanistes. (*B.S.A.M.*, 2ᵉ sér., nᵒ 18, 1956, pp. 55-56).

Quelle peut être la prononciation exacte du nom de l'auteur des *Essais*, et quelle est la dénomination des « chercheurs en Montaigne » ?

8. SENTEIN (F.). — Montaigne. — Pp. 57-60 de : — Michel. — *Paris, Pierre Horay*, 1959, in-16, 126 pp. — (Coll. : *Prénoms*, nᵒ 11).

Montaigne « accroché » à une « chaîne » de Michel qui devait rendre illustre ce prénom en France.

9. TOURNEMILLE (J.). — Montagne et Montaigne. (*Vie et langage*, nᵒ 126, septembre 1962, pp. 503-04).

Au XVIᵉ siècle, les deux graphies correspondaient à une prononciation similaire, mais après le XVIIIᵉ siècle, le maintien de l'*i* devant le *g* est devenu obligatoire, et la prononciation s'est conformée à l'écriture.

10. SAINT-MARTIN (J.). — Montagne et Montaigne. (*B.S.A.M.*, 3ᵉ sér., nᵒˢ 25-26, 1963, pp. 3-9).

Le nom de Montaigne : graphie et prononciation.
= C.R. : — *Studi fr.*, X (1966), nᵒ 28, p. 134 =

11. FRANÇON (Marcel). — Sur les homonymes de Montaigne. (*B.S.A.M.*, 5ᵉ sér., nᵒ 2, 1972, pp. 69-70).

Existence en France au XVIᵉ siècle de plusieurs familles du nom de Montaigne et de Lamontaigne ; les confusions qui ont pu être faites avec l'auteur des *Essais*.

— [*Voir* aussi au nᵒ 354 les pp. VII-XI]

## Souvenirs de Montaigne

12. DOSQUET (Ch.) [et LAMOTHE (L. de)]. — Souvenirs de Montaigne. — Sa naissance, sa demeure à Bordeaux, son tombeau... (*Compte rendu des travaux de la Commission des monuments et docu-*

*ments historiques de la Gironde*, XVI : 1854-1855, pp. 17-25 et 55-56).

L'étude est complétée, p. 16, par un dessin représentant en coupe le tombeau de Montaigne dans la chapelle du lycée de Bordeaux (1613). — Parmi les documents publiés se trouvent, p. 56, deux lettres de Montaigne aux jurats, que l'on avait récemment découvertes dans les archives de la ville.

13. BOSREDON (Ph. de). — [Description de deux sceaux de Montaigne]. — Pp. 111-12 de la : — Sigillographie du Périgord. — *Périgueux, impr. Dupont et C*$^{ie}$, 1880, in-4°, 157 pp. et 6 ff. (pour la reproduction de divers sceaux, dont ceux de Montaigne, n°ᵉ 161 et 162). — (*Publ. de la Soc. hist. et archéol. du Périgord*).

14. [Le jeton aux armes et à la devise de Montaigne]. (*Bull. de la Soc. hist. et archéol. du Périgord*, XII : 1885, p. 227).

Ce jeton a été décrit également par le Dr Armaingaud (n° 536), P. Bonnefon (n° 331), Alain Brieux (n°ˢ 19 et 21), Miss Grace Norton (n° 990) et A. Thibaudet (n° 3126).

15. FROIDEFOND DE BOULAZAC (A. de). — De Montaigne (Eyquem). — Tome I$^{er}$, pp. 354-55, de l' : — Armorial de la noblesse du Périgord... — *Périgueux, impr. de la Dordogne (anc. Dupont et C*$^{ie}$), 1891, 2 vol. in-8°.

Reproduction sous le n° 481 des armes de la maison noble de Montaigne, déjà décrites par l'auteur des *Essais* lui-même dans son chapitre *Des loix somptuaires* (I, 46).

16. SAINT-SAUD (Comte de). — De Montaigne. — P. 132 des : — Additions et corrections à l'Armorial du Périgord. — *Périgueux, [Impr. gén. du Sud-Ouest, Bergerac]*, 1930, in-8°, 178 pp. — (*Publ. de la Soc. hist. et archéol. du Périgord*).

Sur l'origine possible des armes de Montaigne.

17. — Michel de Montaigne. (*Intermédiaire*, 1935, vol. XCVIII, col. 707-08).

Sur les armoiries de sa famille.

18. MARCHAND (J.). — Le prétendu « sceau » de Montaigne et son signet (*B.S.A.M.*, 2$^e$ sér., n° 18, 1956, pp. 52-54).

Il s'agit d'un bloc d'acier aux armes de Montaigne. Le Dr Payen a décrit ce « sceau » ainsi qu'un « signet » (petit cachet ovale) dans ses *Recherches* de 1856 (n° 27). Depuis cette époque, ces deux souvenirs de Montaigne n'ont pas été retrouvés.

19. BRIEUX (A.). — Petit trésor de souvenirs de Montaigne. (*B.H.R.*, XIX : 1957, n° 2, pp. 265-93 ; — réimpr. dans le *Bull. de la libr. anc. et mod.*, n° 129, nov. 1970, pp. 157-68 et n° 131, janv. 1971, pp. 1-11).

*Divisions de l'étude* : — I. Le jeton de Montaigne. — II. Contrat de mariage de Jehanne Eyquem de Montaigne et de Guillaume de Mons, 1567. — III. Volumes provenant de la famille de Mons. — IV. Le « Sébastien Munster » de Montaigne. — V. Volume annoté par M^lle de Gournay. — VI. Contrat pour l'édification de la tour de Cordouan (1584). — Avec 4 fig. hors-texte et 1 fig. dans le texte.

20. MARCHAND (J.). — L'énigme du « sceau » de Montaigne : un trésor de documents montanistes. (*B.S.A.M.*, 3^e sér., n° 3, 1957, pp. 21-22).

Une question évoquée précédemment par l'auteur (n° 18) et mise en lumière par Alain Brieux (n° 19).

21. BRIEUX (A.). — Autres souvenirs de Michel de Montaigne. (*B.H.R.*, XX : 1958, pp. 370-76).

*Suite de l'étude n° 19* : — I. Le jeton de Montaigne (2^e art.). — II. La théologie de Raymond Sebon (1569), exempl. annoté par Montaigne. — III. Le *Chronicon* de Ph. Bugnon, exempl. de Montaigne. — Avec 4 fac-sim. pour les §§ II et III.
= C.R. : — *Studi fr.*, III : 1959, n° 7, p. 133. =

# Documents divers

22. Contrat de mariage du célèbre Michel de Montaigne, avec quelques notes sur cette pièce inédite. (*Bull. polym. du Muséum d'instr. publ. de Bordeaux*, VI : 1808, pp. 444-50). — Réimpr. postérieurement dans les *Arch. hist. de la Gironde*, X : 1868, pp. 163-71).

Les notes que l'on trouve dans la publication de 1808 avaient été rédigées par P. Bernadau. — Quant aux *Archives*, elles ont donné deux réactions de ce contrat, sous les n°^s LXXXVII (pp. 163-67) et LXXXVIII (pp. 167-71). — (Le texte publié dans le *Bull. polymathique* est celui de la *seconde* rédaction).

23. CHAMPOLLION-FIGEAC (J.J.). — Lettre de Henri III à Montaigne. — Tome II (1843), 2^e partie, p. 483, des : — Documents historiques inédits, tirés des collections manuscrites de la Bibliothèque royale et des Archives ou des Bibliothèques des départements... — *Paris, Firmin-Didot*, 1841-1849, 5 vol. in-4°. — (*Collection de documents inédits sur l'histoire de France*).

Dans cette lettre, datée du 25 novembre 1581, le roi de France enjoignait à Montaigne d'accepter sa désignation à la mairie de Bordeaux. Elle est suivie, pp. 484-86, de deux lettres de Montaigne, dont l'une est la « remontrance » adressée, le 10 décembre 1583, au roi de Navarre par la municipalité de Bordeaux.

24. PAYEN (D^r J.-F.). — Documents inédits ou peu connus sur Montaigne, recueillis et publiés par le D^r J.-F. Payen. — *Paris, J. Téchener*, 1847, in-8°, 44 pp., avec un portrait de Montaigne (lithographie de L. Hamon, augmentée, à la base, des armes et du sceau du philosophe) et 7 pl. de fac-similés.

Cette publication qui constitue les *Documents n° 1* du D^r Payen comprend : — la reproduction de lettres de Montaigne (inédites ou déjà publiées), de la remontrance des jurats de Bordeaux au roi de Navarre, de lettres adres-

sées à Montaigne (par Henri III, Henri IV, Duplessis-Mornay et Antoine Loisel), d'annotations de Montaigne sur un certain nombre de ses livres, enfin une étude des spécimens autographiques qui ont été donnés en annexe de la brochure. — Réimpr. *in extenso* dans le *B.S.A.M.*, 1ʳᵉ sér., n° 2 (1913), pp. 164-203 et n° 3 (1914), pp. 283-97.
= C.R. : — F.B. (*Bibl. de l'Ecole des Chartes*, VIII : 1846, p. 527) ; — J. Delpit (*Mém. bordelais*, 26 septembre 1847, p. 3) ; — G. Duplessis (*Bull. du bibl.*, 1847, pp. 86-88). =

**25.** — Nouveaux documents inédits ou peu connus sur Montaigne, recueillis et publiés par le Dʳ J.-F. Payen. — *Paris, P. Jannet, 1850*, in-8°, 66 pp.

*Documents* n° 2 du Dʳ Payen contenant de nouvelles lettres inédites de Montaigne, un retour sur la remontrance publiée en 1847, des lettres adressées à Montaigne (par Charles IX, le vicomte de Turenne), des annotations trouvées sur des livres du moraliste, les sentences gravées sur les solives de sa « librairie », etc. — (Une partie de cette publication a paru dans le *Journal de l'amateur de livres*, n° 2, février 1850, et nᵒˢ suiv.).
= C.R. : — Sainte-Beuve (*Constitutionnel*, 28 avril 1851, pp. 2 et 3, — *voir* n° 290) ; — P. de Malden (*Bull. du bibl.*, 1850, p. 884). =

**26.** — Documents inédits sur Montaigne, recueillis et publiés par le Dʳ J.-F. Payen. — N° 3. — Ephémérides, lettres et autres pièces autographes et inédites de Michel de Montaigne et de sa fille Eléonore. — *Paris, P. Jannet*, 1855, in-8°, 40 pp., plus 2 pp. de fac similés.

Recueil donnant la copie originale de 46 notes autographes prises dans les *Ephémérides de Beuther*, de la page autographe et des annotations marginales du « César », enfin de deux nouvelles lettres de Montaigne.
= C.R. : — J. Delpit (*Courrier de la Gironde*, 18 août 1855, pp. 2 et 3) ; — E.-J.-B. Rathery (*Bull. du bibl.*, 1855, pp. 185-89) ; — A. de M. (*Bibl. de l'Ecole des Chartes*, XVIII : 1856, pp. 290-91). =

**26a.** — Recherches et documents inédits sur Michel Montaigne. — Habitation et tombeau de Michel Montaigne à Bordeaux. — Addition à la *Remontrance* [nᵒˢ 24 et 25]. — Deux lettres nouvelles de ce philosophe. — Un nouvel autographe [n° 1390]. (*Bull. du bibl.*, 1855, pp. 389-400). — Publ. en brochure : — *Paris, impr. de Maulde et Renou, s.d.* (1855), in-8°, 14 pp.

Les deux lettres considérées sont celles dont Ch. Dosquet venait d'assurer la première publication (*voir* n° 12).

**27.** — Recherches sur Montaigne. Documents inédits recueillis et publiés par le Dʳ J.-F. Payen. — N° 4. — Examen de la vie publique de Montaigne, par M. Grün. — Lettres et Remontrances nouvelles. — Bourgeoisie romaine. — Vues, plans, cachets, fac-simile. — *Paris, J. Téchener*, 1856, in-8°, 68 pp. et 9 pl. de lithogr. et fac-sim.

Parmi les pièces ainsi réunies, seul, l'*Examen* du livre de Grün a été publié dans le *Bull. du bibliophile* (1856, pp. 525-79). Au cours de cette étude, Payen a traité le biographe avec une telle rudesse que celui-ci se vit contraint d'envoyer une lettre irritée au directeur du *Bulletin* (voir p. 644). Mais comme d'autre part il avait fait dans ces mêmes pages une allusion favorable aux travaux effectués sur la question Shakespeare-Montaigne par Philarète Chasles (n° 2805), ce dernier fit parvenir au périodique une lettre de remerciement (*ibid.*, pp. 645-46). Le Dr Payen s'est d'ailleurs chargé de répondre lui-même à l'un comme à l'autre (*ibid.*, pp. 686-87). — (A cette brochure, on joint souvent un extrait du journal *Le Quérard* portant ce titre : « Un mot de réponse au très érudit M. Gustave Brunet, de Bordeaux, au sujet de son article sur Remon Sebon ». [*Paris, impr. de Dubuisson*, s.d., in-8°, 4 pp.]).

= C.R. : — J. Delpit (*Courrier de la Gironde*, 24 août 1856, p. 2). =

**27a.** Caution fournie par Joseph de Lachassaigne pour la dot de sa fille [22 septembre 1565]. (*Arch. hist. de la Gironde*, X : 1868, pp. 171-73).

La minute en a été établie par Léonard Destivalz, notaire royal, le même jour que le contrat de mariage (n° 22).

**28.** Procuration donnée par Michel de Montaigne [22 mai 1566]. (*Arch. hist. de la Gironde*, X : 1868, pp. 175-76).

Par cet acte, le signataire constituait et nommait ses procureurs « en la court et seneschaussée de Perigort, au siege de Perigueux », pour requérir en ladite cour l'insinuation de son contrat de mariage.

**29.** Arrêt du Parlement de Bordeaux en faveur de Michel de Montaigne. (*Arch. hist. de la Gironde*, XIX : 1879, pp. 270-71).

Par dérogation aux privilèges dont disposait la ville de Bordeaux, Montaigne, selon cette décision, était autorisé à y introduire 50 tonneaux de vin de Périgord, à charge pour lui de déclarer que ce vin venait de son cru, et de le faire conduire « par personnes et mariniers catholiques » [7 mai 1588].

**30.** Testament de Pierre Eyquem de Montaigne [4 février 1560]. (*Arch. hist. de la Gironde*, XXIII : 1883, pp. 87-93).

C'est ici le premier testament du père de Montaigne. Pour le second, voir n° 868.

**31.** Florimond de Raymond, successeur de Montaigne au Parlement de Bordeaux. (*Arch. hist. de la Gironde*, XXV : 1887, pp. 410-11).

Texte de la lettre de provision de l'office de conseiller au Parlement de Bordeaux délivrée à Florimond de Raymond, le 23 juillet 1570, par le roi Charles IX.

**32.** Sentence de la Cour présidiale de Guyenne condamnant Michel Eyquem de Montaigne à faire la reconnaissance féodale de deux pièces de vignes en faveur des bénéficiers de l'église Saint-Michel de Bordeaux. (*Arch. hist. de la Gironde*, XXVI : 1888-1889, pp. 192-93).

Pièce d'archives n° XLIV, 17 décembre 1586.

**33.** Cinq arrêts du Parlement de Bordeaux rendus au rapport de Michel de Montaigne. (*Arch. hist. de la Gironde*, XXVIII : 1893, pp. 143-47).

Il s'agit des pièces ci-après : — n° LVI, 6 avril 1562, p. 143 ; — n° LVII, 15 mai 1563, p. 144 ; — n° LVIII, 24 juillet 1563, p. 145 (reprod. en fac-similé) ; — n° LIX, 24 décembre 1563, pp. 145-47) ; — n° LX, 18 avril 1564, p. 147. — Ces documents présentent un double intérêt : — d'abord, au point de vue paléographique, parce qu'ils sont entièrement de la main de Montaigne et révèlent « une écriture penchée, moderne, et d'une facture bien personnelle » (p. 144), ensuite, sur le plan pratique, parce qu'ils font apparaître les aptitudes juridiques incontestables du rédacteur.

34. « Le lycée de garçons de Bordeaux portera le nom de lycée Michel-Montaigne ». (*J.O.* — Lois et décrets — 23 mars 1934, p. 2949).

Ce titre constitue l'art. 1er du décret pris, le 17 mars 1934, par le Président de la République, sur rapport du Ministre de l'Education nationale. Il répondait au vœu émis par le comité de l'Association des anciens élèves du lycée dans sa séance du 11 janvier 1933. — Cf. n° 2976.

35. CARDOZO DE BÉTHENCOURT. — Montaigne parrain d'un marrane [= crypto-juif] portugais. (*Rev. hist. de Bordeaux*, XXXI : 1938, p. 31).

Registre des baptêmes de la cathédrale Saint-André de Bordeaux, F. 201, à la date du 22 décembre 1583 ; — commentaire d'un acte de ce registre.

36. Deux pièces curieuses de 1589 et 1606. (*B.S.A.M.*, 2e sér., n° 6, 1939, p. 49).

Il s'agit notamment d'un jugement d'adjudication de biens saisis à la requête de Montaigne chez un débiteur. (L'autre pièce a été émise par Bertrand de Mattecoulon, son jeune frère).

37. LOIRETTE (Francis). — Un transport de vin pour le compte de Montaigne en 1588. (*Soc. archéol. de Bordeaux*, Bull. et Mém., LXVI : 1965-1970, — *Groupe Jules Delpit* : III, pp. 43-44).

Transcription et présentation du document publié par les *Archives hist. de la Gironde* (voir n° 29).

38. MARCHAND (J.). — Documents originaux relatifs à Montaigne et à sa famille. (*B.S.A.M.*, 4e sér., n° 19, 1969, pp. 9-42).

Successivement : — I. Testament de Pierre Eyquem de Montaigne (22 septembre 1567) [pour le second testament, cf. n° 868]. — II. Présentation et attestation du testament (1568). — III. Transaction entre Pierre-Mathias de Montaigne et sa sœur Marguerite, neveu et nièce de Montaigne (1608). — IV. Contrat de mariage entre François de La Tour et Léonor de Montaigne (26 mai 1590). — V. Règlement de l'affaire d'un carcan de diamants (1619). — Textes, commentaires et notes, ainsi qu'un plan de la région de Montaigne.

39. PAYEN (Dr J.-F.). — Documents inédits ou peu connus sur Montaigne... — *Genève, Slatkine*, 1970, in-8°, 225 pp., pl. dépl.

Réimpression des brochures publiées à Paris en 1847, 1850, 1855 et 1856.

CHAPITRE II

# BIBLIOGRAPHIE — ICONOGRAPHIE
# ORGANISATION DES TRAVAUX

## Etudes bibliographiques

### Bibliographie générale. — Catalogues de collections.

40. DU VERDIER (A.). — La Bibliothèque d'Antoine du Verdier, seigneur de Vauprivas, contenant le Catalogue de tous ceux qui
ont escrit ou traduict en François & autres Dialectes de ce
Royaume, ensemble leurs œuvres imprimees & non imprimees,
l'argument de la matière y traitée... — *A Lyon, par Barthelemy
Honorat*, 1585, in-fol., XXVIII-1233-68 pp.

> Bien qu'il ne comporte que quelques lignes (p. 872), c'est le premier travail
> de bibliographie réalisé à propos de Montaigne. (Il est suivi, pp. 873-81,
> d'une reproduction de l'essai *Des Livres* (II, 10) dans le texte de 1580). —
> Réimpr. au tome V, pp. 63-72, de l'éd. des *Bibliothèques françaises de La
> Croix du Maine et Du Verdier...* publ. par Rigoley de Juvigny... — *Paris,
> Saillant et Nyon*, 1772-1773, 6 vol. in-4°.

41. B[ERNADAU] (P.). — Notice sur les ouvrages de Michel de Montaigne et sur un exemplaire corrigé de sa main, et qui est à la
bibliothèque publique de Bordeaux. (*Bull. polym. du Muséum
d'instr. publ. de Bordeaux*, VI : 1808, pp. 218-24).

> A propos de l'Exempl. de Bordeaux, et par le même auteur, *voir* au n° 160
> la lettre à l'abbé de Fontenai.

42. DUVAL (Amaury). — Notice sur les principales éditions des
*Essais*, et particulièrement sur cette nouvelle édition. — Tome
I<sup>er</sup>, pp. XXXI-XXXVIII, des : — *Essais de Montaigne*, publiés d'après
l'édition la plus authentique, et avec des sommaires analytiques
et de nouvelles remarques... — *Paris, Chassériau*, 1820-1822,
6 vol., in-8°.

43. QUÉRARD (J.-M.). — Montaigne. — Tome VI (1834), pp. 222-25,
de : — La France littéraire ou Dictionnaire bibliographique des
savants, historiens et gens de lettres de la France... qui ont

écrit... plus particulièrement pendant les XVIIIᵉ et XIXᵉ siècles...
Indication [...] des réimpressions des ouvrages français de tous
les âges... — *Paris, Firmin-Didot*, 1827-1864, 12 vol. in-8°.

Description des éditions du XVIIIᵉ siècle et du début du XIXᵉ pour les
*Essais*, le *Journal de voyage* et les *Extraits*.

44. PAYEN (J.-F.), D.M. — Notice bibliographique sur Montaigne. —
*Paris, impr. de E. Duverger*, 1837, in-8°, 72 pp. — Tirage à part
de la notice annexée (pp. XIII-XLVIII) à l'éd. de Montaigne
donnée en 1837 par J.A.C. Buchon dans la coll. du *Panthéon
littéraire*.

Classé chronologiquement comme la première étude bibliographique d'une
réelle importance sur Montaigne, ce travail réunit : — la liste descriptive
et un tableau des éditions françaises des *Essais* de 1580 à 1836 ; la liste des
extraits des *Essais* ; les premières éditions du *Journal de voyage* ; une
étude iconographique ; le catalogue des ouvrages publiés sur le château
de Montaigne, enfin celui des écrits relatifs à Montaigne et à son œuvre.
Soit au total 117 articles particuliers.
= C.R. : — Ch. Nodier (*Bull. du bibl.*, 1838, pp. 3-4). =
Cette notice a reçu ultérieurement les deux suppléments suivants :
— *Premier supplément à la Notice bibliographique sur Montaigne, par M.
J.F. Payen, D.M.P.* — In-8° de 2 ff., paginés 73 à 76 et datés du 5 septembre
1837.
Il contient quelques rectifications à effectuer sur le texte initial et apporte
des renseignements nouveaux.
— *Deuxième supplément à la Notice bibliographique sur Montaigne, par
le Dr J.-F. Payen.* — In-8° de 2 ff., paginés 77 à 80 et datés d'avril 1860.
C'est un tiré à part de la lettre à Techener publiée dans le *Bull. du bibliophile* de 1860 (pp. 1204-07) et relative au célèbre « carton » de l'édition de
1595, p. 63.

45. HAZLITT (William). — Bibliographical notice of the editions of
Montaigne, compiled from Doctor Payen and other authorities.
— Pp. LXVI-XCI de : — The works of Montaigne edited by William
Hazlitt... — *London, John Templeman*, 1842, in-8°, XCI-660 pp.
à 2 col.

46. BOURQUELOT (F.) et MAURY (A.). — Montaigne. — P. 439 de :
— La littérature française contemporaine, 1827-1849, continua-
tion de la *France littéraire*... [cf. n° 43]... Tome V. — *Paris,
Delaroque aîné*, 1854, in-8°, 658 pp.

Catalogue des éditions de Montaigne et de divers documents publiés de
1837 à 1850.

47. BRUNET (J.-Ch.). — Montaigne. — Tome III (1862), col. 1835-
1842, du : — Manuel du libraire et de l'amateur de livres.
Cinquième édition originale entièrement refondue et augmentée
d'un tiers par l'auteur. — *Paris, Firmin-Didot*, 1860-1865, 6 vol.
in-8°.

Liste des éditions de Montaigne depuis 1580 et des principales études qui
lui ont été consacrées ainsi qu'à son œuvre.

48. GERGERÈS (J.-B.). — [Les *Essais* de Montaigne]. — Pp. 114-32 de l' : — Histoire et description de la Bibliothèque publique de la ville de Bordeaux, et aperçu des principaux ouvrages, soit imprimés, soit manuscrits, qu'elle renferme. — *Paris, Derache ; Bordeaux, Coderc, Degréteau et Poujol*, 1864, in-8°, 276 pp. — (Extrait du *Congrès scientifique de France*, 28ᵉ session [1861], tome V).

L'auteur, ancien magistrat devenu bibliothécaire de la ville de Bordeaux, a décrit dans ces pages des exemplaires d'éditions des *Essais* qui étaient en dépôt à la Bibliothèque, et plus spécialement l'« exemplaire des Feuillants ».

49. MOLAND (L). — [Bibliographie de Montaigne et de La Boétie]. — Tome IV (1866), pp. 445-60, des : — Essais de Michel de Montaigne. Nouvelle édition avec les notes de tous les commentateurs, choisies et complétées par M. J.-V. Le Clerc... — *Paris, Garnier frères*, 1865-1866, 4 vol. in-8°.

Les renseignements bibliographiques portant sur les éditions et les études essentielles ont été fournis par la *Notice* du Dʳ Payen et par le *Manuel du libraire* de J.-Ch. Brunet.

50. [Ouvrages relatifs à Montaigne]. — Pp. 64-65 du : — Catalogue de l'Histoire de France. Tome X... — *Paris, Firmin-Didot*, 1870, in-4°, 777 pp. — (*Bibliothèque impériale. — Département des imprimés*).

Liste descriptive de 32 ouvrages.

51. Le docteur Payen et Montaigne. (*Bull. du bibl.*, 1873, pp. 238-39).

A propos de la vente aux enchères publiques de la bibliothèque Payen. Seule, la collection relative à Montaigne n'a pas été dispersée ; elle est devenue, on le sait, la propriété de la Bibliothèque nationale.

52. RICHOU (G.). — Inventaire de la collection des ouvrages et documents sur Michel de Montaigne réunis par le Dʳ J.-F. Payen et conservés à la Bibliothèque nationale, rédigé et précédé d'une Notice... — *Bordeaux, impr. gén. d'Emile Crugy*, 1877, in-8°, XVII-397 pp. — (*Tablettes des Bibliophiles de Guyenne*, II).

Inventaire dédié par son éditeur, Jules Delpit, au savant bordelais Reinhold Dezeimeris. — Divisé en 10 sections, il décrit la totalité de la collection bibliographique et iconographique réalisée par le Dʳ Payen, et qui fut achetée 31.000 fr. à la mort de celui-ci par la Bibliothèque nationale où elle est entreposée au département de la Réserve. — Il a été réimprimé la même année à Paris, chez Téchener, avec un nouveau titre.
= C.R. : — A. Reader (*La Gironde*, 28 février 1878, supplément, p. 2). =

53. ALLAIS (G.). — Les *Essais* de Montaigne. Note bibliographique. (*Rev. de l'ens. second. et de l'ens. sup.*, VI : 1886-1887, fasc. 11, 1ᵉʳ janv. 1887, pp. 481-87, et fasc. 12, 15 janv. 1887, pp. 528-36).

Sur l'intérêt qu'il y aurait à classer les éditions des *Essais* de manière à disposer exactement les états successifs du texte de Montaigne. Utilité de se livrer à l'étude des variantes pratiquées par Montaigne, ce qui permet-

trait de constituer une édition critique de son livre. — Cette note a fait
l'objet d'un tirage à part sous le titre suivant :
— Les *Essais* de Montaigne. Note bibliographique pour servir d'appendice
à l'étude critique : « Montaigne et ses lectures » [cf. n° 1199], à l'usage des
candidats aux examens supérieurs... — *Paris, Paul Dupont*, 1887, in-8°, 18 pp.
= C.R. : — *Rev. de l'ens. second. et de l'ens. sup.*, VII : 1887-1888, p. 347). =

54. VICAIRE (G.). — [Description chronologique et méthodique des
éditions des *Essais* publiées de 1802 à 1889]. — Tome I$^{er}$ (1894),
col. 536 et 628 ; — tome II (1895), col. 342, 518, 527, 540 et 766 ;
— tome V (1904), col. 1074 à 1084 et col. 1128, du : — Manuel
de l'amateur de livres du XIX$^e$ siècle... Préface de Maurice Tourneux... — *Paris, A. Rouquette*, 1894-1920, 8 vol. in-8°.

55. BONNEFON (P.). — Bibliographie de Montaigne. — Tome III
(1897), pp. 483-85 de l' : — Histoire de la langue et de la littérature françaises des origines à 1900, publiée sous la direction
de L. Petit de Julleville. — *Paris, A. Colin*, 1896-1899, 8 vol. in-8°.

56. JEANROY (A.). — Note bibliographique [sur Montaigne]. — Pp.
XXXIII-XXXV des : — Principaux chapitres et extraits des «Essais»,
publiés avec des notices et des notes... — *Paris, Hachette*, 1897,
in-16, XXXV-379 pp. — (Coll. des *Classiques français*).

57. ROUMEJOUX (A. de), BOSREDON (Ph. de), et VILLEPELET (F.). —
Montaigne. — Tome II (1898), pp. 268-95, de la : — Bibliographie
générale du Périgord... — *Périgueux, impr. de la Dordogne*,
1897-1901, 5 vol. in-8° à 2 col. — (*Publications de la Société
historique et archéologique du Périgord*).

Répertoire bibliographique groupant les principales éd. et trad. de Montaigne, des extraits, ainsi qu'un grand nombre d'écrits relatifs au moraliste
et à son œuvre.

58. COURBET (E.). — Bibliographie des éditions originales des *Essais*.
— Tome V (1900), pp. CLXIX-CC, de l'édition des *Essais*... par E.
Courbet et Ch. Royer. — *Paris, A. Lemerre*, 1872-1900, 5 vol. in-8°.

Enrichie d'un important commentaire, cette bibliographie contient également la description des publications faites par Montaigne antérieurement
à 1580 (*La Théologie naturelle de Raymond Sebon*, — *La Mesnagerie de
Xénophon*, — les *Vers françois de La Boétie*). Elle a été augmentée, pp.
CLXXXI-CXCVI, du texte des sonnets de La Boétie, supprimés par les éditeurs
de 1595, et se termine par une étude sur le « carton » de la p. 63 (éd. de
1595) et sur la constitution du texte qui nous est parvenu avec l'Exemplaire
de Bordeaux. — *Voir* aussi n° 532.

59. ARMAINGAUD (D$^r$ A.). — Editions de Montaigne de 1588 et de
1580. Rectification des erreurs de pagination insuffisamment
et inexactement signalées jusqu'à ce jour. (*Intermédiaire*, 1902,
vol. XLV, col. 890-96 et 949).

Sur les erreurs de pagination de l'éd. de 1588, voir aussi le n° 65.

60. BETZ (L.-P.). — La littérature comparée. Essai bibliographique...
Introduction par Joseph Texte... 2ᵉ édition augmentée, publiée
avec un index méthodique, par Fernand Baldensperger. — *Strasbourg, Karl J. Trübner*, 1904, in-8º, XXVIII-215 pp.

25 ouvrages cités *passim*, relatifs à l'influence de Montaigne à l'étranger.

61. IVES (G.-B.) — Bibliography of the Essays. — Tome III (1904),
pp. 417-92, de : — Essays of Michael, Lord of Montaigne, written
by him in French and done into English by John Florio. [Edited
by George B. Ives]. — *Boston and New York, Houghton, Mifflin
and Cº*, 1902-1904, 3 vol. in-fol., portr., fac-sim.

Cette bibliographie, assez souvent appuyée sur les remarques faites par le
Dʳ Payen dans sa *Notice bibliographique* (nº 44), analyse 67 éd. françaises
depuis celle de 1580 jusqu'à l'éd. Courbet et Royer et 5 éd. anglaises (de
1603 à 1842). Elle comporte de très belles reproductions de titres, pages de
texte, etc., qui ont été présentées dans le format de l'original.

62. RAND (B.). — Montaigne. — Vol. I, pp. 378-80, de la : — Biblio-
graphy of philosophy, psychology and cognate subjects. —
*New York, London, Macmillan & Cº*, 1905, 1 tome en 2 vol. in-4º,
XXIV-1188 pp.

Constitue le t. III (1ʳᵉ et 2ᵉ parties) du *Dictionary of philosophy and psychology* de James Mark Baldwin. — *N.Y., Lond., Macmillan...* 1901-1905, 3 t.
en 4 vol. in-4º.

63. Catalogue des livres de la bibliothèque de feu M. Henri Bordes,
de Bordeaux. — *Paris, A. Durel*, 1911, gr. in-8º, 218 pp.

Sur Montaigne, voir pp. 22-25.

64. Liste chronologique des éditions des *Essais* depuis l'édition
originale (1580) jusqu'au 31 décembre 1912. (*B.S.A.M.*, 1ᵉʳ sér.,
nº 1, 1913, pp. 63-74).

91 éd. françaises citées ; — autres ouvrages de Montaigne (trad. de la
*Théologie naturelle, Journal de voyage*) : — trad. de ses œuvres à l'étranger. — Des erreurs typographiques assez nombreuses encombrent fâcheu-
sement ce travail.

65. [ARMAINGAUD (Dʳ A.)]. — Avertissement sur la pagination de la
*Reproduction en phototypie de l'Exemplaire avec notes manus-
crites des Essais de Montaigne*, publié par la Maison Hachette.
(*B.S.A.M.*, 1ʳᵉ sér., nº 1, 1913, p. 75).

Notice destinée à s'adapter à l'« édition phototypique » de F. Strowski
(1912). Elle souligne les erreurs de pagination spéciales à l'éd. de 1588 (sur
ce sujet, voir aussi dans le même Bulletin, les pp. 43-45).

66. ROUJON (H.). — Les Essais de Montaigne. (*Rev. de la Renaissance*, XIV : 1913, pp. 44-48).

Considérations sur diverses éditions des *Essais* à propos de l'offre faite
par la maison Hachette à la jeune Société des Amis de Montaigne d'un
exemplaire de la « reproduction phototypique du *Montaigne de Bordeaux* ».

67. Catalogue de la bibliothèque de feu M. Reinhold Dezeimeris...
Première partie. — *Bordeaux, Mounastre-Picamilh*, 1914, in-8°,
156 pp.

> Liste des éd. des *Essais* et des études relatives à Montaigne qui figuraient
> dans la coll. Dezeimeris (n°s 82 à 106, pp. 12-15). — *Voir* n° 170.

68. LABADIE (E.). — Variations des prix des éditions *princeps* des
*Essais* de Montaigne, avec quelques considérations bibliogra-
phiques sur ces éditions... (*Bull. de la Soc. hist. et archéol. du
Périgord*, XLIII : 1916, pp. 101-10 et 165-80). — Tirage à part :
— *Bordeaux, Mounastre-Picamilh*, 1916, in-8°, 30 pp.

> Etude bibliogr. des éd. de 1580, 1582, 1587, 1588 et 1595, indication de cer-
> tains prix obtenus dans les ventes, et remarques particulières concernant
> certaines éd. des *Essais* parues au XIXe siècle.

69. Catalogue de la bibliothèque de feu M. Ernest Labadie, membre
de la Société des Archives historiques de la Gironde. — *Bordeaux, Mounastre-Picamilh*, 1918, in-8°, 412 pp.

> Riche collection où l'on trouvait de nombreuses éd. de Montaigne (le propre
> exempl. de Naigeon de son éd. de 1802, avec le très rare « Avertissement »,
> des éd. réliées par Simier, Thouvenin, etc.), des extraits, éloges et études
> diverses (cf. les n°s 2102 à 2202, pp. 203-15 de ce catalogue).

70. Catalogue de la bibliothèque de M. Ph.-L. de Bordes de Fortage... — *Bordeaux, Mounastre-Picamilh*, 1924-1927, 3 parties en
1 vol. in-8°.

> Sur Montaigne, voir pp. 81-84.

71. LANSON (G.). — Montaigne. — Pp. 207-13, 1575-76, etc., du : —
Manuel bibliographique de la littérature française, XVIe, XVIIe,
XVIIIe et XIXe siècles. Nouvelle édition revue et corrigée. — *Paris,
Hachette*, 1925, in-8°, XXXII-1820 pp. (5 fasc. à pagin. continue).

> La première partie comporte 103 articles (n°s 2551 à 2653, mais il s'y ajoute
> 26 autres articles répartis dans le corps de l'ouvrage (voir la table analy-
> tique au fasc. V).

72. CHASE (Frank H.). — Michel de Montaigne, list of his works
and books about him in the Boston Library. (*More Books*, 6th
ser., I : 1926, pp. 10-16).

73. Bibliothèque de Dr Armaingaud. Catalogue annoté de toutes les
éditions des *Essais* de Montaigne (1580-1927). — *Paris, Conard*,
1927, in-8°, 41 pp.

> Décrit 79 éd. des *Essais*, l'exemplaire des *Annales* de Nicole Gilles annoté
> par Montaigne, ainsi que divers ouvrages de Montaigne ou relatifs à Mon-
> taigne.

74. CLAUDIN (A.). — Montaigne [éditions ; ouvrages et documents
le concernant]. — Pp. 1-5 de la : — Bibliographie des éditions
originales d'auteurs français des XVIe, XVIIe et XVIIIe siècles,

réunies par M. A. Rochebilière, ... revue, corrigée et augmentée par Joseph Place. — *Paris, Ed. de la Chronique des Lettres françaises* (*Aux Horizons de France*), 1930, in-8°, VIII-299 pp.

75. HUARD (G.). — Montaigne (Michel Eyquem de). — Tome CXVII (1932), col. 914-64 du : — Catalogue général des livres imprimés de la Bibliothèque nationale. — Auteurs. — *Paris, Impr. nationale*, 1897 sqq., in-8°.

Relevé des éd. de Montaigne complètes, partielles (*Essais, Journal de voyage*, etc.) ou fragmentaires (extraits, pensées choisies, etc.) publiées en France et à l'étranger de 1580 à 1931.

76. Liste des éditions françaises des *Essais* de 1580 à nos jours. (*Montaigne. Conférences.* 1933, pp. 373-88).

83 éd. cataloguées.

77. MAGNE (E.) — [Chronique littéraire : Montaigne]. (*Merc. de Fr.*, 1933, t. CCXLII, 15 février, pp. 127-38).

A la veille de la célébration du IVe centenaire, E. Magne a examiné ici les plus récentes publications (éditions, études) et signalé un certain nombre de points qui demandaient à être éclairés.

78. MORNAND (P.). — Bibliophilie. — Quelques éditions des *Essais* de Montaigne. (*Hippocrate*, I : 1933, pp. 1271-79, avec 4 fac-sim.).

Etude d'un certain nombre d'éd. publiées en France depuis 1580, et plus spécialement de l'éd. illustrée par Gustave Doré en 1859.

79. TCHEMERZINE (Avenir). — Montaigne (Michel de), 1533-1592. — Tome VIII, fasc. 3 (1933), pp. 402-46, de la : — Bibliographie d'éditions originales et rares d'auteurs français des XVe, XVIe, XVIIe et XVIIIe siècles, contenant environ 6000 fac-similés de titres et de gravures. — *Paris, Marcel Plée*, 1927-1934, 30 fasc. en 10 vol. gr. in-8°.

Description des éd. des *Essais* publiées de 1580 à 1754, des éd. du *Journal de voyage* (1774) et de l'éd. originale de la trad. de la *Théologie naturelle* (1569). Reproduction en fac-sim. de 64 titres, dont 62 pour les *Essais*, et de 12 portraits-frontispices, dont 1 pour le *Journal de voyage*.

80. HOURCADE (P.). — Les publications françaises du centenaire de Montaigne. (*Boletin do Inst. francês de Portugal*, IV : 1934, nos 3-4, pp. 167-73).

A propos des études publiées sur Montaigne en 1933 par : Jean Balde, P. Ballaguy, V. Bouillier, A. Lamandé, J. Plattard, A. Thibaudet, et des conférences du quadricentenaire.

81. GIRAUD (Jeanne). — Montaigne (Michel de). — Pp. 42-47 du : — Manuel de bibliographie littéraire pour les XVIe, XVIIe et XVIIIe siècles français, 1921-1935. — *Paris, J. Vrin*, 1939, in-8°, XVII-304 pp. — (*Publications de la Faculté des lettres de l'Université de Lille*, II).

Pour les périodes suivantes, voir les nos 87 et 100.

82. Wiley (William L.) et Will (Samuel F.). — Recent literature
of the Renaissance [French section]. (*Stud. in philol.*, XXXVI
(1939) à LXVI (1969).

Avant 1939, cette bibliographie, publiée dans le n° d'avril de la revue, était
exclusivement consacrée à la Renaissance anglaise, mais on y trouvait déjà
des titres se rapportant à Montaigne, principalement au chap. VIII :
*Continental influences.* A partir de 1939, l'index bibliographique s'étendant
à un certain nombre de pays, les notices relatives à Montaigne se sont
trouvées répertoriées au chap. VI de la section française. — Depuis 1970,
la revue a interrompu le service de cette documentation.

83. Frame (Donald M.). — Bibliographie (1812-1852). — Pp. 235-94
de : — Montaigne in France... (n° 2756).

Trois parties observées : — *études de références générales* ; — *études particulières* (ouvrages, articles de périodiques) ; — *éditions* (26 éditions des
*Essais*, de 1816 à 1850).

84. Tannenbaum (Samuel A.). — Michel Eyquem de Montaigne. A
concise bibliography (3000 items). — *New York, The author*,
1942, in-8°, XII-137 pp. (*Elizabethan bibliographies*, n° 24). —
Réimpr. par Dorothy R. Tannenbaum, avec l'ensemble des
*Elizabethan bibliographies*, au vol. 6 desquelles elle figure. —
*Port Washington, N.Y., Kennikat Press*, (1967), in-8°.

Cette bibliographie présente l'intérêt d'être la première qui ait été réalisée
sur Montaigne depuis celle du D$^r$ Payen (n° 44). Elle comprend 2973 notices
chiffrées, dont quelques-unes ont été doublées, et que l'auteur s'est efforcé
de répartir de son mieux suivant des thèmes essentiels. On lui a reproché
d'avoir admis trop d'ouvrages secondaires et en outre d'avoir commis
quelques erreurs ou confusions, soit dans le classement des titres énoncés,
soit dans la reproduction de certains de ces titres, soit encore en citant
comme études effectives de simples comptes rendus d'ouvrages. Néanmoins,
son travail reste précieux car il apporte une contribution importante à la
bibliographie montaigniste, notamment en faisant connaître un grand
nombre d'études publiées en Allemagne, en Angleterre et aux U.S.A. au
XIX$^e$ siècle et dans la première partie du XX$^e$.

85. Fromm (Hans.). — Montaigne (Michel Eyquem de). — Tome IV
(1951), pp. 442-44 de : — Bibliographie deutscher Übersetzungen
aus dem Französischen, 1700-1948... [Bibliographie des traductions allemandes d'imprimés français]. — *Baden-Baden, Verlag
für Kunst und Wissenschaft*, 1950-1953, 6 vol. in-8°.

Sont répertoriées 31 trad. allemandes des œuvres de Montaigne.

86. Cabeen (David C.) et Brody (Jules). — A critical bibliography
of French literature... — *Syracuse University Press*, 1951-1961,
4 vol. in-8°.

Vol. II (1956) : *The sixteenth century*, ed. by Alexander H. Schutz. — Principales études référencées :
— par Harry Kurz : *Dispute of the Authorship of the Contr'un*, n$^{os}$ 1457-
1487 ;
— par Richard R. Strawn et Samuel F. Will : — Bibliographie de Montaigne, n$^{os}$ 1488-1806 ;
— par Philip M. Cheek : *Anglo-French Relations* (infl. de Montaigne, n$^{os}$
2803, 2830... 2850).

Vol III (1961) : *The seventeenth century*, ed. by Nathan Edelman, — *passim* : du n° 723 au n° 4613, on trouve 35 notices sur des questions diverses. Vol. IV (1951) : *The eighteenth century*, ed. by George R. Havens & Donald F. Bond, — voir les n°ˢ 829, 1035, 1810, 2087, 2152 et 2674.

87. GIRAUD (Jeanne). — Montaigne (Michel de). — Pp. 75-79 du : — Manuel de bibliographie littéraire pour les XVIᵉ, XVIIᵉ et XVIIIᵉ siècles français, 1936-1945... — *Paris, Nizet*, 1956, in-8°, XIII-270 pp.

88. DESGRAVES (L.). — La vie intellectuelle à Bordeaux aux XVIᵉ et XVIIᵉ siècles. — *Bordeaux, impr. Clèdes et fils*, 1957, in-8°, 126 pp.

Exposition organisée à la Bibliothèque municipale de Bordeaux à l'occasion du 82ᵉ Congrès National des Sociétés Savantes. Les documents relatifs à Montaigne et à ses amis figurent à la Vᵉ partie de ce catalogue, pp. 51-59, et, spécialement pour Montaigne, aux n°ˢ 146 à 167.

89. MICHEL (P.). — Bibliographie montaigniste pratique (1580-1950). (*B.S.A.M.*, 3ᵉ sér., n° 1, 1957, pp. 62-80).

Essai de bibliographie critique concernant Montaigne et son œuvre.

90. LANGLOIS (P.) et MAREUIL (A.). — Sagesse française : Montaigne. — Pp. 60-61 du : — Guide bibliographique des études littéraires. — *Paris, Hachette* (1958), in-8°, 256 pp.

91. SAINT-MARTIN (J.). — Les rééditions des « Essais » depuis cinquante ans. (*Bull. de la Soc. hist. et archéol. du Périgord*, LXXXV : 1958, pp. 158-60).

A propos de la publication des *Essais* mis en français moderne par Pierre Michel (coll. « Astrée » du *Club du Meilleur Livre*).

92. CIORANESCO (A.). — Montaigne (Michel Eyquem, seigneur de), 1533-1592. — Pp. 491-509 de la : — Bibliographie de la littérature française du seizième siècle. Collaboration et préface de V.-L. Saulnier, professeur à la Sorbonne. — *Paris, C. Klincksieck*, 1959, gr. in-8°, XV-745 pp.

Répertoire de 773 titres relatifs à Montaigne, à son œuvre (éditions, études) et à ses amis.

93. BALDENSPERGER (F.) et FRIEDERICH (W.P.). — [Montaigne, ses sources et son influence]. — PP. 269, 277, 289 et 504-05 de : — Bibliography of comparative literature. — *New York, Russell & Russell*, 1960, in-8°, XXIV-705 pp.

94. KLAPP (Otto). — Bibliographie der französischen Literaturwissenschaft. [Bibliographie de l'histoire littéraire française]... — *Frankfurt am Main, Vittorio Klostermann*, 1960 sqq., in-8°.

Dans cette bibliographie périodique de la littérature française, Montaigne occupe une place importante. Du tome Iᵉʳ (1960) jusqu'au tome VI inclus

(1969), les notices constituées à son sujet y sont réparties, comme pour les autres grands écrivains, entre plusieurs sections de classement, mais à partir du tome VII (1970), les sections disparaissent et les notices sont disposées dans l'ordre alphabétique des auteurs d'études.

95. BONNET (P.). — Table analytique du Bulletin de la Société des Amis de Montaigne, 1<sup>re</sup> et 2<sup>e</sup> séries, précédée d'une introduction historique. (*B.S.A.M.*, 3<sup>e</sup> sér., n° 20, 1961, 84 pp.).

= C.R. : — *Studi fr.*, VII (1963), n° 20, p. 341. =

96. RANCŒUR (R.). — Bibliographie de la littérature française, publiée par la Société d'histoire littéraire de la France, avec le concours du C.N.R.S. — *Paris, A. Colin*, 1963 sqq., in-8°.

En réalité, cette bibliographie avait été confiée, dès 1949, à R. Rancœur qui en a assuré la publication périodiquement dans chaque fascicule de la *R.H.L.F.*, et à partir de 1963, elle a fait l'objet d'une synthèse annuelle dont ces dépouillements dont les notices ont reçu un chiffrage seulement en 1967. Pour Montaigne, leur ensemble occupe, chaque année, deux à trois pages du volume ainsi réalisé.

97. BONNET (P.). — Table analytique du Bulletin de la Société des Amis de Montaigne, 3<sup>e</sup> série (1957-1964)... (*B.S.A.M.*, 3<sup>e</sup> sér., n° 32, 1964, 42 pp.).

98. SAINT-MARTIN (J.). — Sur quelques-unes des premières éditions des *Essais*. (*B.S.A.M.*, 4<sup>e</sup> sér., n° 8, 1966, pp. 17-21).

Description d'exemplaires de 9 éd. des XVI<sup>e</sup> et XVII<sup>e</sup> siècles.
= C.R. : — R. Campagnoli (*Studi fr.*, XIII, 1969, n° 38, p. 336). =

99. MICHEL (P.). — Initiation à une bibliographie pratique de Montaigne. (*B.S.A.M.*, 4<sup>e</sup> sér., n° 14, 1968, pp. 47-60).

Bibliographie méthodique présentant, avec quelques commentaires, des titres d'éd. de Montaigne (*Essais, Journal*, éd. partielles) et d'études sur l'écrivain et son œuvre (biographie, Montaigne et les *Essais*, la religion, la morale, etc., l'art et la langue, la fortune de Montaigne).
= C.R. : — *Studi fr.*, XV (1971), n° 44, p. 339. =

100. GIRAUD (Jeanne). — Montaigne (Michel de). — Pp. 150-57 du : — Manuel de bibliographie littéraire pour les XVI<sup>e</sup>, XVII<sup>e</sup> et XVIII<sup>e</sup> siècles français, 1946-1955... — *Paris, Nizet*, 1970, in-8°, XIV-493 pp.

101. BONNET (P.). — Table analytique de la 4<sup>e</sup> série du Bulletin de la Société des Amis de Montaigne (1965-1971). — (*B.S.A.M.*, 5<sup>e</sup> sér., n<sup>os</sup> 3-4, 1972, pp. 37-79).

101*a*. FRANÇON (M.). — Remarques sur les éditions des *Essais*. (*B.S.A.M.*, 5<sup>e</sup> sér., n° 9, 1974, pp. 61-63).

Au sujet des périodes qui se sont révélées pauvres en éditions de Montaigne.

*Etudes bibliographiques particulières.*

102.  Extrait d'une lettre écrite de Toulouse, sur une nouvelle édition des œuvres de G[eoffroy] de la Chassaigne, et des *Essais* de Montagne. (*Merc. de Fr.*, mai 1724, pp. 943-45).

> A propos d'une nouvelle éd. des *Essais*, dans laquelle ceux-ci devaient être présentés « revus, éclaircis et châtiez, sans toucher cependant au style naïf et aux termes qui sont propres » à l'auteur. Mais, on le sait, cette éd. à laquelle devait travailler Dom Jean Martial de la Chassaigne, religieux bénédictin de la Congrégation de Saint-Maur, n'a pas dépassé l'état de projet. — *Voir* n° 137a.

103.  [Compte rendu de la 4e édition des *Essais* donnée par Pierre Coste. — *A Londres, J. Nourse*, 1739, 6 vol. in-12]. (*Merc. de Fr.*, octobre 1740, pp. 2247-49).

104.  Essais de Michel, seigneur de Montaigne, édition stéréotype. — Paris, an X-1802, 4 vol. (*Annales littéraires et morales*, 5e cahier, an XI-1803, pp. 225-47).

> Etude extrêmement sévère de l'éd. de Naigeon, jugée « tout à la fois bizarre et inepte », et où Naigeon lui-même est considéré comme le « correcteur ou corrupteur » (p. 230) d'un texte, celui de Bordeaux, dont les leçons originales sont en effet attribuées à l'« entrepreneur » de 1802 plutôt qu'à l'auteur des *Essais*. On souligne en outre que Naigeon avait eu un autre but en préparant cette édition, celui d'« en faire un des boulevards de l'athéisme » (p. 231) comme il l'a montré dans sa fameuse préface. — Cf. n° 3048.

105.  Peignot (G.). — Montaigne. Les Essais, revus et scrupuleusement collationnés sur un exemplaire corrigé de la main de l'auteur : (édition stéréotype). *Paris, an XI* [sic], *4 vol. in*-12 ou *in*-8°. — Pp. 92-93 du : — Répertoire de bibliographies spéciales, curieuses et instructives... — *Paris, Renouard*, 1810, in-8°, xvi-286 pp.

> Description de l'éd. Naigeon, — la méthode employée par l'éditeur, — le fameux *Avertissement*.

106.  Nisard (D.). — Les *Essais* de Montaigne, publiés par M. Joseph-Victor Le Clerc. (*J. des Débats*, 11 mai 1829, pp. 2-3).

107.  Payen (Dr J.-F.). — Note sur une édition de Montaigne de Paris, 1625. — Note sur les éditions de 1602. (*Bull. du bibl.*, 1845, pp. 401-02).

108.  Grün (A.). — Essais de Montaigne, suivis de la correspondance et de la servitude volontaire d'Estienne de la Boétie ; édition variorum... (*L'Athenaeum français*, 28 octobre 1854, pp. 1005-06).

> Etude bibliographique de l'éd. Ch. Louandre.

109. HIVER DE BEAUVOIR (A.). — Les éditions originales de Montaigne. (*Arch. du bibl.*, II : 1859, pp. 319-21).

110. SACY (Sylv. de). — Note sur l'édition originale de 1588 des *Essais* de Montaigne. — Tome Ier (1873), pp. IX-XVII de l'édition des *Essais* de Montaigne, réimprimés sur l'édition de 1588, avec notes, glossaire et index par MM. H. Motheau et D. Jouaust... — *Paris, Librairie des Bibliophiles*, 1873-1875, 4 vol. in-8°.

111. W.M.T. — A 1659 edition of the *Essays*. (*Notes & Qu.*, 6th ser., 1885, vol. XII, pp. 303 et 394).

112. COURBET (E.). — Les derniers éditeurs de Montaigne. (*Bull. du bibl.*, 1906, pp. 473-78).

Examen un peu sévère de l'Edition municipale des *Essais*, à l'occasion de la publication de son 1er volume.

113. COURTEAULT (P.). — Une nouvelle édition des « Essais » de Montaigne. (*Ann. du Midi*, XIX : 1907, pp. 128-30).

Description du tome Ier de cette Edition municipale grâce à laquelle « il est désormais possible de faire l'histoire du livre et de la pensée de Montaigne ». La qualité de la présentation et les scrupules apportés par l'éditeur (F. Strowski) à l'établissement du texte sont particulièrement soulignés.

114. ARMAINGAUD (Dr A.). — [Sur la constitution de l'édition de l'Imprimerie nationale ; ses deux « concurrentes », l'Edition municipale et l'Edition phototypique]. (*B.S.A.M.*, 1re sér., n° 1, 1913, pp. 34-45).

Communication présentée dans la séance du 21 décembre 1912 de la Société. Elle est complétée en appendice (pp. 60-62) par le texte de la lettre adressée en 1905 au directeur de l'Imprimerie nationale, et qui fut le point de départ de cette édition.

115. COURBET (E.). — Allocution aux « Amis de Montaigne ». (*B.S.A.M.*, 1re sér., n° 1, 1913, pp. 48-53).

L'Exemplaire de Bordeaux et sa reproduction dans l'éd. de l'Imprimerie nationale.

116. BEAULIEU (C.). — [Burgaud des Marets et sa participation à la « future » édition des *Essais* du Dr Payen]. — Pp. 157-70 de : — Vie et travaux de Burgaud des Marets, philologue, bibliophile et poète Saintongeais (1806-1873). — *La Rochelle, Editions Rupella*, 1928, in-8°, 310 pp., portr.

L'étude est augmentée de nombreuses lettres de B. des Marets, de Gustave Brunet et de R. Dezeimeris, adressées au Dr Payen et relatives à cette édition *optima* qui devait être publiée dans la *Bibliothèque elzévirienne* de P. Jannet, mais dont certaines divergences de vue entre les érudits rendirent impossible la mise à exécution. — *Voir* n° 152.

117. **LAMBERCY (H.).** — Conditions de publication de l'édition Dezeimeris et Barckhausen des *Essais* en 1870-1871. (*Bull. de la Soc.
des Bibl. de Guyenne*, I : 1931, n° 2, pp. 68-70).

118. **MICHAUX (Dr F.).** — Les véritables originales : [le] *Journal du
voyage* de Montaigne. (*Bull. du bibl.*, 1931, pp. 469-72).

L'auteur démontre qu'en dépit des affirmations de tous les bibliographes,
la véritable éd. originale du *Journal du voyage* publié chez Le Jay en 1774,
n'est pas l'éd. in-4° mais bien l'éd. in-12 en 2 volumes.

119. **LOUCHEUR.** — L'édition originale du *Voyage de Montaigne*
[lettre]. (*Bull. du bibl.*, 1931, p. 528).

Rectification d'une erreur du Dr Michaux (n° 118, p. 472), pour lequel
l'épître dédicatoire à Buffon n'existerait pas dans l'éd. in-12 du *Journal*. —
*Voir* aussi une lettre d'A. Lelarge sur le même sujet (*Bull. du bibl.*, 1931,
p. 576).

120. **SALLES (A.).** — La première édition des *Essais* de Montaigne
(1580). Corrections et retouches. (*Bull. du bibl.*, 1931, pp. 6-12).

121. **LAMBERCY (H.).** — Publication de l'*Inventaire de la collection
Payen*, exécuté par G. Richou en 1878. (*Bull de la Soc. des Bibl.
de Guyenne*, II : 1932, n° 7, pp. 71-73).

122. **B[ALDENSPERGER] (F.).** — A propos de l'édition de Montaigne
par Pierre Coste. Un passage de la correspondance diplomatique
française en Grande-Bretagne. (*Rev. de litt. comp.*, XIII : 1933,
p. 352).

Texte d'une lettre du résident de France, Chammorel, au duc de Bourbon,
à Paris, relative aux conditions d'acquisition d'un exemplaire de l'éd. des
*Essais* de Londres (1724).

123. **MASSONNEAU (E.).** — Communication [à la Société des Bibliophiles de Guyenne sur l'éd. des *Essais* publiée par Bry en 1859
et illustrée par Gustave Doré, et sur deux éd. des *Diverses
leçons* de P. Messie]. (*Bull. de la Soc. des Bibl. de Guyenne*,
III : 1933, n° 11, pp. 90-92).

124. **TANNERY (J.).** — La collation du Montaigne de 1588. (*Bull. du
bibl.*, 1933, pp. 538-41).

Sur les erreurs de pagination fréquentes dans cette édition, et qu'Emile
Picot avait signalées dans le tome V (1920) du catalogue James de Roth-
schild.

125. **LELARGE (A.).** — A propos du *Montaigne* de 1588 [lettre]. (*Bull.
du bibl.*, 1934, p. 48).

C'est en réalité au Dr Armaingaud que revient le mérite d'avoir signalé
pour la première fois, en 1902 (n° 59), les erreurs de pagination de l'éd.
de 1588.

126. CLÉMENT-JANIN. — Une belle édition des *Essais*. (*Candide*, 24 janvier 1935, p. 10).

Description de l'éd. monumentale de Louis Jou.

127. TEULIÉ (H.). — Projet d'une prétendue traduction des *Essais* de Montaigne au XVIIIe siècle. (*Mél. Laumonier*, 1935, pp. 415-34).

Au sujet de l'intention annoncée en 1733 dans le *Mercure de France* par l'abbé Trublet, de donner les *Essais* en français moderne avec un certain nombre de modifications de détail. — *Voir* n[os] 1145 et 1146.

128. MARCHAND (J.). — Hypothèse sur la quatrième édition des *Essais* de Montaigne (1587). (*Bull. de la Soc. des Bibl. de Guyenne*, VII : 1937, n° 27, pp. 97-104, — avec une préface d'Ed. Massonneau).

Selon l'auteur, l'éd. de 1587 (*Paris, Richer*) aurait pu faire l'objet de *deux* tirages, ce qui justifierait l'indication de *5e édition* donnée à celle de 1588.

129. SALLES (A.). — A propos de la troisième (?) édition des *Essais* jusqu'ici introuvable. (*B.S.A.M.*, 2e sér., n° 1, 1937, pp. 12-13, — n° 2, 1937, pp. 53-54, — n° 3, 1938, p. 24, — et n° 6, 1939, pp. 60-61).

130. — Encore une petite énigme Montanienne. (L'édition 1595 de Lyon). (*B.S.A.M.*, 2e sér., n° 2, 1937, pp. 85-86).

D'où vient que cette éd. possède la petite préface de Montaigne dans un texte parfois différent de celui de 1580 à 1595/in-fol., et même avec des variantes semblables à celles de l'Exemplaire de Bordeaux ?

131. MARCHAND (J.). — Note sur un exemplaire des *Essais* de Montaigne (Lyon, 1595, in-12). (*Bull. de la Soc. des Bibl. de Guyenne*, VIII : 1938, n° 29, pp. 31-33).

Communication relative à un exemplaire de la *petite* éd. de 1595 qui était en la possession de J. Marchand, lequel évoque en outre la question des « mutilations que la prose de Montaigne a subies » dans cette publication si particulière.

132. MASSONNEAU (E.). — Hypothèse sur la quatrième édition des *Essais* de Montaigne. (*Bull. de la Soc. des Bibl. de Guyenne*, VIII : 1938, n° 30, pp. 44-45).

Examen favorable de l'hypothèse J. Marchand (n° 128), avec rappel des approbations et des oppositions qu'elle a fait naître.

133. SALLES (A.). — Les deux « jumeaux » de 1580. (*B.S.A.M.*, 2e sér., n° 3, 1938, pp. 23-24).

L'auteur désigne ainsi les deux exemplaires de 1580 (celui de Londres et celui de Bordeaux) dont la page liminaire ne comporte pas les titres honorifiques de Montaigne, à l'encontre des autres exemplaires de cette éd. princeps. — *Voir* aussi les n[os] 165 et 173.

**134.** — L'édition de 1582. (*B.S.A.M.*, 2e sér., no 4, 1938, pp. 27-28).

**135.** — Le fameux carton de la page 63. (Ed. de 1595). (*B.S.A.M.*, 2e sér., no 7, 1939, p. 101).

*Voir* les nos 44 et 58.

**136.** DRÉANO (Chanoine M.). — Une édition non parue des *Essais* au XVIIIe siècle. (*B.S.A.M.*, 2e sér., no 12, 1942, pp. 6-8).

Sur le projet d'édition des *Essais* qu'avait annoncé le *Mercure de France* de 1724 (no 102), et dont M. Dréano voudrait savoir s'il est possible d'en retrouver des traces. — *Voir* le no suivant. — Cf. aussi *La renommée de Montaigne au XVIIIe siècle* (no 2737), pp. 90-93.

**137.** NICOLAÏ (A.). — Les *Essais* et dom Martial de Lachassaigne. (*B.S.A.M.*, 2e sér., nos 13-14, 1948-1949, pp. 16-17).

Réponse à la note précédente : — dans les archives laissées par dom Martial de Lachassaigne, auteur désigné du projet, « il n'est aucunement question d'une édition future des *Essais* ».

**137a.** DESGRAVES (L.). — Un projet d'édition des « Essais » de Montaigne (1724). (*Rev. hist. de Bordeaux*, XLVI : 1953, p. 279).

*Voir* les nos 102, 136 et 137.

**138.** TRINQUET (R.). — Centenaire d'un livre et d'une polémique : « La vie publique de Montaigne », par Alphonse Grün. (*R.H.L.F.*, LVI : 1956, pp. 177-203).

Historique des incidents qu'a fait naître dans les milieux érudits de 1855-1856 la parution de l'étude de Grün consacrée à la vie publique de l'auteur des *Essais* (cf. no 577).

**139.** MÉGRET (J.). — Remarques sur le Montaigne de 1595. (*Le Bouquiniste français*, 1962, N.S. no 37, pp. 7-9).

Même si l'on s'en tient aux seuls exemplaires portant l'adresse de l'Angelier, il est visible que cette éd. a donné lieu à une recomposition en cours de tirage, d'où la nécessité d'en faire une collation soigneuse.

**140.** BONNET (P.). — L'édition de 1608 des *Essais* et sa pagination réelle. (*B.S.A.M.*, 3e sér., no 27, 1963, pp. 47-49).

= C.R. : — *Studi fr.*, X (1966), no 30, p. 543. =

**141.** — L'édition de 1649 des *Essais*. (*B.S.A.M.*, 4e sér., no 3, 1965, pp. 3-5).

**142.** — Une édition in-8o des *Essais* publiée *sans date* au XVIIe siècle. (*B.S.A.M.*, 4e sér., no 4, 1965, pp. 29-31).

Description de l'éd. in-8o des *Essais* qui, publiée sous l'adresse d'Abraham Maire, à Anvers, a été en réalité imprimée à Rouen en 1617 (voir l'achevé d'impr. de l'exempl. de la bibliothèque de Bordeaux).
= C.R. : — *Studi fr.*, XI (1967), no 33, p. 531. =

143. MARCHAND (J.). — Une édition peu connue du *Voyage en Italie* de Montaigne. (*B.S.A.M.*, 4 sér., n° 2, 1965, pp. 37-39).

Il s'agit de la 4e éd. publiée par Le Jay en 1774 dans le format in-12. C'est une éd. compacte, sans le texte italien ; les exemplaires en sont fort rares.

144. BONNET (P.). — Sur un exemplaire des *Essais* portant l'adresse d'un libraire de Rouen et le millésime : 1619. (*B.S.A.M.*, 4e sér., n° 8, 1966, pp. 13-14).

= C.R. : — R. Campagnoli (*Studi fr.*, XIII : 1969, n° 38, p. 336). =

145. — L'édition des *Essais* de 1627 [Rouen, in-8°]. (*B.S.A.M.*, 4e sér., n° 8, 1966, pp. 15-16).

= C.R. : — R. Campagnoli (*Studi fr.*, XIII : 1969, n° 38, p. 336). =

146. RAT (M.). — Sur une édition scolaire des « Essais ». (*B.S.A.M.*, 4e sér., n° 5, 1966, pp. 26-28).

Sont ainsi désignés les trois fascicules d'extraits des *Essais* publiés par Daniel Ménager dans la coll. des *Nouveaux classiques Larousse*, en juillet-octobre 1965.

147. BONNET (P.). — Sur un exemplaire des *Essais* appartenant à une édition non datée du XVIIe siècle. (*B.S.A.M.*, 4e sér., n° 9, 1967, pp. 46-48).

L'éd. envisagée a été publiée à Rouen dans le format in-8°, soit en (1619), soit en 1641, — le catalogue de libraire d'après lequel a été faite cette étude manquant des précisions indispensables.
= C.R. : — *Studi fr.*, XIII (1969), n° 39, p. 537. =

148. FRANÇON (M.). — Note on the first editions of « Journal du voyage de Montaigne en Italie ». (*Mod. philol.*, LXV : 1967-1968, pp. 231-32).

Sur les éd. de 1774 du *Journal*, avec un rappel de l'étude du Dr Michaux (n° 118) établissant la véritable originale de l'ouvrage.
= C.R. : — R. Campagnoli (*Studi fr.*, XIV : 1970, n° 40, p. 143). =

149. BONNET (P.). — Une édition des *Essais* à tomaison multiple. (*B.S.A.M.*, 4e sér., n° 15, 1968, pp. 3-8).

Description de la petite éd. publiée à Paris, chez Louis, en 1801, dans le format in-18 et ne comportant pas moins de 16 volumes (fac-sim. du titre et portrait de Montaigne joints à la communication).

150. — Les éditions des « Essais » de Montaigne par Joseph-Victor Le Clerc. (*Bull. de la Soc. des Bibl. de Guyenne*, XXXVII : 1968, n° 87, pp. 28-39 ; — réimpr. dans le *B.S.A.M.*, 4e sér., n° 17, 1969, pp. 35-43).

= C.R. : — R. Campagnoli (*Studi fr.*, XIV : 1970, n° 42, p. 534). =

151. SAINT-MARTIN (J.). — L'édition italienne des *Essais* de Montaigne (1590) et l'évolution de la pensée de Montaigne. (*B.S.A.M.*, 4e sér., n° 15, 1968, pp. 9-11).

= C.R. : — *Studi fr.*, XV (1971), n° 44, p. 339. =

152. SAINTE-BEUVE (C.A.). — [Au sujet de l'édition de Montaigne que R. Dezeimeris comptait préparer avec le docteur Payen]. — Tome XVI (1970), pp. 199-201 de la : — Correspondance générale recueillie, classée et annotée par Jean Bonnerot... — *Toulouse, Privat ; Paris, Didier*, in-8°, 682 pp.

Lettre [n° 5177] adressée, le 9 avril 1867, par Sainte-Beuve à Dezeimeris qui lui avait précédemment fait connaître les difficultés qu'il rencontrait dans sa collaboration avec le savant docteur. En réponse, Sainte-Beuve conseille à son correspondant d'abandonner cette collaboration. — *Voir* n° 116.

153. SAYCE (Richard A.). — Cancels in Montaigne's *Journal du voyage*, 1774. (*Australian J. of French st.*, VII : 1970, n° 3, pp. 264-70).

Etude des corrections et des cartons éventuellement pratiqués dans les éd. du *Journal* publiées en 1774.

154. GARDEAU (Léonie). — Papier du Périgord pour les *Essais*. (*B.S.A.M.*, 4e sér., n° 25-26, 1971, p. 13).

Note relative à l'origine du papier sur lequel Millanges imprima l'éd. de 1580.

155. THORKELIN (Frederik). — Mon plus cher livre [avec une note signée : P.M.]. (*B.S.A.M.*, 5e sér., n° 10-11, 1974, pp. 109-10, — d'après *Bogvennen*, n° 3, 1971-1973, pp. 123-24).

Remarques de l'auteur sur Montaigne en parlant du livre auquel il tient le plus, — un exemplaire de l'éd. de 1588 des *Essais* (dans la revue danoise un cliché du volume a été joint au texte).

156. MOUREAU (F.). — Sur des exemplaires des *Essais* en vente à la foire de Francfort (automne 1581). (*B.S.A.M.*, 5e sér., n° 9, 1974, pp. 57-59).

157. SAYCE (Richard A.). — L'édition des *Essais* de Montaigne de 1595. (*B.H.R.*, XXXVI : 1974, n° 1, pp. 115-41).

Etude détaillée de la célèbre édition posthume : les conditions de l'impression, les diverses corrections apportées à ce texte, le carton du cahier F, les distinctions à faire entre les exemplaires de Sonnius et ceux de L'Angelier (A et B). Pour ce travail, l'auteur a consulté une quarantaine d'exemplaires dans différents pays et dépôts.
= C.R. : — P. Michel (*B.S.A.M.*, 5e sér., n° 9, 1974, pp. 109-10). =

158. BONNET (P.). — Un singulier éditeur de Montaigne au XVIIIe siècle : Jean-François Bastien (1747-1824). (*B.S.A.M.*, 5e sér., n° 13, 1975, pp. 43-56).

Sur la valeur philologique assez relative des deux éditions des *Essais* données par Bastien en 1783 et 1793.

159. TRINQUET (R.). — Le cinquantenaire de l'édition Armaingaud : vers une édition critique des *Essais*. (*B.S.A.M.*, 5e sér., n° 13, 1975, pp. 37-42).

Historique et description de l'éd. Armaingaud. La simplicité de son apparat critique et l'exemple que, malgré ses imperfections, elle offre « à ceux qui, demain, entreprendront cette véritable édition critique des *Essais* qui n'a pas encore été donnée ».

## Exemplaires célèbres, rares ou curieux.

160. BERNADAU (P.). — [Sur l'Exemplaire de Bordeaux des *Essais*].
     (*J. général de France*, 12 novembre 1792).

   C'est une lettre datée du 26 août 1789 qui était adressée à l'abbé de Fontenai, directeur du *Journal général*. Elle attirait « l'attention du monde
   savant » sur l'exemplaire annoté des *Essais* qui reposait obscurément dans
   la bibliothèque des Feuillants à Bordeaux, et elle en faisait une description
   courte et pas toujours exacte d'ailleurs. Bernadau n'était pas le premier à
   avoir parlé de l'Exemplaire : en effet, François de Neufchâteau l'avait
   officiellement « découvert » douze ans auparavant (cf. n° 174). — La lettre
   de Bernadau a été reproduite par F. Strowski dans l'Introduction de son
   édition phototypique des *Essais* (1912), 1er vol., p. 5). — *Voir* aussi n° 41.

161. J.M. — Deux précieux exemplaires des « Essais » de Montaigne
     à retrouver. (*Intermédiaire*, I : 1864, p. 102).

   Question posée relativement : 1° à l'exempl. de 1588 annoté par l'auteur et
   remis à Marie de Gournay qui en fit faire l'éd. de 1595 (il ne s'agit donc
   pas de l'« exemplaire de Bordeaux ») ; 2° à l'exempl. de 1635 signalé par
   Jordan en 1730 comme existant à cette époque dans la bibliothèque de
   Spanheim et qui contenait beaucoup de corrections et une addition provenant de M^lle de Gournay.

161a. F.R. — Un exemplaire annoté [par Jamet] des *Essais* de Mon-
      taigne. (*Intermédiaire*, II : 1865, col. 586).

   Qu'est devenu cet exemplaire de l'éd. de 1725 ? — Réponse (par M.A., col.
   634) : « le D^r Payen signale dans ses *Documents inédits* de 1847 (p. 40) que
   cet exempl. se trouve à la Bibliothèque du Roi [Bibliothèque nationale] ».

162. Massacre d'un exemplaire des œuvres de Montaigne. (*Intermé-
     diaire*, VII : 1874, col. 589-90 [Socratem] et 671-72 [P. Blanche-
     main, avec un additif signé : P.V.]).

   Au sujet de la mutilation de l'Exemplaire de Bordeaux et de l'utilisation
   par Naigeon de ses annotations marginales.

163. DULAC (Abbé J.). — Reliure d'un Montaigne à l'S barré et à
     monogrammes. Réponse à une question de l'abbé L. Couture.
     — *Paris, Rouveyre*, 1880, in-8°, 24 pp., fac-sim.

   Le volume désigné est un exempl. des *Essais* ayant appartenu à l'abbé L.
   Couture, et ce dernier avait demandé s'il était possible d'identifier le
   premier possesseur dudit volume sur le vu d'« un ex-libris en monogram-
   mes frappé en or sur les plats de la reliure ». L'abbé Dulac répond ici en
   indiquant Marie de Gournay pour ce premier possesseur.

164. LE CHALUT (Pol). — Sur les reliures armoriées. (*Rev. des biblio-
     philes*, II : 1880, n° 6, pp. 166-67).

   L'auteur rejette l'argumentation de l'abbé Dulac (n° 163) et, comme premier possesseur de ce Montaigne armorié, il propose, à la place de la fille
   d'alliance, « un amateur espagnol, admirateur du philosophe périgourdin ».

165. DEZEIMERIS (R.). — Un nouvel exemplaire annoté des « Essais ». (*La Gironde*, 31 août 1881, p. 3).

Au sujet de l'exemplaire de l'éd. de 1580 que « M. Emile Lalanne, directeur du Poids public, membre de la Société des Archives historiques », venait de léguer à la Bibliothèque de Bordeaux : exemplaire en mauvais état mais rarissime, car il est dépourvu des titres honorifiques de Montaigne (on en connait deux seulement dans ce cas), et, d'autre part il porte des annotations manuscrites que l'on a longtemps attribuées à Montaigne lui-même. — *Voir* aussi les nᵒ 133 et 173.

166. PONT-CALÉ. — Montaigne annoté par J.J. Rousseau. (*Intermédiaire*, 1896, vol. XXXIV, col. 139).

Au sujet d'un exemplaire de Montaigne annoté par Rousseau, et dont il est question dans l'ouvrage suivant de Mᵐᵉ Cavaignac (Marie-Julie de Corancez) : *Les Mémoires d'une inconnue, publiées sur le manuscrit original, 1780-1816.* — Paris, Plon, 1894, in-8°. — *Voir* nᵒ 184.

167. DESJARDINS (P.). — A propos des manuscrits de Montaigne et de Pascal. (*Idées modernes*, I : 1909, février, pp. 274-90).

168. STROWSKI (F.). — [Montaigne et l'Exemplaire de Bordeaux]. — Tome Iᵉʳ, pp. 5-10, de la : — Reproduction en phototypie de l'Exemplaire avec notes manuscrites marginales des Essais de Montaigne, appartenant à la Ville de Bordeaux, publiée avec une introduction... — *Paris, Hachette*, 1912, 3 vol. gr. in-4°.

Dans les 6 pp. de cette introduction à l'éd. phototypique de l'exemplaire autographe, F. Strowski rappelle les diverses tentatives qui avaient été antérieurement faites pour donner de Montaigne un texte définitif, et il conte également, de façon résumée mais fidèle, l'histoire du célèbre « exemplaire des Feuillants ».

169. SMEDLEY (W.T.). — The Bordeaux copy of Montaigne's Essays. (*Baconiana*, XII : 1914, nᵒ 45, pp. 51-56).

Description de l'exemplaire de Bordeaux, à l'occasion de la sortie de sa reproduction phototypique.

170. BORDES DE FORTAGE (Ph.-L. de). — La bibliothèque de Reinhold Dezeimeris. (*Actes de l'Acad. de Bordeaux*, 4ᵉ sér., II : 1914-1915, pp. 229-36).

Compte rendu de la vente de cette collection (26-31 janvier 1914) dans laquelle figuraient des éditions de Montaigne et en particulier un exemplaire de celle de 1854, qui était annoté par Dezeimeris et dont de Bordes de Fortage se félicitait d'avoir pu obtenir l'adjudication. — *Voir* aussi nᵒ 182.

171. THOMPSON (Sir E. Maunde). — Two pretended autographs of Shakespeare. (*The Library*, XXIX : 1917, July, pp. 193-217).

Conteste l'authenticité de deux signatures au nom de Shakespeare, notamment celle qui se trouve sur un exemplaire de Montaigne dans la trad. de Florio. — *Voir* deux opinions contraires, nᵒˢ 172 et 2802.

172. TANNENBAUM (Samuel A.). — Reclaiming one of Shakespere's
signatures. (*Stud. in philol.*, XXII : 1925, pp. 392-411, et 3 pl.
de fac-sim.).

Réfutation de la thèse de Sir E. Maunde Thompson : l'autographe de
Shakespeare qui figure dans un exemplaire des *Essais* conservé au British
Museum est bien authentique, car il possède « les particularités incontes-
tables » de l'écriture du poète.

172a. — The Shakespere signature in a copy of Montaigne's *Essays*.
— Pp. 159-78 de : — Problems in Shakespere's penmanship
including a study of the poet's will... — *New York, The century Co. for the Modern lang. assoc. of America*, 1927, in-8°,
XVI-241 pp., front., fac-sim.

173. BARTHOU (L.). — Autour d'un exemplaire des *Essais* de Montaigne de 1580. (*Bull. du bibl.*, 1929, pp. 534-42).

Etude bibliographique au sujet d'un exemplaire rarissime de l'éd. originale
qu'un libraire londonien venait de proposer au prix de 5000 £ (620.000 f.
de l'époque). — *Voir* n° 178.

174. FRANÇOIS DE NEUFCHÂTEAU (N.L.). — Lettre à l'abbé Desbiey
concernant l'exemplaire annoté des *Essais* de Montaigne. (*Arch.
hist. de la Gironde*, LVIII : 1929-1932, pp. 105-06). — (*Arch.
munic. de Bordeaux*. Fonds Delpit, au mot Desbiey. — Communiqué et transcrit par M.G. Ducaunnès-Duval).

Cette lettre est datée du « château de Deché, paroisse de Blanquefort, ce
5 octobre 1777 ». Son destinataire, l'abbé Desbiey, était alors bibliothécaire
et académicien de Bordeaux, et c'est à ce double titre que François de
Neufchâteau lui écrivit pour attirer son attention sur l'existence de cet
exemplaire dont les annotations, parfaitement authentiques, lui ont permis
de reconnaître que M^{lle} de Gournay n'avait pas donné le texte pur des
*Essais*. C'est ici vraisemblablement la première réaction qui se soit faite
en faveur d'un texte incontestable du livre de Montaigne. — La tentative
a été reprise par Bernadau, en 1792, dans sa lettre à l'abbé de Fontenai
(n° 160). Elle devait recevoir sa mise à exécution, en 1802, avec l'édition
de Naigeon, sans obtenir d'ailleurs, au début du moins, tout le succès
désirable.

175. SALLES (A.). — Le Montaigne de Montesquieu. (*Bull. du bibl.*,
1930, pp. 315-20. — Article partiellement repris dans le *B.S.A.M.*,
2e sér., n° 3, 1938, pp. 24-25).

C'est un exemplaire de l'éd. de 1595 in-fol., « deux fois rare et deux fois
unique », car il renferme des notes manuscrites de M^{lle} de Gournay et est
revêtu de l'*ex-libris* de Montesquieu. — Pour la mise en vente de cet exemplaire, voir *B.S.A.M.*, 2e sér., n° 5 (1939), p. 4 ; — n° 6 (1939), p. 84 ; — n° 7
(1939), p. 88 ; — et pour les résultats de la vente, *ibid.*, n° 9 (1940), p. 45.

176. STROWSKI (F.). — L'Exemplaire de Bordeaux des *Essais* de
Montaigne. (Dans *Trésors de la Bibliothèque municipale de
Bordeaux*, 1936, pp. 38-42).

Etude descriptive du « plus beau manuscrit » de la bibliothèque (p. 38),
lequel cependant avait été « longtemps considéré comme très imparfait »
(p. 41). — Travail enrichi de la reproduction lithographique hors-texte du
fol. 64 recto de l'exemplaire annoté.

177. SALLES (A.). — Quelques exemplaires annotés des *Essais* qui méritent mention. (*B.S.A.M.*, 2ᵉ sér., n° 1, 1937, pp. 39-40 ; — n° 2, 1937, pp. 88-89 ; — n° 3, 1938, p. 29 ; — n° 5, 1939, p. 38).

178. — Un exemplaire de 1580 coté 600.000 f. (*B.S.A.M.*, 2ᵉ sér., n° 2, 1937, pp. 85-86).

Rappel de la mise en vente à Londres en 1929 d'un exemplaire de l'édition princeps particulièrement rare puisque les titres nobiliaires de Montaigne n'y figuraient pas. D'où son prix exceptionnellement élevé pour l'époque. — *Voir* n° 173.

178a. SANVOISIN (G.). — L'exemplaire de Montaigne qui appartint à Montesquieu va être mis en vente. (*J. des Débats*, 27-28 février 1939, p. 1). — *Voir* aussi n° 175.

179. BEST (G. Percival). — Le Montaigne de Shakespeare. (*B.S.A.M.*, 2ᵉ sér., n° 8, 1940, pp. 35-36).

Sur l'existence de cet exemplaire et sur l'authenticité de l'autographe dont il est revêtu. Historique des controverses soulevées par cette dernière question.

180. BONNEROT (J.). — Les « Montaigne » de Sainte-Beuve. (*Bull. du bibl.*, 1959, pp. 38-40).

A propos des exempl. de Montaigne possédés par Sainte-Beuve, et notamment de celui sur lequel le critique consigna des annotations qui devaient être publiées par E. Faguet dans la *Rev. latine* de 1906 (n° 1264), et dont un collectionneur, Henri Monod, établit la reproduction sur un exempl. d'une autre éd. Lefèvre, — exempl. mis en vente en 1934 (Libr. Bosse, n° 637 du catalogue).

= C.R. : — *Studi fr.*, V (1961), n° 14, p. 335. =

181. MARCHAND (J.). — Le *Montaigne* de la reine Elisabeth d'Angleterre (1580). (*B.S.A.M.*, 3ᵉ sér., n° 22, 1962, pp. 23-27, — avec une reproduction hors-texte de la reliure, plat supérieur et dos).

« Une pièce royale à tous égards » que le Dʳ Payen possédait dans sa collection (n° 2 de l'*Inventaire*).

= C.R. : — G. Mombello (*Studi fr.*, VII : 1963, n° 20, p. 341. =

182. BONNET (P.). — Reinhold Dezeimeris et son exemplaire des « Essais » de Montaigne. (*B.S.A.M.*, 4ᵉ sér., n° 4, 1965, pp. 3-24).

Sur un exemplaire de l'éd. Louandre (4 vol. 1854) interfolié de papier blanc, R. Dezeimeris a inscrit, pour un assez grand nombre de passages, des commentaires dont certains ont conservé toute leur valeur. Cet important travail avait été réalisé, à l'origine, pour servir de base de départ à l'éd. des *Essais* que le Dʳ Payen avait projeté de préparer mais qui ne vit jamais le jour (nᵒˢ 116 et 152).

= C.R. : — *Studi fr.*, XI (1967), n° 33, pp. 530-31. =

183. FRANÇON (M.). — Notes de Miss Grace Norton dans l'exemplaire de l'édition des « Essais » de Montaigne (Lyon, 1595). (*B.S.A.M.*, 4ᵉ sér., n° 4, 1965, pp. 25-28).

L'exemplaire qui contient ces notes se trouve à la Bibliothèque Widener de l'Université Harvard.

= C.R. : — R. Campagnoli (*Studi fr.*, XI : 1967, n° 33, p. 531. =

184. MARCHAND (Françoise). — Une édition des « *Essais* » annotée
par J.J. Rousseau ! [Extrait des *Mémoires d'une inconnue*, par
M^me Cavaignac]. (*B.S.A.M.*, 5^e sér., n° 5, 1973, p. 123).

On demande ce qu'est devenu ce Montaigne. — *Voir aussi* n° 166.

# Iconographie

185. Portrait de Michel de Montagne, Auteur des Essais de Morale,
gravé en médaillon par Ficquet, d'après le tableau de Dumous-
tier (*sic*), peint en 1558 [*sic* pour : 1578]. (*Merc. de Fr.*, février
1773, p. 179).

« Ce portrait, de la grandeur de celui de Molière [...], est d'un burin précieux comme toutes les autres gravures du même artiste. La bordure très
élégante a été dessinée et gravée par M. Choffard ».

186. [Sur l'édification à Bordeaux des statues de Montaigne et de
Montesquieu]. (*L'Indicateur*, 20 février 1833, p. 3).

Selon un projet arrêté par le Conseil municipal de cette époque, la statue
de chacun des deux écrivains, due au sculpteur Maggesi, devait bientôt,
affirmait-on, s'élever, en marbre, « sur la nouvelle promenade de la chaus-
sée de Tourny » (les actuelles « allées de Tourny »), mais par la suite, ce
projet allait être abandonné, le lieu choisi pour l'érection des statues devenant en effet l'esplanade des Quinconces.

187. BERNADAU (P.). — Statues proposées pour Montaigne et pour
Montesquieu. — Pp. 330-32 de l' : — Histoire de Bordeaux
depuis l'année 1675 jusqu'en 1836... — *Bordeaux, impr. de Balarac jeune*, 1837, in-8°, 605 pp.

Spécialement pour Montaigne, les conseils généraux de la Gironde et de
la Dordogne avaient fait, en 1834, des propositions en vue de l'érection
d'une statue du moraliste à Bordeaux et à Périgueux.

188. SAINTMARC (Ant.). — De Montaigne et de sa statue. (*La Guienne*,
20 février 1851, pp. 1 et 2).

Sur l'importance qu'a prise Montaigne (à propos de la préparation à Bordeaux de sa statue, destinée à être « l'un des beaux ornements d'une ville
dont il a été le premier magistrat »).

189. Inauguration à Bordeaux des statues de Montaigne et de Montesquieu. (*Illustration*, 18 septembre 1858, pp. 177-78).

Bref récit de la cérémonie qui a eu lieu « le 5 septembre, à midi précis,
sur la vaste place des Quinconces ».

190. CIROT DE LA VILLE (Abbé). — Inauguration des statues de Montaigne et de Montesquieu. [Discours prononcé, le 5 septembre
1858, pour « cette mémorable solennité »]. (*Actes de l'Acad. de
Bordeaux*, XX : 1858, pp. 419-29).

Trois discours ont été prononcés à cette occasion, en particulier celui de
l'abbé Cirot de La Ville au nom de l'Académie de Bordeaux, dont il était
d'ailleurs le président.

**191.** Bussière (Georges). — Un portrait original et inédit de Michel Montaigne. (*Bull. de la Soc. hist. et archéol. du Périgord*, II : 1875, pp. 252-56).

Il s'agit d'un portrait original de Montaigne que l'on pouvait voir au château de La Roche-Beaucourt. Il a été signalé par Eusèbe Castaigne, bibliothécaire de la ville d'Angoulême, à Léon Lapeyre, son collègue de Périgueux, mais il ne semble pas que le docteur Payen en ait eu connaissance. Le prince de Béarn-et-Viana, propriétaire du château, a même précisé à G. Bussière « que ce portrait n'est pas connu du tout, et que lui-même en ignorait l'origine » (p. 254).

**192.** Le Vieux Bordeaux : portraits historiques. (*La Gironde litt. et scient.*, n° 40, 1er octobre 1882, portr. 175 à 178).

**193.** Marionneau (Ch.). — Troisième centenaire de Michel Montaigne. Les portraits de Michel Montaigne. (*Actes de l'Acad. de Bordeaux*, 3e sér., LIV : 1892, pp. 185-200).

Discours d'ouverture de la séance publique du 24 novembre 1892. — Etude des principaux bustes, statues, tableaux et portraits gravés de Montaigne, — avec une reprod. du portrait par Thomas de Leu.

**194.** Gruyer (F.-A.). — Portrait de Michel Montaigne. — Pp. 247-48 de : — Chantilly. Musée Condé. Notice des peintures... — *Paris, Braun, Clément et Cie*, 1899, in-8°, 4 ff. n. ch., 534 pp.

Ce portrait (haut. 0 m. 185 ; larg. 0 m. 145) a été réalisé « par un peintre inconnu se rattachant probablement à l'école de Corneille de Lyon ». L'acquisition en a été faite, en 1882, à la vente Hamilton. Il représente Montaigne dans son costume de maire de Bordeaux. C'est le portrait communément appelé « Montaigne au collier ». — *Voir* n° 201.

**195.** Armaingaud (Dr A.). — Un portrait de Montluc. (*Intermédiaire*, 1904, vol. L, col. 282-84).

Au sujet d'un portrait de Montaigne catalogué par erreur à l'*Exposition des Primitifs français* de 1904 comme étant celui de Montluc.

**196.** Labadie (E.). — Un portrait de Montaigne. (*Intermédiaire*, 1908, vol. LVII, col. 162-64 ; — repris dans la *Rev. hist. de Bordeaux*, I : 1908, pp. 68-70).

A propos du « Montaigne au chapeau », la célèbre gravure de Saint-Aubin, qui orne les premières éd. du *Journal de voyage* (1774). L'original en serait, semble-t-il, « un vieux portrait peint à l'huile, existant actuellement au château », et que M. de Ségur, propriétaire du domaine, avait déjà prêté pour l'exécution de la gravure de Voyer, qui avait paru, en 1771, dans l'*Histoire de Bordeaux* par Dom Devienne. — Avec quelques observations rectificatives de la part de Louis Lautrey (*Ibid.*, vol. LVII, col. 301-02).

**197.** C.I. — Un portrait de Montaigne. (*Rev. hist de Bordeaux*, I : 1908, p. 156).

Même question que celle abordée dans l'étude précédente ; conclusions identiques.

198. Pic (Pierre). — Iconographie de Montaigne. — Pp. xxv-xxix des :
— Pilules apéritives à l'extrait de Montaigne, préparées « ad
usum Medici necnon cujusdam Alius ». — *Paris, Steinheil*, 1908,
in-18, xxxv-149 pp., portr., pl.

L'auteur, continuant « l'antique tradition du médecin, ami des joyeux et
gras propos, a découpé dans Montaigne les « curiosités » de toute nature...
Ses extraits sont accompagnés d'une intéressante iconographie ». (*Rev.
univers.*, 1911, t. I<sup>er</sup>, p. 231). — A noter que *Pierre Pic* était le pseudonyme
de l'éditeur G. Steinheil lui-même.

199. Inventaire général des richesses d'art de la France. — Province.
— Monuments civils. — Tome IV : Statues historiques. — *Paris,
Plon-Nourrit*, 1911, in-4°, 604 pp.

Description des statues de Montaigne : — celle de Périgueux, par Lanno
(pp. 133-34) ; — celle de Bordeaux, par Maggesi (p. 207).

200. Vibert (J.). — Sur un portrait de Michel de Montaigne, daté
de 1579. (*B.S.A.M.*, 1<sup>re</sup> sér., n° 3, 1914, pp. 234-41).

Description d'un portrait « peint sur panneau de bois de 0 m. 27 sur 0 m.
39 », non signé mais portant la date *Anno 1579*. On y reconnaîtrait, assure
l'auteur qui en avait la possession, « le même homme que celui reproduit
par de Leu en 1608 » (p. 235).

201. Prévost (G.-A.). — Sur un portrait de Montaigne au musée de
Chantilly. (*Bull. de la Soc. nat. des antiquaires de France*, LX :
1916, pp. 316-20).

Le portrait de Montaigne figurant au musée de Chantilly sous le n° 253, et
qui a servi de prototype à la gravure de Th. de Leu, comporte un « blason
écartelé » différent des armoiries de Montaigne. L'auteur en déduit que
ce portrait constitue un faux héraldique réalisé par adaptation, sur un
portrait déterminé, d'un blason qui ne le concerne pas. (Déjà signalé par
Feuillet de Conches dans la *R.D.M.* du 15 novembre 1849, p. 627, et confirmé
par le D<sup>r</sup> Payen dans une lettre à Feuillet de Conches, publ. en note des
*Lettres inédites de Montaigne* [n° 303], pp. 37 à 40). — *Voir* n<sup>os</sup> 194 et 206.

202. A.P. — Montaigne à Paris. (*Le Périgourdin de Bordeaux*, juillet
1933, pp. 6-7).

A propos de la statue élevée rue des Ecoles.

203. Benon (G.). — [Sur l'estampe représentant Montaigne visitant
Le Tasse enfermé parmi les fous]. (*Bull. de la Soc. des Bibl.
de Guyenne*, III : 1933, n° 11, pp. 88-89).

204. Ferrus (Maurice). — Les effigies de Montaigne. — Pp. 111-16
des : — Feuillets bordelais, 2<sup>e</sup> série. — *Bordeaux, Delmas* (1933),
in-8°, 232 pp. — (« *Les Trois Croissants* »).

En particulier, les différentes représentations iconographiques de Montaigne, à Bordeaux et à Périgueux.

205. Les fêtes du IV<sup>e</sup> centenaire de Montaigne à Paris : — L'inauguration de la statue à la Sorbonne. (*La Liberté du S.O.*, 25 juin 1933, p. 2).

206. LELARGE (A.). — Montaigne. Son portrait. (*Intermédiaire*, 1933, vol. XCVI, col. 105-07 et 448).

Sur le portrait de Montaigne peint par Cosme Dumonstier en 1578, et adapté en gravure sur cuivre par Thomas de Leu (1608) et Etienne Ficquet (1772), et en lithographie par Michel Alix au début du XIX<sup>e</sup> siècle. Le portrait de Chantilly est en réalité « une copie prise au XVII<sup>e</sup> siècle du tableau de Dumonstier auquel on ajouta les armes d'une autre famille » (les de Launay).

207. MOLINA (A.). — Montaigne, ses portraits. (*Intermédiaire*, 1933, vol. XCVI, col. 412).

Description d'un portrait de 3/4 à gauche de Montaigne par Pourbus François, *dit* Le Jeune. Provenant de la collection Emile de Girardin, il est passé en vente, le 17 décembre 1906 (vente Wattel Bayart).

208. Montaigne. 1533-1933. Ville de Bordeaux. — *Bordeaux, impr. Delteil frères* (1933), in-fol., 2 pp. et 39 pl.

Album publié à l'occasion du IV<sup>e</sup> centenaire de la naissance de Montaigne. Il comprend : son portrait gravé sur bois par Robert Cami, 36 planches de reproductions, une vue du tombeau et une page de transcriptions des pièces reproduites aux pl. II, III et IV.

= C.R. : — *La Petite Gironde*, 24 mars et 16 mai 1933, p. 4. =

209. PALAUQUI (L.). — Propos bordelais : — Les tribulations de MM. de Montaigne et de Montesquieu. (*La France de Bordeaux*, 22 février 1933, p. 4).

Entre la proposition d'érection de leurs statues à Bordeaux (cf. n° 186) et la mise en place de celles-ci sur l'esplanade des Quinconces en 1858, il ne s'est pas écoulé moins de vingt-cinq années. Un esprit satirique de cette époque devait faire observer que « les *Essais* et l'*Esprit des lois* ont coûté moins de temps à leurs géniaux auteurs qu'il en a fallu pour leur élever un monument d'orgueilleuse reconnaissance ! »

210. Les portraits de Montaigne. (Montaigne. Ses livres, etc. — Catalogue... — 1933, pp. 13-16). — *Voir* n° 3128.

Liste de « la plupart des portraits connus de Montaigne, du XVI<sup>e</sup> au XVIII<sup>e</sup> siècle. A partir du XIX<sup>e</sup> siècle, ces portraits, très nombreux, sont des copies des précédents » (p. 13).

211. A la Sorbonne : — Remise d'une statue de Montaigne à la ville de Paris. (*Le Temps*, 25 juin 1933, p. 8).

212. TEULIÉ (H.). — Les portraits de Montaigne. (*La Petite Gironde*, 1933, 6 avril, p. 1, et 23 avril, p. 4).

De quelques portraits célèbres : — ceux du château de Chantilly, de la Bibliothèque Bodléienne, de la Bibliothèque nationale, du château de Montaigne et du château de Chavagnac (Ardèche).

213. Statue de Montaigne offerte à la Ville de Paris par le D<sup>r</sup> Armaingaud. (*J. de Médecine de Bordeaux*, LXIV : 1934, pp. 370 et 393, grav.).

214. POULLENOT (Pedro). — Une œuvre inconnue : l'original du Montaigne au chapeau. — *Bordeaux, Delmas, s.d.* (1936), in-16, 16 pp. avec 4 pl. — (*Les Trois Croissants*).

Selon l'auteur, le « Montaigne au chapeau », fixé en estampe par Voyer le jeune (1771) et Saint-Aubin (1774), aurait été copié sur une peinture anonyme dont il a la propriété et qui représente Montaigne coiffé et en costume de ville. — Voir un extrait de cette étude, augmenté de 2 clichés hors-texte : *B.S.A.M.*, 2<sup>e</sup> sér., n° 2 (1937), pp. 55-58.

215. COURTEAULT (P.). — Autour du « Montaigne au chapeau ». (*B.S.A.M.*, 2<sup>e</sup> sér., n° 3, 1938, pp. 17-21).

Etude des différents *états* connus du « Montaigne au chapeau » (peintures du XVI<sup>e</sup> siècle et gravures ultérieures).

216. SALLES (A.). — Un portrait inédit de Montaigne : le portrait de Grailly. (*B.S.A.M.*, 2<sup>e</sup> sér., n° 5, 1939, p. 11).

Un des « types » du *Montaigne au chapeau* (une reproduction en a été faite en tête du même bulletin).

217. GRAILLY (Marquis H. de). — Un nouveau portrait inédit de Montaigne. (*B.S.A.M.*, 2<sup>e</sup> sér., n° 6, 1939, pp. 46 et 49).

Il s'agit du portrait dit *d'Hémery* qui provenait de l'héritage de M<sup>me</sup> de Grailly, descendante de la branche Eyquem-Bussaguet.

218. SALLES (A.). — Le portrait de Montaigne par Thomas de Leu. (*B.S.A.M.*, 2<sup>e</sup> sér., n° 7, 1939, pp. 88-89, fig.).

219. — Un portrait supposé de Montaigne. (*B.S.A.M.*, 2<sup>e</sup> sér., n° 9, 1940, p. 47, fig.).

Portrait « probablement inédit » que l'auteur avait trouvé jadis dans les archives de G. Guizot.

220. — Portraits de Montaigne. (*B.S.A.M.*, 2<sup>e</sup> sér., n° 9, 1940, pp. 47-48).

220*a*. NICOLAÏ (A.). — Au sujet du portrait de Thomas de Leu. (*B.S.A.M.*, 2<sup>e</sup> sér., n° 9, 1940, pp. 48-49).

Sur la date possible d'exécution du portrait de Montaigne qui devait orner l'éd. de 1608. — *Voir* n° 225.

221. CHASTEL (André). — An Unknown Portrait of Montaigne. (*The Burlington mag.*, XCIV : 1952, n° 596, November, pp. 314-20).

Portrait de 3/4 à droite, peint à l'huile sur un panneau de chêne de 17,8 × 14,8 cm. Il représente vraisemblablement Montaigne, coiffé d'une calotte. Au verso du panneau, on lit l'année de la peinture : 1582, et l'âge du personnage : 49 ans, ce qui correspond bien à celui qu'avait l'auteur des *Essais* à cette date. — (Ce portrait appartenait au collectionneur Pierre Fabius).

222. LAFON (D<sup>r</sup> Ch.) et SAINT-MARTIN (J.). — Iconographie de Montaigne. (*B.S.A.M.*, 3<sup>e</sup> sér., n° 14, 1960, 44 pp., — avec : 1 portr. « fantaisiste » de Montaigne, 1 photo de la tour et 2 vues du château d'après 2 dessins au crayon).

Etude des portraits de Montaigne classés par catégories (Montaigne au « chef nu », « au chapeau », les portraits fantaisistes, en pied, etc.). — Les « extérieurs » : le château, la tour, la maison de Bordeaux, etc. = C.R. : — G. Mombello (*Studi fr.*, VI : 1962, n° 17, p. 337). =

223. SAINT-MARTIN (J.). — Inauguration d'une nouvelle statue de Montaigne à Périgueux (*3 septembre 1961*). Allocution prononcée au nom de la Société des Amis de Montaigne. (*B.S.A.M.*, 3<sup>e</sup> sér., n° 19, 1961, pp. 11-14).

= C.R. : — *Studi fr.*, VI (1962), n° 18, p. 539. =

224. BONNET (P.). — Montaigne et la philatélie. Note sur le timbre-poste *Montaigne* (1943). (*B.S.A.M.*, 4<sup>e</sup> sér., n° 7, 1966, pp. 104-05).

= C.R. : *Studi fr.*, XIII (1969), n° 37, p. 131. =

225. DAWKINS (D<sup>r</sup> Jasmine). — A propos d'un portrait de Montaigne. (*B.S.A.M.*, 4<sup>e</sup> sér., n° 24, 1971, pp. 27-33).

Il s'agit du portrait exécuté par Thomas de Leu pour l'éd. de 1608 : — date et conditions de réalisation de la gravure. Pierre de Brach auteur présumé du quatrain, etc. — *Voir* aussi n° 220*a*.

# Evolution des études sur Montaigne

226. VILLEMAIN (A.-F.). — *Notice bibliographique..., Documents inédits sur Montaigne...* par M. le docteur Payen ; — *Montaigne magistrat..., La vie publique de Montaigne...* par M. Alphonse Grün. (*J. des Savants*, 1855, pp. 397-419 et 606-22).

Etude critique des travaux du D<sup>r</sup> Payen et de Grün. A part quelques réserves sur les déclarations de Payen relativement à une certaine infidélité de M<sup>lle</sup> de Gournay envers le texte de Montaigne, Villemain veut bien décerner un satisfecit au bibliographe. Il est un peu plus sévère à l'égard de Grün, dont il déclare néanmoins que le travail, « sincère sans être toujours vrai (*sic*), mérite grande estime » (p. 620).

227. BRUNETIÈRE (F.). — Publications récentes sur Montaigne. (*R.D.M.*, 5<sup>e</sup> pér., 1906, t. XXXV, 1<sup>er</sup> septembre, pp. 192-227). — Repris dans les pp. 1-55 des : — Etudes critiques sur l'histoire de la littérature française, 8<sup>e</sup> série. — *Paris, Hachette*, 1907, in-8°, 295 pp.

Les publications examinées par l'auteur sont successivement : — le 1<sup>er</sup> vol. de l'Edition municipale des *Essais*, la thèse de F. Strowski (n° 1514), celle de J. de Zangroniz (n° 2572), le *Montaigne* d'Edw. Dowden (n° 360) et l'*Introduction aux « Essais » de Montaigne* d'E. Champion (n° 1510). — Leur parution lui a suggéré un certain nombre de remarques sur le texte, la pensée, la langue, le style, les sources et l'influence de Montaigne.

228. BOURRILLY (V.-L.). — Montaigne, sa vie et son œuvre, d'après des travaux récents (1906-1907). (*Rev. d'hist. mod. et contemp.*, 1906-1907, t. VIII, pp. 586-99 et 703-13).

Dans cette étude, l'auteur a voulu montrer ce qu'ont apporté de nouveau à la connaissance de Montaigne les travaux du D$^r$ Armaingaud (n° 1441) et de ses contradicteurs, ceux de d'Ancona et de Lautrey (éd. du *Journal de voyage*), l'Edition municipale (tome I$^{er}$), l'ouvrage de Zangroniz sur les sources des *Essais* (n° 2572) et la thèse de F. Strowski (n° 1514). — Travail poursuivi dans la même revue, à l'occasion de l'intensification de la controverse sur le *Contr'un* et surtout de la publication des thèses de P. Villey (*voir* : 1908-1909, t. XI, *Derniers travaux sur Montaigne*, pp. 359-67, et : 1909-1910, t. XIII, *Encore La Boétie, Montaigne et le « Contr'un ! »*, pp. 265-66).

229. TILLEY (Arthur). — Montaigne's interpreters. — Pp. 259-93 de : — Studies in the French renaissance... — *Voir* n° 1802.

L'interprétation de Montaigne du XVII$^e$ au XX$^e$ siècle, et plus spécialement de la part de commentateurs modernes tels que : Guillaume Guizot, Edouard Ruel, Edme Champion, F. Strowski et P. Villey.

230. SAKMANN (Paul). — Zur vierten Zentenarfeier von Montaignes Geburtstag (28. Febr. 1533). Ein Blick auf die neueste Montaigneforschung. (*Archiv.*, LXXXVIII : 1933, t. 163, pp. 218-36).

A l'occasion de la célébration du IV$^e$ centenaire de la naissance de Montaigne, un regard sur les plus récentes recherches concernant l'auteur des *Essais*.

231. PLATTARD (J.). — Etat présent des études sur Montaigne. — *Paris, Les Belles Lettres* (1935), in-8°, 91 pp. — (*Etudes françaises, fondées sur l'initiative des Professeurs français en Amérique*, 36$^e$ cahier).

Bilan des principaux travaux et recherches effectués jusqu'à la date de parution de ce recueil. Les questions examinées sont au nombre de 16 et se rapportent à la famille de Montaigne, à la vie, la pensée, l'œuvre, les sources et l'influence du moraliste.
= C.R. : P. Jourda (*Rev. crit.*, LXIX : 1935, pp. 164-65) ; — G. (*Neophilologus*, XXII : 1936-1937, pp. 228-29). =

232. DUVIARD (F.). — Etat présent des études montaignistes. (*Inform. litt.*, VIII : 1956, n° 5, pp. 171-79). — Repris, pp. 233-50 (avec un supplément, pp. 920-23), dans : — OSBURN (Charles B.)., The present state of French studies. A collection of research reviews. — *Metuchen (N.J.), Scarecrow Press*, 1971, in-8°, 995 pp.

« Guide pratique » servant de complément à l'« état présent » donné par Plattard. L'auteur rappelle ici les principaux travaux exécutés au cours des cent dernières années (éditions, études sur l'homme et l'œuvre) et y ajoute un chapitre particulier : *Histoire résumée d'une méconnaissance*, dans lequel on voit se développer la recherche et l'approche d'une certaine vérité sur Montaigne.
= C.R. : — L. Sozzi (*Studi fr.*, II : 1958, n° 4, p. 138). =

233. FRESCAROLI (Antonio). — Note agli studi montaignani di F. Strowski e P. Villey. (*Aevum*, XXX : 1956, n° 3, pp. 271-82).

Etude analytique des travaux effectués au début du XX$^e$ siècle.

234. — Note alla storia degli studi montaignani : *sourciers* e biografi da Bonnefon a Villey e Strowski (*Aevum*, XXXI : 1957, n° 4, pp. 347-65).

Suite de l'étude précédente. Examen des recherches entreprises avant et après Strowski et Villey, en particulier par Bonnefon, Delboulle, E. Champion, Lanson, J. de Zangroniz, Miss Grace Norton, etc. — En appendice, l'auteur s'est livré à une analyse complémentaire d'autres études ou de simples communications de presse parues entre 1865 et 1920.
= C.R. : — F.S. (*Studi fr.*, II : 1958, n° 6, p. 484). =

235. PALASSIE (G.). — Loin du Montaigne traditionnel (*La Vie de Bordeaux*, 15 juin 1957, pp. 1 et 4).

Texte d'une allocution prononcée devant les membres du *Rotary-Club de Bordeaux*, et dans laquelle sont considérés les derniers travaux réalisés sur Montaigne et sur son œuvre. (Partiellement reproduit dans les *Cahiers de l'Ouest*, 1957, n° 19, pp. 21-22, sous le titre : « Où en sommes-nous avec Montaigne ? »).

236. RAT (M.). — Recherches de la pensée de Montaigne. (*B.S.A.M.*, 3e sér., n° 3, 1957, pp. 4-5).

Coup d'œil rapide sur les principales exégèses de cette pensée à travers les siècles et jusqu'à nos jours.

237. FRESCAROLI (Antonio). — Note alla storia degli studi montaignani : da Paul Bonnefon al Dr J.-F. Payen. (*Aevum*, XXXIII : 1959, n°s 1-2, pp. 162-75).

Considérations sur les principaux travaux effectués au XIXe siècle à propos de Montaigne, et notamment sur ceux de P. Bonnefon et du Dr Payen, ainsi que de G. Brunet, R. Dezeimeris, etc.
= C.R. : — *Studi fr.*, IV (1960), n° 10, p. 136. =

238. — Gli studi montaignani in questi ultimi cinquant'anni. (*Aevum*, XXXIII : 1959, n° 4, pp. 416-35).

Examen détaillé des recherches et travaux réalisés depuis 1906. L'auteur apporte ainsi des compléments aux études qu'il a fait paraître dans la même revue en 1956 et 1957 (n°s 233 et 234).
= C.R. : — *Studi fr.*, IV (1960), n° 11, p. 334. =

239. FRAME (Donald M.). — What next in Montaigne studies ? (*French rev.*, XXXVI : 1962-1963, n° 6, pp. 577-87).

En dépit des recherches antérieures concrétisées dans des études de qualité, il existe certains aspects de Montaigne qui, malgré leur importance, restent encore insuffisamment connus.

240. RAT (M.). — Montaigne à n'en plus finir. (*Nouvelles litt.*, 17 janvier 1963, p. 7).

A propos de l'éd. des œuvres complètes de Montaigne sur le point d'être publiée par lui chez Gallimard, l'auteur procède à un examen des recherches auxquelles s'est livrée l'érudition actuelle, et plus spécialement la Société des Amis de Montaigne, grâce à laquelle a été littéralement rénovée la connaissance du grand écrivain.

241. GRACE (Ruth). — Montaigne's twentieth century critics. — Diss.
Univers. of Michigan, 1964, 300 pp. — (*Diss. Abstr.*, XXV : 1964-
1965, n° 12 [June], pp. 7266/7267).

242. FEYTAUD (J. de). — Nez de cire. (*B.S.A.M.*, 4e sér., n° 4, 1965,
pp. 32-41).

Plaidoyer en faveur des interprétations subjectives qu'« à travers les temps
ou dans le même temps » a pu susciter l'œuvre de Montaigne (à propos
surtout de l'exégèse publiée par Michel Butor [n°s 1131-1133]).
= C.R. : — R. Campagnoli (*Studi fr.*, XI : 1967, n° 33, p. 531). =

243. FRANÇON (M.). — Montaigne. — Pp. 118-28 et 165-66 des : —
Leçons et notes sur la littérature française du XVIe siècle...
(n° 482).

« Pour s'initier à l'œuvre de Montaigne », on trouvera dans ces pages un
rappel commenté d'un certain nombre d'ouvrages et d'articles de revues
parus aux XIXe et XXe siècles.

244. FRAME (Donald M.). — Remarques sur les études montaignistes
aux Etats-Unis à l'heure actuelle. (*B.S.A.M.*, 4e sér., n° 11, 1967,
pp. 38-40).

Activité montaigniste considérable aux Etats-Unis où les thèses sur l'auteur
des *Essais* se multiplient d'année en année.

245. BONNET (P.). — Eléments de sottisier à propos de Montaigne.
(*B.S.A.M.*, 4e sér., n° 21, 1970, pp. 55-65).

Sur les erreurs qu'ont pu commettre, à propos de Montaigne et de son
œuvre, certains commentateurs, annotateurs et éditeurs des *Essais*.
= C.R. : — R. Campagnoli (*Studi fr.*, XV : 1971, n° 45, p. 537). =

246. GARAVINI (Fausta). — Montaigne. — Tome II, pp. 819-27, du :
— Dizionario critico della letteratura francese. — *Torino, Unione
Tipografico-Editrice*, 1972, 2 vol. in-8°.

« Panorama clair, exhaustif et synthétique du développement des études
critiques et des recherches historiques sur Montaigne et sur son œuvre ».
(M. Françon, dans son C.R. du *B.S.A.M.*, 5e sér., n° 5, 1973, pp. 128-29).

246a. COUCHMAN (Jane G.G.). — Some twentieth-century responses to
Montaigne. — Diss. Univers. of Toronto, 1971, — (*Diss. Abstr.
Int.*, XXXIII : 1972-1973, n° 2, August, p. 749-A).

Etude de sept des interprétations essentielles que la pensée de Montaigne a
fait naître au XXe siècle : celles d'Anatole France, d'Alain, de Gide, de Maurice Merleau-Ponty, de Rachel Bespaloff, de Francis Jeanson et de Michel
Butor.

247. MOUREAU (F.). — Etat présent des études montaignistes en
France. (*B.S.A.M.*, 5e sér., n°s 14-15, 1975, pp. 109-11).

Il s'agit spécialement des travaux universitaires, alors en cours de préparation, sur le point d'être soutenus, et même de ceux qui, récemment soutenus, ont fait l'objet d'une publication en librairie.

# Méthodes et programmes d'études

248. ROUSTAN (Mario). — Montaigne. — Tome IV, pp. 120-43, de : — La littérature française par la dissertation. — *Paris, P. Delaplane, s.d.* (1912), 4 vol. in-12.

Sujet de devoirs proposés, avec conseils, commentaires, citations d'auteurs ayant utilisé Montaigne et bibliographie.

249. TRINQUET (R.). — Programme d'études montaignistes. Plan d'un travail d'équipe. (*B.S.A.M.*, 4e sér., n° 20, 1970, pp. 7-9).

= C.R. : — *Studi fr.*, XV (1971), n° 45, p. 536. =

250. MICHEL (P.). — Direction de travail sur Montaigne pour les Agrégatifs. (*B.S.A.M.*, 5e sér., n° 5, 1973, pp. 43-109).

Aperçu bibliographique. — Montaigne et son temps (chronologie des événements et remarques complémentaires). — Conseils sur le livre III : lectures analytiques des différents chapitres. — Chronologie des chapitres du livre III. — Arabesques et stratifications (pour les chap. IX, X et XIII). — Questions diverses en guise de conclusion.

CHAPITRE III

# TRAVAUX D'ENSEMBLE

251. TEISSIER (Antoine). — Michel de Montagne. — Tome IV (1715), pp. 167-80, des : — Eloges des hommes savans, tirez de l'Histoire de M. de Thou, avec des additions contenant l'Abbrégé de leur Vie, le Jugement et le Catalogue de leurs ouvrages... — *Leyde, Theodore Haak*, 1715, 4 vol. in-12.

Biographie de Montaigne, suivie des jugements qui ont été parfois portés sur lui. Mais les citations qui en sont faites « s'arrêtent longuement sur les défauts de Montaigne et passent assez vite sur ses qualités » (M. Dréano, *La renommée de Montaigne...*, n° 2737 : p. 71).

252. NICÉRON (le P. Jean-Pierre). — Michel de Montagne. — Tome XVI (1731), pp. 212-16, des : — Mémoires pour servir à l'histoire des hommes illustres dans la République des Lettres, avec un catalogue raisonné de leurs ouvrages. — *Paris, Briasson*, 1727-1745, 43 t. en 44 vol. in-12.

Etude d'ensemble homogène et correcte pour son époque. Elle comprend : une biographie de Montaigne, une copie de son épitaphe, une analyse de son œuvre, enfin une petite bibliographie des publications qu'il a données (éd. des *Essais*, œuvres de La Boétie, traduction de Raymond Sebon).

253. [BOUHIER (J.)]. — Mémoire sur la vie et les ouvrages de Michel de Montagne. — Tome Iᵉʳ, pp. XL-LXI, de l'édition des : — Essais... donnez... avec des notes... par Pierre Coste... — *Londres, J. Nourse*, 1739, 6 vol. in-12, portr.

Monographie qui renferme quelques erreurs, comme, dans ce début de paragraphe (p. XLII) : « Michel de Montagne naquit le dernier jour de février 1538 » (*sic*) — une coquille que devait reproduire Villemain (n° 272).

Le texte de ce *Mémoire* a été réimprimé dans le *Mercure de France* d'octobre 1740, pp. 2249-68, ainsi que dans l'ouvrage suivant : — Suplement aux Essais de Michel, seigneur de Montagne, contenant : la vie de Montagne, par M. le President Bouhier, de l'Academie Françoise ; le caractere et la comparaison d'Epictete et de Montagne, par Mr. Pascal : et autres pieces... — *Londres, Guillaume Darres et Jean Brindley*, 1740, in-4°, 96 pp. — (On joint ce « Supplément » à l'éd. des *Essais* publiée en 1724 à Londres par Coste, en 3 vol. in-4°).

Le Mémoire repris par le *Mercure de France* a été à son tour réimprimé dans les pp. 126-49 des : — Eloges de quelques auteurs françois [par l'abbé Philippe-Louis Joly, Jean-Bernard Michault et Jean Bouhier]. — *A Dijon, chez P. Marteret*, 1742, in-8°, XIV-487 pp.

**254.** BRUCKER (Jacob). — Michael Montanus. — Tome IV (2ᵉ partie, 1744), pp. 723-27, de : — Historia critica philosophiae a mundi incunabulis ad nostram usque aetatem deducta... — *Lipsiae, B.C. Breitkopf, 1742-1744, 4 t. en 5 vol. in-4°.*

Après avoir rapidement traité de Montaigne dans sa vie et son œuvre, l'auteur rapporte avec une certaine impartialité les éloges et les critiques qu'on fait naître les *Essais*. Lui-même semble disposé à accepter quelques points de vue de zélateurs, mais il n'en conserve pas moins une attitude réservée en face de ce qu'il juge comme d'inquiétantes hardiesses.

**255.** MORERI (Louis). — Michel de Montagne. — Tome II, p. 148, du : — Nouveau supplément au Grand Dictionnaire historique, généalogique, géographique, etc., pour servir à la dernière édition de 1732 et aux précédentes. — *A Paris, chez Jacques Vincent, J.-B. Coignard,* etc., 1749, 2 vol. in-fol.

L'article sur Montaigne contenu dans les éd. antérieures du *Grand Dictionnaire historique* avait été jugé « si superficiel que l'on a cru devoir en donner ici un nouveau ». L'abbé Goujet en est sans doute l'auteur.

**256.** RAYNAL (Abbé). — Michel de Montagne. — Tome Iᵉʳ, pp. 48-52, des : — Anecdotes littéraires, ou Histoire de ce qui est arrivé de plus singulier et de plus intéressant aux écrivains françois, depuis le renouvellement des lettres sous François Iᵉʳ jusqu'à nos jours. — *Paris, Durand, Pissot,* 1750, 2 vol. in-8°.

Les « anecdotes » rapportées ont été inspirées par différents passages des *Essais*, ainsi que par des jugements dont Montaigne a fait l'objet.

**257.** BARRAL (Abbé). — Montagne (Michel de). — Tome IV (1759), pp. 508-10, du : — Dictionnaire historique, littéraire et critique, contenant une idée abrégée de la vie et des ouvrages des hommes illustres en tout genre, de tout tems et de tout pays. — *A Avignon,* 1758-1759, 6 vol. in-8°.

Notice sur la vie, l'œuvre et la fortune de Montaigne ; elle renferme par endroits des erreurs assez grossières.

**258.** SAVÉRIEN (Alexandre). — Montagne. — Vol. 1ᵉʳ, tome II (1761), pp. 1-10, de l' : — Histoire des philosophes modernes, avec leur portrait gravé dans le goût du crayon, d'après les dessins des plus grands peintres,... publiée par François, graveur. — *Paris, Brunet,* 1760-1769, 8 t. en 2 vol. in-4°.

La notice sur Montaigne comprend : le récit de sa vie, l'exposé de ses opinions et des réactions qu'il a fait naître, enfin un résumé des « Essais » sous le titre : *Morale ou Doctrine de Montagne sur la conduite de la vie.* — Le portrait de Montaigne a été dessiné par Jorat et gravé à la sanguine par François.

**259.** JAUCOURT (Chevalier Louis de). — Montagne (Michel de). — Tome XII (1765), pp. 358-59 de l' : — Encyclopédie, ou Dictionnaire raisonné des sciences, des arts et des métiers, par une Société de Gens de lettres... — *Paris, Briasson,* etc. ; *Neufchâtel, Samuel Faulche et Cⁱᵉ,* 1751-1780, 35 vol. in-fol.

260. [LACOMBE DE PREZEL (H.)]. — Montagne, Michel de. — Tome II, pp. 651-56, du : — Dictionnaire des portraits historiques. Anecdotes et traits remarquables des hommes illustres. — *Paris, Lacombe*, 1768, 3 vol. in-8°.

261. DEVIENNE (Dom). — Montagne. — Pp. 119-26 de l' : Histoire de Bordeaux. Première partie, contenant les évènemens civils et la vie de plusieurs hommes célèbres. — *Bordeaux, S. de La Court, les frères Labottière ; Paris, V^{ve} Desaint, Saillant et V^{ve} de Nion*, 1771, in-4°, 8-XXXVI-537 pp.

La vie de Montaigne, suivie de considérations diverses sur son œuvre et sur sa pensée.

262. SABATIER (Abbé A.), *dit* SABATIER DE CASTRES. — Montagne. — Tome III, pp. 143-46, des : — Trois siècles de la littérature française, ou Tableau de l'esprit de nos écrivains depuis François I^{er} jusqu'en 1773. Nouvelle édition augmentée. — *Amsterdam ; Paris, de Hansy*, 1774, 4 vol. in-12.

Une notice qui doit beaucoup à plusieurs travaux de cette époque, en particulier à ceux de Ladvocat (n° 516) et de Chaudon (n° 517).

263. Montaigne. (*Annales polit., civ. et littér. du XVIII^e siècle*, I : 1777, pp. 204-16).

264. ANSQUER DE PONÇOL (le P.). — Moralistes modernes : Montagne. — Tome II, pp. 87-119, du : — Code de la raison, ou Principes de morale, pour servir à l'Instruction Publique, avec une notice des meilleurs écrivains moralistes anciens et modernes. — *Paris, Colas*, 1778, 2 vol. in-12.

Etude des qualités de Montaigne écrivain et penseur, ainsi que des jugements dont il a fait l'objet, comme introduction à un certain nombre de citations des *Essais*.

265. BRICAIRE DE LA DIXMERIE (Nicolas). — Eloge analytique et historique de Michel Montagne, suivi de notes, d'observations sur le caractère de son style et sur le génie de notre langue, et d'un dialogue entre Montagne, Bayle et J.J. Rousseau... — *Amsterdam ; et Paris, Valleyre l'aîné*, 1781, in-8°, paginé : I-XII et 121-396.

Montaigne philosophe dans sa morale et dans sa conduite. — Intérêt de ses voyages en Italie et à Paris. — Sa mort. — Réflexions diverses sur son style et sur la langue française en général. — *Voir* aussi le n° 3232.

266. PAULMY (A.-R. de Voyer d'Argenson, marquis de). — Montagne. — Tome XV (1781), pp. 253-336, des : — Mélanges tirés d'une grande bibliothèque... — *Paris, Moutard*, 1779-1788, 70 vol. in-8°.

Article consacré non seulement à la vie de Montaigne et à ses *Essais*, mais aussi à des remarques sur quelques opinions morales et littéraires qui lui sont particulières, à ses néologismes, ainsi qu'à des expressions hasardées par lui et dont certaines sont « à présent usitées », alors que d'autres « n'ont pas fait fortune ». Le jugement terminal est nettement favorable à Montaigne qui est considéré comme « un auteur charmant » [réminiscence de Voltaire] « et le coryphée des écrivains du seizième siècle » (p. 336).

267. Montaigne (Michael de). — Tome IX, pp. 297-301, du : — New and general biographical dictionary, containing an historical and critical account of the lives and writings of the most eminent persons in every nation ... A new edition in twelve volumes, greatly enlarged and improved. — *London*, 1784, 12 vol. in-8°.

Dans cette notice de caractère général sur Montaigne, l'auteur (anonyme) a signalé qu'une véritable « annexion nationale » de l'essayiste et de son œuvre s'était accomplie en Angleterre depuis la traduction de Cotton (1685). — *Voir* Ch. Dédeyan, n° 2790, t. Ier, pp. 37-44 (le texte de la notice est reproduit au t. II, pp. 26-29).

268. Des Essarts (Nicolas T. Le Moyne, *dit*). — Montaigne. — Tome IV (an IX-1801), pp. 409-12, dans : — Les siècles littéraires de la France, ou Nouveau dictionnaire historique, critique et bibliographique de tous les écrivains français, morts et vivans jusqu'à la fin du XVIIIe siècle... — *Paris, l'auteur*, an VIII (1800) - an XI (1803), 7 vol. in-8°.

269. B[ernadau] (P.). — Recherches historiques sur les rues de Bordeaux, pour servir de complément aux *Antiquités bordelaises*. — Rue Montaigne. (*Bull. polym. du Muséum d'instr. publ. de Bordeaux*, VI : 1808, pp. 14-16).

Article relatif à la rue Montaigne, au tombeau de Montaigne, à la cérémonie de la translation de ses cendres, le 23 septembre 1800. Pour finir, un court résumé sur l'écrivain et sur son œuvre.

270. Buhle (J.G.). — Philosophie de Montaigne. — Tome II, 1re partie, pp. 774-81, de l' : — Histoire de la philosophie moderne depuis la Renaissance jusqu'à Kant..., traduite de l'allemand par Antoine J.L. Jourdan. — *Paris, Fournier*, 1816, 6 vol. in-8°.

Biographie de Montaigne, analyse de son livre et de sa pensée.

271. Gence (J.-B.-M.). — Montaigne. — Tome XXIX (1821), pp. 426-41, de la : — Biographie universelle ancienne et moderne, ou Histoire par ordre alphabétique de la vie publique ou privée de tous les hommes qui se sont fait remarquer par leurs écrits, leurs actions, leurs talents, etc., ouvrage... rédigé par une société de gens de lettres et de savants. — *Paris, Michaud frères*, 1811-1833, 55 vol. in-8°.

Montaigne, l'homme et l'œuvre.

272. Villemain (A.-F.). — Michel de Montaigne, né le 29 février 1538, mort le 15 septembre 1592. — Tome Ier (1821), pp. 135-38, de la : — Galerie française, ou Collection de portraits des hommes et des femmes qui ont illustré la France dans les XVIe, XVIIe et XVIIIe siècles... — *Paris, Firmin-Didot*, 1821-1823, 3 vol. in-4°, pl., fig., fac-sim.

Notice précédée d'un portrait de Montaigne par Gautheret et Weber, et suivie du fac-sim. de la lettre de Montaigne à M. Du Puy (23 avril 1584), reproduite en caractères typographiques dans les notes du même volume (pp. 281-82). — On remarquera que le titre de la notice comporte trois erreurs dans les dates de naissance et de décès de Montaigne (il fallait mettre : — « né le 28 février 1533, mort le 13 septembre 1592 »).

273. CHASLES (Philarète). — Montaigne. — Pp. 178-85 du : — Discours sur la marche et les progrès de la langue et de la littérature françaises, depuis le commencement du XVIᵉ siècle jusqu'en 1610. — *Paris, Firmin-Didot*, 1829, in-8°, 256 pp.

Discours qui a partagé avec celui de Saint-Marc Girardin (n° 1767) le prix d'éloquence décerné par l'Académie française (séance publique du 25 août 1828). Il traite de Montaigne, notamment sur le double plan de la pensée et du vocabulaire. — Le texte en a été repris par l'auteur aux pp. 155-64 de ses : — Etudes sur le seizième siècle en France... — *Paris, Amyot, s.d.* (1848), in-18, LXVI-432 pp.

274. Montaigne and his Essays. (*Foreign rev.*, V : 1830, pp. 188-205).

275. SAUVEROCHE (L.). — Montaigne. — Pp. 35-50 et 140-45 du : — Discours sur les célébrités du Périgord, suivi de notes biographiques et philologiques. — *Périgueux, Dupont*, 1835, in-18, 158 pp.

L'œuvre de Montaigne. — Biographie du moraliste.

276. TISSOT (P.-F.). — Montaigne. — Tome Iᵉʳ (1835), pp. 116-18, des : — Leçons et modèles de littérature française ancienne et moderne... — *Paris, J. L'Henry*, 1835-1836, 2 vol. in-8°.

277. Montaigne (Michel Eyquem de), 1533-1592. (*Magasin universel*, IV : 1836-1837, pp. 60-61, avec un portr. gravé sur bois).

278. HALÉVY (Léon). — Montaigne. — Tome Iᵉʳ, pp. 280-87, de l' : — Histoire résumée de la littérature française... 2ᵉ édition. — *Paris, Eymery*, 1838, 2 vol. in-12.

279. NISARD (D.). — Montaigne. — Tome II (*Etudes de critique et d'histoire littéraire*), pp. 354-63, des : — Mélanges... — *Paris, Delloye et Lecou*, 1838, 2 vol. in-8°.

Comment définir Montaigne et les *Essais* ? Complexité du problème, démontrée par la variété des jugements qui ont été portés sur leur auteur. — Son dessein (probable) en écrivant ce livre. Son style, sa langue. — « J'oserais dire — avance Nisard — que je ne sache pas d'écrivain dont la lecture me paraisse plus féconde, plus piquante, plus substantielle que la lecture de Montaigne » (p. 357).

280. [STERLING (John)]. — Montaigne and his writings. (*The London and Westminster rev.*, 1838, vol. VII/XXIX, April-August, pp. 321-52). — Partiellement réimpr. par W. Hazlitt en tête de son éd. des œuvres complètes de Montaigne (1842, cf. pp. XLI-XLVIII). — Repris au tome Iᵉʳ, pp. 129-87, des : — Essays and tales by John Sterling, collected and edited with a memoir of his life by Julius Charles Hare... — *London, J.M. Parker*, 1848, 2 vol. in-16.

Etude analytique sur Montaigne et son œuvre à propos de quelques publications de cette époque, comme la brochure de Fr. Madden (n° 2802). —

Après avoir abordé, sur un plan assez large, la question Montaigne-Shakespeare, l'auteur se livre à des considérations personnelles sur la vie de Montaigne, sur sa famille, son éducation, l'initiative qu'il a prise d'écrire son « autobiographie » (pp. 332-38), sur son scepticisme (pp. 339-45) et son attitude en matière de religion (pp. 345-47). Il termine par la communication du journal d'un voyage qu'il fit au château et à la tour de Montaigne, dont il donne une description fidèle (pp. 348-52). — Sur J. Sterling et son « essai » sur Montaigne, *voir* Dédéyan [n° 2790], t. I<sup>er</sup>, pp. 233-56.

281. LEJEUNE (E.B.). — Michel de Montaigne. (*Mosaïque du Midi*, III : 1839, pp. 236-40).

L'homme et son œuvre, — son amitié pour La Boétie, — l'intérêt que le public a toujours porté aux *Essais*.

282. DEVILLE (A.). — Montaigne. — Tome XXXVIII, pp. 409-11, du : — Dictionnaire de la conversation et de la lecture [publié sous la direction de W. Duckett fils]. — *Paris, Belin-Mandar*, 1832-1851, 68 t. en 34 vol. in-8°.

283. CHRISTIAN (P.). — Sur l'éloge de Montaigne. Lettre à M. Villemain, de l'Académie française. (*La France littéraire*, 3<sup>e</sup> sér., VIII : 1842, pp. 31-38). — Repris, pp. I-XII, dans l'édition des *Essais* de Montaigne... — *Paris, Lavigne*, 1842, in-16, XII-718 pp. (nombreuses réimpr. chez Hachette à partir de 1860).

Dans ces lignes, — un « travail remarquable qui sera accueilli avec un vif intérêt », annonçait en note le directeur de la revue, — P. Christian donne son accord à la plupart des considérations énoncées par Villemain dans son éloge de Montaigne (n° 3104), et présente à son tour des points de vue personnels qui ont fait de cette lettre une introduction pour son édition des *Essais*.

284. BERNADAU (P.). — De la rue Montaigne et du mausolée du philosophe de ce nom. — Pp. 275-79 dans : — Le Viographe bordelais, ou Revue historique des monuments de Bordeaux... et des rues, places et autres voies publiques de cette ville, qui rappellent des évènements mémorables... relatifs à l'histoire et aux traditions locales. — *Bordeaux, Gazay*, 1844, in-8°, 383 pp.

La rue Montaigne où se trouvait le couvent et l'église des Feuillants. — Le tombeau de Montaigne, avec la traduction des épitaphes (description et traduction extraites des *Antiquités bordelaises* [n° 764]). — Les *Essais* et l'Exemplaire de Bordeaux. — Le transfert des cendres de Montaigne et les incidents qui s'y produisirent (cf. n<sup>os</sup> 774-776). — Erection d'une statue de Montaigne à Bordeaux et à Périgueux.

285. NISARD (D.). — Montaigne. — Tome I<sup>er</sup> (1844), pp. 425-58, de l' : — Histoire de la littérature française... — *Paris, Firmin-Didot*, 1844-1861, 4 vol. in-8°.

Cette étude générale fait essentiellement ressortir l'importance des *Essais* avec lesquels commencent les grands chefs-d'œuvre de l'esprit français. L'originalité de leur auteur a fait sa popularité, que Nisard justifie en disant : « Ouvrez Montaigne, n'importe à quel feuillet ; dès les premiers mots vous serez au courant. Ce sont de ces livres qui commencent et finissent à toutes les pages ; on les rouvrira dix fois au même feuillet, sans le trouver ni moins nouveau, ni moins inattendu. Il y a des gens qui ont toujours lu Montaigne, et qui ne l'ont jamais fini » (p. 455).

286. PEYRONNET (Pierre-Denis, comte de). — Montaigne, né en 1533, mort en 1592. — Tome III (1846), pp. 131-46, du : — Plutarque français, vies des hommes et des femmes illustres de la France, depuis le cinquième siècle jusqu'à nos jours... Deuxième édition... — *Paris, Langlois et Leclercq*, 1844-1847, 6 vol. in-8°.

Notice biographique augmentée de considérations sur les *Essais*, ce livre de Montaigne qui « est lui tout entier ». — Datée du château de Ham, septembre 1834, elle est ornée d'un portrait en pied de Montaigne, dessiné par Henriquel Dupont et gravé sur acier par Langlois.

287. MENNECHET (E.). — Montaigne. — Tome Ier, pp. 400-08, de : — Matinées littéraires. Cours complet de littérature moderne... — *Paris, Ancien bureau du « Plutarque français » ; Langlois et Leclercq*, 1848, 4 vol. in-18 jés.

288. [TROGNON (Auguste)]. — Montaigne écrivain moraliste. — Tome IX (1848), pp. 165-67, des : — Galeries historiques du Palais de Versailles... — *Paris, Impr. Royale*, 1839-1848, 9 t. en 10 vol. in-8°.

289. FELLER (François-Xavier de). — Montagne ou Montaigne (Michel de). — Tome VI (1849), pp. 62-64, de la : — Biographie universelle, ou Dictionnaire historique des hommes qui se sont fait un nom par leur génie, leurs talents, etc... Edition revue et continuée jusqu'en 1848... — *Paris, J. Leroux*, etc. ; *Lille, L. Lefort*, etc., 1847-1850, 8 vol. gr. in-8°.

290. SAINTE-BEUVE (C.A.). — Nouveaux documents sur Montaigne recueillis et publiés par M. le docteur Payen. (*Constitutionnel*, 28 avril 1851, pp. 2-3). — Repris au tome IV (1853), pp. 60-76, des *Causeries du Lundi*, et dans : *Les grands écrivains français. Etudes des Lundis... classées... et annotées par Maurice Allem*. — *Paris, Garnier*, 1926, in-16 (*XVIe siècle : les Prosateurs*, pp. 162-83).

A l'occasion de la parution des *Documents no 2* (no 25), Sainte-Beuve fait un bilan des dernières découvertes réalisées sur Montaigne, ce qui l'amène à en brosser le portrait moral et à définir l'art de l'écrivain.

291. SAGETTE (Abbé Jean). — Montaigne et les *Essais*. Etude philosophique et littéraire. (*Chron. du Périgord et du Limousin*, II : 1854, no 10, pp. 217-36, — no 12, pp. 267-81. — Réimpr. dans la *Rev. des races latines*, vol. 39, 1863, juillet, pp. 5-77).

Vie de Montaigne. — Objet des *Essais* : — un ouvrage rempli de propos divers que l'auteur disperse çà et là, selon « la funeste infatuation » de son époque. Cependant, « Montaigne vaut mieux que son livre » (p. 219) qui reste « la naïve peinture d'un esprit chrétien gâté par son siècle ». Vouloir donner aux *Essais* une portée philosophique et en faire « une attaque préméditée contre la vérité révélée et contre l'Eglise », c'est calomnier et l'auteur et son livre (p. 281).

292. **BIGORIE DE LASCHAMPS** (F. de). — Michel de Montaigne. — *Paris, A. Vaton ; Rennes, Verdier, Deniel*, 1855, in-12, 327 pp. — (Cf. n° 299).

Etude de la vie et de la pensée de Montaigne, considérée comme « l'étude de l'humanité ». En effet, « son livre est le Code de l'homme aussi complet que Dieu a permis de l'écrire à une plume humaine » (p. 4).

293. **DEMOGEOT** (J.). — Montaigne. — Pp. 281-89 de l' : — Histoire de la littérature française depuis ses origines jusqu'à nos jours. — 2ᵉ édition. — *Paris, Hachette*, 1855, in-16, x-678 pp.

294. **PRAT** (Henri). — Montaigne. — Tome III (1855), xviᵉ siècle, pp. 294-325, des : — Etudes historiques... — *Paris, Firmin-Didot fr.*, 1847-1861, 5 t. en 7 vol. in-18.

295. **ROCHE** (A.). — Montaigne. — Tome Iᵉʳ (1858), pp. 37-42, de l' : — Histoire des principaux écrivains français depuis l'origine jusqu'à nos jours... — *Paris, C. Borrani ; London, Williams & Norgate*, 1858-1860, 2 vol. in-16.

296. **SAINT JOHN** (Bayle). — Montaigne, the essayist. A biography. With illustrations. — *London, Chapman and Hall*, 1858, 2 vol. in-8°, viii-336 et 327 pp.

C'est ici la première étude que l'on ait écrite en anglais sur Montaigne. Son premier chapitre avait déjà vu le jour, en 1845, dans *Fraser's magazine*. La grande biographie donnée en 1892 par Bonnefon n'est point parvenue à l'éliminer, sans doute parce que les deux auteurs ont eu recours à des méthodes de travail sensiblement différentes ; de plus, l'ouvrage de Bayle St. John s'est augmenté d'une longue étude sur la composition des *Essais* (t. II, pp. 54-101), qui avait le privilège de l'originalité. — Il a fait l'objet d'un examen détaillé dans la thèse de Ch. Dédéyan, n° 2790, t. Iᵉʳ, pp. 310-39. — *Voir* aussi n° 3211.

= C.R. : — *The Athenaeum*, December 12, 1857 ; — *Saturday rev.*, January 16, 1858 ; — Taxile Delord (*Le Siècle*, 17 mai 1858, p. 3) ; — H. Rigault (*J. des Débats*, 16 juin 1858, p. 3). =

297. **BILLET** (Henri). — Etude sur Montaigne, suivie de quelques réflexions sur notre époque. (*Mémoires de l'Acad. d'Arras*, XXXI : 1859, pp. 113-30).

Aperçus sur la vie de Montaigne, sur son œuvre, ainsi que sur la fortune exceptionnelle de celle-ci : en effet, « un des grands mérites de Montaigne est de gagner à l'examen : quiconque l'a lu veut le relire. C'est un plaisir nouveau » (p. 117).

298. **E.D.F.** — Littérature — Biographie — Michel de Montaigne. (*Rev. britannique*, 8ᵉ sér., 1859, t. 1, pp. 399-439 ; — t. 2, pp. 83-110 et 319-39).

Etude biographique et littéraire, réalisée à partir de l'ouvrage de B. Saint John (n° 296).

299. **BIGORIE DE LASCHAMPS** (F. de). — Michel de Montaigne, sa vie, ses œuvres et son temps. Deuxième édition, augmentée de documents authentiques inédits, et de la *Littérature de Montaigne*

en elle-même, dans ses rapports avec les lettres, en général et, plus spécialement, avec les lettres au XVIᵉ siècle et au commencement du XVIIᵉ. — *Paris, Firmin-Didot ; Rouen, Ch. Haulard*, 1860, in-18, IV-493 pp.

C'est le travail de 1855 (nᵒ 292) auquel ont été ajoutés : une préface, un second chapitre intitulé : *Littérature de Montaigne*, quelques inscriptions de la « librairie », plusieurs paragraphes aux chapitres de la première édition, enfin des notes complémentaires.

Dans son article *Montaigne en voyage* (nᵒ 633), Sainte-Beuve a formulé sur cet ouvrage le bref jugement que voici : « Le titre est plus grand que le livre ; l'auteur, je lui en demande bien pardon, n'a pas assez étudié et approfondi son sujet ». — Malgré cette appréciation en apparence sans appel, on peut trouver quelques enseignements dans la lecture de ce livre. C'est lui par exemple qui « a ouvert la voie » à Paul Laumonier pour son étude : *Madame de Montaigne d'après les « Essais »* (nᵒ 880).

300. JOUBERT (Léo). — Montaigne. — Tome XXXVI (1861), col. 55-71, de la : — Nouvelle biographie générale, depuis les temps les plus reculés jusqu'à nos jours, avec les renseignements bibliographiques et l'indication des sources à consulter ; publiée... sous la direction de M. le Dʳ Hoefer. — *Paris, Didot*, 1852-1866, 46 vol. in-8ᵒ.

301. OXENFORD (J.). — Montaigne. (*Temple Bar*, I : 1861, February, pp. 320-30).

302. SMITH (A.). — An old essayist. (*Good words*, III : 1862, pp. 362-66).

303. FEUILLET DE CONCHES (F.S.). — Montaigne. — Pp. 1-37 de : — Lettres inédites de Michel de Montaigne et de quelques autres personnages pour servir à l'histoire du XVIᵉ siècle... (Extrait du troisième volume des *Causeries d'un Curieux* actuellement sous presse). — *Paris, H. Plon*, 1863, in-8ᵒ, 4 ff. et 319 pp.

Le livre des *Essais*. — Port-Royal contre Montaigne. — Caractère de Montaigne. — Son portrait physique. — (Etude figurant dans les *Causeries d'un Curieux*, t. III, 1864, pp. 3-35). — Sur les lettres, *voir* nᵒ 1405.

304. SACY (Sylv. de). — Les *Essais* de Montaigne et ses *Lettres inédites* publiées par M. Feuillet de Conches. (Art. du *J. des Débats* réimpr. dans le *Bull. du bibl.*, 1865, pp. 281-95).

Examen de l'œuvre et de la pensée de Montaigne, à propos de récents travaux publiés sur lui : édition Garnier, étude de Prévost-Paradol (nᵒ 2140), édition de ses Lettres inédites (nᵒ 1405).

305. DESBANS (Ch.). — Sciences historiques — Bibliographie — Montaigne — *Essais* — Sa philosophie — Son portrait — *Le Mans, impr. du Commerce*, 1868, in-8ᵒ, 4 pp.

306. MAGNE (E.). — Conférences publiques de Périgueux. Etudes sur Montaigne... — *Périgueux, J. Bounet*, 1869, in-8ᵒ, 48 pp.

Conférence faite à Périgueux, le 27 février 1869.

307. RÉAUME (E.). — Montaigne. — Pp. 145-79, dans : — Les prosateurs français du XVIᵉ siècle... — *Paris, Didier*, 1869, in-16, v-512 pp.

Ce « voyage à travers les *Essais* » (p. 147) est en même temps une étude sur Montaigne, considéré comme écrivain et penseur.

308. DESJARDINS (A.). — Montaigne. — Pp. 147-285, dans : — Les moralistes français du XVIᵉ siècle. — 2ᵉ édition. — *Paris, Didier*, 1870, in-8°, 550 pp. — Réimpr. : — *Genève, Slatkine*, 1970.

309. LEFRANC (Emile). — Montaigne. — Pp. 123-34 de l' : — Histoire élémentaire et critique de la littérature française aux XVIᵉ et XVIIᵉ siècles. Nouvelle édition, revue et corrigée... — *Paris, Lecoffre*, 1870, in-18, XII-608 pp.

310. TROLLOPE (T.A.). — Montaigne. (*Saint Paul's*, VIII : 1871, pp. 352-63).

311. ALBERT (Paul). — Montaigne. — L'homme, sa vie publique et privée ; son scepticisme. — Le style de Montaigne. — Pp. 297-315 de : — La littérature française des origines au XVIIᵉ siècle... — *Paris, Hachette*, 1872, in-16, 428 pp.

312. LAROUSSE (P.). — Montaigne. — Tome XI, pp. 482 (col. 2-4) et 483 (col. 1), du : — Grand dictionnaire universel du XIXᵉ siècle... — *Paris, Admin. du Grand dict. univ.*, s.d. (1866-1888), 17 vol., gr. in-4°.

313. MOTHEAU (P.). — Notice sur Montaigne. — Tome IV (1875), pp. I-LXVII, [*in fine*], de l'édition des : — *Essais* de Montaigne, réimprimés sur l'édition de 1588... (n° 110).

Cette notice, qui est une étude générale de Montaigne, de son œuvre et de son temps, a reparu, avec quelques additions partielles, chez le même éditeur (D. Jouaust), dans l'éd. des *Essais* en 7 vol. in-16 (1886-1889), au t. Iᵉʳ, pp. VII-CIV.

314. GODEFROY (Frédéric). — Montaigne. — Tome Iᵉʳ (1878), pp. 193-209, de l' : — Histoire de la littérature française depuis le XVIᵉ siècle jusqu'à nos jours. 2ᵉ édition. — *Paris, Gaume*, 1878-1881, 10 vol. in-8°.

315. COLLINS (W. Lucas). — Montaigne. — *Edinburgh, W. Blackwood and sons*, 1879, in-16, IV-192 pp. — (*Foreign classics for English readers*).

Etude d'ensemble suivie d'extraits.
= C.R. : — Arvède Barine (*Rev. bleue*, XVII : 1879-1880, t. XXIV, 1ᵉʳ sem., pp. 20-21. =

316. BRIDEL (Ph.). — Montaigne. — Tome IX (1880), pp. 335-44, de l' : — Encyclopédie des sciences religieuses, publiée sous la direction de F. Lichtenberger, doyen de la Faculté de théologie

protestante de Paris... — *Paris, Sandoz et Fischbacher*, 1877-1882, 13 vol. in-8°.

Etude de la vie et de la pensée de Montaigne pour essayer de discerner un côté religieux dans cette dernière. L'auteur considère que, par son « scepticisme autoritaire », Montaigne, en renonçant « à avancer aucune preuve en faveur de l'Evangile », était « conséquent avec lui-même ». A plusieurs reprises, en effet, on a soutenu qu'il était un excellent chrétien : « il est possible qu'il fut vraiment bon catholique, et son pape (*sic*) le tint pour tel ; quant à être chrétien, certainement il ne l'était pas » (p. 343).

317. RÉAUME (E.). — Etude sur Montaigne. — Pp. XVI-XLVI des : — Extraits de Montaigne... — *Paris, E. Belin*, 1881, in-12, XLVI-344 pp.

C'est la reproduction d'une grande partie de l'étude donnée en 1869 (n° 307), à laquelle on a ajouté, en tête, un long passage sur le château et la « librairie ».

318. GIDEL (Ch.-A.). — Montaigne. — Pp. 281-86 de l' : — Histoire de la littérature française depuis la Renaissance jusqu'à la fin du XVIIᵉ siècle... — *Paris, A. Lemerre* (1882), in-16, 502 pp. — (*Petite collection Lemerre*).

319. SAINTSBURY (George E.B.). — Montaigne. — Pp. 213-19 de : — A short history of French literature... — *Oxford, Clarendon Press*, 1882, in-8°, IX-591 pp. — (*Clarendon Press series*).

Les éléments de cette étude ont été repris et développés dans l'article sur Montaigne de la 11ᵉ éd. de l'*Encyclopaedia Britannica* (n° 371).

320. BULWER LYTTON (Edward R.). — An essayist of three hundred years ago. (*National rev.*, I : 1883, pp. 175-92).

Essai littéraire sur Montaigne, son œuvre et sa pensée, étudiés dans l'éd. de Coste de 1725.

321. MERLET (G.). — Michel de Montaigne (1533-1592). — Tome II, pp. 70-118, des : — Etudes littéraires sur les classiques français des classes supérieures... Nouvelle édition... — *Paris, Hachette*, 1883, 2 vol. in-16.

Etude en deux parties : — I. Portrait biographique de Montaigne. — II. Etude littéraire des *Essais* : — La méthode discursive de Montaigne. L'unité morale du livre. — L'arsenal du pyrrhonisme : apparence d'apologie religieuse ; néant de l'homme en face de l'infini ; l'impuissance de la raison ; circonstances atténuantes de ce scepticisme. — La pédagogie de Montaigne et celle de Rabelais. — Le lettré ; l'humaniste dans le moraliste. — Son style. Son imagination. Il est le créateur de sa langue. — Sa clientèle. « Cet Horace français [cf. Sainte-Beuve, *Lundis*, t. IV] fut le premier de nos écrivains populaires » (p. 118).

322. TALBOT (E.). — Notice sur Montaigne. — Pp. 57-68 de : — Rabelais et Montaigne. Extraits désignés pour les examens... avec introduction biographique et critique, notes et glossaires... — *Paris, Delalain* (1883), in-16, XVI-219 pp.

Notice biographique et littéraire, suivie d'un aperçu des idées pédagogiques de Montaigne.

323. ALLAIS (G.). — Michel de Montaigne. Notice biographique et
bibliographique. — *Clermont-Ferrand, typ. Montlouis*, 1884, in-8°,
8 pp.

324. CARUEL (le P.), S.J. — Montaigne. — Tome Ier (*Prosateurs*), pp.
19-52, des : — Etudes sur les auteurs français des classes supérieures... (Cinquième édition)... — *Tours, Cattier*, 1884, 2 vol.
in-16.

> Biographie de Montaigne. — Le moraliste : — but et sujet des *Essais* ; la
> « méthode » employée ; le fond (portrait de Montaigne ; l'homme de Mon-
> taigne). — Scepticisme ; épicuréisme. — L'écrivain ; sa popularité ; ses
> théories littéraires et pédagogiques ; son style. — Tableaux synoptiques
> joints à l'étude.

325. ASQUERINO (Eusebio). — Montaigne. (*Rev. de España*, XVIII :
1885, vol. CV, pp. 245-54).

> Montaigne considéré comme pédagogue et penseur. Analyse de sa morale
> qui repose sur l'art d'être heureux. — Les éd. des *Essais* qu'il donna lui-
> même en les enrichissant chaque fois. — Son influence.

326. DUPUY (Th.). — Un moraliste sceptique et un poète satirique
du XVIe siècle : Michel Montaigne et Mathurin Régnier. — *Milan,
Lombardi*, 1886, in-16, 160 pp.

327. Montaigne. (*Westminster rev.*, 1888, t. CXXIX, pp. 679-92).

> « D'où provient l'enchantement qui se dégage de Montaigne ? ». Pour le
> montrer, l'auteur (anonyme) se livre à une étude de la vie et de l'œuvre
> de l'essayiste, et donne quelques appréciations sur l'époque où il vivait.

328. HÉMON (F.). — Montaigne. — *Paris, Delagrave*, 1889, in-12, XXIV
+ 47 + 40 + 36 + 51 pp. — (*Cours de littérature à l'usage des
divers examens*, III).

> Montaigne, sa vie et son œuvre. — Le chapitre « De l'Amitié ». — Le cha-
> pitre « De l'Institution des enfants » (cf. n° 1926). — Montaigne moraliste.
> — Montaigne écrivain et critique : le chapitre « Des Livres ». — (Sur les
> cinq parties, quatre sont accompagnées d'une bibliographie sommaire, de
> jugements choisis et de sujets de devoirs).

329. LINTILHAC (E.). — Montaigne. — Tome Ier, pp. 257-68, du : —
Précis historique et critique de la littérature française, depuis
les origines jusqu'à nos jours,... avec un catalogue d'ouvrages
à consulter... — *Paris, F.E. André-Guédon*, 1890, 2 vol. in-16.

330. GAZIER (A.). — Montaigne (1533-1592). — Pp. 121-29 de la : —
Petite histoire de la littérature française principalement depuis
la Renaissance. — *Paris, A. Colin, s.d.* (1891), in-18, 621 pp.

331. BONNEFON (Paul). — Montaigne, l'homme et l'œuvre. Deux planches hors-texte et 80 gravures dans le texte. — *Bordeaux, G.*

*Gounouilhou ; Paris, J. Rouam,* 1893 [1892], in-4°, XIII-502 pp. Réimpr. : — *Paris, Picard,* 1943, in-4°, XIII-502 pp.

« Un livre de travail, un excellent livre qui deviendra presque classique et que nul ne pourra se dispenser de lire, s'il veut connaître, jusque dans les plus petits détails, Montaigne et son œuvre » (G.V.). — Cette monographie fut présentée à l'Académie de Bordeaux, dans la séance du 24 novembre 1892, par Th. Froment dont le rapport (n° 332) obtint tous les suffrages et fit décerner à P. Bonnefon la médaille d'or de cette assemblée.
= C.R. : — W. Baldensperger (*Zeits. f. franz. Spr. und Liter,* XV : 1893, pp. 202-05) ; — Ph. Tamizey de Larroque (*Bull. critique,* XIV : 1893, pp. 331-35) ; — G. Vicaire (*Bull. du bibl.,* 1893, pp. 210-11). =

332. FROMENT (Théodore). — Montaigne, l'homme et l'œuvre. (*Actes de l'Acad. de Bordeaux,* 3ᵉ sér., LIV : 1892, pp. 218-40. — Repris dans *La Gironde,* 29 novembre 1892, p. 3, sous le titre : *Montaigne et son œuvre*).

Texte du rapport concernant l'ouvrage de P. Bonnefon (n° 331) et présentant des vues personnelles sur Montaigne et sur son œuvre. Biographie et rapport ont paru pour le troisième centenaire du décès du moraliste et ont ainsi participé à cette célébration.

333. CREDARO (Luigi). — Montaigne. — Tome II (1893), pp. 322-33, de : — Lo Scetticismo degli Accademici... — *Milano, Ulrico Hoepli,* 1892-1893, 2 vol. in-8°.

L'homme, l'œuvre, l'influence, vus à partir de la théorie d'un scepticisme formel chez Montaigne.

334. FAGUET (E.). — Montaigne. — Pp. 365-421 de : — Seizième siècle. Etudes littéraires. — *Paris, Lecène et Oudin,* 1893, in--18 jés., XXXI-425 pp. — (Nombreuses réimpr. à l'adresse de la Soc. Franç. d'Imprimerie et de Librairie, puis de l'éditeur Boivin). — (*Nouvelle bibliothèque littéraire*).

Etude générale sur Montaigne, l'homme, l'œuvre, la pensée. Pour Faguet, l'auteur des *Essais* est « un homme de la Renaissance » qui a voulu être le peintre de son temps. Sa morale serait « un stoïcisme déridé et souriant » (p. 392), et sa philosophie première, plutôt de l'*agnosticisme* que ce scepticisme inventé par Pascal (p. 377). Son style, sa langue sont ceux d'un très grand écrivain, bien digne d'une aussi riche époque. — *Voir* n° 3191.

335. GAUTHIEZ (P.). — Michel de Montaigne. — Pp. 191-303 des : — Etudes sur le seizième siècle. Rabelais, Montaigne, Calvin. — *Paris, Lecène et Oudin,* 1893, in-18 jés., XVIII-339 pp. — (*Nouvelle bibliothèque littéraire*).

Dans cette étude divisée en deux parties : 1) *L'homme et sa vie ;* 2) *L'œuvre et l'esprit,* l'auteur se montre assez hostile à Montaigne dont il ne conteste pas les qualités d'écrivain et d'homme d'esprit, mais qu'il juge incapable d'exercer un « effet direct sur les âmes » (p. 302).

336. LA BRIÈRE (Léon Leroy de). — Michel de Montaigne (1533-1592). (*La Plume et l'Epée,* II : 1894, n° d'avril, pp. 8-10).

Esquisse de la vie de Montaigne, avec un éloge des *Essais.* — Montaigne présenté successivement comme soldat et comme écrivain : il est certain qu'avant de manier si gaillardement la plume, il a porté l'épée pour le service de son pays.

337. Nolhac (P. de). — Montaigne. (*Fanfulla della Domenica*, 1er avril 1894, pp. 1-3).

Conférence faite sur Montaigne au Collège Romain, le 29 mars 1894, en souvenir de son entrée à Rome, le dernier jour de novembre 1580 et de l'hospitalité qu'il reçut à l'*Albergo dell'Orso*.

338. Lanson (G.). — Montaigne. — Pp. 316-32 de l' : — Histoire de la littérature française, 3e édition, revue et corrigée... — *Paris, Hachette*, 1895, in-16, xvi-1166 pp.

Cette étude (sur l'homme, son livre, son style, sa pensée et son influence) a reparu, mais avec d'importantes modifications, dans le tome Ier, pp. 240-53, de l'*Histoire illustrée de la littérature française* du même auteur, publiée en 1923 (*Paris, Hachette*, 2 vol. in-4°).

339. Lanusse (M.). — Montaigne... — *Paris, Lecène et Oudin, s.d.* (1895), in-8°, 240 pp., fig. — Nombreuses réimpr. à l'adresse de l'éditeur Boivin. (Coll. : *Les classiques populaires*). — Nouv. réimpr. : — *Genève, Slatkine*, 1969, in-8°, 240 pp.

Travail d'ensemble sur : *l'homme* (sa vie, son portrait), *le penseur* (but des *Essais*, le scepticisme, la philosophie morale, les idées de Montaigne en matière de religion, de politique, de pédagogie), *l'écrivain* (l'humaniste, le critique littéraire, son style, sa langue). En conclusion, la fortune de Montaigne.

340. Petit de Julleville (L.). — Montaigne. — Tome V (1895), pp. 386-87, de l' : — Histoire générale, du IVe siècle à nos jours,... publiée sous la direction de MM. Ernest Lavisse... et Alfred Rambaud... — *Paris, A. Colin*, 1892-1901, 12 vol. in-8°.

341. Stapfer (Paul). — Montaigne. — *Paris, Hachette*, 1895, in-16, 200 pp. — (Coll. : *Les grands écrivains français*).

L'homme et sa vie publique et privée. — La philosophie. — Le style. — L'influence. — (En frontispice, le portrait de Montaigne, reprod. à l'eau-forte de celui donné par Th. de Leu).
= C.R. : — *L'Année philos.*, VI : 1895, pp. 310-11. =

342. Bonnefon (P.). — Les moralistes : Montaigne... — Tome III (1897), pp. 406-71, de l' : — Histoire de la langue et de la littérature française des origines à 1900, publiée sous la direction de L. Petit de Julleville... — *Paris, A. Colin*, 1896-1899, 8 vol. in-8°.

Vie de Montaigne. — Les *Essais* : le but poursuivi, la pensée. — La composition, le style. — La publication des *Essais*. La question du véritable « texte définitif » (note de la p. 470). — Bibliographie : pp. 483-85.

343. Brunetière (F.). — Montaigne. — Pp. 86-92 du : — Manuel de l'histoire de la littérature française... — *Paris, Delagrave, s.d.* (1897), in-8°, viii-531 pp. — *Voir* aussi n° 1512.

344. CARLYLE (Thomas). — Montaigne. — Pp. 1-7 de : — Montaigne and other essays chiefly biographical, now first collected, with foreword by S.R. Crockett. — *London, James Gowans & son ; Philadelphia, J.B. Lippincott Co*, 1897, in-8°, XIV-297 pp., portr. frontisp.

La vie et le caractère de Montaigne. — Les *Essais* : nature, composition, publication.

345. JEANROY (A.). — Notice biographique et littéraire. — Pp. IX-XXX des : — Principaux chapitres et extraits des « Essais »... (*voir* n° 56).

346. BONNEFON (P.). — Montaigne et ses amis. La Boétie, Charron, Mᶦᶦᵉ de Gournay. Nouvelle édition. — *Paris, A. Colin*, 1898, 2 vol. in-8°. — Réimpr. : — *Genève, Slatkine*, 1969, 2 vol. in-8°, XVI-340 et 415 pp.

C'est l'étude de 1893 (n° 331) augmentée de trois « médaillons » consacrés aux trois principaux amis du moraliste.
= C.R. : — *Rev. philom. de Bordeaux*, I (1897-1898), p. 304. =

347. GAZIER (A.). — Montaigne. — Tome XXIV (1898 ?), pp. 187-91, de : — La Grande Encyclopédie, inventaire raisonné des sciences, des lettres et des arts... — *Paris, Soc. anon. de la Grande Encyclopédie, s.d.* (1886-1902), 31 vol. in-4°.

348. LOWNDES (Mary E.). — Michel de Montaigne, a biographical study. — *Cambridge University Press*, 1898, in-8°, XIV-286 pp.

La vie de Montaigne, son caractère, son œuvre. Importance philologique de celle-ci avec laquelle il s'est révélé comme un des créateurs de la langue française. Sa philosophie et la contribution qu'elle a apportée au développement de la pensée humaine.
= C.R. : — *The Academy*, July 2, 1898, pp. 3-4 ; — *Literar. Centralblatt*, 1898, n° 48, col. 1900-01. =

349. LO FORTE RANDI (Andrea). — M. de Montaigne. — Pp. 2-111 de : Nelle letterature straniere (1ᵃ serie) : Gli Universali : M. de Montaigne, R.W. Emerson, H.F. Amiel. — *Palerme, Alberto Reber*, 1899, in-16, 309 pp.

Considérations personnelles sur Montaigne, notamment sur son extraction anglaise, son originalité par rapport à Pascal, son abnégation. Enfin, on doit le noter, c'est ici que, pour la première fois, s'est trouvé précisé ce caractère d'universalité qu'Emerson et Montaigne avaient en commun.

350. BINNS (H.). — Montaigne. (*The Month*, 1900, t. CXV, pp. 292-303).

351. DOUMIC (R.). — Montaigne. — Pp. 169-85 de l' : — Histoire de la littérature française. Seizième édition, revue, augmentée et entièrement recomposée. — *Paris, Delaplane, s.d.* (1900), in-18, VIII-634 pp.

352. FAGUET (E.). — Montaigne. — Tome Ier (1900), pp. 286-301, de l' :
— Histoire de la littérature française... illustrée d'après les
manuscrits et les estampes conservés à la Bibliothèque nationale... — *Paris, Plon-Nourrit*, 1900-1901, 2 vol. in-16, fig.

353. VENDELBO (R.). — Montaigne. (*Nordisk tidskrift*, XV : 1902, pp.
18-42).

354. NEYRAC (Abbé Joseph). — Montaigne. — Le château. — Montaigne intime. — Pierre Magne. — La Paroisse. — *Bergerac,
impr. générale du Sud-Ouest (J. Castanet)*, 1904, in-8°, XI-338 pp.
(*Couronné par l'Acad. de Bordeaux*). — Réimpr. : — *Genève,
Slatkine*, 1969, in-8°, 338 pp.

Cette monographie est l'œuvre d'un ancien curé de St Michel-de-Montaigne,
qui l'a reprise et assez profondément modifiée à l'occasion du IVe centenaire, où elle a reparu sous le titre : « Montaigne. Le châtelain. Ses prédécesseurs. Ses successeurs ». — *S.l.n.d.* (Angoulême, impr. Soquemard
[1935]), in-16, XXII-185 pp.
= C.R. : — *B.S.A.M.*, 2e sér., n° 3 (1938), p. 58. =

355. NORTON (Miss Grace). — The early writings of Montaigne and
other papers... — *New York, The Macmillan Company ; London, Macmillan & Co, Ltd.*, 1904, in-16, 218 pp.

*Composition de l'ouvrage :* — The translation of Raymond Sebon (cf. n°
1343) ; — the dedicatory letters prefixed by Montaigne to the works of
Estienne de La Boétie (n° 1344) ; — the last days of Estienne de La Boétie
(n° 1345) ; — the family of Montaigne (n° 837) ; — Montaigne as a traveller
(n° 626) ; — men of letters at Bordeaux in the 16th century (pp. 159-94) ;
— similarities between 16th century and 19th century humanitarian thought
(pp. 195-204) ; — Montaigne and Bacon (n° 2796) ; — Montaigne's love of
conversation (n° 826).

356. — Studies in Montaigne... — *New York, The Macmillan Company ; London, Macmillan & Co, Ltd.*, 1904, in-16, XV-290 pp.

*Composition de l'ouvrave :* — The Essay[s] called the *Apologie* (cf. n° 1200)
[and] *De la Vanité* (n° 1200a) ; — the inscriptions in Montaigne's Library
(n° 990) ; — Montaigne as a reader and student of style (n° 1830a) ; —
list of some authors read by Montaigne, with his judgments of them (n°
991).
= C.R. : — P. Villey (*R.H.L.F.*, XII : 1905, pp. 517-22), — concerne également l'ouvrage n° 355. =

357. TILLEY (Arthur). — Montaigne. — Tome II, pp. 136-79, de : —
The literature of the French Renaissance. — *Cambridge Uni-
versity Press*, 1904, 2 vol. in-8°. — Réimpr. : — *New York, Hafner
Reprint*, 1959, 2 vol. in-8°.

Avec 4 pp. de bibliographie (176-79).

358. WHIBLEY (Charles). — Montaigne. — Pp. 181-221 de : — Literary portraits... — *London, A. Constable & Co*, 1904, in-8°, VI-
314 pp., portr. de Montaigne.

Ce travail a fait l'objet de critiques de la part de Miss Grace Norton qui
le jugeait insuffisamment étudié (cf. n° 1163).

359. CLARETIE (Léo). — Montaigne. — Tome Ier (1905), pp. 257-63, de
l' : — Histoire de la littérature française (900-1900)... — Paris,
P. Ollendorf, 1905-1912, 5 vol. in-8°.

360. DOWDEN (Edward). — Michel de Montaigne... — Philadelphia
and London, J.B. Lippincott, 1905, in-16, 383 pp., portr. —
(French men of letters, edited by Alexander Jessup).

Etude d'ensemble sur Montaigne et les Essais, complétée par une bibliographie méthodique des principaux travaux inspirés par Montaigne au
XIXe siècle. — Voir la critique que Miss G. Norton a faite de cet ouvrage
(n° 1163).
= C.R. : — The Nation, 1905, vol. LXXXI, November 9, pp. 383-84. =

361. BOND (Richard W.). — Montaigne, a study. — London, Henry
Frowde, 1906, in-16, VIII-93 pp. — Repris, pp. 162-228, dans : —
Studia otiosa : some attempts in criticism... — London, Cons-
table & Co, Ltd., 1938, in-16, IX-228 pp.

Etude en deux parties : — I. La vie du moraliste. Traits dominants de son
caractère. Ses amitiés. Les mobiles probables de sa tentative d'écrivain.
— II. Sa pensée (idéal moral, scepticisme, attitude religieuse, etc.). Montaigne créateur d'un « genre » littéraire. Son style. Comparaison de l'auteur des Essais avec Bacon et Shakespeare, pour le fond et la forme. —
Ce travail doit beaucoup à deux ouvrages précédents : celui de P. Bonnefon
(n° 331) et celui de Mary E. Lowndes (n° 348).
= C.R. : — E. Dowden (Mod. lang. rev., II : 1906-1907, n° 2, p. 182). =

362. CHARAUX (A.). — Montaigne. — Pp. 132-64 de : — La Renaissance littéraire en France au XVIe siècle et dans la première
moitié du XVIIe. — Paris, Lethielleux, s.d. (1907), in-8°, XI-428 pp.

363. COQUELIN (Louis). — La vie de Montaigne — Les Essais. —
Pp. 5-57 de : — Montaigne. 1533-1592. — Paris, Bibliothèque
Larousse, s.d. (1907), in-8°, 96 pp.

A cette étude font suite des extraits des Essais, des jugements portés sur
Montaigne, une chronologie de sa vie (« Montaigne et son temps »), une
bibliographie et un glossaire.

364. MEREJKOWSKI (Dmitri). — The life-work of Montaigne, from the
Russian... by G.A. Mounsey. — London, A Moring, 1907, in-16,
65 pp.

365. TILLEY (Arthur). — Montaigne. — Tome III : The Wars of Religion (1907), pp. 65-69, de : — The Cambridge Modern History,
planned by the late Lord Acton... — Cambridge University Press,
1907-1917, 14 vol. in-8°.

Montaigne, spectateur du drame politique et social qui se déroulait alors.
— Sa retraite en 1571. — La composition des Essais. — Le voyage de 1580.
— L'action politique de Montaigne. — Son scepticisme. — Ses relations
avec les humanistes de son temps.

366. SIMOND (Ch.). — Montaigne, l'homme et l'œuvre. — Pp. I-XIV
de : — Montaigne. Les « Essais ». L'homme, l'éducation, la

société, philosophie de la vie. Biographie, bibliographie, choix de textes avec portraits, etc. — *Paris, Louis-Michaud, s.d.* (1909), in-16, xv-137 pp. — (*Les prosateurs illustres français et étrangers*, XIII).

367. COURBET (E.). — Montaigne inconnu. (*Bull. du bibl.*, 1910, pp. 253-64).

> Au sujet de deux « portraits » de Montaigne qui avaient été naguère publiés : — celui, hostile, de Maurice Barrès dans *Greco ou le Secret de Tolède* (n° 731), et celui, admiratif, du Dr Armaingaud, avec son enquête sur le *Contr'un* (n° 1463), complétée par l'article d'Henri Monod dans la *Revue de Paris* (n° 1468).

368. DES GRANGES (Ch.-M.). — Montaigne. — Pp. 241-55 de l' : — Histoire de la littérature française à l'usage des classes de Lettres et des divers examens... 4e édition... — *Paris, Hatier*, 1910, in-16, XVI-920 pp.

369. MUDGE (J.). — Montaigne, the man and the Essays. (*Methodist rev.*, LIX : 1910, pp. 476-94).

370. WEIGAND (Wilhelm). — Michel de Montaigne. — *München, G. Müller* (1910), in-8°, IV-280 pp.

> Etude augmentée de la reproduction des inscriptions figurant dans la « librairie » de Montaigne (pp. 261-71) ainsi que d'une bibliographie (pp. 272-80).

371. SAINTSBURY (George E.B.). — Montaigne, Michel de (1533-1592). — Tome XVIII (1911), pp. 748-50, de : — The Encyclopaedia Britannica. A dictionary of arts, sciences, literature and general information. Eleventh edition. — *Cambridge University Press*, 1910-1911, 29 vol. gr. in-4°.

> Article réalisé à partir de l'étude que l'auteur a consacrée à Montaigne dans son histoire de la littérature française (n° 319). Il a été reproduit et mis à jour au fur et à mesure, dans les éditions suivantes de cette encyclopédie.

372. SICHEL (Edith). — Michel de Montaigne. — *London, Constable*, 1911, in-8°, 282 pp., fig. — Réimpr. : *Port Washington (N.Y.), Kennikat*, 1970, in-8°, 271 pp.

> Travail d'ensemble réalisé pour une préparation à la lecture des *Essais*.

373. ABRY (E.), AUDIC (Ch.) et CROUZET (P.). — Montaigne (1533-1592). — Pp. 102-09 de l' : — Histoire illustrée de la littérature française. Précis méthodique... — *Paris, Didier*, 1912, in-8°, XII-664 pp.

374. HERRIOT (E.). — Montaigne. — Pp. 255-72 du : — Précis de l'histoire des Lettres françaises. — *Paris, Cornély, s.d.*, in-16, XVI-988 pp.

375. VILLEY (P.). — Montaigne. Textes choisis et commentés... — *Paris, Plon-Nourrit* (1912), in-16, II-281 pp., portr. — (De la *Bibliothèque française* dirigée par Fortunat Strowski. — *XVI*e *siècle*).

Histoire de Montaigne, de son œuvre et de sa pensée, augmentée d'un certain nombre de passages justificatifs pris dans les *Essais*, le *Journal* et les *Lettres*. — Brève conclusion sur la fortune de Montaigne.

376. WOODBERRY (George Edward). — Montaigne great confessor of life. — Pp. 149-80 de : — Great writers : Cervantes, Scott, Milton, Virgil, Montaigne, Shakespeare. — *New York, Macmillan Co*, 1912, in-8°, 216 pp. — Repris aux pp. 237-61 de : — Literary essays... — *New York, Harcourt, Brace and Howe*, 1920, in-8°, 338 pp.

377. WRIGHT (Ch. H. Conrad). — Montaigne. — Pp. 231-40 de : — A history of French literature... — *Oxford University Press*, 1912, in-8°, XIV-914 pp.

La vie de Montaigne. — Comment et pourquoi il s'est mis à écrire les *Essais*. — Sa pensée (Montaigne est défini, en adaptation d'un mot de Sainte-Beuve sur Chateaubriand, comme « un épicurien avec une imagination stoïcienne » [cf. n° 1517]). — Les grands chapitres, en particulier : l'*Apologie* et l'*Institution des enfants*. — Son influence.

378. BIRKÁS (Gésa). — Montaigne. — *Budapest, Svent István*, 1913, in-8°, 28 pp.

379. BLENNERHASSETT (Charlotte). — Montaigne. (*Deutsche Rundschau*, 1913, t. CLVI, pp. 97-108).

Etude générale sur l'homme, son œuvre et son influence, à propos de la publication par F. Strowski de l'éd. phototypique des *Essais*.

380. DÉRIAT (J.). — Montaigne. — Pp. 28-41 de l' : — Histoire de la littérature française, comprenant un résumé de l'histoire de l'art en France... — *Paris, Belin frères*, 1913, in-12, fig.

381. MORF (Heinrich). — Montaigne. — Pp. 146-61 de : — Geschichte der französischen Literatur im Zeitalter der Renaissance... 2te verbesserte und vermehrte Auflage. — *Strassburg, Karl J. Trübner*, 1914, in-8°, VIII-268 pp. — (*Grundiss der romanischen Philologie*, begründet von G. Gröber. — Neue Folge. I. *Französische Literatur*, 4).

382. JOLIET (L.). — Montaigne. — Pp. 129-33 du : — Précis illustré de la littérature française, des origines au XXe siècle, avec une préface de M. G. Michaut, professeur à la Sorbonne. — *Paris, A. Colin*, 1919, in-18, VIII-511 pp.

Vie de Montaigne. — Les *Essais* : leur rédaction. — Le dessein et la philosophie de Montaigne. — Ses idées pédagogiques. — Son style.

383. TAYLOR (James Spottiswoode). — Montaigne and Medicine. (*Annals of medical history*, III : 1921, n° 2, pp. 97-121 ; — n° 3, pp. 263-83 ; — n° 4, pp. 327-48). — Paru en volume sous le titre suivant : — Montaigne and Medicine, being the essayist's comments on contemporary physic and physicians ; his thoughts on many material matters relating to life and death; an account of his bodily ailments and pecularities and of his travels in search of health... — *New York, Paul B. Hoeber; London, Humphrey Milford*, 1922, in-8°, XIX-244 pp., fig., pl., portr., facsim.

Etude de caractère général dans laquelle l'auteur, après avoir tracé la vie de Montaigne, aborde la question de sa santé. Il évoque ses opinions sur le corps médical de son temps, montre sa recherche permanente d'une thérapeutique victorieuse et en vient ainsi à donner un long récit du voyage de Montaigne en Italie. De nombreuses illustrations ont embelli ce travail.
= C.R. : — *T.L.S.*, July 12, 1923, p. 467. =

384. ALLAIN (M.). — Montaigne. — Pp. 90-98 de l' : — Histoire générale de la littérature française. Préface de Lucien Descaves. — *Paris, Aristide Quillet, s.d.* (1922), in-4°, 4 ff. n. ch. et 296 pp. avec 12 pl. hors-texte ill.

385. STROWSKI (F.). — Montaigne. — Tome XIII (1923), *Histoire des Lettres*, vol. 2 : *De Ronsard à nos jours*, pp. 61-74, de l' : Histoire de la Nation française [publ. sous la direction de Gabriel Hanotaux]... — *Paris, Société de l'Histoire nationale; Librairie Plon, s.d.* (1920-1929), 15 vol. in-4°, portr., ill.

La jeunesse de Montaigne. — La retraite de Montaigne et la composition des *Essais*. — La première éd. des *Essais*: style et art. — Les voyages et la vie politique. — La vieillesse et la mort de Montaigne. — Les *Essais* dans leur forme définitive. Sens et influence. — Etude augmentée de gravures sur bois dans le texte et d'une grande planche en couleurs représentant le portrait de Montaigne du château de Chantilly.

386. VILLEY (P.). — Montaigne. — Tome I<sup>er</sup> (1923), pp. 202-13, de l' : Histoire de la littérature française illustrée, publiée sous la direction de Joseph Bédier et Paul Hazard... — *Paris, Larousse* (1923-1924), 2 vol. in-4°. — Nouv. éd. refondue et augmentée... — *Paris, Larousse*, 1948-1949, 2 vol. in-4°.

387. ARMAINGAUD (D<sup>r</sup> A.). — Etude sur Michel de Montaigne. — Tome I<sup>er</sup> (1924), pp. 1-257, des : — Œuvres complètes de Michel de Montaigne... — *Paris, Conard*, 1924-1941, 12 vol. in-16.

L'auteur a observé dans cette longue étude les divisions suivantes : — Montaigne (considérations historiques) ; — les différentes manières de le lire ; — son caractère ; — la sagesse dans Montaigne ; — était-il ondoyant et divers ?... inconstant ? — l'épicurisme de Montaigne ; — son prétendu stoïcisme ; — sa morale ; — sa religion ; — sa politique. — (Plusieurs des articles, généralement de polémique, antérieurement publiés par le D<sup>r</sup> Armaingaud dans différents périodiques, sont venus constituer, non sans quelques retouches, certains de ces chapitres).

Selon Paul Souday (*Le Temps*, 10 janvier 1924, p. 3), cette préface qui « remplit à elle seule près de trois cents pages, est l'étude la plus substantielle et la plus solide qui ait encore été consacrée à Montaigne. C'est aussi l'une des plus militantes ».

388. MORNET (D.). — Montaigne. — Pp. 49-53 de l' : — Histoire de la littérature et de la pensée françaises. — *Paris, Bibliothèque Larousse, s.d.* (1924), in-8°, 256 pp.

Sa vie et son œuvre, sa formation, sa doctrine, son art. — « Montaigne est vraiment notre premier écrivain moderne... Il a inventé la curiosité psychologique qui se transmettra après lui de siècle en siècle » (p. 50).

389. Montaigne (Miguel Eyquem de). — Tome XXXVI (1925), pp. 336-39, de l' : — Enciclopedia universal ilustrada europeo-americana... — *Barcelona, Hijos de J. Espasa*, 1905-1930, 70 vol. in-4°.

390. PLATTARD (J.). — Montaigne. — Pp. 178-206 de : — La Renaissance des lettres en France, de Louis XII à Henri IV. — *Paris, A. Colin*, 1925, in-16, 220 pp. — (*Coll. Armand Colin*, section de Langues et Littératures, n° 68).

Etude générale résumée, conçue pour l'information du lecteur non spécialisé.

391. RIEKEL (August). — Montaigne. — Pp. 123-28 de : — Die Philosophie der Renaissance... — *München, E. Reinhardt*, 1925, in-16, 193 pp.

392. SYMONS (Arthur). — Michel Eyquem, seigneur de Montaigne. — *Chicago, The Penbroke Press*, 1925, in-8°, 9 pp.

393. VALERI (Diego). — Montaigne. — *Roma, A.F. Formiggini*, 1925, in-16, 61 pp. — (Coll. : *Profili*, n° 80).

394. WILLIS (Irene C.). — Montaigne. — *New York, Knopf*, 1927, in-8°, 135 pp.

Ouvrage composé dans un but de vulgarisation.
= C.R. : — R.T.F. (*Personalist*, IX : 1928, p. 207) ; — T.L.S., March 1, 1928, p. 143. =

395. CONSTANTIN (C.). — Montaigne, Michel Eyquem de. — Tome X, 2e partie (1928), col. 2338-44, du : — Dictionnaire de théologie catholique... sous la direction de A. Vacant,... E. Mangenot... — *Paris, Letouzey et Ané*, 1910-1948, 16 t. en 33 vol. in-4°.

Montaigne, l'homme, l'œuvre et la pensée, — étude complétée par une discussion des thèses relatives à ses tendances en matière de religion. Conclusion : « avec une âme au fond peu religieuse et une mentalité rationaliste, il vécut et mourut catholique sincère » (col. 2343). — Bibliographie.

396. DAUDET (Léon). — Montaigne et l'ambiance du savoir. — Pp. 133-235 de : — Mélancholia. — *Paris, B. Grasset, s.d.* (1928), in-16 jésus, 299 p. — (*Courrier des Pays-Bas, rédigé en exil*,

cahier n° 3). — Repris intégralement (pp. 79-149) dans : — Flambeaux : Rabelais, Montaigne, Victor Hugo, Baudelaire. — *Paris, B. Grasset, s.d.* (1929), in-16, 255 pp.

Cette étude comprend deux parties : — 1. *La pensée et l'homme* (pp. 133-85) ; 2. *Sa biographie* (pp. 187-235). — L. Daudet pense avoir trouvé « la clé de Montaigne » : selon lui, en effet, Montaigne « est allé jusqu'au bout du scepticisme ; il est arrivé à ce point extrême du criticisme intérieur où celui qui doute doute de son doute ; et c'est par ce chemin, comme l'a très bien vu Pascal,... qu'il est arrivé, ou plutôt qu'il est revenu, à la croyance » (p. 180).

397. MONTAGNON (F.). — Trois portraits de Montaigne. — *Paris, Toulouse, Marseille, E.H. Guitard*, 1928, in-8°, 151 pp.

L'ouvrage est formé de trois études relatives aux textes de 1580 et de 1588 ainsi qu'à celui de l'Exemplaire de Bordeaux, et dans chacun des cas, c'est un Montaigne particulier qui se fait connaître.

398. SENSINE (H.). — [Notice sur Montaigne et ses idées directrices]. — Pp. 52-54 de l' : — Anthologie du français classique. XVIe, XVIIe et XVIIIe siècles. Prosateurs. Préface de G. Michaut. — *Paris, Payot*, 1928, in-8°, 752 pp.

399. TAURO (Giacomo). — Montaigne. — *Milano-Roma-Napoli, Soc. Editrice Dante Alighieri di Albrighi, Segati e C.*, 1928, in-16, XVI-340 pp. — (*Biblioteca pedagogica antica e moderna, italiana e straniera*, vol. LII).

*Divisions de l'ouvrage :* — Montaigne et son temps (pp. 3-47) ; — l'auto-portrait chez Montaigne (pp. 51-95) ; — le problème pédagogique : comment, et en quels endroits de son livre, Montaigne l'a-t-il posé et discuté (pp. 99-269) ; — la philosophie de Montaigne : le scepticisme, le naturalisme et la philosophie morale (pp. 273-315) ; — l'hérédité spirituelle de Montaigne (pp. 319-40).

400. ROTH (G.). — Montaigne et « les Essais ». [Notice biographique et littéraire]. — Pp. VII-XXVII de : — Les Essais de Montaigne, extraits, notices et annotations... — *Paris, Delagrave*, 1929, in-16, XXVIII-404 pp. — (*Coll. Pallas*).

A la vie de Montaigne ont été jointes sa « physionomie morale » et quelques remarques précises sur la composition des *Essais*.

401. DECALOGNE (Pierre). — Montaigne professeur d'optimisme. — *Paris, Bernardin-Béchet, s.d.* (1930), in-16, 79 pp.

Examen de la vie et des idées du « Sage », suivi par douze commentaires sur des passages des *Essais*, le tout étant centré sur l'esprit d'optimisme qui est ici attribué à Montaigne.

402. LANSON (G.). — Les Essais de Montaigne. Etude et analyse... — *Paris, Mellotée, s.d.* (1930), in-8°, 384 pp. — (Coll. : *Les Chefs d'œuvre de la littérature expliqués*, 1re série).

La vie privée et publique de Montaigne, son caractère ; — le milieu et le moment de la création des *Essais* ; — comment ceux-ci ont été composés (leur triple source) ; — l'évolution de la pensée chez Montaigne : stoïcisme, scepticisme, philosophie « définitive » (l'idée de l'homme, l'organisation de la vie morale, l'attitude politique et religieuse de Montaigne, sa recherche d'une méthode de raisonnement) ; — l'art de l'écrivain (langue, composition, style) ; — l'influence des *Essais*.

= C.R. : — H. Friedrich (*Deutsche Literat.*, LI : 1930, col. 1366-71) ; — W.A. Nitze (*Mod. philol.*, XXVIII : 1930-1931, pp. 501-02) ; — L.P.G. Peckham (*M.L.N.*, XLVI : 1931, pp. 260-62) ; — P. Villey (*R.H.L.F.*, XXXIX : 1932, pp. 300-03). =

403. VILLEY (P.). — La vie et l'œuvre de Montaigne. — Tome Ier (1930), pp. XVII-LVIII, des : — *Essais*... Nouvelle édition conforme au texte de l'Exemplaire de Bordeaux... — *Paris, F. Alcan*, 1930-1931, 3 vol. in-8°.

Etude complétée par une *Chronologie sommaire de la vie de Montaigne, de ses lectures et de la composition des « Essais »* (pp. LIX-LXXV).

404. CAPPIELLO (Luigi). — Un figlio del « *Rinascimento* » : Michel de Montaigne. (*Rassegna di studi francesi*, X : 1932, pp. 63-75, 108-18 et 145-57).

Les œuvres de Montaigne, principalement les *Essais* où il se montre « le fils authentique de notre Renaissance » (p. 66). — Importance du problème de l'éducation, à son avis. — Montaigne et l'amour. — Le bonheur, fondement de sa philosophie.

405. STROWSKI (F.). — La Renaissance et la Réforme. Michel Eyquem, seigneur de Montaigne. Les *Essai*s. — Pp. 134-45, 146-68 et 169-77 de : — La Grande Ville au bord du Fleuve (Bordeaux et la Guyenne). — *Paris, La Renaissance du Livre, s.d.* (1932), in-16, 258 pp. — (Coll. : *L'Epopée de la terre de France*).

406. VILLEY (P.). — Les Essais de Michel de Montaigne. — *Paris* (*S.F.E.L.T.*), Ed. E. Malfère, 1932, in-16, 179 pp. — (Coll. : *Les grands évènements littéraires*, 4e sér., n° 7). — Réimpr. : — *Paris, Nizet*, 1961, in-16.

Ce petit livre, destiné au lecteur qui recherche une information rapide, est une synthèse de tous les éléments indispensables à la connaissance de Montaigne et de ses *Essais*, de son style, de son art et de son influence.

= C.R. : — P. Jourda (*Rev. crit.*, LXVII : 1933, pp. 15-16) ; — E. Magne (*Merc. de Fr.*, 1933, t. CCXLII, 15 févr., pp. 132-34) ; — P. Hourcade (*Bol. do Inst. francês de Portugal*, IV : 1934, n°s 3-4, pp. 179-81). =

407. CONS (Louis). — Présence de Montaigne. (*French rev.*, VI : 1932-1933, n° 5, pp. 357-67).

L'auteur suppose que, vivant en 1588, il est allé rendre visite à Montaigne dans sa gentilhommière. Description des lieux et de l'homme ; sa bibliothèque ; son livre dont une nouvelle éd. vient d'être publiée etc. Ce qu'il y a dans son « essence morale », dans sa pensée politique, métaphysique, etc... — (C'est une conférence donnée à Princeton University, le 28 février 1933, jour anniversaire de la naissance de Montaigne).

408. FAURE (E.). — Montaigne poète tragique. (*Hippocrate*, I : 1933, n° 5, pp. 1123-38). — Etude reprise dans : — Equivalences. — *Paris, R. Marin*, 1951, in-8°, pp. 73-94.

Les *Essais* et le paradoxe qu'ils présentent : forme aimable et optimiste — sujet angoissant. — L'expression de la pensée de Montaigne. Son influence multipliée. — Par son doute affreux et perpétuel, « Montaigne a ouvert, à lui seul, la tragédie intellectuelle de l'Occident tout entier » (p. 1128).

409. LAMANDÉ (A.). — Montaigne et l'esprit gascon. (*Montaigne, Conférences*, 1933, pp. 27-69).

A l'encontre des commentateurs successifs de Montaigne, l'auteur ne croit pas qu'il y ait, dans la personnalité de cet écrivain, un mystère vraiment impénétrable. Il penserait même l'avoir percé en faisant ressortir que « Montaigne est un gascon », avec des caractéristiques qui sont celles de sa race et que l'on retrouve précisément dans son livre, « une fricassée de textes qui s'opposent » (p. 30), comme la Gascogne est « un pays de contrastes étonnants » (p. 32).
= C.R. : — *La France de Bordeaux*, 26 mars 1933, p. 7 ; — Alceste et Philinte (*Liberté du S.O.*, 28 mars 1933, pp. 1-2). =

410. PLATTARD (J.). — Montaigne et son temps. — *Paris, Boivin, s.d.* (1933), in-8°, 301 pp., 5 grav. hors-t. — Réimpr. : — *Genève, Slatkine*, 1972, in-8°, 300 pp.

Dans cet ouvrage où il a su mettre à profit les travaux antérieurs, l'auteur s'est proposé non seulement de faire connaître Montaigne et son livre, mais aussi de souligner les rapports qu'ils ont eu, l'un et l'autre, avec les évènements contemporains.
= C.R. : — L. Febvre et P. Jourda (*Rev. crit.*, LXVIII : 1934, pp. 322-24) ; — F.C. Johnson (*Mod. lang. rev.*, XXIX : 1934, pp. 470-72) ; — P. Laumonier (*R.H.L.F.*, XLII : 1935, pp. 601-04) ; — P. Sakmann (*Archiv.*, XC : 1935, t. 166, pp. 277-78) ; — G. Hess (*Deutsche Literat.*, LVI : 1935, pp. 59-62) ; — W. Kalthoff (*Literat. f. germ. u. rom. Philol.*, LVII : 1936, pp. 47-48). =

411. QUEIROZ VELOSO. — A Vida e a Obra de Miguel Eyquem de Montaigne. (*O Século*, 28 de Novembro de 1933. — Repris dans le *Boletim do Inst. francês de Portugal*, IV : 1934, nᵒˢ 3-4, pp. 149-54).

La vie et l'œuvre de Montaigne.

412. SILVA (Agostinho de). — Miguel Eyquem senhor de Montaigne. — *Coimbra, impr. de Universidade*, 1933, in-8°, 115 pp.

413. VLOEMANS (Antoon). — Michel de Montaigne. 1533-1933. (*Erasmus*, I : 1933, pp. 122-30).

414. COQUELIN (L.). — Montaigne et son temps. (*Larousse mensuel ill.*, n° 329, juillet 1934, pp. 750-51).

Considérations sur Montaigne à partir du livre de Plattard (n° 410).

415. MAGNUS (Laurie). — Montaigne. — Pp. 128-30 de : — A history of European literature... — *London, Ivor Nicholson & Watson Ltd.*, 1934, in-8°, XII-318 pp.

Les origines sociales et littéraires de Montaigne. Le but poursuivi par lui en écrivant les *Essais*. Les principaux thèmes qu'il y traite. Son style. Son influence.

416. NERI (Ferdinando). — Montaigne (Michel Eyquem, signor di). — Tome XXIII (1934), pp. 714-16, de l' : — Enciclopedia italiana di scienze, lettere ed arti... — *Roma, Istituto della Enciclopedia italiana*, 1929-1948, 38 vol. in-8°.

417. SAKMANN (Paul). — Michel de Montaigne. (*Zeits. f. franz. u. engl. Unterricht*, XXXIII : 1934, pp. 18-26).

418. LUGLI (Vittorio). — Montaigne. — *Lanciano, R. Carabba*, 1935, in-16, 169 pp., portr. — (Coll. : *Galleria*).

Montaigne, sa vie et son œuvre.

419. MORÇAY (R.). — Montaigne. — Tome III, *La Renaissance*, vol. 2 (1935), pp. 156-89, de l' : — Histoire de la littérature française, publiée sous la direction de J. Calvet... — *Paris, J. de Gigord*, 1931-1936, 9 vol. in-8°. — (L'ouvrage a été réédité, à partir de 1955, au nom de l'éditeur *Del Duca*).

*Divisions de cette étude d'ensemble :* — la vie de Montaigne ; — l'artiste ; — l'âme de Montaigne ; — l'idéal de Montaigne ; — le « penseur » de la Renaissance française ; — l'évolution de Montaigne ; — l'Apologie de Raymond de Sebonde ; — le legs de Montaigne, « le premier humaniste de notre langue ». — (Bibliographie, pp. 201-03).

420. SALLES (A.). — Un peu de nouveau sur Montaigne. (*Bull. du bibl.*, 1935, pp. 198-205).

L'auteur déclare — à la suite de Sainte-Beuve (n° 633). — que l'inédit, à propos de Montaigne, est « décidément introuvable ». Quelques points particuliers sont néanmoins examinés par lui : — la description d'un exemplaire de 1588 annoté par un érudit du XVII° siècle ; — le texte de 1595 censuré par une main féminine ; — la vanité de Montaigne ; — les *Essais* imprimés en caractères distincts ou même en couleurs différentes, etc. — Voir n°ˢ 1288, 1337.

421. BARRIÈRE (P.). — Montaigne. — Pp. 69-143, 198-201, 225, 542-53 de : — La vie intellectuelle en Périgord, 1550-1800. — *Bordeaux, Delmas, s.d.* (1936), in-8°, 587 pp.

Etude apportant des vues nouvelles sur Montaigne et sur son œuvre. On y a souligné en outre les rapports du moraliste avec le milieu périgourdin, et suggéré l'influence qu'il aurait pu avoir sur des penseurs comme Joubert et Maine de Biran.

422. GORAÏEB (le P. Richard), S.J. — Plan détaillé de quelques entretiens sur Montaigne. (*Etudes classiques*, V : 1936, pp. 612-20).

Examen schématique d'ensemble sur Montaigne, visiblement destiné à des enseignants.

423. MORNET (D.). — Montaigne [sa doctrine et son art]. — Pp. 9-13 de : — La littérature française enseignée par la dissertation... — *Paris, Larousse*, 1936, in-8°, VII-384 pp.

424. VOINESCU (Alice). — Montaigne. Omul şi opera. — *Bucureşti, Fundatia pentru Literatura şi Arta « Regele Carol II »*, 1936, in-8°, 353 pp.

Montaigne : l'homme et l'œuvre.

= C.R. : — Joseph S. Roucek (*Books abroad*, XI : 1937, p. 372). =

425. Jurevičs (Pauls). — Montens [Montaigne]. — Tome XIV (1938), pp. 27756-58, de : — Latviešu Konversacijas vārdnīca [Dictionnaire encyclopédique letton]... — Riga, A. Gulbis, 1927 sqq., in-8°.

426. Seillière (E.). — Le naturisme de Montaigne. — Pp. 9-85 de : — Le naturisme de Montaigne et autres essais. — Paris, Ed. de la Nouv. rev. critique, s.d. (1938), in-16, 284 pp. — (Coll.: Les Essais critiques, artistiques, philosophiques et littéraires, n° 49).

Dans cette étude qui se réfère largement à l'œuvre de Villey, l'auteur, après avoir rappelé « quelques dates de la vie de Montaigne », cherche à montrer que la pensée de l'essayiste a eu successivement deux expressions bien différentes : la première, stoïcienne, et la seconde (la principale), « naturiste », et il envisage l'influence que ce « naturisme » a pu exercer sur d'autres écrivains comme Rousseau dont Montaigne a été l'initiateur. — (En réalité, le « naturisme » qu'E. Seillière considère ainsi chez Montaigne correspondrait à ce que d'autres ont défini sous le nom de « scepticisme » [voir p. 27], et le critique rectifie alors ce qu'il avait écrit dans un article antérieur [n° 1808] où il admettait l'existence d'un scepticisme qui aurait précédé la position « naturiste »).

427. Strowski (F.). — Montaigne, sa vie publique et privée. — Paris, Ed. de la Nouv. rev. critique, s.d. (1938), in-8°, 284 pp., fig., facsim. — (Coll.: A la gloire de..., n° 1).

Biographie illustrée dont certains passages proviennent de travaux antérieurs (n°ˢ 561, 869). Elle a été augmentée (pp. 128 à 172) de remarques sur la nature des Essais, sur la découverte de l'homme et de soi-même, sur l'Apologie et le scepticisme, etc. Elle s'achève avec trois appendices (la manière de lire Montaigne, son iconographie, son château).
= C.R. : — M. Richard (Rev. de Fr., XVIII : 1938, 15 octobre, pp. 541-43) ; — P. Courteault (Rev. hist. de Bordeaux, XXXI : 1938, pp. 141-42) ; — A. Salles (B.S.A.M., 2e sér., n° 4, 1938, p. 59). =

428. Lefranc (J.). — En marge. (Le Temps, 14 juillet 1938, p. 1).

A propos du Montaigne de F. Strowski (n° 427), quelques considérations sur l'homme privé, le philosophe, le politique.

429. Connord (A.J.). — Et toujours Montaigne... (Le Périgourdin de Bordeaux, mars 1939, pp. 7-10).

Etude de certains points particuliers évoqués dans plusieurs ouvrages ou articles de presse contemporains : Montaigne héritier de marchands de pastels, Montaigne et l'amitié, la statue de la rue des Ecoles à Paris (« Montaigne n'est pas Montaigne ») et surtout la question de ses origines juives, vivement contestées par plusieurs de ses commentateurs.

430. Moreau (P.). — Montaigne, l'homme et l'œuvre. — Paris, Boivin, s.d. (1939), in-16, 165 pp. — (Coll.: Le livre de l'étudiant, n° 4). — Réimpr. et actualisé chez Hatier dans la coll. : Connaissance des lettres, n° 4.

Constitution de cette étude que l'on a pu juger comme « un petit chef-d'œuvre de synthèse » (Rev. des lectures) : — Montaigne dans sa vie (1533-1592). — Montaigne dans son siècle, entre les « deux Renaissances ». — Montaigne hors des Essais (les autres œuvres). — Montaigne dans les Essais : sa personnalité. — L'Humanisme. — La politique. — La morale et

la religion. — L'art et la langue. — La lignée de Montaigne. — Guide bibliographique
= C.R. : — A. Salles (*B.S.A.M.*, 2ᵉ sér., n° 6, 1939, p. 82) ; — *Rev. des lectures*, août-septembre 1939, p. 965. =

431. Sáenz Hayes (Ricardo). — Miguel de Montaigne (1533-1592). — *Buenos Aires, Espasa-Calpe Argentina* (1939), gr. in-8°, 430 pp., 12 pl. h.-t.

Etude analytique de Montaigne et de son œuvre, avec un examen étendu (pp. 311-95) de la fortune littéraire des *Essais* en France, en Angleterre, en Allemagne, en Italie, en Espagne et dans les deux Amériques. — C'est le premier travail de cette importance qui ait été écrit sur Montaigne en langue espagnole. — Voir nᵒˢ 2789, 2935 et 3192.
= C.R. : — P. Hazard (*Rev. de litt. comp.*, XIX : 1939, pp. 477-82) ; — M. Carayon (*Bull. hisp.*, XLII : 1940, pp. 29-38). =

432. Strowski (F.). — Michel de Montaigne. 1533-1592. — Pp. 211-18 de : — Les grandes figures, publiées sous la direction de Sébastien Charléty, membre de l'Institut... — *Paris, Larousse, s.d.* (1939), in-4°, 400 pp., fig.

Avec 3 portraits (deux de Montaigne et un de Mᶦˡᵉ de Gournay), 3 vues photographiques, 2 cartes et 5 fac-similés.

433. Barrière (P.). — Montaigne, gentilhomme français. Avec cinq hors-texte, un arbre généalogique et deux cartes. — *Bordeaux, Ed. Delmas*, « *Les Trois Croissants* », 1940, in-16, 115 pp., fig. — Deuxième éd. refondue : *Bordeaux, Delmas*, 1948, in-8°, 205 pp.

Biographie cursive de Montaigne, suivie d'une petite étude de l'œuvre (*La composition des « Essais »*, — *la « philosophie » de Montaigne*, — *le plan des « Essais »*, — *le scepticisme*, — *l'art*, — *l'influence*)
= C.R. : — *Bull. crit. du livre français*, IV (1948), p. 456 ; — J. Sartenaer (*Lettres rom.*, V : 1951, pp. 355-56). =

434. Giraud (V.). — L'énigme de Montaigne. (*B.S.A.M.*, 2ᵉ sér., n° 8, 1940, pp. 22-24).

Quel personnage Montaigne a-t-il joué exactement sur la scène du monde ? « La forme sous laquelle se présentent les *Essais* est pour quelque chose dans l'impression aimablement imprécise que nous emportons de leur auteur » (p. 23).

435. Hauser (H.). — Montaigne. — Pp. 243-45 de : — Peuples et civilisations. Histoire générale, par Louis Halphen et Philippe Sagnac. — Tome IX. *La prépondérance espagnole* (1559-1660)... 2ᵉ éd... — *Paris, P.U.F.*, 1940, in-8°, 592 pp.

436. Rat (M.). — [Montaigne : l'homme et l'œuvre]. — Tome Iᵉʳ, pp. I-XLIII, de l'édition des *Essais*... — *Paris, Garnier*, 1941-1942, 3 vol. in-16. — (Coll. des *Classiques Garnier*).

Notices biographique, bibliographique et littéraire. — La fortune de Montaigne à travers les siècles.

437. BAILLY (A.). — Montaigne... — *Paris, A. Fayard, s.d.* (1942), in-8°, 353 pp. — (Coll. : *L'homme et son œuvre*).

En seize chapitres, l'auteur nous présente « un exposé solide et aimable » (H. Hauser), dépourvu de nouveauté sans doute, mais donnant une biographie honnête et un examen de l'œuvre suffisant pour le lecteur qui ne demande pas une critique étendue.
= C.R. : — H. Hauser (*Rev. hist.*, 1944, t. CXCIV, janv.-mars, pp. 325-26). =

438. LEVRAULT (L.). — Michel de Montaigne (1533-1592). — Pp. 53-74 de : — Auteurs français, études critiques et analyses... Nouvelle édition entièrement remaniée et considérablement augmentée... — *Paris, Mellottée, s.d.*, in-16, 836 pp.

Notice biographique ; — historique des *Essais* ; — le « moi » de Montaigne ; — la philosophie des *Essais* ; — opinions pédagogiques et littéraires de Montaigne ; — l'écrivain ; son influence.

439. SAULNIER (V.-L.). — Montaigne. — Pp. 97-107 de : — La littérature française de la Renaissance (1500-1610). — *Paris, P.U.F.*, 1942, in-16, 128 pp. — (Coll. : *Que sais-je ?*, n° 85).

Biographie méthodique dans laquelle s'encartent les considérations essentielles sur la pensée de Montaigne et sur ses réalisations d'écrivain.

440. SCHEPELERN (Vilhelm). — Montaigne og de franske Borgerkrige. En Indledning i Studiet af *Essaierne*. — *København, Gyldendal*, 1942, in-8°, 267 pp.

Montaigne et les guerres civiles en France. Introduction à l'étude des *Essais*.
= C.R. : — J. Bailbé et F. Durand (*B.S.A.M.*, 5e sér., n° 17, 1976, pp. 81-82. =

441. GILLIARD (Edmond). — Introduction [à Montaigne]. — Pp. 9-24 de : — Montaigne. Textes choisis... — *Fribourg, Librairie de l'Université, Egloff*, 1944, in-16, 227 pp. — (Coll. : *Le Cri de la France*, n° 11).

Augmenté d'une petite biographie, pp. 207-10.

442. TRUC (G.). — Montaigne. — *Paris, Aux Armes de France* (1945), in-16, 215 pp.

Sa vie, son caractère, son œuvre, son art. — Le doute de Montaigne ; sa pensée religieuse ; les polémiques entretenues à ce sujet. — Le rayonnement de sa pensée. — Montaigne et nous. — Trois chapitres de cet essai ont été reproduits un peu plus tard dans le *B.S.A.M.* (voir n°s 2112, 2447 et 2451).
= C.R. : — M. Rat (*B.S.A.M.*, 3e sér., n° 22, 1962, pp. 49-50). =

443. CASTEX (P.G.). et SURER (P.). — Montaigne. — Pp. 71-85 du : Manuel des études littéraires françaises. — II-XVIe siècle, avec la collaboration de G. Becker. — *Paris, Hachette, s.d.* (1946), in-8°, VIII-88 pp.

La carrière de Montaigne (sa vie, ses expériences, son œuvre) ; — l'homme, le penseur, l'artiste ; — l'influence de Montaigne. — Sujets de devoirs proposés.

444. CRESSON (A.). — Montaigne, sa vie, son œuvre, avec un exposé de sa philosophie. — *Paris, P.U.F.*, 1947, in-16, 148 pp. — (Coll. : *Philosophes*, dirigée par E. Bréhier).

A partir de la p. 75 commencent des extraits des *Essais*, au nombre de 18. = C.R. : — A. Devaux (*Rev. philos.*, LXXIII : 1948, pp. 286-87). =

445. JASINSKI (R.). — Montaigne. — Tome Ier, pp. 247-52, de l' : — Histoire de la littérature française. — *Paris, Boivin, s.d.* (1947), 2 vol. in-8°.

446. GUILLEMIN (H.). — Visages de Montaigne. (*Rev. générale*, mai 1948, pp. 71-78).

L'auteur de cette étude s'y livre à un examen — parfois assez dur — de Montaigne. Ses critiques vont moins à l'œuvre qu'à l'homme et à ses contradictions, car les *Essais*, en dépit de cette morale du plaisir qui fut aussi celle d'Horace, de La Fontaine, de Voltaire et de Gide, lui paraissent un livre d'un contact des plus divertissants, et pour tout dire, « un document humain de premier ordre » (p. 78). — *Voir* n° 3080.

447. HERMANS (Francis). — Montaigne le complexe, ou l'Humaniste sans la grâce, 1533-1592. — Tome II, pp. 240-383, de l' : — Histoire doctrinale de l'humanisme chrétien. — *Tournai-Paris, Casterman*, 1948, 4 vol. in-8°. — (Couronné par l'Académie française, *Prix Juteau-Duvigneaux*, 1948).

Etude approfondie de l'homme, de son œuvre et de sa philosophie. Elle est assortie de ce jugement : « Montaigne est le héros de la vie médiocre. Analyste de l'âme humaine, il n'a pas su forer comme fit Pascal jusqu'à cette chambre profonde où se fait la rencontre avec Dieu. Montaigne ne voit que la nature, Pascal que la grâce. Il faudra que saint François de Sales sache, au feu de son amour surnaturel, opérer la divine suture » (p. 372).

448. MICHEL (P.). — Expliquez-moi Montaigne : — I. Les *Essais* de 1580. — II. Les *Essais* de 1588 et 1595. — *Paris, Foucher, s.d.* (1948), 2 broch. pet. in-16 de 71 et 63 pp.

Etudes biographiques, littéraires et philosophiques, suivies d'extraits, d'une explication de textes et de « dissertations-synthèses ».

449. POUGET (P.). — [Montaigne et les *Essais*]. — Pp. 1-14 de : — Les Essais de Montaigne. Extraits... — *Paris, Hachette*, 1948, in-16, 124 pp.

Présentation schématique de la vie de Montaigne, de sa personnalité et de son œuvre ; — naissance des *Essais* ; — leurs sources, leur développement ; — Montaigne psychologue, philosophe, moraliste, artiste.

450. ZWEIG (Stephan). — Montaigne. (*Neue Rundschau*, 1948, n° 11, pp. 257-66. — Traduit de l'allemand par Antonina Vallentin pour l' : *Age nouveau*, 1948, n° 31, pp. 8-15).

451. VAN TIEGHEM (Ph.). — Montaigne. — Pp. 97-102 de l' : — Histoire de la littérature française... — *Paris, A. Fayard* (1949), in-16, 724 pp. — (Coll. : *Les grandes études historiques*).

452. Coppin (J.). — Montaigne. — Pp. 517-25 du : — Dictionnaire des Lettres françaises, publié sous la direction de Mgr Georges Grente, de l'Académie française... Le seizième siècle... — *Paris, A. Fayard*, 1951, in-4°, xxv-718 pp.

453. Jeanson (F.). — Montaigne par lui-même... — *Paris, Ed. du Seuil*, s.d. (1951), in-16, 191 pp. — (Coll. : *Ecrivains de toujours*).

82 pages d'études et de commentaires sur Montaigne et son œuvre, avec une suite méthodique d'importants extraits. Abondante illustration photographique. — *Voir* n° 1740.

454. Merleau-Ponty (M.). — Montaigne. *1533-1592*. — Tome II (1951), pp. 90-92, de : — Les Ecrivains célèbres [publ. sous la direction de Raymond Queneau]. — (*Paris*), *Editions d'art Lucien Mazenod*, s.d. (1951-1953), 3 vol. in-4°. — (*La Galerie des hommes célèbres*, 7).

Portrait littéraire et moral de Montaigne, orné d'une reproduction en couleur, hors-texte, du tableau figurant au Musée Condé à Chantilly.

455. Bailly (A.). — L'écrivain en voyage. — Les *Essais* et Mademoiselle de Gournay. — Pp. 271-99 de : — La vie littéraire sous la Renaissance. — *Paris, Tallandier*, 1952, in-16, 301 pp. — (Coll. : *Histoire de la vie littéraire*).

Montaigne et sa curiosité affirmée par sa double activité de touriste et de moraliste : — la pittoresque relation de son voyage en Italie ; — ses « vagabondages intellectuels » concentrés dans ses *Essais*, un livre qui eut d'emblée des appréciateurs de choix, parmi lesquels la savante Mlle de Gournay.

456. Ellerbroek (G.G.). — Montaigne, Michel Eyquem de. — Tome 13 (1952), pp. 821-22, de : — Winkler Prins Encyclopaedie... — *Amsterdam, Brussel, Elsevier*, 1947-1955, 19 vol. in-8°.

457. Nathan (J.). — Montaigne. — Pp. 64-68 de l' : — Encyclopédie de la littérature française. Ouvrage publié sous la direction de MM. Jean-Jacques Nathan, Claude Nathan et Raymond Basch. — *Paris, F. Nathan*, s.d. (1952), in-4°, 3-304 pp.

458. Bornecque (P.H.). — Le premier moraliste : Michel Eyquem, seigneur de Montaigne (1533-1592). — Pp. 134-37 de : — La France et sa littérature. Guide complet dans le cadre de la civilisation mondiale... — *Lyon, IAC*, 1953, in-16, 896 pp. en 2 vol.

Aide-mémoire pour tout ce qu'il importe de connaître sur Montaigne, son œuvre et son influence.

459. Vier (J.). — La personne de Michel de Montaigne. (*L'Ecole*, 12 juin 1954, pp. 580-82).

La vie et l'œuvre de Montaigne. Sa postérité (les héritiers de sa pensée).

460. Montaigne. — Tome VIII (1955), pp. 120-21, de : — Der grosse Brockhauss, sechzehnte, völlig neubearbeitete Auflage... — Wiesbaden, F.A. Brockhauss, 1952-1958, 14 vol. in-8°.

461. GRENIER (J.). — Montaigne (Michel Eyquem, seigneur de). — Tome II, pp. 234-37, du : — Dictionnaire biographique des auteurs [publié sous la direction de Laffont-Bompiani]. — Paris, Soc. d'édition de dictionnaires et encyclopédies, s.d. (1956), 2 vol. in-4°, fig.

Avec 2 pl. hors-texte, plusieurs fig. dans le texte et un tracé du voyage en Italie.

462. ROE (F.C.). — Michel de Montaigne, 1533-1592. — Pp. 256-60 de : — Modern France. An introduction to French civilisation. — London, New York, Toronto, Longmans, Green (1956), in-8°, VIII-288 pp.

Une des cinq « vignettes » choisies par l'auteur à travers la littérature française.

463. STAROBINSKI (J.). — Montaigne, 1533-1592. — Pp. 188-93 de : — Les Philosophes célèbres [publié sous la direction de Maurice Merleau-Ponty]. — (Paris), Editions d'art Lucien Mazenod, s.d. (1956), in-4°, 459 pp. — (La Galerie des hommes célèbres, 10).

L'étude est ornée de la reproduction hors-texte du portrait de Montaigne, d'après le tableau se trouvant au château de Montaigne (le « Montaigne au chapeau », école française, XVIe siècle).

464. ESPEZEL (P. d'). — Présence et actualité de Montaigne... — Paris, Union Latine d'Editions, (1957), in-8° de 6 ff.n.ch. et 67 pp., pl., portr., fac-sim. — (Club bibliophile de France).

Dans cette étude composée à l'occasion d'une nouvelle éd. des Essais, l'auteur a voulu « d'abord rendre Montaigne présent à tous, puis montrer l'actualité toujours renouvelée de son œuvre, enfin et surtout inciter à le lire » (p. 7). A cet effet, il nous l'a décrit dans sa vie et dans sa pensée, avant de faire ressortir un certain nombre de questions qui nous sont actuelles et que Montaigne connaissait déjà ou avait prévues.

465. LANDRÉ (L.). — Montaigne. (Rice Institute pamphlet, XLIV : 1957-1958, pp. 61-71).

466. CHAUVIN DE VILLARS (B.). — Montaigne. (Bull. de l'Inst. franç. de Copenhague, VIII : 1958, n° 5, pp. 37-40).

467. ETIEMBLE (R.). — Montaigne. — Pp. 255-72 de l' : — Histoire des littératures. III : Littératures françaises, connexes et marginales, volume publié sous la direction de Raymond Queneau. — Paris, Gallimard, 1958, in-16, XIII-2058 pp. — (Encyclopédie de la Pléiade, 7).

468. VEDALDI (Armando). — Montaigne. — Pp. 7-40 de : — Cinque
profili di filosofi francesi : Montaigne, Pascal, Comte, Bergson,
Blondel. — *Torino, Taylor*, 1958, in-8°, 267 pp.

*Divisions de l'étude :* — l'homme ; — la « matière » des « Essais » ; — le
scepticisme de Montaigne ; — son stoïcisme ; — ses idées pédagogiques ;
— son influence.

469. ANDREAE (Daniel). — Michel de Montaigne [en suédois]. —
*Stockholm, Natur och Kultur*, 1959, in-8°, 92 pp.

Présentation de Montaigne sous quatre aspects différents : — le gentilhomme (qui a pu être le créateur de l'« honnête homme » du siècle suivant), — le sceptique, — l'homme politique, — enfin l'écrivain, d'une forme
incomparable qui lui assure tous les suffrages.
= C.R. : — D.A. (*Bibliogr. de la philos.*, XI : 1964, p. 228). =

470. VIER (J.). — Les « Essais » de Montaigne, ou le journal de bord
des grandes métamorphoses. — Pp. 125-43 de l' : — Histoire
de la littérature française. — XVIᵉ-XVIIᵉ siècles. — Préface de
René Pintard, professeur à la Sorbonne. — *Paris, A. Colin*, 1959,
in-8°, 533 pp.

Iconographie de Montaigne. — Sa vie (l'étudiant, l'homme public, le militaire, le gentilhomme). — Sa pensée (la recherche de l'homme, la maîtrise
du temps, etc.). — Son style. — Sa postérité, de Charron aux grands
penseurs du XXᵉ siècle.

471. MICHEL (P.). — Montaigne (1533-1592). — Tome Iᵉʳ, pp. 53-86,
de : — La composition française au baccalauréat et aux examens
supérieurs de Lettres... — *Paris, Ed. de l'Ecole* (1960), 2 vol.,
in-16.

*Questions proposées :* — Montaigne écrit-il pour lui ou pour les autres ?
— La variété de Montaigne dans la peinture de « plusieurs aspects caractéristiques de son siècle ». — Montaigne et le monde (tel qu'il le définit
dans l'*Institution des enfants*). — Montaigne en voyage. — Le scepticisme
de Montaigne. — La sagesse de Montaigne. — Votre impression sur Montaigne. — (Avec différents sujets de devoirs appropriés à ces questions).

472. ZWEIG (Stephan). — Montaigne. — Pp. 7-81 de : Europäisches
Erbe. Herausgegeben von Richard Friedenthal. — *Frankfurt
am Main, S. Fischer*, 1960, in-8°, 282 pp.

473. BOYER (F.). — Montaigne. — Pp. 180-200 dans : — XVIᵉ siècle
français. La Renaissance. — *Paris, Editions Seghers, s.d.* (1961),
in-16, 250 pp., fig.

474. GIOAN (P.). — Montaigne. — Tome II, pp. 75-77, de l' : — Histoire générale des littératures... — *Paris, Aristide Quillet*, 1961,
3 vol. in-4°.

475. KESSEL' (L.). — Monteń i ego « Opyty » [Montaigne et ses
« Essais », — en russe]. (*Vestnik istorii mirovoj Kul'tury*, 1961,
pp. 61-75).

476. BEHLER (E.). — Montaigne (Michel Eyquem de). — Tome VII
(1962), col. 575-76, du : — Lexikon für Theologie und Kirche
begründet von Dr. Michael Buchberger. — *Verlag Herder Frei-
burg*, 1957-1967, 11 vol. in-8°.

477. BAILBÉ (J.). — Montaigne. — Tome VII (1963), pp. 478-79, du :
— Grand Larousse encyclopédique en dix volumes. — *Paris,
Libr. Larousse*, 1960-1964, in-4°.

478. LÉVIS-MIREPOIX (Duc de). — Montaigne. (*Mémorial* 1963, pp.
5-6 ; — reproduit dans le *B.S.A.M.*, 3e sér., n° 30, 1964, pp. 55-56).

Préface au *Mémorial* du 1er Congrès international des Etudes montaignistes.

479. THIBAUDET (A.). — Montaigne. Texte établi par Floyd Gray
d'après les notes manuscrites. — (*Paris*), *Gallimard* (1963), in-8°,
576 pp.

Publication posthume de notes accumulées par Thibaudet sur Montaigne,
et qui devaient lui servir à composer un grand ouvrage de généralisation
relativement à l'auteur des *Essais*. — Le volume comprend quatre parties
essentielles : — *Vie de Montaigne, les « Essais »*. — *Création de la vie intérieure*. — *La philosophie de Montaigne*. — *Le style et les images*. — Seul,
le « catalogue des images » de Montaigne se trouvait à peu près complètement rédigé ; les autres parties ont dû faire l'objet parfois d'un délicat
déchiffrage. — *Voir* n°s 3203-3205.
= C.R. : — Guy Mermier (*B.H.R.*, XXVI : 1964, n° 1, pp. 290-93) ; — J.
Sartenaer (*Lettres rom.*, XIX : 1965, pp. 266-68) ; — Igino Vergnano (*Studi
fr.*, X : 1966, n° 30, pp. 510-12). =

480. BOWMAN (Frank P.). — Montaigne : Essays. — *London, E.
Arnold*, 1965, in-16, 63 pp. — (*Studies in French literature*, n° 10).

Ouvrage composé dans le but de préparer à la connaissance de Montaigne
et de son œuvre. Il s'adresse surtout aux étudiants et en général à tous
ceux qui se destinent à la lecture du moraliste.
= C.R. : — M. Françon (*Mod. lang. J.*, L : 1966, pp. 508-09) ; — H.W.
Lawton (*French st.*, XX : 1966, p. 397) ; — J. Morel (*Rev. des sc. hum.*,
1965, pp. 606-08) ; — R.A. Sayce (*Mod. lang. rev.*, LXI : 1966, pp. 315-16). =

481. DUHAMEL (Roger). — Lecture de Montaigne. — *Ottawa, Editions
de l'Université*, 1965, in-16, 167 pp.

Le titre choisi par l'auteur comporte une invitation à lire Montaigne. Pour
nous y préparer, huit chapitres ont été conçus, dans lesquels sont rassemblés les éléments nécessaires au contact avec le moraliste : sa vie, la
composition de son livre, enfin les principaux aspects d'une pensée que
R. Duhamel juge comme « le triomphe de l'humanisme bourgeois qui est
une forme de la sagesse permanente » (p. 7).
= C.R. : — M. Conche (*R.H.L.F.*, LXVI : 1966, pp. 704-05) ; — J. Fonsny
(*Etudes classiques*, XXXIV : 1966, n° 3, p. 307) ; — E. Goulet (*Culture*,
XXVII : 1966, pp. 96-97). =

482. FRANÇON (M.). — Montaigne. — Pp. 70-75 de : — Leçons et
notes sur la littérature française du XVIe siècle. Third edition
with additional notes... — *Cambridge, Harvard Univers. Press*,
1965, in-8°, 169 pp.

483. MÜLLER (Chanoine A.). — Montaigne. — *Paris, Desclée de Brouwer, s.d.* (1965), in-16, 143 pp., 4 pl. h.-t. — (*Les écrivains devant Dieu*, n° 4).

L'homme et l'expression de sa pensée religieuse, — avec un rappel des principaux jugements portés sur lui, des extraits provenant des *Essais* et du *Journal de voyage*, une note bibliographique, un glossaire et deux index. = C.R. : — J. Sartenaer (*Lettres rom.*, XX : 1966, pp. 290-91) ; — *Studi fr.*, XI (1967), n° 32, p. 337. =

484. DESGRAVES (L.) et LOIRETTE (F.). — Montaigne. — Tome IV (1966), pp. 199-202, de l' : — Histoire de Bordeaux, publiée sous la direction de Charles Higounet, professeur à l'Université de Bordeaux... — *Bordeaux, Fédération historique du Sud-Ouest*, 1962-1974, 9 vol. in-8°.

Vie de Montaigne. — La composition des *Essais*. — Montaigne, homme de la Renaissance et véritable humaniste.

485. SVITÁK (Ivan). — Montaigne. — *Praha, Orbis*, 1966, in-16, 172 pp. — (Coll. : *Portréty*, bd. 15).

= C.R. : — J.Z. (*Bibliogr. de la philos.*, XV : 1968, p. 445). =

486. DRESDEN (Sem). — Montaigne et l'aventure. — Pp. 197-212 de : — L'Humanisme et la Renaissance. Texte français de Yves Huon. — *Paris, Hachette* (1967), in-16, 255 pp. — (Coll. : *L'Univers des Connaissances*, 25).

Au siècle des grandes découvertes, Montaigne apparaîtrait comme en opposition avec « tous ces aventuriers de la pensée ». Pourtant, on doit reconnaître que, par son livre aux innombrables sujets, il a vécu à son tour « l'aventure humaine », — pour cette fois « intérieure », mais aussi bien « captivante, tendue et téméraire » (p. 212).

487. DUHAMEL (Roger). — Montaigne. (*Cahiers de l'Acad. canad.-franç.*, XI : 1967, pp. 29-41).

488. LABLÉNIE (E.). — Essais sur Montaigne. — *Paris, S.E.D.E.S.*, 1967, in-16, 184 pp.

Montaigne vu sous divers aspects, dans sa personnalité et dans son livre, en particulier : son caractère, l'éventualité (?) de sa participation à la rédaction du *Contr'un*, son style, ce désordre apparent qui, chez lui, cache un ordre profond, etc. — Les différents chapitres de cet ouvrage proviennent, soit de cours précédemment donnés par leur auteur, soit d'études déjà publiées par lui (cf n°ˢ 799, 1475). = C.R. : — *Bull. crit. du livre fr.*, XXIII (1968), p. 395 ; — M. Rat (*B.S.A.M.*, 4ᵉ sér., n° 14, 1968, p. 62) ; — J.-Cl. Tillier (*Bull. de la Soc. des Bibl. de Guyenne*, XXXVIII : 1968, n° 87, p. 62) ; — A. Micha (*R.H.L.F.*, LXVIII : 1968, p. 1053). =

489. LEBÈGUE (R.). — Montaigne. 1533-1592. — Tome Iᵉʳ (1967), pp. 138-45, de : — Littérature française par Antoine Adam, Georges Lerminier, Edouard Morot-Sir... — *Paris, Larousse*, 1967-1968, 2 vol. in-4°.

L'homme (vie et personnalité) ; — la composition des *Essais* ; — la méthode de Montaigne ; — l'art de vivre ; — Montaigne et la religion ; — le

style des *Essais* ; — les *Essais* devant la postérité. — Avec 2 pl. h.-t. et 6 fig. dans le texte.
= C.R. : — P. Michel, « Montaigne vu par M. Raymond Lebègue » (*B.S.A.M.*, 4ᵉ sér., n° 14, 1968, pp. 44-46). =

490. BAXTER (C.R.). — Montaigne. — Pp. 186-204 de : — French literature and its background. Edited by J. Cruickshank. — I : The sixteenth century. — *London, Oxford University Press*, 1968, in-8°, x-228 pp. — (*Oxford paper-backs*, 138).

491. COHEN (J.M.). — Montaigne, Michel Eyquem de (1533-1592). — Vol. 16, pp. 481-83, de : — Collier's Encyclopedia, with bibliography and index... — *Crowell-Collier educational corporation*, 1968, 24 vol. gr. in-8°.

492. DRÉANO (M.). — Montaigne. — *Buenos Aires, Columba*, 1968, in-8°, 95 pp. — (*Hombres inquietos*).

493. VAN TIEGHEM (Ph.). — Montaigne (Michel Eyquem de), (1533-1592). — [Tome II], pp. 2687-90, du : — Dictionnaire des littératures, publié sous la direction de Philippe Van Tieghem, avec la collaboration de Pierre Josserand... — *Paris, P.U.F.*, 1968, 3 vol. in-16.

494. BRUNEL (A.) et HUISMAN (D.). — Montaigne (1533-1592) : la culture de l'âme. — Pp. 274-78 de l' : — Introduction à la littérature française (du nouveau roman à la Chanson de Roland)... — *Paris, F. Nathan, s.d.* (1969), in-16, 320 pp. — (Coll. : *ABC*).

La vie et la philosophie de Montaigne. A quoi tient son charme (composition, langue, style).

495. CHASSANG (P.) et SENNINGER (Ch.). — Montaigne. — Pp. 202-03 du : — Recueil de textes littéraires français. — XVIᵉ siècle. — *Paris, Hachette, s.d.* (1969), in-8°, 256 pp.

La carrière et la personnalité. — La pensée et l'art. — (Précédant 32 extraits des *Essais*, avec notes et figures. — *Voir* n° 1325, les études détaillées auxquelles ces extraits ont donné lieu).

495a. MICHA (A.). — Montaigne. — Tome Iᵉʳ, pp. 5-27, de l'édition des « Essais »... — *Paris, Garnier-Flammarion, s.d.* (1969), 3 vol. in-16.

Deux parties : — une *chronologie* des événements de la vie de Montaigne et des principales éditions et traductions de son œuvre, de 1595 à 1906 ; — une étude de sa pensée et de sa fortune à travers les siècles.

496. STEGMANN (A.). — Montaigne. — Tome Iᵉʳ (1969), pp. 255-66, de l' : — Histoire littéraire de la France, sous la direction de Jacques Roger, doyen de la Faculté des Lettres de Tours, et

Jean-Charles Payen, professeur à la Faculté des Lettres de Caen. — *Paris, A. Colin*, 1969-1970, 2 vol. in-8°. — (Collection *U*).

*Divisions de l'étude :* — L'évolution des « Essais ». — La philosophie. — Politique et religion. — La prud'homie. — L'art et l'influence. — (On trouve, *in fine*, p. 498, une courte biographie de Montaigne).

497. BLINKENBERG (Andreas). — Montaigne. — *København, Gyldendal*, 1970, in-8°, 399 pp., 28 pl.

Etude de la vie, de l'œuvre et de la pensée de Montaigne, augmentée d'une bibliographie, d'une iconographie et d'un index.
= C.R. : — L. Gustafsson (*Studia neophilol.*, XLIII : 1971, pp. 618-20) ; — P. Nykrog (*Studi fr.*, XV : 1971, n° 45, p. 534) ; — E. Spang-Hanssen (*Rev. romane*, VI : 1971, pp. 281-84) ; — J. Bailbé et F. Durand (*B.S.A.M.*, 5e sér., nos 10-11, 1974, pp. 103-05). =

498. LAGARDE (A.) et MICHARD (L.). — L'humanisme à l'épreuve : les *Essais* de Michel de Montaigne. — Tome Ier (1970), pp. 440-503, de : — La littérature française... — (*Paris*), *Bordas et Laffont*, 1970-1972, 5 vol. in-8°. — (*Bibliothèque des connaissances essentielles*, coll. dirigée par Henri Lemaître).

Etude détaillée de Montaigne, son œuvre, son expérience, son style. — L'homme devant la société et l'histoire. — La question religieuse. — Les expressions d'une sagesse heureuse et vivante. — (Nombreuses citations et illustrations).

499. MICHEL (P.). — Michel de Montaigne ou l'accomplissement de la Renaissance française. (*B.S.A.M.*, 4e sér., nos 22-23, 1970, pp. 17-34).

*Plan de cet important travail :* — Diversité et unité de la Renaissance. — L'Humanisme triomphant (le Collège des Trois Langues ; — l'*Adolescence clémentine* ; — être un bon « pantagruéliste »). — Une enfance heureuse, réelle définition pour celle de Montaigne. — « Une geôle de jeunesse captive » (Montaigne au collège de Guyenne). — Magistrats humanistes (l'amitié avec La Boétie). — Guerres civiles et religieuses. — Naissance des *Essais*. — Qu'est-ce qu'un essai ? — Diverses sortes d'Essais. — Conclusion : « les *Essais*,... l'ultime message d'une époque en quête d'un ordre nouveau... ».
= C.R. : — R. Campagnoli (*Studi fr.*, XVI : 1972, nos 47-48, p. 456). =

500. E[TIEMBLE (R.).]. — Montaigne. — Vol. XI, pp. 296-300, de l' : Encyclopaedia Universalis... — *Paris, Encyclopaedia Universalis France*, 1971, in-fol.

Montaigne considéré à différents points de vue : — le portrait d'un homme ; — les mythes de Montaigne (comment le définir) ; — ses vérités (la raison et la science, l'engagement, la république) ; — ses valeurs (la femme et l'amour, les valeurs morales) ; — l'artiste et le poète. — Bibliographie méthodique.

501. GARDEAU (Léonie). — Notice pour Montaigne : catalogue de l'Exposition 1971 à Bordeaux « 2000 ans d'histoire [pp. 322-23]. (*B.S.A.M.*, 4e sér., nos 25-26, 1971, pp. 11-12).

Notice résumée, à la fois biographique, littéraire et philosophique.

502. JUDRIN (R.). — Montaigne et son œuvre. — Pp. 5-58 de : — Montaigne... Une étude... un choix de textes... — *Paris, P. Seghers,* 1971, in-16, 191 pp., fig. — (Coll. : *Ecrivains d'hier et d'aujourd'hui,* 37).

Tableau synoptique de la vie et des œuvres de Montaigne avec les principaux événements contemporains. — Etude littéraire et philosophique, que complètent une suite iconographique et, en fin du livre, une liste bibliographique.
= C.R. : — P. Michel (*B.S.A.M.*, 4e sér., n° 27, 1971, p. 75) ; — *Bull. crit. du Livre fr.,* XXVII (1972), p. 21. =

503. KRAILSHEIMER (Alban J.). — Montaigne. — Pp. 478-87 de : — The Continental Renaissance, 1500-1600... — *Harmondsworth, Peguin,* 1971, in-8°, 576 pp. — (*Pelican guides to European literature*).

504. MALIGNON (J.). — Montaigne, Michel Eyquem de, 1533/1592. — Pp. 332-38 du : — Dictionnaire des écrivains français. — *Paris, Editions du Seuil* (1971), in-4°, 552 pp., ill., fac-sim.

Vie de Montaigne. — La forme prise par sa pensée dans le développement de son œuvre. — Ses qualités d'écrivain. — (Avec un portrait — celui gravé par Ficquet — et 3 fac-similés).

505. MICHEL (P.). — Montaigne (1533-1592). — Pp. 35-56 de : — La composition française à l'examen probatoire et en propédeutique... — *Paris, Editions de l'Ecole* (1971), in-8°, 487 pp.

Nouvelle série de questions proposées (cf. n° 471) : — La sérénité de Montaigne (un jugement de Flaubert). — La chatte de Montaigne (éloge des animaux dans l'*Apologie*), *voir* aussi n° 1901. — Montaigne et son temps (dont il s'est révélé comme un témoin clairvoyant). — Le *Journal de voyage,* « arrière-boutique » des *Essais* (cf. n° 1381). — Montaigne vu par les Jansénistes (à propos de l'*Entretien de Pascal avec M. de Saci*).

506. TOGEBY (Knud). — Montaigne. — Pp. 18-24 de : — Kapitler af Fransk litteraturistorie før 1900. Kronik og Kritik. I udvalg ved Hans Boll Johansen. — (*Copenhague*), *Akademisk forlag,* 1971, in-8°, 204 pp.

507. BELLENGER (Yvonne). — [Montaigne, son œuvre, sa pensée]. — Pp. 6-19, 39-42, 59-62, 80-83 et 101-04 de : — Essais [de] Montaigne... — *Paris, Hatier* (1972), in-16, 128 pp. — (Coll. : Thema/ *Anthologie,* n° 2).

Chronologie de Montaigne. — Historique et analyse succincte des *Essais.* — Montaigne d'après les *Essais* (portrait physique et moral). — Le commerce des livres (leur influence dans son entreprise). — L'idée de la mort. — Une conception originale du monde. — L'« humaine condition ». — (Accompagné de 45 extraits commentés, d'une bibliographie et d'un glossaire).

508. CHAVARDÈS (M.). — Michel de Montaigne. — *Paris, Editions Pierre Charron,* 1972, in-8°, 136 pp., fig. — (Coll. : *Les Géants*).

Montaigne et son temps, sa vie, sa personnalité, son œuvre, ses voyages et les appréciations qu'on a portées sur lui, de siècle en siècle. — L'ouvrage,

qui comporte une petite anthologie, est abondamment orné de reproductions en noir et en couleur, au total : 68 pl. et 11 fac-sim. de titres.
= C.R. : — *Bull. crit. du Livre fr.*, XXVII (1972), p. 1035. =

509. GLAUSER (A.). — Montaigne paradoxal. — *Paris, A.G. Nizet*, 1972, in-8°, 156 pp.

C'est un aspect entièrement nouveau que l'auteur donne de Montaigne en soulignant que tout est paradoxe chez lui, aussi bien dans ses conditions de vie et sa personnalité que dans ses réalisations d'écrivain. — *Voir* aussi n° 1997.
= C.R. : — P. Michel (*B.S.A.M.*, 5e sér., n° 1, 1972, pp. 69-70) ; — Grazyna Pekala (*Kwart. Neofil.*, XX : 1973, pp. 444-47). =

510. SAYCE (Richard A.). — The Essays of Montaigne. A critical exploration. — *London, Weidenfeld and Nicolson* (1972), in-8°, x-356 pp., bibliogr., index général et index des *Essais*.

Dans un ensemble de quatorze chapitres, l'auteur s'est proposé d'analyser les *Essais* au double point de vue de leur composition littéraire et de leur substance philosophique, et il est ainsi parvenu à nous donner, sur Montaigne et son œuvre, un travail renfermant des éléments dignes d'être retenus.
= C.R. : — M. Françon (*Studi fr.*, XVII : 1973, n° 49, pp. 90-94) ; — P. Bonnet (*B.S.A.M.*, 5e sér., n° 5, 1973, pp. 125-28) ; — G. Nakam (*R.H.L.F.*, LXXIV : 1974, pp. 282-83) ; — R.C. La Charité (*Mod. lang. quart.*, XXXVI : 1975, pp. 81-82) ; — Margaret M. McGowan (*Mod. lang. rev.*, LXX : 1975, pp. 630-31). =

511. ETIEMBLE (R.). — Montaigne. — Pp. 19-47 de : — Mes contrepoisons, essai. — *(Paris), Gallimard, s.d.* (1974), in-8°, 253 pp.

Contient les différentes notions déjà présentées dans l'article de l'*Encyclopaedia Universalis* (n° 500).

512. TETEL (Marcel). — Montaigne. — *New York, Twayne Publishers Inc.*, 1974, in-8°, 138 pp., portr., bibliogr. — (*Twayne's world authors series*, 317. France).

Etude dans laquelle M. Tetel expose ses réflexions personnelles sur Montaigne et sur les *Essais*, et divers commentaires concernant les thèmes des principaux chapitres, ainsi que la « matière verbale » avec laquelle ceux-ci ont été si richement développés.
= C.R. : — Cl. Blum (*B.S.A.M.*, 5e sér., n°s 14-15, 1975, pp. 117-22). =

513. MORABITO (Pasquale). — Montaigne. — *Reggio Calabria, Parallelo 38*, 1975, in-8°, 160 pp. — (*Univ. degli Studi di Messina. Facoltà di Magistero. Ist. Lingue e Lett. Romanze*).

514. WEBER (H.) et NICOLLOT (M.). — Montaigne (1533-1592). — Tome II (1975), pp. 408-33, de l' : — Histoire littéraire de la France, par un collectif sous la direction de Pierre Abraham et Roland Desné... — *(Paris), Editions sociales*, 1974-1980, 12 vol. in-4°.

La vie de Montaigne. — Une lecture de Montaigne. — L'art et le style. — Itinéraire de Montaigne (les phases de sa pensée). — La place de Montaigne (les leçons que l'humanité a pu tirer des *Essais*). — Augmenté de 15 illustrations (photos, fac-similés).

CHAPITRE IV

# ÉTUDES BIOGRAPHIQUES

## Biographie générale

515. Sommaire discours sur la vie de Michel, seigneur de Montaigne, extraict de ses propres escrits. — Ff. 4 v° à 7 v° des : — Essais... Edition nouvelle enrichie d'annotations en marge... — A Paris. Auec priuilege du Roy, 1608... — In-8°, 8 ff. n. ch., 1129 pp. et 18 ff. n. ch. (tables).

C'est cette éd. in-8° des Essais qui, la première, a reçu parmi ses pièces liminaires un tel résumé biographique. Déjà, on avait placé dans les éd. de 1602 et de 1604 une table analytique des principaux faits de la vie de Montaigne, mais sa transformation en texte continu a dû paraître préférable, quatre ans plus tard.

516. LADVOCAT (Abbé J.-B.). — Montagne. — Tome II, pp. 261-62, du : — Dictionnaire historique portatif, contenant l'histoire des patriarches,... des empereurs,... des dieux,... des papes,... des historiens, poètes, mathématiciens, etc. avec leurs principaux ouvrages et leurs meilleures éditions... — Paris, Didot, 1752, 2 vol. in-8°.

D'assez grosses erreurs gâtent beaucoup ce travail (cf. Dréano, La renommée de Montaigne... [n° 2737], pp. 130-131, et R. Trinquet, La jeunesse de Montaigne [n° 568], p. 11, note 5).

517. [CHAUDON (Dom Louis-Mayeul), GROSLEY (P.-J.) et MOYSANT (F.)]. — Montagne. — Tome III, pp. 222-23, du : — Nouveau dictionnaire historique-portatif, ou Histoire abrégée de tous les hommes qui se sont fait un nom par des talens, des vertus, des forfaits, des erreurs, depuis le commencement du monde jusqu'à nos jours,... par une société de gens de lettres... — Amsterdam (Avignon), Marc-Michel Rey, 1766, 4 vol. in-8°.

518. IMBERT DE LA PLATIÈRE (Comte Sulpice). — Montagne [Vie de Michel de]. — Livraison XVI de la : — Galerie universelle des hommes qui se sont illustrés dans l'empire des lettres depuis le siècle de Léon X jusqu'à nos jours... — (S.l.n.d. [Paris, l'auteur, 1787]), in-4°, 2 ff. n. ch., 68 pp., portr.

519. DUVAL (Amaury). — Vie de Montaigne. — Tome I^er (1820), pp. III-XIV, des : — Essais de Montaigne, publiés d'après l'édition la plus authentique... — *Voir* n° 42.

520. LE[MESLE] (Ch.). — Tableau de la vie de Montaigne. (*Merc. de Fr. au XIX^e siècle*, XXVIII : 1830, pp. 86-89).

521. BUCHON (J.-A.-C.). — Michel Eyquem, seigneur de Montaigne [notice biographique]. — Pp. IX-XI de l'édition des : — Œuvres de Michel de Montaigne... — *Paris, A. Desrez*, 1837, in-8°, XLVIII-806 pp. — (Coll. du *Panthéon littéraire*).

522. SHELLEY (Mary Wollstonecraft). — Montaigne. — Tome I^er (1838), pp. 25-44, de : — Lives of the most eminent literary and scientific men of France... — *London, Longman*, 1838-1839, 2 vol. in-16. — (*The Cabinet cyclopaedia*, conducted by D. Lardner, vol. 102-103).

523. HAZLITT (William). — The life of Michael de Montaigne. — Pp. I-XVIII de : — The works of Montaigne... (n° 45).

524. AUDIERNE (Abbé F.-G.). —́ Montaigne. — Pp. 167-69 de l'ouvrage : — Le Périgord illustré. Guide monumental, statistique, pittoresque et historique de la Dordogne... — *Périgueux, impr. Dupont*, 1851, in-8°, 675 pp. fig.

525. MOKE (H.-G.). — Montaigne (Michel de). — Tome XVI, pp. 432-34, de l' : — Encyclopédie du dix-neuvième siècle. Répertoire universel des sciences, des lettres et des arts, avec la biographie de tous les hommes célèbres. Nouvelle édition. — *Paris, au bureau de l'Encyclopédie*, 1858, 27 vol. gr. in-8° à 2 col.

526. MALVEZIN (Th.). — Michel de Montaigne. [Chap. XIV de : « Michel de Montaigne, son origine, sa famille »]. (*Actes de l'Acad. de Bordeaux*, 3^e sér., XXXV : 1873, pp. 165-81). — Pour l'ensemble de l'ouvrage, *voir* n° 835.

527. LALANNE (L.). — Montaigne. — Pp. 1295-96 du : — Dictionnaire historique de la France... 2^e édition. — *Paris, Hachette*, 1877, in-8°, IV-1867 pp., à 2 col.

528. DEZOBRY (Ch.). — Montaigne. — [Vol. II], pp. 1829-30, du : — Dictionnaire général de biographie et d'histoire... par MM. Ch. Dezobry et Th. Bachelet... Huitième édition revue. — *Paris, Ch. Delagrave*, 1880, 2 vol. in-8°, VIII-3115 pp. (pagin. continue), à 2 col.

529. VAPEREAU (L.-G.). — Montaigne. — Pp. 1427-29 du : — Dictionnaire universel des littératures... 2e édition... — *Paris, Hachette,*
1884, gr. in-8°, XVI-2096 + 25 pp., à 2 col.

530. BORDES DE FORTAGE (Ph.-L. de). — Notice biographique sur Montaigne. — Tome III, 1re partie, (1889), pp. 462-64, de la : —
Statistique générale, topographique, scientifique,... historique,
archéologique et biographique du département de la Gironde,
par Edouard Féret... — *Bordeaux, Féret et fils ; Paris, G.
Masson...,* 1878-1889, 3 vol. in-8°.

531. PATTISON (Mark). — Life of Montaigne. — Tome II, pp. 323-49,
de : — Essays by the late Mark Pattison, sometime rector of
Lincoln college. Collected and arranged by Henry Nettleship...
— *Oxford, Clarendon press,* 1889, 2 vol. in-8°.

532. COURBET (E.). — Notice biographique sur Montaigne. — Tome V
(1900), pp. III-CLXVI, de l'édition des *Essais...* (n° 58).

Il a été fait un tirage à part de ce travail, augmenté de la notice bibliographique, sous le titre : *Notice biographique et bibliographique sur
Montaigne,* par E. Courbet. — *Paris, Lemerre,* 1900, in-8°, I-CC pp.

533. [Biographie de Montaigne]. — Tome II, pp. 680-82, de : —
Gironde. — Dictionnaire biographique et album. — *Paris,
Flammarion, Néauber, s.d.* (1904), 2 vol. in-8°. — (*Dictionnaires
biographiques des départements,* n° 48).

Avec une reproduction hors-texte du portrait de Montaigne par Saint-
Aubin.

534. SALOMON (M.). — Montaigne et Bordeaux. (*Le Correspondant,*
1908, t. CCXXX, 25 février, pp. 766-91).

A propos de la publication de l'Edition municipale, l'auteur rappelle les
rapports de Montaigne avec Bordeaux : — il en a été maire ; il y a rencontré son ami La Boétie et son disciple Charron ; enfin c'est à Bordeaux
qu'il a trouvé une compagne dans Françoise de La Chassaigne. — Etude
reprise dans *Portraits et Paysages* du même auteur (*Paris, Perrin,* 1920,
in-16, XII-307 pp.).

535. VINDRY (Fleury). — Michel Eyquem, sieur de Montaigne. —
Tome II (1910), 1er fasc., p. 100, de l'ouvrage : — Les Parlementaires français au XVIe siècle... — *Paris, Champion,* 1909-1910,
2 vol. in-8°.

Notice biographique n° 287, au début de laquelle F. Vindry donne un
« coup de chapeau », comme il dit, à celui dont il y est question.

536. ARMAINGAUD (Dr A.). — Epoques et chronologie sommaire des
œuvres et de la vie de Michel de Montaigne. — Tome Ier (1924),
pp. IX-XX, des : — Œuvres complètes de Michel de Montaigne...
*voir* n° 387.

537. Prévost (J.). — La vie de Montaigne... — *Paris, Gallimard*, 1926, in-16, 229 pp., portr. — (*Vies des hommes illustres*, n° 4).

Le dessein poursuivi dans ces pages a été d'offrir au lecteur une biographie de Montaigne qui, bien que dépourvue de tout caractère scientifique, n'en constitue pas moins une base solide pour une connaissance plus approfondie du grand essayiste.
= C.R. : — *T.L.S.*, Dec. 9, 1926, p. 914. =

538. Lamandé (A.). — La vie gaillarde et sage de Montaigne... — *Paris, Plon*, 1927, in-16, 303 pp. — (*Le roman des grandes existences*, 11). — Trad. anglaise : — Montaigne, grave and gay... *New York, Holt*, 1928, in-16, 303 pp.

« Livre animé et brillant... Fondée sur une documentation originale, cette biographie est charmante et sûre ». (F. Strowski, *Montaigne*, 2ᵉ éd. [1931], p. 352, — cf. n° 1514).
= C.R. : — Serge Barranx (*La Vie bordelaise*, 18-24 décembre 1927, p. 1) ; — Lucien Maury (*Rev. bleue*, LXVI : 1928, pp. 20-28) ; — *T.L.S.*, March 1, 1928, p. 143 ; — Ch. Le Goffic (*Larousse mensuel ill.*, n° 255, mai 1928, pp. 715-16). =

539. Plattard (J.). — Vie de Montaigne. — Tome Iᵉʳ (1931), pp. VIII-XIX, de l'édition des *Essais*... — *Paris, F. Roches*, 1931-1932, 6 vol. in-8°. — (*Les Textes français. Collection des Universités de France, publiée sous les auspices de l'Association Guillaume Budé*).

540. Moog (Willy). — Montaigne. — Pp. 126-28 de : — Das Leben der Philosophen... — *Berlin, Junker und Dünnhaupt*, 1932, in-8°, 253 pp.

541. Ritter (R.). — Au pays de Montaigne : 1533-1933. (*Illustration*, 25 février 1933, pp. 233-36).

Ce que représente Montaigne pour son pays. Les traces « vivantes » de son passage à Bordeaux et dans son château périgourdin. Avec des remarques biographiques et 12 illustrations dans le texte.

542. Villey (P.). — Montaigne... — *Paris, Rieder, s.d.* (1933), in-8°, 104 pp. — (Coll. : *Maîtres des littératures*, 14).

Biographie commentée de Montaigne. Elle est ornée de 60 planches hors-texte en héliogravure.
= C.R. : — L. Auvray (*Polybiblion*, 1933, vol. CLXXXVI, p. 52) ; — D. Mornet (*R.H.L.F.*, XL : 1933, p. 594) ; — P. Jourda (*Rev. crit.*, LXVII : 1933, pp. 14-15). =

543. Escande (J.-Joseph). — Montaigne et sa vie périgourdine. — Tome II, pp. 129-38, de l' : — Histoire du Périgord. Illustrations de Lucien de Maleville. Préface de M. Yvon Delbos, ancien ministre... — *Paris, A. Picard ; Bordeaux, Féret et fils ; Cahors, impr. Coueslaut*, 1934, 2 vol. in-8°, fig.

Description du château et de la tour ; traduction des sentences grecques et latines. — Le séjour de Montaigne dans son château. — Sa mort, sa sépulture.

**544.** MAUROIS (A.). — Au temps de la Renaissance. La jeunesse de Montaigne. (*Conferencia*, XXIX : 1934-1935, n° 4, 1er février 1935, pp. 175-86).

Conférence faite le 3 décembre 1934, dans laquelle ont été évoqués successivement : le caractère de la Renaissance, le Périgord de l'Ouest, enfin une partie de la vie de Montaigne qui dépasse largement sa « jeunesse », puisqu'on y atteint la composition des *Essais* et même les célèbres funérailles imaginées par Sainte-Beuve ! — Le texte est enrichi de reproductions : du château (l'ancien et le nouveau), de la tour et de la « librairie », enfin d'un portrait de Montaigne appartenant au Vicomte de Gontaut-Biron.

**545.** EPISTÉMON. — Montaigne à table et en voyage. (*Grandgousier*, IV : 1937, n° 6, pp. 321-37, et V : 1938, n° 1, pp. 1-13, — avec de nombreuses illustrations).

La vie de Montaigne. Ses goûts de gastronome relevés principalement dans les confidences du *Journal de voyage*.

**546.** NICOLAÏ (A.). — Montaigne intime. — *Paris, Aubier, Editions Montaigne, s.d.* (1941), in-16, 243 pp., 2 pl. h.-t. — (*L'Histoire littéraire*).

Etude divisée en quatre parties : — 1. *L'homme* (l'enfant, l'écolier, l'étudiant, les années orageuses, le fils, l'époux, le père) ; — 2. *La vie à Montaigne* (la vie quotidienne, les repas, les sorties à cheval, les relations avec les paysans et les domestiques) ; — 3. — A : *Les beaux jours à Montaigne* (les réceptions, les fêtes) ; — B : *Les mauvais jours* (le pillage de la seigneurie, la peste, la maladie, la mort) ; — 4. *Du nouveau sur Montaigne* (Montaigne peint par lui-même ; un portrait de Montaigne, jusque-là ignoré, qui aurait été peint à Rome ; le château de Montaigne et ses possesseurs successifs jusqu'à 1940).

= C.R. : — A. Salles (*B.S.A.M.*, 2e sér., n° 11, 1941, p. 43). =

**547.** — Les grandes dates de la vie de Montaigne. (*B.S.A.M.*, 2e sér., nos 13-14, 1948-1949, pp. 24-66).

Chronologie détaillée pouvant servir de complément à l'éd. phototypique du *Livre de Raison* (1948).

**548.** GARDE (J.A.). — Montaigne notre voisin. (*Rev. hist. et archéol. du Libournais*, XIX : 1951, pp. 11-20, 60-68 et 81-84).

A propos des attaches qu'avait Montaigne avec le pays libournais : — ses amis et parents dans cette région (les Ségur, les de Grailly, les Lur-Saluces), — un gentilhomme libournais, beau-frère de Montaigne, — un parrainage de Montaigne à Saint-Emilion en 1574, — Montaigne créancier de la ville de Libourne, — Montaigne à Libourne en 1585 (lors de la peste de Bordeaux), — trois livres de sa « librairie » à la bibliothèque de Libourne, etc.

**549.** GRIMAL (P.). — Montaigne. — Tome II, pp. 1042-43, du : — Dictionnaire des biographies... — *Paris, P.U.F.*, 1958, 2 vol. in-8°, XII-1563 pp. (pagin. continue), à 2 col.

Avec un portrait de Montaigne (pl. 92) d'après le tableau du Musée Condé à Chantilly.

550. TRINQUET (R.). — Problèmes posés par la révision de la biographie de Montaigne. (*C.A.I.E.F.*, n° 14, mars 1962, pp. 285-99.
— Réimpr. dans le *B.S.A.M.*, 3ᵉ sér., nᵒˢ 23-24, 1962, pp. 12-21).

« Qui dit révision dit critique, examen, remise en état » (p. 299). Et, de
fait, les biographies de Montaigne qui ont été données, jusqu'à celles de
Barrière (n° 433) et de Nicolaï (nᵒˢ 546 et 1082), demandent à être reconsi-
dérées, car elles laissent trop de place à la conjecture hardie, sinon à la
fantaisie ou à la négligence dans l'interprétation de certains documents
d'une éloquence pourtant incontestable. L'absence d'une méthode historique
est sans doute la cause principale de semblables inexactitudes.
= C.R. : — G. Mombello (*Studi fr.*, VI : 1962, n° 17, pp. 537-38). =

551. DUTHURON (G.). — Un homme moderne, sensible, ambitieux,
mais sceptique : Montaigne, notre ami, notre concitoyen, notre
contemporain. (*Sud-Ouest-Dimanche*, 2 juin 1963, p. 13).

Ecrit à l'occasion du Iᵉʳ Congrès international des Etudes montaignistes qui
se tenait alors à Bordeaux.

552. FRAME (Donald M.). — Montaigne. A biography... — *New York,
Harcourt, Brace & World, Inc.* (1965), in-8°, VIII-408 pp.

Cette biographie vient remplacer les ouvrages analogues précédents, car
elle a profité de toutes les découvertes que l'on a faites au cours du XXᵉ
siècle sur certaines parties restées obscures de la vie de Montaigne. L'auteur a en outre apporté des points de vue personnels souvent très sugges-
tifs à propos de plusieurs questions qui font toujours l'objet de débats
assez âpres (religion, politique, sincérité, tendance de la pensée de Montaigne, etc.). — L'ouvrage est augmenté, en frontispice, de la reproduction
d'un portrait-médaillon de Montaigne, provenant de la collection de M. le
Vicomte de Gontaut-Biron (cf. n° 544).
= C.R. : — H. Peyre (*Yale rev.*, LV : 1965, pp. 299-302) ; — F.S. Brown
(*French rev.*, XXXIX : 1965-1966, n° 3, pp. 936-37) ; — J. Crow (*Mod. lang.
rev.*, LXI : 1966, pp. 707-08) ; — Eva Marcu (*B.S.A.M.*, 4ᵉ sér., n° 7, 1966, pp.
108-16, et *B.H.R.*, XXVIII : 1966, n° 3, pp. 792-99) ; — Isid. Silver (*Romanic
rev.*, LVII : 1966, n° 3, pp. 215-22) ; — E. Armstrong (*French st.*, XXI : 1967,
pp. 64-65) ; — R. Aulotte (*R.H.L.F.*, LXVII : 1967, pp. 808-09) ; — M. Richter
(*Studi fr.*, XII : 1968, n° 34, pp. 136-37). =

553. BOON (Jean-Pierre). — Montaigne : du gentilhomme à l'écrivain.
(*Mod. philol.*, LXIV : 1966, pp. 118-24).

En devenant écrivain, Montaigne a donné l'impression d'enfreindre un
usage ancien sur milieu sur l'incompatibilité de la pratique des lettres « avec
le métier des armes, profession favorite et signe de la noblesse de race »
(pp. 120-21). — Etude reprise dans l'ouvrage : *Montaigne, gentilhomme et
essayiste* (n° 1636) dont elle constitue le chapitre 4.
= C.R. : — *Studi fr.*, XII (1968), n° 35, p. 346. =

554. NAKAM (Géralde). — Chronologie de Montaigne. (*Europe*, L :
1972, nᵒˢ 513-514, pp. 161-75).

## La jeunesse de Montaigne

555. Montaigne in the cradle, nursery and college. (*Fraser's mag.*,
XVII : 1846, vol. XXXIV, pp. 261-71 ; — repris dans *Eclectic
mag.*, 1846, pp. 248-57).

556. DEZEIMERIS (R.). — De la renaissance des lettres à Bordeaux au XVIe siècle. (*Actes de l'Acad. de Bordeaux*, 3e sér., XXV : 1863, pp. 525-84). — Tirage à part : *Bordeaux, P. Chaumas*, 1864, in-8°, 66 pp.

Texte du discours de réception à l'Académie de Bordeaux, prononcé par R. Dezeimeris, le 17 décembre 1863, et dans lequel on trouve une description du milieu humaniste qu'a connu Montaigne dans cette ville au cours de ses jeunes années.

557. GUIZOT (Guillaume). — Jeunesse de Montaigne. [Ouverture du cours de G. Guizot]. (*Rev. des cours litt. de la France et de l'étranger*, III : 1866, n° 7, pp. 113-16).

(Ce n'est qu'un compte rendu de ce cours, la pression de la foule, ce jour-là, au Collège de France, n'ayant pas permis au sténographe de le recueillir *in extenso*).

558. GAZIER (A.). — Caractères génèraux de la Renaissance. Montaigne avant les « Essais ». (*Rev. des cours et conf.*, XX : 1911-1912, n° 13, 8 février 1912, pp. 577-84).

Premier cours sur *Les moralistes français du XVIe au XVIIIe siècle*. — Sujet central : la première partie de la vie de Montaigne (jusqu'à 1571) et comment il a réalisé « son apprentissage de moraliste » (p. 580).

559. LAMANDÉ (A.). — La jeunesse de Montaigne. (*Rev. de France*, VII : 1927, 15 novembre, pp. 251-82).

L'étude est divisée en quatre sections : I. *Au son du galoubet*, — II. *Le collège de Guyenne*, — III. *L'adolescence*, — IV. *Le magistrat amoureux*, — qui forment les quatre premiers chapitres de *La vie gaillarde et sage de Montaigne* (cf. n° 538).

560. PUGET (H.). — Montaigne à Toulouse. (*Rev. bleue*, LXVI : 1928, pp. 390-96 ; — repris dans le *Bull. de la Soc. des études litt., scient. et art. du Lot*), LI : 1930, pp. 273-82).

Montaigne n'aurait-il pas étudié le droit à Toulouse ? — Quelques arguments en faveur de cette thèse. Il n'y a point de preuve formelle, reconnaît l'auteur ; pourtant, « nous avons la certitude que, jeune, Montaigne fut à Toulouse. Lui-même y révèle sa présence en narrant une anecdote » (le médecin Simon Thomas, *Essais*, I, 21).

561. STROWSKI (F.). — La jeunesse de Montaigne : — II [*suite*]. Naissance et éducation de Montaigne ; — III. Montaigne à vingt ans. (*Rev. des cours et conf.*, XXXIX : 1937-1938, n° 8, 30 mars 1938, pp. 685-91, et n° 10, 30 avril, pp. 129-36). — Etudes incluses dans les chap. III et IV (pp. 29-47) de la biographie publiée la même année par l'auteur dans la collection : *A la gloire de...* (n° 427).

Ce travail qui a pour titre *La jeunesse de Montaigne* commence en réalité par les origines de ce dernier (*voir* n° 869).

562. BEST (G. Percival). — La date de naissance de Montaigne. (*B.S.A.M.*, 2e sér., n° 9, 1940, pp. 46-47).

Au sujet d'une hésitation des anciens biographes entre le 28 et le 29 février pour cette année 1533.

563. — Montaigne et la réforme du calendrier en France au XVIᵉ siècle. Erreurs de biographes. (*B.S.A.M.*, 2ᵉ sér., nᵒˢ 13-14, 1948-1949, pp. 12-14).

Précisions apportées à la note précédente.

564. MESURET (R.). — Montaigne étudiant à Toulouse (1547-1554). — Pp. 534-37 de : — Evocation du Vieux Toulouse. — *Paris, Editions de Minuit* (1960), in-8ᵒ, 660 pp., fig.

Cette étude consacrée à une partie de la jeunesse de Montaigne a été réimprimée dans *La Vie de Bordeaux* du 7 janvier 1961, pp. 1 et 2. — A comparer avec la thèse de R. Trinquet (nᵒ 568).

565. TRINQUET (R.). — Nouveaux aperçus sur les débuts du Collège de Guyenne. De Jean de Tartas à André de Gouvéa (1533-1535). (*B.H.R.*, XXVI : 1964, nᵒ 3, pp. 510-58). — Repris dans le *B.S.A.M.*, 4ᵉ sér., nᵒ 2 (1965), pp. 3-28, avec d'importantes modifications et le titre suivant : *Les débuts mouvementés du Collège de Guyenne. De Jean de Tartas à André de Gouvéa (1533-1535).*

Historique de la fondation du Collège de Guyenne. Les frictions entre Tartas et les membres de la Jurade, incidents bien vite aplanis devant la fermeté du nouveau principal, Gouvéa. Influence probable des régents érasmiens du Collège sur les méthodes d'enseignement « dont devait bénéficier le petit Montaigne » (p. 557, n. 5).
= C.R. : — R. Campagnoli (*Studi fr.*, X : 1966, nᵒ 30, p. 544). =

566. — Les origines de la première éducation de Montaigne et la suprématie du latin en France entre 1530 et 1540. (*B.S.A.M.*, 4ᵉ sér., nᵒ 16, 1968, pp. 23-39).

Entre 1530 et 1540, la primauté du latin en France est un fait que vient justifier la « méthode directe » adoptée par Pierre Eyquem pour l'instruction de son fils.
= C.R. : — *Studi fr.*, XV (1971), nᵒ 43, pp. 134-35. =

567. MEYER (G.). — A propos du réveil de Montaigne. (*Les Humanités*, cl. de lettres, sections modernes, XII : 1968-1969, nᵒ 9, mai 1969, pp. 23-24).

Sur la précaution prise par Pierre Eyquem pour le réveil de Michel et les échos approbateurs qu'elle a rencontrés dans la psychanalyse moderne.

568. TRINQUET (R.). — La jeunesse de Montaigne. Ses origines familiales, son enfance et ses études. — *Paris, Nizet*, 1972, in-8ᵒ, 684 pp., bibliogr. — (*Thèse de lettres, Paris*, 1970). — Des extraits de ce travail ont été donnés dans le *B.S.A.M.*, 5ᵉ sér., nᵒ 1 (1972), pp. 33-48.

Historique de la première partie de la vie de Montaigne jusqu'à la préparation de son entrée dans la magistrature (1557). Possédant une méthode incontestable, l'auteur en a fait usage pour la mise à profit d'études substantielles récentes, en particulier des siennes (cf. nᵒˢ 550, 565, 566, 1086, etc.). Parmi les principales questions traitées, on retiendra : l'éducation érasmienne de Montaigne au château paternel et ses études au Collège de Guyenne. Où a-t-il poursuivi celles-ci ? R. Trinquet réfute la thèse d'un séjour à Toulouse, qui n'est pour lui qu'un mythe. A son avis, c'est à Paris que Montaigne a fait ses études supérieures et il n'a eu qu'un seul vrai maître : Adrien Turnèbe (p. 552), etc.

= C.R. : — J. Ehrmann (*Bull. de la Soc. d'hist. du protest. franç.*, CXVIII : 1972, pp. 410-11) ; — M. Guthwirt (*French rev.*, XLVI : 1972-1973, nº 1, p. 147) ; — F. Joukovsky-Micha (*B.H.R.*, XXXV : 1973, nº 2, pp. 369-73) ; — M. Françon (*Studi fr.*, XVII : 1973, nº 51, pp. 501-02) ; — D.M. Frame (*Romanic rev.*, LXV : 1974, nº 2, pp. 124-26) ; — F. Moureau (*R.H.L.F.*, LXXVI : 1976, pp. 653-55). =

568a. LEBÈGUE (R.). — Origines et jeunesse de Montaigne. (*J. des savants*, 1972, pp. 302-09).

Examen de la question dans une étude critique de la thèse de R. Trinquet.

# Sa vie privée

569. LAMANDÉ (A.). — Une journée de Montaigne. (*Nouvelles litt.*, 23 juillet 1927, p. 5).

Comment Montaigne avait organisé sa vie de chaque jour dans son château où il menait une existence de gentilhomme campagnard. — Partiellement repris dans le chap. IX de : *La vie gaillarde...* (nº 538).

570. PERCEVAL (E. de). — Montaigne aux champs. (*La Vie borde-laise*, 12-18 novembre 1933, pp. 1 et 2).

Montaigne ne fut pas un agriculteur, ni un professionnel du sol, et cependant c'est le parfum des champs qui leur arôme qui l'inspira, ce fut l'âme du paysan qui l'anima. — (Premier volet d'un *Triptyque à propos de Montaigne*, — cf. nºs 818, 1806).

571. PILON (E.). — A propos du 4e centenaire de la naissance de Montaigne. — Montaigne dans son pays. — (*L'Alsace française*, XXV : 1933, nº 631, pp. 145-47).

Parler de « Montaigne dans son pays », c'est le montrer « dans son milieu, parmi ses paysans, ou bien dans sa tour, jouant indifféremment avec sa chatte et ses idées, rustique un peu, Gascon toujours, enfin maître et conseiller de sagesse à qui nous devons un si grand livre » (p. 147).

572. LEFRANC (J.). — En marge [deux questions touchant la vie privée de Montaigne]. (*Le Temps*, 12 mai 1938, p. 1).

Il s'agit des deux questions suivantes que venait de rappeler le *B.S.A.M.* (2e série, nº 3, 1er mai 1938, pp. 8-17) : — La mère du philosophe n'était-elle pas d'origine juive ? (cf. nº 861). — Montaigne a-t-il été un mari trompé ? (nº 881).

573. CRUCHET (Dr René). — Montaigne chez lui. — Pp. 249-71 de : — France et Louisiane... — Cf. nº 1873.

Montaigne vu dans sa seigneurie et en dehors des *Essais*. (Conférence donnée à Bâton-Rouge, en juin 1938).

## Sa vie publique

574. MARIE DE SAINT-GEORGES DE MONTMERCI (F.-J.-T.). — [Montaigne, 80e maire de Bordeaux]. — Pp. 16-17, 25-26, 99-100 des : — Recherches historiques sur l'office de maire de Bordeaux. — *Major dignitas, quae pro magno beneficio datur, & quam generaliter homines existimant esse majorem.* Décis. du Pr. Boyer, quest. 286... — *Madrid, s.n.*, 1785, in-8°, 102 pp.

575. GÉRAUD (E.). — Voyage au château de Michel Montaigne. Lettre troisième et dernière. — (*La Ruche d'Aquitaine*, II : 1818, 1er janvier, pp. 11-20 ; — repris dans les *Annales de la litt. et des arts*, VI : 1826, t. XXIII, pp. 224-34).

Montaigne considéré comme homme public.

576. GRÜN (A.). — Montaigne magistrat. — *Paris, impr. Dubuisson,* 1854, in-8°, 48 pp.

Devenu le chap. III de l'étude suivante.
= C.R. : — A. Briquet (*Bull. du bibl.*, 1854, p. 1082). =

577. — La vie publique de Michel de Montaigne. Etude biographique... — *Paris, Libr. d'Amyot*, 1855, in-8°, XII-414 pp. — Réimpr. : — *Genève, Slatkine*, 1970, in-8°, XII-415 pp.

Dans cet ouvrage, Grün s'est livré « à une démonstration spéciale concernant chacune des fonctions que Montaigne a remplies » — *le magistrat, le maire de Bordeaux, le négociateur politique*, etc. — « chacune des dignités dont il a été investi » (p. 393). Quelques erreurs y ont été relevées par le Dr Payen (*Documents inédits*, n° 4), et pourtant ce travail, qui a soulevé tant de polémiques, n'en est pas moins le premier dans lequel ait été mis en lumière le rôle joué par Montaigne dans les affaires de son pays. Le caractère original du sujet ainsi traité a sans doute paru excessif à bien des contemporains, comme Bayle Saint-John qui déclarait que le Montaigne présenté par M. Grün ressemblerait plutôt à un « Préfet de la Gironde » (*Montaigne, the essayist* [n° 296], t. II, p. 326). Depuis, le développement de la science historique a mis à sa juste place ce livre qui se lit encore facilement. — *Voir* l'étude que R. Trinquet lui a consacrée (n° 138).
= C.R. : — L. de Lamothe (*Mém. bordelais*, 14 mai 1855, pp. 1 et 2) ; — Le Roux de Lincy (*Moniteur univ.*, 1er juin 1855, pp. 603-04) ; — E.J.B. Rathery (*J. gén. de l'instr. publ.*, 30 juin 1855, pp. 359-60) ; — P. Avenel (*Athenaeum fr.*, 15 septembre 1855, pp. 781-84, et : *Chron. du Périgord et du Limousin*, III : 1855, n° 4, pp. 86-91) ; — Villemain (*J. des savants*, 1855, — cf. n° 226) ; — J. Delpit (*Courrier de la Gironde*, 15 et 27 novembre 1855, pp. 2 et 3) ; — A. Pichot (*Rev. britannique*, 7e sér., 1855, vol. 26, pp. 501-02). =

578. — Document relatif à Michel Montaigne. (*Actes de l'Acad. de Bordeaux*, 3e sér., XVII : 1855, pp. 937-38).

Il s'agit de la profession de foi catholique faite solennellement, le 12 juin 1562, devant le Parlement de Paris par Montaigne qui se trouvait de passage dans cette ville et qui s'est ainsi conformé aux prescriptions de l'édit royal de janvier 1562. — *Voir* n° 585.

579. CLÉMENT (P.). — Montaigne homme public. (*Rev. contemporaine*, IV : 1855, vol. 21, août-sept., pp. 214-37).

Son action de magistrat et d'homme politique a été sans aucun doute déterminée par les dispositions d'esprit qui étaient les siennes. — Inspiré par le livre de Grün, ce travail a été repris par l'auteur aux pp. 1-41 de ses *Etudes financières et d'économie sociale* (Paris, Dentu, 1859, in-8°, IV-584 pp.), sous le titre : *Montaigne administrateur et citoyen*.

= C.R. : — *Rev. d'Aquitaine*, IV : 1859-1860, pp. 355-56, — *voir* n° 728a. =

580. FEUGÈRE (Léon). — Montaigne considéré dans sa vie publique. — Tome I^er, pp. 127-35, de : — Caractères et portraits littéraires du XVI^e siècle... — *Paris, Didier*, 1859, 2 vol. in-18.

Cette étude sur Montaigne a été réalisée à partir de l'ouvrage de Grün.

= C.R. : — A. de Vaucelle (*L'Artiste*, 6 mars 1859, pp. 155-57, — *voir* n° 727). =

581. O'REILLY (Abbé Patrice-John). — [Montaigne, maire de Bordeaux]. — Tome II, pp. 310-18, de : — Histoire complète de Bordeaux... — *Bordeaux, J. Delmas ; Paris, Furne*, 1863, 6 vol. in-8°.

582. SAINTE-BEUVE (C.A.). — Lettres inédites de Michel de Montaigne et de quelques autres personnages du XVI^e siècle, publiées par M. Feuillet de Conches. — Montaigne, maire de Bordeaux. — (*Constitutionnel*, 9 novembre 1863, p. 3). — Réimpr. dans les *Nouveaux Lundis*, tome VI (1866), pp. 239-64, et dans : *Les grands écrivains français. Etudes des Lundis,... classées... et annotées par Maurice Allem*. Paris, Garnier, 1926, in-16 (*XVI^e siècle : les Prosateurs*, pp. 204-26). — Dans les deux réimpressions, l'étude figure sous le titre : *Montaigne, maire de Bordeaux*.

Récit des événements principaux survenus au cours de la mairie de Montaigne (à partir des lettres politiques adressées par lui à différents personnages contemporains, et publiées par Feuillet de Conches [n° 303]).

583. BOSCHERON DES PORTES (Ch.-B.-F.). — [La Boétie et Montaigne magistrats]. — Tome I^er, pp. 118-26, de l' : — Histoire du Parlement de Bordeaux depuis sa création jusqu'à sa suppression (1451-1790)... — *Bordeaux, Ch. Lefèvre*, 1877, 2 vol. in-8°.

584. BATZ-TRENQUELLÉON (Ch. de). — [Les relations entre Henri de Navarre et Montaigne]. — Pp. 176-77 de : — Henri IV en Gascogne. Essai historique... — *Paris, Lecène et Oudin*, 1885, in-8°, IV-338 pp., portr., fac-sim.

585. DUPRÉ-LASALE (E.). — Montaigne au Parlement de Paris. (*Bull. du bibl.*, 1887, pp. 23-25).

Au sujet de la profession de foi catholique prononcée par Montaigne devant le Parlement de Paris (n° 578), et qu'on peut lire dans les registres de celui-ci, à la date du vendredi 12 juin 1562. (Un extrait en a été donné dans le *B.S.A.M.*, 2^e sér., n° 10, 1941, p. 3). — L'auteur de cet article, E. Dupré-Lasale, était conseiller à la Cour de cassation.

586. JULLIAN (C.). — Bordeaux au temps de la mairie de Michel
Montaigne. (*Actes de l'Acad. de Bordeaux*, 3ᵉ sér., LIV : 1892,
pp. 201-17. — Repris dans le *Bull. munic. offic. de la Ville de
Bordeaux*, IV : 1892, n° 23, 16 décembre, pp. 188-92).

> Comment Montaigne s'est comporté à la mairie de Bordeaux. On peut
> penser qu'il n'a pas dû éprouver tellement de fierté à être le premier
> magistrat d'une ville où subsistaient des aspects lugubres du Moyen Age,
> lui, « ce Romain des jardins de Salluste », qui avait goûté des villes ita-
> liennes et « pressenti la France d'aujourd'hui » (p. 203). — Conférence faite,
> le 24 novembre 1892, au cours de la séance publique de l'Académie de
> Bordeaux, consacrée à la célébration du IIIᵉ centenaire de la mort de
> Montaigne. Elle a été réimprimée, à l'occasion du IVᵉ centenaire de sa
> naissance, dans la *Rev. hist. de Bordeaux*, XXVI (1933), n° 1, pp. 5-18.

587. STAPFER (P.). — Montaigne, maire de Bordeaux. (*Rev. bleue*,
XXXI : 1894, 2ᵉ sem., pp. 529-33).

> Intégré dans l'ouvrage d'ensemble paru l'année suivante (n° 341), — chap.
> Iᵉʳ, § VII.

588. VOIZARD (E.). — Les relations de Montaigne avec la Cour.
(*R.H.L.F.*, I : 1894, pp. 446-50).

589. ESTRÉE (Paul d'). — Montaigne magistrat. (*La France judiciaire*,
26 mars 1898, pp. 63-64).

> Ce que fut Montaigne au Parlement de Guyenne : un mauvais exemple de
> magistrat parce que trop en avance sur les idées de son temps ; c'est
> d'ailleurs ce qui expliquerait peut-être la démission qu'il fit de sa charge,
> en 1570. — Article probablement inspiré par le livre de P. Bonnefon —
> livre Iᵉʳ, chap. III (cf. n° 346).

590. FRÄNKEL (Rudolf). — Montaignes Stellung zum Staat und zur
Kirche. Inaugural-Dissertation. — *Leipzig, Druck von C. Scheide-
mann*, 1907, in-8°, 72 pp.

> La position de Montaigne à l'égard de l'Etat et de l'Eglise.

591. DUPRAT (G.). — Le coup de Montaigne. (*Le Nouvelliste de
Bordeaux*, 10 mai 1908, p. 1).

> A l'occasion d'élections municipales, l'auteur fait ici des remarques sur « le
> zèle, l'énergie et la compétence de Montaigne comme maire de Bordeaux »,
> et sur ses *Essais*, « transformés en but » (*sic*), qui renferment une foule
> de leçons pour un moderne candidat.

592. C[OURTEAULT] (P.). — Un texte inédit relatif à Montaigne. (*Rev.
hist. de Bordeaux*, III : 1910, p. 430).

> Publication du procès-verbal d'une audience au Parlement de Bordeaux, le
> 11 mai 1574, au cours de laquelle Montaigne rendit compte de sa mission
> politique au camp de Sainte-Hermine, en Poitou, auprès du duc de Mont-
> pensier. — Texte reproduit dans le *B.S.A.M.*, 2ᵉ sér., n° 8, 1940, p. 4.

593. Montaigne fonctionnaire mécontent. — Un document inédit. —
(*Le Temps*, 3 août 1911, p. 3. — Réimpr. dans la *Rev. de la*

*Renaissance*, XII : 1911, pp. 176-79. — Un résumé de cet article a été donné dans le *B.S.A.M.*, 2ᵉ sér., nᵒ 8, 1940, pp. 6-7).

Montaigne n'aurait résigné, en 1569, sa charge de conseiller que par simple dépit de fonctionnaire, vexé de se voir refuser un avancement qu'il avait sollicité. Telle est l'explication qui fut présentée à cette époque (1911) pour un document jusqu'alors inédit et que venait de découvrir P. Courteault dans les *Registres secrets du Parlement de Bordeaux*. Or, une telle interprétation du texte serait entièrement fausse, de l'avis de R. Trinquet qui ne voit pas de mesure vexatoire à l'origine de la retraite de Montaigne (cf. nᵒ 550, pp. 298-99). — A noter que cet article a été publié anonymement dans *Le Temps*, alors que la *Rev. de la Renaissance* en a attribué la paternité à J. de La Rouxière.

594. LAMANDÉ (A.). — Montaigne maire de Bordeaux. (*Le Temps*, 3 novembre 1927, p. 3).

Article repris dans *La vie gaillarde et sage...* (nᵒ 538), où il constitue la première partie du chap. XIII. — *Voir* aussi le nᵒ 736.

595. COURTEAULT (P.). — Montaigne, maire de Bordeaux. (*Montaigne, Conférences*, 1933, pp. 71-162).

Elu maire de Bordeaux en 1581, Montaigne exerça ses fonctions pendant quatre ans, au cours desquels il se révéla un magistrat « très avancé pour son temps » (p. 99). On peut même dire que, malgré certains incidents, telle la peste de 1585, il remplit correctement sa charge et apprit « à aimer les Bordelais comme il avait su se faire aimer d'eux » (p. 162).
= C.R. : — *La France de Bordeaux* et *La Petite Gironde*, 28 mars 1933, p. 4. =

596. GUILHOT (A.). — Montaigne, maire de Bordeaux. (*La Liberté du S.-O.*, 26 mars 1933, p. 1).

Avec une reproduction du portrait de Montaigne par Houbracken (1727).

597. HUBRECHT (G.). — Montaigne, juriste. (*Montaigne, Conférences*, 1933, pp. 239-97).

Montaigne, étudiant en droit. — Le magistrat ; son activité à Périgueux et à Bordeaux, et ses relations dans le milieu judiciaire. — Ses idées en matière juridique, et le caractère vraiment « moderne » que l'on découvre dans certaines d'entre elles.
= C.R. : — *La France de Bordeaux* et *La Petite Gironde*, 1ᵉʳ avril 1933, p. 4 ; — *La Liberté du S.-O.*, 4 avril, p. 3. =

598. PLATTARD (J.). — Montaigne à la Cour. (*Rev. des cours et conf.*, XXXIV : 1932-1933, nᵒ 12, 30 mai 1933, pp. 322-29).

Montaigne dans l'ambiance de la cour royale, dont le cérémonial ne lui déplaît pas, mais pour lequel il n'est pas absolument fait. — (Utilisé pour former le chap. V de *Montaigne et son temps*, nᵒ 410).

599. LOWENTHAL (Marvin). — The collar of Montaigne. (*Americ. Soc. Legion of Honor mag.*, V : 1934-1935, nᵒ 4, pp. 255-59).

Sur l'attribution faite à Montaigne du grade de chevalier de l'ordre de Saint-Michel par le roi Charles IX, le 28 octobre 1571. Description du collier représentant cette distinction.

600.  BARRIÈRE (P.) et JOUBERT (L.). — Montaigne et son activité politique, de son départ du Parlement à son élévation à la mairie
(1570-1581). (*Bull. philol. et hist.* [*jusqu'à 1715*] *du Comité des
travaux hist. et scient.*, 1938-1939, pp. LXI-LXII et 211-25).

Communication faite au 72e Congrès des Sociétés Savantes tenu à Bordeaux
en 1939 (séance du 12 avril).

601.  LELARGE (A.). — [Autour du serment de Montaigne devant le
Parlement de Paris, en 1562]. (*B.S.A.M.*, 2e sér., no 11, 1941, pp.
40-42).

Chronologie des événements qui ont précédé et suivi cette prestation de
serment. (*Extrait des archives d'A. Lelarge*).

602.  Montaigne au Parlement de Paris en 1562. (*B.S.A.M.*, 2e sér.,
no 10, 1941, pp. 3-4).

Extrait des registres du Parlement de Paris à la date du 12 juin 1562,
suivi de deux passages explicatifs, l'un de Dupré-Lasale (no 585), l'autre de
P. Villey (no 375, — p. 26).

603.  NICOLAÏ (A.). — Le serment de Montaigne au Parlement de
Paris en 1562. (*B.S.A.M.*, 2e sér., no 11, 1941, pp. 39-40).

Pour quelle raison Montaigne a-t-il fait profession de foi catholique devant
le Parlement de Paris plutôt que devant celui de Bordeaux ?

604.  AUSSARESSES (F.). — Les agents bordelais du redressement français : Montaigne. (*La Petite Gironde*, 22 août 1944, p. 1).

Interview du montaigniste A. Nicolaï qui fait remarquer qu'en une période
de « déviation », semblable à celle de 1940-1944 qui nécessitait, elle aussi, un
« redressement » national, Montaigne, agissant au nom de la reine-mère,
s'est révélé un négociateur particulièrement habile.

605.  HAUCHECORNE (F.). — Une intervention ignorée de Montaigne
au Parlement de Bordeaux. (*B.H.R.*, IX : 1947, pp. 164-68).

Sur une opinion exprimée par Montaigne dans la séance du Parlement de
Bordeaux du 24 janvier 1565 touchant les remarques à faire au roi Charles
IX dont on attendait la visite. En effet, « Montaigne saisit cette occasion
pour donner son opinion sur le désordre de la justice et sur les officiers
chargés de la représenter » (p. 165), ainsi que sur « la vénalité de toutes
choses » (p. 167).

606.  COURTEAULT (P.). — Montaigne au Parlement de Bordeaux.
(*B.S.A.M.*, 2e sér., nos 13-14, 1948-1949, p. 15).

Fermeté de langage tenu par Montaigne dans la réunion du Parlement
précédant la venue du jeune roi Charles IX (24 janvier 1565).

607.  NUSSY-SAINT-SAËNS (M.). — Montaigne au Parlement de Bordeaux. — *Bordeaux, impr. R. Maubaret*, 1949, in-8o, 20 pp., portr.,
fig. — Réimpr. dans la *Rev. hist. de Bordeaux*, N.S., II (1953),
pp. 119-35.

Discours prononcé par le conseiller Nussy-Saint-Saëns à l'audience solennelle de rentrée de la Cour d'Appel de Bordeaux, le 3 octobre 1949. — Il
renferme des remarques nouvelles sur les quinze années que durèrent les
services judiciaires de Montaigne.

608. LÉVIS-MIREPOIX (Duc de). — Montaigne et le secret de Coutras. (*R.D.M.*, 1er octobre 1950, pp. 461-72).

Montaigne, un homme d'action politique qui s'est efforcé de remplir le rôle d'agent de liaison entre le roi de France, Henri III, et le Béarnais. — (Texte repris par son auteur dans les pp. 256-70 de son ouvrage : *Les Guerres de religion...* — Paris, Fayard [1950], in-16, 475 pp.).

609. RAT (M.). — Montaigne, la belle Corisande et Henri IV. (*Merc. de Fr.*, 1950, t. CCCIX, 1er mai, pp. 98-106).

Position de Montaigne entre la comtesse de Guiche et Henri de Navarre, notamment après la victoire de Coutras. — *Voir* aussi n° 616.

610. — Quand Montaigne était maire de Bordeaux par la confiance d'Henri III, du futur Henri IV, des catholiques et de leurs ennemis. (*Figaro litt.*, 16 décembre 1950, p. 7).

611. DESGRANGES (Guy). — Montaigne, historien de sa vie publique. (*Mod. lang. quart.*, XII : 1951, pp. 86-92).

Les raisons de la discrétion que Montaigne apporte à faire état, dans les *Essais*, des événements de sa vie publique, à laquelle certains de ses biographes ont cru pourtant devoir accorder une réelle importance.

612. HUBRECHT (G.). — Montaigne, maire de Bordeaux. (*Notre Bordeaux*, 18 avril 1953, pp. 1 et 5).

Avec une reproduction photographique de son tombeau.

613. ISAY (R.). — Henri IV et l'esprit français. (*R.D.M.*, 15 juillet 1953, pp. 255-67, et 1e août, pp. 450-60).

Sur l'action politique de Montaigne qui travailla au rapprochement d'Henri III et du roi de Navarre, voir pp. 258-62.

614. RITTER (R.). — Montaigne entre Henri III et Henri de Navarre. (*Actes de l'Acad. de Bordeaux*, 4e sér., XIV : [1951-]1954, pp. 89-100).

Importance de l'action de Montaigne entre les deux rois ; ses tentatives de négociation mises en lumière par une lettre de Duplessis-Mornay.

615. TRINQUET (R.). — Du nouveau dans la biographie de Montaigne. (*R.H.L.F.*, LIV : 1954, pp. 1-22).

A la fin de l'année 1586, Montaigne aurait été appelé à participer aux conférences de Saint-Brice par la reine-mère qui venait d'ébaucher des négociations de paix avec le roi de Navarre.

616. RITTER (R.). — Corisande d'Andoins, comtesse de Guiche, Montaigne et Henri de Navarre après Coutras. (*B.S.A.M.*, 3e sér., n° 9, 1959, pp. 7-14).

Sur les rapports qui existèrent entre le Béarnais, sa maîtresse et Montaigne au lendemain de la bataille de Coutras (d'après un chapitre de la 2e éd. de *Cette grande Corisande* [1958], n° 1081).

617. FRAME (Donald M.). — New light on Montaigne's trip to Paris
in 1588. (*Romanic rev.*, LI : 1960, n° 3, pp. 161-81. — Trad.
française dans le *B.S.A.M.*, 3e sér., n° 22, 1962, pp. 3-22).

Le voyage de Montaigne à Paris en 1588 étudié à l'aide d'éléments nouveaux
trouvés par l'auteur dans des écrits provenant de Sir Edward Stafford,
ambassadeur d'Angleterre en France, et qui permettent de mieux apprécier les relations de Montaigne avec les principaux personnages de son
temps.
= C.R. : — G. Mombello (*Studi fr.*, VI : 1962, n° 17, p. 336). =

618. RITTER (R.). — A Lourdes, le Musée Pyrénéen du château-fort
abrite Henri IV et ses amitiés gasconnes. (*Sud-Ouest*, 11 juillet
1961, p. 14).

Au sujet de l'influence politique et morale de Montaigne sur le futur
Henri IV.

619. — L'Hospital et Montaigne devant la guerre civile. (*B.S.A.M.*,
3e sér., n° 30, 1964, pp. 57-59).

Similitude de comportement « des deux Michel » dans la voie rectiligne de
la raison politique.

620. TRINQUET (R.). — Aperçus généraux sur l'attitude politique de
Montaigne après la Mairie de Bordeaux (1585-1592). (*B.S.A.M.*,
4e sér., n° 11, 1967, pp. 3-22).

Etude visant à préciser les opinions et la réaction de Montaigne en face
des grands événements politiques de son temps, à partir du moment où
il a cessé d'être maire de Bordeaux et jusqu'à sa mort. (Suite des deux
études n°s 615 et 1124).

621. CHAVARDÈS (M.). — Montaigne soldat et magistrat. (*Europe*, L :
1972, n°s 513-514, pp. 60-65).

« Montaigne soldat. — Quelques principes. — Montaigne magistrat. —
Montaigne et la peste ». — (Ces divisions sont celles observées par l'auteur
dans son *Montaigne* (n° 508), dont on a reproduit ici le texte des pp. 25
à 29).

622. FRANÇON (M.). — Montaigne et l'Edit de Janvier (1562). (*B.S.A.M.*,
5e sér., n°s 3-4, 1972, pp. 17-26).

Sur les conditions de promulgation de cet « édit de janvier » surnommé,
peut-être à tort, « édit de tolérance », et que Montaigne devait réprouver.

623. TRINQUET (R.). — La réélection de Montaigne à la mairie de
Bordeaux en 1583 [avec, en annexe, trois pièces d'archives se
rapportant à cette réélection]. (*B.S.A.M.*, 5e sér., n°s 10-11, 1974,
pp. 17-46).

Comment se produisit le renouvellement du mandat de Montaigne. — *Voir*
aussi n° 1098.

624. FRANÇON (M.). — Sur le rôle de conseiller et d'intermédiaire
joué par Montaigne. (*B.S.A.M.*, 5e sér., n°s 14-15, 1975, p. 114).

625. Trinquet (R.). — Montaigne et le maréchal de Matignon. (*B.S.A.M.*, 5ᵉ sér., nᵒˢ 14-15, 1975, pp. 11-34).

Les rapports politiques étroits que Montaigne entretint avec le maréchal de Matignon à partir de l'époque de sa seconde mairie.

## Montaigne en voyage

*Généralités*

626. Norton (Miss Grace). — Montaigne as a traveller. (*The Nation*, 1885, vol. XLI, July 9, pp. 27-28, et July 16, pp. 48-49). — Réimpr. dans : *The early writings of Montaigne...* (nᵒ 355), pp. 111-58.

Comment Montaigne envisageait les voyages. Relation de celui qu'il fit en Italie, en 1580-1581.

627. Prioleau (E.). — Montaigne et ses voyages. Causerie faite, le mardi 12 janvier 1904, à la Conférence privée du Cercle girondin de la Ligue de l'Enseignement... — *Bordeaux, Féret*, 1904, in-8ᵒ, 16 pp.

Dans ce travail où domine le voyage en Italie, avec ses péripéties marquantes, il est aussi question, sommairement d'ailleurs, des autres voyages entrepris par Montaigne : à Toulouse, à la Cour, dans le Poitou, à Blois, à Rouen, etc.

628. Les armes suspendues en voyage. (*Intermédiaire*, 1908, vol. LVII, col. 107 [A.J.], 291 [Fagus] et 549 [Dehermann]).

Ostentation de Montaigne qui, dans ses voyages, faisait suspendre ses armes dans les hôtelleries où il descendait. — Exemples similaires.

629. Thibaudet (A.). — Le style du voyage. (*N.R.F.*, 1927, t. XXIX, 1ᵉʳ septembre, pp. 377-85).

La manière de voyager de Montaigne comparée avec celle de Flaubert, d'Ernest Feydeau et de quelques autres voyageurs (Châteaubriand, Mérimée, Barrès, Gide).

*Le voyage en Italie (1580-1581)*

630. Martin (L.-Aimé). — Notice sur les voyages de Michel de Montaigne en Italie, par la Suisse et l'Allemagne... — *Paris, Lefèvre*, 1818, in-8ᵒ, 16 pp.

Tiré à part de la notice insérée dans le t. V, pp. 297-310, de l'éd. des *Essais* par E. Johanneau (*Paris, Lefèvre*, 1818, 5 vol. in-8ᵒ).

631. STENDHAL. — [Montaigne en Italie, en 1580]. — Tome II, p. 381,
de : — Promenades dans Rome... — *Paris, Delaunay*, 1829, 2 vol.
in-8°.

Sur le mutisme de Montaigne, voyageur, devant les œuvres d'art de la
Renaissance italienne.

632. AMPÈRE (J.-J.). — [Montaigne à Rome ; l'opinion que lui inspire cette visite]. (*R.D.M.*, 4e sér., 1835, t. III, 1er juin, pp. 523-
27), — passage extrait de l'étude : « *Portraits de Rome à diffé-
rens âges*. Première partie (425-1600) », qui occupe les pp. 497-
537 de la livraison sus-indiquée.

« Montaigne est le premier voyageur, proprement dit, qui ait écrit sur
Rome ». Mais, on doit le noter, dans ses réflexions sur la ville éternelle,
« il parait plus curieux que transporté » (p. 524), s'attachant davantage aux
mœurs et aux conditions de vie qu'à une description poétique des horizons
ou encore à une estimation de l'œuvre de Raphaël et de Michel-Ange, dont
en effet il ne dit rien.

633. SAINTE-BEUVE (C.A.). — Montaigne en voyage. (*Constitutionnel*,
24 mars 1862, pp. 2 et 3). — Réimpr. dans les *Nouveaux Lundis*,
t. II (1864), pp. 155-76, et dans : *Les grands écrivains français.
Etudes des Lundis... classées... et annotées par Maurice Allem*.
Paris, Garnier, 1926, in-16 (*XVIe siècle : les Prosateurs*, pp. 184-
203).

Narration du voyage en Italie d'après le *Journal*. — C'est dans cette étude
que se trouve la remarque bien connue : « Sur Montaigne, on n'a plus à
attendre de découvertes proprement dites ; on en est depuis longtemps aux
infiniment petits détails » (p. 184).

634. DUMESNIL (J.-A.). — Michel de Montaigne. 1580-1581. — Pp. 17-
35 de : — Voyageurs français en Italie depuis le seizième siècle
jusqu'à nos jours... — *Paris, Vve J. Renouard*, 1865, in-18 jés.,
IV-367 pp.

Etude du voyage de Montaigne en Italie d'après le *Journal* et certains
passages des *Essais*.

635. BOUREULLE (Colonel P. de). — Montaigne dans les Vosges (1580).
(*Bull. de la Soc. philom. vosgienne*, VIII : 1882-1883, pp. 5-22).

Au sujet du séjour de Montaigne en Lorraine lors de son voyage en Italie.
L'auteur a étudié spécialement toute la partie du *Journal* relative à la
station faite à Plombières.

636. [Note sur une inscription rappelant le séjour de Montaigne à
Rome]. (*Bull. de la Soc. hist. et archéol. du Périgord*, IX : 1882,
p. 432).

Il s'agit de l'inscription qui allait être apposée à Rome sur la façade de
la maison édifiée à la place de l'auberge dell'Orso où descendit Montaigne.
— Cf. n° 3156.

637. REINHARDSTÖTTNER (Karl von). — Michel Montaigne über München. (*Jahrb. f. Münchener Gesch.*, II : 1888, pp. 500-01).

Le passage de Montaigne à Munich et les impressions qu'il en a recueillies dans son *Journal*.

638. Montaigne à Bâle. (*R.H.L.F.*, I : 1894, p. 232).

Question posée visant le nom de « celui qui a fait le *Theatrum* », et que Montaigne, dans son *Journal*, déclare avoir rencontré à Bâle. — « Il s'agit de Théodore Zwinger », répond P. Bonnefon (même année, p. 396).

639. ESTRÉE (P. d'). — L'esprit français en voyage. — Montaigne. (*J. des voyages*, 2e sér., 1901, t. X, 15 septembre, pp. 251-54).

Relation résumée du voyage de Montaigne en Italie (ill. de 2 pl. gravées sur bois).

640. HELME (Dr F.). — Le V.E.M., voyage de Montaigne aux eaux minérales d'Allemagne, de France et d'Italie. (*Rev. mod. de médecine et de chirurgie*, II : 1904, no 10, pp. 813-28, — no 11, pp. 851-64, — et no 12, pp. 891-907).

Récit commenté du voyage de Montaigne en Italie, de son séjour à Rome, aux bains Della Villa, etc., avec un portrait-médaillon du moraliste et une carte de l'itinéraire suivi par lui. — *Voir* no 1830.

641. LAUTREY (L.). — Causes [et conditions] du voyage de Montaigne. — *Introduction*, §§ II, III et IV, pp. 15-37, de l'édition du : — Journal de voyage, publié avec une introduction, des notes, une table des noms propres et la traduction du texte italien de Montaigne... — *Paris, Hachette*, 1906, in-16, 535 pp.

642. RODOCANACHI (E.). — Montaigne en Italie. (*J. des Débats*, 17 novembre 1906, p. 3 du *supplément*).

Le voyage de Montaigne en Italie et les réflexions qu'il suggère (à propos de l'éd. de L. Lautrey).

643. UZANNE (O.). — Le voyage de Montaigne. (*La Dépêche*, 28 novembre 1906).

Déterminée par l'éd. Lautrey récemment parue, c'est « une charmante causerie sur Montaigne voyageur » que nous offre O. Uzanne, et dans laquelle on peut admirer, entre autres choses, « l'heureuse lenteur de ce long voyage » (R. de Bury).
= C.R. : — R. de Bury (*Merc. de Fr.*, 1906, t. LXIV, 15 décembre, pp. 616-17). =

644. ANCONA (Alessandro d'). — Il viaggio del Montaigne del Brennero a Trento. (*Archivio dell'alto Adige*, 1907, I, 1). — [Cf. Ch. Dédéyan, *Essai sur le « Journal de voyage » de Montaigne* (no 1375), p. 185].

645. GASSIES (G.). — Montaigne à Meaux. — *Meaux, impr. G. Lepillet,* 1907, in-16, 12 pp.

Sur le passage de Montaigne dans la cité briarde de Meaux et les observations qu'il en retira.

646. STROWSKI (F.). — Montaigne en voyage. (*Rev. philom. de Bordeaux,* X : 1907, n° 2, pp. 49-54).

Une des trois « images caractéristiques » de Montaigne dont l'ensemble a paru dans ce périodique sous le titre général : *A propos de Montaigne,* pp. 49-72. (Cf. n°ˢ 992 et 1450). — Ici, F. Strowski donne une analyse du voyage en Italie, à l'occasion de l'éd. Lautrey du *Journal.*

647. LIBER (M.). — Montaigne à Rome. (*Rev. des études juives,* LV : 1908, pp. 109-18).

Sur la condition des Juifs à Rome telle qu'elle apparut à Montaigne lors de son voyage, et dont il rapporte quelques particularités saillantes dans son *Journal* (circoncision, conversion, assistance quasi forcée aux sermons, participation humiliante aux jeux du Carnaval, etc.). — Référence aux éd. d'Ancona et Lautrey.

= C.R. : — *R.H.L.F.,* XV (1908), p. 381. =

648. SCHINDELE (St.). — Michel de Montaigne in Lindau und Süddeutschland, 1580. (*Das Bayerland,* XIX : 1908, pp. 352-53, 364-65, 380-81 et 392-93).

649. SCHOOP (Hermann). — Montaignes Reise in Deutschland. (*Süddeutsche Monats.,* V : 1908, H. 5, pp. 662-78).

650. VALLETTE (G.). — Montaigne à Rome. — Pp. 18-46 de : — Reflets de Rome. Rome vue par les écrivains, de Montaigne à Goethe, de Chateaubriand à Anatole France. Deuxième édition. — *Paris, Plon-Nourrit ; Genève, A. Jullien,* 1909, in-16, 330 pp.

Relation critique, à partir du *Journal,* du voyage de Montaigne à Rome. — Il est sans doute resté indifférent à l'art de la Renaissance, mais il a senti le caractère cosmopolite de la Ville éternelle.

651. RODOCANACHI (E.). — Les voyageurs français à Rome, de Montaigne à Stendhal. (*Studi storici,* XIX : 1910, pp. 5-25). — Repris dans la *1ʳᵉ série* (1912), pp. 165-88, des : — Etudes et fantaisies historiques... — *Paris, Hachette,* 1912-1919, 2 vol. in-16.

Sur le voyage de Montaigne à Rome, entrepris « avec le ferme propos de tout voir et de tout étudier », *voir* pp. 168-71.

652. YEAMES (Arthur Henry Savage). — Montaigne in Rome. Paper read before the British and American Archaeological Society of Rome... — *Roma,* 1910, in-8°, 14 pp.

653. ANCONA (Alessandro d'). — Montaigne e il suo viaggio in Italia. — Pp. 1-25 de : — Viaggiatori e avventurieri : Montaigne, Rucellai, Locatelli, Pignata, Vitali, Casanova, Du Boccage,

Dutens, Boeti, Malaspina, *i romantici...* — *Firenze, G.C. Sansoni* (*Alfani e Venturi*), 1912, in-16, VIII-554 pp.

654. SCHINDELE (St.). — Deutsche Kultur gegenüber französischer und italianischer nach Michel de Montaigne, 1580-1581. (*Die Kultur*, XIII : 1912, pp. 146-57 et 332-48).

655. BERTAUT (J.). — [L'Italie vue par Montaigne]. — Pp. 37-52 de : — L'Italie vue par les Français... — *Paris, Libr. des Annales politiques et littéraires*, s.d. (1913), in-8°, 365 pp.

De quelle façon Montaigne a effectué son voyage en Italie. Ce qu'il pense de Venise et de Florence et quelles impressions Rome a pu produire sur lui. Il est sans doute le premier observateur de la vie familière italienne.

656. DUVERNOY (E.). — Montaigne et le duc Charles III. (*Mém. de l'Acad. de Stanislas*, XIV : 1916-1917, pp. 304-14).

Dans cette communication faite à l'Académie de Nancy, le 13 juillet 1917, E. Duvernoy « émet l'hypothèse que le prince souverain dont Montaigne traversa les états et qui lui fit voir et interroger des sorciers en sa présence (*Essais*, III, 11) pourrait bien être Charles III de Lorraine. Rien ne s'y oppose en effet ». (Extrait de la « chronique » de la *R.H.L.F.*, XXIV : 1917, p. 698).

657. RAVÀ (Béatrix). — [Le séjour de Montaigne à Venise]. — Pp. 412-16 de : — Venise dans la littérature française, depuis les origines jusqu'à la mort de Henri IV... — *Paris, Champion*, 1916, in-8°, 612 pp.

Avec, en appendice n° 41, un extrait du *Journal de voyage*, d'après l'éd. D'Ancona (pp. 131-36).

658. Süddeutsches Leben um 1580 von Michel de Montaigne. (*Süddeutsche Monats.*, XV : 1917-1918, H. 1, pp. 299-309).

659. BENEDETTO (Luigi Forcolo). — Il Montaigne a Sant'Anna. (*Giorn. stor. della letter. ital.*, LXXIII : 1919, pp. 213-34).

Article relatif à la visite que Montaigne avait faite, le 16 novembre 1580, à Torquato Tasso à l'hôpital Sainte-Anne, de Ferrare, où le poète, devenu fou, avait été enfermé en 1579.

660. MAUREL (A.). — Le voyage de Montaigne en Italie. (*Nouv. rev. d'Italie*, XVII : 1920, pp. 149-60 et 256-68).

661. DUJARDIN (E.). — Voyages littéraires du temps jadis : Montaigne. (*Figaro*, 21 juin 1924, p. 2 du *Supplément littéraire*).

Le « grand voyage d'études et d'amusement » entrepris par Montaigne. Ses préparatifs et ses préoccupations diverses au cours de ce fameux périple.

662. RAVA (Luigi). — Roma negli scrittori stranieri [Gian Giacomo Ampère (1800-1864) e le sue opere sulle impressioni di Roma scritte da viaggiatori stranieri. Luthero e Rabelais a Roma,

Montaigne, du Bellay, Milton...]. (*Nuova antologia*, vol. 246, 21 avril 1926, pp. 407-29). — *Voir* n° 632.

663. FIEL (Abbé Ch.-P.). — Montaigne à Plombières. (*Le Pays lorrain*, XIX : 1927, pp. 97-111, et 3 fig.).

664. LAMANDÉ (A.). — Un touriste en 1580, ou Montaigne en voyage. (*Le Temps*, 11 août 1927, p. 4).

Constitue partiellement le chap. XII — « Le pittoresque voyage » — de *La vie gaillarde et sage...*, n° 538.

665. HENSEL (Elisabeth). — Montaignes Reise durch Deutschland. (*Zeitwende*, IV : 1928, n° 3, pp. 285-88).

666. Montaigne et le Judaïsme. (*Rev. juive de Lorraine*, IV : 1928, n° 39, 1er septembre, pp. 176-77).

Sur les pratiques juives qui avaient, à Rome, piqué la curiosité de Montaigne. — Cf. n° 647.

667. BARRÈRE (J.). — A propos d'un épisode du voyage de Montaigne. (*Rev. hist. de Bordeaux*, XXIII : 1930, pp. 145-52).

Il s'agit du souper pris à Bâle par Montaigne et d'Estissac en compagnie du médecin Félix Platernus et du jurisconsulte François Hotman.

668. HENRIOT (E.). — Montaigne en Italie. (*Le Temps*, 7 janvier 1930, pp. 3-4. — Repris sous le titre : *Montaigne en voyage*, pp. 15-32 de : — Epistoliers et mémorialistes... — *Paris, Nouv. rev. critique, s.d.* (1931), in-16, 256 pp. (Coll. : *Essais critiques*, 2e cycle, n° 23). — Ce texte a également été réimpr. dans le *B.S.A.M.*, 2e sér., n° 8 (1940), pp. 17-20.

Il a trait au voyage qu'entreprit, en 1580, Michel de Montaigne, « le plus accompli des voyageurs ». L'auteur rappelle les conditions de ce déplacement et insiste sur les curieuses remarques que notre philosophe a pu faire sur chaque endroit de la péninsule visité par lui.

669. Montaignes Schweizerreise. (*Atlantis*, II : 1930, pp. 241-44).

La partie helvétique du voyage de Montaigne.

670. PILON (E.). — Le voyage de Montaigne. (*Rev. univ.*, 1931, t. XLVII, 15 novembre, pp. 412-36).

L'ensemble de cette étude a formé la matière des chap. II, III et IV de l'*Introduction* à l'éd. du *Journal de voyage*, qui devait être publiée, l'année suivante.

671. — [Le voyage de Montaigne]. — Pp. 7-53 du : — Journal de voyage en Italie, par la Suisse et l'Allemagne,... illustré de huit hors-texte. — *Paris, Les Œuvres représentatives* [Georges C. Crès], *s.d.* (1932), in-8°, 309 pp. — (Collection « Hier »).

Introduction à l'éd. du *Journal* annotée par E. Pilon.

672. FEDELINI (E.). — Michel de Montaigne a Roma. (*Il Solco*, VIII : 1933, fasc. 3, mars).

673. HENRY-ROSIER (Marguerite). — M. de Montaigne à Rome. (*Figaro*, 1er juillet 1933, p. 3).

Les conditions du « beau voyage » de Montaigne en Italie, ici décrites et commentées. (L'article est orné d'une reproduction de la statue de marbre due au sculpteur Landowski).

674. L[EFRANC] (J.). — Une censure des *Essais*. (*Le Temps*, 7 mars 1933, p. 1).

Au sujet du voyage de Montaigne en Italie et de la censure de son livre par le Sacré Collège.

675. MAROT (P.). — Montaigne et la peste de Neufchâteau (1580). (*Le Pays lorrain*, XXV : 1933, pp. 380-81).

676. MICHEL (P.). — Michel de Montaigne en Italie. (« *Dante* », II : 1933, n° 7, pp. 300-03).

Sur le voyage de Montaigne, sur ce « retour au pays des aïeux, familier, mais nouveau pour les neveux qui ont émigré » (p. 303).

677. PONCETTON (Dr F.). — Visages d'autrefois. La saison de M. Michel de Montaigne. (*Hippocrate*, I : 1933, n° 5, pp. 1216-22).

Article relatif au voyage entrepris en 1580 par Montaigne, qui allait effectuer une cure dans diverses stations thermales pour tenter de vaincre son artériosclérose ; (avec 2 reproductions et 1 fac-similé).

678. AUSSARESSES (F.). — Les Bordelais à Rome. — Rome vue par Montaigne et Montesquieu. (*La Petite Gironde*, 22 avril et 22 mai 1934, p. 4).

679. REBSOMEN (A.). — Les ex-voto de Montaigne au sanctuaire de Notre-Dame de Lorette. (*Rev. hist. de Bordeaux*, XXVII : 1934, pp. 133-34).

Transcription du registre des dons de ce sanctuaire, à la date du 26 mai 1581.

680. PILON (E.). — Montaigne en voyage. — Pp. 25-43 de : — Dames et cavaliers. — *Paris, Grasset, s.d.* (1936), in-8°, 286 pp.

Par sa composition, ce récit du voyage de Montaigne est assez différent de celui contenu dans l'Introduction du *Journal de voyage* publié par le même littérateur (n° 671).

681. MOREAU (P.). — Le voyage de Montaigne en Italie. (*B.S.A.M.*, 2e sér., n° 7, 1939, pp. 103-04. — Extr. de *Montaigne, l'homme et l'œuvre* [n° 430], p. 33).

682. Dréano (Chanoine M.). — Note sur l'ex-voto laissé par Montaigne à Notre-Dame-de-Lorette. (*B.S.A.M.*, 2ᵉ sér., nº 9, 1940, pp. 59-60).

Texte de cet ex-voto en vieil italien et sa traduction en français proposée à M. Dréano par le supérieur des Montfortains à Lorette.

683. Rat (M.). — L'itinéraire de Montaigne. — Pp. 243-50 (*Appendice*) de l'éd. du Journal de voyage en Italie par la Suisse et l'Allemagne en 1580 et 1581... — *Paris, Garnier*, 1942, in-16, XXXII-301 pp. — (*Classiques Garnier*).

684. Germouty (H.). — Montaigne traverse l'Auvergne fin Novembre 1581, d'après son « Journal de Voyage ». (*Auvergne*, XX : 1943, cahier nº 102, pp. 21-28).

« Communication faite aux amis de l'Université de Clermont, en la séance du 14 mars 1943 ». — Etude de ce passage de Montaigne en Auvergne, comparé avec un voyage semblable, mais en sens inverse, effectué par l'Allemand Abraham Goelnitz, fin mai 1629.

685. Feder (Ernesto). — Montaigne visita en su carcel a Tasso. — Pp. 79-89 de : — Encuentros ; diálogos entre los prohombres de la historia universal... — *Rosario, Editorial Rosario*, 1945, in-16, 186 pp., portr., fig., cartes.

686. Malye (J.). — Montaigne en Allemagne. (*Nouvelles litt.*, 6 janvier 1949, p. 4).

Comment Montaigne a effectué le « parcours allemand » de son voyage vers l'Italie, en 1580.

687. Michel (P.). — Montaigne au Brenner. (*B.S.A.M.*, 2ᵉ sér., nº 16, 1953-1954, pp. 21-23).

Le passage de Montaigne « dans ce Tyrol attirant et pittoresque ».

688. Montaigne et l'Hydraulique. (*L'Eau*, XLI : 1954, nº 7, pp. 121-22).

Sur les nombreuses descriptions contenues dans le *Journal du voyage*, et relatives à des œuvres d'art et à des curiosités où l'hydraulique joue un rôle.

689. Caron (A.). — Quand Monsieur de Montaigne passait nos monts. (*Rev. savoisienne*, XCVI : 1955, pp. 19-26).

690. Levi della Vida (G.). — Montaigne et le patriarche d'Antioche. (*B.S.A.M.*, 3ᵉ sér., nº 3, 1957, pp. 23-25).

Au sujet d'une circonstance du séjour de Montaigne à Rome.

691. Spaeth (R.). — Montaigne partit en vacances en 1580 et vint à Mulhouse en passant par Plombières. (*La Lorraine illustrée*, 1957, nº 16, pp. 6 et 23). — (*Référence C.N.R.S.*).

692. PETIT (L.). — Montaigne à Rome et deux ambassadeurs amis, Louis Chasteigner, seigneur d'Abain et de la Roche-Posay, et Paul de Foix. (*B.S.A.M.*, 3e sér., nos 5-6, 1958, pp. 9-24).

Pendant son séjour à Rome, Montaigne eut l'heureuse fortune de fréquenter « deux de ses compatriotes, ambassadeurs au Vatican, hommes de valeur et de haute culture » : Louis d'Albain et Paul de Foix, qui lui prodiguèrent « les marques d'une amitié solide et de pur aloi » (p. 24).

693. BALMAS (Enea). — Note intorno al soggiorno padovano di Montaigne. (*Padova*, V : 1959, n° 5, pp. 9-19, et n° 6, pp. 5-13. — Tir. à part : *Padova*, *S.A.G.A.*, 1959, in-8°, 27 pp.). — Réimpr. sous le titre : — *Montaigne a Padova*, dans les pp. 3-24 de : — Montaigne a Padova e altri studi sulla letteratura francese del cinquecento. — *Padova*, *Liviana editrice*, 1962, in-8°, VIII-258 pp., 8 pl. h.-t.

Exactitude de la description que Montaigne a faite de la ville de Padoue, telle qu'il l'a trouvée en 1580.
= C.R. : — *Studi fr.*, IV (1960), n° 10, p. 136 ; — E. Droz (*B.H.R.*, XXV, 1963, n° 2, pp. 453-56). =

694. CHASTENET (J.). — Montaigne touriste. (*B.S.A.M.*, 3e sér., n° 10, 1959, pp. 4-9).

(Discours prononcé au dîner des Amis de Montaigne, le 12 mai 1959). — Les conditions de ce voyage en Italie dans lequel « Montaigne touriste ne saurait faire oublier Montaigne penseur » (p. 9).

695. PILLEMENT (G.). — Montaigne prend les eaux à Bagni di Lucca. (*Le Fureteur médical*, XIX : 1960, n° 1, pp. 3-7).

696. SÉCHERESSE (Ch.). — Pourquoi et comment Michel de Montaigne fut à Plombières. (*B.S.A.M.*, 3e sér., nos 17-18, 1961, pp. 17-27).

Communication sur le séjour de Montaigne à Plombières, en 1580.
= C.R. : — *Studi fr.*, VI (1962), n° 18, p. 539. =

697. BOCKELKAMP (Marianne). — Montaigne et Goethe en Italie. (*B.S.A.M.*, 4e sér., n° 12, 1967, pp. 25-36).

Esquisse d'un « voyage parallèle » : comment l'Italie a pu apparaître à l'un comme à l'autre, étant établi que le *Journal de voyage* de Montaigne n'a pas dû avoir d'influence sur le *Voyage en Italie* de Goethe.

698. FRANÇON (M.). — Remarques sur l'itinéraire d'Italie adopté par Montaigne. (*Romance notes*, IX : 1967-1968, n° 2, pp. 299-301).

Présentation de l'initiative de Montaigne à l'aller en Italie, puis au retour. Comparaison avec celui suivi par d'autres voyageurs.

699. MICHEL (P.). — Rabelais et Montaigne devant Florence. (*B.S.A.M.*, 4e sér., n° 10, 1967, pp. 16-24).

Semblable à celles de Sébastien Munster, l'auteur de la *Cosmographie universelle* (1544), et de Rabelais qui s'y était arrêté en 1534, l'opinion de Montaigne sur Florence est nettement favorable à cette ville, surnommée avec raison « la Belle ».
= C.R. : — R. Campagnoli (*Studi fr.*, XIII : 1969, n° 39, p. 537). =

700. BERNOULLI (Dʳ R.). — Montaigne à Hornussen. (*B.S.A.M.*, 4ᵉ sér., nº 16, 1968, pp. 2-14, — avec 1 plan et 2 vues du village).

« Hornussen est le « Hornes » de Montaigne » (p. 9). — Les observations qu'il en a rapportées.
= C.R. : — R. Campagnoli (*Studi fr.*, XV : 1971, nº 43, p. 134). =

701. FRANÇON (M.). — Note sur Montaigne à Florence. (*B.H.R.*, XXX : 1968, nº 3, pp. 575-81, — avec une bibliographie).

Rappel des « évènements les plus importants de l'histoire florentine des deux tiers du XVIᵉ siècle, pour expliquer les allusions que Montaigne a faites dans son *Journal* » (p. 576). — *Voir* aussi nº 1383.
= C.R. : — P. Jodogne (*Studi fr.*, XIII : 1969, nº 38, p. 336). =

702. PERNOLLET (E.). — Montaigne en Bugey (1581). (*Le Bugey*, LX : 1968, fasc. 55, pp. 41-47).

A propos du détour que Montaigne fit par la région de Belley (Saint-Rambert) en revenant d'Italie.

703. FRANÇON (M.). — Montaigne et John Evelyn. (*B.S.A.M.*, 4ᵉ sér., nº 17, 1969, pp. 32-34).

Comparaison du récit de voyage d'un dilettante anglais avec celui que nous a laissé Montaigne. Nouveaux commentaires sur les conditions dans lesquelles ce dernier a exécuté son voyage.

704. LÉVY (Madeleine). — Montaigne en Suisse. (*Europe*, L : 1972, nᵒˢ 513-514, pp. 160-61).

705. FEYTAUD (J. de). — Al bagno delle donne ou le galant voyage. (*B.S.A.M.*, 5ᵉ sér., nᵒˢ 10-11, 1974, pp. 83-99).

Montaigne, en Italie, se rend au bain des dames.

706. KOHN (Mᵐᵉ Ingeborg M.). — Le grand voyage de Montaigne (juin 1580-novembre 1581). (*B.S.A.M.*, 5ᵉ sér., nº 9, 1974, pp. 67-80).

Les aspects techniques du voyage : l'entourage, les frais de voyage, le mode de voyager. — Les raisons pour le voyage : la santé de Montaigne, le séjour aux bains, les conforts du voyage. — Les observations du voyageur : religion et politique à l'étranger, la Rome antique et la Rome moderne, quelques événements importants rapportés dans le *Journal*.

## Les autres voyages

707. GANDEY (Dʳ P.). — Michel Montaigne et les Pyrénées thermales. (*Rev. méridionale*, II : 1921-1922, nº 6, 15 mai 1922, pp. 519-24). — *Voir* nº 712.

A propos des séjours faits par Montaigne dans les stations thermales de : Bagnères de Bigorre, les Eaux-Chaudes, Préchacq et Barbotan.

**708.** PLATTARD (J.). — Montaigne à Poitiers. (*Bull. de la Soc. des antiquaires de l'Ouest*, 3ᵉ sér., VIII : 1930, pp. 679-81).

Le passage de Montaigne à Poitiers, lors de sa visite au duc de Montpensier à Fontenay-le-Comte, en 1574. (*Voir* aussi du même auteur *Montaigne et son temps* [n° 410], p. 139).

**709.** HERVAL (René). — A propos du IVᵉ centenaire de Montaigne : — Le séjour à Rouen de l'auteur des « Essais », en 1562. (*J. de Rouen*, 9 mai 1933).

Les conditions de ce séjour aux côtés du roi Charles IX qui était venu assister à la reprise de la ville sur les Protestants. Montaigne accompagnait le roi, lorsqu'il leur fut présenté trois chefs indiens qui se trouvaient sur les quais de Rouen ou à bord d'un navire nouvellement arrivé d'Amérique. Montaigne fit auprès de l'un d'eux une petite enquête qui devait constituer la partie essentielle du chapitre *Des Cannibales* (I, 31).

**710.** BENON (G.). — [Sur le séjour de Montaigne à Rouen, en 1562]. (*Bull. de la Soc. des Bibl. de Guyenne*, III : 1933, n° 11, pp. 94-95).

Remarques suscitées par l'article de R. Herval (n° 709).

**711.** BRAYE (L.). — Le premier voyage de Montaigne à Bar-le-Duc, en 1559. (*Bull. de la Soc. des lettres... de Bar-le-Duc*, 1938-1939, pp. 184-86).

**712.** MESURET (R.). — Montaigne dans les Pyrénées. (*Pyrénées*, n° 28, oct.-déc. 1956, pp. 213-14 ; — augmenté d'un *post-scriptum* de Raymond Ritter, pp. 214-15). — Reproduit dans *La Vie de Bordeaux*, 2 mars 1957, pp. 1 et 3.

Sur les cures thermales faites par Montaigne dans les Pyrénées et en Gascogne, — à Bagnères, à Préchacq (près de Dax) et à Barbotan. Dans son *p.-s.*, R. Ritter corrige une confusion souvent commise à propos des *Aigues Caudes* (citées dans le *Journal de voyage*) que l'on prend pour les Eaux-Chaudes, au sud de Pau, alors qu'il s'agirait plutôt des eaux de Bagnères.

**713.** RAT (M.). — Sur deux curieux voyages de Michel de Montaigne à travers l'Angoumois. (*Mém. de la Soc. archéol. et hist. de la Charente*, 1968 [1969], pp. 183-87, — et dans le *B.S.A.M.*, 4ᵉ sér., n° 17, 1969, pp. 25-28).

Dans quelles circonstances Montaigne fut amené à entreprendre deux voyages dans la région d'Angoulême, en 1587 et 1588.
= C.R. : — R. Campagnoli (*Studi fr.*, XIV : 1970, n° 42, p. 534). =

# Episodes particuliers de sa vie

**714.** GRÜN (A.). — Dernières années de Montaigne. (*J. gén. de l'instr. publ.*, XXIII : 1854, pp. 185-86 ; — reproduit dans le *Chron. du Périgord et du Limousin*, II : 1854, n° 4, pp. 92-95).

Résumé des principaux évènements survenus entre la clôture des Etats de Blois (janvier 1589) et la mort de Montaigne ; il est complété par les deux lettres de ce dernier à Henri IV (n° 1396 et 1400). L'auteur nous avertit en note que ce texte est le « fragment d'un travail qui embrasse toute la vie publique de Montaigne » (cf. n° 577) ; en effet, il devait servir à en composer le chap. XII.

715. FOURNIER (E.). — Montaigne à Paris. (*Chron. du Périgord et du Limousin*, III : 1855, n° 8, pp. 188-92) ; — repris dans la *Rev. des provinces*, V : 1864, pp. 326-34, sous le titre : *Les gloires de la province à Paris : — Montaigne*).

Sur l'éloge que Montaigne fait de Paris, dont « il préfère l'aspect tortueux et accidenté à l'uniformité de la ville des Papes ». Ce que fut son voyage à Paris, en 1588, ainsi que son emprisonnement à la Bastille, d'après la relation du Livre de Raison, — une aventure qui pourtant ne semble pas avoir porté atteinte à ses sentiments d'admiration pour la grande ville.

716. LAMANDÉ (A.). — Deux épisodes de la vie de Montaigne. (*Rev. hebd.*, XXXVI : 1927, 10 septembre, pp. 144-63).

Ces deux épisodes : *Montaigne à la Cour* et *Le mariage de Montaigne*, sont devenus, après additions et retouches, les chap. VI et VIII de *La vie gaillarde et sage...* (n° 538).

717. DURÈGNE DE LAUNAGUET (Baron E.). — La Teste et le Bassin d'Arcachon, en 1582, d'après J.-A. de Thou. (*Rev. hist. de Bordeaux*, XXI : 1928, pp. 63-69).

Redressement d'une erreur commise par A. Lamandé qui, dans *La vie gaillarde et sage de Montaigne* (p. 243), conduit celui-ci à La Teste, en 1582, avec ses amis de Thou, Loysel et Pithou, alors que, d'après les *Commentaires* de de Thou, Montaigne ne figurait pas dans ce voyage.

718. DUFAY (P.). — Montaigne à la Bastille. (*Intermédiaire*, 1932, vol. XCV, col. 631-36).

Au sujet de l'incident dont la narration se trouve dans les *Ephémérides* [f. 211].

719. FERRUS (M.). — L'emprisonnement de Montaigne à la Bastille. (*La Petite Gironde*, 20 avril et 2 mai 1932, p. 4).

720. HENRIOT (E.). — Montaigne à Paris. (*Le Temps*, 30 avril 1934, p. 1).

Importance qu'a présentée Paris dans la vie de Montaigne (à propos de l'inauguration de la statue de la rue des Ecoles).

721. NICOLAÏ (A.). — Montaigne et les procès. (*B.S.A.M.*, 2e sér., n° 8, 1940, pp. 7-10).

Bien que Montaigne se soit flatté d'être toujours resté « vierge de procès et de querelles » (*Essais*, II, 8), on connait des actions judiciaires qui ont été intentées contre lui-même et contre sa famille.

722. GAMBIER (Général P.). — Montaigne a-t-il assiégé Fontenay ? (*Rev. du Bas-Poitou*, LXIV : 1951, pp. 107-10 ; — reprod. dans le *B.S.A.M.*, 4e sér., n°s 25-26, 1971, pp. 117-19).

La réponse est forcément négative, car il est démontré que, le 12 mai 1574, jour de l'assaut de Fontenay par Montpensier, Montaigne, chargé d'une mission par ce dernier, était de retour à Bordeaux.

723. DURIEUX (Dr J.). — Une étape de la vie de Montaigne. (*Bull. de la Soc. hist. et archéol. du Périgord*, LXXXI : 1954, pp. 26-29).

De l'influence bienfaisante de Montaigne sur l'esprit d'Henri de Navarre. — *Voir* nos 608 et 613.

724. RAT (M.). — Quand Montaigne donnait à dîner et à coucher au roi de France. (*Figaro litt.*, 4 septembre 1954, p. 9).

725. TRINQUET (R.). — Quand Montaigne défendait les privilèges des vins bordelais. (*Rev. hist. de Bordeaux*, N.S., V : 1956, pp. 263-66).

Au sujet d'une démarche effectuée auprès du roi Henri III par les jurats de Bordeaux (lettre de Montaigne du 8 février 1585) en vue de faire mettre un terme à la concurrence déloyale que les producteurs de vins du « haut pays » (Bazas, Ste Foy-la-Grande, Agen) exerçaient à l'encontre de ceux qui étaient titulaires de privilèges spéciaux dans le Bordelais.

726. — Montaigne et la divulgation du *Contr'un*. (*B.S.A.M.*, 3e sér., n° 29, 1964, pp. 3-13 ; — *voir* aussi la *R.H.L.F.*, LXIV : 1964, n° 1, pp. 1-12).

Sur le rôle joué par Montaigne dans la divulgation du *Discours de la servitude volontaire* de son ami La Boétie. — (Communication faite aux « Amis de Montaigne », le 7 décembre 1963).

## A-t-il fait preuve de courage ?

726a. DETCHEVERRY (A.). — [Montaigne et la peste], — *voir* n° 1399.

727. VAUCELLE (A. de). — *Caractères et portraits littéraires du XVIe siècle*, par M. Léon Feugère. (*L'Artiste*, 6 mars 1859, pp. 155-57).

A la faveur de cet article de critique, l'auteur, nouveau directeur du périodique, s'est livré contre Montaigne à une attaque dont la sévérité devait soulever d'assez ardentes protestations chez certains qui pouvaient lire de lui ceci : « Il est parmi les personnages à la glorification desquels M. Léon Feugère semble avoir voué sa plume [cf. n° 580] un homme qui ne nous est guère sympathique, peut-être est-ce parce que nous avons eu le courage de le lire tout entier, et sur le compte duquel nous sommes bien aise de nous expliquer en passant. Nous voulons parler de Michel Montaigne, ce hâbleur prétentieux qui, lorsque la peste sévissait sur la ville dont il était le premier magistrat, s'enfuit sans honte ni vergogne. Un pareil trait de lâche couardise nous gâte les plus belles sentences, et celui qui l'a commis n'est plus pour nous qu'un histrion de sagesse et de vertu » (p. 156). — La réplique a été donnée peu après par J. Gourraigne dans le *Courrier de la Gironde* (n° 728). — A noter que les premières remarques accusatrices avaient été formulées par A. Grün dans *La vie publique de Michel Montaigne* (n° 577), pp. 287-92.

728. GOURRAIGNE (J.). [*pseud.* de J. DELPIT]. — Montaigne et l'Artiste. (*Courrier de la Gironde*, 23 mars 1859, p. 3).

Riposte à l'article précédent et aux termes qui y sont employés pour qualifier l'attitude prise par Montaigne en 1585. « Il suffit de [les] transcrire, déclare le rédacteur du *Courrier*, pour les faire apprécier. Nous n'avons pas besoin d'ajouter que le fait si gracieusement reproché à Montaigne est matériellement faux ».

**728a.** Montaigne citoyen. (*Rev. d'Aquitaine*, IV : 1859-1860, pp. 355-56).

C'est un aspect qu'avaient négligé E. Moët (n° 1828) et J.-F. Bladé (n° 3057), et qui est ici examiné à propos du livre de P. Clément (n° 579). Précisément, le chroniqueur (anonyme), abordant la question du « courage civique de Montaigne », va demander à P. Clément où ce courage pouvait bien se trouver « le jour où, pour se soustraire aux dangers d'une maladie contagieuse qui décimait la population de Bordeaux, [Montaigne] abandonna ses administrés et se réfugia à la campagne ».

**729.** LECOMTE (J.). — Michel de Montaigne trahi par le hasard. (*Le Monde illustré*, VII : 1863, 21 novembre, p. 323).

« Comme tout se découvre, et combien nul ne soupçonnait pareille chose ! » Mais le « hasard » s'est chargé de la faire connaître, avec le dernier feuilleton du *Constitutionnel* (n° 582) dans lequel Sainte-Beuve, à propos de la publication par Feuillet de Conches des *Lettres inédites* de Montaigne (n° 303), rappelait la nature et la raison d'être de celle — désormais fameuse — qu'il fit parvenir, en 1585, aux jurats de Bordeaux. Et J. Lecomte de s'indigner contre le moraliste, en affirmant : « C'était un poltron ! Lui ! »

**730.** BURGADE (J.-B.-J.-E.). — [Conduite de Montaigne lors de la peste de 1585 ; sa station à Libourne]. — Pp. 66-67 de l' : — Histoire de l'Hôpital de Libourne... — *Bordeaux, impr. J. Delmas*, 1867, in-8°, VII-316 pp.

« De quelque manière que l'on ait présenté ces paroles [ = sa lettre aux jurats, — n° 1399], on n'en a jamais pu faire jaillir un trait d'intrépidité en faveur de l'auteur des *Essais* » (p. 67).

**731.** BARRÈS (Maurice). — Greco ou le secret de Tolède. (*Rev. bleue*, XLVII : 1909, 2ᵉ sem., pp. 545-48 ; 582-85 ; 609-13 ; 647-51 ; 673-77). — Publié en volume : — *Paris, H. Floury, s.d.* (1911), in-8°, portr. et 91 phototypies ; — 2ᵉ éd., *Paris, Emile-Paul*, 1912, in-18, 194 pp. avec 24 photogravures.

On trouve à la p. 648, col. 2, une longue note sur Montaigne et sur sa mère qui pouvait descendre des grands Juifs tolédans », ce qui expliquerait chez l'auteur des *Essais* son « mépris évident des mœurs chrétiennes, son infatuation de nihilisme, son acharnement contre toute forme de l'héroïsme, son manque de *verecundia*, par exemple quand, maire de Bordeaux, il s'enfuit devant la peste : tout cela trahit un étranger qui n'a pas nos préjugés »... — Cette nasarde, que l'on rencontre aussi dans la 1ʳᵉ éd. de *Greco* (p. 110), souleva l'indignation d'Ernest Courbet et du Dʳ Armaingaud. Ce dernier fit faire une démarche auprès de l'écrivain et obtint que la note malséante soit retranchée dans la deuxième édition. (Voir Dʳ Armaingaud, *Etude sur Montaigne* [n° 387], t. Iᵉʳ, pp. 48-49, de son éd. des *Œuvres complètes de Montaigne*, et Ernest Courbet, *Montaigne inconnu*, dans le *Bull. du bibliophile*, 1910, pp. 253-55, — n° 367). — *Voir* aussi n° 733, comment fut appréciée la correction que Barrès apporta au texte original de *Greco*.

**732.** MONOD (G.-H.). — Lâcheté de Montaigne. (*Rev. de la Renaissance*, XI : 1910, pp. 87-91).

Concerne l'accusation portée par certains, à propos de la phrase célèbre : « Je suivray le bon party jusques au feu, mais exclusivement si je puis » (*Essais*, III, 1), et qu'un examen attentif du contexte permet de rejeter, assure l'auteur de cette étude.

733. COPEAU (Jacques). — M. Maurice Barrès et Montaigne. (*N.R.F.*, 1912, t. VII, mai, pp. 902-03).

Article relatif à la rectification opérée par Barrès dans la réédition de *Greco* (n° 731), où il déclare effacer « une note » sur Montaigne, qu'il avait « mise ici, trop à la légère, dans une édition précédente » (p. 186). Et J. Copeau l'approuve pour cette « salutaire réaction du bon sens contre les imprudences ».

734. DURODIÉ (D<sup>r</sup> F.). — Montaigne devant la peste de Bordeaux. (*Chronique méd.*, XXXI : 1924, n° 5, pp. 136-37).

Mise en parallèle des attitudes observées par le maréchal d'Ornano, gouverneur de la Guyenne, et par Montaigne, maire de Bordeaux, devant la peste qui décimait cette ville. Dans la même revue (n° 7, pp. 219-20), le D<sup>r</sup> Jules Sottas reprend l'exposé de son confrère pour faire remarquer qu'en 1585, le gouverneur de la Guyenne était le maréchal de Matignon et non pas le maréchal d'Ornano. Mais il est d'accord avec le D<sup>r</sup> Durodié quand celui-ci critique l'attitude de Montaigne.

735. CERF (D<sup>r</sup> L.). — Montaigne respecta le règlement. (*Candide*, 31 août 1933, p. 3 ; — repris dans le *Courrier du Centre*, 8 septembre 1933).

Aux yeux de l'auteur, ce n'est pas la crainte de l'épidémie qui a dû retenir Montaigne hors de Bordeaux, mais un louable désir de se conformer aux règlements en vigueur dans le cas d'une ville pareillement sinistrée. Et d'ailleurs, s'il avait insisté pour y entrer, les commissaires de la santé l'auraient « poliment mais énergiquement prié de n'en rien faire ». — « C'est fort douteux », réplique J. Plattard (*État présent des études sur Montaigne* [n° 231], p. 73).

= C.R. : — A. Connord (*Le Périgourdin de Bordeaux*, janvier 1934, p. 10). =

736. LAMANDÉ (A.). — Montaigne maire de Bordeaux. (*Intransigeant*, 4 avril 1933, pp. 1 et 2).

Ce que fut Montaigne comme administrateur municipal : « vigoureux et attentif au sort de sa ville ». Reste la question de la peste de 1585, pour laquelle l'auteur rejette l'accusation de lâcheté, observant que, bien que brave, Montaigne n'avait rien d'un héros ni d'un saint, restant un philosophe précisément « ennemi des gestes ostentatoires ».

737. SIMON (P.-H.). — Attrait et refus de l'héroïsme chez Montaigne. (*Rencontres*, 1942, n° 2 : *Traditions de notre culture*, pp. 52-75). — Repris sous le titre : *Attraits de l'héroïsme chez Montaigne* (pp. 105-125) dans : — Le domaine héroïque des lettres françaises. X<sup>e</sup>-XIX<sup>e</sup> siècles. — Paris, A. Colin (1963), in-8°, 424 pp.

Moins un héros qu'un honnête homme, tel était Montaigne, et son « intelligente modération », c'est bien « le type de perfection humaine qui est proposé par lui et dont notre âge classique fera son idéal » (p. 124).

738. GOT (A.). — Le pays de Médoc. (*Lettres françaises*, 24-30 octobre 1957, p. 9).

Sur l'attitude de Montaigne lors de la peste : — elle serait expliquée, voire justifiée, par une clause particulière du contrat pour l'édification de la Tour de Cordouan (1584), comme le donne à entendre Alain Brieux dans ses *Souvenirs de Montaigne* — n° 19 —, p. 289, n. 4.

— [*Voir* en outre le n° 1608].

## Montaigne et son terroir

739. GUILLAUMIE (G.). — Montaigne périgourdin. (*Montaigne, Conférences* 1933, pp. 299-331). — (Conférence donnée sous les auspices de l'*Amicale des Périgourdins de Bordeaux*).

Pour l'auteur, qui était lui-même originaire du Périgord, Montaigne appartient très étroitement à cette province, comme il l'a bien souvent fait sentir dans son livre en parlant de ce terroir et des populations qu'il y a fréquentées. C'est enfin dans son château périgourdin qu'il s'est retiré à 38 ans pour écrire son livre immortel.
= C.R. : — *La France de Bordeaux* et *La Petite Gironde*, 2 avril 1933, p. 4. =

740. THIBAUDET (A.). — Montaigne et son pays. (*La Dépêche*, 24 octobre 1933, p. 1).

Considérations sur Montaigne et sur le pays auquel on doit naturellement le rattacher (à propos du « point final » qui venait d'être mis dans le village de Saint-Michel aux fêtes du IVe centenaire).

741. LEFRANC (J.). — En marge. (*Le Temps*, 20 mai 1937, p. 1).

« Saint-Michel-et-Bonnefare, village voisin de Bergerac en Dordogne, se nomme depuis hier Saint-Michel de Montaigne. L'Assemblée française de médecine générale a présidé au baptême ». Suivent quelques observations sur la morale tranquille et réfléchie de Montaigne, laquelle, estime l'auteur, « est une thérapeutique » (cf. n° 749).

742. SAINT-MARTIN (J.). — Montaigne périgourdin. (*B.S.A.M.*, 3e sér., n° 7, 1958, pp. 9-16).

Sans afficher une fierté quelconque d'être Périgourdin, Montaigne n'hésite jamais à parler de son pays d'origine qui fut pour lui une source vivante d'inspiration.

743. COUDERT (M.-L.). — Les enfants du pays. (*Europe*, L : 1972, n[os] 513-514, pp. 139-43).

Les impressions laissées par Montaigne sur l'esprit d'une compatriote.

— [*Voir* aussi les n[os] 409, 1284, 2293, 2294].

## Son état de santé

744. SPALIKOWSKI (Dr E.). — Montaigne malade. — Pp. 9-19 du : — Dictionnaire médical des « Essais »... (n° 2253).

745. CUMSTON (Charles Greene). — The Medical history of Montaigne. (*Albany medical annals*, XXVIII : 1907, n° 10, pp. 797-812).

Les remarques d'ordre physiologique faites par Montaigne sur lui-même dans les pages de son livre permettent au lecteur de résumer en un mot ce que fut l'état de sa santé : il était arthritique, et cela par ascendance, et il lutta toute sa vie pour combattre un mal si nuisible à son caractère.

746. DELACROIX (D<sup>r</sup> R.). — Montaigne malade et médecin. — *Lyon, Rey*, 1907, in-8°, 112 pp. — (*Thèse de la Faculté de médecine et de pharmacie de Lyon*, 1907-1908).

Etude du « tempérament neuro-arthritique » de Montaigne, explicable par les ascendances de celui-ci, et remarquable dans ses répercussions sur l'œuvre du philosophe.
= C.R. : — *B.S.A.M.*, 2<sup>e</sup> sér., n°5 (1939), p. 42. =

747. BIENVENU (D<sup>r</sup> Ch.-A.). — Avec la gravelle. — Pp. 106-08 du livre : — Les goutteux célèbres... — *Paris, A la Maison de la Pipérazine Midy*, s.d. (1921), in-8°, 139 pp.

Examen du « cas » médical de Montaigne : la goutte et la lithiase en association.

748. LE GÉARD (J.). — Contribution à l'étude de l'histoire de la médecine : Montaigne hydrologue. — *Paris, A. Legrand*, 1930, in-8°, 63 pp. — (*Thèse de médecine, Paris*, 1930).

Le *Journal de voyage* présente un grand intérêt médical à deux points de vue : d'abord, il nous renseigne avec force détails sur l'état de santé de Montaigne, et en second lieu, il apporte une information unique sur la situation des stations thermales dans la France de l'Est, en Suisse, en Allemagne et en Italie, à cette époque.

749. CRUCHET (D<sup>r</sup> R.). — La vie médicale de Montaigne. (*Actes de l'Acad. de Bordeaux*, 5<sup>e</sup> sér., IX : 1932-1933, pp. 129-35).

« Montaigne appartenait à la classe des tempéraments neuro-arthritiques » (p. 135). Connaissant « merveilleusement ses infirmités », il a su éviter de donner dans l'obsession, et a même fourni contre celle-ci, avec la substance des *Essais* », une magnifique thérapeutique » (p. 132).

750. CREYX (D<sup>r</sup> M.). — Montaigne malade, médecin, hydrologue. (*Montaigne, Conférences* 1933, pp. 183-211).

Montaigne s'est occupé des médecins et de la médecine à l'occasion de ses crises de lithiase urinaire, une maladie qui devait lui faire apprécier les bons effets des cures hydrominérales sur lesquelles il nous a donné, dans le *Journal*, « des renseignements nombreux et précis » (p. 199).
= C.R. : — *La France de Bordeaux* et *La Petite Gironde*, 30 mars 1933, p. 4 ; — *La Liberté du S.-O.*, 31 mars 1933, p. 4. =

751. POMMIER (M.). — Les curieuses impressions de Michel de Montaigne sur sa cure thermale de Plombières-les-Bains en 1580. (*Gaz. médic. du S.-O.*, VII : 1934, n° 14, 1<sup>er</sup> août, pp. 725-27).

Description et effets de cette cure d'après le *Journal de voyage*.

752. ROCHA BRITO (A. da). — Montaigne, visto por um médico. (*Boletim do Inst. francês de Portugal*, IV : 1934, n<sup>os</sup> 3-4, pp. 98-144, — illustr. h.-t.). — (*Conferências realizadas em Portugal na ocasião do IV centenario de Montaigne*, III).

Sur l'état de santé de Montaigne tel qu'il nous est exposé dans les *Essais* et le *Journal*. L'« histoire clinique » du moraliste présentée par un professeur à la Faculté de médecine de Coïmbre.

753. MOUEZY-ÉON (D^r). — Montaigne était-il du type lycopode ? (*Ann. homéopathiques de l'Hôpital Saint-Jacques*, V : 1936, t. IX, pp. 6-19).

Analyse détaillée du tempérament bilieux-lympathique de Montaigne et des réactions qu'il a provoquées sur l'équilibre physiologique de l'intéressé.

754. SABRAZÈS (D^r J.). — Montaigne malade. (*Gaz. hebd. des sc. médic. de Bordeaux*, 2 octobre 1938, pp. 582-86).

Description des « phénomènes morbides qui ont pesé d'un poids lourd sur l'existence de Montaigne et ont raccourci sa vie si tourmentée » (p. 582).

755. STROWSKI (F.). — Les cures thermales de Montaigne. (*Progrès médical*, LXVI : 1938, pp. 1177-78).

Extrait de *Montaigne* (n° 427), liv. III, fin du chap. VI.

756. BEYSSAC (P.). — Les algies de Montaigne (envisagées au point de vue odonto-stomatologique). (*Cahiers lyonnais d'hist. de la médecine*, I : 1956, pp. 7-11).

En plus des coliques néphrétiques, Montaigne, comme le révèle son *Journal de voyage*, était atteint de névralgies du trijumeau qui lui rendaient les nuits intolérables.

757. PETIT (L.). — Si Montaigne avait connu Jean Pidoux, le découvreur des eaux de Pougues. (*B.S.A.M.*, 3^e sér., n° 13, 1960, pp. 7-13).

Les eaux de Pougues, en Nivernais, ont une vertu curative contre la pierre, dont Montaigne aurait pu être sauvé s'il avait connu l'existence de ces « fontaines mirifiques ».

758. BERNOULLI (D^r R.). — Les yeux de Montaigne. Etude pathographique. (*B.S.A.M.*, 4^e sér., n° 10, 1967, pp. 10-15).

De nature hypermétrope, Montaigne se vit, peu après la cinquantaine, atteint d'un commencement de cataracte qui corrigea cette anomalie en lui donnant une myopie, mais aurait été susceptible de le conduire à la cécité s'il avait vécu plus longtemps.

= C.R. : — R. Campagnoli (*Studi fr.*, XIII : 1969, n° 39, p. 537). =

759. HOLMES (Urban T.). — Montaigne's spas. (*Mél. Wiley*, 1968, pp. 133-40).

Sur la gravelle dont a souffert Montaigne, et les différentes stations thermales qu'il a visitées pour s'en guérir.

## Son décès

760. RAEMOND (Florimond de). — Regrets de la mort du seigneur de Montaigne. — Pp. 159-60 de l' : — Erreur populaire de la Papesse Iane... — *A Bourdeaus. Par S. Millanges, Imprimeur ordinaire du Roy*, 1594, in-8° de 3 ff. n. ch. et 316 pp.

Cette édition est la troisième d'un livre qui avait vu le jour en 1587.

761. PAYEN (D^r J.-F.). — Recherches sur Michel Montaigne. Correspondance relative à sa mort. (*Bull. du bibl.*, 1862, pp. 1291-1311, *fac-sim.*). — Extraits : *Paris, Techener*, 1862, in-8°, 24 pp. (cf. n° 1033).

Publication de lettres de regrets et de condoléances, émanant de P. de Brach, Ch. de Malvin (n° 762), Marie de Gournay et Juste Lipse, pour la disparition du philosophe gascon.

762. Lettre du conseiller Charles de Malvin, sieur de Cessac, à Françoise de Lachassaigne, à l'occasion de la mort de son mari, Michel Montaigne. [Archives municipales de Bordeaux. Fonds Delpit. Registre des lettres envoyées par Ch. de Malvin ou reçues par lui. — Communiqué et transcrit par M.A. Ducaunès-Duval]. (*Arch. hist. de la Gironde*, XXXIV : 1899, p. 323).

Cette lettre (non datée) avait déjà été publiée par le D^r Payen, — cf. n° 761, pp. 1295-96.

763. SALLES (A.). — Lettre de Pierre de Brach sur la mort de Montaigne (10 octobre 1592). (*B.S.A.M.*, 2^e sér., n° 1, 1937, pp. 10-11).

Elle est adressée à Anthony Bacon, frère de Francis Bacon, le grand chancelier d'Angleterre. P. de Brach répond ainsi à A. Bacon, qui avait écrit à Montaigne quelque temps avant le décès de ce dernier, et sa lettre renferme un chaleureux éloge du défunt.

## Son tombeau, ses cendres

764. BERNADAU (P.). — Du mausolée de Montaigne. — Pp. 362-67 des : — Antiquités bordelaises, ou Tableau historique de Bordeaux et du département de la Gironde ; ouvrage utile aux habitans... et... à ceux qui veulent connoître les monumens et les localités remarquables dans le Bordelais... — *Bordeaux, chez Moreau*, 1797, in-8°, XVI-408 pp.

Description du tombeau de Montaigne et traduction des épitaphes.

765. [Arrêté du préfet de la Gironde décidant le transfert, en date du 1^er vendémiaire an IX (1800), des cendres de Montaigne, « de la ci-devant église des Feuillans dans la salle des monumens de la ci-devant Académie » (salle du Musée)]. (*Moniteur univ.*, 7 vendémiaire an IX-1800, p. 21, col. 1).

L'arrêté, daté de fructidor an VIII, prévoyait les différentes modalités de la cérémonie : éloge de Montaigne (n° 3045), cendres transférées sur un char attelé de quatre chevaux, qualité des membres devant composer le cortège. On sait la fâcheuse méprise qui allait se commettre à cette occasion (cf. n^os 773-776, 781a et 782).

766. MILLIN (A.-L.). — Le tombeau de Montaigne dans l'église des Feuillans, à Bordeaux. — Tome IV, 2^e partie (1811), pp. 634-41, du : — Voyage dans les départemens du Midi de la France...

— *Paris, Imprimerie impériale*, 1807-1811, 4 tomes en 5 vol. in-8°, fig.

767. ORLOFF (Comte Gregorii Vladimirovitch). — [Le tombeau de Montaigne dans l'église des Feuillants]. — Tome I<sup>er</sup>, pp. 123-28, de : — Voyage dans une partie de la France, ou Lettres descriptives et historiques adressées à M<sup>me</sup> la comtesse Sophie de Strogonoff [rédigées par Amaury Duval]... — *Paris, Bossange*, 1824, 3 vol. in-8°.

Récit des dernières heures de Montaigne, description de son tombeau, trad. des épitaphes grecque et latine.

768. BERNADAU (P.). — [Traduction en prose et en vers des épitaphes figurant sur le mausolée de Montaigne]. — Pp. 365-68 de l' : — Histoire de Bordeaux... (n° 187).

Ces traductions sont précédées de considérations diverses sur Montaigne et sur son livre.

769. LAPAUME (J.). — Le tombeau de Michel Montaigne. Etude philologique et archéologique... — *Rennes, typ. d'Oberthur*, 1859, in-8°, XVI-107 pp.

De l'avis de l'auteur, les épitaphes grecque et latine du tombeau de Montaigne seraient l'œuvre d'Emmanuel du Mirail, conseiller au Parlement de Bordeaux.
= C.R. : — R. Dezeimeris (*La Gironde*, 3 décembre 1859, p. 3) ; — J. Delpit (*Courrier de la Gironde*, 13 avril 1860, pp. 2-3). — Les deux critiques font les plus vives réserves sur les conclusions de J. Lapaume, qu'ils ne croient pas assez solides pour persuader le lecteur. D'autre part, dans son étude, Lapaume proposait comme étymologie du patronyme *Eyquem* le substantif latin *equitem*, et il allait jusqu'à donner au moraliste gascon le nom de *Michel Chevalier*, soulevant ainsi les sarcasmes de J. Delpit qui lui répondit : « Votre étymologie manquât-elle un peu de justesse, le jeu de mots qu'elle vous a inspiré est vraiment très joli ! » =

770. DEZEIMERIS (R.). — Recherches sur l'auteur des épitaphes de Montaigne. Lettres à M. le D<sup>r</sup> J.-F. Payen... — *(Bordeaux), impr. G. Gounouilhou*, 1861, in-8°, 83 pp., fac-sim.

Contestant la valeur de l'hypothèse présentée par J. Lapaume, R. Dezeimeris, dans cette nouvelle étude, donne les raisons qui lui font attribuer les épitaphes de Montaigne à Jean de Saint-Martin, « docteur ès droits et advocat au Parlement » (p. 44), qui a réalisé des compositions du même genre pour d'autres personnages bordelais de cette époque.

771. MARIONNEAU (Ch.). — [Tombeau de Montaigne]. — Pp. 482-85 de : — Description des œuvres d'art qui décorent les édifices publics de la ville de Bordeaux... — *Paris, Aubry ; Bordeaux, Chaumas-Gayet*, 1861, in-8°, VIII-550 pp.

Le tombeau, tel qu'il se trouvait à cette époque dans la chapelle du Lycée (ancienne église des Feuillants), avec la traduction en français des épitaphes (par R. Dezeimeris).

772. LEVEAUX (A.). — Le tombeau de Montaigne. — Pp. 467-68 de l' : — Etude sur les Essais de Montaigne... (n° 1107).

773. Transport des cendres de Michel de Montaigne [21 septembre 1800]. (*Arch. hist. de la Gironde*, XIV : 1873, pp. 551-52).

Arrêté pris par le Commissaire général de police concernant l'ordre de marche du cortège en cette cérémonie. [Pièce d'archives n° ccccix].

774. Lettre de Joseph de Ségur-Montaigne à M. Dubois, préfet de la Gironde [date : 5 juin 1803]. (*Arch. hist. de la Gironde*, XIV : 1873, p. 553).

Pétition en vue de faire replacer dans l'église des Feuillants le cercueil de la dame de Lestonac (veuve de Guy de Lestonac) que l'on avait par erreur transféré solennellement — au lieu de celui de Montaigne —, le 1ᵉʳ vendémiaire an IX, de cette église « dans la salle d'assemblée de la Société des sciences », et sur lequel on avait placé le mausolée qui devait recouvrir les cendres du moraliste. [Pièce n° ccccx].

775. Lettre de M. Dutrouilh, secrétaire général de la Société des sciences, belles-lettres et arts de Bordeaux, à M. Delacroix, préfet de la Gironde [date : 21 prairial an XI (= 10 juin 1803)]. (*Arch. hist. de la Gironde*, XIV : 1873, pp. 554-55).

Où sont exposées les conditions de la méprise commise lors de la translation des cendres, avec confirmation de la requête précédente par Joseph de Ségur-Montaigne. [Pièce n° ccccxi].

776. Arrêté du préfet de la Gironde relatif aux cendres de Michel de Montaigne [date : 2 messidor an XI (= 21 juin 1803)]. (*Arch. hist. de la Gironde*, XIV : 1873, pp. 555-56). — *Voir* aussi n° 12 (p. 25, n. 1).

Autorisation donnée au citoyen Joseph Montaigne « de faire replacer le cercueil de la dame Lestonat dans le tombeau qu'il occupait avant le 14 juillet, an 9, et de faire élever sur celui de Michel Montaigne, auteur des *Essais*, le mausolée qu'on y avait primitivement établi [...], double opération [qui] se fera aux frais du pétitionnaire suivant son offre » (p. 556). — Ce texte est accompagné d'une lettre à Joseph de Montaigne, dans « laquelle le préfet annonce la publication de cet arrêté, ajoutant qu' « il lui était doux de pouvoir faire quelque chose d'agréable à un descendant de l'immortel philosophe ». [Pièce n° ccccxii].

777. DELPIT (J.), éd. — Lettres inédites de Françoise de Lachassagne, veuve de Michel Eyquem de Montaigne. (*Tablettes des Bibl. de Guyenne*, II : 1877, pp. 275-324, — à la suite de l'*Inventaire de la coll. Payen*, par G. Richou [n° 52]).

Cette correspondance comprend 23 lettres de Françoise de La Chassaigne et de sa petite-fille, Marie de Gamaches, à leur cousin, dom Marc-Antoine de Saint-Bernard, dignitaire des Feuillants de Bordeaux. Elle a trait essentiellement aux conditions d'installation du tombeau de Montaigne dans une chapelle de la nouvelle église des Feuillants (1614).

777a. — Fondation [et] tombeau de Michel de Montaigne. (*Ibid.*, pp. 328-35).

Textes extraits du *Registre des Fondations des Feuillants* (Arch. dép. Gironde, H. suppl. Feuillants, 617, fol. 8 et 38).

778. ARGUS. — [A propos du tombeau de Montaigne]. (*La Gironde litt.*, 19 mai 1889, pp. 3-4 ; — partiellement repris dans *La Vie de Bordeaux*, 16 février 1974, pp. 1 et 3).

Article relatif à ce monument qui se trouvait auparavant dans la chapelle de l'ancien lycée, et qui venait d'être « transporté pierre à pierre et réédifié dans le palais des nouvelles Facultés par les soins de l'habile architecte, M. Charles Durand » (p. 3).

779. C[OURTEAULT] (P.). — Projet de tombeau de Montaigne à Saint-André. (*Rev. hist. de Bordeaux*, IX : 1916, pp. 127-28).

Le 15 décembre 1592, la famille de Montaigne obtenait des chanoines de Saint-André l'autorisation d'inhumer le moraliste dans cette église de Bordeaux, — autorisation qui, on le sait, ne devait pas avoir de suite.

780. [FERRUS (M.)]. — A propos du tombeau de Montaigne. (*La Petite Gironde*, 29 mars 1933, p. 4).

Ne serait-ce pas sur sa demande que Montaigne a été inhumé chez les Feuillants ? — Dans le même quotidien (n° du 10 avril 1933, p. 6), P. Courteault a fait paraître une lettre dans laquelle il condamne ce point de vue, mais M. Ferrus y a fait suivre une réponse à la lettre de son contradicteur.

781. [SALLES (A.)]. — Le cœur de Montaigne. (*B.S.A.M.*, 2ᵉ sér., n° 4, 1938, pp. 12-13).

C'est dans l'église de Saint-Michel, près du château, qu'aurait été déposé le cœur de Montaigne (cf. sur ce sujet une lettre de J. Espinasse, curé de la paroisse en 1881).

782. NICOLAÏ (A.). — L'odyssée des cendres de Montaigne. (*B.S.A.M.*, 2ᵉ sér., n° 15, 1949-1952, pp. 31-45).

« La dépouille de Michel de Montaigne a été, au gré des évènements les plus imprévus, extrêmement ballottée ». Rappel de ces évènements, depuis les transactions entre Mᵐᵉ de Montaigne et les P.P. Feuillants jusqu'à la confusion de cerceuils lors de la translation des cendres en 1800, et au transfert définitif des restes de Montaigne dans le palais des Facultés, le 11 mars 1886.

783. ROUDIÉ (P.). — Précisions et réflexions au sujet de la sépulture de Montaigne. (*Mémorial* 1963, pp. 108-22).

Reconstitution de « ce qui s'est passé entre la mort de Montaigne, en 1592, et son inhumation dans la chapelle Saint-Bernard des Feuillants, en 1614 » (p. 109). Le mausolée, sa place dans la chapelle, détails archéologiques, etc. — Avec deux plans et une gravure.

— [*Voir* aussi nᵒˢ 269 et 284].

# CHAPITRE V

# LA PERSONNALITÉ DE MONTAIGNE

## Généralités

784. WOODBRIDGE (Homer E.). — Montaigne, the friend. (*Southwest rev.*, I : 1915-1916, pp. 106-19).

L'auteur a voulu tracer de Montaigne un portrait qui, en s'opposant à l'image traditionnelle du sceptique, fasse ressortir un certain nombre de qualités (le culte de l'amitié et de la vérité, le courage, la générosité).

785. THIBAUDET (A.). — Portrait français de Montaigne. (*N.R.F.*, 1933, t. XL, 1er avril, pp. 646-53).

Montaigne, « notre Socrate », représente en définitive le « grand modèle de Français moyen », car un examen attentif de sa personne y fait apercevoir de nombreux « traits français qui vont de Rabelais à Mistral, et d'Henri IV à M. Chéron » (p. 653).

786. MICHA (A.). — La sensibilité de Montaigne. (*Mél. Istvàn Frank*, 1957, pp. 429-38).

Loin d'être, comme on l'a dit souvent, « un sage au cœur sec, un douillet égoïste », Montaigne, au contraire, a laissé transparaître dans son livre « une sensibilité limitée mais profonde ».
= C.R. : — *Studi fr.*, IV (1960), n° 11, p. 335. =

787. FEYTAUD (J. de). — Le Diable et le Mongol. (*B.S.A.M.*, 3e sér., n° 9, 1959, pp. 15-17).

Sur un diagnostic médical, selon lequel Montaigne, qui aurait été un « pré-mongolien », devrait à cette particularité d'être devenu « brillant écrivain » (p. 16)... — Cf. du même auteur, la note complémentaire : « Le Diable, encore ». (*B.S.A.M.*, 3e sér., n°s 17-18, 1961, p. 4).

788. MICHA (A.). — Le singulier Montaigne. — *Paris, A.G. Nizet*, 1964, in-16, 231 pp.

Dans cette étude qui a profité de recherches personnelles antérieures, l'auteur s'est efforcé de donner une définition originale de Montaigne, dont il a cru synthétiser le personnage en disant qu'en toute occupation (religieuse, politique, sociale, littéraire, etc.), il s'est caractérisé comme un *joueur*, — et « un joueur de la lignée des plus grands » (p. 60). — A ce propos, voir les n°s 1588, 1669 et 1670.
= C.R. : — A. de Wissant (*Sud-Ouest*, 23 mars 1965, p. 12) ; — *Studi fr.*, XII (1968), n° 35, p. 345. =

789. ATLAS (Nicole T.). — Mobilité et essai de résolution chez Montaigne. — Diss. Rice Univers, 1971, 255 pp. — (*Diss. Abstr. Int.*, XXXII : 1971-1972, n° 4 [October], p. 2049-A).

Etude d'un aspect de l'être chez Montaigne : sa mobilité psychologique et ses efforts pour la combattre ; la réaction de cette mobilité sur le milieu interne et adjacent.

## Son caractère

790. MONCEAUX (P.). — La légende de Montaigne. (*Rev. bleue*, XXXIII : 1895, 2e sem., pp. 729-33).

Au sujet de la « légende », forgée cinquante ans plus tôt, d'un Montaigne, « le plus paresseux, le plus sceptique et le plus égoïste des grands hommes ». Légende qui s'en va, dit P. Monceaux, en se référant à Stapfer, Bonnefon, Faguet, Lanusse et Lanson qui, dans des ouvrages récents, avaient soutenu une thèse opposée à cette tradition.

791. SERRURIER (C.). — Iets over het Karakter van Montaigne. (*Onze Eeuw*, XVI : 1916, pp. 430-40).

Quelques remarques sur le caractère de Montaigne.

792. ARMAINGAUD (Dr A.). — Montaigne était-il ondoyant et divers ? Montaigne était-il inconstant ? (*Rev. du XVIe s.*, X : 1923, pp. 35-56).

En dépit de « l'opinion commune, universelle même, Montaigne n'a jamais été ondoyant et divers... Il a au contraire montré un esprit très résolu, très un et très constant » (p. 56). — Article repris par l'auteur dans les pp. 85-106 de son *Etude sur Montaigne* (n° 387).

793. KAHN (D.). — Le Judaïsme de Montaigne. (*Rev. juive de Lorraine*, IV : 1928, 1er juin, pp. 97-100).

Influence des appartenances juives de Montaigne sur la forme de son caractère, sur ses tendances marquées pour la sagesse, la tolérance, « le respect mutuel des croyances, la bienveillance envers les hommes ».

794. BALLAGUY (P.). — La sincérité de Montaigne. (*Merc. de Fr.*, 1933, t. CCXLV, 1er août, pp. 547-75).

L'auteur se refuse à trouver de la sincérité chez Montaigne. Il lui reprochera au contraire ses prétentions injustifiées à la noblesse et aux distinctions militaires, ses rémunérations illégitimes quand il était maire de Bordeaux, etc. — Jugement assez subjectif dans l'ensemble.
= C.R. : — R. Brasillach (*Rev. univ.*, 1933, t. LIV, 15 août, p. 512). =

795. SALLES (A.). — Modestie et fierté de Montaigne. (*B.S.A.M.*, 2e sér., n° 4, 1938, pp. 42-44).

Considérations sur « cette opposition d'humeur » à laquelle les critiques n'avaient fait jusqu'ici que de brèves allusions.

796. MICHEL (P.). — Montaigne est-il amorphe ? (*L'Ecole*, 25 avril 1953, pp. 462 et 491).

Examen, chez les *Amis de Montaigne*, de la thèse soutenue par le caractérologue Gaston Berger qui rangeait l'auteur des *Essais* parmi les « amorphes ». Conclusion donnée par R. Trinquet : c'est au contraire parmi les « émotifs » qu'il serait préférable de le classer.

797. DUVIARD (F.). — A la trace du vrai Montaigne : Montaigne méridional. (*Rev. univers.*, LXIII : 1954, pp. 274-79).

« Les *Essais* — confession, livre de raison, journal, « ana » — sont une longue conversation monologuée en terre gasconne... La vraie figure de Montaigne,... nous prétendons qu'elle risquerait déjà moins d'être obscurcie par les préjugés dès l'instant qu'on nous consentirait son méridionalisme foncier » (p. 279). — *Voir* aussi A Lamandé (n° 409).

798. LELEU (Michèle). — Variations sur un diagnostic (le cas Montaigne). (*La Caractérologie*, n° 5, 1962, pp. 3-24).

Au sujet des nombreuses hésitations qui ont apparu lorsqu'il s'est agi de définir le caractère de Montaigne : était-ce celui d'un flegmatique ondoyant (Le Senne) ou au contraire ne valait-il pas mieux le ranger dans la catégorie des amorphes (G. Berger) ? En conclusion d'une longue étude technique, l'auteur déclare que Montaigne « est rien moins qu'un type « pur » et qu'il se trouverait en réalité « à l'intersection de deux, sinon de trois caractères » (p. 24).

799. LABLÉNIE (E.). — Essai sur le caractère de Montaigne. (*Mémorial* 1963, pp. 247-57).

« Les traits permanents du caractère semblent s'opposer et se contredire » chez Montaigne (p. 249). Celui-ci en effet se manifeste à nous comme étant à la fois : voluptueux et individualiste, indépendant d'esprit et vaniteux, nonchalant et, avant tout, curieux. Ce caractère « ondoyant et divers » n'en a pas moins une certaine unité que l'on découvre dans la recherche par Montaigne de « jouir loyalement » de tout son être.

800. MARCU (Eva). — Quelques invraisemblances et contradictions dans les *Essais*. (*Mémorial* 1963, pp. 238-46).

Montaigne aurait-il été ce que Rousseau en disait : un de ces « faux sincères qui veulent tromper en disant vrai. Il se montre avec des défauts, mais il n'en donne que d'aimables... » ? Une confrontation de certains passages prouve combien il est prudent pour nous « de ne pas fonder notre jugement trop fermement sur ses affirmations » (p. 240), car « notre champion de la vérité » s'est « souvent « paré », souvent dérobé » (*voir* n° 2126).

801. COMPAIN (J.M.). — Le caractère de Montaigne. (*Rev. de la Franco-Ancienne*, n° 173, décembre 1971, pp. 28-41).

Recherche de son caractère par l'étude calligraphique des différents manuscrits qui nous restent de lui.

802. — Méthodes d'approche de la personnalité de Montaigne. (*Rev. de la Franco-Ancienne*, n° 175, juin 1972, pp. 14-17).

Pour un diagnostic psychanalytique relatif à Montaigne (complément à l'étude précédente).

## Ses goûts [spéc. en matière de *gastronomie*] (cf. n° 545)

803. ALMÉRAS (H. d'). — Montaigne et le vin. (*J. des Débats*, 11 février 1933, p. 2. — Réimpr. dans *Le Périgourdin de Bordeaux*, février 1933, p. 8).

803*a*. AYMONIER (C.). — Montaigne à table. (*Rev. philom. de Bordeaux*, XXXVII : 1934, n° 4, pp. 179-91).

Tant dans les *Essais* que dans le *Journal*, Montaigne a fait maintes réflexions sur ses goûts gastronomiques comme sur l'art de manger ou sur celui d'organiser les tables. On en conclura volontiers qu'il devait être gourmand et même friand pour certaines cuisines.

804. SABRAZÈS (Dr J.). — Montaigne à table. (*Gaz. hebd. des sc. médic. de Bordeaux*, 2 octobre 1938, pp. 579-82).

Sur le régime alimentaire habituellement suivi par Montaigne, et « assez inadéquat à son tempérament morbide » (p. 580).

805. CHARBONNIER (F.). — Un détracteur de la science de gueule : Montaigne. (*Grandgousier*, XXI : 1954, n° 7-8, sept.-oct., pp. 4-8).

Montaigne n'a pas caché qu'il était « tout l'opposé d'un gastronome ». Il nous a même fait à ce sujet une confession « totale et souvent ingénue » au livre III des *Essais*. (Comparer avec les n°ˢ 803*a* et 807).

806. EYLAUD (Dr J.-M.). — Montaigne et le Vin. [Avant-propos de J. Chaban-Delmas, maire de Bordeaux]. — *Bordeaux*, « *La Feuille Vinicole* », *s.d.* (1956), in-8°, 22 pp.

Montaigne savait apprécier la qualité des vins, mais il usait de ceux-ci avec sagesse.

807. NICOLAÏ (A.). — Montaigne et les plaisirs de la table. (*B.S.A.M.*, 2ᵉ sér., n° 18, 1956, pp. 11-25).

« Le corps a autant droit à être soigné que l'âme » (p. 14), estimait Montaigne, et, bien qu'homme de la juste mesure, il montrera l'intérêt qu'a pu lui inspirer l'art culinaire, au cours de son voyage en Italie qui fut pour lui « une magistrale école de gastronomie pratique » (p. 25).

## Ses sentiments

*L'amitié*

808. FAGUET (E.). — De l'amitié dans les « Essais ». — Pp. 49-64 de : — En lisant les beaux vieux livres. — *Paris, Hachette*, 1911, in-16, IV-316 pp.

Etude portant sur ce « sentiment dominant » qu'a été l'amitié pour l'auteur des *Essais*, et sur les relations spirituelles qu'ont eues entre eux Montaigne et La Boétie.

809. RIVELINE (M.). — Montaigne et l'amitié. — *Paris, Alcan,* 1939, in-8°, 268 pp., fac-sim. — (*Thèse de lettres, Paris*).

L'amitié dans la vie de Montaigne et la conception qu'il eut de ce sentiment ; influence de l'amitié sur la forme et le fond des *Essais.*
= C.R. : — *B.S.A.M.,* 2ᵉ sér., n° 7 (1939), p. 120 ; — L. Bonfatti-Longhi (*Riv. di filos. neo-scolast.,* XXXII : 1940, pp. 240-41) ; — Marcel Raymond (*Human. et Renaiss.,* VII : 1940, n° 2, pp. 246-48). =

810. BOURGAREL (R.). — La vie sentimentale de Montaigne. (*Les Etudes philosophiques,* N.S., 1946, n° 2, avril-juin, pp. 135-37).

Sur le plan des affections « et spécialement de l'amour et de l'amitié, Montaigne n'a pas été, et a toujours veillé à ne pas devenir un passionné ». Primauté chez lui de l'amitié sur les autres sentiments. Exemples typiques donnés par ses relations avec La Boétie et avec Mlle de Gournay. — (Sujet traité à la Société d'études philosophiques de Marseille, séance du 29 décembre 1945).

811. DURON (J.). — Montaigne et l'amitié. (*B.S.A.M.,* 3ᵉ sér., n° 2, 1957, pp. 22-25). — (*Quadricentenaire de la rencontre de Montaigne et de La Boétie.* — Séance solennelle, 10 juin 1957. — Allocution n° 6).

Contient diverses observations « sur une amitié célèbre et sur l'amitié elle-même » (p. 23).

812. LINCK (A.). — Montaigne et l'amitié. (*Arcadie,* VIII : 1961, n° 88 [avril], pp. 198-210).

Traits dominants de l'amitié éprouvée par Montaigne pour La Boétie (avec « un aperçu de ses opinions [défavorables] sur le fait homosexuel », pp. 204-10).

*L'amour*

813. COHEN (G.). — Montaigne et la psychanalyse. (*Psyché,* VI : 1951, pp. 224-32).

Le véritable sujet de cette étude serait plutôt : *Montaigne et l'amour,* avec comme texte de base l'essai *Sur des vers de Virgile* (III, 5), dans lequel le philosophe s'est attaqué à la question sexuelle, en déployant, on le sait, une réelle virtuosité.

814. DASSONVILLE (M.). — Le cœur de Montaigne. (*B.H.R.,* XXV : 1963, n° 1, pp. 178-86).

Montaigne en face des problèmes de l'amour.
= C.R. : — *Studi fr.,* VII (1963), n° 21, p. 540. =

*Les femmes*

815. DELLUC (L.-C.). — Ce que Montaigne pensait des femmes. (*Rev. philom. de Bordeaux,* IX : 1906, n° 12, pp. 529-36).

Il est assez difficile de préciser la nature des opinions que Montaigne pouvait avoir des femmes, mais on doit reconnaître qu'il n'a pas toujours été très indulgent pour elles. — (Ecrit à l'occasion de la sortie du 1ᵉʳ vol. de l'Edition municipale).

816. AYMONIER (C.). — Montaigne et les femmes. (*Rev. philom. de Bordeaux*, XXXVI : 1933, nᵒ 2, pp. 52-74).

« Des confidences de l'auteur des *Essais*, on dégagerait sans peine un Essai sur l'amour ou les femmes » (p. 52). — En réalité, les *deux* essais seraient à prévoir, car les réflexions passablement satiriques que le « sexe faible » inspire à Montaigne ont pour vis-à-vis les remarques emplies de gauloiseries de l'essai *Sur des vers de Virgile*. Et d'ailleurs, s'il a connu et goûté l'amour dans sa jeunesse, en revanche le mariage devait être pour lui une école de scepticisme (voire de pessimisme) à l'égard des dames.

817. GUINAUDEAU (B.). — Amour et amitié. — Montaigne et les Bordelaises. (*L'Avenir*, 9 avril 1933, p. 1).

Incontestablement, la femme a joué un rôle primordial dans cette vie que Lamandé qualifiait de « gaillarde et sage » et où furent commises bien des fredaines de la part du futur professeur de morale. Mais, malgré tout, il semble bien que l'amitié a toujours dû dominer l'amour chez Montaigne.

818. PERCEVAL (E. de). — Montaigne et la femme. (*La Vie bordelaise*, 3-9 décembre 1933, pp. 1-2).

Opinion de Montaigne sur la femme en général, prise comme entité. Les remarques qu'il a pu faire sur le beau sexe ne sont pas celles d'un féministe, « tant s'en faut » ; certaines même sont imprégnées du cynisme de quelqu'un qui, à quelques rares exceptions près, a généralement considéré la femme comme l'inférieure de l'homme. — (Second volet d'un *Triptyque à propos de Montaigne*, — cf. nᵒˢ 570 et 1806).

819. AYMONIER (C.). — Un paradoxe de Montaigne. (*B.S.A.M.*, 2ᵉ sér., nᵒ 19, 1956, pp. 4-6).

A propos de l'opinion émise par Montaigne sur les femmes, sur le ménage, ... et sur le sien en particulier. — (Communication publiée à titre posthume).

820. CHARLIER (G.). — Montaigne et les femmes. — Pp. 9-17 dans : — De Montaigne à Verlaine. Nouveaux problèmes d'histoire littéraire, suivis d'une bibliographie choisie... — *Bruxelles, impr. Aalter ; (Paris, Nizet)*, 1956, in-8ᵒ, 268-x pp., 2 fig. h.-t. — (*Recueil offert en hommage au professeur Gustave Charlier, par ses collègues, ses anciens élèves et ses amis*).

L'étude ci-dessus a été inspirée par l'ouvrage d'A. Nicolaï, *Les Belles Amies de Montaigne* (nᵒ 1082) — selon lequel « à tels détours des *Essais* [se dégagerait] une subtile *odore di femmina* » (p. 11). Certes, Montaigne a cultivé de nombreuses relations féminines dont il nous a fait connaître l'étendue. Il est resté discret pour une seule, qui n'était cependant pas la moins importante : celle avec sa propre femme !

821. MICHEL (P.). — Montaigne. Chrysale. (*B.S.A.M.*, 2ᵉ sér., nᵒ 18, 1956, pp. 36-41).

Montaigne, qui fréquenta et apprécia bon nombre de femmes cultivées, voire de femmes savantes, semble néanmoins préfigurer, non pas le pédant Trissotin, mais plutôt Chrysale, dont on retrouverait en lui, « le rôle terre à terre et familier » (p. 37).

822. HAMEL (Marcelle). — Les femmes dans les *Essais*. (*B.S.A.M.*, 3ᵉ sér., nᵒ 27, 1963, pp. 30-35).

Les femmes sont bien présentes dans les *Essais*, mais c'est à vrai dire sous un aspect analytique « dans l'ensemble sévère » : Montaigne en effet « leur accorde une confiance très limitée et fort peu d'estime » (p. 34), sauf, bien entendu, aux « belles et honnestes femmes » dont la fréquentation a été pour lui « un doux commerce » (III, 3).
= C.R. : — G. Mombello (*Studi fr.*, X : 1966, nᵒ 30, p. 543). =

823. FRANÇON (M.). — Les amitiés féminines de Montaigne. (*B.S.A.M.*, 4ᵉ sér., nᵒ 20, 1970, pp. 49-50).

Contrairement à ce qu'a pu dire de lui Pierre Gauthiez, qui d'ailleurs ne l'aimait pas, (cf. « Montaigne, ... cet homme éloigné des femmes », dans : *Etudes sur le XVIᵉ siècle*, [nᵒ 335], p. 252), il semble bien que l'auteur des *Essais* a presque toujours suscité l'intérêt du beau sexe.

824. INSDORF (Cecile). — Montaigne and feminism. — Diss. City Univers. of New York, 1972, 158 pp. — (*Diss. Abstr. Int.*, XXXIII : 1972-1973, nᵒ 8 [February], p. 4347-A).

Examen du caractère très contradictoire des sentiments que Montaigne a manifestés pour la femme, tant dans sa vie qu'à travers les *Essais*.

825. SÉNÉCHAL (R.). — Montaigne et les femmes. (*L'Ecole des Lettres*, 8 mars 1975, pp. 3-4).

Sur le caractère des relations féminines de Montaigne au point de vue conjugal, social et, bien entendu, sexuel.

— [*Voir* aussi : *Mᵐᵉ de Montaigne*, nᵒˢ 878-889, et *Les Amies de Montaigne*, nᵒ 1057 et *passim*].

# Tendances d'esprit

826. NORTON (Miss Grace). — Montaigne's love of conversation. — Pp. 213-18 de : — The early writings of Montaigne... (nᵒ 355).

A propos de l'essai III, 8 (*De l'art de conférer*).

827. STROWSKI (F.). — La vocation de Montaigne. (*Le Correspondant*, 1913, t. CCLI, 10 juin, pp. 934-47).

Montaigne avait un penchant très marqué pour les lettres, et il n'a pas cessé de le cultiver même quand il s'est exercé dans des activités bien différentes. — (Etude publiée à l'occasion de la sortie de l'éd. phototypique).

828. FRIEDENWALD (Harry). — Montaigne's relation to Judaïsm and the Jews. (*Jewish quart. rev.*, XXXI : 1940-1941, pp. 141-48).

829. FRANÇON (M.). — De Montaigne à Hegel. (*B.S.A.M.*, 3ᵉ sér., nᵒ 27, 1963, pp. 50-52).

Montaigne et son goût pour la poésie d'origine populaire.
= C.R. : — *Studi fr.*, X (1966), nᵒ 30, p. 543. =

# Troubles de la personnalité

830. PONCET (A.). et LERICHE (R.). — La maladie de Jean-Jacques Rousseau, d'après des documents récents. (*Bull. de l'Acad. de Médecine*, LXXI : 1907, vol. II, pp. 607-17).

Dans sa réponse à cette communication relative à l'« hypocondrie » de J.-J. Rousseau (séance du 31 décembre 1907), le professeur Landouzy signalait en Montaigne un « autre célèbre hypocondriaque », chez qui les troubles d'humeur avaient été la conséquence d'une lithiase rénale héréditaire (p. 617). Fâché d'une telle allégation visant son auteur préféré, le Dr Armaingaud entreprit de rectifier ce qu'il considérait comme une erreur manifeste, et, au cours de la séance du 25 février 1908, il présenta une communication (n° 831) dans laquelle il infirmait en tous points la thèse de son confrère. Ce dernier s'inclina bien volontiers, puisque, dans la séance du 16 juin (*Bull. de l'Académie*, 1908, p. 677), il fit cette réponse : « Je m'en veux moins d'avoir mésusé du mot *hypocondriaque* depuis que notre collègue Armaingaud en a profité pour nous donner la communication que, tous, nous avons goûtée comme l'œuvre délicate d'un érudit qui aime autant qu'il sait son Montaigne ». Et *L'Eclair* concluait : « On ne se tire pas plus spirituellement d'une erreur ».
= C.R. : — *L'Eclair*, 26 février et 17 juin 1908 ; — réimpr. dans le *Bull. de la Soc. hist. et archéol. du Périgord*, XXXV : 1908, pp. 118-19, et p. 247. =

831. ARMAINGAUD (Dr A.). — Montaigne était-il hypocondriaque ? (*Bull. de l'Acad. de Médecine*, LXXII : 1908, vol. I, pp. 272-82, et aussi : *Chronique méd.*, XV : 1908, pp. 176-84). — Tirage à part : *Paris, Masson*, 1908, in-8°, 12 pp.

Texte de la communication présentée par le Dr Armaingaud en réponse au prof. Landouzy et à sa conjecturale « hypocondrie » de Montaigne (cf. n° 830).

832. ALBERT (Mlle R.). — Les « gardoires » de Montaigne. (*B.S.A.M.*, 2e sér., n° 6, 1939, pp. 52-53).

A propos de l'idée que Montaigne se fait de la mémoire, et des plaintes que lui fait exhaler le défaut de la sienne. (*Voir* n° 2267).

833. GARROS (G.). — Montaigne était-il un inquiet ? (*B.S.A.M.*, 2e sér., n° 6, 1939, pp. 53-54).

Suite de la discussion Landouzy-Armaingaud, l'auteur se rangeant aux côtés de ce dernier pour rejeter l'hypothèse d'un *calamitosus animus* chez Montaigne.

CHAPITRE VI

# LA FAMILLE DE MONTAIGNE

## Généralités

834. MALVEZIN (Th.). — Notes généalogiques sur Montaigne. (*La Gironde*, 8 mai 1868, pp. 2-3, — 11 mai, pp. 2-3, — 19 mai, p. 5, — 22-23 mai, p. 8).

Ces notes, fortement complétées, ont été reprises dans l'ouvrage suivant :

835. — Michel de Montaigne, son origine, sa famille. (*Actes de l'Acad. de Bordeaux*, 3e sér., XXXV : 1873, 2e part., pp. 1-163 et 183-344). — L'ensemble de ce travail a paru en volume sous le titre suivant : — Michel de Montaigne, son origine, sa famille. *Utriusque memor.* — *Bordeaux, Lefebvre*, 1875, in-8°, 348 pp., tableaux généal., plan, fac-sim. (Tiré à 300 exempl.). — Réimpr. : *Genève, Slatkine*, 1970, in-8°, IV-348 pp., pl.

Etude de la famille de Montaigne (le nom, la maison noble, les ascendants de Montaigne, ses frères et sœurs, ses descendants, — pièces justificatives [pp. 207 à 342]). — Sur Montaigne lui-même, cf. n° 526.
    = C.R. (et polémique) : — J. Delpit (*Courrier de la Gironde*, 22 janvier 1875, p. 3) ; — réponse de Th. Malvezin [lettre au rédacteur du *Courrier*]. (*Ibid.*, 26 janvier, p. 3) ; — J. Delpit, *Encore M. Malvesin* [sic] *et Michel de Montagne. (Ibid.*, 30 janvier, p. 3) ; — courte réplique de Th. Malvezin, suivie d'une note de l'éditeur Lefebvre sur le nombre des exemplaires distribués (*Ibid.*, 1er février, p. 2). =

836. STAPFER (P.). — [La famille de Montaigne]. — Pp. 27-127 de : — La famille et les amis de Montaigne. Causeries autour du sujet... — *Paris, Hachette*, 1896, in-16, VII-361 pp.

Le volume réunit un certain nombre de conférences faites à la Faculté des Lettres de Bordeaux pendant l'année scolaire 1894-1895, et auxquelles ont été ajoutées quelques études antérieurement publiées dans divers périodiques. — *Titres des chapitres de cette 1re partie :* — L'arrière grand-père de Montaigne (n° 847). — Sa mère et sa famille. — Sa fille (n° 1934).
    = C.R. de l'ouvrage : — R. Rosières (*Rev. crit.*, XXX : 1896, 1er sem., pp. 313-15). =

837. NORTON (Miss Grace). — The family of Montaigne. — Pp. 87-109 de : — The early writings of Montaigne... (n° 355).

Etude sur la famille de Montaigne (son père, sa mère, ses frères et sœurs, sa femme, sa fille).

838. MELLER (P.). — Famille Eyquem de Montaigne. — Tome II,
pp. 92-93, de l' : — Armorial du Bordelais. Sénéchaussées de Bordeaux, Bazas et Libourne... — *Paris, H. Champion ; Bordeaux,
Féret et fils*, 1906, 3 vol. in-4° (tirage à 200 exempl.).

Liste de ses représentants ; emplois ; alliances ; description des armes.

839. DU FOUSSAT DE BOGERON (Baron G.). — « La race de Montaigne ». (*Bull. de la Soc. hist. et archéol. de Saint-Emilion*, VII :
1938, pp. 26-29).

A propos des prétentions de « race » manifestées par Montaigne et qui ont
fait sourire quelques critiques comme le D<sup>r</sup> Bertreux (*voir* n° 863). Pourtant, avec « au moins trois siècles d'hérédité chrétienne et française que
Montaigne avait derrière lui, de par les Eyquem », son souci de la race ne
devrait pas prêter à sourire (p. 28).

840. GRAILLY (Marquis H. de). — Quelques corrections à Malvezin.
(*B.S.A.M.*, 2<sup>e</sup> sér., n° 5, 1939, p. 16).

Sur le nombre d'enfants qu'eurent Grimon Eyquem, le grand-père de Montaigne, et Jeanne, sa sœur.

841. MEAULDRE DE LA POUYADE (M.) et SAINT-SAUD (Comte de). —
Les Ayquem de Montaigne. — Pp. 119-82 de : — Les Makanam.
Les Ayquem de Montaigne. Recherches historiques. — *Bordeaux, Féret*, 1943, in-4°, 188 pp., fig., tabl., fac-sim. (Tirage à
150 exempl.).

Etude généalogique des branches de Bussaguet et du Taillan, depuis le
XVI<sup>e</sup> jusqu'au XIX<sup>e</sup> siècle. — Etudes des armoiries de la famille. — Les
premiers degrés de la filiation des seigneurs de Montaigne.

842. DAUZAT (A.). — L'origine du nom *Eyquem*. (*B.S.A.M.*, 2<sup>e</sup> sér.,
n<sup>os</sup> 13-14, 1948-1949, p. 10).

Contrairement à certaines assertions, le patronyme *Eyquem* (qui a abouti
à *Yquem*) n'aurait nullement une étymologie sémitique, mais serait plutôt
« un bon vieux nom gascon dont les attaches au sol sont anciennes et
indiscutables ». — Cf. n° 863.

843. FEYTAUD (J. de). — Les Messieurs de Montaigne, ces vendeurs
de hareng. (*B.S.A.M.*, 2<sup>e</sup> sér., n° 17, 1955, pp. 12-18).

« C'est entendu, Montaigne est orgueilleux... Sans cesse, il joue le grand
seigneur » (p. 12). Et pourtant, en dépit des médisances de Scaliger, il est
un fait que« de leur condition servile, les Ayquem se sont élevés très rapidement jusqu'aux plus beaux sommets. Bon sang ne peut mentir. Le leur
a formé une race forte et s'est épanoui en génie et en sainteté » (p. 18).

844. GARDEAU (Léonie). — Quelques rapports du Périgord avec Bordeaux, du XVI<sup>e</sup> siècle au début du XIX<sup>e</sup>, d'après les archives
notariales. (*Rev. hist. de Bordeaux*, N.S., IV :1955, pp. 219-23).

Parmi les familles périgourdines pour lesquelles Bordeaux, capitale de la
Guyenne, a été un pôle d'attraction, la famille de Montaigne est la première à citer (pp. 219-20).

# Les ascendants

845. MALVEZIN (Th.). — [Sur l'origine israélite de Montaigne du côté de sa mère]. — Pp. 73-75, 97-99 et 117 de l' : — Histoire des Juifs à Bordeaux. — *Bordeaux, Lefebvre,* 1875, in-8°, VIII-375 pp.

846. Origine juive de Montaigne. (*Arch. Israël. de France,* XXXVI : 1875, pp. 312-14).

847. STAPFER (P.). — L'arrière-grand-père de Montaigne. (*Rev. bleue,* XXXII : 1895, 2e sem., pp. 147-52).

Où il est traité de Ramon Eyquem, « marchand de poisson salé », et de la vanité de Montaigne, entiché de noblesse au point d'oublier quelque peu ces appartenances plébéiennes. — Article repris au 2e chap. de *La famille et les amis de Montaigne* (n° 836).

848. Montaigne and East Anglia. (*Notes & Qu.,* 9th ser., 1899, vol. III, pp. 144-45 [C.J.I.], p. 211 [J.C. Alger] et pp. 437-38 [Edward E. Morris]).

Comme origine du nom d'*Eyquem,* en provenance peut-être de l'Angleterre orientale (Suffolk), Florio dans sa traduction avance le patronyme : *Higham.*

849. NICH. — Montaigne était-il d'origine anglaise ? (*Intermédiaire,* 1899, vol. XXXIX, col. 728).

Réponse dubitative, malgré ses allusions à un « cousinage » avec des Anglais.

850. CORRAZE (Abbé R.). — Les Lopez, ancêtres maternels de Michel de Montaigne. (*Bull. philol. et hist.* [*jusqu'à 1715*] *du Comité des trav. hist. et scient.,* 1932-1933, pp. 283-98).

Communication présentée, à l'occasion du IVe centenaire de Montaigne, dans la séance du Comité du 6 novembre 1933 et lue dans celle du 4 décembre. — Elle comporte des documents biographiques inédits, auxquels a été joint un tableau généalogique des Lopez. Parmi ces documents figure (pp. 284-88) le texte du contrat de mariage de Pierre Eyquem de Montaigne avec « noble demoiselle » Antoinette de Lopez.

851. COURTEAULT (P.). — La mère de Montaigne. (*Rev. hist. de Bordeaux,* XXVII : 1934, pp. 5-14 et 49-60. — Repris dans les *Mél. Laumonier,* 1935, pp. 305-27. — Etude résumée dans le *B.S.A.M.,* 2e sér., n° 1, 1937, pp. 15-16).

« Autant Montaigne a parlé avec complaisance de son père, autant il s'est montré déplorablement discret au sujet de sa mère ». Et P. Courteault formule diverses suppositions concernant une réserve aussi singulière.

852. AUSSARESSES (F.). — Montaigne et sa mère. L'influence juive sur le génie de Montaigne. (*La Petite Gironde*, 5 août 1935, p. 4).

L'auteur de cet article admet et retient volontiers l'origine israélite de M^me de Montaigne mère, origine confirmée par les recherches de l'abbé Corraze et de P. Courteault. Il y trouve, non une tare pour Montaigne, mais au contraire un immense avantage : le ferment dont devait sortir son génie.

853. GINSBURGER (E.). — La mère de Montaigne. (*Rev. juive de Genève*, IV : 1935-1936, pp. 67-71).

Sur l'origine juive d'Antoinette de Louppes.

854. R. (U.). — Le grand-père maternel de Montaigne. (*J. des Débats*, 21 septembre 1935, p. 2).

855. COURTEAULT (P.). — Michel de Montaigne. Ses parents. (*Intermédiaire*, 1936, vol. XCIX, col. 183-84).

Au sujet du mariage des parents de Montaigne et de l'enregistrement de cet acte à Toulouse.

856. KAHN (D.). — Montaigne et sa mère. (*Rev. juive de Lorraine*, XII : 1936, pp. 29-32).

857. ROTH (Cecil). — The ancestry of Montaigne. (*T.L.S.*, May 2, 1936, p. 379).

Lettre au directeur du *Times* précisant l'appartenance de la mère de Montaigne à une famille de la *juderia* de Calatayud.

858. SAINT-SAUD (Comte de). — Michel de Montaigne. Ses parents. (*Intermédiaire*, 1936, vol. XCIX, col. 127-28).

Sur le mariage de Pierre Eyquem et la filiation d'Anthonye de Loupes (à propos de l'étude de P. Courteault, n° 851).

859. SEGUSTO. — Michel de Montaigne, ses parents, sa mère. (*Intermédiaire*, 1936, vol. XCIX, col. 265-67).

A propos des origines maternelles de Montaigne : l'auteur renvoie aux recherches de l'abbé Corraze (n° 850) et à l'étude de P. Courteault (n° 851).

860. ROTH (Cecil). — Montaigne's mother. — P. 56 de : — The Spanish inquisition... illustrated. — *London, Robert Hale*, 1937, in-8°, 320 pp.

861. — L'ascendance juive de Montaigne. [Traduit de l'anglais par M^me Ph. Simon]. (*Rev. des cours et conf.*, XXXIX : 1937-1938, n° 2, 30 décembre 1937, pp. 176-87, — et aussi : *B.S.A.M.*, 2^e sér., n° 3, 1938, pp. 8-13).

Recherches sur les Lopez et sur les raisons du silence observé par Montaigne, dans le cours des *Essais*, à l'endroit de sa mère par laquelle il était « l'arrière-arrière-arrière-arrière-arrière petit-fils de Mayer Paçagon, membre converti d'une famille juive » espagnole (p. 187). — *Voir* aussi n° 857.

862. AYMONIER (C.). — Pourquoi Montaigne n'a-t-il pas parlé de sa mère ? (*B.S.A.M.*, 2ᵉ sér., nᵒ 4, 1938, pp. 17-19).

Il a paru difficile à l'auteur de donner sur ce point un avis formel, alors que plusieurs explications étaient également valables (incompatibilité de caractères entre la mère et le fils, origine israélite de Mᵐᵉ de Montaigne mère, etc.).

863. BERTREUX (Dʳ H.). — Les ascendances et les hérédités juives de Montaigne. (*Rev. hebd.*, XLVII : 1938, 12 février, pp. 220-28). — Sur la couverture de la revue, cette étude a pour titre : *Les véritables ascendances de Montaigne.*

Selon l'auteur, Montaigne serait d'origine juive aussi bien par son père (Pierre Eyquem) que par sa mère. Ce nom *Eyquem* serait une dérivation d'un patronyme juif : Aïkin, Haykin, Hayem (p. 224). — Cf. nᵒ 842.

864. HAMETEL (Humbert de). — Montaigne était-il juif ? (*La France de Bordeaux*, 2 mars 1938, p. 4).

Examen de la thèse du Dʳ Bertreux que le critique rejette comme mal instruite et d'ailleurs en opposition formelle avec la réalité de la généalogie.

865. NICOLAÏ (A.). — A propos de « ce juif » Michel de Montaigne. (*La Petite Gironde*, 23 mai 1938, p. 4).

Article écrit en réplique à l'étude du Dʳ Bertreux (nᵒ 863). La seconde partie en a été reproduite dans le *B.S.A.M.*, 2ᵉ sér., nᵒ 4 (1938), pp. 14-15.

866. — A propos des ascendances de Montaigne. (*Rev. bleue*, LXXVI : 1938, pp. 342-44). — Les véritables ascendances de Montaigne. (*Ibid.*, pp. 444-49). — Repris dans la *Rev. philom. de Bordeaux*, XLI (1938), nᵒ 4, pp. 164-78.

Etude du nom de famille *Eyquem* (provenant peut-être d'un prénom comme « Joachim » déformé à l'usage (?), et critique des allégations du Dʳ Bertreux sur les origines sémites de Montaigne.

867. SALLES (A.). — Les Eyquem. (*B.S.A.M.*, 2ᵉ sér., nᵒ 4, 1938, pp. 13-14).

Sur le problème que présente l'origine de ce nom patronymique.

868. — Le second testament du père de Montaigne (22 septembre 1567). (*B.S.A.M.*, 2ᵉ sér., nᵒ 4, 1938, pp. 5-11, et nᵒ 5, 1939, p. 6).

Document inédit communiqué par le marquis de Grailly. Il est accompagné de remarques d'A. Nicolaï sur la seigneurie de Montaigne, sur la fortune de Pierre Eyquem, etc. (*Ibid.*, nᵒ 5, pp. 7 et suiv.) — Cf. nᵒ 873.

869. STROWSKI (F.). — La jeunesse de Montaigne : — I. La tribu Eyquem ; — II. La tribu Lopez de Villanueva. (*Rev. des cours et conf.*, XXXIX : 1937-1938, nᵒ 7, 15 mars 1938, pp. 577-85,

et n° 8, 30 mars 1938, pp. 681-85). — Etudes reprises dans les chap. I et II (pp. 11-28) de la biographie publiée la même année par l'auteur dans la collection : *A la gloire de...* (n° 427).

870. WALTER. — Montaigne : ses origines paternelles. (*Intermédiaire*, 1938, vol. CI, col. 859).

Sur la question de l'origine anglaise de Montaigne.

871. CORRAZE (Abbé R.). — Le père de Michel de Montaigne à l'Université de Toulouse. (*Bull. philol. et hist.* [*jusqu'à 1715*] *du Comité des trav. hist. et scient.*, 1938-1939, pp. 191-96).

Communication présentée au 72ᵉ Congrès des Sociétés savantes tenu à Bordeaux (séance du 12 avril 1939). — Pièce justificative : « acte de donation pour frais d'études consenti en faveur de Pierre Eyquem » (pp. 195-96).

872. LE BAILLI. — Montaigne : ses origines paternelles. (*Intermédiaire*, 1939, vol. CII, col. 172).

873. NICOLAÏ (A.). — Remarques sur le [second] Testament [du père de Montaigne] : — 1. La Seigneurie de Montaigne (plan annexé) ; — 2. Fortune de Pierre Eyquem ; — 3. Comparaison des deux testaments (*4 février 1560* et *22 septembre 1567*). (*B.S.A.M.*, 2ᵉ sér., n° 5, 1939, pp. 7-10). — Cf. n° 868.

Etude complétée par une note d'A. Salles sur les « transactions et procès qui suivirent la mort de Pierre Eyquem » (p. 10).

874. SEGUSTO. — Montaigne. Ses origines. (*Intermédiaire*, 1939, vol. CII, col. 76-80).

Examen de deux travaux récemment parus sur la question, et dûs, l'un au Dʳ Bertreux (n° 863), l'autre à Cecil Roth (n° 861).

875. HESS (Gerhard). — Zu Montaignes Abstammung. Ein Bericht. (*Zeits. f. franz. Sprache u. Liter.*, LXIV : 1942, pp. 220-27).

Au sujet des ascendances maternelles juives de Montaigne, avec, p. 224, un arbre généalogique (depuis Mayer Paçagon), établi d'après les travaux de Malvezin (n° 835), de Roth (n° 861) et de Corᵣaze (n° 850).

876. BERL (E.). — Le fils de Mˡˡᵉ Lopez. (*Figaro*, 8 octobre 1969, p. 1).

C'est évidemment de Montaigne dont il s'agit, — de ce Michel qui aimait tendrement son père... et qui n'a rien dit de sa mère, « exemple saisissant de refoulement et d'autocensure... Quel psychanalyste ne verrait pas là un problème », — pour ne pas dire : un mystère ?

877. LAFFLY (G.). — Faut-il une psychanalyse des *Essais* ? (*R.D.M.*, 1969, 4ᵉ trim., pp. 470-72).

Suite à l'article précédent : G. Laffly retiendrait volontiers l'idée d'une étude psychanalytique des *Essais*, sinon de leur auteur.

# Madame de Montaigne. - Montaigne en ménage

878. BONNEFON (P.). — Le mariage de Michel de Montaigne. Françoise de La Chassaigne. (*Rev. encycl.*, I : 1891, pp. 104-08).

Avec la reproduction du portrait de Montaigne par Saint-Aubin, d'un fragment de sa première lettre à Henri IV et du tombeau du moraliste. — D'importants passages de cette étude sont entrés dans la composition de trois chapitres de la monographie publiée par Bonnefon en 1893 (*voir* n° 331).

879. LUX (J.). — Montaigne et La Boétie, amis et époux. (*Rev. bleue*, L : 1912, 1er sem., pp. 158-59).

Comparaison entre le caractère d'amitié indissoluble qui lia Montaigne et La Boétie, et la nature de leurs ménages. Aux yeux de l'auteur, celui de Montaigne n'aurait pas été aussi malheureux qu'on a bien voulu le dire. (Article faisant suite aux considérations publiées, en 1911, sur le même sujet par G. Coleridge dans *The Fornightly review*. — Cf. n° 1041).

880. LAUMONIER (P.). — Madame de Montaigne d'après les *Essais*. (*Mél. Lefranc*, 1936, pp. 393-407). — Etude présentée en réduction dans le *B.S.A.M.*, 2e sér., n° 1 (1937), pp. 17-18.

La lecture de certains passages des *Essais*, où l'on trouve tant de critiques (même indirectement exprimées) à l'égard du mariage, ne permet plus de parler, comme on l'a fait souvent, « de la tendre affection de Montaigne et de sa femme » (p. 405). Car, il semble bien qu'en réalité, le moraliste a dû souffrir « de l'entêtement, de l'humeur acariâtre, de la jalousie, de la sottise et même de la négligence domestique » de M^me de Montaigne (p. 406). — A rapprocher des études n°s 299, 546, 836, 879 et 881 à 886.

881. AYMONIER (C.). — Madame de Montaigne. (*B.S.A.M.*, 2e sér., n° 3, 1938, pp. 14-17).

Montaigne a-t-il été heureux en ménage ? La fidélité de M^me de Montaigne a-t-elle été effective ? — L'auteur, qui cite plusieurs biographes (Bigorie de Laschamps, Armaingaud, Laumonier) achève son travail... en évitant de se prononcer sur un sujet aussi délicat.

882. RAT (M.). — Le ménage de Montaigne. (*B.S.A.M.*, 2e sér., n° 15, 1949-1952, pp. 14-23).

Le tableau touchant et idyllique que plusieurs biographes (Bonnefon, Stapfer, Plattard) ont présenté du ménage Montaigne paraît difficile à admettre quand on a relu les *Essais*. M. Rat, pour sa part, soutient un point de vue nettement opposé et estime que le moraliste n'a trouvé auprès de sa femme ni la tranquillité domestique, ni la loyauté conjugale (cf. p. 18).

883. — Du nouveau sur l'auteur des *Essais*. Malgré Aristote et Platon, Montaigne fut plutôt malheureux en ménage. (*Figaro litt.*, 13 mars 1954, p. 7).

L'auteur maintient sa thèse de l'infidélité conjugale de M^me de Montaigne.

884. TRINQUET (R.). — Pour la gestion de ses affaires, M^me de Montaigne n'aurait-elle pas subi une influence posthume de son mari ? (*B.S.A.M.*, 2^e sér., 1955, n° 17, p. 7).

Question posée devant la Société dans la séance du 5 novembre 1955.

885. DUVIARD (F.). — A la trace du vrai Montaigne : Montaigne en ménage. (*Rev. des sc. hum.*, 1956, pp. 5-18).

Critique intense de l'opinion de ceux qui ont cru voir une situation de désordre dans le couple Montaigne (cf. n^os 546 et 882). L'auteur, bien au contraire, est persuadé que Michel a trouvé chez lui affection et bonne entente ; il estime en outre qu'on ne saurait, sans réelle ingéniosité, découvrir de l'infidélité dans la conduite de M^me de Montaigne.

886. RAT (M.). — Sur Montaigne en ménage. (*B.S.A.M.*, 2^e sér., n° 18, 1956, pp. 26-27).

Dans cette réponse à l'article précédent, M. Rat rejette les affirmations de son contradicteur, et considère d'autre part qu'une infidélité de M^me de Montaigne ne pouvait en rien porter atteinte à la gloire de son époux.

887. BILLY (A.). — Si M^me de Montaigne en a fait porter à son mari. (*Figaro litt.*, 28 juillet 1956, p. 2).

Examen des deux thèses adverses, celle — pessimiste — de M. Rat (n^os 882, 883, 886) et celle soutenue par F. Duviard, pour qui une bonne conduite de la part de M^me de Montaigne ne peut pas faire de doute (n° 885). L'auteur du présent article semble pencher assez volontiers pour la première de ces thèses...

888. BALLET (J.). — Françoise de La Chassaigne (1544-1627), femme de Michel de Montaigne, une grande dame du Limousin en Guyenne. (*Bull. de la Soc. des lettres, sc. et arts de la Corrèze*, LXVIII : 1964, pp. 55-59).

Etude inachevée où sont précisées les origines limousines de la famille de Françoise de La Chassaigne.

889. TRINQUET (R.). — Le ménage de Montaigne. (*B.S.A.M.*, 5^e sér., n^os 7-8, 1973, pp. 7-26).

Ce travail a été conçu pour dégager une appréciation objective des deux thèses émises par les historiens de Montaigne (mariage idyllique, — ménage habité par la guerre) et le résultat obtenu est un renvoi dos-à-dos des deux parties. Pour R. Trinquet en effet si « une barrière d'incompréhension » a pu « se dresser entre les deux époux » (p. 22), il n'est pas certain que les reproches adressés par Montaigne aux femmes aient visé exclusivement la sienne, qui sut montrer une vertu économique dans son ménage et ne devait pas, à tout prendre, être continuellement désagréable.

## Ses descendants

890. Rapport du Comité révolutionnaire de surveillance de Bordeaux au représentant du peuple en mission dans cette ville [24 septembre 1974]. (*Arch. hist. de la Gironde*, XIV : 1873, pp. 550-51).

Dans ce rapport était demandée la mise en liberté de Joseph de Ségur-Montaigne, appréhendé le 3 janvier 1794 comme noble, mari et père d'émigrés. — A la suite figure l'arrêté du représentant du peuple, C.-Alex. Ysabeau accordant cette mise en liberté. — [Pièce n° CCCVIII].

891. BUSSIÈRE (G.). — Le général Michel Bacharetie de Beaupuy. Sa parenté avec Montaigne. (*Bull. de la Soc. hist. et archéol. du Périgord*, XVII : 1890, pp. 138-46). — *Voir* aussi n°ˢ 893, 894 et 900.

892. ARDOUANE. — Existe-t-il des descendants de la famille de Montaigne ? (*Intermédiaire*, 1901, vol. XLIV, col. 6).

Cette question a fait l'objet de réponses par La Coussière et G. Cam (*Ibid.*, 1901, vol. XLIV, col. 183-84, et 1903, vol. XLVII, col. 574), et par Pierre Meller, généalogiste bordelais (*Ibid.*, 1901, vol. XLIV, col. 184-88 et 462 ; 1903, vol. XLVII, col. 21). D'où il ressort que si le nom de Montaigne s'est éteint, le sang de la race n'en subsiste pas moins dans bon nombre de familles françaises, et s'il n'y a plus de descendants mâles, en revanche les descendants par les femmes sont encore nombreux.

893. La descendance de Montaigne. (*Intermédiaire*, 1928 à 1933) :

— « Peut-on en donner l'état actuel ? » [Question posée par L.B., 1928, vol. XCI, col. 720]. — Réponses avec détails et compléments :

— *Ibid.*, col. 883-85 : — L. Desvergnes : — énumération des descendants de Léonore de Montaigne jusqu'au XIX° siècle (avec une note par Saint-Saud, col. 885) ;

— 1929, vol. XCII, col. 31-32 : — Castelmerle : — rectif. et complément à l'article précédent (la descendance de Montaigne par les Ségur et les Pontac) ;

— *Ibid.*, col. 67-70 : — A. de Puységur des Georges et L. Desvergnes : — nouveaux compléments à l'art. de 1928 (les branches des Lur-Saluces, Sainte-Maure Montausier et Pontac) ;

— *Ibid.*, col. 445-47 : — L. Desvergnes et Castelmerle : — nouvelles additions concernant les branches des Villars, Pontac, Bertrand de Crozefon et O'Kelly ;

— *Ibid.*, col. 544-45 : — L. Desvergnes : — rectif. complém. concernant la branche O'Kelly ;

— 1930, vol. XCIII, col. 79-80 : — L. de La Tourrasse : — précisions sur la postérité de Charles-Urbain de Bardin, petit-neveu par alliance de Montaigne ;

— *Ibid.*, col. 599-600 : — L. Desvergnes : — postérité de la branche de Lur-Saluces aux XVIII° et XIX° siècles ;

— 1933, vol. XCVI, col. 655 : — L. Desvergnes : — postérité de Michel Beaupuy, descendant de Montaigne et général de la République (cf. n°ˢ 891, 894, 900).

894. A.P. — Le sang de Montaigne. (*Le Périgourdin de Bordeaux*, mars 1933, p. 7, et septembre 1933, pp. 6-7).

1. — La bravoure chez les descendants de Montaigne et en particulier chez son arrière-petit-fils, Michel Beaupuy, qui s'illustra sur les champs de bataille aux côtés de Marceau, Kléber et Desaix, et fut surnommé « le Bayard de la République ».

2. — Etude des biens qui unissaient les Montaigne aux Beaupuy.

895. QUAMVIS. — Famille de Montaigne. (*Intermédiaire*, 1933, vol. XCVI, col. 80-81).

Citation d'études généalogiques dans lesquelles apparaissent des rameaux de la famille de Montaigne.

896. Cayx (M.). — Un hôtel Montaigne, rue Porte-Dijeaux [à Bordeaux]. (*Rev. hist. de Bordeaux*, XXVII : 1934, pp. 224-25).

Il s'agit de l'hôtel ayant appartenu à Joseph de Ségur-Montaigne (cf. nᵒˢ 774 et 890).

897. Lageard (Marquis de). — Le château de Malengin, paroisse de Parsac, arrondissement de Libourne. (*Bull. de la Soc. hist. et archéol. de Saint-Emilion*, VII : 1938, pp. 20-25).

Histoire résumée des procès qui persistèrent pendant près de deux siècles entre deux branches de la famille de Montaigne, la maison de Saluces et celle de la comtesse de Béarn. « Laissé dans une indivisibilité trop long-temps prolongée », le château de Malengin, qui était revendiqué par chacune des parties, finit par tomber en ruines (p. 23).

898. Houdart de la Motte (Mme Marguerite-Marie). — Michel de Montaigne, mon aïeul. (*B.S.A.M.*, 2ᵉ sér., nᵒ 17, 1955, pp. 9-11).

« Allocution prononcée par Mᵐᵉ Houdart de la Motte, arrière-petite-fille de Montaigne, le 2 juin 1955, au dîner des Amis de Montaigne ».

899. — Un parentage royal de Montaigne. (*B.S.A.M.*, 3ᵉ sér., nᵒ 3, 1957, pp. 26-27).

La fille de Léonor de Montaigne, Marie de Gamaches, fut accordée, le 16 mars 1627, à Louis de Lur-Saluces, cousin au 12ᵉ degré du roi Louis XIII, puisqu'il descendait lui-même de saint Louis.

900. Gardeau (Léonie). — La descendance de Jeanne-Honorée de Lur, arrière-petite-fille de Montaigne. (*B.S.A.M.*, 4ᵉ sér., nᵒˢ 22-23, 1970, pp. 35-47).

Etude généalogique de cette descendance jusqu'à Michel Arnaud de Beaupuy, général de la République, dont le poète Wordsworth a dit : « Que son nom soit placé auprès des plus grands de l'Antiquité ». Ce nom a été gravé sur l'Arc de Triomphe de l'Etoile à Paris. — (Travail augmenté d'un portrait de Michel de Beaupuy et d'un arbre généalogique).

## Jeanne de Lestonnac

901. Beaufils (le P. Guillaume), S.J. — La vie de la vénérable Mère Jeanne de Lestonnac, fondatrice de l'ordre des religieuses de Notre-Dame. — *Toulouse, Pierre Robert*, 1742, in-8ᵒ, 399 pp., portr.

902. Sabatier (Abbé Germain). — Considérations critiques pour servir à l'histoire de l'ordre de Notre-Dame et à la vie de Mᵐᵉ de Lestonnac, sa fondatrice... — *Bordeaux, impr. de Lavigne*, 1843, in-8ᵒ, 68 pp.

Etude déterminée par le procès de béatification de Jeanne de Lestonnac, qui se poursuivait alors en cour de Rome.

903. La digne fille de Marie, ou la vénérable mère Jeanne de Lestonnac... par une religieuse de son ordre. — *Paris, Périsse, 1847, in-12.*

Réimpr. par l'abbé DUPRAT (*Paris, Bloud,* 1906).

904. SABATIER (Abbé Germain). — Nouvelles considérations critiques pour servir à l'histoire de l'ordre de Notre-Dame et à la vie de Madame de Lestonnac, sa fondatrice... — *Bordeaux, V$^{ve}$ Dupuy, 1859, in-8°,* VI-162 pp.

905. DAST LE VACHER DE BOISVILLE (J.-N.). — La famille de la Vénérable Mère Jehanne de Lestonnac, baronne de Montferrant-Landiras. (Etude historique). — *Bordeaux, impr. nouv. A. Bellier, 1891, in-8°,* 43 pp.

Chronologie de la famille paternelle de Jeanne de Lestonnac ; — armes des Lestonnac ; — filiation suivie pour les différents rameaux (les seigneurs de Lestonnac, de l'Isle de la Lande, du Parc, d'Arlan, de Puypelat et Daulède de Lestonnac).

906. MERCIER (le R.P. Victor), S.J. — La Vénérable Jeanne de Lestonnac, baronne de Montferrant-Landiras, fondatrice et première supérieure de l'ordre de Notre-Dame... — *Paris, J. Leday, 1891,* in-8°, 9-XVII-575 pp., pl., portr.

907. DAST LE VACHER DE BOISVILLE (J.-N.). — La Vénérable Jeanne de Lestonnac, baronne de Montferrant-Landiras, et la fondation de l'ordre des Filles de Notre-Dame. Documents inédits... — *Bordeaux, impr. de R. Coussau, 1899, in-4°,* 43 pp., pl.

908. DUBARAT (Abbé V.). — La bienheureuse Jeanne de Lestonnac. (*Etudes hist. et religieuses du diocèse de Bayonne,* IX : 1900, pp. 197-209).

909. LECOT (Cardinal V.-L.). — Cérémonie de béatification à Rome de Madame Jeanne de Lestonnac, le 23 septembre 1900... — *Bordeaux, impr. de A. Geoffrois et C$^{ie}$,* s.d. (1900), in-8°, 23 pp.

910. COUZARD (Abbé R.). — La bienheureuse Jeanne de Lestonnac (1556-1640)... — *Paris, Lecoffre, 1904, in-18,* 220 pp. — (Coll. : *Les Saints*).

911. MULLER (P.). — Michel Montaigne a-t-il contribué à enrichir le calendrier catholique d'une sainte ? (*Intermédiaire,* 1915, vol. LXXII, col. 335-36).

Question posée relativement à l'influence qu'aurait pu avoir éventuellement Montaigne sur la pensée religieuse de sa nièce, Jeanne de Lestonnac. — Réponses faites en 1916, vol. LXXIII, par J. Brivois et B.P. (col. 20-21) et par Gomboust (col. 116).

912. BAUDOT et CHAUSSIN (les RR.PP.), O.S.B. — La bienheureuse
Jeanne de Lestonnac († 1640). — Tome II (1936), pp. 50-55,
des : — Vies des Saints, selon l'ordre du calendrier, avec l'historique des fêtes... — *Paris, Letouzey et Ané*, 1935-1959, 13 vol.
in-8°.

913. ENTRAYGUES (Chanoine L.). — Une nièce de Montaigne, la bienheureuse Jeanne de Lestonnac, baronne de Montferrant-Landiras, fondatrice de l'ordre des Filles de Notre-Dame (1556-
1640). — *Périgueux, chez l'auteur*, 1938, in-8°, XV-278 pp., pl. et
portr. h.-t.

= C.R. : — A. Salles (*B.S.A.M.*, 2ᵉ sér., n° 4, 1938, pp. 60-61). =

913*a*. — La bienheureuse Jeanne de Lestonnac, baronne de Montferrant-Landiras, nièce de Montaigne, fondatrice de l'ordre des
Filles de Notre-Dame (Compagnie de Notre-Dame) (1556-1640).
Deuxième édition revue et augmentée, publiée à l'occasion du
troisième centenaire de la Bienheureuse... — *Périgueux, chez
le chanoine J. Roux*, 1940, in-8°, XVII-314 pp. et 11 illustr. h.-t.

914. RAT (M.). — Une nièce de Montaigne va être canonisée au
Vatican. (*Figaro litt.*, 11 décembre 1948, p. 3).

C'est le Pape Pie XII qui devait procéder, le 15 mai 1949, dans la basilique
vaticane, à cette cérémonie « la plus grandiose des cérémonies prévues
par la liturgie catholique ».

915. BROUSSON (J.-J.). — Une nièce de Montaigne canonisée. (*Nouvelles litt.*, 9 juin 1949, p. 1).

916. HOUDART DE LA MOTTE (E.). — La canonisation de la bienheureuse Jeanne de Lestonnac, nièce de Montaigne. (*B.S.A.M.*,
2ᵉ sér., n° 15, 1949-1952, pp. 46-47).

Communication de M. Houdart de la Motte, Camérier du Pape, faite le
25 juin 1949 à la Société, au sujet de la cérémonie de canonisation de
Jeanne de Lestonnac. — Avec le texte du décret de canonisation.

917. Jeanne de Lestonnac et Michel de Montaigne. (*L'Ami du Clergé*,
LXIX : 1959, série 7, n° 45, pp. 669-71). — *Voir* aussi n° 2108.

917*a*. AZCARATE RISTORI (Isabel de), O.D.N. — La Orden de la Compañia de Maria Nuestra Señora [y] Santa Juana de Lestonnac.
— Pp. 21-73 et 183-205 de : — El Origen de las Ordenes feme-
ninas de Enseñanza y la Compañia de Maria... — *San Sebastian,
Ediciones Lestonnac*, 1963, in-8°, 260 pp.

918. BONNET (P.). — Une « année Lestonnac » (1974-1975). (*B.S.A.M.*,
5ᵉ sér., n° 16, 1975, pp. 37-46, bibliogr.).

Présentation de l'exposition de souvenirs organisée, cette année-là, à Bordeaux par l'Ordre des Filles de Notre-Dame en l'honneur de sa fondatrice,
sainte Jeanne de Lestonnac, nièce de Montaigne.

919. MICHEL (P.). — Une version modernisée des *Règles et Consti-*
*tutions des Filles de Notre-Dame* : l'édition du R.P. Gellé.
(*B.S.A.M.*, 5e sér., n° 16, 1975, pp. 47-62).

Les caractéristiques de l'éd. donnée en 1722, par le R.P. Gellé, des *Règles*
*et Constitutions*, charte de l'ordre de Notre-Dame établie au siècle précédent par Mme de Lestonnac.

## Autres parents de Montaigne

920. Un arrière-neveu de Michel Montaigne, évêque anglican de
Québec au Canada. (*Bull. de la Soc. de l'hist. du protest. franç.*,
XII : 1863, p. 116).

Article nécrologique relatif à l'évêque de Québec, le docteur Mountain (nom
de *Montaigne* anglicisé) qui descendait de Jacob de Montaigne, lui-même
arrière-arrière-petit-fils du sieur de Beauregard, un des cinq frères de
Montaigne.

921. AUDIAT (L.). — Un neveu de Michel Montaigne : Raymond de
Montaigne, président à Saintes, évêque de Bayonne. (*Rev. de*
*Gasc.*, XVIII : 1877, pp. 201-17 et 356-79).

922. DANGIBEAUD (Ch.). — Etudes historiques. Le Présidial de Saintes.
Raimond de Montaigne, lieutenant général et président (1568-
1637). — *Paris, J. Baur*, 1881, in-8°, 83 pp.

923. AUDIAT L.). — Les célébrités inconnues : — Un petit-neveu de
Michel de Montaigne, Raymond de Montaigne, lieutenant général
à Saintes, évêque de Bayonne. (*Rev. hist. de l'Ouest*, XV : 1899,
pp. 423-47 et 579-95 ; — XVI, 1900, pp. 25-39 et 77-96). — Tirés
à part : *Vannes, impr. Lafolye*, 1900, in-8°, 75 pp.

= C.R. : — H. Hauser (*Rev. hist.*, 1901, t. LXXV, janvier-avril, p. 346). =

924. BERTRAND (L.). — Raymond de Montaigne jusqu'à son sacre
comme évêque de Bayonne [1630]. (*Rev. de Gasc.*, N.S., I :
1901, pp. 336-43, — et aussi : *Etudes hist. et religieuses du*
*diocèse de Bayonne*, XI : 1902, pp. 80-86).

925. MELLER (P.). — Un portrait de Montaigne. (*Intermédiaire*, 1908,
vol. LVII, col. 302-03, et vol. LVIII, col. 919). — Avec quelques
compléments par SAINT-SAUD (*Ibid.*, 1908, vol. LVII, col. 644-45).

Sur la généalogie de la famille de Ségur et ses liens de parenté avec la
famille de Montaigne (à propos du portrait dit : « Montaigne au chapeau »,
voir n° 196).

926. DANGIBEAUD (Ch.). — Raimond de Montaigne. Notes complémentaires. (*Rev. de Saintonge et d'Aunis*, XXXVI : 1916, pp. 139-50).

927. VALADE (M.). — A propos de Montaigne. (*La France de Bor-*
*deaux*, 11 avril 1933, p. 4).

Sur les liens de parenté anglo-saxonne de Montaigne.

928. SEGUSTO. — Michel de Montaigne. Ses parents. (*Intermédiaire*, 1935, vol. XCVIII, col. 902-03).

Essai de généalogie de la branche cadette des Eyquem de Montaigne, celle des Montaigne de Saint-Geniez.

929. POULIOT (M.). — Un parent de Montaigne à Poitiers. (*Bull. de la Soc. des antiquaires de l'Ouest*, 3e sér., XI : 1936-1938, pp. 467-78, et XII : 1939-1941, pp. 88-90).

Il s'agit du frère de Jeanne de Lestonnac, le jésuite Jérôme de Lestonnac, recteur du collège Sainte-Marthe à Poitiers, de 1627 à 1631.

930. V. — Michel de Montaigne. Ses parents. (*Intermédiaire*, 1936, vol. XCIX, col. 326-27).

Sur la descendance de Marie-Louise de Montaigne, fille d'un cousin au 3e degré de Michel.

931. NICOLAÏ (A.). — Nicolas de Montaigne, abbé des Alleux. (*Rev. de Saintonge et d'Aunis*, N.S., I : 1943, n° 2, pp. 17-32).

Ce Nicolas de Montaigne, qui obtint l'abbaye des Alleux en 1637, était fils de Raymond III de Montaigne, président au présidial de Saintes, puis évêque de Bayonne (n°s 921-924, 926 et 935). Il se trouvait être ainsi cousin au 3e degré de Michel. — Pièces justificatives reproduites d'après les recherches de Ch. Dangibeaud.

932. LATAULADE (Baronne de). — Les liens de Montaigne avec les familles des Landes. (*Bull. de la Soc. de Borda*, LXXXI : 1957, 1er trim., pp. 69-71).

Les relations familiales de Montaigne avec les Lataulade, châtelains de Hagetmau.

933. BUSSON (H.). — Montaigne et son cousin. (*R.H.L.F.*, LX : 1960, pp. 481-99). — Reproduit dans les pp. 9-32 de : *Littérature et théologie...* (cf. n° 2113).

Le P. Mario-Antoine del Rio, S.J., qui fait l'objet de ce travail, était cousin de Montaigne par les Lopez de Villeneuve.
= C.R. : — *Studi fr.*, V (1961), n° 15, p. 538. =

934. FEYTAUD (J. de). — Entre Montaigne et Montesquieu. (*B.S.A.M.*, 3e sér., n° 16, 1960, pp. 59-61).

A propos des étroits liens de parenté ayant existé entre, d'une part, le grand-père et la grand-mère de Montesquieu et, d'autre part, la famille de Montaigne. (Complément à l'étude : *Les Messieurs de Montaigne, ces vendeurs de hareng*, — n° 843).
= C.R. : — G. Mombello (*Studi fr.*, VI : 1962, n° 17, p. 338). =

935. THAUMIAUX (J.). — Un petit cousin de l'auteur des « Essais », Raymond de Montaigne à Saintes. (*B.S.A.M.*, 3e sér., n° 27, 1963, pp. 43-46).

Historique des fonctions administratives et judiciaires de Raymond de Montaigne, « neveu à la mode de Bretagne » de Michel.
= C.R. : — G. Mombello (*Studi fr.*, X : 1966, n° 30, p. 543). =

CHAPITRE VII

# LES BIENS IMMOBILIERS DE MONTAIGNE

## Le château et la seigneurie

936. Notice sur le château de Michel de Montaigne et sur ce philosophe. (*Bull. polym. du Muséum d'instr. publ. de Bordeaux*, VIII : 1810, pp. 185-205).

937. GÉRAUD (E.). — Voyage au château de Michel Montagne. Première (et seconde) lettre à un ami. (*La Ruche d'Aquitaine*, I : 1817, 1er décembre, pp. 403-14, et 15 décembre, pp. 443-53 ; — repris dans les *Annales de la littér. et des arts*, V : 1825, t. XXI, pp. 186-97, et VI : 1826, t. XXII, pp. 59-71).

Description du château et de ses abords dans l'état où ils se trouvaient à l'époque de la Restauration. — Considérations diverses sur la vie privée de Montaigne. — Appréciation rapide sur les éloges présentés au concours académique de 1812.

938. JOUANNET (F.-V.). — Sur le château de Montagne. (*Musée d'Aquitaine*, I : 1823, n° 3, pp. 143-51). — Etude reprise dans : DUCOURNEAU (A.). — La Guienne historique et monumentale. — *Bordeaux, impr. P. Coubert*, 1842-1844, 4 parties en 2 vol., in-4°, pl., — cf. t. Ier, 1re partie, pp. 191-94.

Description du château et de la tour. Traduction de quelques-unes des sentences peintes sur les solives de la « librairie ». — Avec deux lithographies hors-texte de Légé, d'après les dessins de Fieffé, représentant, l'une, le manoir principal, et l'autre, la tour.

939. — [Château de Montaigne]. — Pp. 29-30 de : — Voyage de deux Anglais dans le Périgord, fait en 1825, et traduit sur leur journal manuscrit. — *Périgueux, chez Dupont père et fils*, 1826, in-18, 107 pp.

Appréciation de Ch. Dédeyan sur ce *Voyage de deux Anglais* : « Une supercherie littéraire » (cf. n° 2790, t. Ier, p. 233). C'est en effet Jouannet lui-même qui en avait composé le texte !

940. CHARRIÈRE (A.). — Promenade d'amis au château de Montaigne et à l'abbaye de Vauclaire (septembre 1838)... — *Périgueux, chez Dupont imprimeur, s.d.* (1838), in-16, 45 pp.

Relation écrite en collaboration avec le docteur Galy.

941. COMPAN (Ch.). — Le château de Michel Montaigne. (*Mosaïque du Midi*, II : 1838, pp. 131-34).

Description de l'ancien château et surtout de la tour, avec la traduction française de quelques-unes des sentences inscrites sur les solives.

942. BERTRAND DE SAINT-GERMAIN (Dr G.-Sc.). — Visite au château de Montaigne en Périgord, le 6 septembre 1848. (*Bull. du bibl.*, 1849, pp. 275-87).

943. AUDIERNE (Abbé F.-G.). — [Le château de Montaigne, dans la commune de Saint-Michel-Bonnefare]. — Pp. 561-66 de l'ouvrage : — Le Périgord illustré. Guide monumental, statistique, etc... (no 524).

944. SAGETTE (Abbé Jean). — La tour de Montaigne. (*Chron. du Périgord et du Limousin*, I : 1853, no 8, pp. 165-67).

Description un peu sentimentale de la fameuse tour, avec l'annonce d'une prochaine étude réservée au moraliste (no 291), et « reprise en sous-œuvre » pour « venger sa gloire » des « compromissions » qu'on a fait subir à celle-ci.

945. [Vente du domaine de Montaigne]. (*Constitutionnel*, 24 février 1860, p. 3).

Cette vente avait eu lieu en décembre 1859 pour le prix de 500.000 Frs. L'acquéreur était Alfred Magne, qui avait manifesté l'intention de faire restaurer le château.

946. GALY (Dr E.) et LAPEYRE (L.). — Montaigne chez lui. Visite de de deux amis à son château. Lettre à M. le docteur J.-F. Payen. — *Périgueux, J. Bounet*, 1861, in-8o, 69 pp.

Notice sur le château, la tour et la « librairie ». Elle est augmentée de la transcription des sentences grecques et latines inscrites sur les solives.

947. GAILLON (Marquis J. de). — Nouvelle visite au château de Montaigne en 1862. (*Bull. du bibl.*, 1863, pp. 150-65).

948. IMBERT (P.-L.). — Un voyage à Montaigne. (*J. de Bergerac*, 9 juillet 1864, pp. 3-4, — 16 juillet, p. 4, — et 23 juillet, p. 2).

949. DROUYN (Léo). — Château de Montaigne, à Saint-Michel de Montaigne (Dordogne). — Tome II, pp. 414-16, de : — La Guienne militaire. Histoire et description des villes fortifiées, forteresses et châteaux construits dans le pays qui constitue actuellement le département de la Gironde, pendant la domination anglaise... — *Bordeaux, chez l'auteur ; Paris, Didron*, 1865, 2 vol. in-4o, pl., carte.

A l'étude est jointe, hors-texte, une gravure à l'eau-forte par Léo Drouyn (1864) représentant la façade du château à cette époque (planche 145).

950. GALY (Dr E.). — Le fauteuil de Montaigne, suite à Montaigne chez lui [no 946]... — *Périgueux, J. Bounet*, 1865, in-8o, 19 pp., pl.

951. Nouvelles et variétés : incendie du château de Montaigne. (*Bull. du bibl.*, 1885, p. 93).

L'auteur (anonyme) de cette information déplore que l'ancienne demeure de Montaigne, à l'exception, heureusement, de « la tour historique dite de la librairie », ne soit plus qu'« un amas de décombres fumants ».

952. MARIONNEAU (Ch). — Une visite aux ruines du château de Montaigne. — *Bordeaux, V$^{ve}$ Moquet*, 1885, in-8o, 24 pp., fig.

L'auteur emploie le mot « ruines » dans son titre, car il a fait sa visite au château peu après « la désolante catastrophe », cet incendie qui, dans la soirée du 12 janvier 1885, a réduit en cendres le corps principal du logis. Mais la tour vénérée avait été, elle, par bonheur épargnée ! — Etude augmentée de trois esquisses sur bois et d'une note de Gustave Brunet reproduisant 11 des sentences inscrites sur le plafond de la « librairie ». Table iconographique, et communication du texte de la plaque que la municipalité de Rome se disposait à faire apposer sur la façade de l'auberge de l'Ours, en mémoire de Montaigne.

953. LATAPIE (François-de-Paule). — [Note avec plan sur le château de Montaigne, insérée dans la] Notice sur la généralité de Bordeaux envoyée en 1785 au Conseil du commerce par François-de-Paule Latapie, inspecteur des Manufactures. (*Arch. hist. de la Gironde*, XXXIV : 1899, pp. 283-86).

954. — L'industrie et le commerce en Guienne sous le règne de Louis XVI. Journal de tournée de François-de-Paule Latapie, inspecteur des Manufactures, en 1778. (*Arch. hist. de la Gironde*, XXXVIII : 1903, pp. 321-509).

*Voir*, pp. 482-88, l'itinéraire de Castillon à Montaigne, avec description du bourg de Montaigne (p. 483), celle du château et de la tour (pp. 484-88), dont l'auteur a reproduit et traduit six des sentences philosophiques de la « librairie ».

955. ROBERTS (W.). — Montaigne's birthplace. (*Notes & Qu.*, 9th ser., 1903, vol. XI, p. 146).

956. SAINT-SAUD (Comte de). — Château de Montaigne. (*Intermédiaire*, 1906, vol. LIV, col. 520).

Quels ont été, depuis Michel, les propriétaires successifs de son château de Montaigne, et comment des étrangers à sa famille, tel le ministre Magne, en sont devenus les possesseurs (réponse à une question posée par A.H., *ibid.*, col. 338).

957. FAYOLLE (Marquis G. de). — Excursion de printemps... 30 avril. Visite au château de Montaigne. — (*Périgueux, impr. de Routeix*, 1910), in-8o, 8 pp., pl. — (Extrait du *Bull de l'Automobile Club de la Dordogne*, 1910).

958. LABORDE (Guy). — Visite à Montaigne. (*Le Temps*, 2 octobre 1933, p. 3).

Compte rendu de la visite que le ministre de l'Education nationale venait de faire au château et à la tour, accompagné de l'amiral Mercier de Lostende, propriétaire du domaine, et de plusieurs représentants du monde littéraire et politique.

959. Le quadricentenaire de Montaigne. — La visite du château. (*La Petite Gironde*, 3 avril 1933, p. 4).

960. SECRET (J.). — Au pays de Montaigne. — Pp. 333-50 de : — Châteaux et manoirs du Périgord, par Georges Rocal et Jean Secret. Images de Maurice Albe. — *Bordeaux, Delmas, s.d.* (1938), in-4°, II-425 pp., fig.

Description du château de Montaigne et de manoirs environnants.

961. NICOLAÏ (A.). — La seigneurie de Montaigne en Périgord. (*Bull. philol. et hist.* [*jusqu'à 1715*] *du Comité des trav. hist. et scient.*, 1938-1939, pp. 197-200).

Notice sur « la consistance de la seigneurie de Montaigne lorsque, en 1568, Michel en hérite », sur les acquisitions et aménagements auxquels il a procédé par la suite et, d'une manière générale, sur les qualités d'administrateur qu'il a su y révéler.
= C.R. : — *B.S.A.M.*, 2ᵉ sér., n° 12 (1942), pp. 4-5. =

962. PARROTT (L.). — Montaigne dans son château. (*Nouvelles litt.*, 5 juin 1947, pp. 1 et 6).

Reportage d'une visite faite à la tour de Montaigne. Ce que celle-ci représenta pour le châtelain-philosophe et ce qu'elle représente encore pour nous, aujourd'hui.

963. CAVAILLEZ (J.). — Le château de Montaigne au XVIIIᵉ siècle. (*Larousse mensuel ill.*, n° 416, avril 1949, pp. 243-44).

964. NICOLAÏ (A.). — Le maître d'hôtel de Montaigne : M. de Lagreau. (*B.S.A.M.*, 2ᵉ sér., n° 15, 1949-1952, pp. 24-28).

« Cet officier de bouche secondait messire Michel de Montaigne dans la tâche délicate de conserver à sa maison ce bon renom dont elle jouissait » (p. 26).

965. — Le mendiant du château de Montaigne. (*B.S.A.M.*, 2ᵉ sér., n° 15, 1949-1952, pp. 29-30).

N'y aurait-il pas eu, à la porte du château, une sorte de « mendiant sédentaire, attitré »... ? (Interprétation d'un passage de l'essai *De la Solitude* (I, 39).

966. PALASSIE (G.). — Visite à Montaigne. (*B.S.A.M.*, 2ᵉ sér., n° 19, 1956, pp. 58-60).

Le château, la tour et sa « librairie », la perspective vue de la magnifique terrasse.

967. SABLÉ (J.). — Essai de géographie littéraire : la Tour de Montaigne. (*L'Ecole*, 22 février 1958, pp. 362 et 395).

Texte de Montaigne (III, 3) assorti d'un commentaire et d'indications pédagogiques (photographie de la tour sur la couverture du fascicule).

968. GARDEAU (Léonie). — Les moulins de la seigneurie de Montaigne. (*Mél. Géraud Lavergne : — Bull. de la Soc. hist. et archéol. du Périgord*, LXXXVII : 1960, pp. 177-82 ; — repris dans le *B.S.A.M.*, 3e sér., nos 17-18, 1961, pp. 5-8).

= C.R. : — G. Mombello (*Studi fr.*, VI : 1962, n° 18, p. 539). =

969. SÉCHERESSE (Ch.). — Papessus, ou la féerie d'été au château de Montaigne. (*B.S.A.M.*, 3e sér., n° 22, 1962, pp. 34-48).

Impressions d'un « pélerinage » fait à la « fabuleuse demeure ».

970. BONNET (P.). — Sur le château de Montaigne et une gravure de la « France pittoresque » [d'Abel Hugo]. (*B.S.A.M.*, 3e sér., n° 30, 1964, pp. 67-71).

Avec, en note (pp. 69-70), un long commentaire par J. Saint-Martin.

971. SAINT-MARTIN (J.). — Une description peu connue de la Tour de Montaigne. (*B.S.A.M.*, 3e sér., n° 30, 1964, pp. 63-66).

Cette description, dont le texte est ici reproduit, figure dans une lettre de Gabriel Bouquier (1739-1810), député du Périgord à la Convention, en 1792.

972. GARDEAU (Léonie). — La Lidoire, ruisseau cher à Montaigne. (*B.S.A.M.*, 4e sér., n° 2, 1965, pp. 40-46).

973. BONNET (P.). — Une visite à la Tour de Montaigne. (*Actes du Congrès du Centenaire de la Soc. des Bibl. de Guyenne*, 1966 [1968], pp. 289-93 ; — *voir* aussi : *Bull. de la Soc. des Bibl. de Guyenne*, XXXVI : 1967, n° 86, pp. 303-07, et : *B.S.A.M.*, 4e sér., n° 18, 1969, pp. 43-45).

Allocution prononcée au château de Montaigne, le 16 octobre 1966, devant les Bibliophiles de Guyenne pour le centenaire de la fondation de leur Société.

974. FEYTAUD (J. de). — Une visite à Montaigne. (*B.S.A.M.*, 4e sér., n° 6, 1966, pp. 20-50, et n° 7, pp. 60-69). — Reproduit dans : — Le château de Montaigne... — *S.l., Société des Amis de Montaigne*, 1971, in-8°, 62 pp. —, guide du château dont ce texte forme la 2e partie (pp. 17-62).

*Divisions :* — le château, — la porte d'entrée et la cour, — la tour et sa chapelle, — la chambre, — la « librairie », — le cabinet, — la cloche. — Importante étude qui prolonge et surtout actualise les travaux antérieurs, principalement ceux de Galy et Lapeyre (n° 946), de Ch. Marionneau (n° 952) et de l'abbé Neyrac (n° 354). — La seconde partie (*Bull.* n° 7) est consacrée à la reproduction commentée des 54 sentences figurant dans la « librairie ».

= C.R. : — *Studi fr.*, XII (1968), n° 34, p. 138, et XIII (1969), n° 37, pp. 130-31. =

975. GARDEAU (Léonie). — Avec Montaigne dans sa seigneurie. (*B.S.A.M.*, 4ᵉ sér., nº 5, 1966, pp. 3-7). — Reproduit dans : — Le château de Montaigne... — *S.l.*, *Société des Amis de Montaigne* (cf. le nº précédent), — ce guide dont le présent texte constitue la 1ʳᵉ partie (pp. 7-14).

Historique de la gentilhommière depuis les ascendants de Michel jusqu'à l'époque actuelle.
= C.R. : — *Studi fr.*, XI (1967), nº 32, p. 338. =

976. SECRET (J.). — Le château de Montaigne avant l'incendie de 1885. (*B.S.A.M.*, 4ᵉ sér., nº 6, 1966, pp. 15-19).

Avec la reproduction du dessin de Léo Drouyn montrant la façade du château en 1846.
= C.R. : — *Studi fr.*, XII (1968), nº 34, pp. 137-38. =

977. SAINT-MARTIN (J.). — Note sur Mgr Dabert, évêque de Périgueux, et deux visites qu'il fit au château de Montaigne en 1867 et 1875. (*B.S.A.M.*, 4ᵉ sér., nº 14, 1968, pp. 42-43).

Sur ces deux visites de l'évêque de Périgueux, pour qui la décision romaine de « mise à l'index » des *Essais* semble ainsi être restée lettre morte.
= C.R. : — *Studi fr.*, XV (1971), nº 44, p. 339. =

## La « librairie » de Montaigne

978. PRUNIS (Chanoine J.). — Inscriptions grecques et latines trouvées dans le cabinet de Montaigne. (*J. des beaux-arts et des sciences*, 1774, 2ᵉ suppl., pp. 339-50).

Dans cet article ont été transcrites — outre la déclaration de 1571 par laquelle Montaigne signifie sa résolution de se consacrer aux « doctes vierges », — 17 des inscriptions grecques et latines portées sur les solives. Elles sont accompagnées de leur traduction en français.

979. BRUNET (G.). — La bibliothèque de Michel de Montaigne. (*Rev. de Bordeaux*, I : 1854, p. 198 ; — réimpr. dans le *Chron. du Périgord et du Limousin*, II : 1854, pp. 143-44).

Première liste de 31 volumes revêtus de la signature de Montaigne, et faisant partie de la bibliothèque de Bordeaux et de la collection du Dʳ Payen.

980. CUVILLIER FLEURY (A.-A.). — Le *César* de Montaigne. (*J. des Débats*, 16 mars 1856, pp. 2-3, et 23 mars, p. 2 ; — réimpr. dans le *Bull. du bibl.*, 1856, pp. 625-43). — Repris par l'auteur au tome Iᵉʳ, pp. 193-213, de ses : — Dernières études historiques et littéraires... — *Paris, Michel Lévy*, 1859, 2 vol. in-8º.

Etude de cet exemplaire rendu célèbre par les annotations dont Montaigne l'avait enrichi. Elle rapporte en outre les démarches auxquelles avait pu se livrer le Dʳ Payen pour obtenir du possesseur — « ce bon M. Parison » — communication notamment de « la page autographe que Montaigne a écrite sur le dernier feuillet de ce livre ». On sait que celui-ci avait été payé par le collectionneur *90 centimes* en 1832 sur le quai de la Monnaie, et que, lors de la vente de la bibliothèque Parison (1856), il fut adjugé *quatre-vingt-dix louis* (environ 1550 fr.) pour le compte du duc d'Aumale. — J.-C. Brunet a écrit à ce sujet dans le catalogue de la *Vente Parison* : « Le jour où M. Parison fit cette trouvaille merveilleuse fut certainement un des plus heureux de sa vie ; à peine venait-il de la faire que, rencontrant un de ses amis, il voulut, dans son enthousiasme, qu'il baisât comme une relique cet affreux bouquin ». (*Bull. du bibl.*, 1856, p. 621).

981. LAPAUME (J.). — Un mot de plus sur Montaigne. (*J. gén. de l'instr. publ.*, XXX : 1861, n° 37, pp. 285-88).

Sur les brochures du D<sup>r</sup> Payen et notamment la seconde (1850) qui renferme les inscriptions latines et grecques de la « librairie », — inscriptions parfois plus ou moins détournées de leur vrai sens par Bigorie de Laschamps (n° 299, pp. 487-89) ; J. Lapaume a entrepris ici d'en rectifier la traduction.

982. D. — Signature de Montaigne [sur des vol. de sa « librairie »]. (*Le chasseur bibliographe*, II : 1863, juillet, pp. 12-13).

Découverte faite par M. Raucoulet, conservateur adjoint de la bibliothèque de Bordeaux, de 6 vol. portant cette signature.

983. TÉCHENER (L.). — Livres signés ou annotés par Montaigne. (*Bull. du bibl.*, 1872, pp. 276-78).

Sur l'existence de ces livres auxquels Montaigne avait fait acquérir « une valeur spéciale », et qui se trouvaient en dépôt dans des bibliothèques publiques et privées.

984. DESMOUSONS (D<sup>r</sup>). — La folie en Guyenne au temps de Henri IV. (*Assoc. fr. pour l'avanc. des sciences... Comptes rendus...*, II : 1873, p. 832).

L'auteur signale un ouvrage très particulier qui porte la signature de Montaigne. Il s'agit du livre de Pierre Pichot : — *De animarum natura, morbis, vitiis, noxis...* etc. *Auctore Petro Pichoto Andegavo, Medico Burdigalensi.* — Burdigalae, ex officina Simonis Millangii... 1574, in-8°, 141 pp. (*Voir* P. Villey, [n° 2492], 2<sup>e</sup> éd., t. I<sup>er</sup>, pp. 211-12).

985. M[ONTÉGUT] (Henri Bonhomme de). — Un nouveau livre ayant appartenu à Montaigne. (*Rev. des bibliophiles*, II : 1880, n° 1, pp. 18-20).

Sur l'odyssée d'un exemplaire de l'*Amadis* de Silves de la Silva, qui, venant d'Espagne à Bordeaux, y avait été acheté par Montaigne, pour être racheté plus tard par un Espagnol dans cette même ville, et ainsi revenir dans son pays d'origine. Il est aujourd'hui conservé à la Bibliothèque royale de Madrid. (*Voir* P. Villey, *op. cit.*, [n° 2492], p. 244).

986. LATOUR (R.). — Les galeries de l'art ancien à la XII<sup>e</sup> exposition de la Société philomathique de Bordeaux. — Le Livre. — (*La Gironde litt. et scient.*, 22 et 29 octobre 1882, p. 1).

A cette exposition figuraient, portant sur leur titre la signature de Montaigne : l'*Histoire de Hongrie* d'Antoine Bonfinius (1568) et un exemplaire du 2<sup>e</sup> vol. d'Ange Politien (*Lyon, Séb. Gryphe*, 1545) que Montaigne tenait peut-être (?) de la maîtresse d'Henri II — la duchesse de Brézé, Diane de Poitiers — à qui ce livre avait appartenu. — Les deux vol. sont conservés à la Bibliothèque de Bordeaux.

987. BONNEFON (P.). — La bibliothèque de Montaigne. (*R.H.L.F.*, II : 1895, pp. 313-71).

Description de la fameuse « librairie » : reproduction et traduction des 54 sentences inscrites sur les solives, et catalogue de 76 vol. provenant de cette collection.
= C.R. : — G. Vicaire (*Bull. du bibl.*, 1895, pp. 454-55). =

988. ESTRÉE (Paul d'). — La bibliothèque de Montaigne. (*Intermédiaire*, 1895, vol. XXXII, col. 212).

Au sujet de l'étude précédente et de la devise italienne (*Mentre si puo* ou *Mentre puoi*) que Montaigne avait inscrite sur trois de ses livres. — Avec un complément par Q.V., *Ibid.*, 1896, vol. XXXIII, col. 418).

989. COUTURE (L.). — Un livre de la « librairie » de Montaigne. (*Rev. de Gascogne*, N.S., I : 1901, pp. 288-89 et note complém., p. 343).

Il s'agit de ce livre d'exégèse biblique : *Des. Erasmi Rot. in epistolas paraphrasis* (Lyon, S. Gryphe, 1544) qui ne figure pas dans l'inventaire de Bonnefon ; il est conservé à la bibliothèque de la Faculté catholique de Toulouse. (*Voir* P. Villey, *op. cit.* [n° 2492], p. 139).

990. NORTON (Miss Grace). — The inscriptions in Montaigne's library. Pp. 163-88 de : — Studies in Montaigne... (n° 356).

Les 54 inscriptions sont ici reproduites et commentées individuellement. Elles sont suivies (pp. 189-91) d'une étude des armoiries de Montaigne et de différents cachets dont un a été trouvé au château en 1885 (cf. n° 14).

991. — List of some authors read by Montaigne, with his judgments of them. — Pp. 265-90 de : — Studies in Montaigne... (n° 356).

Liste de 32 auteurs lus par Montaigne, avec indication de la date probable de ses lectures et de l'impression qu'il en a retirée.

992. STROWSKI (F.). — Montaigne dans sa bibliothèque. (*Rev. philom. de Bordeaux*, X : 1907, n° 2, pp. 54-59).

Seconde des trois « images caractéristiques » données de l'auteur des *Essais* par F. Strowski sous le titre général de : *A propos de Montaigne*, pp. 49-72 (pour les deux autres « images », *voir* les n°ˢ 646 et 1450). — La présente étude a été suggérée par le livre de Zangroniz (n° 2572).

993. CHAUMEIX (A.). — La librairie de Montaigne. (*J. des Débats*, 16 septembre 1908, p. 1).

A propos de la thèse de P. Villey (n° 2492), quelques remarques sur ce que dut être la constitution de la « librairie » de Montaigne.

994. VILLEY (P.). — Note sur la bibliothèque de Montaigne. (*R.H.L.F.*, XVII : 1910, pp. 335-53).

Dix nouveaux ouvrages identifiés.

995. — Encore un livre italien de la bibliothèque de Montaigne. (*Bull. franco-italien*, IV : 1912, n° 3, pp. 34-39).

L'auteur décrit ici le *Tesoro politico*, importante compilation de 1589, et il signale en outre les emplois que Montaigne en a pu faire dans son œuvre.

996. SALLES (A.). — [Un livre de la bibliothèque de Montaigne : le *Chronicon urbis Matissinae* de Philibert Bugnon]. (*B.S.A.M.*, 1re sér., no 3, 1914, p. 223).

997. VILLEY (P.). — Supplément au catalogue de la bibliothèque de Montaigne. (*R.H.L.F.*, XXIII : 1916, pp. 211-15).

Nouvelle série de dix ouvrages identifiés.

998. ARMAINGAUD (Dr A.). — Présentation aux « Amis de Montaigne » d'un livre d'histoire de France ayant appartenu au moraliste et portant, avec sa signature, 163 annotations de sa main : — les *Annales et chroniques de France* par Nicole Gilles, provenant de la bibliothèque Dezeimeris [no 1086 du catalogue]. (Séance de la Société des Amis de Montaigne du 27 mai 1914). (*B.S.A.M.*, 1re sér., no 4, 1921, pp. 339-41).

Ce vol. in-folio avait été acheté en 1891 par R. Dezeimeris chez le libraire Féret, de Bordeaux. — *Voir*, no 1393, les commentaires qu'il en a publiés (1909-1914).

999. LEBÈGUE (R.). — Note sur un livre possédé par Montaigne. (*Bull. du bibl.*, 1926, pp. 215-19).

Le livre dont il est question se trouvait dans une collection particulière ; il s'agit de l'*Historiae Francorum Lib. V* du bénédictin Aimoin. — (Cette note a fait l'objet d'un rappel dans un court article du *B.S.A.M.*, 2e sér., no 15, 1949-1952, p. 48).

1000. MARBOUTIN (Abbé J.-R.). — La « librairie » de Michel de Montaigne léguée à un vicaire général d'Auch. (*Rev. de Gasc.*, N.S., XXI : 1926, pp. 60-66).

Circonstances de cette légation. L'étude est augmentée de la reproduction intégrale du testament d'Eléonore de Montaigne (4 mars 1615), document resté inédit jusque là. — *Voir* le no suivant.

1001. LARROUY (A.). — Le légataire de la « librairie » de Montaigne, Godefroy de Rochefort, grand vicaire d'Auch, supérieur de Notre-Dame de Garaison. (*Rev. de Gasc.*, N.S., XXIV : 1929, pp. 163-77 et 216-20 ; — XXV : 1930, pp. 37-42 et 78-88).

Complément à l'étude précédente.

1002. HAWKINS (Richmond Laurin). — Un livre ayant appartenu à Montaigne. (*Rev. du XVIe s.*, XVII : 1930, pp. 312-13, avec 1 pl. h.-t.).

De *La Prima parte della Geografia di Strabone* (Venetia, 1562), un exemplaire signé par Montaigne est actuellement conservé à l'Université américaine de Harvard : il fait l'objet de la présente étude.
= C.R. : — P. Courteault (*Rev. hist. de Bordeaux*, XXIV : 1931, p. 243). =

1003. La bibliothèque de Montaigne. (*Montaigne. Ses livres*, etc. — Catalogue, 1933, pp. 17-22). — Cf. no 3128.

Les livres décrits ici, qui comportent la signature de Montaigne, sont tous en dépôt dans les bibliothèques bordelaises. — Cette liste est suivie par la traduction de 10 des sentences peintes sur les solives de la « librairie ».

1004. PLATTARD (J.). — Les sentences inscrites au plafond de la bibliothèque de Montaigne. (*Rev. des cours et conf.*, XXXVI : 1934-1935, n° 1, 15 décembre 1934, pp. 19-31).

A une reproduction commentée des sentences — publiées en entier pour la première fois par Galy et Lapeyre (n° 946) —, l'auteur a joint une description de la tour et de la « librairie ». (Avec deux pl. photographiques hors-texte).

1005. SALLES (A.). — Dans la « Librairie » de Montaigne. (*B.S.A.M.*, 2ᵉ sér. : — n° 2, 1937, pp. 60-62 ; — n° 3, 1938, pp. 21-23 ; — n° 4, 1938, pp. 21-22 ; — n° 5, 1939, p. 23 ; — n° 6, 1939, pp. 56-59 ; — n° 7, 1939, pp. 99-100 ; — n° 8, 1940, pp. 13-15).

Essai de reconstitution de la bibliothèque de Montaigne ; — trois listes de livres signés par lui.

1006. SLOOG (M.). — L'*Histoire romaine* d'Alexandre Appian de la bibliothèque de Michel de Montaigne. (*Bull. du bibl.*, 1938, pp. 551-53).

Il existe un exemplaire de cette « Histoire romaine » imprimée en grec par Charles Estienne (1551), et qui porte la signature de Montaigne et la date de sa lecture (20 septembre). L'auteur de l'étude a rencontré cet exemplaire chez un amateur américain.

1007. MASSON (A.). — Notes sur la bibliothèque de Montaigne. (*Bull. philol. et hist.* [*jusqu'à 1715*] *du Comité des trav. hist. et scient.*, 1938-1939, pp. 227-41 ; — réimpr. avec 2 pl. hors-texte, dans : — *Human. et Renaiss.*, VI : 1939, n° 4, pp. 475-93). — Extraits : *Paris, Imprimerie nationale*, 1940, in-8°, 15 pp.

Communication présentée au 72ᵉ Congrès des Sociétés savantes qui s'est tenu à Bordeaux en 1939 : — Description de quatre ouvrages de la bibliothèque de Montaigne qui avaient échappé à Villey. Inventaire des 26 ouvrages signés de Montaigne, en dépôt à la Bibliothèque municipale de Bordeaux ; examen des circonstances de leur dispersion et de celles de leur regroupement.

1008. RAT (M.). — Liste des sentences inscrites dans la « librairie » de Montaigne. — Tome II (1941), pp. 521-28, de l'édition des *Essais de Montaigne...* (n° 436).

Cette liste a été reproduite intégralement dans le *B.S.A.M.*, 3ᵉ sér., n° 17-18 (1961), pp. 9-14, mais accompagnée d'un commentaire inédit (pp. 14-16).
= C.R. : — G. Mombello (*Studi fr.*, VI : 1962, n° 18, p. 539. =

1009. — Les livres de Montaigne. — Tome III (1942), pp. 375-86, de l'édition des *Essais...* (n° 436).

« Liste des ouvrages sur lesquels figure la signature de Montaigne » (p. 376). — « Ceux qui furent le plus mis à contribution ». — Comment un catalogue des lectures de Montaigne peut singulièrement éclairer la connaissance des *Essais*.

1009a. LA FONTAINE VERWEY (Herman de). — Les inscriptions dans la bibliothèque de Montaigne. — *Amsterdam, Balkema*, 1945, in-8°, 32 pp., fig.

1010. MÉGRET (J.). — Sur un livre de la librairie de Montaigne. (*B.H.R.*, IX : 1947, pp. 158-59).

Le livre dont il s'agit est le *De re rustica* de Caton et Varron (Lyon, S. Gryphius, 1549), conservé à la bibliothèque de Toulouse.

1011. TRINQUET (R.). — L'achat du César de Montaigne. (*Bull. du bibl.*, 1956, pp. 71-79).

Sur les circonstances de la double mise en vente du « César » (*Commentarii*, éd. Plantin, 1570) au XIXᵉ siècle. Acheté la seconde fois par le duc d'Aumale, il est actuellement au musée Condé de Chantilly. (On sait que Montaigne avait enrichi cet exemplaire d'une longue annotation que le Dᵣ Payen a publiée en 1855, — *voir* ses *Documents* [nᵒ 26], et aussi : Cuvillier-Fleury [nᵒ 980], L. Binaut [nᵒ 1389] et J. Boyer [nᵒ 1391]).
= C.R. : — L. Sozzi (*Studi fr.*, II : 1958, nᵒ 4, p. 130). =

1012. GRAY (Floyd). — Montaigne's friends. (*French st.*, XV : 1961, pp. 203-11).

L'amitié a été un sentiment très développé chez Montaigne, mais il y a lieu de souligner que « bien avant qu'il ait trouvé un ami en La Boétie et même après qu'il l'eût perdu, ses plus intimes et plus constants amis furent les livres qui, pendant toute sa vie, restèrent auprès de lui et l'accompagnèrent partout » (p. 211). — Cf. nᵒ 1014.
= C.R. : — G. Mombello (*Studi fr.*, VII : 1963, nᵒ 19, p. 143). =

1013. Source du Troisième livre des *Essais*, un « Quinte-Curce » annoté de la main de Montaigne a été vendu aux enchères... (*La Vie de Bordeaux*, 25 mars 1961, p. 1).

Il s'agit du fameux exemplaire de Quinte-Curce dont R. Dezeimeris et le Dᵣ Armaingaud ont publié les annotations (nᵒ 1394). Cette pièce rarissime venait de passer à cette époque en vente à l'Hôtel Drouot, et c'est un amateur parisien qui en avait obtenu l'adjudication au prix de 91.000 fr.

1014. FASTOUT (Jacqueline). — Montaigne et les livres. (*Europe*, L : 1972, nᵒˢ 513-514, pp. 129-38).

Importance des livres pour Montaigne qui les a toujours considérés comme « ses amis les plus fidèles » (cf. nᵒ 1012), et dont un en particulier — le sien, les *Essais* —, presque totalement composé dans la *librairie*, « l'a puissamment aidé dans son entreprise à se faire connaître » (p. 137).

# Autres demeures ou propriétés

1015. BERNADAU (P.). — De la maison natale de Montaigne. — Pp. 243-45 des : — Antiquités bordelaises... (nᵒ 764).

Selon l'auteur, « tous les biographes ont fait naître en Périgord l'auteur des *Essais* », mais il y a vraisemblablement une erreur. Pour lui, Montaigne aurait vu le jour dans « une maison de campagne peu remarquable pour sa construction et son emplacement agreste », maison située à 4 lieues au sud de Libourne, dans un bourg du canton de Lussac. — On ne sait où Bernadau a pris son affirmation, car les plus récents biographes de Montaigne sont formels pour reconnaître le château comme lieu de sa naissance (voir aussi les *Ephémérides* à la date du 28 février).

1016. MILLIN (A.-L.). — [Maison d'habitation de Montaigne à Bordeaux]. — Tome IV, 2ᵉ partie (1811), p. 641, du : — Voyage dans les départemens du Midi de la France... (nᵒ 766).

C'est au nᵒ 17 de la rue des Minimes à Bordeaux que l'auteur a placé cette « modeste habitation », ajoutant qu'il en restait à cette époque seulement « la porte cintrée en ogive et une tourelle ».

1016a. JOUY (V.-J.-E. de). — [Maison de Montaigne à Bordeaux]. — Tome Iᵉʳ, p. 27, de : — L'Hermite en province, ou Observations sur les mœurs et les usages français au commencement du XIXᵉ siècle... 4ᵉ édition... — Paris, Pillet, 1818-1827, 14 vol. in-18, pl., fig.

Précédée de quelques considérations sur le moraliste (pp. 24-26), cette courte description de la maison « attibuée » à Montaigne reproduit à peu près ce qui en est dit dans l'ouvrage de Millin.

1017. BERNADAU (P.). — Rue des Minimes, demeure de Montaigne. — Pp. 288-89 dans : — Le Viographe bordelais... (nᵒ 284).

Bernadau se contente de répéter ici une indication qu'avaient déjà donnée Millin et de Jouy.

1018. PAYEN (Dʳ J.-F.). — Maison d'habitation de Michel Montaigne à Bordeaux. (Bull. du bibl., 1855, pp. 139-46). — Tirés à part : Paris, Techener, 1855, in-8ᵒ, 8 pp., avec front. lith. par Marie Payen et deux plans partiels de Bordeaux).

Cette étude avait pour objet, en principe, la détermination définitive du lieu où Montaigne habitait à Bordeaux. En réalité, le Dʳ Payen n'a fait que reprendre les dires de Millin, Jouy et Bernadau, et Th. Malvezin devait démontrer que ces hypothèses étaient fausses.
= C.R. : — Chron. du Périgord et du Limousin, III : 1855, nᵒ 3, pp. 68-69. =

1019. MALVEZIN (Th.). — Notes sur la maison d'habitation de Michel de Montaigne à Bordeaux. (Soc. archéol. de Bordeaux. Bull. et mém., XIII : 1888, nᵒ 3, pp. 1-59, 9 pl.). — Tirés à part : Bordeaux, Féret, 1889, in-8ᵒ, 63 pp., 9 pl.

L'auteur prouve ici l'erreur commise par les historiens de Montaigne qui avaient attribué à celui-ci une maison d'habitation, rue des Minimes, dans le quartier du fort du Hâ. La vérité est que sa maison se trouvait près de l'embouchure du Peugue, rue de la Rousselle. (Une plaque commémorative y a été apposée en 1933 ; — voir les notices 1020 et 1024).
= C.R. : — Argus (La Gironde litt., 8 décembre 1889, p. 2). =

1020. FORTON (R.). — La Maison familiale de Michel de Montaigne à Bordeaux. (Bull. et mém. de la Soc. archéol. de Bordeaux, XLVIII : 1931, pp. 16-20 et 4 pl. h.-t. — Tirage à part : Bordeaux, Bière impr., 1935, in-8ᵒ, 7 pp., pl. — Partiellement reprod. dans le B.S.A.M., 2ᵉ sér., nᵒ 5, 1939, pp. 11-14).

Cette maison qu'habitèrent Pierre Eyquem, bourgeois de Bordeaux, et son fils Michel (jusqu'en 1570), se trouvait au nᵒ 23 de la rue de la Rousselle. L'auteur de ce travail en décrit les êtres en connaissance de cause puisqu'il y vécut lui-même pendant 25 années. — (Communication faite à l'Assemblée générale de la Société, le 28 avril 1933).

1021. H.H.B. — A propos du 4ᵉ centenaire de Montaigne. (*J. des Débats*, 31 janvier 1933, p. 2).

Les demeures urbaines de Montaigne à Bordeaux (à l'occasion de la parution des *Feuillets bordelais*, 2ᵉ sér., de Maurice Ferrus, cf. nᵒ 204).

1022. COURTEAULT (P.). — A propos du 4ᵉ centenaire de Montaigne. (*J. des Débats*, 26 mars 1933, p. 1).

C'est un complément à l'article précédent : — il ne semble pas que Montaigne ait habité longtemps dans ses différentes demeures bordelaises, et d'autre part il est certain qu'il n'a jamais possédé, 17 rue des Minimes, la maison que lui ont attribuée successivement : l'architecte Millin, le Dᵣ Payen, G. Brunet et Léonce de Lamothe. C'est Th. Malvezin (nᵒ 1019) qui a victorieusement démontré l'erreur commise.

1023. CATUSSE (A.). — Michel Montaigne, meunier. (*La France de Bordeaux*, 27 mars 1933, p. 7).

Par un arrêt du Parlement de Bordeaux en date du 3 mai 1577, Montaigne fut reconnu propriétaire du moulin de Peyrelongue, situé sur le ruisseau de l'Eau-Bourde, à « Bègle ». Il le tenait par héritage de son oncle, le chanoine Pierre de Montaigne, et devint ainsi « meunier malgré lui, mais non point sans soucis... ».

1024. A la maison familiale de Montaigne. (*La France de Bordeaux*, 27 mars 1933, p. 7).

Apposition, le 26 mars 1933, d'une plaque commémorative sur l'emplacement de la maison familiale de Montaigne, au coin de la rue de la Rousselle et de la rue Fauré, à Bordeaux.

1025. BÉRAUD-SUDREAU (J.). — Immeubles ayant appartenu à la famille de Montaigne à Bordeaux. (*B.S.A.M.*, 2ᵉ sér., nᵒ 12, 1942, pp. 5-6).

Description de la maison que possédait Grimon Eyquem sur la rive droite du Peugue et qui s'appuyait sur une tour dénommée, en 1609, tour du Brisson ou d'Eyquem-de-Montaigne.

1026. NICOLAÏ (A.). — Du nouveau sur la Tour d'Eyquem. (*B.S.A.M.*, 2ᵉ sér., nᵒˢ 13-14, 1948-1949, pp. 17-20).

Suite de l'étude précédente, avec compléments de renseignements et reproduction de la Tour du Brisson, d'après une estampe originale (collection J. Béraud-Sudreau).

# Chapitre VIII

# LES AMIS ET LES AMIES DE MONTAIGNE
# SES ADVERSAIRES

## Généralités

1027. Hugues (G. d'). — Les amis de Montaigne. (*Le Correspondant*, 1895, t. CLXXXI, 25 novembre, pp. 735-44).

Etude sur Montaigne et son entourage à propos du livre de P. Stapfer (n° 836) qui allait sortir.

1028. Stapfer (P.). — [Les amis de Montaigne]. — Pp. 129-323 de : — La famille et les amis de Montaigne... (n° 836).

*Titres des chapitres de cette 2e partie :* — Etienne de La Boétie. — M^lle de Gournay. — Pierre de Brach. — Pierre Charron.

1028a. Bonnefon (P.). — La Boétie, Charron, M^lle de Gournay. — Tome I^er, pp. 105-224, et tome II, pp. 213-408, de : — Montaigne et ses amis... (n° 346).

1029. Tiddeman (L.E.). — The friends of Montaigne. (*Westminster rev.*, 1903, t. CLIX, pp. 29-39).

Les relations de Montaigne avec Marie de Gournay et La Boétie, et l'influence de ce dernier sur l'esprit du moraliste.

## La Boétie

1030. Feugère (Léon). — Etienne de La Boétie, ami de Montaigne. Etude sur sa vie et ses ouvrages, précédée d'un coup d'œil sur les origines de la Littérature française... — *Paris, Labitte*, 1845, in-8°, IV-309 pp. — (*Couronné par l'Académie française en 1846*).

La partie centrale de ce travail (pp. 75-236) est constituée par un *Essai sur la vie et l'œuvre d'Etienne de La Boétie*, dans lequel on peut lire notamment que Montaigne et lui, « tous deux à jamais unis, s'offrent ensemble à la mémoire, et réveillent ce qu'il y a au fond de nos cœurs de plus sympathique et de plus impérissable » (p. 76). — Etude en grande partie reprise par l'auteur dans le tome I$^{er}$, pp. 1-125, de son ouvrage : *Caractères et portraits littéraires du XVI$^e$ siècle...* (n° 580).

**1031.** SAINTE-BEUVE (C.A.). — Etienne de La Boëtie, l'ami de Montaigne. (*Moniteur univ.*, 14 novembre 1853, pp. 1263-64 ; — voir aussi l'*Echo de Vésone*, 23-25 novembre 1853). — Article repris dans le tome IX (1854), pp. 112-28, des *Causeries du Lundi*, et dans : *Les grands écrivains français. Etudes des Lundis... classées... et annotées par Maurice Allem...* — Paris, Garnier, 1926, in-16 (*XVI$^e$ siècle : les Prosateurs*, pp. 139-61).

Sur l'exceptionnelle amitié qui unit les deux hommes. « La Boétie, dit Sainte-Beuve, a été la passion de Montaigne ; il lui a inspiré son plus beau chapitre, ou du moins son plus touchant ; leurs deux noms sont à jamais inséparables... » (p. 139).

**1032.** L[APEYRE (L.)]. — Testament d'Etienne de La Boétie. (*Chron. du Périgord et du Limousin*, II : 1854, pp. 25-26).

Document resté inédit, qui est publié pour la première fois dans cette revue, d'après une copie fournie par Jules Delpit. On le retrouvera, pp. 427-28 des *Œuvres complètes d'Estienne de La Boétie* par P. Bonnefon (1892). — La minute en avait été dressée devant cinq témoins « audict lieu de Germinhan, paroisse du Teilhan, en Médoc, le quatorsiesme iour du moys d'aoust » 1563. Par cet acte, et entre autres dispositions, La Boétie léguait la presque totalité de ses livres à Montaigne, son « inthime frere et inviolable amy ».

**1033.** Montaigne et La Boétie. (*Bull. du bibl.*, 1862, pp. 1384-85).

A propos de l'« inscription touchante » que Montaigne avait composée en latin pour son ami La Boétie, et dont le D$^r$ Payen a publié le texte, non dans ses *Recherches* de 1862 (n° 761), mais dans les *extraits* de celles-ci (voir cette brochure — même n° — pp. 22-24).

**1034.** MAGNE (E.). — Etude sur Etienne de La Boétie... — *Périgueux, impr. de Dupont*, 1877, in-8°, II-52 pp.

Conférence donnée à Périgueux, le 17 février 1877.

**1035.** MONZIE (E. de). — Etienne de La Boétie, d'après de nouveaux documents. (*Rev. de Fr.*, 1877, t. XXIV, 1$^{er}$ août, pp. 503-28).

L'homme — prononciation du nom, biographie —, son œuvre, sa pensée politique, ses relations d'amitié avec Montaigne.

**1036.** BONNEFON (P.). — Estienne de La Boétie, sa vie, ses ouvrages et ses relations avec Montaigne... — *Bordeaux, P. Chollet*, 1888, pet, in-4°, 3 ff. n. ch. et 150 pp.

Repris avec quelques modifications de rédaction dans l'édition des *Œuvres complètes d'Estienne de La Boétie* (Bordeaux, Gounouilhou ; Paris, Rouam 1892, in-4°, LXXXV-444 pp.), — les quatre premiers chapitres en formant l'introduction (pp. XI à LXXXV), tandis que l'Appendice s'y trouve augmenté d'une pièce : *La Boétie jurisconsulte*, pp. 394-98. — Réimpr. du présent travail : *Genève, Slatkine*, 1970, in-8°, IV-161 pp.

1037. SPONT (A.). — Montaigne et La Boétie. (*Rev. des quest. hist.*, 1893, t. LIV, pp. 226-31).

Dans cette étude composée à l'occasion de la parution en 1892 et 1893 des deux grands ouvrages de Bonnefon (nᵒˢ 331 et 1036), l'auteur cherche à expliquer pourquoi les deux moralistes se sont aussi « indissolublement attachés l'un à l'autre,... la raison de cette amitié aveugle et ignorante de sa cause », etc. (p. 227).

1038. HÉMON (F.). — L'amitié de Montaigne et de La Boétie. — Pp. 272-79 de : — Etudes littéraires et morales. Première série... — *Paris, Delagrave*, 1896, in-18, VII-415 pp.

Sur le caractère de cette amitié dont on peut dire qu'avec un homme comme Montaigne, elle a fait vivre La Boétie même par delà la mort.

1039. LABORDE-MILAÀ (A.). — La Boétie et Montaigne. (*Rev. des études hist.*, LXVIII : 1902, pp. 362-68).

Importance de l'influence morale que La Boétie a eue sur son ami, agissant à la fois sur « sa sensibilité, son action, sa volonté. Par-dessus tout, il lui a donné l'idée et le goût du travail » (p. 367), et Montaigne s'est étudié pour être digne d'un semblable éducateur.

1040. HELME (Dʳ F.). — Essai sur Montaigne garde-malade. — (*Rev. mod. de médecine et de chirurgie*, III : 1905, nᵒ 6, pp. 197-214).

L'amitié de Montaigne et de la Boétie. — La vie et l'œuvre de La Boétie. — Sa mort racontée par Montaigne dans sa lettre à son père, lettre qui a été jointe à cette étude (cf. nᵒˢ 1051 et 1345).

1041. COLERIDGE (Gilbert). — Montaigne and La Boëtie as friends and husbands. (*Fortnightly rev.*, 1911, t. XCVI, pp. 1138-44).

L'amitié célèbre de Montaigne et de La Boétie, en parallèle avec leurs vertus conjugales. Prédominence chez eux de l'amitié sur les autres préoccupations (*voir* aussi nᵒ 879).

1042. R.K. — Amitiés. (*Le Temps*, 21 septembre 1930, p. 1).

Sur l'amitié de Montaigne et de La Boétie, à propos de la célébration à Sarlat du IVᵉ centenaire de la naissance de l'auteur du *Contr'un*.

1043. FERNAND-DEMEURE. — Montaigne et La Boétie. (*Merc. de Fr.*, 1933, t. CCXLV, 1ᵉʳ juillet, pp. 206-12).

Parlant des deux amis, l'auteur de cet article en vient à exprimer des doutes sur le témoignage de Montaigne, selon lequel La Boétie avait écrit le *Contr'un* avant l'âge de dix-huit ans.

1044. PLATTARD (J.). — Montaigne et La Boétie. (*Rev. des cours et conf.*, XXXIV : 1932-1933, nᵒ 10, 30 avril 1933, pp. 97-109).

Etude des rapports amicaux entre les deux hommes. — Analyse du *Contr'un*. — Montaigne au lit de mort de La Boétie. — (Travail utilisé pour la composition du chap. IV de : *Montaigne et son temps*, nᵒ 410).

1045. Lugli (Vittorio). — Une amitié illustre : Montaigne et La Boétie. — *Firenze, La Nuova Italia* (1935), in-16, 63 pp. — (*Collana critica*).

Les manifestations chez Montaigne de son amitié pour La Boétie. Son regret du cher disparu, dont le souvenir est resté constant en lui et devait même influer sur sa carrière d'écrivain.

1046. Rat (M.). — Montaigne et La Boétie. — Esquisse des rapports entre les deux amis. — Tome I<sup>er</sup> (1941), pp. 365-70, de l'édition des *Essais de Montaigne*... (n° 436).

Etude complétée par le texte de sept lettres de Montaigne « où il est question de La Boétie » (pp. 371-97).

1047. Sáenz Hayes (Ricardo). — Miguel de Montaigne y Esteban de La Boétie. — Pp. 69-95 dans : — De la amistad en la vida y en los libros... — *Buenos Aires, Mexico, Espasa Calpe argentina*, 1942, in-16, 166 pp.

1048. Feytaud (J. de). — Sur Montaigne et La Boétie. (*B.S.A.M.*, 3<sup>e</sup> sér., n° 2, 1957, pp. 12-14 et 19-20). — (*Quadricentenaire de la rencontre de Montaigne et de La Boétie*. — Séance solennelle, 10 juin 1957. — Allocution n° 3).

Ce que fut La Boétie pour Montaigne : un personnage qui a pris « des proportions surhumaines » dans le souvenir de l'auteur des *Essais* (p. 13). Celui-ci en a reçu « l'influence étonnante » qui s'est traduite chez lui par une grande fidélité, non seulement à la mémoire, mais à la doctrine de son ami (p. 14). — *Voir* n° 1045.

1049. Saint-Martin (J.). — Quelques clartés sur Etienne de La Boétie. (*B.S.A.M.*, 3<sup>e</sup> sér., n° 21, 1962, pp. 3-26).

= C.R. : — G. Mombello (*Studi fr.*, VII : 1963, n° 20, p. 341). =

1050. Michel (P.). — La Boétie sans Montaigne. (*L'Ecole*, 23 janvier 1963, pp. 386 et 427-28).

1051. Busson (H.). — Sur les ruines de Germignan. (*Studi fr.*, VIII : 1964, n° 24, pp. 471-77. — Repris dans : *B.S.A.M.*, 4<sup>e</sup> sér., n° 4, 1965, pp. 58-66, avec ce titre : *Sur les ruines de Germignan où mourut La Boétie*).

Concerne le décès de La Boétie et la lettre que Montaigne adressa à son père en cette occasion.

1052. Iagolnitzer (D<sup>r</sup> Mitchiko). — Montaigne, François Hotman et le *Discours de la servitude volontaire*. (*B.S.A.M.*, 4<sup>e</sup> sér., n° 24, 1971, pp. 41-51).

Sur les rapports ayant existé entre Montaigne et François Hotman, et la contribution que ce dernier est susceptible d'avoir apportée aux diffusions du *Discours* par les Protestants.

1053. FRANÇON (M.). — Sur Montaigne et La Boétie. (*Francia*, 3ᵃ ser., n° 16, 1975, pp. 81-85).

A propos de la version anglaise du *Discours de la servitude volontaire* par Wᵐ Flygare (1974) : la publication de l'œuvre de La Boétie et l'attitude observée en l'occurence par Montaigne.

# Charron

1054. VINET (Alexandre). — Pierre Charron, 1541-1603. — Pp. 109-45 de : — Moralistes des seizième et dix-septième siècles... (n° 1490).

La vie de Charron, ses relations avec Montaigne, la nature de sa philosophie morale.

1054*a*. BONNEFON (P.). — Les amis de Montaigne : Pierre Charron. (*J. des Débats*, 12 et 13 août 1895 ; — repris dans la *R.H.L.F.*, II, 1895, pp. 627-30). — *Voir* aussi : — Pierre Charron (1541-1603), — tome II, pp. 213-311, de : — Montaigne et ses amis... (n° 346).

1055. LAMANDÉ (A.). — Montaigne et Charron. (*Rev. bleue*, LXV : 1927, pp. 551-54).

Article inclus dans *La vie gaillarde et sage...* (n° 538), où il constitue la première moitié du chapitre XIV (pp. 265-77).

1056. POMMIER (J.). — Autour de Montaigne : Pierre Charron et sa fortune littéraire. (*Rev. d'hist. et de philos. relig.*, XIII : 1933, pp. 267-72).

# Mlle de Gournay

1057. FEUGÈRE (Léon). — Mademoiselle de Gournay. (*J. gén. de l'instr. publ. et des cultes*, XIX : 1850, pp. 449-52 ; — XX : 1851, pp. 261-64 ; — XXI : 1852, pp. 445-47 et 595-97 ; — XXII : 1853, pp. 76-78, 118-20, 142-44, 151-52 et 165-66). — Publié en vol. complet sous le titre : — Mademoiselle de Gournay. Etude de sa vie et de ses ouvrages... — *Paris, Dupont*, 1853, in-8°, 74 pp.

1058. MUSSET (P.-E. de). — Mˡˡᵉ de Gournay. (*La Politique nouvelle*, II : 1851, pp. 331-35). — *Voir* aussi du même, les pp. 154-77 de : — Extravagants et originaux du XVIIᵉ siècle... — *Paris, Charpentier*, 1863, in-18, 401 pp.

1059. GAILLON (Marquis J. de). — Le Proumenoir de M. de Montaigne, par sa fille d'alliance. (*Bull. du bibl.*, 1860, pp. 1279-84).

1060. PAYEN (Dr J.-F.). — Note bibliographique sommaire sur les diverses éditions du *Proumenoir de M. de Montaigne*. (*Bull. du bibl.*, 1860, pp. 1285-87).

Dans cette étude comme dans la précédente, il est très souvent question des relations littéraires de Marie de Gournay avec Montaigne.

1061. HUDLESTON (F.J.). — Montaigne's adopted daughter. (*Littel's living age*, 1895, t. CCVI, July 20, pp. 169-77).

1062. COURBET (E.). — Recherches sur Mlle de Gournay. (*Bull. du bibl.*, 1898, pp. 227-32, et 1900, pp. 513-17).

Au sujet de la grande préface de l'éd. posthume des *Essais* et des protestations qu'elle souleva dans le monde cultivé, comme le prouvent les annotations d'Antoine de Laval sur les marges de son exemplaire particulier. — Les circonstances de composition de la petite préface/repentir de 1598. — La seconde partie de l'étude concerne le portrait de Mlle de Gournay réalisé par Matheus en 1596, et plus spécialement l'utilisation que celle-ci comptait en faire. (L'auteur a donné à ce sujet une communication qui a paru dans le *B.S.A.M.*, 1re sér., n° 3, 1914, p. 222, et a été partiellement reproduite dans le même bulletin, 2e sér., n° 8, 1940, *voir* p. 16 : « Une anecdote plaisante à propos de l'éd. de 1595 »).

1063. SCHIFF (Mario L.). — La fille d'alliance de Montaigne, Marie de Gournay. — Essai suivi de « L'égalité des hommes et des femmes » et du « Grief des dames », avec des variantes, des notes, des appendices et un portrait... — *Paris, Champion*, 1910, in-16, 147 pp., portr.-front. — (*Bibliothèque littéraire de la Renaissance*, 1re sér., vol. X). — Réimpr. : — *Genève, Slatkine*, 1978, in-8°, 146 pp.

Vie de Marie de Gournay, son œuvre et ses relations avec Montaigne (pp. 1-53). L'essai est suivi du texte deux traités dans lesquels s'exalte le féminisme de leur auteur (cf. le titre), et de cinq appendices relatifs à son œuvre et à sa personne.
= C.R. : — J. Frank (*Zeits. f. franz. Sprache u. Liter.*, XXXVII : 1911, pp. 28-31) ; — J. de Gourmont (*Merc. de Fr.*, 1911, t. LXXXIX, 1er févr., pp. 595-97) ; — H.C. Lancaster (*M.L.N.*, XXVI : 1911, pp. 125-27) ; — P. Laumonier (*Rev. crit.*, XLV : 1911, 2e sem., pp. 291-93). =

1063a. FAGUET (E.). — Mademoiselle de Gournay... (*voir* n° 1265).

1064. CHENOT (Anna Adèle). — Marie de Gournay : feminist and friend of Montaigne. (*Poet Lore*, XXXIV : 1923, pp. 63-71).

1065. CASEVITZ (Thérèse). — Mlle de Gournay et le féminisme. (*Rev. bleue*, LXIII : 1925, pp. 768-71).

Apologie de Marie de Gournay, « fille d'alliance » et éditeur de Montaigne, mais aussi précurseur des féministes modernes.

1066. DAPPEN (Josef). — Marie de Jars de Gournay (1565-1645), die « Wahltochter » Montaignes. — *Düsseldorf, Schwann*, 1927, in-8°, 91 pp. — (*Diss. Cologne*).

Marie de Gournay, la « fille d'élection » de Montaigne.

1067. LARNAC (J.). — Marie de Gournay. — Pp. 68-72 de l' : — Histoire de la littérature féminine en France. Septième édition. — *Paris, Kra*, 1929, in-8°, 296 pp.

1068. BROUSSON (J.-J.). — Une suffragette au temps de Montaigne : Mademoiselle de Gournay. (*Nouvelles litt.*, 22 avril 1933, p. 3).

« Eperdument féministe », c'est bien là une des caractéristiques essentielles de la célèbre fille d'alliance dans laquelle on peut voir sans aucun doute « l'ancêtre des suffragettes ».

1069. TEULIÉ (H.). — Montaigne et M^{lle} de Gournay. (*La Petite Gironde*, 18 avril 1933, p. 4).

Au sujet de leur rencontre à Paris en 1588, et des sentiments manifestés par Marie de Gournay pour son « père d'alliance ».

1070. MICHAUD (G.-L.). — Le « Proumenoir de Montaigne ». (*R.H.L.F.*, XLI : 1934, pp. 397-98).

Sur les origines du petit roman de M^{lle} de Gournay.

1071. MARCHAND (J.). — *Le Proumenoir de Monsieur de Montaigne, par sa fille d'alliance.* Etude bibliographique. (*B.S.A.M.*, 2^e sér., n^{os} 13-14, 1948-1949, pp. 66-73).

1071a. ILSLEY (Marjorie Henry). — New light on the *Proumenoir de M. de Montaigne.* (*Mod. philol.*, LII : 1954-1955, pp. 1-11).

1072. — A daughter of the Renaissance : Marie le Jars de Gournay, her life and works... — *The Hague, Mouton & Co.*, 1963, in-8°, 317 pp., portr.

La vie et l'œuvre de Marie de Gournay, ainsi que son action féministe, considérées par une personne décidée à réhabiliter la mémoire de la « fille d'alliance ». — Sur les rapports de cette dernière avec Montaigne, voir principalement les pp. 20 à 84.
= C.R. : — E. Marcu (*B.H.R.*, XXVII : 1965, n° 1, pp. 359-60) ; — *Studi fr.*, IX (1965), n° 26, pp. 345-46) ; — R. Pouilliart (*Lettres romanes*, XX : 1966, pp. 195-96). =

1073. VIPPER (Ju.B.). — Tvorcestvo Marii de Gurne, nazvanoj doceri Montenja. (*Vestnik Moskovskogo Universiteta*, 1965, sér. 7, vol. 20, pp. 16-32).

Sur Marie de Gournay, la fille d'alliance de Montaigne.

1074. MICHEL (P.). — Une apôtre du Féminisme au XVII^e siècle : Mademoiselle de Gournay. (*B.S.A.M.*, 4^e sér., n° 27, 1971, pp. 55-58).

1075. MORAND (J.). — Marie le Jars de Gournay, la « Fille d'alliance » de Montaigne. (*B.S.A.M.*, 4^e sér., n° 27, 1971, pp. 45-54).

## Autres amis de Montaigne

1076. E[RNOUF] (B[aron]). — Véronique Franco, Henri III et Montaigne. (*Bull. du bibl.*, 1886, pp. 442-46).

La signora Veronica Franca (orthographe de Montaigne, ou tout au moins de l'éd. de 1774 du *Journal de voyage*) était une courtisane intelligente et cultivée dont Henri III avait apprécié la beauté et que Montaigne connut lors de son passage à Venise, en novembre 1580. Cette « jantifame » lui fit même présent d'un exemplaire de ses *Lettres familières* (cf. *Journal...*, éd. L. Lautrey, pp. 168-69).

1077. CEULENEER (Ad. de). — Juste Lipse et Montaigne. (*Mél. Charles Moeller*, 1914, t. II, pp. 278-81).

Etude de leurs rapports mutuels.

1078. PILON (E.). — Un compagnon de voyage pour Montaigne : M. d'Estissac. — Pp. 28-34 de : — Dans le buisson des lettres... — *Paris, A. Messein*, 1934, in-16, 199 pp.

1079. AYMONIER (C.). — Un ami de Montaigne : le Jésuite Maldonat. (*Rev. hist. de Bordeaux*, XXVIII : 1935, pp. 5-25). — Tirés à part : *Bordeaux, impr. J. Bière*, 1935, in-8°, 25 pp.

Longue étude dans laquelle les relations d'amitié entre le Jésuite et le moraliste des *Essais* sont exposées en détail, et servent d'argument à l'auteur pour plaider la cause de « la bonne foi de Montaigne » et de « la sincérité de ses sentiments religieux » (p. 25).

1080. RITTER (R.). — Cette grande Corisande. — *Paris, Albin Michel*, 1936, in-8°, 411 pp., fig.

Biographie de Diane d'Andoins, comtesse de Guiche par son mariage en 1567 avec Philibert de Grammont, et qui fut la maîtresse et la conseillère d'Henri de Navarre. Montaigne lui dédia les vingt-neuf sonnets de La Boétie. Sur l'amitié entre M^me de Grammont et l'auteur des *Essais*, voir dans cet ouvrage les pp. 71-92 et 187-206. — R. Ritter en a donné, chez le même éditeur, en 1958, une seconde éd. revue, corrigée et augmentée, sous le titre : — *Une Dame de chevalerie : Corisande d'Andoins, comtesse de Guiche* (in-8°, 349 pp., 12 pl. h.-t.).
= C.R. : — J.E.W. (*Rev. bleue*, LXXV : 1937, p. 214) ; — A.S. (*B.S.A.M.*, 2^e sér., n° 4, 1938, p. 61). =

1081. — Montaigne et cette grande Corisande. (*B.S.A.M.*, 2^e sér., n° 5, 1939, pp. 20-22, avec un portrait en pied).

Sur la double rencontre que devait faire le Béarnais : « Montaigne et Corisande, l'amitié et l'amour conjurés pour sa gloire ».

1082. NICOLAÏ (A.). — Les belles amies de Montaigne. — *Paris, Saint-Etienne, Editions Dumas* (1950), in-16, 388 pp. — (Coll. : *Humanisme et poésie*).

Deux parties : — I. *Les belles amies de messire Michel de Montaigne* : Diane de Foix de Candale, Diane d'Andoins, M^me d'Estissac (dite ici, *la belle Rouet*), M^me de Duras, Marguerite de Valois, M^lle de Gournay ; — II. *Le charme de Montaigne* : Michel de Montaigne et l'amour, la sociabilité de Montaigne, Michel de Montaigne « at home », etc.

= C.R. : — L. Desgraves (*Bull. de la Soc. des Bibl. de Guyenne*, XXI : 1951, n° 53, pp. 69-70) ; — M<sup>me</sup> L. Gardeau (*Bull. de la Soc. hist. et archéol. du Périgord*, LXXIX : 1952, pp. 47-48) ; — D.M. Frame (*Romanic rev.*, XLIV : 1953, n° 4, pp. 293-95) ; — R. Trinquet (*R.H.L.F.*, *LIV* : 1954, pp. 94-97). =

1083. CORNET (D<sup>r</sup> L.). — Henri IV et Montaigne. (*Rev. région. des Pyrénées*, juillet-décembre 1953, pp. 79-88).

Sur les sentiments d'amitié de Montaigne pour le Béarnais, nonobstant « la distance qui sépare le roi de son sujet » (p. 81).

1084. TRINQUET (R.). — Un voisin et ami de Montaigne : le capitaine Roux. (*B.H.R.*, XVI : 1954, n° 1, pp. 96-107).

Le capitaine Roux, dont Montaigne parle dans une lettre à Matignon et dans les *Ephémérides*, était un officier catholique qui s'attira l'amitié de Montaigne en servant la cause du roi de Navarre en Guyenne.

1085. DESVERGNES (L.). — Les tours de Lenvège. Un château de Saussignac au XVI<sup>e</sup> siècle et Rabelais, et Une amie de Montaigne et de Brantôme. Avec 2 tableaux généalogiques et 3 vues. — *Paris, Libr. G. Saffroy*, 1955, in-8°, 19 pp., fig., dépl.

L'amie de Montaigne envisagée était M<sup>me</sup> d'Estissac (Louise de la Béraudière) dont l'auteur établit la généalogie d'après Nicolaï, en la confondant d'ailleurs, lui aussi, avec « la belle Rouet » (*voir* pp. 11 à 19).

1086. GARDEAU (Léonie). — Le testament du marquis de Trans. (*Bull. de la Soc. hist. et archéol. du Périgord*, LXXXIII : 1956, pp. 125-32).

Le marquis de Trans, ses ascendants et ses descendants. Description de son testament dont il est donné, ici, une copie (l'original appartenant aux archives particulières de M. le marquis de Grailly). — *Voir* aussi les n<sup>os</sup> 1094 et 1481-1482.

1087. NICOLAÏ (A.). — I. Germain-Gaston de Foix, marquis de Trans ; — II. Un ami de Montaigne : Pierre de Brach ; — III. Un autre ami de Montaigne : Arnaud du Ferrier. (*B.S.A.M.*, 2<sup>e</sup> sér., n° 19, 1956, pp. 7-39).

1088. TRINQUET (R.). — En marge des *Essais* : la vraie figure de Madame d'Estissac, ou les pièges de l'homonymie. (*B.H.R.*, XVIII : 1956, n° 1, pp. 23-36).

La « destinataire » de l'essai *De l'affection des pères aux enfants* ne saurait être, comme l'ont cru tous les commentateurs, Louise de la Béraudière de Rouet, surnommée à la cour « la belle Rouet » et qui fut la maîtresse d'Antoine de Bourbon, mais une autre Louise de la Béraudière, parente éloignée de la première et mariée vers 1560 à Louis d'Estissac dont elle eut deux enfants.

1089. GARDEAU (Léonie). — M<sup>me</sup> d'Estissac et « la belle Rouet ». (*Rev. hist. et archéol. du Libournais*, XXIV : 1956, n° 82, pp. 124-25).

Au sujet de l'identité de M<sup>me</sup> d'Estissac, révélée par R. Trinquet, et sur laquelle tous les commentateurs de Montaigne s'étaient jusque là si aisément trompés.

1090. RAT (M.). — Un petit mystère se dissipe : Louise de la Béraudière, galante pour Brantôme, se paraît pour Montaigne des plus rares vertus. En fait, ils ne parlaient pas de la même personne. (*Figaro litt.*, 26 mai 1956, p. 9 ; — repris dans le *B.S.A.M.*, 2e sér., n° 18, 1956, pp. 8-10, sous le titre : *Les deux Louise de la Béraudière : M^{me} d'Estissac et M^{me} de Combault, ou les pièges de l'homonymie*).

Commentaire de la « trouvaille d'importance » faite par R. Trinquet sur cette question (n° 1088).

1090a. SAINT-MARTIN (J.). — Les deux Louise de la Béraudière. (*Bull. de la Soc. hist. et archéol. du Périgord*, LXXXIII : 1956, pp. 143-44).

Sur l'identité réelle de M^{me} d'Estissac, telle que R. Trinquet venait de la préciser (n° 1088).

1091. RITTER (R.). — Un ami de Montaigne : Philibert de Gramont (1552-1580). (*Mémorial* 1963, pp. 136-45).

Historique de la maison de Gramont, ainsi que des relations qui s'établirent entre Montaigne et l'aîné des garçons, Philibert, seigneur de Gramont, comte de Guiche et souverain de Bidache, et dont on trouve une expression émouvante dans l'assistance que Montaigne fit à son corps lorsque le jeune homme fut frappé à mort au siège de La Fère, en 1580.

1092. GARDEAU (Léonie). — Les comtes de Foix-Gurson et la cause royale au XVIe siècle. (*B.S.A.M.*, 4e sér., n° 2, 1965, pp. 29-36).

Etude historique sur la maison de Foix-Gurson et plus spécialement sur Germain-Gaston de Foix, comte de Gurson et du Fleix, marquis de Trans, qui joua un rôle important dans la constitution de l'unité française et que Montaigne comptait parmi ses meilleurs amis.

1093. RITTER (R.). — Une amie de Montaigne, Madame de Duras. (*B.S.A.M.*, 4e sér., n° 9, 1967, pp. 29-38).

Sur un aspect des relations de Montaigne avec la famille de Durfort de Duras.
= C.R. : — R. Campagnoli (*Studi fr.*, XIII : 1969, n° 39, p. 536). =

1094. GARDEAU (Léonie). — Le testament du marquis de Trans. (*B.S.A.M.*, 4e sér., n° 13, 1968, pp. 3-14).

Les dernières années du marquis de Trans et les conditions dans lesquelles fut établi son testament, avec, en appendice, le texte de ce document (pp. 11 à 14). — *N.B. :* — Cette étude est d'une rédaction différente de celle qui avait été présentée sous le même titre en 1956, *voir* n° 1086.
= C.R. : — *Studi fr.*, XV (1971), n° 44, p. 338. =

1095. — La bibliothèque du marquis de Trans et de son petit-fils Frédéric de Foix. (*B.S.A.M.*, 4e sér., n° 20, 1970, pp. 51-61).

Examen détaillé de cette bibliothèque par catégories d'ouvrages et à partir de l'inventaire de 1655.
= C.R. : — *Studi fr.*, XV (1971), n° 45, p. 536. =

1096. MICHEL (P.). — Les visiteurs champenois de Montaigne. (*B.S.A.M.*, 4e sér., no 25-26, 1971, pp. 75-116).

Renseignements détaillés sur les gentilshommes champenois, compagnons du roi de Navarre, qui se rendirent avec lui en visite au château de Montaigne, en décembre 1584. A cette étude s'ajoutent des reproductions d'arbres généalogiques, des textes et documents justificatifs et une bibliographie (ces compléments sont l'œuvre de Mme Pierre Michel).
= C.R. : — *Studi fr.*, XVI (1972), no 47-48, p. 457. =

# Des adversaires...

1097. DUPÉRIÉ (Dr R.). — Un « ennemi » de Montaigne : Joseph Scaliger. (*Gaz. hebd. des sc. médic. de Bordeaux*, 10 novembre 1935, pp. 721-23 ; — 17 novembre, pp. 737-38 et 24 novembre, pp. 753-54). — Etude résumée dans le *B.S.A.M.*, 2e sér., no 3, 1938, pp. 45-46.

« Ennemi de Montaigne » ? non ; « adversaire », pas davantage. (*B.S.A.M.*, p. 46).

1098. VÉDÈRE (Xavier). — Deux ennemis de Montaigne : le sénéchal Merville et le capitaine Vaillac. (*Rev. hist. de Bordeaux*, XXXVI : 1943, pp. 88-97).

Relation des incidents qui éclatèrent au temps de la seconde mairie de Montaigne, celui-ci ayant contre lui, entre autres, le baron de Vaillac, capitaine du château Trompette, et surtout le sieur de Merville, capitaine du château du Hâ et grand sénéchal de Guyenne, qui caressait l'espoir de remplacer Montaigne à la mairie de Bordeaux.

1099. TRINQUET (R.). — Montaigne et Scaliger, ou deux conceptions de l'Humanisme. (*B.S.A.M.*, 2e sér., no 15, 1949-1952, pp. 58-67).

Sur l'animosité qui s'était déclarée entre ces « deux princes de l'humanisme », alors que tout devait concourir à les rapprocher, spirituellement parlant.

# CHAPITRE IX

# L'ŒUVRE DE MONTAIGNE
# LES « ESSAIS »

## Généralités

1100. GOURNAY (Marie de Jars de). — Preface sur les Essais de Michel, seigneur de Montaigne, par sa fille d'alliance, — fol. 2 r° à 10 v° de l'édition des *Essais*... « trouvée apres le deceds de l'autheur, reveuë et augmentée par luy d'un tiers »... — *Paris, A. l'Angelier, 1595, 2 parties en un vol. in-fol.*

Cette préface, nettement apologétique, a été réimprimée avec d'importantes modifications, d'abord dans la 3e éd. du *Proumenoir de Monsieur de Montaigne* (Paris, l'Angelier, 1599, in-12), puis dans les éd. suivantes des *Essais* : — Ch. Sevestre et autres libraires (Paris, 1617, in-4°), Vve Rémy Dallin et autres (Paris, 1625, in-4°) et J. Camusat (Paris, 1635, in-fol.). Dans cette dernière édition, dédiée au cardinal de Richelieu, le style de Mlle de Gournay reste quelque peu diffus et boursouflé, mais sa dialectique s'est sensiblement améliorée. C'est pour cette raison que Pierre Coste n'a pas hésité à faire entrer dans sa 2e éd. des *Essais* (Paris, 1725, 3 vol. in-4°) cette préface de 1635, dont Bayle lui-même avait dit qu'elle « mérite d'être lue ».

Rappelons que dans l'éd. des *Essais* de 1598, Mlle de Gournay avait publiquement désavoué ce lourd panégyrique et l'avait remplacé par une courte introduction — « une demi-page d'excuses », disait E. Courbet (p. 19 du n° 115), — qui fut reproduite dans toutes les éd. in-8° des *Essais* du XVIIe siècle.

1101. KORMART (Christof). — Abbrégé des mémoires illustres, contenant les plus remarquables affaires d'Estat, enrichi d'un sommaire des « Essais » de Montaigne... — *Dresden, Michel Gunther,1689, pet. in-12, pièces limin. et 734 pp.*

Sur cette publication, voir la notice du Dr Payen (n° 3184).

1102. VERNIER (Théodore), sénateur. — Notices et observations pour préparer et faciliter la lecture des Essais de Montaigne... — *Paris, Testu et Cie, Delaunay, 1810, 2 vol. in-8°.*

« Je doute que cet ouvrage ait atteint le but que se proposait l'auteur, *d'apprendre à lire Montaigne* ; j'applaudis à l'intention, mais je ne puis approuver l'exécution »... (Dr Payen, *Notice bibliogr.* [n° 44], § VI, n° 86). — La présentation en est la suivante : après une longue introduction contenant des « observations générales » sur Montaigne et son œuvre, les différents chapitres des *Essais* sont donnés dans leur ordre habituel, mais sous forme d'analyses et de commentaires d'importance d'ailleurs variable. — Ce livre a reparu en 1888 avec un certain nombre de modifications (n° 1108), tandis que le principe en était retenu par Leveaux pour son *Etude sur les Essais* (n° 1107).

1103. Montaigne's Essays. (*Retrospective rev.*, I : 1820, vol. II, pp. 209-27). — Ce texte a été reproduit : — 1° par W. Hazlitt en tête de son éd. des œuvres de Montaigne (n° 45), pp. XXXIX-XLI ; — 2° par Ch. Dédéyan dans sa thèse de littérature comparée (n° 2790), t. II, pp. 56-61.

Montaigne présenté « de pied en cap, moralement et intellectuellement » (Ch Dédéyan, *op. cit.*, t. I$^{er}$, p. 217) ; — principales caractéristiques des *Essais*.

1104. MASSON (G.). — Montaigne's *Essays*. (*Notes & Qu.*, 2$^{th}$ ser., 1858, vol. V, pp. 30-31 et 77).

1105. Deux particularités inédites sur Montaigne et M$^{lle}$ de Gournay. (*Le Chasseur bibliographe*, II : 1863, juin, pp. 13-15).

Communication faite par « un savant bibliophile bordelais » (probablement Gustave Brunet). — Elle a trait : 1° à un monogramme figurant sur la reliure d'un exemplaire de 1617 conservé à la bibliothèque de Bordeaux et qui était celui de Marie de Gournay ; 2° au fameux « éloge » de la fille d'alliance (II, 17) dont on ne trouve aucune trace dans l'Exemplaire de Bordeaux en dehors d'une croix en marge « semblant indiquer un renvoi ». Et l'auteur de l'article conclut en exprimant « qu'il est regrettable pour M$^{lle}$ de Gournay et sa mémoire qu'il plane une incertitude sérieuse sur le véritable auteur de l'éloge *posthume*. Nous laissons de plus amples commentaires aux critiques plus érudits et plus malicieux que nous-même ».

1106. LAROUSSE (P.). — Essais de Michel de Montaigne. — Tome VII (1870), pp. 940 (col. 2-4) et 941 (col. 1 et 2), du : — Grand Dictionnaire Universel du XIX$^e$ siècle... (n° 312).

1107. LEVEAUX (A.). — Etude sur les Essais de Montaigne... ouvrage orné du portrait de Montaigne. — *Paris, H. Plon*, 1870, in-18, 473 pp.

Précédée d'une courte biographie et terminée par une petite notice sur le tombeau de Montaigne (n° 772), cette étude est un commentaire des trois livres des *Essais*, où « l'auteur se promène librement, muse même tout le long de l'œuvre, analyse « grosso modo » les chapitres, cite les pages brillantes, dit son avis, formule ses impressions. A recommander aux Montaignistes débutants ». (A. Salles, *B.S.A.M.*, 2$^e$ sér., n° 6, 1939, p. 82).

1108. VERNIER (Th.) [et Léopold FAVRE]. — Montaigne. Etude littéraire et philologique sur Montaigne, ou la Lecture des « Essais » de Montaigne rendue facile et attrayante... — *Niort, impr. de L. Favre*, 1888, in-8°, IV-259 pp., portr. de Montaigne par Devéria, gr. par Leroux. — Existe aussi avec le titre suivant : *Pensées, maximes et sentences tirées des œuvres de Michel Montaigne, commentées par Vernier, sénateur.*

Cet ouvrage est en fait la réédition abrégée de celui publié en 1810 par Théodore Vernier (n° 1102).

1109. STEPHEN (James Fitzjames). — Montaigne's Essays. — Pp. 124-44 de : — Horae sabbaticae. Reprint of articles contributed to *The Saturday Review...* First series. — *London, New York, Macmillan & Co*, 1892, in-16, 347 pp.

1110. GAZIER (A.). — Les « Essais » de Montaigne. (*Rev. des cours et conf.*, XX : 1911-1912, n° 15, 22 février 1912, pp. 673-82).

Ce que contient le livre, sa composition, les procédés d'observation de l'auteur, sa doctrine. — Second cours sur *les moralistes français du XVI<sup>e</sup> au XVIII<sup>e</sup> siècle*.

1111. GIRAUD (V.). — Les corrections de Montaigne. (*R.D.M.*, 6<sup>e</sup> pér., 1913, t. XVI, 15 août, pp. 943-46).

Intérêt qu'a présenté pour le chercheur la publication en phototypie de l'Exemplaire de Bordeaux (1912) : démonstration de la manière de travailler de Montaigne, expression directe de sa pensée, aperçus originaux sur la formation de son style.

1112. EGLINTON (John). — Montaigne's intention. (*The Dial*, 1928, vol. LXXXV, pp. 501-06).

Ce que dut être le but poursuivi par Montaigne quand il écrivit les *Essais*. (Etude donnée à l'occasion de la parution de la traduction de E.J. Trechmann (London, 1927).

1113. HENRIOT (E.). — Comment Montaigne a écrit les *Essais*. (*Le Temps*, 4 octobre 1932, p. 2).

A propos du « petit livre succulent » de P. Villey (n° 406), l'auteur de cet article rappelle les conditions de composition des *Essais*, une œuvre que Montaigne « jusqu'à sa mort continua d'enrichir de notes nouvelles ».

1114. GOUIN (Th). — Le IV<sup>e</sup> centenaire de Montaigne. — Petit essai sur les *Essais*. (*La France de Bordeaux*, 31 mars 1933, p. 4).

L'œuvre de Montaigne se ressent de la tournure d'esprit de celui-ci. « Le titre même d'*Essais* n'est-il pas, à cet égard, significatif ? »

1115. LAMANDÉ (A.). — Un quatrième centenaire : Montaigne, bretteur de lettres. (*Nouvelles litt.*, 4 mars 1933, p. 1).

Les contacts pris par Montaigne avec la société de son temps lui avaient montré la folie et l'hypocrisie des luttes qui s'y livraient. C'est pourquoi il va faire dans sa tour une retraite sans analogie avec une défaite ou une reculade. « Si l'épée lui répugne pour une mêlée sans loyauté et sans honneur, il lui reste la plume pour satisfaire à son esprit frondeur, à sa soif de justice. C'est là tout le secret des *Essais* ».

1116. HENRIOT (E.). — Montaigne et son temps. (*Le Temps*, 16 janvier 1934, p. 3).

Digressions sur la composition et la matière du livre de Montaigne, à propos de la publication de l'ouvrage de J. Plattard (n° 410).

1117.  BARRIÈRE (P.). — L'Histoire en Périgord du XVIᵉ siècle à 1789.
(*Mél. Laumonier*, 1935, pp. 401-14).

Où Montaigne est considéré comme un mémorialiste (cf. pp. 403-05). « On
n'a pas coutume de le ranger parmi les historiens, et peut-être est-ce un
tort », déclare P. Barrière.

1118.  DAWSON (John C.). — A suggestion as to the source of Montaigne's title : *Essais*. (*M.L.N.*, LI : 1936, pp. 223-26).

Dans le choix du titre de son livre, Montaigne aurait pu être inspiré par
le nom que l'on donnait de son temps aux concours de poésie des Jeux
Floraux de Toulouse, et qui consistaient en la composition de poèmes à
partir d'un vers donné comme sujet. Il semble bien avoir lui-même employé une méthode analogue, tout au moins dans ses premiers essais qui
dérivent en grande partie de lectures faites dans des auteurs anciens.

1119.  GLACHANT (V.). — Comment travaillait Montaigne. (*Nouvelles
de Versailles*, 28 janvier 1938).

« Sur la méthode, ou, si l'on préfère, l'absence de méthode de Montaigne
dans la composition des Essais ». (A. Salles, *B.S.A.M.*, 2ᵉ sér., nº 5, 1939,
p. 29). — V. Glachant a pris le chapitre *De la Vanité* (III, 9) pour thème
de son étude.

1120.  Le titre des Essais et sa traduction en latin. (*B.S.A.M.*, 2ᵉ sér.,
nº 4, 1938, pp. 40-41).

Plusieurs tentatives de traduction ont été faites depuis tel régent de 1598
qui proposait *tentamina* jusqu'à G. Guizot qui optait pour *lusus*.

1121.  ATKINSON (G.). — La forme de l'Essai avant Montaigne. (*B.H.R.*,
VIII : 1946, pp. 129-36).

Montaigne n'est pas l'inventeur d'un genre. Avant lui, « on écrivait des
*essais* sans savoir que c'étaient des *essais* ! » (p. 131). — Le présent travail
est « un petit article au titre prétentieux » qui tente d'expliquer l'existence de l'essai avant Montaigne, « mais avec des raisons tout à fait
insuffisantes ». (H. Friedrich, *Montaigne*, trad. franç. [nº 1576], note 97).

1122.  BLINKENBERG (Andreas). — Quel sens Montaigne a-t-il voulu
donner au mot *Essais* dans le titre de son œuvre ? (*Mél. Mario
Roques*, 1950, t. Iᵉʳ, pp. 3-14. — Réimpr. dans le *B.S.A.M.*, 3ᵉ
sér., nº 29, 1964, pp. 22-32. — Remaniement d'un article publié
en danois dans : *In Memoriam Kr. Sandfeld*, 1943, pp. 56-64).

C'est paradoxalement pour l'imprécision du mot *essais* que Montaigne a
été conduit à le choisir comme titre de son livre au caractère antidog-
matique, créant par la même occasion « une nouvelle forme littéraire,
riche et éminemment féconde ».

1123.  LAFFONT (R.) - BOMPIANI (V.). — Les *Essais* de Montaigne. —
Tome II (1952), pp. 227-34, du : — Dictionnaire des œuvres de
tous les temps et de tous les pays... — *Paris, S.E.D.E.*, (1952-
1968), 6 vol. in-4°.

L'intention de Montaigne en écrivant « ce livre étrange, attachant et enri-
chissant ». — Principaux thèmes constituant un centre de réflexion pour
le moraliste : la faiblesse de l'homme, la maîtrise de soi, l'idéal moral, la
pédagogie, etc. On peut définir les *Essais* comme un « bréviaire d'humanisme ». — L'étude est enrichie de 6 fig. et du fac-sim. d'une page de
l'Exemplaire de Bordeaux.

1124. TRINQUET (R.). — Du nouveau dans la biographie de Montaigne. (*R.H.L.F.*, LIII : 1953, pp. 5-16).

Examen critique des conditions historiques dans lesquelles Montaigne prépara le III<sup>e</sup> livre des *Essais*. Nouvelle chronologie proposée.

1125. GÉLY (C.). — Vacances de Montaigne, ou l'oisiveté bien ordonnée. (*Les Humanités*, classe de lettres, sect. modernes, II : 1958-1959, n° 1, octobre 1958, pp. 26-27).

Comment naquirent les *Essais* de ces « vacances », de cette oisiveté énoncée sans ambages par Montaigne en tête du chapitre du même nom (I, 8).
— Sur le chapitre *De l'oisiveté*, voir les n°s 1215 et 1218.

1126. HAMEL (Marcelle). — Expérience - *Essai*. Contribution à l'étude du vocabulaire de Montaigne. (*B.S.A.M.*, 3e sér., n° 11-12, 1959, pp. 23-32).

Sur l'interprétation du titre que Montaigne a donné à son œuvre ; examen du « contenu de ce beau terme d'*expérience* et [de] ses rapports avec le mot *essai* ». — Cf. n° 1128.

1127. BÉNAC (H.). — Montaigne. — Introduction, pp. 7-23 des : — *Essais* [sélection des trois livres]... — *Paris, Hachette, s.d.* (1960), in-8°, 362 pp. — (*Collection du Flambeau*).

1128. FEYTAUD (J. de). — Petite note sur le sens du mot « Essai ». (*B.S.A.M.*, 3e sér., n° 17-18, 1961, pp. 3-4).

Commentaire de l'étude de M<sup>me</sup> Hamel (n° 1126).
= C.R. : — G. Mombello (*Studi fr.*, VI : 1962, n° 18, p. 539). =

1129. FITZPATRICK (Juan J.). — Montaigne : Meditación del Ensayo. (*Cuadernos americanos*, 1961, CXV, marzo-abril, pp. 129-40).

La conception de l'« essai » par Montaigne, vue à l'aide d'exemples pris dans un certain nombre de chapitres caractéristiques.

1130. LEVESQUE (R.). — Souvenir de Gascogne. (*N.R.F.*, 1963, t. XXI, 1er sem., pp. 1152-53).

Comment a pris naissance le livre des *Essais*. « Quelle drôlerie ! » a-t-on pu dire à l'époque. « C'est pourtant grâce à cette drôlerie que le petit tertre gascon de Saint-Michel nous parait aujourd'hui si éminent ».

1131. BUTOR (M.). — L'origine des « Essais ». — Tome I<sup>er</sup>, pp. VII-LV, de : — Montaigne : Essais. Livre premier. Edition préparée par Andrée Lhéritier. — (*Paris*), *Union générale d'Editions* (1964), in-16, LV-447 pp. — (Coll. : *Le monde en 10/18*, n°s 204-205-206).

A propos du livre I<sup>er</sup> des *Essais*, l'auteur cherche à démontrer quelle a été l'idée directrice de Montaigne lorsqu'il a voulu composer cette partie de son ouvrage. A son avis, « une défense et illustration de La Boétie » constitue le motif central du premier livre, motif autour duquel Montaigne a disposé une guirlande circulaire et symétrique de chapitres. — *Voir* n° 3208.

1132. — Le second livre des « Essais », (*Critique*, XX : 1964, n° 210, novembre, pp. 920-42).

Analyse de ce second livre. Elle a été réalisée à l'occasion de la sortie de l'édition Thibaudet-Maurice Rat (*La Pléiade*, 1962). Elle comportait huit chapitres, qui ont été repris, la même année, et augmentés de trois nouveaux chapitres pour devenir l'introduction au livre II de l'édition des *Essais* publiée par M. Butor lui-même. En voici le titre : Le monde des Essais : — La suite des Essais. — Tome II, pp. VII-LI, de : — Montaigne : Essais, Livre second. Edition préparée par Andrée Lhéritier. — (*Paris*), *Union générale d'Editions* (1964), in-16, LI-328 pp. (Coll. : *Le monde en 10/18*, n°ˢ 210-211, — le livre II s'achevant avec le tome III [n°ˢ 212-213 de la collection]).

1133. — Le monde des Essais [Les caractéristiques du IIIᵉ livre]. — Tome IV, pp. VII-LIII, de : — Montaigne : Essais, Livre trois... — (*Paris*), *Union générale d'Editions* (1965), in-16, LIII-452 pp. — (Coll. : *Le monde en 10/18*, n°ˢ 216-217-218).

Texte repris dans *Les Lettres nouvelles* (1965, janv.-févr., pp. 16-44) sous le titre : *Montaigne dans le IIIᵉ livre des « Essais »* : — Suite et fin de l'étude entreprise sur « la dynamique interne et le contenu des *Essais* » (G. Dupeyron, n° 3208 : p. 21).
= C.R. : — *Studi fr.*, X (1966), n° 30, p. 544. =

1134. HELTERMAN (Jeffrey). — The Essays of Montaigne. — *New York, Monarch Press*, 1966, in-8°, 79 pp.

1135. BOASE (Alan M.). — The early history of the *Essai* title in France and Britain. (*Mél. Lawton*, 1968, pp. 67-73).

Historique de l'*essai* — à la fois titre et concept — en France et en Angleterre depuis le livre de Montaigne jusqu'au milieu du XVIIIᵉ siècle.

1136. BUTOR (M.). — Essais sur les Essais... — *Paris, Gallimard* (1968), in-16, 218 pp. — (Coll. : *Les Essais*, CXXXIII).

Comprend quatre parties : I. *L'origine* (pp. 8-79) ; — II. *La suite* (pp. 81-119) ; — III. *L'épreuve* (pp. 121-50) ; — IV. *Le monde* (pp. 151-216). — En réalité, cet ouvrage n'apporte rien de nouveau, attendu qu'il se borne à reproduire le texte des préfaces placées par l'auteur dans les volumes de son édition des *Essais* (1964-1965). Ainsi, la 1ʳᵉ partie (*L'origine*) reprend la préface du livre Iᵉʳ (n° 1131), les parties II et III sont la scission de celle du livre II (n° 1132) et la 4ᵉ partie donne la préface du livre III (n° 1133).
= C.R. : — *Bull. crit. du Livre français*, XXIII (1968), p. 491 ; — J.N. Vicarnet (*Quinzaine litt.*, 15 mars 1968, p. 9) ; — R.-M. Albérès (*Nouvelles litt.*, 8 août 1968, p. 5) ; — A. Berthiaume (*Etudes litt.*, I : 1968, pp. 429-30) ; — L. Heller (*Books abroad*, XLIII : 1969, pp. 222-23) ; — R.D. Cottrell (*Mod. lang. J.*, LIV : 1970, p. 304) ; — Zb. Gierczyński (*Kwart. neofilol.*, XVII : 1970, pp. 340-42). =

1137. TELLE (E.V.). — A propos du mot « Essai » chez Montaigne. (*B.H.R.*, XXX : 1968, n° 2, pp. 225-47).

Ce titre, si nouveau au XVIᵉ siècle et devenu si familier pour nous, possède une signification bien précise : c'est celle d'épreuve, d'*effort* même non suivi d'*effet*, suivant l'ancienne leçon « évangélique ».
= C.R. : — P. Jodogne (*Studi fr.*, XIII : 1969, n° 38, p. 335). =

1138. **WILDEN** (Anthony). — « Par divers moyens on arrive à pareille fin » [I, 1] : a reading of Montaigne. (*M.L.N.*, LXXXIII : 1968, pp. 577-97).

Etude de la structure de l'essai moderne chez Montaigne qui en est l'inventeur. Il a également fait de son livre une sorte de roman psychologique (cf. Thibaudet, n° 2379), dont le titre est celui de son premier essai. Quant à l'essence du héros, elle se trouve, non chez l'essayiste, ni même dans son livre, mais dans le dialogue entre le sujet des *Essais* et le lecteur à la recherche de Montaigne (p. 597).

1139. **FRAME** (Donald M.). — Montaigne's « Essais » : A study. — *Englewood Cliffs* (*N.J.*), *Prentice Hall*, 1969, in-8°, VII-120 pp., bibliogr.

Etude condensée de l'œuvre célèbre de Montaigne, pouvant servir d'introduction, d'initiation à la pratique des *Essais*.
= C.R. : — F. S. Brown (*French rev.*, XLIII : 1969-1970, pp. 354-55) ; — Fl. Gray (*Esprit créateur*, X : 1970, pp. 158-59) ; — Z. Samaras (*B.S.A.M.*, 4e sér., n° 20, 1970, pp. 65-66). =

1140. **EHRLICH** (Hélène-Hedy). — Montaigne : la critique et le langage. — *Paris, Klincksieck*, 1972, in-8°, 133 pp. — Résumé de cette thèse : B.S.A.M., 5e sér., n° 1 (1972), pp. 25-26.

C'est en « créateur d'une œuvre littéraire qui traite de questions morales et philosophiques » que Montaigne devrait être considéré. Le présent ouvrage est ainsi consacré à l'importance du rapport existant « entre l'objet et la représentation », entre la pensée et le langage, avec tous les développements suscités par cette prise de position.
= C.R. : — Colette Fleuret (*B.S.A.M.*, 5e sér., n° 7-8, 1973, pp. 115-18) ; — M.R. (*Studi fr.*, XVII : 1973, n° 51, p. 535) ; — F.S. Brown (*French rev.*, XLVII : 1973-1974, n° 6, pp. 1178-79) ; — M.L. (*Bibliogr. de la philos.*, XXI : 1974, p. 175). =

1141. **HOLYOAKE** (S. John). — How to read Montaigne. (*Kentucky Romance quart.*, XIX : 1972, pp. 337-45).

Examen des difficultés auxquelles on se heurte quand on entreprend une analyse approfondie du livre de Montaigne.

1142. **MORAND** (J.). — Montaigne tous les jours. Une image rassurante de l'homme. (*Europe*, L : 1972, n° 513-514, pp. 43-60).

Caractère « quotidien » des *Essais*, un livre en effet composé au jour le jour, et dont J. Morand réalise une « rapide exploration » (sur cette idée d' « exploration » des *Essais*, cf. le livre de R.A. Sayce, n° 510).

1143. **AULOTTE** (R.). — Etudes sur les « Essais » de Montaigne. [Littérature française — Agrégation — Licence — 2e année]... — *Paris, Europe Editions* (1973), in-8°, 101 pp. dactylogr.

Ce cours a été établi en application du programme d'agrégation littéraire de 1971-1972, qui se limitait aux chapitres IX, X et XIII du livre III : — Importance de ces trois essais où Montaigne révèle son expérience de la vie. Le fond et la forme des *Essais* étudiés à partir de ces mêmes chapitres. Quelques questions annexes y sont abordées pour leur grand intérêt : l'édition à préférer, le problème de la datation des chapitres, la controverse de l'évolution, etc.
= C.R. : — M. Françon (*B.S.A.M.*, 5e sér., n° 6, 1973, pp. 67-70) ; — *Studi fr.* (XVII) 1973, n° 51, pp. 535-36) ; — Lance K. Donalson-Evans (*B.H.R.*, XXXVI : 1974, n° 2, pp. 419-20). =

# Constitution, mise au point et présentation du texte

1144. COSTE (P.). — Préface de l'éditeur [datée du 19 mars 1724].
— Tome I<sup>er</sup>, pp. I-XV, de l'édition des : — Essais de Michel,
seigneur de Montaigne... — *A Londres, de l'Imprimerie de J.
Tonson & J. Watts*, 1724, 3 vol. in-4°, fig.

> Exposé des principes observés pour la réalisation de la nouvelle édition,
> dans laquelle on a suivi le texte de 1595, éventuellement corrigé de fautes
> d'impression manifestes.

1145. Projet d'une nouvelle édition des « Essais » de Michel de Montagne. (*Merc. de Fr.*, juin 1733, pp. 1279-1307).

> L'auteur de ce « projet » (l'abbé Trublet) n'avait nullement envisagé de
> donner une édition des *Essais*, mais plutôt « une espèce de traduction »
> du texte de Montaigne, avec correction de son style et parfois modifica-
> tion, voire suppression, de certains passages. — Cf. n°ˢ 127 et 1146, ainsi
> que : M. Dréano, n° 2737, pp. 117-23.

1146. MALCRAIS DE LA VIGNE (M<sup>lle</sup>) [pseud. du poète DESFORGES-MAIL-
LARD]. — Lettre à l'auteur du projet d'une nouvelle édition
des « Essais » de Montagne. (*Merc. de Fr.*, septembre 1733,
pp. 1949-74).

> Rejet très net de l'initiative que venait d'exprimer l'abbé Trublet, lequel
> fit une réponse à « M<sup>lle</sup> Malcrais » dans le *Mercure* de novembre 1733, pp.
> 2337-53. — Une autre critique signée : *Un particulier* a paru dans la même
> revue, n° d'octobre 1733, pp. 2144-47. — *Voir* n° 127 et aussi : M. Dréano,
> n° 2737, pp. 124-29.

1147. Sur l'art de falsifier les livres, à l'occasion d'une édition de
Montaigne. (*Le Spectateur français du XIX<sup>e</sup> siècle*, I : 1805,
pp. 133-43).

> Critique acerbe de l'édition donnée par Naigeon en 1802.

1148. JOHANNEAU (Eloi). — Avertissement de l'éditeur. — Tome I<sup>er</sup>,
ff. 4 à 11 (n. ch.), de l'édition des : — Essais de Michel de
Montaigne... — *Paris, Lefèvre*, 1818, 5 vol. in-8°.

> Sur la méthode employée pour l'établissement du texte de la présente
> édition. Celle-ci a sans doute eu pour base le texte de 1802, mais on y
> trouve de nombreux passages qui proviennent de l'éd. « remaniée » en
> 1635 par M<sup>lle</sup> de Gournay. Johanneau les a retenus en s'appuyant sur l'avis
> de J. Droz qui, dans une note de son *Eloge de Montaigne* (n° 3099), affir-
> mait sa préférence pour certaines leçons du texte de 1635, qu'il jugeait
> plus expressives.

1149. BRUNET (G.). — Monumens autographes et inédits de Montaigne. (*La Quotidienne*, 23 août 1843, pp. 1-2, et 15 septembre,
pp. 1-3).

> Dans cette étude, l'auteur fait remarquer qu'il n'existe pas d'édition qui
> ait donné le véritable texte de Montaigne, celui de l'exemplaire autogra-
> phe. Pas même l'édition de Naigeon, bien loin de la correction dont cer-

tains l'ont gratifiée sans examen. Et pourtant, le « manuscrit de Montaigne » — dont G. Brunet cite une foule de variantes « inédites » et de *repentirs* — aurait mérité une publication « nous rendant toute l'originalité du premier jet, parfois toute la hardiesse primesautière » du moraliste.

1150. — Les Essais de Michel de Montaigne. Leçons inédites recueillies par un membre de l'Académie de Bordeaux sur les manuscrits autographes conservés à la Bibliothèque publique de cette ville. — *Paris, Techener*, 1844, in-8°, 51 pp. — (Tiré à 100 exemplaires).

Réimpr. de l'étude précédente, avec quelques modifications et un nouveau titre.
= C.R. : — J. D[elpit] (*Mém. bordelais*, 25 avril 1844, pp. 1 et 2) ; — G. D[uplessis] (*Bull. du bibl.*, 1844, p. 802) ; — J.M. Guichard (*Moniteur univ.*, 21 novembre 1844, p. 2908). =

1151. PAYEN (Dʳ J.-F.). — Lettre au rédacteur du *Bulletin de l'Alliance des Arts.* (*Bull. du bibl.*, 1844, pp. 1267-68).

Au sujet d'une erreur typographique commise par l'imprimeur du périodique considéré dans la reproduction du proverbe dauphinois cité par Montaigne (*Si l'espine nous pique...*). « Il reste encore beaucoup à faire pour Montaigne, observe le Dʳ Payen, ne fut-ce que pour rectifier les erreurs de ceux qui ont voulu l'éclaircir... ».

1152. BRUNET (G.). — Additions et corrections autographes de Montaigne sur un exemplaire des « Essais ». (*Nouv. rev. encycl.*, I : 1846, pp. 589-95).

Continuation par l'auteur de sa tentative en vue de faire publier le texte des *Essais* « rétabli dans sa pureté », à partir du manuscrit original dont il donne des exemples probants (travail assez différent de celui de 1843-1844). — *Voir* n° 1156.

1153. — Discours prononcé en séance publique, le 2 décembre 1847. (*Actes de l'Acad. de Bordeaux*, IX : 1847, pp. 553-64).

Parlant des éd. multipliées des *Essais* et de l'*Esprit des Lois*, G. Brunet affirme qu'« aucune n'est satisfaisante, aucune n'est complète », et suggère que l'Académie de Bordeaux fasse paraître, « sous sa direction, des éditions nouvelles, attentivement révisées, des œuvres de Montaigne et de Montesquieu. — (Augm. de 6 fac-sim. lithographiques d'additions manuscrites des fol. 144, 228, 233, 245, 328 et 353 de l'Exemplaire de Bordeaux).

1154. — Recherches sur le texte original des « Essais » de Montaigne, d'après des corrections autographes. (*Serapeum*, XIII : 1852, pp. 29-32).

1155. DEZEIMERIS (R.). — Recherches sur la recension du texte posthume des Essais de Montaigne. (*Actes de l'Acad. de Bordeaux*, 3ᵉ sér., XXVIII : 1866, pp. 559-83). — Tirage à part : *Bordeaux, Gounouilhou*, 1866, in-8°, 31 pp., avec 15 pp. de *spécimen* de texte critique.

Détermination précise des rôles respectifs de Pierre de Brach et de Marie de Gournay dans l'établissement du texte de l'édition de 1595 à partir de l'Exemplaire de Bordeaux. R. Dezeimeris souligne l'importance que cet

exemplaire présente pour nous et donne son opinion sur la manière de procéder qui devrait être celle de tout nouvel éditeur des *Essais*. (Cette étude et celle de 1903 [n° 1162] ont beaucoup aidé à la réalisation des éd. semi-critiques du XXe siècle).
= C.R. : — G.P. (*Rev. crit.*, II : 1867, 1er sem., pp. 413-14). =

1156. BRUNET (G.). — Les Essais de Montaigne. — L'exemplaire corrigé par l'auteur et conservé dans la Bibliothèque municipale de Bordeaux. — Nécessité d'une édition nouvelle. (*Rev. d'Aquitaine*, XIV : 1869, pp. 272-80).

Historique de la publication des *Essais* de 1595 jusqu'à 1802. Le texte des éditions parues pendant cette période ne représente pas toujours la pensée de Montaigne. Une nouvelle édition, réalisée à partir de l'Exemplaire de Bordeaux, se révélait dès lors indispensable. G. Brunet en a dévoué ici la charge au Dr Payen.

1157. MANCHON (Léon). — Montaigne. De la constitution du texte des *Essais*. — Pp. 49-69 de : — Léon Manchon : 14 janvier 1859 - 20 mars 1886. — *Laval, impr. L. Moreau*, 1888, in-8°, 69 pp.

Etude comparative du texte de 1595 et de celui de l'Exemplaire de Bordeaux. Malgré les lacunes de ce manuscrit, Manchon opte sans hésitation pour les leçons qu'il nous offre, car, dit-il, on n'est pas certain qu'en 1595 Pierre de Brach, « par pur respect, ne fit pas quelquefois la toilette au style de Montaigne » (p. 63). D'autre part, il montre dans quelles conditions pourrait être donnée une éd. critique des *Essais*, la seule valable assurément (pp. 67-68).

1158. [NORTON (Miss Grace)]. — Florio's betrayal of Montaigne. (*The Nation*, 1893, vol. LVII, July 27, pp. 69-70).

1159. BONNEFON (P.). — Une supercherie de Mlle de Gournay. (*R.H.L.F.*, III : 1896, pp. 71-89).

Rappelant une intervention de Mlle de Gournay dans un texte de Ronsard, P. Bonnefon en vient à examiner (pp. 82-89) le caractère des altérations qui ont été apportées par celle-ci, à son avis, au texte des *Essais*, en 1595.

1160. SALLES (A.). — Les tripatouillages littéraires. — *Au directeur du* « Temps ». (*Le Petit Temps*, n° 1547, 14 septembre 1902, p. 1).

L'auteur, en se plaignant des « tripatouilleurs » de textes et d'œuvres d'art, cite comme cas typique ce passage de l'essai *De l'Institution des Enfans* :... « que son gouverneur l'estrangle... » etc., qui a été supprimé par les éditeurs de 1595... et n'aurait pas été rétabli par Naigeon. Cette affirmation erronée a fait l'objet d'une mise au point qui a été donnée dans le *B.S.A.M.*, 1re sér., n° 3, 1914, pp. 220-22 et 227-28.

1161. STROWSKI (F.). — Montaigne lu à Bordeaux. Etude sur l'édition des « Essais » de 1580. (*Rev. philom. de Bordeaux*, V : 1902, n° 5, pp. 193-218).

Les caractéristiques de l'œuvre de 1580 : — contrairement à celle de 1595 qui, bien souvent, « n'est pas du Montaigne d'origine » mais « du Montaigne d'exportation » (p. 202), l'édition princeps nous offre l'expression d'une pensée claire, fondée plus sur l'expérience que sur les livres, et en même temps, une composition soignée et un style « d'une facture plus surveillée » (p. 217).

1162. DEZEIMERIS (R.). — Plan d'exécution d'une édition critique des Essais de Montaigne... — *Bordeaux, impr. Y. Cadoret*, 1903, in-8°, 24 pp.

Dans ce mémoire qui sert de complément à celui de 1866 (n° 1155), l'auteur expose les conditions à satisfaire et les moyens techniques indispensables pour l'établissement du texte d'une éd. critique et synoptique des *Essais*. = C.R. : — *Rev. de la Renaissance*, IV (1904), pp. 279-80. =

1163. NORTON (Miss Grace). — Montaigne betrayed. (*The Nation*, 1905, vol. LXXXI, November 16, pp. 401-02).

Lettre de G. Norton au directeur de la revue pour protester contre certains passages de la biographie de Dowden (n° 360) et de l'essai de Ch. Whibley (n° 358). Dans les deux ouvrages, elle a relevé des atteintes portées au texte de Montaigne, ainsi qu'une connaissance incomplète de l'esprit que ces auteurs se proposaient de présenter.

1164. STROWSKI (F.). — L'édition municipale des « Essais ». — Tome Ier (1906), pp. IX-XXII, des : — Essais de Michel de Montaigne, publiés d'après l'Exemplaire de Bordeaux... — *Bordeaux, F. Pech et Cie*, 1906-1933, 5 vol. in-4°, — le texte des *Essais* occupant seulement les trois premiers volumes (1906-1919).

Cette édition a été établie en tenant compte de travaux précédents comme ceux de G. Brunet (n° 1150) et de R. Dezeimeris (n° 1155). La prédominance y a donc été donnée au texte de l'exemplaire autographe, avec recours, dans certains cas, aux leçons offertes par l'éd. de 1595. En outre, il lui a été adapté un appareil critique dégageant les différentes « couches de texte », de même que (au bas des pages) les variantes manuscrites et les « repentirs ». — Le texte de l'éd. municipale a été pris comme base par plusieurs autres éditeurs de Montaigne (Villey, Armaingaud, Plattard, Thibaudet).

1165. ARMAINGAUD (Dr A.). — Les *Essais* de Montaigne : le texte de la « Vulgate ». (*Rev. polit. et parlem.*, 1910, t. LXVI, 10 décembre, pp. 502-16).

Sévère jugement de l'éd. donnée en 1826 par J.-V. Le Clerc et si souvent réimprimée. Son texte mérite-t-il vraiment le surnom de « Vulgate » que certains lui ont attribué ? Réponse négative, après un examen des variantes et de l'orthographe. — (Ce travail a fait l'objet d'une communication à l'Acad. des Inscr. et Belles-Lettres, dans la séance du 2 décembre 1910, — voir : *Acad. des Inscr. et Belles-Lettres. Comptes rendus des séances...* 5e sér., X, 1910, pp. 765-68). — *Voir* aussi n° 150.

1166. COURBET (E.). — [La « boutade cruelle » du chap. *De l'Institution des Enfans*, reproduite par Naigeon dans son éd. de 1802, t. Ier, pp. 177-78]. (*B.S.A.M.*, 1re sér., n° 1, 1913, p. 49).

Discussion sur ce sujet entre le Dr Beaussénat, A. Salles, le Dr Armaingaud et E. Courbet : n° 3 (1914) de ce même bulletin (*voir* n° 1160).

1167. ARMAINGAUD (Dr A.). — Avertissement [concernant la nouvelle édition des *Essais*]. — Tome Ier (1924), pp. I-VII, des : — Œuvres complètes de Montaigne... — *Paris, Conard*, 1924-1941, 12 vol. in-16.

Exposé de la méthode suivie pour la présentation du texte de Montaigne.

**1168.** HENRIOT (E.). — Montaigne juge de Montaigne. (*Le Temps*, 15 novembre 1927, p. 4).

En même temps qu'il annonce la prochaine sortie de l'éd. Strowski à la *Chronique des Lettres françaises* (7 vol.), l'auteur rappelle la richesse des corrections qui, dans l'Exemplaire de Bordeaux des *Essais*, font souvent de Montaigne son propre critique.

**1169.** A propos de Montaigne. (*Le Temps*, 13 décembre 1927, p. 4).

Texte du passage d'une lettre au directeur du *Temps* par le D^r Armaingaud qui s'est ému de ne pas avoir été signalé, dans l'article précédent, comme ayant publié des *Essais* « un texte plus complet que celui de l'éd. municipale et aussi définitif ».

**1170.** PLATTARD (J.). — Notre texte ; le commentaire. — Tome I^er (1931), pp. XIX-XXIV, de l'éd. des *Essais*... — *Paris, F. Roches*, 1931-1932, 6 vol. in-8°. — (*Les Textes français. Collection des Universités de France, publiée sous les auspices de l'Association Guillaume Budé*).

Dans cette édition qui reprend le texte de l'éd. municipale, la chronologie des passages est signalée par des bâtonnets verticaux (de 1 à 3 selon qu'il s'agit d'apports de 1580, de 1588 ou de l'Exempl. de Bordeaux). Quant au commentaire, en fin des volumes, il est strictement limité à l'intelligence du texte (principe de la collection).

**1171.** SALLES (A.). — La petite énigme de la préface des *Essais* de Montaigne. (*Bull. du bibl.*, 1931, pp. 347-54).

Sur les modifications subies par sept passages de cette préface (comparaisons faites entre les éd. de 1580 et 1588, l'in-fol. de 1595, l'Exempl. de Bordeaux, l'exempl. de 1595 ayant appartenu à Montesquieu et la petite éd. de Lyon, 1595, in-12).

**1172.** PORTEAU (P.). — Notice sur l'établissement et l'aménagement du texte de l'*Apologie*. — Pp. v-xx de : — L'Apologie de Raymond Sebond. Texte établi et annoté par Paul Porteau... — *Paris, Aubier*, 1937, in-8°, XXVII-373 pp. — (*Thèse complémentaire, Paris*).

**1173.** SALLES (A.). — Les trois « gaffes » de M^lle de Gournay. (*B.S.A.M.*, 2^e sér., n° 2, 1937, pp. 73-74).

Rappel des trois défauts essentiels de l'édition posthume.

**1174.** — Faut-il mettre des sommaires en tête de chaque chapitre des « Essais » ? (*B.S.A.M.*, 2^e sér., n° 3, 1938, p. 38).

Réponse affirmative avec les raisons qui la justifient.

**1175.** — Le duel entre l'édition de 1595 et le manuscrit de Bordeaux. (*B.S.A.M.*, 2^e sér., n° 4, 1938, pp. 29-32 et n° 5, 1939, pp. 24-26).

Examen des principales divergences qui existent entre ces deux textes.

1176. MERCATOR (Johannes) [pseud. de Jean MARCHAND]. — Montaigne sans ses *larrecins*, ou Projet d'une édition *cuique suum* des *Essais*. (*Bull. de la Soc. des Bibl. de Guyenne*, X : 1940, n° 37, pp. 50-55). — Les tirés à part — Bordeaux, *Taffard*, 1940, in-8°, 8 pp. — ont reçu pour titre : « Voicy la quarte epitre de Johannes Mercator, ou Montaigne sans ses *larrecins* ».

L'auteur, qui était alors bibliothécaire au Palais-Bourbon et vice-président de la Société des Amis de Montaigne, propose ici plaisamment que, pour une édition qui satisfasse tout le monde, chaque page soit divisée en deux parties, la partie supérieure ayant pour dénomination : *Les propres Essais de Montaigne*, et la partie inférieure, imprimée « en caractères divers » : *Pilloteries aux etrangers* (sic). C'est lui aussi qui déclare : « Je n'aime guère Montaigne, encore que je sois de ses *Amis*, et je déteste les *Essais* tout en me délectant à les lire... » (p. 50).

1177. SAYCE (Richard A.). — L'ordre des « Essais » de Montaigne. (*B.H.R.*, XVIII : 1956, n° 1, pp. 7-22).

Ecartant l'étude de la chronologie dans la composition des *Essais*, l'auteur examine, après Ruel (n° 1770) et P. Barrière (n° 421), la méthode de composition employée par Montaigne et l'espèce de lien qui parait exister entre un certain nombre de ses chapitres, sur le plan du sujet ou de la pensée.

1178. MICHEL (P.). — Actualité de Montaigne : — Le problème des éditions. (*B.S.A.M.*, 3e sér., n° 1, 1957, pp. 16-19. — Repris dans *L'Année propédeutique*, IX : 1956-1957, pp. 236-39).

L'évolution de la publication des *Essais* depuis 1595. La question de l'état définitif de leur texte. Les couches de stratification et l'opposition des orthographes.

1179. — Avertissement. — Tome Ier, pp. I-VIII, de l'éd. des *Essais*, présentée, établie et annotée par Pierre Michel. — (*Paris*), *Le Club du Meilleur Livre*, 1957, 5 vol. in-16. — (Coll. : *Astrée*, n° 4).

Exposé des principes adoptés pour la présentation du texte (voir aussi le n° 1180).

1180. SACY (Sam. Sylv. de). — Montaigne au miroir. — Pp. VII-XXIV de : — Sagesse de Montaigne : chapitres des Essais choisis et présentés... — (*Paris*), *Club des Libraires de France*, 1957, in-8°, XXIV-444 pp.

La structure des *Essais* et sur quelles bases a été établi le présent texte. L'éditeur, qui professait les doutes les plus aigus à l'encontre de l'Exemplaire de Bordeaux, a donné la préférence à l'éd. de 1588, la dernière approuvée par Montaigne. Cette méthode avait déjà été suivie par lui dans l'éd. qu'il fit paraître en 1952 au *Club français du Livre* (n° 1590).

1181. [*Les Essais*]. Notice liminaire. — Tome Ier (1962), pp. 11-14, de l'éd. des *Essais*... Texte établi et annoté par Marcel Guilbaud... — (*Paris*), *Nouvelle Librairie de France* (1962-1964), 5 vol. in-8°.

Sur la constitution de cette édition, publiée par l'Imprimerie Nationale.

1182. Bonnet (P.). — L'Exemplaire de Bordeaux et le texte définitif des *Essais*. (*Mémorial* 1963, pp. 94-100).

Examen de la méthode adoptée par Samuel S. de Sacy et P. Michel pour la présentation du texte des *Essais* (n°ˢ 1179 et 1180). Approbations et réserves la concernant.
= C.R. : — M. Françon (*Mod. lang. J.*, L : 1966, n° 2, p. 116). =

1183. Françon (M.). — Pour une édition critique des *Essais*. Avant-propos de Pierre Bonnet : Evolution et structure du texte des *Essais*. — *Cambridge Mass., Schoenhof's Foreign Books, Inc.*, 1965, in-16 dactylogr., 78 pp. et 5 ff. n. ch. de fac-sim.

Principaux chapitres de l'étude de M. Françon (pp. 36-78) : — Genèse des *Essais* et histoire de leur publication. — Note sur l'éd. de 1582 (avec un relevé complet des additions qu'elle apporte au texte original). — Note sur l'éd. parisienne de 1587 et l'éd. « lyonnaise » de 1595. — Les reproductions de l'Exemplaire. — « Des différentes manières de lire Montaigne ». — Projet d'une édition critique des *Essais*.
= C.R. : — Y. Delègue (*R.H.L.F.*, LXVI : 1966, pp. 703-04) ; — I.D. McFarlane (*French st.*, XXI : 1967, n° 4, p. 341). =

1184. — Le texte des *Essais*. (*B.S.A.M.*, 4ᵉ sér., n° 3, 1965, p. 6).

Sur les différences des textes que, seule, peut faire apparaître une édition critique.

1185. Bonnet (P.). — Le texte des *Essais* de Montaigne. — Evolution de sa structure des origines à nos jours. (*B.S.A.M.*, 4ᵉ sér., n° 7, 1966, pp. 70-81).

Réimpr. de l'avant-propos à l'étude de M. Françon : *Pour une édition critique des « Essais »* (n° 1183).
= C.R. : — *Studi fr.*, XIII (1969), n° 37, p. 131. =

1186. Françon (M.). — A propos des éditions des *Essais* de Montaigne. (*B.H.R.*, XXVIII : 1966, n° 1, pp. 89-90).

Remarque sur la reproduction du texte des *Essais* dans les éd. essentielles dont aucune n'a utilisé ce que l'auteur considère comme la meilleure méthode (partir des leçons de 1580).

1187. — Le texte des « Essais ». (*Studi fr.*, X : 1966, n° 29, pp. 278-82).

Recherche de la meilleure représentation du texte de Montaigne (à propos de certaines initiatives prises par des éditeurs modernes).

1188. — Observations sur la publication des *Essais* de Montaigne. (*French st.*, XX : 1966, pp. 337-40).

Une étude approfondie des éd. modernes des *Essais* montre qu'aucune d'elles ne donne un texte digne de confiance. D'où la nécessité d'établir une éd. critique avec une méthode scientifiquement éprouvée.
= C.R. : — M. Jeanneret (*Studi fr.*, XI : 1967, n° 32, p. 339). =

1189. — Pour une édition critique des *Essais*. (*Le Lingue straniere*, XVI : 1967, n° 3, pp. 10-12).

= C.R. : — R. Campagnoli (*Studi fr.*, XIV : 1970, n° 40, p. 143). =

1190. — L'édition de 1582 des *Essais*. (*B.S.A.M.*, 4e sér., n° 14, 1968, pp. 3-32).

Cette étude parait être une des mieux documentées sur la « seconde édition originale » des *Essais*. L'auteur s'en est d'ailleurs servi (sans les appendices) comme introduction à la reproduction photographique qu'il a donnée de ce texte (*Harvard Univ., Cambridge Mass.*, 1969, in-8°, pp. 3-22).

= C.R. : — *Studi fr.*, XV (1971), n° 44, p. 339. =

1191. GARAVINI (Fausta). — Montaigne e la struttura. (*Paragone*, XIX : 1968, n° 220, pp. 121-33).

Le processus de formation des *Essais*, un problème toujours posé par l'absence d'une éd. critique de l'œuvre. C'est à propos du livre de Butor (n° 1136) que l'auteur a développé ici des considérations personnelles sur cette question de la structure des *Essais*.

1192. — Riflessioni metodologiche per un'edizione degli « Essais » di Montaigne. (*Saggi e ric. di letter. fr.*, X : 1969, pp. 3-22).

= C.R. : — R. Campagnoli (*Studi fr.*, XIII : 1969, n° 39, p. 536). =

1193. FRANÇON (M.). — Note sur l'édition de 1582 des *Essais* de Montaigne. (*Romance notes*, XI : 1969-1970, n° 2, pp. 381-84).

1194. — Les *Essais* de Montaigne : le fonds primitif et les divers apports. (*B.S.A.M.*, 4e sér., n° 27, 1971, pp. 59-61).

Chez les éditeurs modernes, la préoccupation essentielle n'a pas été de distinguer le fonds primitif et les apports ultérieurs, mais de faire apparaître l'*évolution*, voire la *chronologie* des *Essais*, et cela souvent « sur des hypothèses et des raisonnements peu sûrs ».

1195. WILEY (Karen Fern). — Montaigne's final additions to the *Essais* : A study of the relationship between Style and Philosophy in the *C* variants. — Diss. Univers. of Pennsylvania, 1972, 182 pp. — (*Diss. Abstr. Int.*, XXXIII : 1972-1973, n° 4 [October], p. 1749-A).

L'étude d'un développement parallèle du style et de la philosophie chez Montaigne s'est exercée ici sur les variantes de la troisième période prises dans quatre chapitres choisis comme particulièrement représentatifs.

1196. ABEL (Günter). — Juste Lipse et Marie de Gournay. Autour de l'*Exemplaire d'Anvers* des *Essais* de Montaigne. (*B.H.R.*, XXXV : 1973, n° 1, pp. 117-29, — avec deux fac-sim. hors-texte).

Editrice des *Essais*, Marie de Gournay avait adressé à Juste Lipse trois exemplaires de l'in-folio de 1595. L'un d'eux, qui est conservé au Musée Plantin-Moretus d'Anvers, renferme des corrections manuscrites faites par M^lle de Gournay, et que l'on retrouvera dans l'éd. in-8° de 1598. — *Voir* n° 157.

= C.R. : — E. Traverso (*Studi fr.*, XVII : 1973, n° 50, pp. 339-40). =

1197. FRANÇON (M.). — Sur une addition aux *Essais* faite en 1582. (*B.S.A.M.*, 5e sér., n° 5, 1973, p. 121).

A propos du passage où il est question de la mise à mort, à Rome, du voleur Catena (II, 11).

1197a. — Montaigne et les sonnets de la Boëtie. (*B.S.A.M.*, 5ᵉ sér., n° 9, 1974, pp. 63-64).

De 1580 à 1588, les *Essais* ont donné les vingt-neuf sonnets de La Boëtie sous la forme de trois quatrains et un distique par sonnet : présentation introuvable en dehors des éd. des *Essais* publiées du vivant de Montaigne.

## Analyses de chapitres

1198. SERVAN (J.-M.-A.). — Commentaires historiques et critiques sur les deux premiers livres des *Essais* de Montaigne. — Vol. I, pp. 249-623, du : — Choix des œuvres inédites de Servan, par Xavier des Portets. — *Paris, impr. de J. Didot l'aîné*, 1825, 2 vol. in-8°.

1199. ALLAIS (G.). — Montaigne et ses lectures (*Essais*, liv. II, ch. X). Etude analytique et critique avec rapprochements de textes et notes grammaticales. — *Paris, P. Dupont*, 1885, in-8°, 40 pp.

Etude de l'essai *Des Livres* où Montaigne fait part de ses goûts de lecteur et formule quelques jugements sur divers auteurs. G. Allais reconnaît en outre l'utilité de l'étude des variantes dans les *Essais* au point de vue philologique, et effectue le relevé de quelques-unes d'entre elles, offertes par le texte de 1595 sur celui de 1588. — *Voir* n° 53.

1200. NORTON (Miss Grace). — The Essay called the « Apologie ». — Pp. 1-58 de : — Studies in Montaigne... (n° 356).

De l'avis de l'auteur, l'*Apologie* serait formée de deux parties composées à deux époques différentes, et d'autre part cet essai aurait été dédié à Catherine de Bourbon, sœur d'Henri de Navarre, et non à Marguerite de Valois, la première femme de celui-ci (*Appendix B*, pp. 51-58). — *Voir* les nᵒˢ 1271, 1272 et 1316.

1200a. — The Essay called « De la Vanité », liv. III, ch. 9. — Pp. 59-161 de : — Studies in Montaigne... (n° 356).

De même que l'*Apologie*, l'essai *De la Vanité* n'aurait pas une structure homogène : il serait en réalité la réunion de deux essais : 1. *De la Vanité* ; 2. *Des Voyages*, — qui nous sont ici présentés (pp. 76-161) dans leur texte original (1588). — *Voir* aussi les nᵒˢ 1119, 1207, 1208, 1210, 1211, 1225.

1201. MICHAUT (G.). — [Analyse littéraire et philologique du chapitre *De l'Institution des Enfants*, I, 26. — La doctrine pédagogique de Montaigne]. — Pp. V-XIV (*Introduction*) et p. 1 de : — De l'Institution des Enfants. Edition critique avec une introduction et des notes... — *Paris, De Boccard*, 1924, in-4°, XIV-93 pp.

1202. COPPIN (J.). — Sur une interprétation nouvelle de l'*Apologie de R. Sebond*. (*Rev. du XVIᵉ s.*, XVII : 1930, pp. 314-21).

Etude critique de la thèse de H. Janssen : *Montaigne fidéiste* (n° 2070).

1203. MICHAUT (G.). — [Analyse littéraire et philologique du chapitre *Du Pédantisme*. — Montaigne et sa conception de la science, etc.]. — Pp. VII-XIII (*Introduction*) et p. 1 de : — Du Pédantisme (Essais, I, 25). Edition critique avec une introduction et des notes... — *Paris, De Boccard*, 1936, in-4°, XIII-41 pp.

1204. — [Analyse littéraire et philologique du chapitre *Des Livres*. — La diversité des sujets abordés. — Montaigne « ennemi d'une certaine science », etc.]. — Pp. VII-XXIII (*Introduction*) et p. 1 de : — Des Livres (Essais, II, 10). Edition critique avec une introduction et des notes... — *Paris, De Boccard*, 1936, in-4°, XXIII-55 pp.

1205. GUIZOT (F.). — De l'affection des peres aus enfans. (*B.S.A.M.*, 2ᵉ sér., n° 2, 1937, pp. 70-71).

« Le grand Guizot a laissé, en deux cahiers écrits de sa main, une analyse détaillée des *Essais*, à laquelle il ajoute volontiers ses éloges ou ses critiques » (p. 70). Le rédacteur du *B.S.A.M.* (A. Salles) a ainsi exhumé, sur le chapitre en question, une page curieuse, écrite sans une rature.

1206. PORTEAU (P.). — Le plan de l'Apologie. — Pp. XX-XXVI de : — L'Apologie de Raymond Sebond. Texte établi et annoté... (n° 1172).

Voir aussi l'étude de M. Dréano (n° 1222) où la structure de l'*Apologie* est analysée (pp. 572-75).

1207. SALLES (A.). — De la composition de certains Essais. (*B.S.A.M.*, 2ᵉ sér., n° 2, 1937, p. 73).

A propos de certains chapitres qui semblent formés de pièces rattachées les unes aux autres tant bien que mal (cf. *De la Vanité*, III, 9).

1208. THOMAS (J.). — Sur la composition d'un essai de Montaigne. (*Human. et Renaiss.*, V : 1938, n° 2, pp. 297-306).

Il s'agit de l'essai *De la Vanité* pour lequel sont ici reprises et discutées les hypothèses formulées par Miss G. Norton (*voir* n° 1200a).

1209. Un excellent sommaire d'un chapitre des Essais. (II, XVII, De la presomption). (*B.S.A.M.*, 2ᵉ sér., n° 6, 1939, pp. 66-67).

Par Emile Le Bansais.

1210. SALLES (A.). — A propos de l'Essai sur la Vanité (III, IX). (*B.S.A.M.*, 2ᵉ sér., n° 5, 1939, pp. 29-30).

Sur la composition de cet essai, dont l'examen a déjà été tenté par Miss G. Norton (n° 1200a), V. Glachant (n° 1119) et J. Thomas (n° 1208).

1211. LÉGER (F.). — Sur un essai de Montaigne. (*Rev. univ.*, 1940, t. LXXIX, 1ᵉʳ mars, pp. 340-46).

Considérations sur l'essai *De la Vanité* (III, 9).

1212. SALLES (A.). — Les trois types d'Essais. (*B.S.A.M.*, 2<sup>e</sup> sér., n° 8, 1940, p. 20).

Ils se distinguent, selon leur étendue, en : essais-notes, essais-articles et essais-livres.

1213. — L'essai sur l'Amitié [I, 28], chapitre bien ordonné et très cohérent. (*B.S.A.M.*, 2<sup>e</sup> sér., n° 8, 1940, pp. 20-21).

Remarques provenant de la thèse de Maurice Riveline (n° 809).

1214. GUIZOT (F.). — Le chapitre des Cannibales. (*B.S.A.M.*, 2<sup>e</sup> sér., n° 10, 1941, pp. 18-19).

Fragment inédit comme celui présenté au n° 1205.

1215. ECKHARDT (A.). — La préface primitive des *Essais*. (*B.H.R.*, IX :, 1947, pp. 160-63).

De l'avis de l'auteur, cette préface serait constituée par le chapitre *De l'Oisiveté* (I, 8), « qui devrait figurer en tête des *Essais*, car il révèle le secret de leur naissance » (p. 161). — Point de vue désapprouvé par M. Françon (n° 1218).

1216. KURZ (Harry). — Montaigne and La Boétie in the chapter on friendship. (*P.M.L.A.*, LXV : 1950, pp. 483-530).

Etude du chapitre *De l'Amitié* (I, 28) et des problèmes qu'il a laissé transparaître (non-publication du *Contr'un* dans les *Essais* malgré la promesse faite par leur auteur, date présumée de composition de l'œuvre de La Boétie, adoption de celle-ci par les Protestants comme instrument de propagande, attitude politique de Montaigne et de son ami en face de la contre-réforme catholique, etc.). — *Voir* aussi n° 1478.

1217. REVEL (Bruno). — Verso un saggio di Montaigne. *Du Repentir*, cap. II, libro III. — *Milano-Varese, Ist. edit. cisalpino*, 1950, in-8°, 152 pp.

1218. FRANÇON (M.). — Le texte original d'un essai (I, 8). (*Mod. lang. J.*, XXXVII : 1953, p. 374).

Examen de la note d'A. Eckhardt (n° 1215) et rejet de l'hypothèse de celui-ci sur la « préface primitive » des *Essais*.

1219. PARSLOW (Morris). — Montaigne's fat man and the meaning of « Des Coches ». (*Renaiss. news*, XII : 1959, pp. 10-12).

Dans un ajout de l'essai *Des Coches*, Montaigne cite le cas d'un gentilhomme, « impost de sa personne », qui ne circulait jamais autrement qu'en « coche » à cause de son obésité. Morris Parslow pense qu'une telle référence pourrait nous apporter une indication en vue de l'interprétation de cet essai, — titre et thème.

1220. TRONQUART (G.). — Montaigne à la recherche des *Essais*. (*Etude critique des vingt premiers chapitres du Livre I*). (*B.S.A.M.*, 3<sup>e</sup> sér., n° 11-12, 1959, pp. 16-22).

Tableau synoptique de ces chapitres (la littérature du *ils*, du *nous* et du *je*). — Esquisse d'un portrait de Montaigne d'après les vingt premiers essais. — Le cursus de Montaigne dans les premiers chapitres.

1221. BARAZ (M.). — Sur la structure d'un essai de Montaigne (III, 13 : *De l'Expérience*). (*B.H.R.*, XXIII : 1961, n° 2, pp. 265-81).

Selon l'auteur, ce dernier chapitre des *Essais*, « plus déconcertant encore que les autres », pourrait se diviser « en six parties aux articulations assez nettes ».

= C.R. : — *Studi fr.*, VI (1962), n° 17, pp. 336-37. =

1222. DRÉANO (Chanoine M.). — L'augustinisme dans l'*Apologie de Raymond Sebond*. (*B.H.R.*, XXIV : 1962, n° 3, pp. 559-75).

Les deux parties de l'*Apologie* comportent, l'une, la défense de Sebond, l'autre, la critique de la raison. Au lieu de les mettre en opposition, « reconnaissons là plutôt les deux volets d'un même tableau ou deux grandes thèses de l'augustinisme qui se tiennent et se complètent. C'est ainsi que Montaigne nous apparait d'accord avec lui-même » (pp. 574-75).

= C.R. : — G. Mombello (*Studi fr.*, VII : 1963, n° 19, p. 143). =

1223. ETIEMBLE (R.). — Sens et structure dans un essai de Montaigne. (*C.A.I.E.F.*, n° 14, mars 1962, pp. 263-74). — Repris, pp. 101-15, dans : — Hygiène des lettres. T.V. C'est le bouquet. — *Paris, Gallimard*, 1967, in-16, 456 pp. — (*Coll. Blanche*).

Sur la composition de l'essai *Des Coches* (III, 6), une question déjà étudiée par le même auteur dans : *Montaigne et les Indes Orientales-Occidentales* (n° 1816).

= C.R. : — G. Mombello (*Studi fr.*, VI : 1962, n° 18, p. 538). =

1224. GENZ (Henry E.). — An early reference by Montaigne to « coaches » and its possible bearing of the meaning of « Des Coches ». (*Renaiss. news*, XV : 1962, pp. 133-34).

Suite à l'étude de M. Parslow (n° 1219) : — l'auteur fait remarquer que, dans l'esprit de Montaigne, l'idée de « coches » était liée à celle de distinction et de·luxe.

= C.R. : — G. Mombello (*Studi fr.*, VII : 1963, n° 19, p. 143). =

1225. — Digression in « De la Vanité » : a product of the additions ? (*M.L.N.*, LXXVIII : 1963, pp. 301-03).

Les analystes traditionnels de Montaigne ont attribué aux additions postérieures à 1588 l'aspect désordonné de l'essai *De la Vanité* (III, 9). Or, il n'en est rien puisque, dès le départ, Montaigne avait imprimé à son essai la structure de digression qu'on lui connait.

1226. MICHEL (P.). — Explication française : Montaigne, *Les Essais* (II, xv). (*L'Ecole*, 21 septembre 1963, pp. 11-12).

1227. GENZ (Henry E.). — Exaggeration and anger in the « Apologie de Raimond Sebond ». (*Romanic rev.*, LV : 1964, n° 2, pp. 81-84).

Sur certaines outrances d'expressions auxquelles s'est laissé aller Montaigne dans l'*Apologie*, point central de ce qu'on a nommé, à tort ou à raison, « la crise pyrrhonienne ».

1228. Kellermann (Frederick D.). — Montaigne's « Plus Excellens Hommes ». (*Romanic rev.*, LV : 1964, n° 3, pp. 173-80).

Examen par ordre d'importance des « grands hommes » de l'Antiquité que Montaigne a vénérés, dit-il, pour leur « excellence ». Ce qu'il faut en penser, surtout relativement à Homère et à Alexandre. Quels autres personnages auraient pu être choisis par lui, s'il avait écrit cet essai (II, 36) après 1580 ou 1588.

1229. Blinkenberg (Andreas). — Le dernier Essai de Montaigne. (*Marche romane*, XV : 1965, pp. 59-75 ; — réimpr. dans le *B.S.A.M.*, 4e sér., n° 7, 1966, pp. 35-48).

Présentation analytique du chapitre *De l'Expérience* (III, 13) qui se révèle chez Montaigne comme « une porte par laquelle on entre de plain-pied dans sa maison » (*B.S.A.M.*, p. 36). Ce que fut pour l'essayiste l'expérience « vraiment approfondie, vécue », et les enseignements qu'il en a tirés. — Etude complétée par quelques observations sur l'exégèse montaignienne.
= C.R. : — *Studi fr.*, XIII (1969), n° 37, p. 130. =

1230. Báti (Laszló). — Couardise mère de la cruauté (*Essais*, II, XXVII). (*B.S.A.M.*, 4e sér., n° 6, 1966, pp. 3-8).

Communication consacrée par son auteur, directeur de l'Institut Hongrois de Paris, à la relation que, dans cet essai, Montaigne a faite des événements qui se sont déroulés en Hongrie, en 1514. Ce travail apporte l'identification de George Sechel avec le héros hongrois (et non polonais) Székely, « surnom donné à George Dózsa » (p. 7).
= C.R. : — *Studi fr.*, XII (1968), n° 34, p. 137. =

1231. Genz (Henry E.). — The relationship of title to content in Montaigne's essay, « *Des Boyteux* ». (*B.H.R.*, XXVIII : 1966, n° 3, pp. 633-35).

On a souvent affirmé que le titre de l'essai *Des Boyteux* (III, 11) n'avait aucun rapport avec son contenu. Mais, à vrai dire, ce n'était qu'une simple apparence, car, ainsi que le remarque H.E. Genz, au nom de *Boyteux* se rattache la question des « âmes boîteuses » que Montaigne aborde précisément dans plusieurs de ces pages.
= C.R. : — P. Jodogne (*Studi fr.*, XI : 1967, n° 33, pp. 531-32). =

1232. Griffin (R.). — Title, structure and theme of Montaigne's « Des Coches ». (*M.L.N.*, LXXXII : 1967, pp. 285-90).

En dépit de l'avis général définissant cet essai (III, 6) comme dépourvu de cohésion, il est bien certain que Montaigne a su grouper ses arguments autour du thème central constitué par ce coche qui symbolise le mouvement du jugement humain avec ses fréquentes imperfections.
= C.R. : — P. Jodogne (*Studi fr.*, XIII : 1969, n° 37, p. 129). =

1233. Michel (P.). — Cannibales et Cosmographes. (*B.S.A.M.*, 4e sér., n° 11, 1967, pp. 23-37).

Après un examen de l'essai *Des Cannibales* (I, 31) consacré à ces « fils de la nature » qui vivaient alors au Nouveau-Monde et notamment au Brésil, P. Michel rappelle que plusieurs cosmographes de cette époque avaient laissé à ce sujet de curieux récits pour lesquels Montaigne semble d'ailleurs manifester quelque réserve. Et pourtant on doit reconnaître qu'il existe entre les textes de Thevet, de Jean de Léry, de Belleforest et celui des *Essais*, une concordance qui « peut difficilement être considérée comme une coïncidence » (p. 36).
= C.R. : — *Studi fr.*, XIV (1970), n° 41, p. 337. =

1234. — Pour mieux lire le livre III des *Essais*. (*B.S.A.M.*, 4ᵉ sér., nᵒ 12, 1967, pp. 9-24).

Mise en relief des thèmes essentiels traités par Montaigne dans les treize chapitres de ce livre.

1235. HALL (Kathleen M.). — « Certain Mutations » : Thoughts on the evolution of one of Montaigne's earliest *Essais*. (*Esprit créateur*, VIII : 1968, nᵒ 3, pp. 208-15).

Les « sinuosités » de structure du texte des *Essais*. La question d'une édition critique considérée à partir d'un texte-type : celui du chap. III du livre Iᵉʳ (*Nos affections s'emportent au delà de nous*).
= C.R. : — R. Campagnoli (*Studi fr.*, XIV : 1970, nᵒ 42, p. 534). =

1236. MERMIER (G.). — L'essai « Du repentir » [III, 2] de Montaigne. (*French rev.*, XLI : 1967-1968, nᵒ 4, pp. 485-92).

Examen détaillé de ce chapitre. La conception logique du repentir chez Montaigne.
= C.R. : — *Studi fr.*, XIV (1970), nᵒ 40, p. 143. =

1237. MICHEL (P.). — Les cosmographes disciples du ouy-dire. (*B.S.A.M.*, 4ᵉ sér., nᵒ 13, 1968, pp. 34-35).

Sur la tendance qu'avaient à cette époque les cosmographes à céder « au goût du merveilleux exotique » et à accepter sans contrôle les récits de témoins parfois douteux. C'est ce qu'exprime Montaigne avec ironie dans un passage de l'essai *Des Cannibales*. — (Complément à la communication nᵒ 1233).
= C.R. : — *Studi fr.*, XV (1971), nᵒ 44, p. 339. =

1238. WADSWORTH (Philip A.). — Montaigne's conclusion to Book II of his *Essais*. (*Mél. Wiley*, 1968, pp. 249-60).

Remarques sur la structure et les caractéristiques de « La Ressemblance » (II, 37), le chapitre avec lequel Montaigne a mis un terme au livre II des *Essais*.

1239. GUTWIRTH (M.). — Montaigne pour et contre Sebond. (*Rev. des sc. hum.*, 1969, pp. 175-88).

L'*Apologie de Raimond Sebond* « fait problème et même scandale par sa longueur, son âpreté, la contradiction qui règne entre sa teneur et son propos avoué ». Dans cet énorme essai, en effet, Montaigne — « ce Montaigne diabolique » (*sic*, p. 177) — « a fait mine de défendre [Sebond] tout en l'accablant ». Il l'a défendu simplement en mémoire de son père, mais s'il l'a attaqué, c'était pour satisfaire sa profonde incroyance en la raison humaine dont Sebond soutenait au contraire la réalité.

1240. GREEN (Janice S.). — Montaigne's « De l'Amitié » and the friendship tradition. — Diss. Tufts Univers, 1970, 278 pp. — (*Diss. Abstr. Int.*, XXXI : 1970-1971, nᵒ 7 [January], p. 3503-A).

Etude du chapitre *De l'Amitié* dans ses divers aspects et en fonction du concept général qu'il représente.

1240*a*. NORTON (Glyn P.). — « De Trois Commerces » and Montaigne's populous solitude. (*French rev.*, Special Issue 3 [Fall 1971], pp. 101-09).

1241. Brown (Frieda S.). — « De la Solitude » : a re-examination of Montaigne's retreat from public life. (*From Marot to Montaigne* — Mél. 1972 —, pp. 137-46).

L'essai *De la Solitude* (I, 39) : une attestation donnée par Montaigne du grand désir de liberté qu'il a éprouvé en se retirant de la vie publique.

1242. Pertile (Lino). — L'esordio di Montaigne. (*Riv. di letter. mod. e compar.*, XXV : 1972, pp. 50-61).

Etude analytique du premier essai (*Par divers moyens on arrive à pareille fin*), à partir de laquelle l'auteur s'est trouvé en mesure de s'introduire dans l'univers de Montaigne et d'en dégager les principales caractéristiques.
= C.R. : — M.R. (*Studi fr.*, XVII : 1973, n° 49, p. 124). =

1243. Cameron (Keith C.). — Montaigne and « De la liberté de conscience ». (*Renaiss. quart.*, XXVI : 1973, pp. 285-94).

Les points de vue qu'exprime Montaigne dans cet essai n'ont rien d'original, affirme l'auteur : ils représentent l'attitude qui était celle de la noblesse catholique modérée de l'époque.

1244. Compain (J.M.). — A propos de la composition de l'essai *De l'Expérience* (13, III). (*B.S.A.M.*, 5e sér., n° 7-8, 1973, pp. 39-44).

Enquête portant sur la structure particulière de ce chapitre, structure que, pour plus de clarté, on a disposée « sous la forme d'un plan hiérarchisé ».

1245. Mermier (G.). — L'essai *Des Cannibales* de Montaigne [I, 31]. (*B.S.A.M.*, 5e sér., n° 7-8, 1973, pp. 27-38, bibliogr.).

Etude analytique de cet essai qui est « d'une importance capitale dans l'œuvre et dans la pensée entière de Montaigne ». — Sa texture historique (sources diverses). — Le caractère de « message » qu'il renferme, avec l'introduction d'un personnage nouveau, celui du « bon sauvage ».

1246. Supple (J.J.). — Montaigne's « De la gloire ». Structure and method. (*French st.*, XXVII : 1973, pp. 385-94).

L'auteur montre que dans ce chapitre, comme dans beaucoup d'autres des *Essais*, le désordre apparent cache en réalité un ordre incontestable et parfaitement intentionnel de la part du moraliste. — *Voir* aussi les n°s 1177, 1213, 1231.

1247. Bouchard (P.). — Recherche sur la structure philosophique des essais 9 et 10 du livre III des *Essais*. (*B.S.A.M.*, 5e sér., n° 10-11, 1974, pp. 63-70).

1248. Gajda (Daniel A.). — Play in Montaigne's *De Trois Commerces*. (*Romance notes*, XVI : 1974-1975, n° 1, pp. 72-77).

Importance prise tout au long de cet essai par l'idée de jeu, plaisir, passetemps, etc., laquelle est sensible tant dans l'exposition de la pensée, que dans la composition même du chapitre ou dans le caractère métaphorique du style.

1249. Gray (Floyd). — Montaigne and Sebond : the rhetoric of paradox. (*French st.*, XXVIII : 1974, pp. 134-45).

Sur la nature du paradoxe que Montaigne s'est proposé d'exploiter dans l'*Apologie*.

1250. BOUCHARD (P.). — Recherche sur la structure philosophique des *Essais* 11, 12, 13 du livre III. (*B.S.A.M.*, 5e sér., no 14-15, 1975, pp. 81-88).

1251. GUTWIRTH (M.). — *Des Coches*, ou la structuration d'une absence. (*Mél. Edelman*, 1975, pp. 8-20).

> Etude analytique du chap. 6, liv. III, dans lequel l'auteur aperçoit « une progression en cinq temps, suivie d'un mouvement récapitulatif en deux temps » (p. 13). Mais quel singulier thème que celui de ces coches qui ne se peuvent concevoir sans la *roue*... inexistante à cette époque chez les Incas ! Cet essai se trouve donc centré... « sur une absence » (p. 19).

1251a. HAILLANT (F.-M.). — Etude thématique : — Un chapitre des « Essais » (III, 9). (*L'Ecole des Lettres*, 1er octobre 1975, pp. 33-36, et 15 octobre, pp. 29-32, avec « suite et fin » pp. 15-16).

> Analyse du chap. *De la Vanité*, conjointement à l'examen des différentes raisons qui ont présidé à sa composition.

## Passages commentés ; — remarques de lecture

1252. BASTIDE (J.). — Montaigne commenté à neuf. — *S.l.n.d.* (Berlin, impr. de G. Decker, 1803), in-4o, 21 pp.

> Mémoire lu à l'Académie de Berlin, le 30 juin 1803. Il est composé d'« observations de détail, philologiques ou familières, sur divers passages des *Essais*, sans considérations ou remarques générales d'aucune sorte sur Montaigne et son livre » (V. Bouillier, no 2904, p. 37).

1253. « Cornichon-va-devant » [III, 13]. (*Intermédiaire*, IV : 1867-1868) :

> Quel est ce jeu qu'aimait Scipion l'Africain ? (F.-T. Blaisois, col. 179). — Réponses : col. 203-04 (Curiosus), 282-83 (F.-T. Blaisois, P. Ristelhuber et Fr. J.), 349-50 (R. D[ezeimeris]). — En dernière analyse, il faudrait entendre : faire ricocher des pierres plates sur l'eau.

1254. A.D. — Un phalluclaste au XVIe siècle. (*Intermédiaire*, XI : 1878, col. 547-48).

> Au sujet du passage : « Ce bon homme qui, en ma jeunesse, chastra tant de... statues... » (III, 5). Quel était ce « bon homme » d'une pudibonderie un peu exagérée ? Comment, en pleine Renaissance, une pareille « barbarie » n'a-t-elle pas été réprimée ?

1255. L.C. [abbé Léonce COUTURE]. — Notes critiques de littérature française. — Un dicton gascon dans Montaigne. (*Bull. théol., scient. et litt. de l'Inst. cathol. de Toulouse*, 1890-1891, pp. 120-23).

> Il s'agit de ce passage de l'essai *Du Pédantisme* (I, 25) : « Come sur mon propos le proverbe Gascon est il delicat : *Bouha prou bouha, mas a remuda lous ditz qu'em* ; souffler prou souffler, mais nous en somes a remuer les doigts ». L'auteur de cet article cherche à donner un sens intelligible au dicton cité par Montaigne. — *Voir* sur cette question les nos 1256, 1261, 1262, 1267-1269, 1284, 1309, 1314, 1323.
> = C.R. : — P. Dognon (*Ann. du Midi*, XIV : 1902, p. 93). =

**1256.** DULAC (Abbé J.). — Un dicton gascon dans Montaigne : « Bouha prou bouha ». Réponse aux solutions de l'abbé L. Couture. — *Tarbes, chez l'auteur,* 1891, in-8°, 17 pp.

= C.R. : — A. Jeanroy (*Ann. du Midi,* IV : 1892, pp. 400-01). =

**1257.** E.D. — Le père de Montaigne peut-il être regardé comme l'inventeur des affiches ? (*Intermédiaire,* XXIV : 1891, col. 390).

A cette question posée relativement à un passage bien connu de l'essai *D'un defaut de nos polices* (I, 35), deux réponses ont été faites : l'une par C.A. Ward (col. 549-50), faisant observer que les Romains connaissaient déjà ce système publicitaire, et l'autre par E.M. (col. 726), pour lequel, dans le passage cité, il ne s'agirait pas d'exposition d'affiches mais d'un bureau d'adresses, semblable à celui dont parle Furetière dans le *Roman bourgeois.* — Voir en outre : A Lamandé [n° 538 : pp. 11-12], ainsi que les n°s 1273 et 1278.

**1258.** TOMLINSON (C.). — Verses on the sun in the « Apologie ». (*Notes & Qu.,* 8th ser., 1893, vol. IV, pp. 69, 98 et 217-18).

Au sujet de la citation de Ronsard, prise dans le poème *Remonstrance au peuple de France.*

**1259.** COLLIGNON (A.-M.). — Conseils de Montaigne sur l'art de vivre dans la retraite. — Pp. 152-55 de : — La religion des Lettres. Notes et réflexions d'un lecteur. — *Paris, Fischbacher,* 1896, in-16, 475 pp.

Commentaires sur l'essai *De la Solitude* (I, 39), avec passages cités.

**1260.** BATCAVE (L.). — Commentaire historique d'un passage de Montaigne. (*Rev. des études hist.,* LXVII : 1901, pp. 127-40).

Il s'agit de ce passage de la *Ressemblance des enfans aux peres* (II, 37), où l'on voit la santé des habitants du village de Lahontan, en Chalosse, décimée « par le moyen d'un médecin » qui vint « s'habituer parmi eux ». — Un ami du Dr L. Cornet (cf. n° 3168, pp. 26-28) a cru voir dans le personnage, objet de cette satire, le prototype de l'illustre Knock de Jules Romains.

**1261.** DUCAMIN (J.). — Encore « un dicton gascon dans Montaigne ». (*Ann. du Midi,* XIV : 1902, pp. 206-07).

Montaigne semble avoir mal compris ce dicton, car il ne possédait « qu'une médiocre teinture du patois de Lahontan ». En réalité, « il aurait dû écrire : *bouha prou bou ha,* ce qui signifiait : souffler beaucoup est facile à faire (et non : souffler prou souffler).

**1262.** ARNAUDIN (F.). — Un mot attardé sur « bouha prou bouha ». (*Ann. du Midi,* XIV : 1902, pp. 539-41).

Approbation de la thèse de J. Ducamin : le second *bouha* aurait dû être écrit : *bou ha* (en latin : *bonum facere*).

**1263.** SCHLOSSER (Julius von). — Randglossen zu einer Stelle Montaignes. (*Beitrage zur Kunstgeschichte,* XXVI : 1903, pp. 172-82).

1264. FAGUET (E.). — Montaigne annoté par Sainte-Beuve. (*Rev. latine*, V : 1906, pp. 449-76 ; — partiellement reproduit dans le *B.S.A.M.*, 2ᵉ sér., 1939, nᵒˢ 6, pp. 78-79, et 7, p. 117).

Présentation de nombreuses *notes de lecture* dont Sainte-Beuve avait marginé son exemplaire personnel, — « un in-18 en 6 vol., édité à Paris chez Lefèvre, en 1818 » [par E. Johanneau]. C'est avec cet exemplaire que Sainte-Beuve devait faire ses leçons, en 1851, aux élèves de l'École Normale, et E. Faguet a eu « cette bonne fortune de le tenir en mains ». — En réalité, le grand critique nous a laissé là surtout des appréciations qualitatives et des rapprochements de situations et de points de vue.
= C.R. : — *R.H.L.F.*, XIII (1906), p. 770. =

1265. — Mademoiselle de Gournay. (*R.D.M.*, 6ᵉ pér., 1911, t. V, 15 septembre, pp. 290-301).

Etude écrite à propos du livre de Mario Schiff (nᵒ 1063). Elle contient en particulier des considérations sur l'authenticité que l'on peut accorder à cet « éloge » de Marie de Gournay (II, 17), inexistant dans l'Exemplaire de Bordeaux et réduit de moitié dans l'éd. de 1635 par rapport à celle de 1595. Avec une lettre de F. Strowski à E. Faguet sur cette question.

1266. BARNOUW (A.J.). — Montaigne's Braziliaansch slangeliedge. (*Tijdschrift voor Nederlandsche Taal-en letterkunde*, XXXII : 1913, pp. 77-80).

Sur la chanson de la couleuvre dans l'essai *Des Cannibales* (I, 31).

1267. BIARD (A.). — Le « souffler prou souffler » de Montaigne. (*B.S.A.M.*, 1ʳᵉ sér., nᵒ 1, 1913, pp. 54-57, — et la discussion, pp. 46-47).

Pour l'auteur, ce n'est pas au dicton gascon qu'il faut s'attacher, mais à sa « traduction française », elle-même obscure. Et il propose une explication de celle-ci.

1268. — Le « Bouha prou bouha » du chapitre « Du Pédantisme ». (*B.S.A.M.*, 1ʳᵉ sér., nᵒ 2, 1913, pp. 115-16).

Remarques complétant l'étude précédente.

1269. DAURIAC (Dʳ). — A propos du « Bouha prou bouha » de Montaigne. (*B.S.A.M.*, 1ʳᵉ sér., nᵒ 2, 1913, p. 114).

Ce dicton est encore usité de nos jours en Gascogne avec le sens proposé par J. Ducamin, — *voir* nᵒ 1261.

1270. ALAUX (Michel et François). — Faire le tour de la table sur son poulce ? (*B.S.A.M.*, 1ʳᵉ sér., nᵒ 3, 1914, pp. 242-43).

Réponse à la question posée p. 59 du *Bull.* nᵒ 1 (1913), avec une explication du passage correspondant situé dans l'essai *De l'Yvrongnerie* (II, 2) ; deux croquis joints.

1271. ARMAINGAUD (Dʳ A.). — Quel est le nom de la dame à l'intention de laquelle Montaigne a composé le chapitre XII du livre II des « Essais » (*L'Apologie de Raimond Sebond*) et à laquelle il donne des conseils ? (*B.S.A.M.*, 1^re sér., n° 4, 1921, pp. 325-37 et 390).

Cette dame a été désignée par la tradition comme étant Marguerite de Valois, femme d'Henri de Navarre. Le D^r Armaingaud approuve ce point de vue et donne les raisons de son opinion. — *Voir* n^os 356 et 1200.

1272. COPPIN (J.). — Marguerite de Valois et le *Livre des créatures* de Raymond Sebond. (*Rev. du XVI^e s.*, X : 1923, pp. 57-66).

De même que le D^r Armaingaud, J. Coppin pense que Marguerite de Valois est sans doute la destinataire de l'*Apologie*, celle à laquelle Montaigne s'adresse ainsi : « Vous, pour qui j'ay pris la peine d'estendre un si long corps contre ma coustume... » Miss Grace Norton, dans ses *Studies in Montaigne* (n° 356, pp. 51-58), avait proposé la sœur d'Henri de Navarre, Catherine de Bourbon, thèse pour laquelle G. Lanson, dans *Les Essais de Montaigne* (n° 402, p. 146, fin de la note), ne cache pas sa préférence. — C'est dans l'éd. d'Amaury Duval (1820), tome III, p. I, qu'est apparue pour la première fois l'indication de Marguerite de Valois comme étant la « dame très distinguée » dédicataire (anonyme) de l'*Apologie*. Or, cet éditeur a reconnu tenir ce renseignement de Jamet qui, lui-même, l'avait reçu de Lancelot, de l'Acad. des Inscr. et Belles-Lettres. — *Voir* aussi le n° 1316.

1273. ANGELL (Norman). — What advertising might become. (*The Spectator*, May 28, 1927, pp. 935-37).

Intérêt économique des annonces, et comment le père de Montaigne en aurait conçu la présentation, il y a quatre cents ans (*Essais*, I, 35). — *Voir* aussi les n^os 1257 et 1278.

1274. BOASE (Alan M.). — Montaigne annoté par Florimond de Raemond. (*Rev. du XVI^e s.*, XV : 1928, pp. 237-78).

Eclaircissements historiques donnés à l'aide de vingt-cinq annotations relevées sur les marges d'un exemplaire des *Essais* (éd. Coste, 1754, 10 vol.) ayant appartenu au magistrat bordelais François de La Montaigne (1724-1812). De nombreux personnages contemporains, évoqués par Montaigne dans de vagues allusions, ont pu ainsi être identifiés. — Cette étude a été largement mise à contribution par P. Villey dans sa 2^e éd. des *Essais* (1930-1931, 3 vol. in-8°). Plusieurs de ses « clefs » ont été citées par M^lle R. Albert (*B.S.A.M.*, 2^e sér., n° 12, 1942, pp. 8-10). — *Voir* en outre le n° 1308.

1275. NAYRAC (P.). — La kleptomanie dans Montaigne. (*Le Nord méd.*, n° 680, 15 juin 1928, pp. 501-02 ; — repris dans *La Chronique méd.*, XXXV : 1928, p. 285).

Démonstration, à l'aide d'un passage des *Essais* (II, 8), du caractère assez courant de cette affection à l'époque de Montaigne.

1276. COPPIN (J.). — Note sur un texte de Montaigne. (*Rev. du XVI^e s.*, XVI : 1929, p. 187).

Sur un passage de l'essai *De la Coustume* (I, 23), interprêté fautivement par A.-M. Boase dans son étude : *Montaigne annoté...* n° 1274.

1277. GIDE (André). — Suivant Montaigne. (*N.R.F.*, 1929, t. XXXII, 1^er juin, pp. 745-66).

Une manière de *Montaigne annoté par André Gide*. Sur son emploi par l'auteur, voir n° 1533.

1278. BERGOUNIOUX (Dr J.). — Théophraste Renaudot, son bureau d'adresses et le père de Montaigne. (*Bull. de la Soc. d'hist. de la Médecine*, XXIV : 1930, p. 346).

Au sujet de l'essai *D'un défaut de nos polices* (I, 35), — cf. nᵒˢ 1257 et 1273.

1279. THIBAUDET (A.). — Réflexions : — Langage, littérature et sensualité. (*N.R.F.*, 1932, t. XXXVIII, 1ᵉʳ avril, pp. 716-26).

Sur « la question de la littérature sensuelle ou de la sensualité littéraire, qui a été posée pour la première fois, et dans toute son ampleur, et d'une telle manière que nous n'avons presque plus rien à y ajouter, par notre père, Michel de Montaigne » (dans l'essai *Sur des vers de Virgile*, III, 5). — Notes suggérées par le roman de Lawrence, *L'Amant de Lady Chatterley*.

1280. VINCENT (José). — Montaigne et sa ménagerie. (*La Croix*, 18-19 décembre 1932, p. 4).

C'est le reproche traditionnel qu'un penseur catholique adresse à Montaigne relativement aux « suréminentes vertus » que ce dernier attribue dans l'*Apologie* à divers animaux d'une ménagerie idéale, ainsi mise en concurrence avec la race humaine.

1281. MAZEL (H.). — Pour le IVe centenaire de Montaigne. (*L'Archer*, IV : 1933, nᵒ 3, pp. 271-83).

Montaigne, « un des maîtres de l'esprit humain », est honoré comme il se devait. Pourtant, il reste « obscur comme tous les poètes » (p. 277) et « son style est si difficile que les commentateurs s'y trompent » (p. 278). Or, pour appuyer ses propos, H. Mazel donne une vingtaine d'exemples pris par lui... dans l'éd. Louandre (1854), assez infidèle, à vrai dire. — P. Villey a fait une réponse à cet article (nᵒ 1285).

1282. MEUNIER (Mario). — Montaigne et Paris. (*J. des Débats*, 20 juin 1933, p. 1).

A propos de la célébration du quadricentenaire de la naissance de Montaigne, l'auteur rappelle l'impression que Paris avait faite sur le moraliste et l'éloge qu'il nous en a laissé (III, 9). « La leçon que contient ce magnifique éloge ne vaut-elle point encore pour aujourd'hui ? », demande-t-il.

1283. SABRAZÈS (Dr J.). — Montaigne. (*Gaz. hebd. des sc. médic. de Bordeaux*, 14 mai 1933, p. 318, et 28 mai, pp. 347-48).

Rappel commenté de certains passages des « Essais » : la fin tragique d'« un de nos papes » [Jean XII] (dans : *Que philosopher c'est apprendre à mourir* [I, 20]), — Montaigne et la médecine de son temps, etc.

1284. TEULIÉ (H.). — A propos de Montaigne. (*Almanach gascon*, III : 1933, p. 65).

Note récapitulant les signes d'attachement de Montaigne au gascon : abondance de gasconismes dans son texte, une citation (*Bouha prou bouha...* [I, 25]), ainsi que l'opinion exprimée par lui sur ce dialecte (« Il y a bien au dessus de nous, vers les montaignes... » [II, 17]).
= C.R. : — L.P. (*La France de Bordeaux*, 20 mars 1933, p. 7, — cf. nᵒ 2263). =

1285. VILLEY (P.). — A propos de Montaigne. De quelques obscurités
du texte des *Essais* signalées par M. Henri Mazel. (*L'Archer*,
IV : 1933, nº 6, pp. 7-14).

Lettre ouverte à H. Mazel dans laquelle P. Villey explique certains des
passages jugés « obscurs » par celui-ci (nº 1281), en soulignant que l'éd.
Louandre ne saurait être prise pour un bon guide. — Un des passages
principaux de l'article de Villey a été reproduit dans le *B.S.A.M.*, 2ᵉ sér.,
nº 2, 1937, pp. 71-72.

1286. MAZEL (H.). — Montaigne inventeur des tanks. (*Intermédiaire*,
1934, vol. XCVII, col. 43-44).

Au sujet d'un passage de l'essai *Des Armes des Parthes* (II, 9), où se
trouve une « idée de bastions portés, invulnérables », constituant « une
bien curieuse précision de nos chars d'assaut ». — *Voir* nºˢ 1287 et 1289.

1287. MAUGUIN (Capitaine). — Montaigne inventeur des tanks. (*Intermédiaire*, 1934, vol. XCVII, col. 261).

Réponse à la note précédente : — avant l'auteur des *Essais*, Léonard de
Vinci, dans une lettre restée célèbre, adressée à Ludovic le More, régent
du Milanais, « avait eu une autre prévision, plus précise, de nos chars
d'assaut ». (D'après le *Bull. des Armées de la République*, nº 239, 28 mars
1917, p. 5).

1288. BIBAS (Henriette). — A propos de Montaigne. (*Bull. du bibl.*,
1935, p. 288).

Lettre au directeur du *Bulletin* (F. Vandérem) pour « protester contre
l'étrange commentaire » d'un passage des *Essais* par A. Salles (cf. p. 203
du nº 420), lequel devait reconnaître le bien-fondé de cette remarque
(*B.S.A.M.*, 2ᵉ sér., nº 4, 1938, p. 63).

1289. M.O. — Les opinions du capitaine Touche. (*La France militaire*, 15-16 décembre 1935, p. 1).

« Trois cent quarante ans à l'avance, Montaigne avait prévu les chars de
combat », lit-on dans cet article qui fait état du passage de l'essai *Des
Armes des Parthes* (II, 9). — *Voir* d'autre part l'*Intermédiaire* de 1936,
vol. XCIX, col. 71-72, où l'on renvoie l'auteur du présent article à ceux
d'H. Mazel (nº 1286) et du capitaine Mauguin (nº 1287).

1290. VEYRIN (Ph.). — De la coiffure phallique des basquaises au
XVIᵉ siècle. (*Rev. int. des études basques*, XXVI : 1935, nº 4,
pp. 661-63).

A propos d'un passage particulier de l'essai *De la Coustume* (I, 23).

1291. CONS (Louis). — Montaigne et Julien l'Apostat. (*Human. et
Renaiss.*, IV : 1937, nº 4, pp. 411-20).

Sur la réhabilitation de l'empereur Julien par Montaigne dans l'essai *De
la liberté de conscience*, II, 19. — *Voir* aussi nº 1243.

1292. HENRIOT (E.). — Montaigne a-t-il menti ? (*Le Temps*, 28 décembre 1937, p. 3).

Dans *L'Institution des Enfans*, Montaigne a tracé des collèges un tableau
qui aurait perdu de son exactitude en 1580. Examen critique de cette opinion, soutenue par P. Porteau dans sa thèse de doctorat (nº 1968). — Cf.
sous le titre : *Quelques coups de boutoirs*, un extrait du présent article
dans le *B.S.A.M.*, 2ᵉ sér., nº 3, 1938, pp. 49-50.

1293. SALLES (A.). — Sur un passage terriblement obscur des Essais. (*B.S.A.M.*, 2ᵉ sér., n° 3, 1938, pp. 37-38).

L'auteur rappelle le caractère assez rébarbatif d'une phrase ajoutée après 1588 vers la fin de l'*Institution des Enfans* (« En m'y condemnant, ils effacent la gratitude de l'action... » [jusqu'à :] « ...en considération de ce que je n'en ai passif nul qui soit »). Il cite les interprétations qu'en ont donné : Jeanroy, Radouant, G. Michaut, et propose la sienne. Mais... « je passe la main », ajoute-t-il sans illusion. — *Voir* deux autres interprétations, nᵒˢ 1294 et 1298.

1294. MASSONNEAU (E.). — Sur un passage terriblement dur des Essais. (*B.S.A.M.*, 2ᵉ sér., n° 4, 1938, p. 39).

Proposition d'interprétation de la phrase de l'essai I, 26, dont A. Salles avait précédemment souligné l'obscurité (n° 1293).

1295. MAZEL (H.). — Explication d'une phrase obscure de Montaigne. (*B.S.A.M.*, 2ᵉ sér., nᵒˢ 13-14, 1948-1949, p. 21).

Il s'agit d'une phrase de l'essai *Que philosopher c'est apprendre à mourir* (I, 20), dans laquelle on trouve cette expression : « se mettre à l'abri des coups fut ce soubs la peau d'un veau ». H. Mazel avait déjà posé une question sur sa signification (n° 1281). Il en offre ici une explication personnelle. — *Voir* aussi n° 2527.

1296. DELCOURT (Marie). — Laevinus Torrentius et le tyrannicide. (*Rev. belge de philol. et d'hist.*, XXX : 1952, pp. 169-74).

Contient, pp. 172-73, une allusion à l'apologie faite par Montaigne (*Essais*, II, 29) de Jauréguy et de Balthazar Gérard, ce dernier, assassin de Guillaume d'Orange, en 1584.

1297. COTTA (S.). — Sul dovere della veracità. [Au sujet du devoir de véracité]. (*Riv. di Filosofia*, XLIV : 1953, pp. 205-11).

Commentaire de l'essai *Des Menteurs* (I, 9), et en particulier, de la pensée exprimée dans le passage suivant : « En vérité, le mentir est un maudit vice. Nous ne sommes et ne nous tenons les uns aux autres que par la parole ».

1298. TRINQUET (R.). — Sur un passage obscur des *Essais* éclairé par une lettre de Mᵐᵉ de Montaigne. (*B.S.A.M.*, 2ᵉ sér., n° 17, 1955, pp. 45-48).

Il s'agit de cette phrase du chapitre *De l'Institution des Enfans* pour laquelle plusieurs essais d'explication avaient été antérieurement proposés (nᵒˢ 1293 et 1294).

1299. FEYTAUD (J. de). — Un doux et mol chevet. (*B.S.A.M.*, 2ᵉ sér., n° 18, 1956, pp. 28-35).

Commentaire d'une célèbre phrase [III, 13], et son application à la vie d'humaniste et de chrétien qui fut celle de Montaigne. — *Voir* aussi n° 1303.

1300. VIROLLE (R.). — Explication de texte : Montaigne et la mort. (*L'Ecole*, 10 novembre 1956, pp. 124-26).

Analyse d'un passage de l'essai *De la Vanité* (III, 9) : — introduction ; — la peur de la mort ; — la peur de la douleur ; — l'exigence morale ; — conclusion.

1301. DESJARDINS (J.). — Sur un passage des *Essais* (III, 13). (*B.S.A.M.*, 3e sér., n° 4, 1957, pp. 5-10).

Recherche de la place que sont susceptibles de tenir dans la pensée et la sagesse de Montaigne les idées exprimées dans le passage débutant ainsi : « A quoy faire desmembrons-nous en divorce un bastiment tissu d'une si joincte et fraternelle correspondance ?... » (Sujet proposé aux candidates à l'agrégation de grammaire ; — avec une petite introduction par Maurice Rat).

1302. MICHEL (P.). — Sur un texte douteux des *Essais* (I, LVI). (*B.S.A.M.*, 3e sér., n° 3, 1957, p. 20).

Le mot *veniances* qui figure dans toutes les éditions reproduisant les variantes de 1588, dont il fait partie, ne voudrait-il pas signifier : « vengeances » (*venjances*) ?

1303. TRONQUART (G.). — Pour une interprétation cosmique du « Mol Chevet ». (*B.S.A.M.*, 3e sér., n° 1, 1957, pp. 28-32).

C'est sans nul doute « un Montaigne cosmique » qui recommande à « une tête bien faite » (III, 13) de rechercher « la pureté des simples et leur confiance dans la sagesse qui préside aux mouvements de l'univers » (p. 32).

1304. — Le maire et Montaigne ont toujours été deux [III, 10]. (*B.S.A.M.*, 3e sér., n° 4, 1957, pp. 22-27).

Formule exprimant une pointe de fierté bien légitime chez Montaigne dans cette volonté d'être « deux » et par là de conserver une pleine indépendance à l'égard de la fonction sociale qu'il représentait.

1305. GIANNELLI (Maria Teresa). — Un personaggio degli *Essays* : Estienne de La Boétie. (*Letter. mod.*, VIII : 1958, pp. 321-32 et 587-610).

L'amitié s'est manifestée dans les *Essais* d'une manière incomparable, grâce à la rencontre et à la cohésion de ces deux caractères pourtant si différents, celui de La Boétie et celui de Montaigne.
= C.R. : — L. Sozzi (*Studi fr.*, II : 1958, n° 6, pp. 484-85) et Mircea Popescu (*Ibid.*, III : 1959, n° 7, p. 134). =

1306. PONS (R.). — Explication française. L'amitié de Montaigne et de La Boétie. (*Inform. litt.*, X : 1958, n° 5, pp. 218-24).

Analyse détaillée du passage de l'essai *De l'Amitié* (I, 28) renfermant le *Parce que c'était lui, parce que c'était moi*, — « un des mots les plus fameux de notre littérature » (p. 220).

1307. TRONQUART (G.). — Montaigne et la gloire. (*B.S.A.M.*, 3e sér., n° 7, 1958, pp. 17-22 ; — repris dans le *Bull. de l'Ass. Guill. Budé*, 1960, pp. 265-71).

Montaigne parle un peu partout de la gloire, mais, étant donné son tempérament et la forme de sa philosophie, c'est surtout pour en critiquer les effets, car il la considère en réalité comme un véritable poison pour l'homme.
= C.R. : — *Studi fr.*, IV (1960), n° 12, p. 537. =

1308. Bonnet (P.). — Une nouvelle série d'annotations de Florimond de Raemond aux *Essais* de Montaigne. (*B.S.A.M.*, 3e sér., n° 10, 1959, pp. 10-23).

Etude servant de complément à celle d'A.M. Boase (n° 1274), avec seize nouvelles annotations commentées.

1309. — Le « souffler prou souffler » de Montaigne et son interprétation possible. (*B.S.A.M.*, 3e sér., n° 11-12, 1959, pp. 33-43).

Au lieu de l'interprétation habituelle : « Souffler c'est facile, mais il faut d'abord apprendre à bien placer les doigts (sur le chalumeau) », l'auteur propose de traduire : « *Il faudrait souffler, souffler davantage*, mais nous sommes occupés à remuer les doigts (sur notre instrument) », — concurrence pernicieuse faite par l'art à la nature. — (Bibliogr. de la question, pp. 42-43). — Voir en outre les n°s 1314 et 1323, où a été critiquée cette proposition d'explication.

1310. Saint-Martin (J.). — « L'Homme d'entendement de Précepteur » de Montaigne. (*B.S.A.M.*, 3e sér., n° 11-12, 1959, pp. 7-15).

Ce précepteur dont Montaigne fait un vibrant éloge dans l'*Institution des enfants*, sans cependant en révéler le nom, pourrait être Jean Talpin qui fut son professeur de sixième au Collège de Guyenne.

1311. Gillies (Camilla Hay). — Julian the Apostate in Montaigne and Vigny. (*Mod. lang. rev.*, LV : 1960, pp. 578-79).

A propos de l'éloge de l'empereur Julien chez Montaigne (*De la liberté de conscience*, II, 19) et chez Vigny (*Journal d'un Poète, Daphné*).
= C.R. : — G. Mombello (*Studi fr.*, VII : 1963, n° 19, p. 143). =

1312. Michel (P.). — « Essais », XXI : Vérité du fait ou vérité de l'art ? (*B.S.A.M.*, 3e sér., n° 16, 1960, pp. 39-41).

Concerne l'histoire de Marie Germain, insérée par Montaigne dans son chapitre *De la force de l'imagination* (I, 21).
= C.R. : — G. Mombello (*Studi fr.*, VI : 1962, n° 17, p. 338). =

1313. Clarac (P.). — Explication d'une page de Montaigne (*Essais*, I. xxxix, texte de 1580). (*Inform. litt.*, XIII : 1961, n° 2, pp. 82-87).

Ce commentaire d'une page de l'essai *De la Solitude* en fait ressortir la diversité du style, en même temps qu'il permet d'apprécier l'importance que Montaigne attachait à l'idée de « solitude ».

1314. Feytaud (J. de). — A propos de virgules. (*B.S.A.M.*, 3e sér., n° 19, 1961, pp. 34-39).

Examen critique de la communication sur le « souffler prou souffler » (n° 1309).
= C.R. : — G. Mombello (*Studi fr.*, VI : 1962, n° 18, p. 540). =

1315. Screech (M.A.). — An aspect of Montaigne's aesthetics. *Entre les livres simplement plaisans...* (II, 10 : *Des Livres*). (*B.H.R.*, XXIV : 1962, n° 3, pp. 576-82).

= C.R. : — *Studi fr.*, VII (1963), n° 19, p. 144. =

1316. Marcu (Eva). — Les dédicaces de Montaigne et l'« Inconnue » de l'« Apologie ». (B.S.A.M., 3e sér., n° 27, 1963, pp. 36-42).

Rejet par l'auteur de toutes les hypothèses formulées à ce sujet (Catherine de Bourbon, Marguerite de Valois). A son avis, il n'était pas dans l'habitude de Montaigne d'exprimer « des hommages anonymes ». La destinataire de l'*Apologie* serait donc, non une personne réelle, mais une personne mythique à laquelle il adresse ces « vous » qu'il a laissé tomber çà et là d'une main négligente. — Voir les n° 1271 et 1272.

= C.R. : — *Studi fr.*, X (1966), n° 30, p. 543. =

1317. Schunck (Peter). — Die Funktion der Tiergeschichten in der « Apologie de Raimond Sebond ». (*Zeits. f. franz. Sprache u. Liter.*, LXXIV : 1964, pp. 193-224).

Dans cette étude qui se propose de compléter sur un point particulier la monographie de H. Friedrich (n° 1576), l'auteur soutient qu'avec les nombreuses histoires d'animaux qu'il a introduites dans l'*Apologie*, Montaigne cherchait moins à enseigner son lecteur qu'à l'étonner par la voie du paradoxe, selon une méthode en honneur chez de nombreux auteurs de l'Antiquité, principalement les Stoïciens.

= C.R. : — W. Drost (*Studi fr.*, X : 1966, n° 29, pp. 338-39). =

1318. Bonnet (H.). — Vacations et vocations farcesques. [Composition française]. (*Les Humanités*, cl. de lettres, XLI : 1964-1965, n° 6 [février 1965], pp. 19-24).

Sur le sens réel de la pensée de Montaigne quand il écrivait : « La plupart de nos vacations sont farcesques » (III, 10). L'homme peut-il échapper à cette farce du monde social ? L'idée vient de loin (Pétrone) et va loin (Pascal, Diderot). Et Montaigne, par ces mots, ne voulait-il pas préconiser l'abstention de toute occupation ?

1318a. En quoi consiste la véritable barbarie (Montaigne, I, 30). (*Les Humanités*, cl. de lettres, sect. modernes, VIII : 1964-1965, n° 10 [juin 1965], pp. 4-8).

Analyse philologique et philosophique du passage de l'essai *Des Cannibales* débutant par : « Il n'y a rien de barbare et de sauvage en cette nation... » et prenant fin par : « Combien trouverait-il [Platon] la république qu'il a imaginée éloignée de cette perfection ».

1319. Leake (Roy E.), Jr. — More *Coches* of Montaigne (I, xiv). (B.H.R., XXIX : 1967, n° 3, pp. 681-85).

Sur les recherches d'élégance de la part des femmes au xvie siècle, et les souffrances qu'elles s'imposaient pour obtenir « un corps bien espaignolé ».

1320. Trinquet (R.). — Les *Essais* avant 1580. A propos d'une curieuse mention apposée sur un acte de la collection de Gourgues (Archives nationales). (B.S.A.M., 4e sér., n° 12, 1967, pp. 3-7).

Hypothèses sur la signification d'un fragment philosophique découvert par l'auteur de l'étude au verso d'un acte notarié relatif à Montaigne. Ce texte se présenterait comme une ébauche concentrée du célèbre passage de l'*Apologie* sur la vanité de l'homme.

= C.R. : — R. Campagnoli (*Studi fr.*, XV : 1971, n° 43, p. 134). =

1321. DESSEIN (A.). — Notes de lecture (Montaigne, II, 12). (*B.S.A.M.*, 4ᵉ sér., nᵒ 15, 1968, pp. 27-28).

Analyse de quatre passages extraits de l'*Apologie*, avec proposition d'interprétation.
= C.R. : — *Studi fr.*, XV (1971), nᵒ 44, p. 340. =

1322. FRANÇON (M.). — Sur un passage des « Essais ». (*Studi fr.*, XII : 1968, nᵒ 34, pp. 79-80).

Pour l'identification des deux personnages dont Montaigne fait état dans le chap. 24 du livre Iᵉʳ (« J'en sçay un... de qui tous les jours... — J'en sçay un autre... »). L'auteur estime que dans le premier, on pourrait voir le roi de France, Henri III, le second étant Henri de Navarre. — Dans son étude de la *Rev. du XVIᵉ s.* (nᵒ 1274, pp. 262-63), A.M. Boase avait signalé des identifications différentes.

1323. LEAKE (Roy E.), Jr. — Montaigne's Gascon proverb again. (*Neophilologus*, LII : 1968, nᵒ 3, pp. 248-55).

Examen et rejet de l'interprétation proposée pour ce proverbe par l'auteur de l'étude nᵒ 1309. Selon R.E. Leake, le point de vue traditionnellement observé parait le seul valable.
= C.R. : — R. Campagnoli (*Studi fr.*, XIV : 1970, nᵒ 41, p. 336). =

1324. SIX (A.). — Explication française (Montaigne, *Essais*, I, XXI, fin). (*Inform. litt.*, XX : 1968, n ᵒ1, pp. 42-46).

Dans le passage choisi, qui appartient à l'essai *De la force de l'imagination*, Montaigne exprime une curiosité très vive envers le fait historique, ou semi-historique, négligeant au besoin son authenticité en faveur des suggestions psychologiques et morales qu'il est susceptible d'apporter.

1325. CHASSANG (A.) et SENNINGER (Ch.). — Montaigne. — Tome II, pp. 699-920, de : — XVIᵉ siècle. Points de vue et références. — *Paris, Hachette* (1969), 2 vol. in-8ᵒ.

Etude synthétique des passages cités dans le *Recueil de textes littéraires* (nᵒ 495). Elle est complétée par une note bibliographique et diverses considérations permettant d'accéder au commentaire critique (le sens du mot « Essai », l'orthographe, la langue, les additions, les citations, la lecture « thématique » des *Essais*, etc.).

1326. PERTILE (Lino). — « An vivere tanti est ? » Considerazioni sulla morte di La Boétie. (*Studi fr.*, XV : 1971, nᵒ 44, pp. 201-08).

Le récit de la mort de son ami, tel que Montaigne le fait dans sa lettre à Pierre Eyquem, se présente comme une véritable œuvre littéraire, plus proche de la forme des littérateurs antiques que, peut-être, de la réalité absolue. — Proposition de source pour ces quatre mots prononcés par La Boétie au moment de sa mort et rapportés par Montaigne (*Essais*, III, 13).

1327. TOURNON (A.). — Montaigne et l' « alleure poetique ». Pour une nouvelle lecture d'une page des *Essais*. (*B.H.R.*, XXXIII : 1971, nᵒ 1, pp. 155-62, — avec reprod. d'une page de l'Exemplaire de Bordeaux, fol. 439 vᵒ).

Comment peut être logiquement reconstitué le texte d'une page-type de l'Exemplaire, celle où précisément Montaigne fait allusion à « l'alleure poetique à sauts et à gambades » (III, 9).

1328. MICHEL (P.). — En marge de la commémoration de Coligny. (*B.S.A.M.*, 5ᵉ sér., n° 3-4, 1972, pp. 27-28).

Sur les éloges que Montaigne a faits de Coligny, assimilé à César (II, 34), et du Connétable de Montmorency, de François de La Noue, etc., jugés de « grandeur non commune » (II, 17).

1329. BERNOULLI (Dʳ R.). — Les yeux de Timagoras. (*B.S.A.M.*, 5ᵉ sér., n° 6, 1973, pp. 11-20).

Explication d'un passage situé vers la fin de l'*Apologie*, et qui est un emprunt aux *Académiques* de Cicéron.

1330. FRANÇON (M.). — Sur Montaigne et les chansons populaires des Brésiliens. (*B.S.A.M.*, 5ᵉ sér., n° 9, 1974, pp. 64-65 ; — n° 16, 1975, p. 75).

1331. HAILLANT (F.-M.). — Commentaire composé. Montaigne : « De la mort ». (*Les Essais*, III, 9). (*L'Ecole des Lettres*, 7 décembre 1974, pp. 17-20).

Comment le thème de la mort a pu surgir dans le chapitre *De la Vanité*, et dans quelles mesures sa présentation diffère de celle qu'en a fait Montaigne en d'autres endroits des *Essais*.

1332. LARKIN (Neil M.). — Montaigne's last words. (*Mél. Edelman*, 1975, pp. 21-38).

Mise en valeur du dernier « mot » exprimé par Montaigne dans plusieurs de ses chapitres. Ainsi, celui qui lui fut enseigné par Socrate (*Connais-toi toi-même*) résumerait fort bien les *Essais* d'un bout à l'autre.

1333. LUTRI (Joseph R. de). — L'humour de la déception dans le chapitre « *Des Cannibales* ». (*B.S.A.M.*, 5ᵉ sér., n° 14-15, 1975, pp. 103-07).

Les éléments comiques de l'essai, notamment en « ce que Montaigne dit au sujet de la raison, des femmes et du cannibalisme » (p. 104). — *Voir* n° 1818.

1333a. — Montaigne and the paradox of the inept name. (*Kentucky Romance quart.*, XXII : 1975, pp. 15-31).

Sur les problèmes de langage soulevés par Montaigne dans plusieurs de ses chapitres.

1334. TRINQUET (R.). — « Ces grandes dignitez electives... » (*B.S.A.M.*, 5ᵉ sér., n° 14-15, 1975, pp. 7-9).

Recherche de « ce que désignent, au juste, ces hautes charges dont Montaigne nous dit faire si peu de cas et dont il souligne le caractère éphémère » [III, 10] (p. 8).

# Chronologie et datation des chapitres et des passages

1335. VILLEY (P.). — [La] chronologie des Essais. — Tome I<sup>er</sup>, pp. 281-411, de la thèse : — Les sources et l'évolution des Essais de Montaigne... — Paris, Hachette, 1908, 2 vol. in-8° de : — x-422 et 576 pp., pl. — (Thèse pour le doctorat ès lettres de Paris, dédiée à Gustave Lanson). — (Bibliothèque de la Fondation Thiers, XIV). — Réimpr. : — New York, Lenox Hill (Burt Franklin), 1967, 2 vol. in-8°.

Dans cette dernière partie du 1<sup>er</sup> vol. de son ouvrage, l'auteur s'est efforcé de donner avec précision la date de composition des chapitres des Essais. Pour nombre d'entre eux, il a dû reconnaître l'inanité de ses tentatives, et d'autre part la critique ultérieure a souvent repoussé certaines des datations qu'il avait proposées. (Voir les n<sup>os</sup> 1337 et 1340).

— La thèse de 1908 a fait l'objet d'une 2<sup>e</sup> édition, revue, corrigée, mise à jour et augmentée, qui a été publiée chez le même éditeur, en 1933, pour le IV<sup>e</sup> centenaire de Montaigne. Cette nouvelle édition a profité, déclare P. Villey, « de ce que j'ai appris depuis 25 ans, et aussi de ce que d'autres m'ont appris ». (Avant-propos, p. v).

= C.R. (sur l'ensemble de l'ouvrage) : — E. Boutroux (Séances et trav. de l'Acad. des Sc. mor. et polit., LXX : 1908, pp. 474-78) ; — G. Deschamps (Rev. de la Renaissance, IX : 1908, p. 170-79) ; — G. Lanson (R.H.L.F., XV : 1908, pp. 755-58) ; — H. M[onod] (Bull. du bibl., 1908, pp. 369-75) ; — A. Tilley (Mod. lang. rev., IV : 1908-1909, pp. 401-07) ; — J. Plattard (Rev. des ét. rabel., VII : 1909, pp. 506-08) ; — J. Frank (Zeits. f. franz. Sprache u. Liter, XXXV : 1910, pp. 70-81). =

1336. SALLES (A.). — Les Essais imprimés en trois corps de caractères ou même en trois couleurs. (B.S.A.M., 2<sup>e</sup> sér., n° 3, 1938, pp. 26-28).

Un moyen original de présenter la datation des passages des Essais (reprise d'une suggestion déjà formulée par l'auteur, voir n° 420).

1337. FRANÇON (M.). — Quand Montaigne a-t-il composé l'essai Des Livres (II, 10) ? (Mél. Renaudet, 1952, pp. 311-13).

L'auteur critique l'opinion de Villey, qui indiquait l'année 1578, et propose pour sa part : 1574. — Voir aussi le n° 2603.

1338. — La chronologie des « Essais » de 1580. (Symposium, VIII : 1954, pp. 242-48).

Cette chronologie, pour l'établissement de laquelle il existe quatre méthodes de datation des chapitres, est une opération pleine d'intérêt par les renseignements qu'elle peut nous fournir, en particulier « sur la prétendue évolution intellectuelle de Montaigne, telle que Villey se la représentait » (p. 245).

1339. — Notes sur l'édition de 1582 des Essais. (B.S.A.M., 4<sup>e</sup> sér., n° 7, 1966, pp. 82-83).

Au sujet des additions apportées par Montaigne à la seconde édition de son œuvre, principalement au début de l'essai Des Prières (I, 56).
= C.R. : — Studi fr., XIII (1969), n° 37, p. 131. =

1340. GARAPON (R.). — Quand Montaigne a-t-il écrit les « Essais » du Livre III ? (*Mél. Frappier*, 1970, tome I$^{er}$, pp. 321-27).

Etude destinée à corriger certaines conjectures de dates avancées par P. Villey. Se servant au départ des recherches de R. Trinquet (n° 1124), l'auteur examine un par un les chapitres du livre III et conclut que Montaigne les a probablement écrits entre 1584 et 1587 (certaines dates restant imprécises) et non de fin 1585 au début de 1588, comme le fixait une tradition remontant à la thèse de 1908.

1341. FRANÇON (M.). — Note additionnelle sur la datation de divers chapitres des *Essais*. (*B.S.A.M.*, 4$^e$ sér., n° 27, 1971, pp. 67-68).

Sur l'insatisfaction que l'on retire de la méthode de « chronologie » établie par l'école Strowski-Villey.

CHAPITRE X

# L'ŒUVRE DE MONTAIGNE
# EN DEHORS DES « ESSAIS »

## Les premiers écrits

1342. REULET (Abbé D.). — De la traduction de Montaigne [du
*Livre des créatures*]. — Pp. 265-80 de : — Un inconnu célèbre.
Recherches historiques et critiques sur Raymond de Sebonde.
— *Paris, V. Palmé*, 1875, in-18, 326 pp.

Etude de la traduction que Montaigne a donnée du livre de Sebond. Les
conditions dans lesquelles celle-ci a été réalisée. Ses caractéristiques.

1343. NORTON (Miss Grace). — The translation of the Theologia
naturalis of Raymond Sebon. — Pp. 1-27 de : — The early
writings of Montaigne... (nᵒ 355).

1344. — The dedicatory letters prefixed by Montaigne to the works
of Estienne de La Boétie. — Pp. 29-53 de : — The early writings of Montaigne... (nᵒ 355).

1345. — The last days of Estienne de La Boétie. — Pp. 55-85 de : —
The early writings of Montaigne... (nᵒ 355).

Avec une étude de la lettre écrite par Montaigne sur la mort de son ami.

1346. COPPIN (J.). — Montaigne traducteur de Raymond Sebon... —
*Lille, impr. H. Morel*, 1925, in-8ᵒ, 271 pp. — (*Mémoires et
travaux publiés par les professeurs des Facultés catholiques
de Lille*, fasc. XXXI). — (*Thèse de lettres, Paris* 1924).

Ce qu'a représenté pour Montaigne la traduction du *Liber creaturarum*
de Sebond : une source capitale pour la composition des *Essais* (et plus
spécialement de l'*Apologie*) tant au point de vue des idées que du style.
De plus, dans son entreprise de traducteur, Montaigne a fait preuve de
fidélité envers le texte d'un auteur qu'il estimait particulièrement.
= C.R. : — R. Bossuat (*Rev. crit.*, LX : 1926, pp. 277-78) ; — J. Plattard
(*Rev. du XVIᵉ s.*, XIII : 1926, pp. 286-89) ; — P. Villey (*J. des Débats*,
14 avril 1927, p. 3 ; — *R.H.L.F.*, XXXIV : 1927, pp. 589-91). =

1347. PORCHER (J.). — La « Théologie naturelle » et les théories de la traduction au XVIᵉ siècle. — Tome X, pp. 447-79, des : — Œuvres complètes de Michel de Montaigne : — *La Théologie naturelle de Raymond Sebon...* [2ᵉ vol.]. — *Paris, Conard*, 1935, in-16, 501 pp. — (Cf. nᵒ 387).

Ancien membre de l'Ecole de Rome et conservateur à la Bibliothèque nationale, l'auteur de cette étude présente ici un historique de la traduction au XVIᵉ siècle, suivi d'un examen de la technique de Montaigne comme traducteur. Son travail peut servir d'utile complément à la thèse de J. Coppin.

1348. LE BANSAIS (E.). — Montaigne et la traduction de Raymond Sebon. (*B.S.A.M.*, 2ᵉ sér., nᵒ 1, 1937, pp. 25-26).

Un problème serait à résoudre : « Comment se fait-il que le Montaigne personnel, alerte et vivant des *Essais* ait débuté par la traduction d'un insipide fatras de verbalisme scolastico-théologique ? » Plusieurs réponses sont possibles que l'auteur expose, sans oublier le caractère particulier du christianisme de Montaigne.

1349. — Montaigne et Raymond Sebon. (*B.S.A.M.*, 2ᵉ sér., nᵒ 3, 1938, p. 31).

Après avoir servi la mémoire de son père en traduisant « avec tant de zèle et d'aisance » le pesant ouvrage du théologien Sebon, Montaigne n'a sans doute pas voulu laisser passer sans réagir les naïves prétentions du docteur scolastique, et l'on pouvait pressentir que, « sous couleur d'apologie (terme de politesse ou d'ironie) », il se livrerait à « un éreintement indirect de la méthode du bon vieux maître... »

1349a. DE BOER (C.). — Montaigne maakt een « thema » [la traduction de Raimon Sebond et l'*Apologie*]. (*Neophilologus*, XXXI : 1947, nᵒ 3 [*Hommage à K. Sneyders de Vogel*], pp. 83-84).

1350. MCQUENNY (Térence). — Montaigne et la « *Theologia naturalis* ». (*B.S.A.M.*, 4ᵉ sér., nᵒ 9, 1967, pp. 41-45).

Etude des changements que Montaigne a introduits dans sa traduction par rapport au texte original de Sebond. Les raisons probables de cette initiative seraient à rechercher dans son désir de défendre valablement la foi traditionnelle et même de préparer l'*Apologie*.
= C.R. : — *Studi fr.*, XIII (1969), nᵒ 39, p. 537. =

## Le « Journal du voyage en Italie »

1351. MEUSNIER DE QUERLON (A.-G.). — Discours préliminaire. — Tome Iᵉʳ, pp. I-CVIII, de l'édition du : — Journal du voyage de Michel de Montaigne en Italie, par la Suisse et l'Allemagne, en 1580 et 1581. Avec des notes... — *A Rome ; et se trouve à Paris, chez Le Jay*, 1774, 2 vol. in-12.

Dans cette introduction au *Journal*, l'éditeur donne des renseignements sur la découverte de ce document et sur la préparation de la copie qui en a été faite pour l'impression. A la suite, il formule des remarques sur le style de Montaigne dans ces pages, et termine par une narration résumée de son voyage de quatorze mois.

1352. FRÉRON (J.). — Lettre XIII [du 18 mai 1774, relative au] *Journal du voyage de Michel de Montaigne en Italie, par la Suisse et l'Allemagne, en 1580 et 1581...* (*L'Année littéraire,* 1774, t. II, pp. 289-317).

Cette lettre est davantage un récit du voyage de Montaigne qu'un compte rendu de l'éd. Meusnier de Querlon du *Journal.*

1353. Journal du voyage de Michel Montaigne en Italie, par la Suisse et l'Allemagne en 1580 et 1581, avec des notes par M. de Querlon. — *A Paris, chez Le Jay, rue S. Jacques,* 1774, in-4°, gr. pap. en feuilles, 18 l., avec le portrait de Montaigne ; in-12, 2 vol. gr. pap. 5 liv. ; in-12, pet. form., 3 vol. 4 liv. 10 sols. (*J. des Beaux-arts et des Sciences,* 1774, juin, pp. 443-59).

C.R. critique de l'éd. du *Journal du voyage* donnée par Meusnier de Querlon d'après le « manuscrit déterré par M. de Prunis » (p. 445). Le travail de l'éditeur y est largement mis en valeur (*voir* n° 1355).

1354. LA HARPE (J.-F. de). — Journal du voyage de Michel de Montaigne en Italie [...] avec des notes par M. de Querlon... (*Merc. de Fr.,* juillet 1774, 2ᵉ vol., pp. 116-20). — Repris avec pour titre : — Sur les Voyages de Montaigne commentés par M. de Querlon, — tome XIV, pp. 387-90, des : — Œuvres diverses de La Harpe, de l'Académie Française, accompagnées d'une notice sur sa vie et ses ouvrages. — *Paris, P. Dupont,* 1826, 16 vol. in-8°.

Examen de l'éd. du *Journal du voyage,* récemment publiée. Le critique affirme ne pas retrouver dans cet ouvrage le génie qui a donné leur prix aux *Essais :* « On ne voit qu'un journal sec, sans agrément et sans instruction ». Quant au discours préliminaire, malgré l'étalage d'un peu de science qu'on a voulu y marquer, il est généralement mal écrit, en même temps qu'il est présenté sur « un ton très décisif et très peu décent ». — On découvre là un aperçu de l'accueil qui a pu être fait, dans certains milieux, au *Journal du voyage* lors de sa parution. — *Voir* n° 1356.

1355. PRUNIS (Chanoine J.). — Lettre adressée aux auteurs du Journal [...], au sujet des Voyages de Michel de Montaigne, par M. l'Abbé de Prunis, chanoine régulier de Chancelade [en Périgord]. (*J. des Beaux-Arts et des Sciences,* 1774, 2ᵉ supplément, pp. 328-39).

Le but de cette lettre a été de faire connaître aux lecteurs du *Journal du voyage* qui venait d'être édité, l'histoire de la découverte de son manuscrit, dont tout le mérite revenait à Prunis, et sur laquelle pourtant on avait « glissé légèrement » dans le C.R. de cette édition, donné par le *J. des Beaux-Arts* (n° 1353).

1356. GRIMM (Friedrich Melchior, baron de). — [Montaigne et le *Journal du voyage*]. — Tome IX (1879), p. 507, et tome X (*id.*), pp. 430-39, de la : — Correspondance littéraire, philosophique et critique par Grimm, Diderot, Raynal, Meister, etc., revue sur les textes originaux... Notices, notes, table générale par Maurice Tourneux. — *Paris, Garnier*, 1876-1882, 16 vol. in-8°. — (1ʳᵉ éd. de la *Correspondance litt.* : 1812-1813).

Au tome IX, figure un passage daté de mai 1772, et jusqu'alors inédit, où se trouve annoncée la découverte du manuscrit du *Journal* de Montaigne par « un chanoine de Gascogne ». — Les dix pages du tome X renferment, sous la date de mai 1774, une longue étude sur Montaigne, qui est, dit Sainte-Beuve, « ce que la critique française a produit là-dessus de plus juste, de mieux pensé et de mieux dit ». Cependant, admirateur des *Essais*, Grimm y exprime les plus vives réserves vis-à-vis des « Voyages » qui « ne sont qu'un itinéraire sec et froid », où la naïveté de l'écrivain « paraît rebutante, parce qu'elle est outrée », etc.

1357. — Les Voyages et les Essais de Michel de Montaigne. (*Extrait de la « Correspondance littéraire »*). Année 1774. — *Cahors, impr. de F. Delpérier*, 1883, in-8°, 23 pp., fac-sim. — (Tiré à 60 exemplaires).

Publié par E. Marnicouche (anagramme de Maurice Cohen).

1358. JAMES (Dʳ C.). — Montaigne. Ses pérégrinations à quelques eaux minérales. (*Gaz. méd. de Paris*, XXIX : 1859, 3ᵉ sér., t. XIV, pp. 345-52, 373-88 et 437-46). — Tiré à part sous le titre : — Montaigne, ses voyages aux eaux minérales en 1580 et 1581. — *Paris, impr. E. Thunot, s.d.* (1859), in-8°, 39 pp.

« Analyse succincte mais châtiée » (p. 345) du *Journal de voyage* de ce Montaigne que l'auteur n'hésite pas à considérer comme un « ennemi personnel quant à la violence et à la continuité de ses attaques « envers les médecins. Et le résumé qu'il donne de ce voyage est fréquemment accompagné de considérations dépourvues d'aménité pour le moraliste.
= C.R. : — J. Delpit (*Courrier de la Gironde*, 16 avril 1860, p. 2). =

1359. CHAMBRUN DE ROSEMONT (A. de). — Récits et impressions de voyage au XVIᵉ siècle. — Montaigne en Suisse, en Allemagne et en Italie (1580-1581). (*Bull. de la Soc. nivernaise de sc., lettres et arts*, VI : 1874, pp. 5-62).

Etude du voyage de Montaigne à partir de son *Journal* qui, dit l'auteur, « n'est guère connu » (*sic*) et a pourtant une certaine valeur « car, en dépit d'une forme détestable, ces simples notes sont pleines de vie ».

1360. ANCONA (Alessandro d'). — Pisa nel 1581 : dal suo Giornale di viaggio [di Montaigne], con illustrazioni... — *Pisa, Nistri*, 1884, in-8°, 23 pp.

1361. — Michel de Montaigne (1533-1592), *Journal du voyage d'Italie* (sic)... — Pp. 665-68 de : — L'Italia alla fine del secolo XVI. Giornale del viaggio di Michele de Montaigne in Italia nel 1580 e 1581. Nuova edizione... — *Città di Castello, S. Lapi*, 1889, in-16, xv-719 pp.

Description des premières éd. françaises. — Circonstances de la découverte du manuscrit et de sa publication. — Différentes opinions portées sur cet ouvrage.

1362. MONTECORBOLI (H.). — Montaigne en Italie. Le Journal du voyage de Montaigne en 1580. (*Nouvelle rev.*, XI : 1889, t. LX, sept.-oct., pp. 371-87).

Le voyage de Montaigne en Italie, à propos de l'éd. d'Ancona qui venait de paraître.

1363. BONNAFFÉ (E.). — Montaigne. Journal de son voyage en Italie. — Pp. 105-15 de : — Voyages et voyageurs de la Renaissance... — *Paris, Leroux*, 1895, in-8°, 172 pp. — Réimpr. : *Genève, Slatkine Reprints*, 1970, in-8°, v-172 pp.

« Montaigne, le voyageur par excellence » (p. 105). Récit de son voyage en Italie d'après le *Journal*.

1364. CHASTEIGNER DE LA ROCHEPOZAY (Vicomte P. de). — Montaigne et l'ambassadeur de France à Rome en 1580. (*Bull. de la Soc. des sc., lettres et arts de Bayonne*, XVII : 1895, pp. 373-89).

Rectification d'une erreur de Meusnier de Querlon, éditeur du *Journal du voyage* de Montaigne. — Mission politique et financière de l'ambassadeur. — Un emprunt d'Etat au xvie siècle. — (Avec en h.-t. le portrait de l'ambassadeur et les fac-sim. de deux lettres inédites de Henri III et de Catherine de Médicis).

1365. LAUTREY (L.). — Note sur les éditions du *Journal* de Montaigne ; [son] analyse... — *Introduction*, § I, pp. 1-14, et § V, pp. 38-51, de l'éd. du *Journal de voyage*... (n° 641).

1366. PICOT (E.). — Michel de Montaigne. [Notice n° XLVI]. — Tome II (1907), pp. 201-04, de : — Les Français italianisants au xvie siècle... — *Paris, H. Champion*, 1906-1907, 2 vol. in-8°.

Ce travail dans son ensemble avait déjà fait l'objet d'une publication dans la *Revue des bibliothèques* — t. VIII (1898) à XI (1901) — sous le titre : *Des Français qui ont écrit en italien au XVIe siècle*. — La notice sur Montaigne constitue une étude des passages italiens du *Journal de voyage*.

1367. COQUELIN (L.). — Montaigne. — Journal de voyage. (*Larousse mensuel ill.*, n° 14, avril 1908, p. 229).

A propos de l'éd. Lautrey (1906), résumé du voyage en Italie et description du *Journal* de Montaigne.

1368. BECK (Chr.). — Le voyage de Montaigne et l'évolution du sentiment du paysage, essai de psychologie sociale. (*Merc. de Fr.*, 1912, t. XCVIII, 16 juillet, pp. 298-317).

L'italianisme semble bien avoir été l'une des principales raisons de ce voyage, et non pas le sentiment de la nature, encore ignoré au xvie siècle, ce qui explique d'ailleurs l'indifférence avec laquelle le *Journal de voyage* nous parle de certains splendides « extérieurs ». L'étude s'achève sur une comparaison avec d'autres expressions de la beauté du paysage, telles qu'elles nous ont été livrées par différents auteurs à d'autres époques.

1369. MARK (Leonard). — The medical aspects of Montaigne : a study of the Journal which he kept during his voyage to Italy, with an account of his renal troubles and experience of mineral waters. (*Proceed. of the Royal Soc. of Medicine*, XII : 1918-1919, pp. 43-61).

Le journal du voyage en Italie. La découverte du manuscrit et sa publication. — Les incidents survenus en cours de route, plus spécialement les troubles ressentis par Montaigne qui nous en a donné dans ces pages une fidèle relation. L'expérience hydrologique. Intérêt que présente le *Journal* pour le monde médical.

1370. ARMAINGAUD (Dr A.). — [Considérations sur le voyage de Montaigne]. — Tome VII, pp. I-XXIX, des : — Œuvres complètes de Michel de Montaigne. — Journal de voyage en Italie [vol. I]... — *Paris, Conard*, 1928, in-16, LXXVII-283 pp.

Etude historique, littéraire et physiologique constituant l'« Avant-propos » de cette éd. du *Journal*.

1371. P[LATTARD] (J.). — Montaigne. *Journal de voyage en Italie...* par le Dr A. Armaingaud. Paris, Conard... 2 vol... (*Rev. du XVIe s.*, XVIII : 1931, pp. 183-86).

Compte rendu critique de l'éd. Armaingaud, augmenté de remarques sur le voyage même de Montaigne et sur les impressions qu'il en a retirées ; son « silence » sur les œuvres d'art de la Renaissance italienne est-il bien réel ?

1372. MURRAY (J.). — The significance of Montaigne's *Journal de voyage* in relation to his *Essays*. (*Mod. lang. rev.*, XXIX : 1934, pp. 291-96).

1373. IMPERATORI (G.). — Journal du voyage en Italie. (*Rassegna italiana*, XL : 1935, pp. 860-63).

1374. FORKEY (Leo O.). — Montaigne's trip to Italy, 1580-1581. (*French rev.*, XIII : 1939-1940, n° 2, pp. 122-28).

La découverte et la publication du *Journal de voyage*, avec un résumé des principaux évènements rapportés dans ce document.

1375. DÉDÉYAN (Ch.). — Essai sur le Journal de voyage de Montaigne. — *Paris, Boivin* (1946), in-8°, 218 pp. — (*Etudes de littérature étrangère et comparée*, n° 19). — (*Thèse complém. de lettres, Paris*, 1944).

Les raisons du voyage de Montaigne en Italie sont sans doute essentiellement médicales, mais peut-être est-on en droit d'en envisager certaines autres qui auraient été d'ordre diplomatique. Quant au *Journal*, sorte d'aide-mémoire pour Montaigne, il est ici considéré, de même que dans la thèse d'I. Buffum (n° 2498), comme ayant eu une influence prépondérante sur la rédaction postérieure des *Essais*, — un point de vue qui a recueilli presque tous les suffrages de la critique (cf. n° 1381).
= C.R. : — R. Kemp (*Nouvelles litt.*, 8 août 1946, p. 3) ; — A.M. Schmidt (*Critique*, I : 1946, octobre, pp. 419-22) ; — D.M. Frame (*Romanic rev.*, XXXVIII : 1947, n° 3, pp. 261-62) ; — H.C. Lancaster (*M.L.N.*, LXII : 1947, pp. 345-48) ; — G. Charlier (*Rev. belge de philol. et d'hist.*, XXVI : 1948, pp. 182-84) ; — P. Moreau (*R.H.L.F.*, XLVIII : 1948, pp. 94-95) ; — B. Munteano (*Rev. de litt. comp.*, XXII : 1948, pp. 584-89) ; — J. Sartenaer (*Lettres romanes*, II : 1948, pp. 342-44). =

1376. CORDIÉ (Carlo). — Note al *Journal de voyage* del Montaigne. (*Letter. mod.*, IV : 1953, pp. 178-83). — Repris, pp. 25-53, dans : — La Guerra di Gand e altri varietà storiche e letterarie. — *Firenze, Felice Le Monnier*, 1958, in-8°, 244 pp. — (*Biblioteca letteraria*, III).

Note déterminée par la publication de deux éd. du *Journal* : celle de Ch. Dédéyan dans la *Coll. Guill. Budé* (1946) et la traduction italienne donnée par Irène Riboni (1947).
= C.R. : — *Studi fr.*, IV (1960), n° 12, p. 537. =

1377. SACY (Sam. Sylv. de). — Montaigne voyage. (*Merc. de Fr.*, 1954, t. CCCXX, 1er février, pp. 271-91).

Dans quelle mesure le *Journal du voyage en Italie* peut nous offrir un moyen de vérifier, compléter, voire rectifier la personnalité que nous nous étions faite de l'auteur des *Essais*.

1378. DUPUY (A.). — En marge des voyages de Montaigne, Chateaubriand et de Maupassant, ou quand les domestiques deviennent « secrétaires » : — « Monsieur de Montaigne disait... » (*Presse méd.*, 2 février 1957, pp. 213-14).

1379. CORDIÉ (Carlo). — Montaigne. (*Riv. di letter. mod. e compar.*, XI : 1958, pp. 173-74).

Concerne la traduction du *Journal de voyage* par Ettore Camesasca (1956).
= C.R. : — Mircea Popescu (*Studi fr.*, III : 1959, n° 9, p. 478). =

1380. FRANÇON (M.). — Une note sur Montaigne et l'Italie. (*Italica*, XXXVII : 1960, pp. 203-05).

A propos d'une allusion au couronnement de Charles-Quint à Bologne, en 1530, faite par Montaigne dans le *Journal*.
= C.R. : — *Studi fr.*, V (1961), n° 13, pp. 142-43. =

1381. MICHEL (P.). — Le Journal de Voyage, « arrière-boutique » des Essais. (*B.S.A.M.*, 3e sér., n° 13, 1960, pp. 14-21).

Historique de la découverte et de la publication du *Journal du voyage* (1774). Scepticisme de divers contemporains, comme Grimm, à l'égard de ce texte. Et pourtant, « l'impression d'un lecteur sans parti-pris est toute différente ». Il paraît incontestable en effet que « les *Essais* se trouvent souvent éclairés par le *Journal* » (p. 16), ainsi que le montre leur mise en parallèle dans six exemples convenablement choisis (pp. 16 à 20). — Cf. n°s 1375, 1387 et 2498.
= C.R. : — G. Mombello (*Studi fr.*, VI : 1962, n° 17, p. 337). =

1381a. DEL BECCARO (Felice). — Montaigne a Lucca. (*Mél. Pellegrini*, 1963, pp. 169-92).

Analyse des observations que Montaigne a laissées dans son *Journal* sur la ville de Lucques, ses habitants, etc. lors des quatre séjours qu'il y fit.
= C.R. : — *Studi fr.*, IX (1965), n° 25, p. 141. =

1382. HEISIG (Karl). — Zum Problem der Entstehung der deutsch-französischen Sprachgrenze. (*Zeits. f. franz. Sprache u. Liter.*, LXXIV : 1964, pp. 338-39).

A propos d'un passage du *Journal du voyage* de Montaigne où est signalé l'usage réciproque qui était fait au XVIe siècle des langues allemande et française aux bains de Plombières.

1383. FRANÇON (M.). — Note sur le *Journal de voyage* de Michel de Montaigne. (*B.S.A.M.*, 4e sér., no 10, 1967, pp. 38-39).

Explication d'un passage du *Journal* relatif au séjour fait à Florence par Montaigne (pour un complément de cette note, voir no 701).

= C.R. : — R. Campagnoli (*Studi fr.*, XIII : 1969, no 39, pp. 537-38). =

1384. ROSELLINI (Aldo). — Quelques remarques sur l'italien du « Journal de Voyage » de Michel de Montaigne. (*Zeits. f. roman. Philol.*, LXXXIII : 1967, pp. 381-408, bibliogr.).

Les différents types grammaticaux employés par Montaigne. — Analyse lexicale et syntaxique. — Influence de la grammaire française de l'auteur sur ses principes de grammaire italienne.

= C.R. : — C. Cordié (*Paideia*, XXIII : 1968, p. 88) ; — *Studi fr.*, XIII (1969), no 37, pp. 127-28. =

1385. BERNOULLI (Dr R.). — « Melhouse [...] Une belle petite ville de Souisse, du quanton de Bale ». Note de lecture du *Journal de Voyage* de Montaigne. (*B.S.A.M.*, 4e sér., no 22-23, 1970, pp. 57-65).

= C.R. : — R. Campagnoli (*Studi fr.*, XVI : 1972, no 47-48, p. 457). =

1386. BRUSH (Craig B.). — La composition de la première partie du « Journal de voyage » de Montaigne. (*R.H.L.F.*, LXXI : 1971, pp. 369-84).

C'est la partie du *Journal* qui a été écrite en majorité de la main d'un secrétaire, soit sous la dictée, soit de sa propre initiative, et pour laquelle on a tenté ici de faire un bilan de ces origines de rédaction.

1387. MICHEL (P.). — Le portrait vivant de Montaigne. — Pp. IX-LIII (*Introduction*) de : — Montaigne : Journal de voyage en Italie. Edition... annotée... — (*Paris*), *Le Livre de Poche* (1974), in-16, LVI-525 pp.

Importance du *Journal* pour obtenir, en complément des *Essais*, le portrait du véritable Montaigne (*voir* aussi no 1381).

1388. FRANÇON (M.). — Corrections et précisions sur le *Journal de Voyage* de Montaigne. (*B.S.A.M.*, 5e sér., no 14-15, 1975, p. 113).

A propos d'une observation du Dr Armaingaud se rapportant au voyage de Montaigne (dans son *Etude sur Montaigne*, no 387, p. 224).

# Annotations diverses

1389. BINAUT (L.). — Une page retrouvée des *Essais* de Montaigne. (*R.D.M.*, 1855, t. XI, 15 août, pp. 911-12).

Cette page est en réalité celle de l'exempl. de César (n° 980) sur laquelle Montaigne avait écrit un long commentaire dont le docteur Payen venait de publier le texte dans ses *Documents inédits n° 3* (n° 26 : pp. 29-33). A noter que ce titre : *Une page retrouvée des « Essais »*, a été pris dans l'introduction du docteur Payen (p. 29). — Introduction et texte ont été reproduits par les successeurs du D<sup>r</sup> Armaingaud, au tome XI (1939), pp. 299-304, de son éd. des *Œuvres complètes de Montaigne* en 12 vol.

1390. PAYEN (D<sup>r</sup> J.-F.). — Un nouvel autographe de Montaigne. (*Chron. du Périgord et du Limousin*, III : 1855, n° 7, pp. 161-62).

Il s'agit de la dédicace portée par Montaigne sur un exemplaire de l'éd. de 1588 des *Essais* qu'il offrait au célèbre jurisconsulte Ant. Loisel. Le docteur Payen a publié le même autographe, quelques mois plus tard, dans le *Bull. du bibliophile* (1855, pp. 398-400), mais avec un autre texte d'accompagnement. — Considérée comme lettre-dédicace, elle figure avec les autres lettres de Montaigne au tome XI, p. 258, des *Œuvres complètes...* (éd. Armaingaud).

1391. BOYER (J.). — Jules César et Michel Montaigne. (*La Gironde*, 17 octobre 1866, p. 3).

Article relatif au jugement sur César, inscrit par Montaigne sur son exempl. des *Commentaires*, et publié par le D<sup>r</sup> Payen en 1855 (le texte de cette page a été reproduit, ici, dans son orthographe initiale).

1392. DEZEIMERIS (R.). — [Communication relative à un exemplaire des *Annales* de Nicole Gilles ayant appartenu à Montaigne]. (*Actes de l'Acad. de Bordeaux*, 3<sup>e</sup> sér., LIII : 1891. — C.R. des séances : pp. 38-39).

Dans la séance du 14 mai 1891, R. Dezeimeris informa l'Académie de Bordeaux de la bonne fortune qu'il venait d'avoir de découvrir un exemplaire des *Annales* de Nicole Gilles, revêtu d'environ 160 annotations marginales de Montaigne. Il devait les publier dix-neuf ans plus tard :

1393. — Annotations inédites de Michel de Montaigne sur les *Annales et chroniques de France* de Nicole Gilles. (*R.H.L.F.*, XVI : 1909, pp. 213-58 et 734-73 ; — XIX : 1912, pp. 126-49 ; — XX : 1913, pp. 133-57, et XXI : 1914, pp. 101-41).

Texte et commentaire de ces annotations. L'ensemble a été réimpr. dans l'éd. des *Œuvres complètes de Montaigne* du D<sup>r</sup> Armaingaud, tome XII (1941), pp. 19-222. En tête de ce dernier volume (pp. 11-13), on trouve l'odyssée de cet exemplaire depuis sa découverte à Bordeaux jusqu'à son entrée à la Bibliothèque nationale où il est en dépôt.

1394. — Annotations inédites de Michel de Montaigne sur le *De rebus gestis Alexandri Magni* de Quinte-Curce. (*R.H.L.F.*, XXIII : 1916, pp. 399-440 ; — XXIV : 1917, pp. 605-36 ; — XXV :

1918, pp. 595-622 ; — XXVI : 1919, pp. 577-600, et XXVIII : 1921, pp. 528-48).

Texte et commentaire réimpr. dans l'éd. du Dr Armaingaud, *op. cit.*, tome XII, pp. 227-411.

# Les lettres de Montaigne

1395. B[RUNET] (G.). — A Monsieur l'éditeur du *Bulletin du bibliophile.* (*Bull. du bibl.*, 1839, pp. 720-21).

Au sujet de la lettre adressée par Montaigne, le 21 mai 1582, aux jurats de Bordeaux.

1396. MACÉ (Antonin). — Lettre inédite de Montaigne. (*J. gén. de l'instr. publ. et des cultes*, XV : 1846, pp. 763-64).

C'est la fameuse lettre, — la plus belle des deux lettres adressées par Montaigne à Henri IV, « après la mort d'Henri III, mais avant l'entrée du roi à Paris ». Elle se trouvait à la Bibliothèque du Roi et a été extraite de la coll. Dupuy, t. LXI, f. 102. « Nous la reproduisons avec une scrupuleuse fidélité d'orthographe », déclare A. Macé qui, dans son commentaire de cette lettre, insiste sur « l'importance et l'authenticité de celle-ci ». — (Publication datée du 30 octobre 1846).

1397. PAYEN (Dr J.-F.). — Lettre inédite de Montaigne. (*Bull. du bibl.*, 1846, pp. 1003-09).

Considérations sur la célèbre lettre de Montaigne à Henri IV (no 1396) qui est ici réimprimée.

1398. HAENSEL (Hermann) [*pseud.* de Pierre JANNET]. — Une lettre de Montaigne. (*J. de l'Amateur de Livres*, II : 1849, pp. 161-67).

Il s'agit d'une lettre adressée par Montaigne, le 16 février 1588, au maréchal de Matignon. Provenant de la collection de la comtesse Boni de Castellane, elle fut mise en vente au milieu du XIXe siècle et achetée par le docteur Payen qui la publia dans ses *Documents inédits* de 1847 (no 24, p. 16). — La présente étude constitue un examen détaillé de ce document, dont on avait longtemps mis en doute l'authenticité, alors qu'il est soutenu dans ces pages que « rien n'est plus authentique au monde que cette lettre-là » (p. 167).

1399. DETCHEVERRY (A.). — [Montaigne et la peste]. — Pp. 50-51 (*note*) de l' : — Histoire des Israélites de Bordeaux... — *Bordeaux, impr. de Balarac jeune*, 1850, in-8o, 116 pp.

Faisant état de la peste de 1585, l'auteur, archiviste municipal, a donné ici, pour la première fois, le texte de la lettre aux jurats de Bordeaux dans laquelle Montaigne, encore maire pour vingt-quatre heures, annonçait sa décision de rester absent de la ville atteinte du fléau, une initiative qui devait faire naître de bien fâcheux jugements (*voir* nos 727 sqq.). — Cette lettre a été reproduite, la même année, par le docteur Payen (no 25, p. 21).

1400. JUBINAL (A.). — Une lettre inédite de Montaigne, accompagnée de quelques recherches à son sujet, précédée d'un avertissement et suivie de l'indication détaillée d'un grand nombre de soustractions et de mutilations qu'a subies, depuis un certain nombre d'années, le département des manuscrits de la Bibliothèque nationale. — *Paris, Didron*, 1850, in-8°, XVII-116 pp. fac-sim.

Publication de la première des deux lettres adressées par Montaigne à Henri IV (18 janvier 1590). A son texte sont jointes diverses considérations sur cette lettre elle-même et sur une polémique dont le département des manuscrits de la Bibliothèque Nationale a été agité pendant quelque temps au XIXᵉ siècle. — Cette lettre a été reproduite avec commentaires dans les *Documents inédits* du Dᴿ Payen (n° 25, pp. 30-33). — La 3ᵉ éd. de la brochure de Jubinal a été publiée en 1873 à Paris, chez Casimir Pont (in-8°, XVIII-116 pp.) sous le titre : *Henri IV et Montaigne, ou Lettre du philosophe Que sais-je ? au Béarnais, suivie de plusieurs fac-simile et de documents curieux sur la Bibliothèque Nationale.*

1401. LEPELLE DE BOIS-GALLAIS (Frédéric). — Encore une lettre inédite de Montaigne, accompagnée d'une lettre à M. Jubinal, relative aux livres imprimés et manuscrits, aux autographes et aux divers fragments précieux qui ont été soustraits, à différentes époques, de la Bibliothèque Nationale de Paris et qui se trouvent en Angleterre... — *Londres, Barthès et Lowell*, 1850, in-8°, VIII-32 pp., fac-sim.

Brochure se rapportant au procès intenté à Libri par le ministère de l'Instruction publique. — Contient un fac-similé de la lettre adressée par Montaigne à Matignon, le 22 mai 1585, et qui est conservée au British Museum (*voir* l'éd. des *Œuvres complètes*... par le Dᴿ Armaingaud, t. XI, pp. 246-249).

1402. FEUILLET DE CONCHES (F.-S.). — Réponse à une incroyable attaque de la Bibliothèque Nationale touchant une lettre de Montaigne... — *Paris, Laverdet*, 1851, in-8°, 192 pp., fac-sim. — (Sur le faux-titre, on lit : *Encore une lettre de Montaigne*).

Suite de la polémique ouverte par la brochure de Jubinal (n° 1400). Il est ici question de la lettre autographe de Montaigne à Dupuy, conseiller du roi à Saintes, lettre dont la Bibliothèque Nationale revendiquait la propriété à l'encontre de Feuillet de Conches qui en était possesseur depuis plus de trente ans. Une violente campagne de presse s'ensuivit (cf. *Bibl. de l'Ecole des Chartes*, janv.-févr. 1850, pp. 270-71), mais si l'administration de la B.N., ayant traduit l'intéressé en justice, fut en 1ʳᵉ instance déboutée de sa demande (*Trib. civ. de la Seine*, jugement du 26 février 1851), elle devait obtenir facilement gain de cause en appel (*Cour d'Appel de Paris*, 1ʳᵉ chambre, arrêt du 18 août 1851). — Sur cette affaire, on lira les journaux de l'époque (*Le Droit, Gaz. des Tribunaux, Constitutionnel, Moniteur univ.*, de février à août 1851), ainsi que la brochure suivante : — NAUDET (J.). — Réponse de la Bibliothèque Nationale à M. Feuillet de Conches. — *Paris, Panckoucke*, 1581, in-8°, 71 pp.

1403. GRÜN (A.). — Nouvelles pièces inédites de Michel Montaigne. (*L'Athenaeum français*, 20 octobre 1855, pp. 911-12, — et *Le Chron. du Périgord et du Limousin*, III : 1855, n° 6, pp. 127-28).

Cette étude renferme le texte de la remontrance au roi de Navarre (1584) et de deux lettres aux jurats bordelais, la seconde étant celle par laquelle Montaigne expliquait ses raisons de ne pas regagner Bordeaux où régnait la peste (n° 1399).

**1404.** DELPIT (J.). — Document inédit sur Montagne. (*Courrier de la Gironde*, 21 janvier 1856, p. 1).

A propos de la lettre-remontrance au roi, émanant de Montaigne et des jurats bordelais (31 août 1583). Son texte, auquel est joint une note de Delpit, avait été récemment découvert par l'archiviste Detcheverry.

**1405.** FEUILLET DE CONCHES (F.-S.). — Lettres de Montaigne. — Pp. 205-308 de : — Lettres inédites de Michel de Montaigne et de quelques autres personnages... (n° 303).

Un rappel de ce que dit Montaigne à propos de ses lettres, comment il les écrit, etc. précède ici la publication de 15 lettres écrites par le moraliste, et parmi lesquelles il s'en trouve 10 qui étaient restées inédites ; 8 d'entre elles avaient été adressées au maréchal de Matignon et provenaient des archives de la Principauté de Monaco, les deux autres auraient eu pour destinataire Antoine Du Prat, seigneur de Nantouillet, prévôt de Paris. Sur la question de l'authenticité de ces deux dernières lettres, voir : H. Bordier et E. Mabille (n° 1408), E. Charavay (n° 1409) et notre étude (n° 1415). — Cette partie de l'ouvrage a été reprise, avec diverses modifications, dans le tome III (1864), pp. 231-328 et 349-69 des *Causeries d'un curieux...* — Paris, H. Plon, 1862-1868, 4 vol. in-8°.

**1406.** NISARD (D.). — Montaigne épistolaire. — Pp. 368-88 des : — Nouvelles études d'histoire et de littérature... — *Paris, Michel Lévy*, 1864, in-16, 406 pp. — (*Bibliothèque contemporaine*).

Considérations sur les lettres de Montaigne publiées par Feuillet de Conches. — Le travail de l'éditeur. — Analyse de certaines lettres révélant chez Montaigne de réelles qualités d'épistolier. — Voir aussi, du même auteur, l'édition définitive (tome Ier, pp. 458-62) de son *Histoire de la littérature française...* — Paris, Firmin-Didot, 1879, 4 vol. in-16.

**1407.** DU PRAT (Marquis A.-Th.). — Messieurs Du Prat et Michel de Montaigne. — Pp. 150-52 de : — Glanes et regains récoltés dans les archives de la Maison Du Prat... — *Versailles, Beau jeune*, 1865, in-8°, XI-216 pp.

Passage relatif aux deux lettres qu'avait publiées Feuillet de Conches en 1863 (n° 1405).

**1408.** BORDIER (H.) et MABILLE (E.). — [Caractère apocryphe de deux lettres de Montaigne]. — Pp. 30-33 et 103 de : — Une fabrique de faux autographes, ou Récit de l'affaire Vrain-Lucas... — *Paris, Techener*, 1870, in-4°, 110 pp., fac-sim.

On a dit de ces deux lettres qu'elles constituaient une correspondance ayant existé entre Montaigne et Antoine Du Prat, mais, de toute évidence, elles ont été « fabriquées » au XIXe siècle par le faussaire Vrain-Lucas, comme celui-ci en a d'ailleurs fait l'aveu, lors de son célèbre procès.

**1409.** CHARAVAY (E.). — Affaire Vrain-Lucas. Etude critique sur la collection vendue à M. Michel Chasles et observations sur les moyens de reconnaître les faux autographes... — *Paris, Charavay, Dentu, Lemerre*, 1870, in-8°, IV-32 pp.

Au sujet des deux lettres de Montaigne provenant de la collection Du Prat et qui, bien que dues à l'ingéniosité du célèbre faussaire (cf. pp. 14-15 et 24-25), n'en ont pas moins été publiées par le marquis Du Prat dans son livre *Glanes et regains* (n° 1407) et par Feuillet de Conches dans les

*Lettres inédites...* (n° 1405, pp. 217 et 223). A la fin de son opuscule, E. Charavay a reproduit une lettre de Feuillet de Conches à la *Gazette des Tribunaux* (26 février 1870) relativement à cette question.

N.B. — Le D$^r$ Armaingaud paraissait peu enclin à douter de l'authenticité de ces lettres, malgré les affirmations des experts et les conclusions du procès Vrain-Lucas (voir *Œuvres complètes de Montaigne*, t. XI, pp. 162-63 et 213).

1410. DU BOYS (E.). — Une nouvelle lettre de Montaigne. (*Bull. du bibl.*, 1886, pp. 1-5).

Lettre inédite, datée du 7 juillet 1583, et adressée au roi Henri III. Elle a été découverte par l'auteur de l'article dans le vol. 6629 du Fonds français de la Bibliothèque Nationale. Son attribution à l'auteur des *Essais* est d'ailleurs assez illusoire, puisque des éditeurs comme le D$^r$ Armaingaud n'ont pas cru devoir la retenir dans leur publication des lettres de Montaigne.

= C.R. : — J. Delpit (*Courrier de la Gironde*, 26 juillet 1886, p. 3). =

1411. LABANDE (L.-H.). — Correspondance de Montaigne avec le Maréchal de Matignon (1582-1588). Nouvelles lettres inédites. (*Rev. du XVI$^e$ s.*, IV : 1916, pp. 1-15). — Tirés à part : *Paris, Champion*, 1916, in-8°, 15 pp.

Etude historique sur les lettres de Montaigne à Matignon, suivie du texte de trois lettres inédites au maréchal, qui sont en dépôt aux Archives du Palais de Monaco.

= C.R. : — A.C. (*Rev. crit.*, LI : 1917, 1$^{er}$ sem., p. 47). =

1412. COURTEAULT (P.). — Trois nouvelles lettres de Montaigne à Matignon. (*Rev. hist. de Bordeaux*, IX : 1916, pp. 309-15).

Examen de la publication précédente (le texte des trois lettres est joint).

1413. SALLES (A.). — Les 39 lettres de Montaigne. (*B.S.A.M.*, 2$^e$ sér., n° 4, 1938, pp. 35-37 et n° 6, 1939, pp. 61-63).

Liste succincte des lettres publiées dans le tome XI de l'éd. Armaingaud. Le second article comporte notamment le texte de la célèbre lettre de Montaigne à Henri IV (2 septembre 1590), celui d'une lettre au conseiller Belot (la 40$^e$, découverte par l'abbé Dréano), et il s'achève avec une question posée sur le sort qui aurait pu être celui des lettres adressées par Montaigne à Juste Lipse.

1414. TRINQUET (R.). — La chasse aux inédits de Montaigne : le Docteur Payen et la Princesse de Monaco. (*B.S.A.M.*, 3$^e$ sér., n° 28, 1963, pp. 21-27).

Pour quelles raisons le D$^r$ Payen n'a pas eu, en son temps, la possibilité de publier les trois lettres de Montaigne à Matignon, qui devaient rester inédites jusqu'à 1916 (n° 1411).

1415. BONNET (P.). — Deux lettres de Montaigne d'une authenticité contestée par les experts. (*B.S.A.M.*, 4$^e$ sér., n° 25-26, 1971, pp. 19-32).

Recherches sur la structure des deux lettres à Antoine Du Prat, publiées par Feuillet de Conches en 1863, et confirmation de leur provenance exacte. — *Voir* les n$^{os}$ 1405, 1407, 1408 et 1409.

= C.R. — R. Campagnoli (*Studi fr.*, XVI : 1972, n° 47-48, p. 456). =

## Le Livre de Raison

1416. PAYEN (D<sup>r</sup> J.-F.). — [Citation de 46 notes autographes extraites du *Livre de Raison*]. — Pp. 7-28 des : — Documents inédits sur Montaigne... N° 3. Ephémérides, lettres et autres pièces autographes... (n° 26).

Avec une description de l'exemplaire d'Ephémérides de Beuther ayant appartenu à la famille de Montaigne, et quelques observations complémentaires.

1417. GOURGUES (Vicomte A. de). — Réflexions sur la vie et le caractère de Montaigne, publiées à l'occasion d'un manuscrit d'Ephémérides de sa famille, conservé à Bordeaux par M.O. de la Rose. (*Actes de l'Acad. de Bordeaux*, XVII : 1855, pp. 485-569 et 12 fac-sim.). — Tirés à part : *Bordeaux, Gounouilhou*, 1856, in-8°, 85 pp., fac-sim.

A l'aide de plusieurs passages du « Beuther » (et d'autres pièces justificatives), l'auteur a voulu donner une idée de ce que fut, à son avis, le caractère de Montaigne, en ajoutant quelques précisions sur certains moments de sa vie. Il a également parlé de la mise au jour de ce livre d'Ephémérides, conservé par un descendant du moraliste, et a relaté les circonstances de l'exploitation qui en a été faite par le D<sup>r</sup> Payen et par lui-même. — Sur le travail du V<sup>te</sup> de Gourgues, on pourra consulter, outre les C.R., l'*Introduction* (pp. 28-34) à l'édition en fac-similé du *Livre de Raison* de Montaigne, par Jean Marchand (ou le 1<sup>er</sup> état de celle-ci [° 1425], pp. 10-15).
= C.R. : — H. Ribadieu (*Chron. du Périgord et du Limousin*, III : 1855, n° 12, pp. 272-73, et : *La Guienne*, 2 janvier 1856, p. 1) ; — Ap. Briquet (*Bull. du bibl.*, 1857, note, pp. 208-09). =

1418. JOHANNET (R.). — Le Livre de Raison de Montaigne. (*Illustration*, 27 février 1932, pp. 258-59).

Historique et description de son livre d'Ephémérides. Mise en relief de l'intérêt présenté par ce document qui, « sur certains points, précise ou rectifie les confidences des *Essais* ». — Reproduction photographique, dans le texte, de l'aspect extérieur du volume, et, hors-texte, de quatre pages (61, 177, 268 et 370) portant mention d'évènements essentiels.

1419. — Le Président de la République chez Montaigne. (*Le Temps*, 21 mars 1932, p. 2).

Sur la présentation du « Beuther » au président Paul Doumer par les membres de la Société des Amis de Montaigne (Sorbonne, 19 mars 1932).

1420. HENRIOT (E.). — Le Livre de raison des Montaigne. (*Le Temps*, 22 mars 1932, p. 2).

Considérations diverses sur l'*Ephemeris historica*, « cette précieuse relique » qui avait été présentée au Président de la République et à de nombreux visiteurs en la Sorbonne, le samedi 19 mars 1932.

1421. DUFAY (P.). — A propos du quatrième centenaire de Montaigne. (*Merc. de Fr.*, 1933, t. CCXLIII, 1<sup>er</sup> avril, pp. 245-46).

Importance du livre de raison pour approfondir certains côtés de la vie de Montaigne.

1422. Le Livre de raison de Montaigne. (*La France de Bordeaux*, 8 avril 1933, p. 4 ; — *La Liberté du S.-O.*, 9 avril, p. 4 ; — *La Petite Gironde*, 12 avril, p. 4).

Description du document que le ministre De Monzie avait présenté aux manifestations du IVᵉ centenaire, à Bordeaux.

1423. LEGAIN (Jean) [*pseud.* de CARDOZO DE BÉTHENCOURT]. — Les reliques de Montaigne. (*La Liberté du S.-O.*, 26 mai 1935, p. 4).

A propos du « Beuther » qui, le 21 mai, avait été adjugé, à Londres, pour 780 livres st. aux libraires Maggs Brothers. — (Voir aussi une note annonçant cette vente, dans le *J. des Débats* du 22 mai, p. 2).

1424. BEST (G. Percival). — L'odyssée du « Beuther » de Montaigne. (*B.S.A.M.*, 2ᵉ sér., nº 4, 1938, pp. 22-26).

En combien de mains passa le « Livre de raison », depuis l'année 1778 où l'on en parla pour la première fois jusqu'à sa vente à Londres en mai 1935 (deux clichés joints à cette communication).

1425. MARCHAND (J.). — Le *Beuther* de Montaigne et autres Livres de raison. (*Bull. de la Soc. des Bibl. de Guyenne*, XVI : 1946, nº 43, pp. 3-22).

« Trois cent vingt ans d'éphémérides d'une famille » : sous-titre de l'étude qui renferme la description de l'*Ephemeris* de Beuther et son historique depuis les annotations qu'y apposa Pierre Eyquem jusqu'à l'annonce dans le présent travail de sa prochaine publication phototypique. Ledit travail devait être repris et complété par son auteur pour devenir la 1ʳᵉ partie de l'*Introduction* à cette édition du « Livre de raison » qui fut donnée en 1948 par la Cⁱᵉ Française des Arts graphiques (*voir* les pp. 25 à 70 du volume).

1426. LEFRANC (Abel). — Le Livre de Raison de Montaigne. (*Opéra*, 5 mai 1948, p. 2).

Texte contenant les passages essentiels de la préface écrite par A. Lefranc pour l'édition phototypique de ce document (*voir* pp. 11-22 de cette édition).

1427. POGNON (E.). — Du nouveau sur Montaigne. (*Nouvelles litt.*, 21 octobre 1948, pp. 1 et 2).

Sur la valeur que représente pour nous le *Livre de Raison*, à propos de l'édition qui venait d'en être faite par Jean Marchand.

1428. MOUTARD-ULDRY (R.). — Pour que le *Livre de raison* de Montaigne revienne en France. (*Arts*, 9 février 1951, p. 1).

Il était entré en 1935 dans la bibliothèque du collectionneur new-yorkais Lucius Wilmerding, et celui-ci étant décédé en 1950, sa bibliothèque allait être mise en vente au mois de mars 1951.

1429. Le journal manuscrit de Montaigne rentre en possession de la ville de Bordeaux. Il a été acquis hier à New York pour 17.400.000 francs [il faut lire : 7.400.000 Frs.]. (*Sud-Ouest*, 7 mars 1951, p. 3).

Information datée du 4 mars.

1429a. Le mécénat américain a permis le retour à Bordeaux du « Livre de Raison » de Montaigne. (*Sud-Ouest*, 14 mars 1951, p. 1).

1430. Dans un mois, Bordeaux aura pour toujours « son » Livre de Raison. (*Sud-Ouest*, 18 avril 1951, pp. 1 et 3).

1431. BEAULIEUX (Ch.). — Chronologie du *Livre de Raison* et des autres œuvres manuscrites de Montaigne. (*Bull. de la Soc. des Bibl. de Guyenne*, XXI : 1951, n° 54, pp. 81-99).

    Recherche, par l'analyse de l'orthographe de Montaigne, de la date à laquelle ont été rédigées les inscriptions de la première partie du « Beuther », les notes des *Annales* de Nicole Gilles, la page du César, etc.

1432. DESGRAVES (L.). — Le *Livre de Raison* de Montaigne à la Bibliothèque Municipale de Bordeaux. (*Bull. de la Soc. des Bibl. de Guyenne*, XXI : 1951, n° 53, pp. 1-2).

    Les circonstances de son acquisition par la Bibliothèque de Bordeaux.

1433. MASSON (A.). — Après seize ans de fortunes diverses, le « Livre de Raison » de Montaigne arrive aujourd'hui à Bordeaux, où il sera exposé à la Galerie des Beaux-Arts. (*Sud-Ouest*, 15 mai 1951, pp. 1 et 6).

    Outre les conditions du « rachat », l'article renferme un historique du *Beuther*, depuis sa « découverte » en 1854 jusqu'à son retour en France, un siècle après.

1434. CAIN (Julien). — Le livre de Raison de Montaigne à la bibliothèque municipale de Bordeaux. (*B.S.A.M.*, 2e sér., n° 15, 1949-1952, pp. 52-53).

    Exposé chronologique des fortunes du *Livre de Raison* jusqu'à sa mise en vente à New York en 1951 et à son acquisition pour le compte de la Bibliothèque de Bordeaux.

1434a. STROWSKI (F.). — Une relique de Montaigne : son livre de Raison. (*B.S.A.M.*, 2e sér., n° 15, 1949-1952, pp. 49-51).

    Ce que contient le Livre de Raison.

1435. TRINQUET (R.). — Bertrand de Mattecoulon et l'Ephéméride de Beuther. (*B.S.A.M.*, 2e sér., n° 15, 1949-1952, pp. 54-57 ; — *voir* également cet article dans : *B.H.R.*, XV : 1953, n° 2, pp. 226-29).

    Selon l'auteur, c'est à Mattecoulon, le plus jeune frère de Montaigne, que l'on pourrait attribuer la rédaction de sept notes qui figurent dans le *Beuther* entre les années 1591 et 1623. — *Voir* n° 1437, ainsi que : D.M. Frame (n° 552 : p. 35).

1436. CORDIÉ (Carlo). — Le note di Michel de Montaigne sull'*Ephemeris historica del Beuther*. (*Mél. Lugli et Valeri*, 1961, pp. 261-99).

Une étude approfondie de ces notes serait susceptible de nous apporter de nouveaux éléments permettant d'éclairer encore mieux l'humanité de Montaigne.

= C.R. : — G. Mombello (*Studi fr.*, VI : 1962, n° 16, p. 137). =

1437. GARDEAU (Léonie). — Bertrand de Montaigne, seigneur de Matecoulon, et le « Livre de Raison » de Montaigne. (*Mémorial* 1963, pp. 129-35).

Etude confirmant pleinement l'assertion présentée par R. Trinquet (n° 1435).

1438. — Etat du Livre de raison de Montaigne. (*B.S.A.M.*, 3ᵉ sér., n° 28, 1963, pp. 28-30).

Inventaire du Livre de raison, avec classement de ses pages selon leur état matériel actuel.

1439. — Corrections et précisions pour la *Liste chronologique des inscriptions du Beuther* (pages 339 [à 342] de l'ouvrage de M. Jean Marchand). (*B.S.A.M.*, 3ᵉ sér., n° 29, 1964, pp. 19-21).

Ces corrections et précisions visent certaines inscriptions allant de 1549 à 1700, et complètent ainsi l'édition phototypique.

## Œuvres attribuées à Montaigne

### Le « Contr'un »

1440. ARMAINGAUD (Dʳ A.). — Le Discours sur la servitude volontaire. La Boétie et Montaigne. (*Séances et trav. de l'Acad. des sc. mor. et polit.*, LXIV : 1904, N.S., t. LXI, pp. 640-43).

Dans ce mémoire, lu au cours de la séance du 30 janvier 1904, le Dʳ Armaingaud a souligné les doutes qui lui étaient venus sur l'attribution intégrale du *Contr'un* à La Boétie. Tenant compte de divers éléments historiques, il en a conclu que « suivant toute vraisemblance, c'est Montaigne lui-même qui a composé et ajouté » tout ce qui, dans cet ouvrage, traduit un mouvement de révolte contre la tyrannie des Valois et des Guise.

1441. — Montaigne et La Boétie. Le véritable auteur du discours « sur la servitude volontaire ». (*Rev. polit. et parlem.*, 1906, t. XLVII, 10 mars, pp. 499-522, et t. XLVIII, 10 mai, pp. 322-48). — Tirage à part avec pour titre : — La Boétie, Montaigne et le Contr'un... — *Paris, impr. A. Davy*, 1906, in-8°, 48 pp.

Développement de la thèse précédente. Le *Discours de la servitude volontaire* ne serait nullement un exercice de déclamation composé par le jeune rhétoricien La Boétie. Ou plutôt, ce texte aurait été revu et même augmenté à plusieurs endroits par quelqu'un qui le transmit ensuite aux Protestants, désireux de réagir après le massacre de la Saint-Barthélémy. Car, selon le Dʳ Armaingaud, il y a dans ce discours des allusions politiques à des évènements survenus vers 1574 (donc, longtemps après la mort de La Boétie), et ces allusions ont transformé le *Contr'un* en un véritable pamphlet contre Henri III et son entourage. Qui aurait pu être l'auteur de pareilles interpolations si ce n'est Montaigne, héritier des livres et des papiers de son ami ?

= C.R. : — Léon Séché (*Rev. de la Renaissance*, VII : 1906, pp. 115-19) ; — J. de Gourmont (*Merc. de Fr.*, 1907, t. LXV, 15 janvier, pp. 320-21) ; — L. Delaruelle (*Ann. du Midi*, XX : 1908, pp. 402-06, — [cf. n° 1457]). =

1442. HERMANN (G.). — [Une mystification de Montaigne ? (à propos de la thèse du Dr Armaingaud)]. (*Bull. de la Soc. hist. et archéol. du Périgord*, XXXIII : 1906, p. 412).

Lettre adressée à la Société, afin de protester contre l'hypothèse présentée par le Dr Armaingaud, tendant à la fois à déposséder La Boétie d'un « petit livre immortel » et à faire passer son ami, l'auteur des *Essais*, pour un mystificateur.

1443. MONTORGUEIL (G.). — Une mystification de Montaigne : — la découverte du Dr Armaingaud : le « Discours de la Servitude volontaire » n'est pas de La Boétie... Une feinte de l'auteur des *Essais*. (*L'Eclair*, 9 juin 1906, pp. 1 et 2. — Réimpr. dans la *Rev. de la Renaissance*, VII : 1906, pp. 115-18).

Sur cette question, le Dr Armaingaud apporte « moins une preuve irréfutable qu'une suite de présomptions accumulées », d'ailleurs « fortes et appuyées solidement ».

1444. VILLEY (P.). — Le véritable auteur du « Discours de la servitude volontaire » : Montaigne ou La Boétie ? (*R.H.L.F.*, XIII : 1906, pp. 727-36).

Réfutation de la thèse Armaingaud. Pour P. Villey, le tyran décrit dans le *Contr'un* n'est aucunement le roi Henri III, et d'ailleurs le *Discours* sent « le travail d'école, qui n'a rien de commun avec un pamphlet. C'est une amplification nerveuse » fortement inspirée par l'Antiquité et plus précisément par Tacite. — *Voir* la réponse du Dr Armaingaud dans la *R.H.L.F.* (n° 1459) et dans *Montaigne pamphlétaire* (n° 1463), pp. 199-216.

1445. BONNEFON (P.). — Post-scriptum [à l'étude de Pierre Villey]. (*R.H.L.F.*, XIII : 1906, pp. 737-41).

A un autre point de vue que son prédécesseur, P. Bonnefon présente une opposition à l'hypothèse du Dr Armaingaud. L'accusation de complicité avec les Protestants portée par celui-ci contre Montaigne trouve son démenti dans les faits eux-mêmes et dans le caractère de l'écrivain dont rien ne permet de suspecter la bonne foi. — Réponse du Dr Armaingaud dans la *R.H.L.F.* (n° 1459).

1446. — La Boétie, Montaigne et le Contr'un. (*Rev. polit. et parlem.*, 1907, t. LI, 10 janvier, pp. 107-26).

Examen détaillé des arguments soutenus par le Dr Armaingaud, et qui semblent à P. Bonnefon dépourvus de solidité : il ne peut admettre en effet que le portrait du tyran soit celui d'Henri de Valois, et se refuse, une fois de plus, à considérer Montaigne comme l'auteur d'interpolations par lesquelles il aurait fait preuve de lâcheté en même temps qu'il aurait trahi la mémoire de son ami... — *Voir* le n° suivant.

1447. ARMAINGAUD (D<sup>r</sup> A.). — La Boétie, Montaigne et le Contr'un. Réponse à M. Paul Bonnefon. (*Rev. polit. et parlem.*, 1907, t. LII, 10 avril, pp. 128-50). — Repris dans *Montaigne pamphlétaire* (n° 1463), pp. 93-135.

1448. CHAMPION (E.). — Montaigne et les Huguenots. (*Rev. bleue*, XLV : 1907, 1<sup>er</sup> sem., pp. 366-69, et XLVII : 1909, 2<sup>e</sup> sem, pp. 196-98). — Articles reproduits par le D<sup>r</sup> Armaingaud, pp. 323 à 338 de : *Montaigne pamphlétaire* (n° 1463), où le second des deux a reçu (pp. 333-38) la forme d'une lettre à ce médecin.

Jugement approbatif des arguments contenus dans la thèse du D<sup>r</sup> Armaingaud (n° 1441).

1449. DEZEIMERIS (R.). — Sur l'objectif réel du Discours d'Estienne de La Boëtie de la Servitude volontaire. (*Actes de l'Acad. de Bordeaux*, 3<sup>e</sup> sér., LXIX : 1907, pp. 5-28).

Mise en discussion de la thèse Armaingaud dans ce mémoire où R. Dezeimeris donne l'avis suivant : « L'erreur initiale de M. le docteur Armaingaud — car je suppose qu'il a fait erreur — est d'avoir envisagé comme un pamphlet *ad hominem* ce qui est une dissertation philosophique au sens abstrait » (p. 7). Et après avoir parcouru l'histoire de la France, il croit pouvoir signaler comme prototype du portrait peint par La Boétie le roi Charles VI tel que l'ont montré les chroniqueurs et les historiens. — *Voir* la réponse du D<sup>r</sup> Armaingaud (n° 1452) et le C.R. critique de L. Delaruelle (n° 1457).
= C.R. : — *R.H.L.F.*, XIV (1907), p. 386 ; — L. Delaruelle (*Ann. du Midi*, XX : 1908, pp. 406-08). =

1450. STROWSKI (F.). — Montaigne et l'action politique. (*Rev. philom. de Bordeaux*, X : 1907, n° 2, pp. 59-72).

Troisième et dernière des « images caractéristiques » offertes par F. Strowski sous le titre général de : *A propos de Montaigne*, pp. 49-72 (pour les deux premières « images », voir les n<sup>os</sup> 646 et 992). — Ici, l'auteur examine attentivement la thèse du D<sup>r</sup> Armaingaud ; il en admire volontiers la présentation, mais se refuse à en accepter les arguments fournis, comme la conclusion. — *Voir* au n° suivant la réplique du D<sup>r</sup> Armaingaud.

1451. ARMAINGAUD (D<sup>r</sup> A.). — Le Discours de la servitude volontaire. Entente de Montaigne avec les Protestants après la Saint-Barthélémy. (*Rev. philom. de Bordeaux*, X : 1907, n° 5, pp. 193-211, ct n° 7, pp. 303-13). — Repris dans *Montaigne pamphlétaire* (n° 1463), pp. 140-65.

1452. — Le tyran du Discours de la servitude volontaire est-il Charles VI ? (*Rev. philom. de Bordeaux*, X : 1907, n° 12, pp. 547-72). — Repris dans *Montaigne pamphlétaire* (n° 1463), pp. 166-98.

Réplique à R. Dezeimeris (n° 1449) : — le tyran dont le portrait est tracé dans le *Contr'un* ne peut être celui de Charles VI ; le gouvernement et les événements du règne de Charles VI ne sont pas, non plus, ceux qu'a visés, comme exemples, l'auteur de cet opuscule.

**1453.** LA VALETTE MONBRUN (Abbé A. de). — Autour de Montaigne et de La Boëtie. L'énigme du « Contr'un ». (*Bull. de la Soc. hist. et archéol. du Périgord*, XXXIV : 1907, pp. 253-66 et 421-51).

Réfutation de la thèse avancée par le Dr Armaingaud. Pour y parvenir, l'auteur de cette communication a rassemblé des raisons historiques, littéraires, philologiques, — « sans négliger les raisons de sentiment », car les Périgourdains s'étaient indignés de voir leur immortel compatriote réduit au rang de vil mystificateur. — Cf. la réponse du Dr Armaingaud, n° 1463, pp. 135-39 (*Post-scriptum*).

**1454.** Montaigne serait-il l'auteur de la *Servitude volontaire* de La Boëtie ? (*Intermédiaire*, 1907 à 1910).

Question posée : — 1907, vol. LV, col. 12 : « Montaigne en délit de mystification ? ». — Réponses :
a) *Approbatives* : — 1907, vol. LV, col. 752-53 (H.M.), 805 (O.) ; 1910, vol. LXI, col. 638-39 ;
b) *Négatives* : — 1907, vol. LVI, col. 411-12 (Saint-Saud, qui renvoie à l'étude de La Valette Monbrun [n° 1453]) et 530-31 (H.C.M.).

**1455.** BARRÈRE (J.). — Estienne de La Boëtie contre Nicolas Machiavel. Etude sur les mobiles qui ont déterminé Estienne de La Boëtie à écrire le *Discours de la servitude volontaire...* — *Bordeaux, A. Mollat*, 1908, in-8°, 98 pp.

L'auteur croit avoir découvert la raison pour laquelle La Boëtie a écrit la *Servitude volontaire*, et cette raison enlève toute valeur à la thèse Armaingaud : à son avis, l'opuscule de l'ami de Montaigne est en réalité une réponse au *Prince* de Machiavel, comme le montre, dit-il, l'étroite corrélation existant entre les deux œuvres, le *Contr'un* n'étant « qu'un tissu d'allusions, plus ou moins transparentes, à l'œuvre de Machiavel » (p. 87).
= C.R. : — *R.H.L.F.*, XV (1908), p. 380 ; — P. Courteault (*Rev. hist. de Bordeaux*, I : 1908, p. 476) ; — L. Delaruelle (*Ann. du Midi*, XXI : 1909, p. 237). =

**1456.** ARMAINGAUD (Dr A.). — La Boëtie et Machiavel d'après une publication récente. (*Rev. philom. de Bordeaux*, XI : 1908, n° 6, pp. 296-307, et XII : 1909, n° 1, pp. 30-42). — Repris dans : *Montaigne pamphlétaire* (n° 1463), pp. 252-85.

Dans cette longue réponse à l'étude précédente, le Dr Armaingaud raille à son aise l'« assurance ingénue » de J. Barrère et démonte un par un tous les arguments avancés par ce dernier, ce qui lui permet en même temps de soutenir, une fois de plus, sa propre thèse sur l'intervention occulte de Montaigne dans le texte du *Contr'un*.

**1457.** DELARUELLE (L.). — [C.R. critique de :] — Dr A. Armaingaud. — Montaigne et La Boëtie. Le véritable auteur du discours « sur la servitude volontaire »... (*Ann. du Midi*, XX : 1908, pp. 402-06).

Exposé et réfutation de la thèse du Dr Armaingaud, dans laquelle celui-ci « attribue à Montaigne l'acte d'un malhonnête homme » (p. 403), sans pouvoir donner de ses différents arguments (passages remaniés, pamphlet contre Henri III, etc.) une démonstration incontestable. La question serait beaucoup plus simple pour Delaruelle qui trouve dans le *Contr'un* « le style ampoulé d'une amplification d'école » (p. 404), ce qui permet d'en conserver la paternité à La Boëtie, « ce garson de seize ans ».

1458. BARCKHAUSEN (H.). — A propos du *Contr'un*. (*Rev. hist. de Bordeaux*, II : 1909, pp. 77-81).

Rejet formel des arguments soutenus par le Dʳ Armaingaud : — il n'est pas admissible que le « tyran » dépeint ait pu être le roi Henri III, car les générations antérieures s'en seraient aperçues ; — l'allusion à la *Franciade* de Ronsard se rapporte à une œuvre en préparation (vers 1560) et non à une œuvre publiée (elle l'a été en 1572) ; — dans l'essai *De l'Amitié*, Montaigne parle du *Contr'un* en disant qu'« il court piéça ès mains des gens d'entendement », ce qui montre une situation depuis un certain temps effective, etc.

1459. ARMAINGAUD (Dʳ A.). — Le véritable auteur du « Discours de la servitude volontaire » : Montaigne ou La Boétie ? (*R.H.L.F.*, XVI : 1909, pp. 354-68. — Réimpr. dans la *Rev. de la Renaissance*, XI : 1910, pp. 22-47). — *Voir* le nº 1462.

Continuation de la polémique sur l'attribution du *Contr'un* : l'auteur répond, ici, l'un après l'autre, à P. Villey (pp. 354-62) et à P. Bonnefon (pp. 362-68) avec des arguments destinés à combattre ceux de ces deux contradicteurs.

1460. — A propos du *Contr'un*. Réponse à M. H. Barckhausen. (*Rev. hist. de Bordeaux*, II : 1909, pp. 152-64). — Repris dans *Montaigne pamphlétaire* (nº 1463), pp. 232-51.

Où l'auteur en appelle de la condamnation, à son avis par trop sommaire, qu'H. Barckhausen (nº 1458) venait de prononcer contre lui.

1461. BARRÈRE (J.). — La Boétie et Machiavel d'après une publication récente. Réponse à M. le Dʳ Armaingaud. (*Rev. philom. de Bordeaux*, XII : 1909, nº 4, pp. 183-88).

J. Barrère s'efforce de démontrer le côté faible des critiques formulées à son égard par le Dʳ Armaingaud (nº 1456), d'autant plus que ce dernier ne paraît pas avoir lu le *Prince* avant d'écrire son article.

1462. VILLEY (P.). — Un dernier mot. (*R.H.L.F.*, XVI : 1909, pp. 369-70) ; — *voir* aussi nº 1463, pp. 219-23.

Dans cette note placée à la suite de la réplique Armaingaud (nº 1459), P. Villey, en même temps qu'il garde sa position antérieure (nº 1444), déclare ne pas vouloir « prolonger une discussion qui est devenue inutile ». — Voir la riposte du Dʳ Armaingaud dans *Montaigne pamphlétaire*, pp. 223-31.

1463. ARMAINGAUD (Dʳ A.). — Montaigne pamphlétaire. — L'énigme du *Contr'un*. — *Paris, Hachette*, in-8º, XVI-341 pp.

Ouvrage synthétique constituant le dossier de la controverse. On y trouve, légèrement rectifiées et sous une présentation nouvelle, la thèse du Dʳ Armaingaud (pp. 1-90) et ses réponses à ses différents contradicteurs (pp. 91-285). En dernière partie figurent comme *Pièces documentaires* : pp. 287-323, le texte du *Discours de la servitude volontaire*, dans lequel ont été imprimés en italiques les passages attribués à Montaigne, et, pp. 323-38, les deux articles d'Edme Champion (nº 1448).
= C.R. : — H. Roujon (*Figaro*, 10 mai 1910) ; — J. de Gourmont (*Merc. de Fr.*, 1910, t. LXXXVI, 16 juillet, pp. 323-24) ; — H. Hauser (cf. nº 1465) ; — L. Séché (*Rev. de la Renaissance*, XI : 1910, pp. 107-12) ; — H. Schoen (*Zeits. f. franz. Sprache u. Liter.*, XXXVII : 1910, pp. 20-28) ; — J. Frank (*Archiv.*, LXV : 1911, t. 127, pp. 438-48). =

**1464.** DELARUELLE (L.). — L'inspiration antique dans le « Discours de la servitude volontaire » de La Boétie. (*R.H.L.F.*, XVII : 1910, pp. 34-72).

Réfutation méthodique des théories d'Armaingaud, Dezeimeris et Barrère :
— Dans une analyse commentée de trente passages du *Discours*, Dela-ruelle montre en effet qu'en humaniste éprouvé, La Boétie a constamment eu recours à des sources livresques, toutes d'origine antique ; de sorte que, en dépit de quelques allusions à la « réalité contemporaine » — leur justification semble d'ailleurs facile —, cette œuvre « est parfaitement homogène et n'accuse nulle part de retouches importantes qui seraient dues à une main étrangère » (p. 69).

**1465.** HAUSER (H.). — D$^r$ Armaingaud. *Montaigne pamphlétaire. L'énigme du Contr'un...* (*Rev. crit.*, XLIV : 1910, 2$^e$ sem., pp. 1-10).

Etude critique de l'ouvrage du D$^r$ Armaingaud, dans lequel on respire « une réjouissante odeur de poudre », assure H. Hauser qui en rejette les thèses (ainsi que celles de Strowski, etc.), visant comme tyran du *Contr'un* un souverain français, et se range aux côtés de Delaruelle pour considé-rer l'œuvre de La Boétie plutôt comme un exercice d'écolier dans lequel on retrouve des références aux lettres antiques.

**1466.** ARMAINGAUD (D$^r$ A.). — *[Montaigne pamphlétaire]*. Réponse à M. Henri Hauser. (*Rev. crit.*, XLIV : 1910, 2$^e$ sem., pp. 261-74).

Riposte du D$^r$ Armaingaud à la critique précédente. Il reproche à son contradicteur d'y avoir accumulé « les affirmations les plus légères et les plus contraires à la réalité des faits » (p. 262), puis reprend ses propres arguments et les complète pour renforcer une thèse qui lui paraît indé-fectible.

**1467.** HAUSER (H.). — Encore *Montaigne pamphlétaire*. Réponse à M. Armaingaud. (*Rev. crit.*, XLIV : 1910, 2$^e$ sem., pp. 341-45).

Suite de la polémique dans une réponse à l'article précédent. Le D$^r$ Armaingaud est accusé d'employer une logique un peu sommaire, ayant pour base principale de véritables postulats (ainsi, le portrait d'Henri III dans celui du tyran est un « acte de foi », sans plus).

**1468.** MONOD (H.). — Montaigne après la Saint-Barthélémy. (*Rev. de Paris*, XVII : 1910, 1$^{er}$ mars, pp. 95-125).

Il est à peu près certain que Montaigne a dû éprouver, devant les cruau-tés de la Saint-Barthélémy, un mouvement d'horreur qui l'a fait, par pitié se rapprocher des réformés. Et H. Monod analyse très favorablement la thèse Armaingaud qui traite de ce problème, en même temps qu'elle résout, dit-il, toutes les difficultés se rapportant à la composition du *Contr'un* et à sa publication par les Protestants en 1574 et 1576.

**1469.** VINDRY (Fleury). — [La Boétie et la question du *Contr'un*] Tome II (1910), 1$^{er}$ fasc., pp. 61-64 de l'ouvrage : — Les Parle mentaires français au XVI$^e$ siècle... (n° 535).

Notice n° 125 sur La Boétie, renfermant un examen de la thèse Armain gaud — et sa condamnation catégorique.

1470. ARMAINGAUD (D<sup>r</sup> A.). — Encore *Montaigne pamphlétaire*. Réplique à M. H. Hauser. (*Rev. crit.*, XLV : 1911, 1<sup>er</sup> sem., pp. 61-67).

Pour répondre au dernier article d'H. Hauser (n° 1467), le D<sup>r</sup> Armaingaud avait adressé un papier au directeur de la *Revue critique*, mais celui-ci refusa de le publier. Se prévalant de la loi du 29 juillet 1881 sur la liberté de la presse, le D<sup>r</sup> Armaingaud en fit présenter le texte à la Revue par ministère d'huissier. C'est celui qui figure sous ce n° 1470 : — Les arguments n'ont pas changé, mais l'aigreur des propos a empiré.

1470a. VINDRY (Fleury). — De Montaigne et des Parlementaires français. (*Rev. de la Renaissance*, XII : 1911, pp. 104-18).

Deux lettres protestant contre les conclusions d'un C.R. du D<sup>r</sup> Armaingaud sur les *Parlementaires français* (*ibid.*, XII : 1911, pp. 51-56), et réplique de ce dernier (pp. 112-18). — La controverse s'est poursuivie dans la même revue et la même année (pp. 169-75), portant notamment sur le rapprochement fait par Armaingaud « entre une épithète du *Contr'un* et un passage des *Essais* », et qui semble à Fl. Vindry « de la plus désolante fragilité » (p. 170).

1471. CHAMPION (E.). — La complicité de Montaigne. (*Rev. bleue*, XLIX : 1911, 1<sup>er</sup> sem., pp. 331-33).

Cet article fait suite à ceux de 1907 et 1909 (n° 1448). L'auteur y ajoute quelques arguments pour raffermir la thèse Armaingaud. A son avis, « l'éloge des rois de France et ceux des poètes sont des précautions oratoires suggérées par la prudence en vue de la publication du pamphlet » (p. 332). Mais l'humeur rigide, austère, des Calvinistes ne pouvait s'accommoder des poésies souvent assez libres de Ronsard. Donc, on a pratiqué, là, une véritable antiphrase pour masquer l'étroite complicité qui existait entre Montaigne et les Huguenots.

1472. HAUSER (H.). — Lettre [au directeur de la Revue]. (*Rev. crit.*, XLV : 1911, 1<sup>er</sup> sem., pp. 141-42).

Présentation de « certains textes, laissant au lecteur le soin des comparaisons nécessaires ». — C'est surtout une riposte à l'exploit d'huissier (n° 1470), aùx « représailles de M. Armaingaud ».

1473. MORIZE (André). — Problem of the attribution of the « Discours de la serviture volontaire ». — Pp. 176-89 de : — Problems and methods of literary history, with special reference to modern French literature, a guide for graduate students... — *Boston, Ginn* (1922), in-8°, x-314 pp.

Exposé de la question (la théorie du D<sup>r</sup> Armaingaud et les oppositions qu'elle a fait naître). Parmi les principales objections soulevées, A. Morize insiste sur celles présentées par Bonnefon et Villey, auxquelles il accorde volontiers la décision dans cette polémique.

1474. RUDLER (Gustave). — [Sur l'attribution à Montaigne du *Contr'un* de La Boétie]. — Pp. 51-53 de l'ouvrage : — Les techniques de la critique et de l'histoire littéraires en littérature française moderne... — *Oxford, Imprimerie de l'Université*, 1923, in-16, xv-204 pp.

Exemple relevant de la « critique d'attribution ». Trois positions se sont manifestées à cette occasion : favorables, défavorables ou simplement réservées. Et l'auteur conclut, sans s'engager lui-même : « Le problème est compliqué ; il pourrait être repris par les professeurs avec leurs étudiants en conférence ».

**1475.** LABLÉNIE (E.). — L'énigme de la « Servitude volontaire ». (*Rev. du XVI*[e] *s.*, XVII : 1930, pp. 203-27). — Réimpr. dans les *Essais sur Montaigne* (n° 488), pp. 39-66.

Etude que l'on peut estimer définitive, car la thèse Armaingaud y est longuement examinée, et réfutée point par point. — Ce travail a été honoré, en 1932, de la médaille d'or de l'Académie de Bordeaux.
= C.R. : — L.S. (*Le Périgourdin de Bordeaux*, février 1933, pp. 8-11). =

**1475a.** ARMAINGAUD (Dr A.). — Etude sur le Discours de la servitude volontaire. — Pp. 9-84 du tome XI des *Œuvres complètes de Michel de Montaigne...* — *Paris, Conard*, 1939, in-16, 311 pp.

Réimpr. de la thèse Armaingaud sous la forme qui lui avait été donnée, en 1910, dans le *Montaigne pamphlétaire* (n° 1463), mais avec quelques modifications et compléments.

**1476.** AYMONIER (C.). — Quel est l'auteur du Discours de la servitude volontaire ? (*Rev. hist. de Bordeaux*, XXXII : 1939, pp. 145-58).

Examen de la question du *Contr'un* à propos de la publication du tome XI de l'éd. Armaingaud. Dans ces pages, C. Aymonier reprend les arguments de la thèse de 1906 (n° 1441) et montre qu'aucun d'entre eux ne peut résister à une critique attentive. Les allusions que l'on croit saisir ne sont pas d'une évidence transparente. Et de plus, « c'est un jeu facile, et souvent trompeur, que celui des allusions », de même que « l'art de solliciter les textes est à la portée de tous » (p. 155).

**1477.** SALLES (A.). — Montaigne a-t-il remanié le *Contr'un ?* (*B.S.A.M.*, 2e sér., n° 6, 1939, pp. 47 et 54-56 ; — n° 7, 1939, pp. 96-99).

Deux articles résumant les circonstances de la controverse et dégageant les points essentiels de la thèse Armaingaud (portrait du tyran, communication du *Contr'un* aux Protestants, interpolations que Montaigne aurait réalisées). En fait, le coup de grâce à la théorie du Dr Armaingaud a été donné, en 1930, par l'étude de Lablénie (n° 1475), et « l'énigme du *Contr'un* se résume en somme en une simple hypothèse » (p. 99).

**1478.** KURZ (Harry). — Did Montaigne alter La Boétie's *Contr'un ?* (*Stud. in philol.*, XLIII : 1946, pp. 619-27).

Historique du déroulement de la polémique sur le *Contr'un*. Après un examen très objectif des argumentations présentées dans chacun des deux camps, H. Kurz conclut en condamnant à son tour l'idée de l'intervention de Montaigne dans le texte de La Boétie et celle d'une communication de ce texte par lui aux Protestants. — *Voir* aussi n° 1216.

*Autres attributions*

**1479.** Supposed Montaigne discovery [Découverte d'un ouvrage attribué à Montaigne]. (*The Connoisseur*, 1902, vol. II, n° 5, pp 52 et 53).

Dans cette note anonyme, il est fait mention de la récente « découverte » d'un opuscule portant la date de 1584 et le titre : *De l'Œil des Rois et de la Iustice, remonstrance faite en la ville de Bordeaux*. L'auteur de la note déclare à ce sujet : « il nous parait au moins possible que nous ayons là une œuvre de Montaigne ». — En hors-texte (p. 53), fac-sim. du titre et du fol. XXIII.

1480. PHILOMNESTE SENIOR [*pseud.* d'Ernest LABADIE]. — Un livre inconnu attribuable à Montaigne. Réponse à un bibliophile anglais par Philomneste senior, bibliophile bordelais... — *Bordeaux, Impr. nouvelle F. Pech*, 1902, in-32, 40 pp., fac-sim.

Le « bibliophile bordelais » n'a pas eu de peine, dans cette plaquette, à démontrer à son confrère anglais (n° 1479) que l'opuscule « découvert » par lui avait pour auteur reconnu le jurisconsulte Antoine Loysel, un ami de Montaigne, et non Montaigne lui-même. — *Voir* aussi l'étude de A. de Lavalette Monbrun : *Autour de Montaigne et de La Boétie. L'énigme du Contr'un* (n° 1453), pp. 45-47 du tirage à part.

= C.R. : — *R.H.L.F.*, IX (1902), p. 709 ; — *B.S.A.M.*, 2ᵉ sér., n° 6 (1939), pp. 81-82. =

1481. TRINQUET (R.). — Le dernier message politique de Montaigne. (*Merc. de Fr.*, 1957, t. CCCXXIX, avril, pp. 612-19).

A propos du testament du marquis de Trans (n° 1086) dont un passage pourrait avoir eu Montaigne comme inspirateur sinon comme auteur.

1482. GARDEAU (Léonie). — En marge d'un testament. (*Bull. de la Soc. hist. et archéol. du Périgord*, LXXXIV : 1957, pp. 97-103 ; — voir aussi : *B.S.A.M.*, 4ᵉ sér., n° 25-26, 1971, pp. 15-17).

Réfutation de l'hypothèse précédente : Montaigne n'aurait pas assisté à la rédaction du testament du marquis ; arguments présentés à ce sujet.

# Chapitre XI

# LA PENSÉE DE MONTAIGNE : GÉNÉRALITÉS

1483. HOFFMAN (F.-B.). — Eloge de Montaigne. Discours de MM. Villemain, Joseph Droz et Jay. (*J. des Débats*, 24 avril 1812, pp. 2-4 ; — 1er mai, pp. 2-4 ; — 5 mai, pp. 2-4). — Repris par l'auteur dans le t. VIII, pp. 365-85, de ses *Œuvres...* — Paris, Lefèvre, 1829, 10 vol. in-8°.

Examen de la pensée de Montaigne, à l'occasion d'un compte rendu des éloges désignés.

1484. HALLAM (Henry). — Montaigne. — Tome II, pp. 83-84, 107-10, 169-70, 250-51, 317 ; — tome III, pp. 196-98 ; — tome IV, pp. 194-95, de : — Introduction to the literature of Europe in the fifteenth, sixteenth and seventeenth centuries. — *Paris, Baudry*, 1837-1839, 4 vol. in-8°. — (*Coll. of ancient and modern British authors*. Vol. CLXV-CLXVIII).

Considérations sur la philosophie de Montaigne : sa psychologie, sa morale, la nature et l'efficacité de son pyrrhonisme, etc. — *Voir* aussi Ch. Dédéyan, n° 2790, t. Ier, pp. 219-32, et t. II, *Appendice X*.

1485. CATALAN (E.). — Etudes sur Montaigne. Analyse de sa philosophie. — *Paris, Mellier frères ; Lyon, Guyot*, 1846, in-18, 351 pp.

L'ouvrage est divisé en deux parties : — la première, l'*introduction* (pp. 3-84), expose l'opinion de l'auteur sur la philosophie de Montaigne et précise les motifs pour lesquels il a réalisé ces pages de vulgarisation ; — la seconde (pp. 85-346) est une suite de passages des *Essais*, largement paraphrasés, puis classés sous des titres qui appartiennent, pour la plupart, exclusivement à E. Catalan, lui-même. — Le livre a connu un assez grand succès à sa parution.

= C.R. : — Pitre-Chevalier (*Moniteur univ.*, 19 octobre 1847, pp. 2715-16) ; — A. Michiels (*Rev. britannique*, 6e sér., 1850, vol. 27, pp. 232-33) ; — L. Ulbach (n° 1487). =

1486. CARRIÈRE (Moriz). — Montaigne. — Pp. 64-66 de : — Die philosophische Weltanschauung des Reformationszeit in ihren Beziehungen zur Gegenwart. — *Stuttgart und Tübingen, J.G. Gotta*, 1847, in-8°, XI-750 pp.

1487. ULBACH (L.). — Etudes sur Montaigne, par Etienne Catalan. (*La Politique nouvelle*, 1er juin 1851, pp. 50-55).

Cet article — repris dans : *Ecrivains et hommes de lettres*, de L. Ulbach, *Paris, Delahays*, 1857, in-12, pp. 79-91, — contient des appréciations personnelles sur la pensée de Montaigne.

1488. CATALAN (E.). — Manuel des honnêtes gens. Philosophie pratique de Montaigne. Deuxième édition. — *Paris, J. Renouard et Cie, Ch. Douniol*, 1853, in-12, III-365 pp.

Réimpr. des *Etudes sur Montaigne* (no 1485). Elle est augmentée d'un avertissement et d'extraits des comptes rendus sur ce dernier ouvrage.
= C.R. : — Emile Chasles (*L'Athenaeum français*, 24 décembre 1853, pp. 1225-26). =

1489. [TUCKERMAN (H.T.)]. — Genius of Montaigne. (*North American rev.*, LXXXVII : 1858, pp. 356-88).

1490. VINET (Alexandre). — Michel de Montaigne. 1533-1592. — Pp. 47-108 de : — Moralistes des seizième et dix-septième siècles... — *Paris, chez les éditeurs*, 1859, in-8o, VII-389 pp.

Dans cette étude partiellement tirée d'un cours professé à Bâle en 1832-1833, Vinet approuve Montaigne pour sa peinture de l'incohérence humaine, pour l'adresse avec laquelle il a pratiqué la morale descriptive, pour le caractère moderne d'une pensée qui dénonce la torture, le pédantisme, l'esprit de système, etc. Mais il lui reproche de substituer notre conscience à la règle morale qui nous vient de Dieu, d'avoir enfoncé « l'aiguillon du doute » dans bien des esprits, et critique sa tendance vers cette volupté dont il fait « le but de la vertu » (p. 97). — Un travail qui n'a pas été sans exercer quelque influence sur Sainte-Beuve.

1491. WINDSOR (Arthur Lloyd). — The mental history of Montaigne. — Pp. 1-50 de : — Ethica : or, Characteristics of men, manners, and books... — *London, Smith, Elder & Co*, 1860, in-8o, XII-404 pp.

1492. GÉRUZEZ (E.-N.). — Montaigne philosophe et écrivain. — Tome Ier, pp. 427-38, de : — Histoire de la littérature depuis les origines jusqu'à la Révolution... — *Paris, Didier*, 1861, 2 vol. in-8o.

La pensée de Montaigne est ici analysée avec une rigueur presque digne de Port-Royal. En effet, pour Géruzez, le procès de la raison que l'on rencontre dans l'*Apologie* est en réalité mené à l'aide d'arguments inopérants qui par conséquent portent à faux. De plus, avec « sa sagesse d'épicurien et sa vertu de sybarite », Montaigne n'est rien moins qu'un guide sûr, même il est susceptible d'égarer et de corrompre. Dès lors, ce qui reste de mieux chez lui, c'est l'écrivain qui a su, il est vrai, se révéler un maître.

1493. LEVALLOIS (J.). — La conscience moderne. Montaigne. (*Rev. contemporaine*, XVIII : 1869, t. LXX, 31 juillet, pp. 193-235).

Montaigne considéré sur le plan de la psychologie, de la politique, de la morale et de la religion : dans tous les cas, il a révélé « de grands et dangereux défauts », et la société actuelle n'a rien à apprendre de lui, si on laisse de côté son très beau talent d'écrivain. — (Deux passages de cette étude ont été reproduits dans le *B.S.A.M.*, 2e sér., no 9 (1940), p. 66, et no 10 (1941), p. 36).

**1494.** BARTHOLMESS (Chr.). — Montaigne. — Pp. 1125-26 du : — Dictionnaire des sciences philosophiques, par une société de professeurs et de savants sous la direction de M. Ad. Franck... Deuxième édition. — *Paris, Hachette*, 1875, in-8°, XII-1807 pp.

**1495.** Montaigne. (*Westminster rev.*, 1875, t. CIV, pp. 414-32).

Les différents aspects de la pensée de Montaigne envisagés à propos de la publication de deux éditions des *Essais* : la réimpr. en 1870 de celle de Charles Louandre et la 1re éd. de Motheau et Jouaust (1873-1875).

**1496.** FARNAM (H.W.). — Philosophy of Montaigne. (*New Englander*, XXXIV : 1876, pp. 405-18).

**1497.** DARMESTETER (A.) et HATZFELD (A.). — Montaigne moraliste. — Ire partie, pp. 17-19, du : — Seizième siècle en France. Tableau de la littérature et de la langue, suivi de morceaux en prose et en vers choisis dans les principaux écrivains de cette époque... — *Paris, Delagrave*, 1878, in-18, XIV-301 et 384 pp.

Notice sur la pensée de Montaigne. (On a souvent regretté le peu d'envergure qui avait été donné à un semblable auteur dans ce manuel).

**1498.** BERSOT (Ernest). — Montaigne. — Pp. 211-25 de : — Un moraliste. Etudes et pensées d'Ernest Bersot, précédées d'une notice biographique par Edmond Scherer, 2e édition. — *Paris, Hachette*, 1886, in-16, LXXXVIII-379 pp.

Dans cet extrait d'un rapport sur un concours ouvert par l'Académie des sciences morales et politiques (1868), E. Bersot s'est proposé de dégager les traits essentiels de la pensée de Montaigne. Il considère que, dans son livre, celui-ci a surtout cherché à établir un « art de vivre ». Donc, s'il admet la « morale d'exception », c'est pour l'admirer, non pour la suivre, et les *Essais* sont ainsi devenus le livre favori des « esprits libres et modérés » (p. 224), où les lecteurs goûtent tout à la fois l'art de l'écrivain et le bon sens du penseur.

**1499.** FAVRE (Mme Jules). — Montaigne, moraliste et pédagogue... — *Paris, Fischbacher*, 1887, in-18, 340 pp. — Réimpr. : — *Genève, Slatkine*, 1970, in-8°, 341 pp.

L'auteur, qui était directrice de l'Ecole Normale Supérieure de Sèvres, a cherché à présenter un Montaigne qui soit accessible à ses élèves. Pour cela, elle s'est efforcée de le débarrasser des accusations de Pascal et de Malebranche et de le faire apparaître plutôt comme un stoïcien que comme un sceptique ou un épicurien. Enfin, elle a procédé à une étude de sa pédagogie, sans manquer d'en signaler les lacunes, et notamment « l'insuffisance et l'inexactitude de ses idées sur l'éducation des femmes ». = C.R. : — *Le Temps*, 12 mai 1888, p. 3 ; — Ludovic Carrau (*Rev. bleue*, XXXI : 1889, 1er sem., pp. 509-10). =

**1500.** JANET (P.) et SÉAILLES (G.). — Histoire de la philosophie. Les problèmes et les écoles. — *Paris, Delagrave*, 1887, in-8°, III-1084 pp.

Montaigne : — son paradoxe sur l'instinct et l'intelligence (pp. 50-51) ; — son épicurisme (pp. 289-90) ; — son scepticisme (pp. 690 et 1009).

1501. Lo Forte Randi (Andrea). — L'inédit dans Montaigne. (*Rev. internationale*, IV : 1887, t. XVI, pp. 40-55 et 161-76).

Etude de la pensée de Montaigne et du raisonnement sur lequel elle est construite. Vouloir en donner une qualification précise peut paraître un peu présomptueux, et d'ailleurs beaucoup ont émis à ce sujet des points de vue différents, sans s'apercevoir que Montaigne n'appartient à aucun système ni aucune secte, et qu'il reste lui-même bien simplement.

1502. Höffding (Harald). — Montaigne. — Tome Ier, pp. 123-31, de : — Den nyere filosofis historie... — *København*, 1894-1895, 2 vol. in-8°.

Cette étude de la philosophie de Montaigne fait apparaître toute l'originalité de celui-ci comme penseur.

1503. Lynton (Lynn). — Montaigne, a practical philosopher. (*Chamber's J.*, LXXI : 1894, pp. 289-91).

1504. Doumic (R.). — La famille de Montaigne. (*R.D.M.*, 4e pér., 1895, t. CXXXII, 15 novembre, pp. 433-44). — Repris sous le titre : *L'égoïsme de Montaigne*, pp. 53-77, dans les : — Etudes sur la littérature française, 1re sér. — *Paris, Perrin*, 1896, in-18 jés., XI-319 pp.

Etude composée à propos du livre de P. Stapfer : *La famille et les amis de Montaigne* (n° 836). — Après avoir défini ce qu'il faut entendre par « famille » en pareil cas, le critique fait remarquer que, dans l'ouvrage de Stapfer, « il circule une idée générale », à savoir le désir « sinon de détruire, au moins de réviser la légende qui fait de Montaigne un égoïste » (p. 434). Et R. Doumic d'approuver Stapfer dont la thèse « peut se soutenir bien entendu, mais a chance en outre d'être voisine de la vérité ». Car « aujourd'hui nous ne voyons l'œuvre de Montaigne qu'à travers celle de ses héritiers du XVIIIe siècle », en particulier de Rousseau, un réel égoïste, celui-là. Au contraire, comme peintre de l'« humaine condition », Montaigne ne pouvait sans doute trouver de meilleur modèle que lui-même, mais il a constamment refusé de « juger de tout par rapport à soi et de se faire la mesure de tout [...] La description qu'il nous a faite de son âme n'est pour lui qu'un moyen et non un but » (p. 442). Où se trouve donc l'égoïsme dans une semblable méthode ? — *Voir* aussi n° 1506.

1505. Klein (Abbé Félix). — Montaigne philosophe. (*Enseignement chrétien*, 16 mai 1895). — Article repris pour constituer le chap. III (pp. 8-14) de l'*Introduction* à l'éd. des *Extraits de Montaigne* par l'abbé F. Klein et l'abbé V. Charbonnel. — *Paris, Poussielgue*, 1895, in-18, 385 pp.

1506. Stapfer (P.). — La légende de Montaigne. — Pp. 1-25 de : La famille et les amis de Montaigne... (n° 836).

« Comment la légende du scepticisme absolu de Montaigne, de son égoïsme monstrueux, de sa paresse profonde, a-t-elle pu se former ? Oh ! très facilement » : par sa faute, d'abord (p. 13). Il a en effet « prononcé sur lui-même plus d'une parole imprudente » (p. 18)...

1507. CHAMPION (E.). — La retraite et le dessein de Montaigne. (*Rev. du Palais*, I : 1897, pp. 511-25).

Pour quelles raisons Montaigne, désireux de savourer les douceurs de la retraite, a été amené à écrire ce livre où il semblait vouloir s'exposer librement devant son lecteur, alors que (c'est l'avis d'E. Champion), malgré son antipathie pour la dissimulation, l'état d'esprit de ses contemporains l'a contraint à mesurer parfois ses paroles, et, ainsi qu'il le reconnait lui-même, « à ne dire qu'à demi, à dire confusément, à dire discordemment ».

1508. GIRAUD (V.). — Les idées religieuses et morales de Montaigne. (*Rev. des cours et conf.*, VII : 1898-1899, n° 26, 11 mai 1899, pp. 429-32).

Leçon extraite d'un cours professé à l'Université de Fribourg sur l'*Histoire des idées religieuses et morales dans la littérature française de Calvin à Rousseau*. — Elle est divisée en quatre parties : — *dessein de Montaigne dans les « Essais »* ; — *sa religion* (jugée peu fervente, mais suffisante et probablement sincère) ; — *sa morale* (oscillation entre le stoïcisme et l'épicurisme) ; — *son influence* (notamment en Angleterre où il a eu « de véritables disciples »).

1509. SCHWABE (Paul). — Michel de Montaigne als philosophischer Charakter. Ein Beitrag zur Kulturgeschichte der Renaissance. Inaugural-Dissertation. — *Hamburg, Druck von Gebrüder Lüdeking*, 1899, in-8°, IV-190 pp.

1510. CHAMPION (E.). — Introduction aux Essais de Montaigne. — *Paris, A. Colin*, 1900, in-16, XII-315 pp.

Etude qui a connu un grand succès son époque, et dans laquelle Montaigne est présenté comme un homme d'action, même lorsqu'il écrivit ces *Essais* où filtre, avec l'évolution de sa pensée, une tendance croissante à l'anti-christianisme. Thèse partiellement reprise par le Dʳ Armaingaud.
= C.R. : — L. Coquelin (*Rev. encycl.*, X : 1900, pp. 359-60) ; — E. Faguet (*Rev. bleue*, XXXVII : 1900, 2ᵉ sem., pp. 397-400) ; — G. Lanson (*Rev. univers.*, IX : 1900, t. Iᵉʳ, p. 173, — *voir* n° 2567) ; — R. Rosières (*Rev. crit.*, XXXIV : 1900, 1ᵉʳ sem., pp. 211-13) ; — R. de Souza (*Merc. de Fr.*, 1900, t. XXXIV, mai, pp. 494-95). =

1511. KASTNER (L.E.). — Montaigne's philosophy. (*Mod. lang. quart.*, V : 1902, pp. 1-6).

1512. BRUNETIÈRE (F.). — Montaigne. — Tome Iᵉʳ, pp. 575-638, de l' : Histoire de la littérature française classique (1515-1830)... — *Paris, Delagrave, s.d.* (1904-1912), 4 vol. in-8°.

C'est la matière d'un cours professé en 1900-1901 à l'Ecole Normale Supérieure, et recueilli par G. Michaut. — La partie fondamentale en est le chapitre consacré à la philosophie de Montaigne (pp. 603-17). Pour Brunetière, il est difficile de préciser la nature de celle-ci, étant donné le désordre dans lequel a travaillé le moraliste : pendant une vingtaine d'années, en effet, ses idées se sont modifiées en fonction de ses lectures et de ses expériences. Pourtant, on y trouve des éléments stables : ainsi, il n'est pas un croyant (p. 605) et son prétendu scepticisme n'est en réalité que la manifestation de son incrédulité ; enfin, il est obsédé par trois sentiments : l'adoration de la nature et l'horreur de la mort, engendrés par le goût de la volupté, et qui « constituent le fond même de son livre et l'essentiel de sa philosophie » (p. 613). — Dans son article de 1906 (n° 227), Brunetière devait rectifier certaines de ces opinions sur Montaigne.

1513. LECKY (William Edward Hartpole). — [Le rationalisme de Montaigne]. — Tome Ier, pp. 91-95, et tome II, pp. 57-58, de : — History of the rise and influence of the spirit of rationalism in Europe. New impression. — *London and Bombay, Longmans, Green and Co*, 1904, 2 vol. in-8°.

Le premier passage traite de l'opinion de Montaigne sur les miracles et les enchantements. Le second, de l'esprit de tolérance qui existait en lui.

1514. STROWSKI (F.). — Montaigne... — *Paris, F. Alcan*, 1906, in-8°, VIII-356 pp., bibliogr. — Deuxième éd., revue et corrigée : 1931, in-8°, 356 pp., bibliogr. — (Coll. : *Les grands philosophes*).

Un travail d'ensemble qui a apporté une vision entièrement nouvelle de Montaigne, servant d'introduction aux études qu'allait donner Villey sur l'évolution des *Essais* (n° 2220). Pour F. Strowski cependant, l'idée de stoïcisme a toujours plus ou moins dominé chez Montaigne, les autres étapes (scepticisme, positivisme, dilettantisme) n'étant que des accidents, des « alibis », dans la pensée d'un « homme libre ». Car toute la vie de Montaigne « s'est ordonnée vers la liberté » (p. 342). Il a été aidé en cela par une volonté rigoureuse, une âme religieuse, un esprit vif, un cœur humain et doux (pp. 344-45).
= C.R. : — E. Bourciez (*Rev. crit.*, XL : 1906, 2ᵉ sem., pp. 471-72) ; — G. Lanson (*Rev. univers.*, XV : 1906, t. II, pp. 417-19) ; — E. Faguet (*Rev. latine*, VI : 1907, pp. 129-53) ; — J. Frank (*Zeits. f. franz. Sprache u. Liter.*, XXXIII : 1908, pp. 194-201) ; — P. Jourda (*Rev. crit.*, LXV : 1931, pp. 258-62) ; — B. Kubler (*Rev. d'hist. de la philos.*, V : 1931, pp. 422-24) ; — J. Hanse (*Rev. belge de philol. et d'hist.*, XI : 1932, pp. 189-93). =

1515. CANAC (A.). — La philosophie théorique de Montaigne. — *Paris, Sansot*, 1908, in-18, 80 pp.

Trois parties : — le dogmatisme de Montaigne, sa critique de la connaissance, enfin sa morale qui est la branche capitale de sa philosophie « optimiste et consolante » (p. 79).

1516. NAVON (H.). — Montaignes Lebensanschauung und ihre Nachwirkung. Inaugural-Dissertation. — *Bern, Buchdruckerei Scheitlin, Spring und C.*, 1908, in-8°, 66 pp. — (Thèse : Berne, 1906).

« Les idées de Montaigne en matière de croyances, de morale, de pédagogie, etc., et leur répercussion en France et au dehors... — Thèse supérieure à la moyenne » (V. Bouillier, n° 2904, p. 48).

1517. GIRAUD (V.). — Les époques de la pensée de Montaigne. (*R.D.M.*, 5ᵉ pér., 1909, t. XLIX, 1er février, pp. 623-58). — Repris, pp. 1-54, dans : — Maîtres d'autrefois et d'aujourd'hui. Essais d'histoire morale et littéraire... — *Paris, Hachette,* 1912, in-16, X-314 pp.

Essai sur Montaigne, inspiré par la thèse de P. Villey (n°ˢ 1335, 2220, 2492 et 2576), mais où il est également fait état des travaux de Ruel, de G. Guizot, du Dr Armaingaud, etc. — Principales questions abordées : — Les sources de Montaigne et la datation de ses passages. Montaigne artiste. En matière de religion, « il n'est guère chrétien, et il est fort peu croyant... il n'est qu'*areligieux* » (p. 30). Définition de Montaigne moraliste : « un épicurien qui a l'imagination stoïcienne » (p. 44), cf. n° 377. Mais d'ailleurs sa morale est purement nominale : « elle ne résout pas les questions, elle les élude ; elle ne définit pas le devoir, elle le supprime » (p. 48).

1518. CANCALON (Dr A.A.). — L'esprit positif et scientifique dans Montaigne... *Paris, Editions d'art Edouard Pelletan*, 1911, in-16, 42 pp.

Montaigne nous a légué une philosophie de la Nature, dont le point central et l'expression scientifique se trouvent dans la célèbre *Apologie*, avec sa discussion sur l'intelligence des animaux, par laquelle il « a préparé la voie aux grandes vérités biologiques » (p. 34).

1519. CARRERA (Gina). — Montaigne moralista, filosofo, educatore del XVI secolo. — *Firenze, Niccolai*, 1912, in-8°, 26 pp.

1520. FRANCE (Anatole). — [Discours prononcé, le 8 juin 1912, au dîner des « Amis de Montaigne »]. (*Le Temps*, 10 juin 1912, p. 4. — *B.S.A.M.*, 1re sér., n° 1, 1913, pp. 20-27). — Réimpr. en texte critique, avec une introduction et des notes par Maurice Rat, dans le *B.S.A.M.*, 2e sér., n° 16 (1953-1954), pp. 8-16.

Présentation des « Amis de Montaigne » et de leurs membres les plus actifs dans cette réunion inaugurale de la Société. — Examen original de la pensée de Montaigne : l'épicurisme de l'auteur des *Essais*, le « doute indulgent » qui s'exprime en lui, ses contradictions multiples, signe auquel « on reconnait un esprit heureux et bienfaisant ». — Cette seconde partie du discours a servi de préface aux *Extraits* de Montaigne publiés en 1922 par Henri Mazel dans la collection « Le Sphinx de Delphes » (*Paris, J. Povolovsky et Cie, in-8°*, 121 pp.).

1521. MAZEL (H.). — Les « Amis de Montaigne ». (*L'Eclair*, 13 janvier 1912, p. 1).

En annonçant la naissance de la Société des Amis de Montaigne, l'auteur se livre à des remarques personnelles sur ce que fut le moraliste et ce qu'il reste pour nous. — Article en partie reproduit dans les « Extraits » de 1922 (n° 1520, pp. 118-19), et dans le *B.S.A.M.*, 2e sér., n° 5 (1939), pp. 30-31, où il figure sous le titre : *Montaigne combat les abus de son temps*.

1522. DELL' ISOLA (Maria). — Etudes sur Montaigne... — *Pavia, Mattei*, 1913, in-8°, 151 pp.

L'auteur procède ici à un examen des *Essais* au double point de vue littéraire et philosophique. Sept études constituent cet ouvrage, successivement : — les *Essais* dans la critique littéraire ; — l'intention qu'a eue Montaigne en écrivant son livre ; — la pensée de la mort et l'idée religieuse ; — petitesse, instabilité, néant de l'homme (n° 2007) ; — pédagogie des *Essais* ; — science et justice chez Montaigne ; — enfin, « l'*Apologie de Raimond Sebond* est-elle le cœur des *Essais* ? »

1523. LANGE (Maurice). — Le pragmatisme de Montaigne. (*Rev. du Mois*, XIX : 1915, pp. 454-91).

« Montaigne pragmatiste, pourquoi non ? » Avant la lettre s'entend, mais, on doit le remarquer, l'ensemble de sa pensée est à base d'un empirisme que n'aurait pas désapprouvé W. James, et qui l'a conduit à « essayer » la valeur pratique de ces deux idées : le stoïcisme et l'idée chrétienne. Or, il a été déçu par la première et, en conséquence, son stoïcisme « ne fut jamais que superficiel » (p. 475). Quant au christianisme, la foi qu'il dit professer est trop proche des aspirations de la nature pour ne pas être superficielle, elle aussi.

**1524.** ROBERTSON (John Mackinnon). — Montaigne. — Tome II, pp. 16-20, de : — A short history of free-thought ancient and modern... 3d. edition... — *London, Watts*, 1915, 2 vol. in-8°.

**1525.** TEMPLE (Maud Elisabeth). — Montaigne differentia. (*Stud. in philol.*, XIX : 1922, pp. 357-61).

Etude inspirée par l'analyse qu'E. Faguet a faite de Montaigne dans son *Seizième siècle* (n° 334). Comme lui, Mrs. Temple reconnait dans l'auteur des *Essais* deux hommes très séparés, qui seraient, d'une part, le penseur de tendance néo-platonicienne, et de l'autre, l'homme de la vie pratique, quotidienne.

**1526.** FAURE (Elie). — Montaigne. (*Grande rev.*, 1923, t. CX, pp. 353-62, 562-75, et t. CXI, pp. 32-42, 277-86). — Réimpr. : *Paris, G. Crès et C^{ie}, s.d.* (1923), in-16, 60 pp. (« *Classica* », *Série contemporaine*, n° 141). — Repris dans : — *Montaigne et ses trois premiers-nés...* (n° 2636), pp. 1-55.

La pensée de Montaigne considérée sur une large perspective. Pour l'auteur, Montaigne s'affirme comme un stoïcien « d'une espèce exceptionnelle, et neuve », et, en matière de religion, comme un incroyant. Mais avant tout, il est « le premier homme libre qui ait paru en Occident. Le premier être autonome, si l'on veut, — et peut-être même le seul... Depuis lui, tout dogmatisme, en naissant, est frappé à mort » (p. 362).

**1527.** RUDLER (Gustave). — Des difficultés de sens [de la pensée de Montaigne : comment les résoudre]. — P. 19 de l'ouvrage : — Les techniques de la critique et de l'histoire littéraires... (n° 1474). — Passage cité dans le *B.S.A.M.*, 2ᵉsér., n° 5 (1939), p. 28.

Au début de cet ouvrage, l'auteur avait déjà fait remarquer (p. 1) que : « ... le vrai s'atteint rarement du premier coup ; on n'y arrive guère que par une série d'approximations », et en note : « Voyez les flottements sur l'interprétation de la pensée de Montaigne ».

**1528.** STROWSKI (F.). — Les expériences de Michel de Montaigne. Le sens des *Essais* et la philosophie de Montaigne. [Chap. III et IV de : *La philosophie de l'homme dans la littérature française*]. (*Rev. des cours et conf.*, XXVI : 1924-1925, n °5, 15 février 1925, pp. 395-403, et n° 6, 28 février, pp. 490-500).

Etude schématique de la pensée de Montaigne et de l'évolution de sa morale, d'après les cours donnés par l'auteur, à Columbia University, sur les moralistes français, et qui ont été publiés en librairie sous le titre : — La sagesse française : Montaigne, Saint-François de Sales, Descartes, La Rochefoucauld, Pascal. — *Paris, Plon-Nourrit, s.d.* (1925), in-16, 286 pp. — (Coll. : *La Critique*). — Dans ce dernier ouvrage, les chap. III et IV ont reçu les titres suivants pour un texte pratiquement inchangé : *Les apprentissages de Montaigne* (pp. 53-74) et *L'homme dans les « Essais »* (p. 75-106).

**1529.** VILLEY (P.). — La place de Montaigne dans le mouvement philosophique. (*Rev. philos.*, LI : 1926, t. CI, pp. 338-59).

Montaigne a été injustement dédaigné par les historiens de la philosophie qui n'ont vu dans son livre qu'une simple adaptation de systèmes antérieurs. En réalité, le rôle de Montaigne dans l'histoire des idées est très important, car, du fait de leur objet, comme de la méthode employée par leur auteur, « les *Essais* constituent un chaînon essentiel entre la philosophie du Moyen-Age et la philosophie moderne » (p. 339).

**1530.** CRESSON (A.). — Montaigne. — Tome Ier, pp. 22-36, de l'ouvrage : — Les courants de la pensée philosophique française. — *Paris, A. Colin,* 1927, 2 vol. in-16. — (*Coll. Armand Colin,* n[os] 85 et 86).

**1531.** LANSON (G.). — Montaigne. — Pp. 44-58 de : — L'Idéal français dans la littérature de la Renaissance à la Révolution. Sommaires d'un cours professé en Sorbonne, en 1915-1916, puis à Strasbourg en 1919. — *Paris, Bibliothèque de « La Civilisation française »,* 1927, in-16, 182 pp.

Dans la 4e leçon et au début de la 5e de ce cours, G. Lanson observe que Montaigne, à qui sont venus aboutir l'esprit critique et l'aspiration rationaliste de la Renaissance française, a prescrit sa tâche au XVIIe siècle en rendant évidentes deux choses : « 1° la nécessité d'une méthode qui assure la marche de l'esprit ; 2° l'intérêt primordial de l'étude de l'homme pour la science et pour la vie » (p. 58).

**1532.** GIDE (A.). — Montaigne. (*Commerce,* cahier XVIII — hiver 1928 —, pp. 5-48).

Cette étude générale de la pensée de Montaigne a connu un grand succès à la fois par le renom de son auteur et par la qualité du commentaire, lequel reste pourtant, il faut bien l'avouer, constamment placé dans l'optique spéciale à André Gide. — Le texte en a été réimprimé : — d'abord, en 1929 (n° 1533), — puis en 1962, dans le t. Ier (pp. 360-78) du *Tableau de la littérature française...* — Paris, Gallimard, 2 vol. in-8°, — enfin, en 1973, comme préface au t. Ier (pp. 7-27) de l'éd. des *Essais* publiée par Pierre Michel dans la coll. *Folio* (Paris, Gallimard, 3 vol. in-16). — *Voir* n° 1562. = C.R. : — A. Thibaudet (*Nouvelles litt.,* 30 mars 1929, p. 1, — cf. n° 3187). =

**1533.** — Essai sur Montaigne. Ornements de René Ben Sussan. — *Paris, Editions de la Pléiade, Jacques Schiffrin* (1929), in-4°, 145 pp.

Réimpr. du texte précédent, modifié dans un passage relatif à Goethe, et auquel on a ajouté le contenu de l'article : *Suivant Montaigne* (n° 1277). — L'ensemble a été traduit en anglais par Stephen H. Guest et Trevor E. Blewitt sous le titre : *Montaigne. An essay in two parts.* — London, Blackamore Press ; New York, H. Liveright, 1929, in-8°, 128 pp. — Il a en outre été inclus dans le t. XV (1939), pp. 3-63, des *Œuvres complètes d'André Gide,* édition établie par Louis Martin-Chauffier (*Paris, N.R.F.,* 1932-1939, 15 vol. in-4°). — *Voir* n° 3210. = C.R. : — *T.L.S.,* Nov. 21, 1929, p. 955 ; — F. Aitken (*Bookman,* LXXVII : 1930, p. 376) ; — H. Hazlitt (*The Nation,* 1930, vol. CXXX, March 26, pp. 365-66). =

**1534.** GROETHUYSEN (Bernhard). — Montaignes Weltanschauung. (*Mél. Wechssler,* 1929, pp. 219-28).

La conception particulière qu'un homme comme Montaigne a pu se faire du monde et de la vie.

**1535.** RECH (Bruno). — Grundbegriffe und Wertbegriffe bei Michel de Montaigne... Inaugural-Dissertation, 1930. — *Berlin, E. Ebe-*

*ring* (1931), in-8°, 54 pp. (*Teildruck*). — Ed. augmentée : — *Berlin*, 1934, in-8°, 112 pp. — (*Romanische Studien*, H. 37).

Idées fondamentales et valables notions chez Montaigne.

1536. FRIEDRICH (Hugo). — Montaigne über Glauben und Wissen. (*Deutsche Viertelj. f. Liter. u. Geist.*, X : 1932, pp. 412-35).

Deux aspects de la pensée de Montaigne : — la foi qui soutient notre action d'homme et l'idée d'une impossibilité pour nous de connaître exactement les choses de ce monde.

1537. TAVERA (F.). — Le problème humain. L'idée d'humanité dans Montaigne. — *Paris, Champion*, 1932, in-8°, 332 pp.

Livre assez controversé malgré l'originalité de la thèse présentée. En effet, pour l'auteur qui néglige volontairement les travaux antérieurement réalisés sur Montaigne, les *Essais* ont été écrits sous une aspiration fondamentale : l'idée d'humanité, c'est-à-dire, « l'idée de l'homme qui se suffit, qui peut et doit se suffire pour accomplir sa destinée » (p. 7). F. Tavera voit là, chez Montaigne, le point central d'une pensée, au reste foncièrement indépendante comme le montre cette négation de la religion qu'on y trouve « même à un degré presque effrayant » (p. 136).
= C.R. : — P. Jourda (*Rev. crit.*, LXVI : 1932, pp. 345-48) ; — E. Magne (*Merc. de Fr.*, 1933, t. CCXLII, 15 février, p. 135) ; — J. Plattard (*Rev. du XVIe s.*, XIX : 1932-1933, pp. 302-04) ; — B.M. Woodbridge (*Romanic rev.*, XXV : 1934, n° 2, pp. 161-64) ; — G. Vanwelkenhuyzen (*Rev. belge de philol. et d'hist.*, XIV : 1935, pp. 119-21). =

1538. AEGERTER (E.). — Les visages de Montaigne. (*Rev. bleue*, LXXI : 1933, pp. 307-10).

Les différents portraits que Strowski, Villey, Armaingaud, Lamandé, nous ont donné de Montaigne comme homme et comme penseur n'amènent pas d'autre conclusion que celle-ci : il se montre lui-même à nous, avec tout ce qu'il a de variable et de constant au moment où il se peint.

1539. BRASILLACH (R.). — Montaigne. (*Rev. univ.*, 1933, t. LII, 15 mars, pp. 758-61).

Examen des interprétations de Montaigne les plus récemment parues, celles de Gide, de Thibaudet, de Lamandé, de Jean Prévost. L'étude de Lamandé sur la *religion de Montaigne* (n° 2075), surtout, a retenu l'attention de l'auteur qui considère l'action et la pensée du moraliste comme « en dehors du christianisme », alors que Lamandé voit en lui un véritable philosophe chrétien.

1540. CAMPOS (Agostinho de). — 1533-1933. (*Diário de notícias*, 28 de Novembro de 1933 ; — repris dans le *Boletim do Inst. francês de Portugal*, IV : 1934, nᵒˢ 3-4, pp. 145-48).

A l'occasion du quadricentenaire : remarques sur ce que fut l'expérience philosophique de Montaigne, son originalité, la richesse de ses résultats.

1541. ELBÉE (J. d'). — Le livre de chevet : Montaigne. (*Rev. hebd.*, XLII : 1933, 29 avril, pp. 523-49).

« La leçon de Montaigne atteint un plus grand nombre de gens que la leçon de Pascal... Les descriptions du *moi* de Montaigne ne sont faites, comme ses citations latines, que *pour en tirer quelque exemple utile à la vie humaine...* » (p. 528).

1542. FERNANDEZ (Ramon). — Montaigne. (*N.R.F.*, 1933, t. XL, 1er mai, pp. 829-35).

L'importance de Montaigne est telle « qu'il n'était pas besoin d'un quadricentenaire pour nous en entretenir » ; et l'auteur se livre à une étude des aspects principaux de la pensée chez « ce Socrate [qui] eut plusieurs Platons, notamment Descartes » (p. 833).

1543. LAUMONIER (P.). — La pensée de Montaigne. (*Montaigne, Conférences* 1933, pp. 163-81).

« Ondoyante et diverse », variant « au cours de sa carrière jusqu'à se contredire et se ruiner », on peut la saisir grâce à ce travail chronologique réalisé par Strowski et Villey, qui permet de la juger par rapport à son temps et de l'estimer à sa juste valeur.

1544. PIKOV (V.). — U istokov émpirizma. Filosofija Mišelja Monténja. (*Pod Znamenem Marks.*, V : 1933, pp. 195-207).

Aux sources de l'empirisme. La philosophie de Michel de Montaigne.

1545. THIBAUDET (A.). — Le quadricentenaire d'un philosophe. (*Rev. de Paris*, XL : 1933, 15 février, pp. 755-76).

Importante étude sur la philosophie de Montaigne, laquelle, pour l'auteur, est formée de trois concepts essentiels : la *pensée de l'homme* (individualisme, autoportrait), le *mouvement* ou le « passage » (Bergson dira : le *mobilisme*), enfin l'*idée de la nature*. — *Voir*, n° 1555, une réfutation d'une partie de cette thèse par P. Michel-Côte.

1546. — Montaigne en Portugal. (*Candide*, 6 avril 1933, p. 6).

Disciple de la sagesse antique, Montaigne n'en représente pas moins une expression de la pensée occidentale — atlantique —, comme l'ont si bien compris les responsables des manifestations qui devaient se dérouler en Portugal, à l'occasion du quadricentenaire.

1547. VAN DEN BRUWAENE (Léo). — Les idées philosophiques de Montaigne. (*Rev. néo-scolastique*, XXXV : 1933, pp. 339-78 et 489-515).

Etude équilibrée des idées essentielles de Montaigne (sur la nature et l'art, la raison, le jugement), d'où il ressort que l'auteur des *Essais* porte moins d'attention aux problèmes eux-mêmes qu'à leur aspect extérieur, et qu'il serait ainsi davantage un psychologue qu'un métaphysicien.

1548. ALMEIDA (Dr Vieira de). — A atitude mental de Montaigne. (*Boletim do Inst. francês de Portugal*, IV : 1934, nos 3-4, pp. 10-16).

La disposition d'esprit de Montaigne. Sa pensée mise en parallèle avec celle d'autres écrivains (Pascal, Voltaire, Helvétius, etc.).

1549. CARVALHO (Joaquim de). — Montaigne na História da Filosofia. (*Boletim...* — cf. n° 1548 — pp. 49-54).

Examen de la place qui revient à Montaigne dans l'histoire de la philosophie.

**1550.** CICADE (D^r Hernani). — A génese da atitude espiritual de Montaigne. (*Boletim...* — cf. n° 1548 — pp. 17-26).

La formation de la pensée de Montaigne : le tempérament, l'éducation, la culture.

**1551.** DANTAS (Júlio). — Montaigne. (*Boletim...* — cf. n° 1548 — pp. 5-9).

Importance de Montaigne comme penseur. L'étendue de son influence jusqu'à nos jours.

**1552.** HÉMOUS (J.). — Montaigne et la conquête de la personnalité. (*Bull. de l'Univers. et de l'Acad. de Toulouse*, XLII : 1933-1934, février 1934, pp. 123-31).

Etude de ce « drame d'idées » que fut la méditation de Montaigne à mesure qu'il avançait dans la composition de son livre. L'histoire de ce livre et celle de la pensée de son auteur se suivent intimement mêlées, réalisant ce que Villey a pu appeler « le roman d'un homme du seizième siècle en marche vers la « conquête de sa personnalité ».

**1553.** JOUBERT (M.). — Montaigne the educator. (*Contemporary rev.*, 1934, vol. CXLVI, pp. 722-29).

Observations sur la pensée de Montaigne, — son humanisme, son scepticisme, ses idées sur la religion. Ses descendants spirituels (Pascal, La Rochefoucauld, La Bruyère, Anatole France).

**1554.** LUCAS (F.L.). — The master-essayist. — Pp. 115-37, de : — Studies French and English... — *London, Cassell*, 1934, in-16, VII-346 pp.

Montaigne penseur et écrivain : ce qu'il représente dans le monde actuel.

**1555.** MICHEL-CÔTE (P.). — Le « mobilisme » de Montaigne. (*Merc. de Fr.*, 1934, t. CCLII, 1^er juin, pp. 225-41).

Réplique à l'étude d'A. Thibaudet (n° 1545) qui suggérait de voir en Montaigne, non point un incroyant ni un orthodoxe, mais plus simplement « un précurseur du bergsonisme » ou des philosophes anglo-saxons. En réalité, estime Michel-Côte, son « mobilisme » relèverait plutôt de la psychologie que d'un système philosophique arrêté.

**1556.** STROWSKI (F.). — Montaigne devant la Sorbonne. (*Rev. bleue*, LXXII : 1934, pp. 401-05).

Rapide examen de la pensée de Montaigne à propos de l'inauguration à Paris de la statue de Montaigne due au sculpteur Paul Landowski.

**1557.** BILLESKOV JANSEN (Frederik Julius). — Sources vives de la pensée de Montaigne. Etude sur les fondements psychologiques et biographiques des « Essais ». — *Copenhague, Levin & Munksgaard ; Paris, F. Alcan*, 1935, gr. in-8°, 99 pp.

Cet ouvrage renferme un portrait psychologique de Montaigne, complété par une étude de ses idées-mères, successivement son scepticisme, son sens de l'humanité, son stoïcisme, son naturisme, qui prennent leur source dans sa personnalité et réalisent ainsi l'unité de cette « pensée vivante » qui est la sienne.

= C.R. : — M. Raymond (*Human. et Renaiss.*, IV : 1937, n° 3, pp. 344-45). =

1558. PEYRE (A.). — [Montaigne penseur et écrivain]. — Pp. 9-231 de l'ouvrage : — Du prestige de la pensée... — *Paris, René Debresse*, s.d. (1936), in-16, 259 pp., portr.

Examen de la pensée de Montaigne selon la méthode « évolutive » : périodes stoïcienne, sceptique, « naturaliste ». Suivent des pages sur la philosophie définitive de Montaigne, sur l'organisation de la vie morale et les rapports de la morale et de la politique chez lui. L'étude se termine avec un tableau de l'influence qu'il a pu avoir par le charme qui se dégage de son style.

1559. LEYDEN (Wolfgang von). — Il razionalismo e l'attegiamento scettico nella formazione spirituale di Montaigne. (*Giorn. crit. della Filosofia italiana*, XVIII : 1937, 2ᵃ ser., pp. 94-118).

Le rationalisme et l'attitude sceptique dans la formation spirituelle de Montaigne.

1560. GROETHUYSEN (Bernhard). — Michel de Montaigne. (*Erasmus*, VI : 1938, pp. 41-54).

1561. GUÉHENNO (J.). — Montaigne. — Les Conférences du groupe *Savoir*, 1937-1938, n° 3, 11 pp. ronéotypées.

Ce qu'est Montaigne et comment on peut définir son entreprise. La nature de sa philosophie : les *Essais* constituent un véritable « art de vivre », et Montaigne « était un homme bien trop attaché à la vie pour être sceptique » (p. 8). Son livre est « un acte de foi dans la nature, dans la condition humaine » (p. 10).

1562. GIDE (A.). — Montaigne. — Pp. 7-44 de : — Les pages immortelles de Montaigne, choisies et expliquées par André Gide. — *Paris, Corrêa*, s.d. (1939), in-16, 235 pp. — (Coll. : *Les Pages immortelles*).

C'est une préface que l'auteur a composée pour servir de commentaire à d'importants extraits des *Essais*. On y retrouve des passages du *Montaigne* de 1928 (n° 1532), mais sa structure générale en est quelque peu différente. Elle a été traduite : d'abord en anglais, la même année, par Dorothy Bussy-Strachey pour *The Yale rev.* (N.S., XXVIII : 1939, pp. 572-93), puis comme préface à *The living thoughts of Montaigne* (New York, Longmans, Green & Co, 1939 ; enfin, en japonais par M. Hideo Sékiné (*Tokyo, Sôgen-sha*, 1953).

1563. TOFFANIN (Giuseppe). — Montaigne e l'idea classica. (*Rinascita*, III : 1940, pp. 434-69 et 702-31). — Publ. en vol. — *Bologna, Zanichelli*, 1940, in-8°, 98 pp.

Moraliste formé par Sebond, et non point psychologue comme certains l'ont pensé (cf. n°ˢ 1547 et 1555), Montaigne s'apparenterait à l'humanisme italien, — à cette *idea classica* dans laquelle la sagesse s'exprime sous la

forme d'une réapparition du spiritualisme de Platon opposé au naturalisme d'Aristote.

= C.R. : — *Hélicon*, III (1940), pp. 167-68 ; — D.M. Pippidi (*Rev. hist. du
S.E. européen*, XXIII : 1946, pp. 358-59). =

1564. BOREL (Pierre). — Autour de Michel de Montaigne. Etudes
littéraires. — *Neuchâtel-Paris, Delachaux et Niestlé*, 1945, in-8°,
VI-140 pp.

> Selon l'auteur, Montaigne peut être considéré comme le représentant de
> plusieurs générations de penseurs, depuis l'antiquité païenne et chrétienne
> jusqu'au catholicisme, en même temps qu'il annonce la pensée moderne
> « dans ce qu'elle a de critique, de sensualiste et de négateur », à travers
> les œuvres de Voltaire, de Rousseau, des Encyclopédistes, d'Anatole
> France, d'André Gide et de Marcel Proust.

1565. MCEACHRAN (F.). — Philosophy of Montaigne. (*Contemporary
rev.*, 1946, vol. CLXIX, pp. 92-96).

1566. COUCHOUD (P.L.). — Trois visages de Montaigne. — Pp. V-XXII
de : — Trois essais de Michel de Montaigne : — I. De l'art
de conférer ; II. Sur des vers de Virgile ; III. De l'expérience.
— *Paris, J. & A. Wittmann*, 1947, in-8°, XXXV-329 pp.

> Trois visages de l'âme d'un auteur qui en a cent, ce qui fait « son humai-
> ne et lucide complexité » (p. x).

1567. FAYOL (Amédée). — La curiosité de Montaigne. (*Culture humaine*, IX : 1947, pp. 611-16).

1568. JALOUX (E.). — Montaigne. — Pp. 181-213 de l' : — Introduction à l'histoire de la littérature française. Le XVIᵉ siècle. —
*Genève, Pierre Cailler, s.d.* (1947), in-8°, 361 pp. — (*Coll.
d'études de documents et de curiosités littéraires*).

1569. MERLEAU-PONTY (Maurice). — Lecture de Montaigne. (*Les Temps
modernes*, III : 1947, n° 27, pp. 1044-60). — Texte repris dans
les pp. 250-66 de : — Signes. — *Paris, Gallimard*, 1960, in-8°,
436 pp. (*Coll. Blanche*), et dans les pp. 321-47 de : — Eloge
de la Philosophie et autres essais. — *Paris, Gallimard*, 1965,
in-16, 376 pp. — (Coll. : *Idées*, n° 75).

> A l'aide de fragments attentivement choisis dans le livre III des *Essais*,
> l'auteur s'est livré à un examen des différentes positions prises par la
> pensée de Montaigne dans la recherche d'une « vérité dernière » en explo-
> rant « toutes les obscurités » ; — la conscience de soi, la religion, les
> passions, la liberté, l'idée de la mort.

1570. AVISSEAU (P.). — Sagesse de Montaigne. (*Le Mirail*, n° IV, mai
1948, pp. 9-12).

> Causerie faite, le jeudi 6 mai 1948, au château de Montaigne, dans la
> « librairie », devant les membres des Associations d'anciens élèves des
> lycées et collèges de Bordeaux, Blaye, Libourne et Bergerac. — C'est Mon-
> taigne lui-même que l'on fait parler ici et qui résume, pour les membres
> de cette assemblée, les principes philosophiques développés par lui à
> travers les *Essais*. — (L'auteur de cette causerie a été professeur de pre-
> mière supérieure au lycée Michel Montaigne, à Bordeaux).

1571. MICHA (A.). — Montaigne et le drame de l'intellect. (*Merc. de Fr.*, 1948, t. CCCIII, 1er juillet, pp. 453-62).

Description des états de conscience de Montaigne, « cet homme tout en antinomies », continuellement partagé entre les plaisirs qui s'offrent à son esprit et « les supplices de l'intellectualité » pour une tête comme la sienne, à la fois trop bien faite et trop bien pleine. Sur bien des points, on retrouverait son double dans M. Teste, le héros de Valéry. — Repris avec quelques modifications dans *Le singulier Montaigne* (n° 788), pp. 176-90.

1572. OLIVEIRA (J.L.). — A Formação de Montaigne. (*Kriterion*, III : 1948, pp. 377-96).

La formation de Montaigne.

1573. WEILER (M.). — La pensée de Montaigne. — (*Paris*), *Bordas*, 1948, in-8°, 187 pp. — (Coll. : *Pour connaître*).

Etude générale de la pensée de Montaigne, lequel est ici présenté comme une énigme (cf. chap. Ier : *Le Sphinx*). En matière de religion, M. Weiler suit le Dr Armaingaud qui voyait dans les *Essais* l'œuvre d'un incroyant. Cet ouvrage renferme quelques autres chapitres pleins d'originalité (sur la méthode expérimentale de Montaigne, sur sa politique, sa sagesse, la leçon qu'il nous a laissée). = C.R. : — [1)] N. Sabord (*Nouvelles litt.*, 18 novembre 1948, p. 3) ; — [2)] D.M. Frame (*Romanic rev.*, XL : 1949, n° 3, pp. 203-07) ; — [3)] P. Jourda (*R.H.L.F.*, L : 1950, pp. 437-38). =

1574. WOOLF (Virginia). — Montaigne. — Tome II, pp. 87-100, de : — The common reader. — *New York, Harcourt, Brace & Co*, 1948, 2 vol. in-8°.

1575. DÉDÉYAN (Ch.). — L'humanisme et le classicisme de Montaigne. (*Inform. litt.*, I : 1949, n° 4, pp. 127-33).

Une étude approfondie des *Essais* révèle que Montaigne procède de l'humanisme de la Renaissance et qu'il prépare les théories dont le XVIIe siècle allait bénéficier.

1576. FRIEDRICH (Hugo). — Montaigne. — *Bern, A. Francke Verlag AG, s.d.* (1949), in-8°, 512 pp., portr. front. d'ép. Th. de Leu. — 2e éd. rev. et augm. : — *Bern-München, Francke*, 1967, in-8°, 397 pp., pl. — Trad. française par Robert Rovini : — (*Paris*), *Gallimard* (1968), in-8°, 441 pp. — (*Bibliothèque des Idées*).

Importante étude de synthèse philosophique dans laquelle abondent les apports nouveaux, comme, par exemple, la remarque d'une tendance chez Montaigne à minimiser ce qu'il écrit par une sorte d'« humilité affectée » qui pourrait n'être qu'un accessoire de la pose littéraire. Le sujet constant de Montaigne c'est l'homme qui apparaît sous trois aspects : soit l'homme en général, d'abord systématiquement diminué, puis accepté dans sa forme réelle, soit un homme particulier, décrit au moyen d'une singulière auto-analyse psychologique. Des aperçus originaux ont également été donnés sur l'idée de la mort dans les *Essais* (voir n° 1794), sur la sagesse de Montaigne, etc. = C.R. : — M. Ruch (*B.H.R.*, XII : 1950, pp. 301-11) ; — E. Auerbach (*M.L.N.*, LXVI : 1951, pp. 562-64) ; — H.L. Scheel (*Archiv f. Reform.*, XLIII : 1952, pp. 135-37) ; — R. Pouilliart (*Lettres romanes*, XXIII : 1969, pp. 377-78) ; — J. Hösle (*Studi fr.*, XIV : 1970, n° 41, pp. 301-03). — Voir aussi le n° 1631. =

1577. HERLAND (M.). — Remarques sur l'évolution de la pensée de Montaigne. (*Bull. de l'Univers. de Toulouse*, LVIII : 1949-1950, nº 1 [octobre-novembre], pp. 13-16).

D'un débat sur cette question, examinée, le 8 janvier 1949, à la « Société d'études classiques », il ressort que, chez le moraliste, l'évolution (jugée indiscutable) de sa pensée a été un progrès pour celle-ci et a fait apparaître « le vrai Montaigne [qui] est le Montaigne socratique ».

1578. STROWSKI (F.). — Montaigne, Français et citoyen du monde, d'après des documents nouveaux. (*Rev. des trav. de l'Acad. des Sc. mor. et polit.*, CII : 1949, pp. 1-15. — Réimpr. dans le *B.S.A.M.*, 3e sér., nº 31, 1964, pp. 2-15).

C'est sous ce double aspect que F. Strowski dans sa communication, lue au cours de la séance du 10 janvier 1949, nous présente Montaigne dans sa vie publique et privée. Il était semblable aux Français d'alors qui savaient respecter l'idée d'universalité, tout en conservant « l'amour particulier de la patrie. La conciliation de ces deux services se faisait d'elle-même... » (p. 14).

1579. LAULAN (R.). — Du nouveau sur Montaigne. (*Merc. de Fr.*, 1949, t. CCCV, 1er mars, pp. 552-54).

Au sujet de la communication précédente : comment peuvent s'expliquer les deux sentiments concomitants éprouvés par Montaigne à l'égard de la patrie et de l'ensemble du genre humain.

1580. BODART (Roger). — Le sourire de Montaigne [1re partie du *Dialogue Montaigne-Pascal*]. — Pp. 9-21, des : — Dialogues européens. De Montaigne à Sartre... (nº 2437).

Ce que peut renfermer ce sourire quelque peu énigmatique, auquel s'opposent le « coup de sonde » et la tristesse de Pascal, lequel « n'attend pas la vérité dans sa tour comme Montaigne » (p. 19).

1581. BOHATEC (Josef). — Die Eigenart der Lebensphilosophie von Budé und Montaigne. (*Philosophia reformata*, XV : 1950, nº 1, pp. 24-39).

Ce qui caractérise la philosophie de la vie chez Budé et chez Montaigne.

1582. DUVIARD (F.). — La révision du « cas Montaigne ». La « délivrance » méconnue des critiques (*Neophilologus*, XXXIV : 1950, nº 1, pp. 1-9).

Pendant trois siècles, Montaigne est resté incompris. On n'a pas vu que son livre « n'est pas seulement une confidence, c'est d'abord un jeu et une « délivrance », une manière pour lui de s'épancher auprès du lecteur et de libérer sa conscience, opération facilitée par sa prolixité de Méridional.

1583. GRENIER (J.). — A propos de Montaigne. (*Médecine de France*, 1950, nº 18, pp. 33-39).

Ce que dut être Montaigne, d'après l'auteur : — limité dans l'espace (une tour) et dans le temps (il fait retraite à 38 ans), Montaigne a entrepris de se livrer à un examen de conscience, devenu bientôt une véritable enquête où allaient prédominer concurremment le doute et la foi, ce qui nous a offert une sagesse plus abordable peut-être que celle proposée par Pascal.

1584. RIVAUD (A.). — Michel de Montaigne. — Tome II (1950) [*De la scolastique à l'époque classique*], pp. 367-71, de l' : — Histoire de la philosophie... — *Paris, P.U.F.*, 1948-1968, 5 vol. in-8°. — (Coll. : *Logos*).

1585. COHEN (G.). — La sagesse de Montaigne. (*Année propéd.*, IV : 1951-1952, pp. 1-9, 67-74, 131-34, 179-83 et 242-45).

Etude de la pensée de Montaigne par l'analyse des chapitres essentiels de ces *Essais* qui « sont faits pour la méditation intérieure, solitaire et silencieuse, pour « le chez soi où être à soi », pour nous rendre meilleurs et plus forts, pour faire sortir de nous, à notre utilité et emploi, toutes les forces qui y sommeillent, pour nous enrichir de toutes nos propres puissances » (p. 245).

1586. FLASCHE (Hans). — Das Montaignebild der Gegenwart. Betrachtungen zu H. Friedrichs Montaigne. (*Neuphilol. Zeits.*, III : 1951, n° 6, pp. 390-402).

Considérations sur la pensée de Montaigne à propos du livre de Hugo Friedrich (n° 1576).

1587. RENART (F.). — Zigzags dans les parterres de Montaigne. — (*Paris*), *Ed. Renée Lacoste, s.d.* (1951), in-16, 251 pp. — (Coll. : *Les grands problèmes humains*).

Examen, sans recherche dogmatique, de plusieurs aspects de la pensée de Montaigne, en particulier : le pyrrhonisme, l'amitié, l'éducation, la foi chrétienne en face de l'humanisme, etc. C'est le fruit des lectures d'un pratiquant de Montaigne susceptible d'entraîner ses propres lecteurs dans le même chemin suivi par lui.
= C.R. : — *Figaro litt.*, 22 septembre 1951, p. 8 ; — A. Bourin (*Nouvelles litt.*, 15 novembre 1951, p. 3) ; — J. Sartenaer (*Lettres romanes*, X : 1956, pp. 241-42). =

1588. DRESDEN (Sem). — Montaigne, de spelende wÿsgeer. — *Leiden, Univers. Pers.*, 1952, in-8°, VIII-132 pp.

Montaigne, le philosophe joueur, — un qualificatif et une idée que l'on retrouve chez Strowski (n° 1514, p. 328), Duviard (n° 1582) et Micha (n° 1669).
= C.R. : — K.R. Gallas (*Neophilologus*, XXXVIII : 1954, n° 1, pp. 60-63). =

1589. MOORE (Will G.). — Montaigne's notion of experience. (*Mél. Gustave Rudler*, 1952, pp. 34-52).

Ce que représentait pour Montaigne l'« expérience » dont il a fait le sujet de son dernier essai (III, 13).

1590. SACY (Sam. Sylv. de). — Montaigne essaie ses facultés naturelles. (*Merc. de Fr.*, 1952, t. CCCXV, 1er juin, pp. 285-306).

— En note : « Pour accompagner une nouvelle édition des *Essais* qui doit paraître très prochainement au Club français du Livre » (n° 1180).
Cette étude, à l'exception des deux premières pages, a été reprise comme introduction à cette édition sous le titre : *Diverses remarques concernant les « Essais »* (pp. III-XXIX). Elle constitue un examen détaillé de la métho-

de employée par Montaigne dans son livre pour réaliser son auto-analyse, comme pour aborder d'autres spéculations essentielles, telle par exemple l'idée de la mort (p. 290).

1591. DAVAL (R.). — Montaigne. — Pp. 14-18 de l' : — Histoire des idées en France. — *Paris, P.U.F.*, 1953, in-16, 128 pp. — (Coll. : *Que sais-je ?*, n° 593).

1592. GROETHUYSEN (Bernhard). — Montaigne. — Pp. 263-74, de : — Anthropologie philosophique... — *Paris, Gallimard*, 1953, in-8°, 284 pp. — (*Bibliothèque des Idées*).

Sur l'immense inconnu que sont pour Montaigne le monde qu'habite l'homme, la vie que celui-ci expérimente, la mort qu'il contemple, et sa propre personnalité malgré l'étude qu'il en peut constamment faire.

1593. HENDERSON (Edgar H.). — Montaigne and modern philosophy. (*Personalist*, XXXIV : 1953, pp. 278-89).

Par sa peinture de la nature humaine observée à travers lui-même, Montaigne s'est posé en philosophe, et ses méthodes de recherche et d'observation l'ont placé bien près de la pensée moderne.

1594. MAN (Paul de). — Montaigne et la transcendance. (*Critique*, IX : 1953, n° 79, décembre, pp. 1011-22).

Voir en Montaigne « le chroniqueur de l'immanence pure » est une tendance qui s'est avérée assez fréquente, car dans de nombreux passages, il paraît faire du refus de la transcendance l'axe de sa pensée. Or il n'en est rien, attendu qu'au contraire le difficile problème de la transcendance l'a fortement préoccupé, puisqu'il en a donné « une des descriptions les plus complètes et les plus profondes », en particulier quand il a parlé de « l'ambiguité de nos relations avec notre propre être » (p. 1013) et qu'il a abordé les questions de la connaissance vécue, de la mort et du temps. — (Etude suggérée par le *Montaigne* de Hugo Friedrich, n° 1576).

1595. HAEDENS (K.). — Montaigne. — Pp. 76-80 de : — Une histoire de la littérature française. Nouvelle édition corrigée et augmentée. — *Paris, Gallimard* (1954), in-8°, 423 pp.

Contient des aperçus résumés mais parfois originaux de la pensée de Montaigne.

1596. KELLERMANN (Frederick D.). — Montaigne's Socrates. (*Romanic rev.*, XLV : 1954, n° 3, pp. 170-77). — *Voir* aussi : — Diss. Indiana Univers., 1954. — (*Diss. Abstr.*, XIV : 1953-1954, n° 11 [May], p. 2059).

Un véritable Socrate semble émerger des *Essais*. Il se présente comme le produit de deux forces opposées : d'une part, les sources où Montaigne a puisé pour sa formation de philosophe, d'autre part, sa propre nature et sa disposition d'esprit. — *Voir* aussi le n° 2530.

1597. VAN PEURSEN (C.A.). — Michel de Montaigne. Het reizen als wijsgerige houding [le voyage comme attitude philosophique]. — *Amsterdam, H. J. Paris*, 1954, in-8°, IV-130 pp., bibliogr.

1598. CHEVALIER (J.). — Montaigne. — Tome II (1956), pp. 628-39, de l' : — Histoire de la Pensée... — *Paris, Flammarion*, 1955-1961, 3 vol. in-8°.

Montaigne et sa peinture de l'homme. — L'ancêtre de Descartes et le maître de Pascal. — Le scepticisme, la coutume et la foi dans les *Essais*. — *Voir* aussi : « La critique de la raison humaine par Montaigne » (*ibid.*, Appendice 67, pp. 819-20).

1599. ISAY (R.). — Conversation avec Montaigne. (*R.D.M.*, n° 24, 15 décembre 1956, pp. 662-80).

L'auteur propose d'aller symboliquement saluer chez lui Montaigne qui attend ses visiteurs « au seuil de sa tour » et engage la conversation avec eux pour se peindre au naturel et faire sa confession. C'est un procédé qui permet de dégager une idée d'ensemble de sa pensée, d'en marquer les « moments successifs » et d'en souligner les éléments originaux qui font de Montaigne un précurseur.

1600. KELLER (Abraham C.). — Montaigne on the dignity of man. (*P.M.L.A.*, LXXII : 1957, pp. 43-54).

Sur la conception qu'après les penseurs du Moyen Age et de la Renaissance, Montaigne a pu se faire de la dignité de l'homme et de sa place dans l'univers. La question a été traitée par lui surtout dans l'*Apologie* et au livre III, et elle a dû donner lieu de sa part à des méditations attentives, d'autant plus que l'homme constitue le sujet central des *Essais*.

1601. RAT (M.). — Montaigne politique et moraliste. (*B.S.A.M.*, 3e sér., n° 2, 1957, pp. 21-22).

Où il est exposé que « Montaigne est non moins grand moraliste que grand politique ».

1602. MICHEL (P.). — Montaigne et son temps. (*Année propéd.*, X : 1957-1958, pp. 177-84).

Ce « philosophe imprémédité et fortuit » (p. 178), qui avait choisi la solitude de sa tour pour y composer le livre de sa vie, ne s'est pourtant jamais séparé de ses semblables. On peut même dire que s'il a « renoncé à écrire l'histoire politique de son temps, c'est bien l'histoire morale de sa génération qu'il nous a léguée : il a été de son temps avant d'être de tous les temps » (p. 184).

1603. ELDRIDGE (Paul). — Seven against the Night [Erasme, Machiavel, Montaigne, Diderot, Beaumarchais, Schopenhauer, Anatole France]. — *New York, Thomas Yoseloff*, (1960), in-8°, 539 pp.

1604. ESKIN (Stanley G.). — Hedonism and the concept of Nature : the work of Rabelais and Montaigne in the context of Western literature. — Diss. Columbia Univers., 1959, 296 pp. — (*Diss. Abstr.*, XX : 1959-1960, n° 10 [April], pp. 4109-10).

A propos de Montaigne, cette thèse étudie principalement la forme de son hédonisme et une certaine idée qu'il se faisait de la nature. Mais elle aborde aussi d'autres particularités de sa pensée se rattachant aux deux premières, comme par exemple la relation entre ses tendances hédonistes et sceptiques.

1605. Lengyel (D.). — Eredmények és problemák az újabb Montaigne-Kutatástan. [Résultats et problèmes de la récente recherche sur Montaigne]. (*Vilagirod. Fig.*, VI : 1960, n° 4, pp. 1104-15).

Interprétation marxiste de la pensée de Montaigne : celui-ci est présenté comme un bourgeois libéral et progressiste pour son temps, annonçant même les lumières du socialisme moderne.

1606. Starobinski (J.). — Montaigne en mouvement. (*N.R.F.*, N.S., VIII : 1960, 1er janvier, pp. 16-22 ; — 1er février, pp. 254-66).

« Qui veut découvrir Montaigne doit commencer par considérer son mouvement » (p. 16). Il existe en effet chez lui une « double intuition du mouvement » faite, l'une, de passivité, l'autre, de tension active, dont la résultante est, dans l'imagination dynamique du penseur, un composé mixte générateur d'une « souplesse contrastée », d'une harmonie, d'un équilibre indispensable à l'homme lorsqu'il voudra tenter « l'expérience de la contradiction ».
= C.R. : — L. Sozzi (*Studi fr.*, IV : 1960, n° 11, pp. 335-36). =

1607. Thibaudet (A.). — La boîte de Montaigne. (*N.R.F.*, N.S., VIII : 1960, 1er août, pp. 385-92).

Après la mort de son père, Montaigne, en 1571, se retire à la campagne où, tout en composant les *Essais*, il devient économe, prend du plaisir à l'accumulation des biens de fortune, à former « sa boîte, son trésor » (p. 389). Mais il liquidera cette boîte dans le voyage d'Italie et se trouvera dès lors « guéri de la lésine... La philosophie n'a pas suffi à lui arracher de l'âme cet attachement à sa boîte. Il a fallu le voyage »... Désormais, la vie va être pour lui « la continuation de ce beau voyage qui l'a rendu à la libre circulation » (p. 392).

1608. Nicolot (M.). — Le courage de Montaigne... — *Paris, Ed. du Scorpion* (1961), in-16, 156 pp.

Les différentes formes du courage telles que les a décrites Montaigne dans son livre : — le courage guerrier, l'attitude en face de la douleur, du malheur et de la mort, l'engagement politique, le courage de la plume, le comportement religieux, enfin la sagesse elle-même quand elle affronte les problèmes complexes qui se posent à l'esprit humain... — Comment s'est manifesté le courage chez Montaigne.
= C.R. : — G. Mombello (*Studi fr.*, VII : 1963, n° 21, pp. 539-40) ; — *Bull. crit. du Livre fr.*, XVIII (1968), p. 593. =

1609. Starobinsky (J.). — Montaigne ou la conversion à la vie. (*Médecine de France*, 1961, n° 119, pp. 33-40 et 48). — Trad. en allemand par M. Josephsohn (*Neue Rundschau*, LXXIII : 1962, pp. 384-401).

Sur le problème de l'être et du paraître qui, chez Montaigne, se pose dans les termes suivants : « Distance et adhésion simultanées à soi ; distance et communication simultanées avec autrui ».
= C.R. : — G. di Stefano (*Studi fr.*, VIII : 1964, n° 22, p. 140). =

1610. Baraz (Michaël). — Le sentiment de l'unité cosmique chez Montaigne. (*C.A.I.E.F.*, n° 14, mars 1962, pp. 211-24). — Repris avec d'importantes modifications dans *L'être et la connaissance selon Montaigne* ([n° 1624], pp. 9-31).

Chez Montaigne, au moins autant que chez ses contemporains, est présente « une tendance à souligner l'unité foncière de tout ce qui apparaît comme divers et multiple » (p. 211), les êtres comme les choses, le mouvement, la nature qui est « une et simple dans ses profondeurs » (p. 223), Dieu enfin, « l'être même de ce dont les choses périssables ne sont que l'apparence ».

1611. DELÈGUE (Y.). — Du paradoxe chez Montaigne. (*C.A.I.E.F.*, n° 14, mars 1962, pp. 241-53).

Montaigne est un auteur à paradoxes multiples comme le montrent les interprétations contradictoires auxquelles il a donné lieu, créant ainsi de lui autant de visages opposés. A la longue, cette situation a pu faire émettre une curieuse hypothèse : « Montaigne n'aurait-il pas voulu délibérément la coexistence de tous ces contraires ?... N'a-t-il pas recherché et provoqué leur naissance en lui ? »

1612. ISHIGAMI (Mitchiko). — Montaigne à la recherche de la condition humaine et des principes de vie. (*B.S.A.M.*, 3e sér., n° 23-24 (1962), pp. 68-77).

Etude des recherches métaphysiques entreprises par Montaigne pour répondre aux questions que l'humanité a pu se poser sur les raisons de la vie et le rôle joué par l'homme dans le monde. Historique de l'expression : « humaine condition » ; son actualité. Les cinq principes fondamentaux de vie.

= C.R. : — *Studi fr.*, VII (1963), n° 21, p. 539. =

1613. OSPINA (C.). — El espiritu critico de Montaigne. (*Ideas y Valores*, IV : 1962, pp. 43-63).

A propos de la curiosité d'esprit que Montaigne éprouvait en toutes choses, trouvant dans son scepticisme l'appareil critique indispensable.

1614. THIBAUDET (A.). — Montaigne. (*Figaro litt.*, 13 octobre 1962, p. 4).

Importance du livre de Montaigne : « C'est avec les *Essais* que la littérature française prend la conscience et assure le rôle d'une littérature d'idées », dont un certain nombre, religieuses, philosophiques, sociales, sont des idées propres à Montaigne et la destinée en va très loin. — Ce morceau a été repris dans le *Montaigne* publié l'année suivante par Fl. Gray (n° 479) ; il en forme la conclusion (pp. 567-71).

1615. BROWN (Frieda S.). — Religious and political conservatism in the *Essais* of Montaigne. — Diss. Univers. Washington, 1962, 159 pp. — (*Diss. Abstr.*, XXIV : 1963-1964, n° 1 [July], pp. 294-95). — Publié en volume : — *Genève, Droz*, 1963, in-4°, 109 pp. — (*Travaux d'Humanisme et Renaissance*, LIX).

L'esprit conservateur chez Montaigne en matière de religion comme de politique : un aspect de sa liberté de penser devant les bouleversements contemporains.

= C.R. : — D.M. Frame (*B.S.A.M.*, 4e sér., n° 11, 1964, p. 51) ; — M. Richter (*Studi fr.*, VIII : 1964, n° 23, pp. 335-36) ; — A. Buck (*Zeits. f. roman. Philol.*, LXXX : 1964, n°s 5-6, p. 536) ; — R. Antonioli (*R.H.L.F.*, LXV : 1965, pp. 292-93) ; — F.P. Bowman (*Mod. lang. rev.*, LX : 1965, pp. 109-10) ; — Fl. Gray (*Romanic rev.*, LVI : 1965, n° 1, pp. 64-65) ; — A.C. Keller (*Renaiss. news*, XVIII : 1965, pp. 43-46). =

1616. CHATEAU (J.). — De l'usage de la raison. — Pp. 25-116 de : — Montaigne psychologue et pédagogue. — *Paris, Vrin*, 1964, in-8°, 277 pp. — (Coll. : *L'Enfant*, III).

Pour Montaigne, il existe deux moyens de bien conduire sa vie : celui des simples, qui consiste à se fier au mol oreiller des opinions toutes faites et des traditions, et celui des sages, lesquels sont en mesure de surmonter les opinions errantes par le concours de la raison véritable. La seconde voie est évidemment la plus sûre.

1617. CONCHE (M.). — [Sagesse de Montaigne]. — Pp. 7-97 de : — Montaigne ou la conscience heureuse... — *Paris, Seghers* (1964), in-16, 191 pp., fig. — (*Philosophes de tous les temps*, n° 14).

« La morale de Montaigne n'est aucunement chrétienne. Elle est celle de l'honnête homme », décidé à « vivre à l'aise et à son aise » dans la paix d'une bonne conscience. Il sera donc porté à rechercher le bonheur par la sagesse qu'il rencontrera dans la pratique de la philosophie et de cette liberté illimitée que peut lui réserver la « fortune ». — Suit un choix de textes.
= C.R. : — A. de Wissant (*Sud-Ouest*, 23 mars 1965, p. 12, et *B.S.A.M.*, 4ᵉ sér., n° 2, 1965, pp. 47-48) ; — A. Caretto (*Studi fr.*, XI : 1967, n° 31, p. 134). =

1618. GENETTE (G.). — Thibaudet chez Montaigne. (*Critique*, XX : 1964, n° 200, janvier, pp. 66-70). — Repris sous le titre : *Montaigne bergsonien*, pp. 139-43, dans : — Figures. Essais. — *Paris, Ed. du Seuil* (1966), in-16, 265 pp. — (Coll. : *Tel quel*).

« Cet énorme recueil de notes » réunies par Thibaudet sur Montaigne et les *Essais* (n° 479) montre que ce critique considérait le moraliste comme « un lieu d'observation privilégié (p. 68),... un lieu de passage, l'occasion d'un dialogue infini » (p. 69). Mais s'« il était chez Montaigne sans pouvoir en sortir », c'est peut-être aussi parce qu'il avait « amoureusement » aménagé une rencontre exceptionnelle : celle de Montaigne et de Bergson qu'en effet, on l'a dit quelquefois, tout rapproche et tend à confondre.

1619. GUÉROULT (Martial). — Montaigne et la tradition philosophique. (*Bull. de la Cl. de Lettres de l'Acad. Royale de Belgique*, 5ᵉ sér., t. L, 1964, nᵒˢ 11-12, pp. 307-19. — Repris dans la *Rev. de l'Ens. philos.*, XXIII : 1973, n° 4, pp. 1-10).

Humaniste éclectique et sceptique, Montaigne a observé, vis-à-vis de la tradition philosophique, une double attitude : tout d'abord, il l'a repoussée au profit de la liberté du jugement et de l'enquête personnelle, mais, par la suite, l'absence d'une méthode sûre pour réaliser la mise en place d'une science objectivement valable l'a conduit à abandonner son projet et à revenir à la morale traditionnelle, désormais le seul guide pour lui.
= C.R. : — P. Jodogne (*Studi fr.*, IX : 1965, n° 27, p. 536). =

1620. MARCU (Eva). — Répertoire des idées de Montaigne. — *Genève, Droz*, 1965, in-4°, IX-(1)-1429 pp. — (*Travaux d'Humanisme et Renaissance*, LXXV).

Ce gros volume réunit, dans l'ordre alphabétique, les thèmes essentiels (on en a retenu 184) que Montaigne a développés et qui apparaissent dans les nombreux passages reproduits sous leurs titres. Ainsi conçu, cet ouvrage s'offre comme un instrument de travail d'une grande souplesse, per-

mettant de retrouver tel passage individuel des *Essais*, et aussi d'embrasser la totalité de ce que l'auteur a écrit sur chaque question.
= C.R. : — M. Rat (*B.S.A.M.*, 4ᵉ sér., n° 6, 1966, pp. 56-57) ; — I. Silver (*French rev.*, XL : 1966-1967, n° 1, pp. 144-46) ; — H. Friedrich (*Archiv*, CXXI : 1967, t. 204, pp. 232-34) ; — R.E. Leake, jr. (*Symposium*, XXII : 1968, pp. 89-91). =

1621. BROMBERT (Victor). — Montaigne : the temptations of solitude and society. (*Americ. Soc. Legion of Honor mag.*, XXXVII : 1966, n° 3, pp. 141-51).

Il y a deux hommes en Montaigne : celui qui reconnait avoir eu des attirances pour la solitude vers laquelle le poussait sa passivité naturelle, et celui qui s'est révélé l'homme de société, curieux d'étudier les différents milieux humains et capable de considérer tous les hommes comme ses compatriotes.

1622. HALLIE (Philip Paul). — The scar of Montaigne. An essay on personal philosophy. — *Middletown, Wesleyan University Press*, (1966), in-8°, XI-204 pp.

Dans cette étude de la pensée de Montaigne, l'auteur a insisté sur ce qu'il en croit être la nature : c'est le Scepticisme, dû, non seulement à l'influence de Sextus Empiricus, mais aussi à cette « irrésolution » dans laquelle Montaigne voit un défaut de son caractère, et qu'il considère comme une véritable « cicatrice » (scar), la jugeant « très incommode à la négociation des affaires du monde » (p. 152). Il en fait l'aveu dans un langage accessible à tous et par la voie de l'autoportrait, un procédé qui, quoi qu'on en ait pu dire, devait contribuer à le faire entrer dans la grande famille des philosophes.
= C.R. : — W.G. Moore (*French st.*, XXII : 1966, pp. 147-48) ; — D.M. Frame (*French rev.*, XL : 1966-1967, n° 6, pp. 834-35) ; — M. Guggenheim (*Mod. philol.*, LXV : 1967-1968, pp. 244-46) ; — Fl. Gray (*Romanic rev.*, LIX : 1968, n° 3, pp. 219-20) ; — Y Delègue (*R.H.L.F.*, LXIX : 1969, p. 284). =

1623. BOON (Jean-Pierre). — Filiation entre religion et morale dans les *Essais* de Montaigne. (*Romanic rev.*, LVIII : 1967, n° 1, pp. 12-22). — Article repris et actualisé pour former le chap. 3 de : *Montaigne gentilhomme et essayiste* (n° 1636), pp. 42-52.

S'il est vrai que la morale de Montaigne soit peu conforme aux normes du catholicisme, et porte même l'empreinte d'une forte personnalité, on ne saurait pour autant soutenir la thèse des cloisons étanches entre les deux concepts : trop d'éléments étudiés par l'auteur « constituent autant de pièces à l'appui de la filiation entre la religion et la morale de Montaigne » (p. 22).

1624. BARAZ (Michaël). — L'être et la connaissance selon Montaigne. — *Paris, José Corti*, 1968, in-8°, 219 pp.

Les trois parties de cet ouvrage (l'*être*, la *connaissance*, la *personnalité*) sont groupées autour d'un thème central qui est l'attitude de Montaigne selon laquelle il a « préféré à la connaissance de la nature la consonnance avec elle » (p. 63), car la connaissance en général est une prétention absurde de l'orgueil humain. Montaigne lui oppose l'idée d'« inscience », notion plurivalente qui consiste à mettre en œuvre, de façon particulière, la raison et le jugement, et à faire place à la pensée qui façonne la personnalité.
= C.R. : — *Bull. crit. du Livre fr.*, XXIV (1969), pp. 534-35 ; — A. Tripet (*B.H.R.*, XXXII : 1970, n° 3, pp. 707-10) ; — G. Nakam (*B.S.A.M.*, 4ᵉ sér., n° 20, 1970, pp. 67-69) ; — G. Dreyfus (*Rev. philos.*, XCV : 1970, pp. 356-57) ; — D.M. Frame (*Romanic rev.*, LXII : 1971, n° 4, pp. 293-95) ; — C. Eyer (*Renaiss. quart.*, XXIV : 1971, pp. 385-88). =

1625. Boon (Jean-Pierre). — « Diversion » et lucidité dans les *Essais* de Montaigne. (*Esprit créateur*, VIII : 1968, n° 3, pp. 216-18). — Article devenu le chap. 6 de : *Montaigne gentilhomme et essayiste* (n° 1636), pp. 73-76.

Malgré les apparences, il n'y a pas d'opposition entre le penchant vers la lucidité qui caractérise les essais, dits « stoïciens », de 1580, et cette pratique de la « diversion » qui est propre à la méthode « rationnelle » de 1588. Les différences entre les deux Montaignes s'expliquent par l'évolution de l'âge de l'essayiste, et non par celle de sa pensée dans laquelle « cette tendance à la lucidité reste à peu près constante » (p. 76).

= C.R. : — R. Campagnoli (*Studi fr.*, XIV : 1970, n° 42, p. 534). =

1626. Faisant (Cl.). — La pensée de Montaigne. — Pp. 231-43 de : — *Essais... textes choisis... — Paris, Bordas, 1968, in-16, 256 pp. — Sélection littéraire Bordas).*

*Divisions de l'étude :* — L'évolution de la pensée de Montaigne ; — Montaigne et le stoïcisme ; — Montaigne et le scepticisme ; — sagesse de Montaigne ; — un art de penser ; — un art de vivre.

1627. Gierczynski (Abbé Zbigniew). — Paradoksy myśli Montaigne'a [Les paradoxes de la pensée de Montaigne]. (*Zeszyty Naukowe Katolickiego Uniwersytetu Lubelskiego*, XI : 1968, n° 2, pp. 3-14).

La pensée de Montaigne est obscure ou ambiguë par nature. Le scepticisme en constitue le fondement, mais il admet certains éléments de la connaissance comme les sciences historiques et ethnologiques. D'autre .part, l'idée de vérité n'est reçue par le moraliste qu'autant qu'elle sert à affranchir l'homme des erreurs du dogmatisme et à le faire pénétrer dans le domaine de la sagesse. (*Texte en polonais suivi d'un résumé en français*).

= C.R. : — R. Campagnoli (*Studi fr.*, XIV : 1970, n° 40, pp. 141-42). =

1628. Leonetti (Alfonso). — Optimisme et scepticisme chez Montaigne. (*Culture française*, XV : 1968, pp. 169-70, 179).

1629. Passuello (Luigina). — Autorità e libertà nei *Saggi* di Michel de Montaigne. (*Rassegna di pedagogia*, XXVI : 1968, pp. 228-37).

L'autorité et la liberté, telles que Montaigne les conçoit en matière de politique, de religion et d'éducation.

1630. Starobinski (J.). — Montaigne : des morts exemplaires à la vie sans exemple. (*Critique*, XXIV : 1968, n° 258, novembre, pp. 923-35).

Chez Montaigne, la pensée, « loin de se sentir entravée par sa fidélité envers les disparus, s'en trouve plus libre et plus volubile, ayant à combler l'absence par sa propre invention » (p. 926). Leurs exemples « culminent dans la mort exemplaire », mais celle-ci advenue, l'attention se reporte vers la vie qui, lorsqu'elle se hausse « au niveau de l'essence universelle et pure », devient, elle, une vie sans exemple, comme le furent celles de Montaigne et de La Boétie. — (Ecrit à l'occasion de la publication de l'*Essai* de Michel Butor [n° 1136], du *Répertoire* d'Eva Marcu [n° 1620], et de la traduction du *Montaigne* de H. Friedrich [n° 1576]).

= C.R. : — M. Romano (*Studi fr.*, XIII : 1969, n° 39, p. 535). =

**1631.** BARAZ (Michaël). — Autonomie de Montaigne. (*Etudes françaises*, V : 1969, n° 1, pp. 85-88).

Dans la philosophie de Montaigne, « l'acceptation de l'homme est consubstantielle à une acceptation du monde ». De plus — et c'est son plus grand mérite — Montaigne « a érigé la culture du moi en valeur suprême », et, par la même occasion, « une pensée aussi puissamment originale en une forme littéraire nouvelle : l'essai ». — (Etude inspirée par la traduction française du *Montaigne* de H. Friedrich [n° 1576], un de ces livres qui sont « destinés à ne pas vieillir »).

**1632.** CONCHE (M.). — L'homme sans définition. Introduction à la philosophie de Montaigne. (*Rev. de l'Ens. philos.*, XX : 1969, pp. 1-24).

Etant donné que l'homme ne peut sortir de lui-même, il lui est très difficile de s'examiner en toute objectivité et par conséquent de donner de sa personne une définition totale et sans appel. C'est pourtant ce que Montaigne a tenté de faire. Y est-il vraiment parvenu ?
= C.R. : — *Studi fr.*, XVI (1972), n° 46, p. 141. =

**1633.** RATHÉ (C. Edward). — La sagesse gauloise de Montaigne. (*B.S.A.M.*, 4ᵉ sér., n° 18, 1969, pp. 24-29).

Sur le caractère « gaulois », c'est-à-dire joyeux et moqueur, mais sans mesquinerie, que l'on trouve chez Montaigne dans l'expression de sa pensée.

**1634.** GATTA (E.A.). — Per una interpretazione di Montaigne. (*Mél. Corsano*, 1970, pp. 327-48).

Essai d'interprétation de la pensée de Montaigne, en tenant compte des plus récents apports de la recherche. Parmi les points essentiels examinés par l'auteur, c'est le côté juridico-politique de cette pensée qui semble avoir retenu le plus son attention.
= C.R. : — E. Orlandini Traverso (*Studi fr.*, XVII : 1973, n° 49, pp. 124-25.) =

**1634a.** LIMBRICK (Elaine). — Soumission et révolte dans les Essais de Montaigne. (*Rev. de l'Univers. de Moncton*, IV : 1970, n° 3, septembre, pp. 38-45).

Avec une définition du « vrai scepticisme » (p. 40). — Cf. n° 1227.

**1635.** REVEL (J.-F.). — De l'humanisme psychologique à l'humanisme politique. — Tome II, pp. 70-97, de l' : — Histoire de la philosophie occidentale... — (*Paris*), *Stock* (1970), 3 vol. in-8°.

Analyse de l'homme par Montaigne aux points de vue psychologique, métaphysique et moral.

**1636.** BOON (Jean-Pierre). — Montaigne gentilhomme et essayiste. — *Paris, Editions universitaires*, (1971), in-8°, 111 pp. — (Coll. : *Encyclopédie universitaire*).

Recueil formé d'études publiées dans différents périodiques des U.S.A. Il est augmenté d'une importante bibliographie.
= C.R. : — P. Michel (*B.S.A.M.*, 5ᵉ sér., n° 1, 1972, pp. 68-69) ; — *Studi fr.*, XVI (1972), n°ˢ 47-48, p. 455 ; — I.D. McFarlane (*French st.*, XXVIII : 1974, p. 189) ; — G. Nakam (*R.H.L.F.*, LXXIV : 1974, p. 283). =

1637. FRAME (Donald M.). — To « Rise above humanity » and to « Escape from the man » : two moments in Montaigne's thought. (*Romanic rev.*, LXII : 1971, n° 1, pp. 28-35).

Ces deux moments sont représentés, l'un, par le pessimisme exprimé dans l'*Apologie* II, 12), et l'autre, par la conclusion optimiste des *Essais*, telle que nous l'offre le chapitre *De l'Expérience* (III, 13), composé environ dix ans plus tard.
= C.R. : — D. Wilson (*Studi fr.*, XV : 1971, n° 45, p. 535). =

1638. NAUDEAU (Olivier). — Etude sur la pensée et la composition des *Essais* de Michel de Montaigne. — Diss. Univers. of Cincinnati, 1970, 195 pp. — (*Diss. Abstr. Int.*, XXXI : 1970-1971, n° 7 [January], pp. 3513-3514-A). — Publié en vol. sous le titre : — La pensée de Montaigne et la composition des *Essais*... — Genève, Droz, 1972, in-4°, XIII-114 pp. — (*Travaux d'Humanisme et Renaissance*, CXXV).

Dans cette perpétuelle « coexistence des contraires » (P. Michel) qui constitue un des paradoxes de Montaigne, la pensée du moraliste s'est développée en un dialogue auteur-lecteur pour lequel Montaigne n'a pas eu d'autre méthode de composition de ses *Essais* » que celle de suivre l'idée qu'il se faisait de lui-même, idée d'un être envisagé dans sa nature spirituelle et sociale » (p. 103).
= C.R. : — P. Michel (*B.S.A.M.*, 5ᵉ sér., n° 2, 1972, pp. 73-75) ; — E. Orl. Traverso (*B.H.R.*, XXXV : 1973, n° 2, pp. 395-97) ; — M. R. (*Studi fr.*, XVII : 1973, n° 49, p. 124) et M. Françon (*Ibid.*, XVII : 1973, n° 50, pp. 307-08) ; — R.C. La Charité (*Romanic rev.*, LXV : 1974, n° 4, pp. 308-10). =

1639. TRAVERSO (Edilia Orlandini). — Prééminence morale et pédagogique du rapport humain chez Michel de Montaigne [thèse de philosophie, Université de Gênes, 1970]. (*B.S.A.M.*, 4ᵉ sér., n° 27, 1971, pp. 27-44).

Ni individualiste, ni aristocratique, la morale de Montaigne, dans sa parabole évolutive, aboutit au contraire à une *éthique sociale* ouverte à l'homme, et « qui s'affirme surtout comme leçon d'humanisme et d'œcuménisme pour une période où l'individualisme règne en souverain » (p. 28).

1640. NEWFIELD (Wilhelmina). — Aspects of Montaigne's « moi ». — Diss. The City Univers. of New York, 1972, 211 pp. — (*Diss. Abstr. Int.*, XXXII : 1971-1972, n° 11 [May], p. 6387-A).

Etude générale de la pensée de Montaigne, dont le « moi » est celui d'un homme constamment à la recherche de ses convictions les plus profondes. Cette recherche a d'ailleurs « donné le ton » aux érudits des siècles suivants, décidés à prendre connaissance à leur tour des aspects philosophiques de leur propre personnalité.

1641. QUINONES (Ricardo J.). — Montaigne. — Pp. 204-42 de : — The Renaissance discovery of time. — Cambridge (*Mass.*), *Harvard Univers. Press*, 1972, in-8°, XVI-549 pp.

The vanity of the human position. — A nous la liberté. — Being.

1642. ATKINSON (James B.). — Montaigne and *naïveté*. (*Romanic rev.*, LXIV : 1973, n° 4, pp. 245-57).

Quand on a constaté la fréquence d'emploi que fait Montaigne des mots : *naïf* et *naïveté* à travers son livre, on est amené à voir dans ce concept de *naïveté* comme un élément essentiel de sa pensée, auquel il associe fréquemment les idées de : nature, simplicité, pureté, vérité.

1643. GOUMARRE (Pierre J.). — La morale et la politique. Montaigne, Cicéron et Machiavel. (*Italica*, L : 1973, pp. 285-98).

Montaigne placé, dans le premier essai du livre III, en face des Anciens et de Machiavel. Le conflit « utile-honnête », c'est-à-dire « entre les nécessités pratiques et les exigences morales », serait-il un faux conflit comme le déclare Cicéron dans le *De Officiis*?

1644. HORNIK (Henry). — Montaigne and Idealism. (*Studi fr.*, XVII : 1973, n° 49, pp. 69-71).

Le fond de la philosophie observée par Montaigne pourrait être une manière d'idéalisme inspiré par l'influence de la nature et en même temps de la pensée socratique.

1645. CARLIN (Warren Robert). — Montaigne. Movement and mask. A study of the dualism of the « Essais ». — Diss. Northwestern Univers., 1973, 173 pp. — (*Diss. Abstr. Int.*, XXXIV : 1973-1974, n° 7 [January], p. 4191-A).

Les nombreuses contradictions que l'on rencontre dans les *Essais* font admettre l'existence d'une double vision du monde de la part de Montaigne. C'est ce dualisme que la présente thèse se propose d'étudier sous ses différents aspects.

1646. CASTAN (F.). — Le combat de Montaigne. (*Baroque*, 7ᵉ cah., 1974, pp. 29-38).

Tant sur le plan littéraire qu'intellectuel, l'action de Montaigne peut être assimilée à une véritable lutte contre des situations existantes. « Instigateur infatigable de modernité par l'exercice d'une pensée relativiste » (p. 30), cet homme, « c'est aux formes bloquées de type maniériste, aux pensées rétrécissantes, aux morales craintives et dépendantes qu'il s'en prend et leur oppose son aisance et sa liberté, celle des grandes époques » (p. 31).

1647. KELLER (Abraham C.). — The good and the beautiful in Montaigne. (*Mél. Silver*, 1974, pp. 225-37).

Sur la coexistence du bien et du beau dans l'œuvre de Montaigne, et les multiples combinaisons que ce dernier a pu envisager entre l'éthique et l'esthétique.
= C.R. : — P. Michel (*B.S.A.M.*, 5ᵉ sér., n° 20, 1976, pp. 59-60). =

1648. WINTER (Ian J.). — From self-concept to self-knowledge. Death and nature in Montaigne's « De la Phisionomie ». (*Mél. Silver*, 1974, pp. 351-65).

Caractère évolutif de la pensée de Montaigne, en particulier pour les thèmes primordiaux de la mort et de la nature, dont la conception (surtout celle de la mort) se serait modifiée chez lui au cours des ans en raison des transformations apportées à son « moi » par les expériences de la vie.
= C.R. : — P. Michel (*B.S.A.M.*, 5ᵉ sér., n° 20, 1976, pp. 60-61). =

# CHAPITRE XII

# LA PENSÉE DE MONTAIGNE :
## ASPECTS PARTICULIERS

## Absolu/relatif

1649. GEORGOV (Ivan). — Montaigne als Vertreter des Relativismus in der Moral. Inaugural-Dissertation... — *Leipzig, G. Fock*, 1889, in-8°, 48 pp. — (*Diss. Jena*).

L'auteur de cette thèse estime que Montaigne a observé une position particulière en morale, où il professe un véritable relativisme, par exemple lorsqu'il constate combien les hommes ressentent diversement les biens et les maux [cf. *Essais*, I, 14].
= C.R. : — L. Arréat (*Rev. philos.*, XV : 1890,, t. XXX, p. 97) ; — T. Ziegler (*Philosophische Monatshefte*, XXVI : 1890, pp. 612-13). =

1650. JEANSON (F.). — Montaigne et l'absolu. (*Nouvelles litt.*, 18 octobre 1951, p. 4).

Définition de l'absolu pour Montaigne ; l'application qu'il fait de cette donnée à l'existence (d'après *Montaigne par lui-même* [n° 453], pp. 42-45).

1651. KELLER (Abraham C.). — Historical and geographical perspective in the *Essays* of Montaigne. (*Mod. philol.*, LIV : 1956-1957, pp. 145-57).

Sur le relativisme de Montaigne à propos de la vie humaine. A ses yeux, les individus et les sociétés diffèrent à la fois selon les pays et selon les époques où ils ont pu vivre. Les ouvrages d'historiens et de géographes qu'il a consultés l'ont convaincu de cette vérité.
= C.R. : — L. Sozzi (*Studi fr.*, III : 1959, n° 7, pp. 133-34). =

1652. NICOLETTI (Gianni). — Montaigne e il relativo. — Pp. 68-82, de : — *Saggi e idee di letteratura francese*. — *Bari, Adriatica Editrice*, 1965, in-8°, 415 pp. — (*Biblioteca di filologia romanza*, VI). — Seconda edizione : 1967, 538 pp. (l'article sur Montaigne est aux pages 69-85).

Etude résumée de la pensée de Montaigne, faisant apparaître ce dogme de sa philosophie : la conscience des limites de la raison entraîne celle de la relativité des choses.

## Aspects scientifiques et techniques

1653. Michel Montaigne libre-échangiste. (*Mém. bordelais*, 11 décembre 1846, p. 1).

> A propos de la lettre-remontrance au roi de Navarre (10 décembre 1583), signée par Montaigne et les autres membres de la jurade. Dans ce texte, « le mot de *liberté du commerce* se trouve en toutes lettres, et c'est assurément le seul écrit du seizième siècle où se rencontre ce mot magique ».

1654. GRÜN (A.). — Montaigne économiste. (*J. des économistes*, 15 juillet 1855, pp. 114-18 ; — *Bull. du bibl.*, 1855, pp. 259-64).

> « N'est-il pas permis de ranger Montaigne parmi les glorieux précurseurs de la science économique ? » Ce serait logique, semble-t-il, car « chaque fois que, dans sa course à travers toutes choses, une telle intelligence a rencontré des faits d'ordre économique, elle a montré une vérité ou signalé une erreur. En veut-on des preuves ? Qu'on ouvre les *Essais* » (p. 260). Suivent quelques citations de passages jugés concluants.

1655. PLATTARD (J.). — Le système de Copernic dans la littérature française au XVIᵉ siècle. (*Rev. du XVIᵉ s.*, I : 1913, pp. 220-37).

> Montaigne est « le premier de nos grands écrivains qui ait envisagé le système de Copernic comme une théorie scientifique digne d'attention » (p. 234). — Voir aussi l'art. de J. Boulenger, nᵒ 3152.

1656. VIVIER (P.). — Montaigne, auteur scientifique. — *Paris, Maurice Mendel* (1920), in-8ᵒ, 43 pp. — (*Nouvelle séries*).

> La tournure d'esprit scientifique de Montaigne apparait dans son *Journal* comme dans ses *Essais*. Il y exprime des idées très précises sur des questions de physique, géologie, physiologie, etc., et le « tempérament magnétique » dont il était doté a eu d'efficaces répercussions sur le cours de ses pensées.

1657. MAUPIN (G.). — Montaigne et les asymptotes. (*Bull. de l'Ass. des professeurs de mathém. de l'enseign. second. public*, XXV : 1934, octobre, p. 39).

> Notule explicative d'un passage de l'*Apologie* dans lequel Montaigne déclare rejeter la notion d'asymptote que lui avait exposée Jacques Peletier. — *Voir*, nᵒ 1658 : pp. 138-41.

1658. — La géométrie dans les *Essais* de Montaigne. (*Rev. philom. de Bordeaux*, XL : 1937, nᵒ 3, pp. 137-44).

> De nombreuses allusions à la géométrie — « qui pense avoir gaigné le haut point de certitude parmy les sciences » (II, 12) — se rencontrent dans plusieurs chapitres des *Essais*, mais surtout dans l'*Apologie* (intérêt de la géométrie, asymptotes, facultés géométriques des animaux, etc.).

1659. ELLERBROEK (G.G.). — Montaigne et les applications de la technique. (*Neophilologus*, XXVIII : 1943, nᵒ 1, pp. 1-6).

> Au cours du *Journal de voyage*, on relève une foule d'observations qui montrent que « le philosophe est vivement intéressé par la technique matérielle, qu'il sait la voir et la décrire » (p. 6).

1660. PETIT (L.). — Le Poitevin Jean Pidoux, médecin du roi, introducteur de la douche en France et créateur du mot. (*Cahiers de l'Ouest*, 1959, n° 27, pp. 50-59).

Auteur en 1584 d'un ouvrage sur « les fontaines de Pougnes en Nivernais » (n° 757), Jean Pidoux s'est révélé comme un apôtre de l'hydrothérapie, en démontrant pour la première fois les grands résultats que la « douche » pourrait apporter en France. Or, cette technique n'était alors en usage qu'en Italie, et Montaigne en parle sous la forme *doccia* dans son *Journal* et *doccie* dans les *Essais* (II, 37).

1661. BATISSE (D^r F.). — Montaigne et les principes de la médecine expérimentale. (*Mémorial* 1963, pp. 204-14).

Importance de l'expérience pour Montaigne dans l'acquisition de toute connaissance, surtout de la connaissance scientifique, et plus particulièrement de la science médicale. C'est ainsi que, par ses longues méditations sur la question, il a puissamment contribué à orienter l'homme dans la voie de la médecine expérimentale.

1662. RAT (M.). — Montaigne, la médecine et les médecins d'après un médecin d'aujourd'hui. (*B.S.A.M.*, 3^e sér., n° 25-26, 1963, pp. 67-73).

A propos de l'ouvrage de D^r Fr. Batisse (n° 1883).
= C.R. : — *Studi fr.*, X (1966), n° 28, p. 135. =

1663. DRÉANO (Chanoine M.). — Montaigne et les chiffres. (*B.S.A.M.*, 4^e sér., n° 10, 1967, pp. 3-9).

Des erreurs de dates ont été commises par Montaigne. On les explique par son insouciance du chiffre précis et vérifié, une notion d'ailleurs à laquelle le XVI^e siècle est resté indifférent.
= C.R. : — R. Campagnoli (*Studi fr.*, XIII : 1969, n° 39, p. 537). =

1664. RAT (M.). — Michel de Montaigne, médecin de soi-même. (*Information dentaire*, L : 1968, pp. 2844-46 ; — repris dans : *B.S.A.M.*, 4^e sér., n° 15, 1968, pp. 29-31).

En expérimentant la pratique du cheval pour l'élimination de ses calculs rénaux, Montaigne n'aurait-il pas fait figure, lors du voyage en Italie, « une fois de plus, non pas d'imprudent et d'aventureux docteur, mais de merveilleux précurseur ? » — Cf. n° 1666.
= C.R. : — *Studi fr.*, XV (1971), n° 44, p. 340. =

1665. PAISSE (J.-M.). — Notes sur les manuels d'arithmétique au temps de Montaigne. (*B.S.A.M.*, 4^e sér., n° 18, 1969, pp. 30-32).

Brève étude des livres d'arithmétique en usage au XVI^e siècle, pour expliquer « les nombreuses erreurs de Montaigne en ce domaine » (suite de la communication de M. Dréano [n° 1663]).
= C.R. : — *Studi fr.*, XV (1971), n° 44, p. 340. =

1666. CLARK (Carol E.). — Montaigne auteur scientifique ? (*Kentucky Romance quart.*, XX : 1973, pp. 127-42).

On ne saurait, sans risquer un paradoxe, considérer Montaigne comme un auteur scientifique, car, dans ses pages, il s'est livré à des observations personnelles sur la « science » (au sens très large qu'il attribue à ce mot plutôt que de faire œuvre d'écrivain réellement spécialisé sur la question. Il semblerait préférable de voir en lui un précurseur. — Cf. n° 1664.

1667. PERTILE (Lino). — Montaigne in Italia : arte, tecnica e scienza dal *Journal* agli *Essais*. (*Saggi e ric. di letter. fr.*, XII : 1973, pp. 49-92).

De ces trois expressions du génie humain, l'*art*, la *technique* et la *science*, c'est avant tout la technique qui a suscité chez Montaigne le plus vif intérêt. Par contre, envers la science, son attitude a été très variable, car il a pu, soit la considérer avec les yeux du sceptique, soit aussi bien la juger comme « une tres-utile et grande partie » (II, 12, *début*). Quant à l'art, au sens où nous l'entendons aujourd'hui, il n'existait pas pour Montaigne qui dans son vocabulaire avait fait de ce terme un synonyme d'*artifice* (pp. 56-57), en en opposant ainsi l'idée à celle de « nature ».
= C.R. : — M.R. (*Studi fr.*, XVIII : 1974, n° 52, p. 143). =

— [*Voir* aussi : n⁰ˢ 688, 1518, 1522, 1686-1691, 1724, 1883, 1892, 3152].

# Dilettantisme

1668. FAGUET (E.). — Montaigne. (*Rev. latine*, VI : 1907, pp. 129-53).

A propos de la thèse de F. Strowski (n° 1514), le critique analyse la méthode « génétique » employée par celui-ci et en approuve les principes, tout en faisant remarquer qu'à son avis Montaigne n'a pas été *successivement* un stoïcien, un épicurien, etc., mais qu'il a été tout cela en même temps, c'est-à-dire un *dilettante*. — Cette étude se termine par diverses considérations sur la meilleure manière de constituer une édition de Montaigne qui soit enfin « la vraie » (p. 152).

1669. MICHA (A.). — Montaigne le Joueur. (*Cahiers du Sud*, XXXII : 1945, n° 269, pp. 53-63).

Montaigne est de la lignée des grands moralistes comme Pascal et Amiel, qui, tous, se sont essayés aux « jeux » de la pensée. Dilettante à l'origine, il est lui aussi rapidement passé joueur assuré, effectuant de « constants départs de soi et retours à soi » p. 55), manifestant un goût permanent pour la diversité et l'instabilité, opérant sans cesse « le passage d'un négatif à un positif et réciproquement, [ce] en quoi consiste proprement son jeu » (p. 58), — un jeu d'ailleurs « très différent du divertissement pascalien auquel on l'a parfois comparé » (p. 55), — un réseau d'idées que Montaigne a tissé discrètement et qui « révèle suffisamment ses goûts contradictoires et harmonieux de l'un et du multiple » (p. 63). — A servi à construire deux chapitres du *Singulier Montaigne* (n° 788).

1670. DRESDEN (Sem). — Le dilettantisme de Montaigne. (*B.H.R.*, XV : 1953, pp. 45-56).

Introduire la notion de « dilettantisme » quand on parle de Montaigne semble à S. Dresden la meilleure façon de définir son attitude non stabilisée, cette pensée sans conclusion, « cette mobilité presque ininterrompue jusqu'à la fin de sa vie, [qui] est la mobilité du jeu » (p. 52), et dont le moyen d'expression par excellence devait être l'emploi de l'*essai*, « forme ouverte de la prose » (p. 54).

# Egoïsme, égotisme

1671. TOLLEMACHE (Lionel Arthur). — Montaigne's literary egotism.
— Pp. 112-16 de : — Safe studies, by the Hon. Mr. and Mrs.
L.A. Tollemache. — London, W. Rice, 1891, in-8°, XVI-VIII-429 pp.

1671a. DOUMIC (R.). — La famille de Montaigne... (n° 1504).

1672. LE HIR (J.). — L'homme dans son œuvre... Egoïsme et égotisme
dans les Essais (livre III). (L'Ecole, 6 janvier 1962, pp. 407-10).

« Le livre III des Essais, écrit après la tourmente, nous révèle les traits
de la physionomie morale de Michel de Montaigne. Ce sont les traits d'un
égoïste, dira-t-on ; ne seraient-ils pas plutôt ceux d'un parfait égotiste ? »

1673. MOREAU (P.). — L'égotisme de Montaigne et de Stendhal.
(B.S.A.M., 4ᵉ sér., n° 5, 1966, pp. 8-25).

Voir n° 2454, le premier titre donné, en 1963, à cette étude.

# Epicurisme

1674. ARMAINGAUD (Dʳ A.). — Montaigne, Socrate et Epicure. (Nouvelle rev., 1919, t. XLII, 15 juillet, pp. 97-104 ; — 1ᵉʳ août, pp.
215-24 ; — 15 août, pp. 309-18).

Trois chapitres abondants, consacrés à la thèse, chère à l'auteur, d'une
philosophie épicurienne permanente chez Montaigne, et non d'une forme
évolutive de sa pensée (cf. n° 2221). — (Au 1ᵉʳ fasc., on trouve, p. 97, la
note que voici : « Le docteur Armaingaud, un de nos plus grands montaignistes, n'est pas seulement connu comme le promoteur en France de
l'organisation pour la lutte sociale contre la tuberculose et le fondateur
de sanatoria maritimes pour en préserver les enfants. Il fait, par ailleurs,
autorité dans le monde littéraire, notamment dans la Société des Amis de
Montaigne, car il est celui qui connait le mieux l'œuvre du génial philosophe. Henri Roujon n'a-t-il pas écrit du docteur Armaingaud qu'il était
« le légataire de Montaigne sur la planète » ? Notre éminent collaborateur
met du reste la dernière main à une édition des Essais qui comportera
toutes les variantes que présentent les divers textes des éditions de 1580-
1582-1588 et 1595 »).

1675. — La morale de Montaigne. (Rev. polit. et parlem., 1923, t.
CXVII, 10 décembre, pp. 452-62, et 1924, t. CXVIII, 10 janvier,
pp. 139-52).

Sur le caractère de la morale de Montaigne qu'Armaingaud jugeait exclusivement épicurienne. — Article extrait de l'Etude sur Montaigne (n° 387),
pp. 138-74.

1676. FRAISSE (Simone). — Montaigne et les doctrines épicuriennes.
(Ass. Guill. Budé. Actes du VIIIᵉ Congrès, 1969, pp. 677-84).

Montaigne a abordé la philosophie d'Epicure sans plan directeur, au
hasard de ses lectures, notamment celles de Lucrèce, de Cicéron (De

*Finibus*) et de Sénèque. Il en a rejeté une assez grande partie (la physique, la canonique), mais y a trouvé, pour la fin de sa vie, des règles de sagesse qui se sont heureusement conjuguées avec celles provenant de son maître définitif, Socrate.

# Equilibre, « juste milieu »

1677. PATCHOUNA. — Montaigne et la modération. (*Intermédiaire*, 1905, vol. LI, col. 442).

Allusion au passage : « J'encorus les inconveniens que la moderation aporte en telles maladies... » (III, 12).

1678. TRUEBLOOD (Ralph W.). — Montaigne, the average man. (*P.M.L.A.*, XXI : 1906, pp. 215-25).

Montaigne représente et personnifie, sciemment ou non, la manière de voir de cette grande région centrale de l'humanité à laquelle appartiennent la majorité de ses lecteurs (p. 218).

1679. RASCOE (Burton). — Montaigne and the average man. — Pp. 209-20, de : — Titans of literature, from Homer to the present... — *New York and London*, G.P. *Putnam's sons*, 1932, in-8°, XIII-496 pp., front., portr.

1680. FORESTIER (H.). — Montaigne et la loi de l'opposition de la réaction à l'action. (*Human. et Renaiss.*, IV : 1937, n° 3, pp. 286-92).

Explication proposée pour l'expression : « comme je la porte à la devise d'une balance », qui suit et complète le célèbre *Que sçais-je ?* — Montaigne et la loi naturelle de l'équilibre.

1681. GREENE (Thomas M.). — Montaigne and the savage infirmity. (*Yale rev.*, XLVI : 1956-1957, pp. 191-205).

La « barbare infirmité », c'est celle du désespoir dont la lecture de Montaigne nous éloigne en nous enseignant comment un être humain peut connaître la tranquillité, la satisfaction, dans un équilibre total de ses facultés.

1682. GENZ (Henry E.). — Montaigne's preference for limitations. (*French rev.*, XXXVIII : 1964-1965, n° 3, pp. 315-17).

Un des thèmes essentiels exprimés par Montaigne est qu'il faut savoir « vivre sa vie », et, dans ce but, rechercher les positions moyennes. C'est ce qui peut aider à expliquer le conservatisme qu'il manifeste tant en matière de politique que de religion ; c'est aussi l'idée principale de l'essai *De l'Expérience* (III, 13).

1683. FRENK (Bogumil Walter). — The concept of the mean in Montaigne's *Essais*. — Diss. Univers. of Michigan, 1968, 305 pp. — (*Diss. Abstr. Int.* XXX : 1969-1970, n° 1 [July], pp. 279/280-A).

L'idée de « moyenne mesure » et les différentes expressions que lui donne Montaigne (juste milieu, juste mesure, moyenne région). — Les sources grecques et latines de ce concept. — Ce qu'il représente pour Montaigne et l'emploi que ce dernier en a fait en morale, politique, religion, etc.

# Fortune

1684. MARTIN (Daniel R.). — Montaigne et la fortune. — Diss. Yale Univers., 1973, 412 pp. — (*Diss. Abstr. Int.*, XXXIV : 1973-1974, n° 11 [May], p. 7238-A).

La notion de « fortune », son origine et sa position dans le contexte des *Essais*. Au cours de cette thèse, l'auteur s'est efforcé de dégager le sens principal de « fortune », et il l'a considéré dans les limites de la vision cosmique que le moraliste a eue de la fortune, qui semble avoir été pour lui comme un mythe, une muse, peut-être même la génératrice des *Essais*.

1685. SAMARAS (Zoé). — Le rôle de la fortune dans la pensée de Montaigne. (*B.S.A.M.*, 5ᵉ sér., n° 10-11, 1974, pp. 71-77).

La fortune occupe une place considérable dans certains chapitres des *Essais*, et son concept apparait au moins trois cents fois dans l'œuvre toute entière, avec des sens divers (hasard, destin, ciel, providence, parfois : force maléfique). C'est donc un rôle important qu'elle joue dans la pensée de Montaigne, comme du reste dans celle du XVIᵉ siècle en général.

# Histoire

1686. DREYFUS (R.). — Montaigne et l'histoire. (*J. des Débats*, 12 février 1936, p. 1).

« Le sceptique Montaigne s'attache à tracer les règles d'une saine méthode historique et ne badine pas avec la documentation ». (A propos d'un article publ. le 9 février par Daniel Halévy sur la fragilité de la « matière historique »).

1687. DESGRANGES (Guy). — Montaigne et l'histoire. (*French rev.*, XXIII : 1949-1950, n° 5, pp. 371-77).

Prédilection de Montaigne pour les historiens chez lesquels il a trouvé l'enseignement de la politique, de la psychologie et de la morale, mais non pas une méthode, car, il faut bien le reconnaître, lorsqu'il a été amené à analyser des faits historiques, il ne l'a pas toujours fait sans quelque désordre. — (En opposition avec le n° 1686).

1688. FEYTAUD (J. de). — Miroirs. (*B.S.A.M.*, 4ᵉ sér., n° 13, 1968, pp. 36-55).

Sur le prix que Montaigne attachait à l'histoire et aux historiens (sa « droite balle »). De quel point de vue « nous devons considérer l'attitude historique de Montaigne » (p. 51). « La valeur démonstrative de l'exemple » (p. 53).

= C.R. : — *Studi fr.*, XV (1971), n° 44, p. 339. =

1689. PRIESTLEY (John). — Montaigne and history. (*Renaissance and Reformation*, X : 1974, pp. 85-92).

1690. AULOTTE (R.). — Les Romains dans les « Essais » de Montaigne. (*Ass. Guill. Budé. Actes du IX^e Congrès*, 1975, pp. 645-50).

« Nourri avec les Anciens, avec les Romains surtout », Montaigne a toujours eu ces derniers présents dans l'esprit et dans le cœur. Ce que vaut pour lui l'expérience tirée de leurs exemples.

1691. GARAPON (R.). — La proximité des grands hommes de l'Antiquité dans les « Essais » de Montaigne. (*Ass. Guill. Budé. Actes du IX^e Congrès*, 1975, pp. 640-44).

Montaigne considère les Anciens, non comme des disparus, éloignés de lui par la mort, mais au contraire « comme ses quasi-contemporains ». Ce que l'on peut penser de cette façon de voir.

## « Humaine condition », idée d'humanité

1692. LENIENT (Ch.). — Montaigne. — Tome I^er, pp. 110-14, de : — La satire en France, ou la littérature militante au XVI^e siècle... — *Paris, Hachette*, 1877, 2 vol. in-16.

Héritier de Rabelais et d'Erasme, Montaigne nous offre, avec le livre des *Essais*, une perpétuelle et universelle satire de l'humanité, capable de faire naître chez son lecteur de la tristesse et du découragement pour lui-même.

1693. MAUZEY (Jesse V.). — Montaigne's philosophy of human nature... — *Annandale-on-Hudson, N.Y., St. Stephen's College*, 1933, in-8°, 98 pp. — (*Diss. Columbia Univers.*, 1933).

La méthode philosophique de Montaigne a conquis son importance par le biais d'une expression toute personnelle. Elle permet de déduire, paradoxalement, que tous les hommes détiennent une « humanité commune » qui se révèle dans la diversité, et une égalité qui s'établit d'après les différences (p. 95).

1694. DU BOS (Ch.). — De la définition de l'homme [selon Montaigne]. — Pp. 228-44, de : — Approximations. Sixième série. — *Paris, Editions Corrêa* (1934), in-8°, 449 pp.

Contient une étude de la définition de l'homme donnée par Montaigne, et sa comparaison avec celle qu'en a laissée le cardinal de Bérulle.

1695. MENDES CORRÊA (A.A.). — Montaigne e a antropologia. (*Boletim do Inst. francês de Portugal*, IV : 1934, n^os 3-4, pp. 70-88).

Montaigne et l'étude générale de l'homme.

1696. NAVES (R.). — Montaigne, rien que l'homme ; Montaigne, tout l'homme. — Pp. 20-49, de : — L'aventure de Prométhée. I. La patience. — *Toulouse, Privat ; Paris, Didier*, 1943, in-16, 164 pp.

De ce livre des *Essais* qui représente en 1580 la « somme » de la Renaissance française, Montaigne est parvenu à faire une œuvre-témoignage résumant et synthétisant les éléments essentiels de l'« humaine condition » : aimer la vie, suivre la nature, « vivre à propos », atteindre « le dernier but de notre visée » qui est la volupté, enfin accepter la mort

avec résignation. Cette réalisation de notre nature spécifique constitue la
« quête » à laquelle l'homme doit savoir se livrer en permanence. — F.
Duviard estime qu'il y a dans cette étude « des aperçus parfois divina-
toires » (Etat présent... [n° 232], p. 175).

1697. AUERBACH (Erich). — L'humaine condition. — Chap. XII (pp.
271-97) de : — Mimesis, dargestellte Wirklichkeit in der abend-
ländischen Literatur [Mimesis. La représentation de la réalité
dans la littérature occidentale]... — Bern, Francke, 1946, in-8°,
503 pp. — Trad. anglaise par Williard R. Trask : — Princeton
Univ. Press, 1953, in-8°, 3 + 563 pp. — Trad. française par
Cornélius Heim : — Paris, Gallimard, (1968), in-8°, 561 pp. —
(Bibliothèque des Idées).

Sur les conditions de la vie humaine, sujet capital pour Montaigne qui
en a fait celui des Essais, en formant pour cela « le dessein de se peindre
lui-même », comme il l'exprime au début de l'essai Du Repentir (III, 2)
et dans plusieurs autres parties de son livre.

1698. DÉROULÈDE (M.). — L'esprit d'humanité et la notion de valeur
humaine dans les écrivains périgourdins [Montaigne, Fénelon,
Joubert, Maine de Biran et Tarde]. (Bull. de la Soc. hist. et
archéol. du Périgord, LXXVI : 1949, pp. 147-53).

— Communication faite au Congrès d'études régionales de Périgueux, le
5 juin 1949. —
Selon Montaigne, le sentiment d'humanité existe chez tous les individus.
Il n'y a pas de classe privilégiée, — l'expérience quotidienne, la lecture
des anciens, les voyages le lui ont montré amplement. Et c'est pourquoi
il a pu « donner comme idée centrale à ses Essais cette formule si nette :
« Tout homme porte en soi la forme de l'humaine condition » [III, 2]
(pp. 147-48).

1699. BADY (René). — [L'homme et son « Institution » chez Montai-
gne]. — Pp. 58-295 et passim, dans : — L'homme et son « Institution », de Montaigne à Bérulle, 1580-1625. — Paris, Les
Belles-Lettres, 1964, gr. in-8°, 586 pp. — (Annales de l'Université
de Lyon, 3e série, Lettres, fascicule 38).

L'objet de cette vaste étude est la connaissance de l'homme, telle qu'elle
a pu être entreprise dans l'œuvre de certains philosophes, dont Montaigne. Celui-ci précisément a mis en application un système d'analyse psychologique et morale qui lui a fait réaliser une « connaissance de l'homme
à travers soi et à travers les autres » (p. 93), dégageant les concepts essentiels de l'humaine condition (pp. 115-32), avec les vertus et les passions
que renferme notre nature.

1700. NINOMIYA (Takashi). — Rabelais, Castellion et Montaigne. Conception de l'Homme au XVIe siècle en France. (Mél. : Bungaku
to Ningen-zo, 1965, pp. 53-86).

1701. EROR (Gvozden). — « La Condition Humaine » Mišela de Montenja. (Delo, XIII : 1967, pp. 361-70).

1702. PIZZORUSSO (Arnaldo). — Montaigne e la delimitazione dell'
umano. (Belfagor, XXV : 1970, pp. 277-87). — Repris, pp. 39-
53, dans : — Da Montaigne a Baudelaire. Prospettive e com-

menti. — *Roma, Bulzoni*, 1971, in-8°, 289 pp. — (*Biblioteca di cultura*, 26).

Montaigne et les limites de l'humain. C'est une étude de l'« humaine condition » dans ses aspects principaux, en particulier les restrictions de la connaissance, les obligations de la morale sociale ou politique, et même la conquête de la liberté, facile pour l'homme dans la mesure où celui-ci accepte de vivre sa vie.
= C.R. : — *Studi fr.*, XIV (1970), n° 42, p. 534. =

# Humanisme

1703. ZIJDERVELD (A.). — De humanist Montaigne. (*Neophilologus*, XII : 1927, n° 4, pp. 257-67).

1704. CHARPENTIER (John). — Montaigne ou l'humaniste véritable. (*Merc. de Fr.*, 1933, t. CCXLII, 1er mars, pp. 257-78).

Après un résumé de la vie de Montaigne, après son portrait physique, moral et psychologique, J. Charpentier montre l'importance de l'action de la culture antique sur l'étude par Montaigne de « l'homme en général, l'*homme classique*, l'animal sociable, si l'on préfère, objet de ses examens de soi et de ses lectures » (p. 270), — véritable prototype de l'« honnête homme ».
= C.R. : — *Nouvelles litt.*, 18 mars 1933, p. 7. =

1705. MEUNIER (Mario). — A propos du IVe centenaire. — La leçon de Montaigne. (*Nouvelles litt.*, 24 juin 1933, p. 1).

« Si l'humanisme est l'art de se rendre le plus homme possible, de s'édifier soi-même en étant le maçon de sa propre pensée, Montaigne ne se cède à aucun de ces humanistes qui, avant ou après lui, essayèrent de vivre en communion d'esprit avec cette somme de l'expérience humaine, ce capital intellectuel et moral dont les Lettres grecques, latines et françaises nous conservent l'acquis ».

1706. BERTONI (Giulio). — De Pétrarque à Montaigne. (*Rev. des études ital.*, I : 1936, pp. 156-65).

Placés aux deux extrémités d'une même période de civilisation, Pétrarque et Montaigne, représentant deux humanismes différents, ont mis chacun des accents personnels sur l'éternel problème qu'est la recherche de la paix de l'âme libre et contente de soi.

1707. SHMOUELI (Ephraim). — Gevoulotav chel hahoumanisme. (*Gilyonoth*, VI : 1937, n° 10 [34], pp. 240-57).

Les limites de l'humanisme. — Essai sur Montaigne. — (*Texte hébreu*).

1708. MOREAU (P.). — L'humanisme gréco-latin et la littérature. (*Ass. Guill. Budé. Actes du Congrès de Strasbourg* [avril 1938]. — *Paris*, 1939, pp. 434-45).

Dans ce rapport présenté au cours de la séance de travail du 21 avril 1938, P. Moreau a tracé le portrait de l'humaniste français dont le type achevé lui paraît être Montaigne (pp. 439-43).

1709. WENCELIUS (Léon). — Trois pionniers de l'humanisme français au XVIᵉ siècle. — *Mainz, F. Kupferberg*, 1948, in-8°, 50 pp. — (*Universitas Moguntina. Reden und Aufsätze*. Heft 5-6).

Ces humanistes sont : Rabelais, Calvin et Montaigne. — (Texte en français et en allemand).

1710. HUDSON-WILLIAMS (T.). — A sixteenth-century humanist. (*Greece and Rome*, XIX : 1950, pp. 36-40).

Au sujet de la culture latine et grecque de Montaigne.

1711. BRUNOLD (Ch.) et JACOB (J.). — [Sur l'humanisme de Montaigne et son incidence philosophique]. — Pp. 3-5 dans : — De Montaigne à Louis de Broglie. Introduction à l'étude de la pensée française contemporaine. Choix de textes philosophiques... — *Paris, E. Belin* (1951), in-8°, x-317 pp.

1712. FRANÇON (M.). — Usage and Definitions. (*Mod. lang. J.*, XXXVIII : 1954, p. 420).

Sur le terme *humaniste* que Montaigne est un des premiers à avoir employé (dans l'essai *Des Prieres*, I, 56, — peu après la citation : *O Juppiter, car de toy...*).

1713. FRAME (Donald M.). — Montaigne's discovery of Man : the humanization of a Humanist. — *New York, Columbia University Press*, 1955, in-8°, VIII-202 pp.

La découverte de l'homme par Montaigne. Chez ce dernier, la pensée humaniste a connu une évolution allant d'une attitude étroite jusqu'à une notion plus élargie, pour ne pas dire démocratique. Raisons de cette évolution. Les bornes du pyrrhonisme chez Montaigne.
= C.R. : — Dʳ H. Roy Finck (*Bibliogr. de la philos.*, II : 1955, p. 140) ; — O. Wieselgren (*Lychnos*, 1956, pp. 260-63) ; — R.A. Sayce (*R.H.L.F.*, LVII : 1957, pp. 424-25). =

1714. STEGMANN (A.). — Montaigne critico del pensiero umanistico. (*Filosofia*, XI : 1960, pp. 561-72). — Réimpr. : — *Torino, Edizioni di Filosofia*, 1960, in-8°, 12 pp. — (*Studi e ricerche di storia della Filosofia*, n° 36).

Trad. par Augusto Guzzo du ms français d'une conférence donnée à Tours, le 24 juillet 1959, devant le « Centre d'Etudes Supérieures de la Renaissance », et dans laquelle il était traité de la réserve affichée par Montaigne devant le développement des idées de son temps, son caractère individualiste lui interdisant d'opter franchement en faveur de la pensée humaniste.
= C.R. : — L. Sozzi (*Studi fr.*, V : 1961, n° 13, p. 142). =

1715. BADY (René). — Montaigne (1533-1592). — Pp. 47-61 de : — Humanisme chrétien dans les lettres françaises, XVIᵉ-XVIIᵉ siècles. — *Paris, A. Fayard* (1972), in-16, 170 pp., bibliogr. — (Coll. : *Je sais, je crois* [Encyclopédie du catholique au XXᵉ siècle], n° 118).

Exposé des réserves qui conduisent à ne pas admettre l'humanisme de Montaigne comme un humanisme chrétien, malgré les ouvertures fréquentes vers la religion qui apparaissent dans les *Essais*.

1716. FRANÇON (M.). — Montaigne et les humanistes. (*B.S.A.M.*, 5ᵉ sér., n° 1, 1972, pp. 58-62).

L'idée d'« humanisme » vue par Montaigne et par divers autres érudits.

1717. — Note sur Montaigne et l'humanisme. (*B.S.A.M.*, 5ᵉ sér., n° 2, 1972, pp. 67-68).

1718. — Sur la signification de l'« humanisme », et son prétendu « message ». (*Francia*, 3ᵃ ser., n° 16, 1975, pp. 17-19).

Qu'est-ce que l'humanisme ? Montaigne en fut-il un représentant ? Réponse à une remarque du R.P. Clément Sclafert (n° 2097, p. 36).

1719. LOGAN (George M.). — The relation of Montaigne to Renaissance Humanism. (*J. of the hist. of Ideas*, XXXVI : 1975, pp. 613-32).

Les rapports de Montaigne avec l'humanisme sont de deux sortes, à vrai dire contradictoires : — humaniste lui-même par sa culture et sa pensée, il n'en manifeste pas moins envers certaines branches de la tradition humaniste (p.ex. l'éloquence) une réelle défiance qui semble avoir eu pour origine son esprit d'indépendance et sa pratique de l'introspection.

## Ignorance, inscience

1720. PORTEAU (P.). — Sur un paradoxe de Montaigne. (*Mél. Laumonier*, 1935, pp. 329-46).

Selon Montaigne, inspiré vraisemblablement par des paradoxistes antérieurs, la culture de l'esprit est nuisible à l'homme et conduit les nations à l'amollissement et à la décadence.

1721. MARCHAND (Ernest). — Montaigne and the cult of ignorance. (*Romanic rev.*, XXXVI : 1945, n° 4, pp. 275-82).

Malgré une forte culture d'humaniste, Montaigne n'en a pas moins manifesté un véritable éloignement pour le savoir massif qu'affectaient les pédants. Les deux chapitres *Du Pédantisme* et *De l'Institution des enfans* en particulier contiennent sur ce point l'ensemble de la doctrine enseignée par les *Essais* et appuyée sur les exemples contraires de Sparte comme de Rome, « avant qu'elle fust sçavante ».

1722. FRAME (Donald M.). — A detail in Montaigne's thought : the source of our ignorance is the source of our happiness. (*Word*, V : 1949, pp. 159-65).

1723. BARAZ (M.). — Sur la notion d'inscience chez Montaigne. (*Mél. Marcel Raymond*, 1967, pp. 42-50). — Partiellement repris dans *L'être et la connaissance* (n° 1624), pp. 91-97.

« La notion centrale dans la pensée de Montaigne est sans doute celle d'inscience (« ignorance », « stupidité », « simplesse », etc.) ». Elle apparait comme « le plus richement plurivalente », mais se révèle surtout dans la critique de l'orgueil humain dont « la manifestation la plus extrême et la plus absurde » est de prétendre à la connaissance du monde ambiant.

1724. GIERCZYŃSKI (Abbé Zbigniew). — La science de l'ignorance de Montaigne. (*Roczniki Humanistyczne*, XV : 1967, n° 3, pp. 5-85).

A l'égard de la science, Montaigne adopte une attitude pleine de réserve, car il estime qu'une grande érudition concourt surtout à affaiblir le jugement. C'est pourquoi, à l'instar des grands sceptiques de l'Antiquité, il considèrera l'ignorance (« ma maistresse forme » : I, 50) comme le souverain bien de l'homme, et glorifiera dans son livre « la véritable ignorance philosophique [qui] accompagne le doute et en est la conséquence » (p. 85).

= C.R. : — M. Françon (*Studi fr.*, XIII : 1969, n° 37, pp. 128-29) ; — P. Michel (*B.S.A.M.*, 4ᵉ sér., n° 18, 1969, pp. 46-47). =

# Imagination

1725. SÉCHERESSE (Ch.). — Montaigne et l'imagination. (*B.S.A.M.*, 3ᵉ sér., n° 27, 1963, pp. 18-29).

Les *Essais*, « véritable livre unique », s'impose à tous par l'intense imagination que l'on y discerne et d'où tout procède, attendu que « l'imagination d'un Montaigne, c'est Montaigne lui-même, à la fois, et son œuvre » (p. 28).

= C.R. : — G. Mombello (*Studi fr.*, X : 1966, n° 30, p. 543). =

1726. CASTOR (Grahame). — [Montaigne et l'imagination]. — Pp. 151-54, 158-59, et *passim*, de : — Pleiade Poetics. A study in sixteenth century thought and terminology. — *Cambridge University Press*, 1964, in-8°, VII-208 pp.

1727. MCFARLANE (I.D.). — Montaigne and his concept of the Imagination. (*Mél. Boase*, 1968, pp. 117-37).

L'imagination est considérée par Montaigne comme une faculté particulièrement utile, sinon indispensable, dans les domaines de la connaissance, de l'action et de l'expérience. Mais d'ailleurs, demande l'auteur en conclusion, que sont donc les *Essais* eux-mêmes, si ce n'est de l'imagination mise en action ?

= C.R. : — P. Jodogne (*Studi fr.*, XIV : 1970, n° 40, p. 142). =

1728. HOLYOAKE (S. John). — Further reflections on Montaigne and the concept of the Imagination. (*B.H.R.*, XXXI, 1969, n° 3, pp. 495-523).

Etude écrite en complément de celles qu'avaient précédemment fait paraître sur la question le Dr. G. Castor (n° 1726) et le Professeur McFarlane (n° 1727). — Pour l'auteur du présent travail, il est assez difficile de préciser ce que Montaigne entendait réellement sous le nom d'*imagination* (p. 497), mais il donne l'impression d'être très réservé vis-à-vis de cette faculté chaque fois qu'il en parle.

= C.R. : — P. Jodogne (*Studi fr.*, XIV : 1970, n° 41, p. 336). =

# Individualisme

**1729.** MURRY (John Middleton). — Montaigne : the birth of an individual. — Pp. 49-62 de : — Heroes of thought. — *New York, Messner,* 1938, in-8°, VII-XIII-368 pp.

Montaigne s'est mis à prendre conscience de lui-même, grâce à l'interprétation fidèle qu'il a faite de sa propre expérience et dont les *Essais* ont été le livre d'enregistrement.

**1730.** LÉVIS-MIREPOIX (Duc de). — Montaigne et l'individualisme. (*Rev. univ.,* 1943, t. XCII, 25 mai, pp. 721-34).

Ce thème, repris sous forme de discours au dîner des « Amis de Montaigne » du 14 mars 1957 (*B.S.A.M.,* 3e sér., n° 1, 1957, pp. 6-15), a été en outre intégré dans un chap. de l'ouvrage du même auteur : *Grandeur et misère de l'individualisme français.* — Genève, La Palatine ; Paris, diff. Plon, tome Ier (1957), pp. 237-57. — L'idée dominante en est celle-ci ; — c'est à tort que l'on a voulu faire de Montaigne un précurseur de l'individualisme intégral. En réalité, il est parvenu à établir une combinaison du *quant à soi* et de la *sociabilité,* dont il a su doser habilement les effets selon les circonstances de sa vie, intérieure ou civique.

**1731.** — Montaigne [face au problème de l'individualisme]. (*Actes de l'Acad. de Bordeaux,* 4e sér., XIX : 1963-1964,, pp. 136-45).

A l'occasion de la réception du duc de Lévis-Mirepoix à l'Académie de Bordeaux : réponse du récipiendaire au discours du président Garrigou-Lagrange (séance solennelle du 20 mai 1963).

# Introspection, psychologie

**1732.** ANTONINI (P.). — Trois confessions : Saint Augustin, Montaigne, J.-J. Rousseau. — *Paris, Sandoz et Thuillier,* 1883, in-18, 237 pp., fig.

**1732a.** MONNIER (Marc). — Montaigne. — Tome II, pp. 174-97, de l' : — Histoire de la littérature moderne... — *Paris, Firmin-Didot,* 1884-1885, 2 vol. in-8°.

L'auteur a pris l'initiative de faire se présenter Montaigne lui-même. En effet, vingt pages de son étude (pp. 174-93) sont composées d'un ensemble de passages caractéristiques tirés des *Essais,* disposés dans un ordre particulier et avec une orthographe moderne. « Tel fut Montaigne d'après Montaigne », déclare-t-il.

**1733.** MERLANT (Joachim). — La vie intérieure et la culture du moi dans la littérature française à partir de Montaigne : — Les rencontres de Montaigne ; — La doctrine intérieure de Montaigne. [Résumés des IIe et IIIe leçons d'un cours professé pendant l'hiver 1912-1913 à l'Université de Montpellier]. (*Rev. des cours et conf.,* XXI : 1912-1913, n° 7, 20 mars 1913, pp.

667-74). — Recomposé pour former les chap. II et III, pp. 31 à 87, dans l'ouvrage d'ensemble : — De Montaigne à Vauvenargues. Essais sur la vie intérieure et la culture du moi... — *Paris, S.F.I.L.*, 1914, in-8°, 420 pp. — Réimpr. de ce dernier vol : — *Genève, Slatkine*, 1969, in-8°, 421 pp.

« Psychologue avant tout, [Montaigne] s'est très bien rendu compte de la valeur morale de l'exercice psychologique auquel il a consacré sa vie ». (*De Montaigne à Vauvenargues*, p. 54).
= C.R. : — J. Plattard (*Rev. du XVIe siècle*, II : 1914, p. 139). =

1734. THIBAUDET (A.). — Portraits du XVIe siècle. (*Candide*, 2 décembre 1926, p. 3).

Parmi les portraits des écrivains de cette époque, celui de Montaigne nous est apparu de deux façons différentes : d'abord, sous le pinceau d'un artiste, ensuite sous sa propre plume à l'aide de laquelle il nous a donné de lui une reproduction magistrale.

1735. JONES (P. Mansell). — Montaigne's self-portraiture and the definition of the Essays (pp. 22-33) ; — Judgement and relation in the Essays of Montaigne (pp. 34-41), — dans : — French introspectives from Montaigne to André Gide... — *Cambridge, University Press*, 1937, in-16, XII-115 pp.

L'autoportrait dans les *Essais* offre un intérêt manifeste : en effet, il n'a pas été réalisé dans un dessein scientifique ou psychologique, ni comme introspection pure et sans but ; sa destination était d'ordre moral et surtout social, ainsi que l'annonce Montaigne lui-même dans son avis *Au lecteur* (p. 37).

1736. LE BANSAIS (E.). — Montaigne et la force mentale. (*B.S.A.M.*, 2e sér., n° 4, 1938, pp. 45-46).

Nul plus que lui n'a eu le sens de la force mentale (quelques exemples à l'appui de cette remarque).

1737. BATES (Blanchard Wesley). — [Montaigne peint par lui-même]. — Pp. 73-98 de : — Literary portraiture in the historical narrative of the French Renaissance. — *New York, Stechert*, 1945, in-8°, 168 pp. — (*Diss. Princeton*).

1738. MASSON-OURSEL (Paul). — Intérêt psychanalytique et valeur humaine de Montaigne. (*Psyché*, II : 1947, pp. 1109-11).

Montaigne représente un des cas-types d'écrivains pour lesquels aucune psychanalyse ne se révèle nécessaire. Il en est de même, du reste, pour La Fontaine, et — d'une manière générale — pour « certains purs artistes qui ne sont à aucun degré des névrosés » (p. 1111).

1739. GUSDORF (G.). — L'initiative de Montaigne. — Pp. 29-32 de : — La Découverte de soi... — *Paris P.U.F.*, 1948, in-8°, VIII-513 pp. — (*Thèse de lettres, Paris* 1948).

« ...Le problème de la connaissance de soi se pose comme le problème initial d'une étude de l'expérience morale (p. VIII)... Montaigne se peint lui-même pour son plaisir, en toute complaisance et d'ailleurs en toute objectivité... Il dresse un memorandum de son existence... » (p. 29).

1740. JEANSON (F.). — Montaigne et l'expérience de soi. (*Esprit*, XIX : 1951, septembre, pp. 321-42). — Pages extraites de : *Montaigne par lui-même* (n° 453), qui était alors en instance de publication aux Editions du Seuil.

Sur la portée pratique d'une semblable expérience : — « En se passionnant pour lui-même, Montaigne a très valablement éclairé les aspects essentiels de l'humain... Cet homme qui méprisait les hommes a eu le courage de dire son mépris, et de le contredire à l'occasion. C'est pour lui-même qu'il s'est efforcé d'être vrai, mais il y est parvenu à la face du monde... » (p. 341).

1741. HERRMANN (W.). — Montaignes Selbstdarstellung in seinen Essais. (*Wissensch. Zeitsch. Univ. Jena*, V : 1955-1956, pp. 395-401).

Montaigne, peintre de lui-même dans ses *Essais*.

1742. WETHERED (Herbert N.). — Montaigne. — Pp. 16-23 de : — The curious art of autobiography from Benvenuto Cellini to Rudyard Kipling. — *London, Christopher Johnson* (1956), in-8°, 237 pp.

Montaigne considéré comme le premier des « égoïstes » par Port-Royal qui semble avoir confondu avec un défaut personnel le fait d'avoir réalisé une peinture approfondie de soi-même dans un livre dont allait naître un genre littéraire.

1743. LOBET (Marcel). — Montaigne ou la confession du bon plaisir. (*Rev. générale*, XCVII : 1961, pp. 79-90). — Repris dans les pp. 63-72 de : — Ecrivains en aveu. Essai sur la confession littéraire. — *Bruxelles, Editions Brepols ; Paris, Garnier* (1962), pet. in-8°, 206 pp. — (Coll. : *Le Cheval insolite*, n° 10).

L'auteur des *Essais* apparaît ici comme « le premier des écrivains modernes à partir de l'individu minutieusement observé pour aboutir à l'universel ». Le *bon plaisir* qu'il apporte à cette étude personnelle place aux antipodes d'autres grands analystes plus « sentencieux », comme Rousseau, Baudelaire, voire André Gide.

= C.R. : — M. Rat (*B.S.A.M.*, 3e sér., n° 27, 1963, pp. 54-55). =

1744. GENZ (Henry E.). — First traces of Montaigne's progression toward self-portraiture. (*Symposium*, XVI : 1962, pp. 206-11).

Contrairement à une opinion longtemps soutenue, c'est dès l'année 1572 que Montaigne a fait ses débuts dans l'autoportrait.

1745. TRINQUET (R.). — Le vrai triomphe de Montaigne. (*Mémorial* 1963, pp. 190-99).

« Sorte de remède psychologique » à l'origine, les *Essais*, sans plan ni méthode, sont bien vite « devenus pour leur auteur la plus tenace des habitudes » (p. 197), en même temps que le moyen de satisfaire son goût « de s'analyser et de s'exposer », nous faisant assister « à l'aurore enivrante de l'introspection » (p. 198).

1746. FEYTAUD (J. de). — Variations : de Montaigne à Proust. (*B.S.A.M.*, 3e sér., n° 31, 1964, pp. 20-32).

Etude du passage où Montaigne raconte avec tant d'attention son évanouissement à la suite d'une chute de cheval (II, 6). — L'« observation clinique » existe également chez Rousseau et chez Proust.

1747. **FANDAL** (Carlos D.). — The concept of « Self » in the *Essais* of Michel de Montaigne. — Diss. Louisiana State Univers., 1968, 147 pp. — (*Diss. Abstr. Int.*, XXIX : 1968-1969, n° 2 [August], p. 567-A).

Comment Montaigne a organisé sur lui-même son étude du « moi » humain et des opérations complexes de l'humaine conduite.

1748. **GENZ** (Henry E.). — Montaigne's concept of « non-identity » as a basis for the self-portrait. (*Esprit créateur*, VIII : 1968, n° 3, pp. 194-97).

Si Montaigne a tenu à se peindre dans son livre, c'est qu'il était persuadé de pouvoir présenter ainsi un exemple original, étant donné qu'à l'instar des œufs (*Essais*, III, 13), il n'y a pas deux hommes qui soient exactement semblables.

= C.R. : — R. Campagnoli (*Studi fr.*, XIV : 1970, n° 42, p. 533). =

1749. **HALLIE** (Philip P.). — Montaigne and philosophy as self-portraiture. — *Middletown, Conn. : Wesleyan U. Center for advanced studies*, 1966. — Trad. en norvégien : — Montaigne-og filosofi som selvportrett. (*Minervas Kvartalsskrift*, XII : 1968, pp. 428-39).

1750. **LEWIS** (Philip E.). — L'Apologie d'une connaissance vécue. (*Esprit créateur*, VIII : 1968, n° 3, pp. 219-29).

Les conditions de la perception humaine, telles qu'elles sont exposées dans l'*Apologie*.

= C.R. : — R. Campagnoli (*Studi fr.*, XIV : 1970, n° 42, p. 534). =

1751. **NORTON** (Glyn Peter). — Montaigne and the *Essais* : a study in introspection. — Diss. Univers. of Michigan, 1968, 295 pp. — (*Diss. Abstr. Int.*, XXIX : 1968-1969, n° 4 [October], p. 1231-A). — Publié sous le titre : — Montaigne and the introspective mind. — *The Hague, Paris, Mouton*, 1975, in-8°, 219 pp. — (*Studies in French literature*, XXII).

*Voir* aussi n° 2374.

1752. **FRIEDENTHAL** (Richard). — Entdecker des Ich : Montaigne, Pascal, Diderot. — *München, Piper*, 1969, in-8°, 409 pp.

Trois essais de longueur à peu près semblable, consacrés à trois explorateurs de la personne humaine, et où Montaigne occupe chronologiquement la première place.

1753. **HIEBEL** (Friedrich). — Die Ichgeburt des Essays. — Pp. 71-80 de : — Biographik und Essayistick. Zur Geschichte der schönen Wissenschaften. — *Bern, München, Francke*, 1970, in-8°, 295 pp.

L'apparition dans les *Essais* de la personnalité de leur auteur.

1754. **SAITO** (H.). — Montaigne et le « moi » dans les *Essais*. (*Bunka, Nih.*, t. 33, 1970, n° 4, pp. 30-58 ; — texte en japonais, avec résumé en français : pp. 593-94).

1755. HOLYOAKE (S. John). — Montaigne's attitude to memory .(*French st.*, XXV : 1971, pp. 257-70).

Pour Montaigne, la mémoire n'est pas seulement une faculté, d'ailleurs insuffisante. A différentes occasions, il a montré que, derrière ce concept primaire, se dissimulaient un certain nombre de caractéristiques qui en justifient l'importance à ses yeux, par exemple les relations de la mémoire avec le jugement, la science, l'organisation de la pensée, etc.
= C.R. : — D. Wilson (*Studi fr.*, XV : 1971, n° 45, p. 536). =

1756. FRANÇOIS (Carlo). — Montaigne et l'Absurde. — Pp. 29-37 de : La notion de l'Absurde dans la littérature française du XVIIᵉ siècle... — *Paris, Klincksieck*, 1973, in-8°, 193 pp. — (Coll. : *Critères* 2).

Sur la démonstration réalisée par Montaigne, que l'*absurde* (c.-à-d. : l'inconcevable, l'incompréhensible) est un phénomène principalement humain (p. 32), en faisant « la somme terrifiante de nos absurdités » (p. 36).

1757. RIDER (Frederick J.). — Psychological development in the *Essays* of Michel de Montaigne. — Diss. Univers. of California, Santa Cruz, 1971, 177 pp. — (*Diss. Abstr. Int.*, XXXIII : 1972-1973, n° 10 [April], p. 5745-A).

Les conditions du développement psychologique chez Montaigne observées dans six essais, eux-mêmes étudiés dans leurs présentations successives (1580, 1588 et 1595).

1758. — The dialectic of selfhood in Montaigne. — *Stanford University Press ; London, Oxford University Press*, 1973, in-8°, IX-115 pp.

Le besoin qu'éprouva Montaigne de s'étudier, et dans quelle mesure cet autoportrait lui a permis de découvrir sa véritable nature.
= C.R. : — E.H. Dale (*J. of European st.*, III : 1973, p. 375) ; — Z. Samaras (*French rev.*, XLII : 1973-1974, n° 5, pp. 979-80) ; — Glyn P. Norton (*Criticism*, XVI : 1974, pp. 170-72) ; — Steven F. Rendall (*Comparative lit.*, XXVI : 1974, pp. 91-94). =

1759. TRINQUET (R.). — La curiosité psychologique chez Montaigne dès ses premiers essais (I, 2, *De la tristesse*). (*B.S.A.M.*, 5ᵉ sér., n° 9, 1974, pp. 21-28).

« La curiosité et la perspicacité de Montaigne en matière d'analyse psychologique apparaissent évidentes dès ses premiers essais. A lui seul, l'essai *De la tristesse* en apporte la démonstration » (p. 27).

1760. ELLRODT (Robert). — Self-consciousness in Montaigne and Shakespeare. (*Shakespeare survey*, XXVIII : 1975, pp. 37-50).

Sur la conscience de soi-même chez Montaigne et chez Shakespeare. L'auteur profite de cette étude pour revenir sur la fameuse question Shakespeare-Montaigne et les principales recherches qu'elle a déterminées.

1761. LLOYD-JONES (K.) et MEIJER (Marianne S.). — A propos d'une « erreur » de Montaigne. (*B.H.R.*, XXXVII : 1975, n° 1, pp. 121-29).

Les auteurs ont cherché une explication logique à ce manque d'attention, à ce lapsus de Montaigne qui, dans sa lettre à sa femme (lettre-dédicace de la traduction de la *Consolatio ad Uxorem* de Plutarque) confond *an* avec *mois* lorsqu'il parle de leur fille Thoinette, décédée dans le deuxième mois — et non « le deuxiesme an » — de sa vie.

= C.R. : — A. Lagrange (*B.S.A.M.*, 5ᵉ sér., nᵒˢ 14-15, pp. 133-34). =

1762. REGOSIN (Richard). — Montaigne's *Essais* : the book of the self. (*Mél. Edelman*, 1975, pp. 39-48).

Importance de la personnalité de l'écrivain, telle qu'elle apparaît à travers ce livre où il a entrepris de « se servir de soy pour subject à escrire » (II, 18). Les problèmes de la recherche, la réalité du langage et les paradoxes de la perspective ; « il n'est description pareille en difficulté à la description de soy-mesme » (II, 6).

## Liberté, disponibilité

1763. BESPALOFF (Rachel). — L'instant et la liberté chez Montaigne. (*Deucalion 3* : — Vérité et liberté —, octobre 1950, pp. 65-107). — (*Etre et penser*, Cahiers de philosophie, nᵒ 30, Neuchâtel, La Baconnière).

Montaigne précurseur de la doctrine existentialiste ?

1764. TRINQUET (R.). — Montaigne et Venise ou le mythe de la liberté. (*Merc. de Fr.*, 1956, t. CCCXXVII, 1ᵉʳ juin, pp. 293-323).

A l'exemple de son ami La Boétie, et tout aussi illusoirement que lui, Montaigne aura toujours l'imagination portée vers la noble République qui lui semble être, aux temps modernes, l'émule de la Rome antique, c'est-à-dire, « le lieu idéal de la retraite : terre de liberté et d'allégresse paisible », où « il fait bon vivre et doucement mourir » (p. 317).

1765. GREPPI (Alessandra). — La riflessione sulla morte in Montaigne come apertura alla disponibilità. (*Riv. di filos. neo-scolast.*, LVII : 1965, pp. 650-64).

Sur le développement, à une certaine époque dans la pensée de Montaigne, de la méditation sur la mort, et ses conséquences notamment vers l'accès à la disponibilité.

= C.R. : — P.P. Ottonello (*Studi fr.*, X : 1966, nᵒ 30, pp. 542-43). =

1766. MEERTS (Christian). — La disponibilité chez Gide et Montaigne. (*Le Flambeau*, XLIX : 1966, pp. 310-43).

Les *Essais* mis en comparaison avec les *Nourritures terrestres*, l'ouvrage de Gide renfermant la « doctrine de la disponibilité », — de la fuite devant le *choix* (« formule agressive d'affrontement solitaire et individuel de la vie » [p. 315]). — Pour Montaigne, toujours en proie à une « indétermination fondamentale », deux recours sont possibles : la *société* qui l'oblige à s'engager, et la *raison* qui au contraire « lui donne confiance en lui-même pour résoudre chaque problème personnellement ». Et l'auteur d'ajouter : « Si Gide est apparu comme un disponible aveugle, Montaigne nous apparaît comme un disponible timoré. Et nous serons peut-être plus « montaignien » que Montaigne lui-même, lorsque nous aurons conclu : la vertu est entre les deux ».

## Morale, conscience morale, vérité, vertu

**1767.** Saint-Marc Girardin. — Morale. — Pp. 35-40 du : — Tableau des progrès et de la marche de la littérature française au XVIe siècle... — *Paris, Firmin-Didot*, 1829, in-8°, 109 pp. — Repris dans les pp. 38-43 du *Tableau de la littérature française au XVIe siècle, suivi d'études sur la littérature du Moyen-Age et de la Renaissance...* — Paris, Didier, 1862, in-8°, iv-427 pp.

Comment Montaigne, à l'instar de Pétrarque en Italie, est parvenu à affranchir la morale du joug de la casuistique ecclésiastique et à la séculariser de façon définitive.

**1768.** Dumont (L.). — La morale de Montaigne. Conférence faite à Valenciennes et à Mons. — *Valenciennes, Lemaître*, 1866, in-8°, 48 pp.

Jugement assez sévère du moraliste auquel est reproché un système centré sur la « bêtise » pour parvenir à la sagesse, une morale fondée sur le sentiment ou l'instinct, des principes d'égoïste qui font de cette morale un « art d'être heureux », sans plus. — (Un long passage de cette conférence a été publié dans la *Rev. des cours litt. de France et de l'étranger*, III, 1865-1866, n° 29, pp. 487-88).

**1769.** Höffding (Harald). — Montaignes Betydning i Etikens Historie. (*Det nittende Aarhundrede*, IV : 1876, pp. 210-30).

Importance de Montaigne dans l'histoire de l'éthique.

**1770.** Ruel (E.). — Du sentiment artistique dans la morale de Montaigne. Œuvre posthume de Edouard Ruel, professeur à l'Ecole nationale des Beaux-Arts. Préface de M. Emile Faguet, de l'Académie française. — Illustrations hors-texte. — *Paris, Hachette*, 1901, in-8°, LXIV-431 pp., fig. — Réimpr. : — *Genève, Slatkine*, 1970, in-8°, 495 pp.

« C'est un paradoxe que de vouloir réduire Montaigne à n'être qu'un pur artiste, et à vouloir dériver toute sa philosophie, toute sa morale du jeu du sentiment artistique : M. Ruel s'est épuisé dans ce paradoxe sans parvenir à achever son livre... » (G. Lanson, *L'art de la prose*, p. 44).
= C.R. : — Ph. Aug. Becker (*Deutsche Literat.*, XXII : 1901, col. 27-28) ; — H. de Curzon (*Rev. des études hist.*, LXVIII : 1902, pp. 178-80) ; — Ch. Dejob (*Rev. crit.*, XXXVI : 1902, 1er sem., pp. 7-8) ; — E. Dupuy (*Rev. pédag.*, XXVI : 1903, 2e sem., pp. 295-98) ; — *Rev. de la Renaissance*, II (1902), pp. 64-65. =

**1771.** Herzberg (Curt). — Die skeptischen, naturalistischen und rigoristischen Elemente in Montaignes ethischen Anschauungen. Inaugural-Dissertation... — *Leipzig, Druck von Pöschel und Trepte*, 1904, in-8°, 69 pp.

**1772.** Levrault (L.). — « Car c'est moi que je peins ! » Le portrait chez Montaigne. — Pp. 25-32 de : — Maximes et portraits.

(Evolution du genre). — *Paris, Paul Delaplane, s.d.* (1908), in-18, 144 pp.

Utilité du portrait en morale : démonstration faite par Montaigne à l'aide du sien qui forme le centre de son livre et en assure l'harmonie.

1773. VILLEY (P.). — Le rôle de Montaigne dans le mouvement des idées morales au XVIᵉ siècle. — Tome Iᵉʳ, pp. 5-50, de : — Les sources et l'évolution des Essais de Montaigne... (nᵒ 1335).

Au XVIᵉ siècle, la morale a subi une révolution profonde constituée par l'abandon des principes de la scolastique médiévale au profit de la seule raison, et Montaigne, s'il a eu des précurseurs, est en fait l'agent principal de ce bouleversement.

1774. LE BIDOIS (G.). — La doctrine de Montaigne. — Pp. 118-38 de : — Les idées morales dans la littérature française : l'honneur au miroir de nos lettres, essais de psychologie et de morale. — *Paris, Garnier,* 1919, in-8ᵒ, XI-397 pp.

1775. LANSON (G.). — La vie morale selon les *Essais* de Montaigne. (*R.D.M.*, 7ᵉ pér., 1924, t. XIX, 1ᵉʳ février, pp. 603-25 ; 15 février, pp. 836-58). — Repris dans les pp. 141-82 de : — Essais de méthode, de critique et d'histoire littéraire, rassemblés et présentés par Henri Peyre. — *Paris, Hachette* (1965), in-8ᵒ, 479 pp.

Dégagée de tout système ou morale théorique, la morale des *Essais* fait apparaître deux éléments essentiels : la liberté et le désintéressement, approuvés par la raison de Montaigne et « confirmés historiquement par le témoignage des meilleurs exemplaires de la nature humaine ». Le livre de Montaigne nous propose ainsi une morale positive, raisonnable, rationnelle et intellectuelle. Son originalité, « ce qu'elle a de plus propre, de plus moderne, c'est de n'être pas une doctrine, mais un art, une méthode » (p. 854) à laquelle Montaigne « assigne un caractère strictement individuel ». C'est en somme la morale des honnêtes gens [...] qui veulent vivre proprement, sans se piquer de vivre héroïquement ni saintement » (p. 855).

1776. BRUNSCHVICG (Léon). — Le moment historique de Montaigne. (*Rev. juive*, I : 1925, pp. 417-35). — Repris au tome Iᵉʳ, pp. 113-29, de : — Les progrès de la conscience dans la philosophie occidentale. — *Paris, F. Alcan,* 1927, 2 vol. in-8ᵒ. — (*Bibliothèque de philosophie contemporaine*).

Comment Montaigne a pu être amené à se révéler le moraliste de la conscience pure. En réalité, sa morale se caractérise par l'absence de toute norme externe et de toute sanction, ce qui en fait la délicatesse, la pureté, la sincérité, la douceur. De tels sentiments, manifestés à une époque de préjugés et de violences religieuses, sont tout à l'honneur de celui qui a su les exprimer.

1777. COPPIN (J.). — La morale de Montaigne est-elle purement naturelle ? (*Mél. de philol. et d'hist...* — *Mém. et trav. publ. par les professeurs des Facultés catholiques de Lille*, 1927, pp. 105-20).

Pour l'auteur, Montaigne est peut-être un chrétien léger, et parfois paradoxal, mais c'est un chrétien tout de même, et il est difficile d'admettre que sa morale a pris sa source davantage dans la raison humaine que dans la foi religieuse.

= C.R. : — J. Palttard (*Rev. du XVIe s.*, XVI : 1929, p. 345). =

1778. TALVART (H.). — La Religion de Montaigne. — Ve cahier, 2e série, pp. 24-30 de : — Dits et contredits d'un homme d'aujourd'hui, cahiers littéraires d'essais et de critique. — *La Rochelle, l'auteur*, 1932-1934, 12 fasc., in-16, portr.

On a beaucoup parlé de la religion de Montaigne. En effet, il en eut bien une, « et ce fut la religion du vrai par l'humain... Il poursuit la vérité en clinicien de l'âme, en anatomiste de l'esprit » (p. 25).

= C.R. : — A. Connord (*Le Périgourdin de Bordeaux*, septembre 1934, p. 14). =

1779. LÜTHY (Herbert). — Montaigne oder die Wahrhaftigkeit. (*Der Monat*, V : 1953, pp. 599-628). — En anglais : — Montaigne, or the art of being truthful. (*Encounter*, I : 1953, no 2, November, pp. 33-44).

Montaigne ou la véracité : — une longue étude sur les *Essais*, présentés par leur auteur comme « un livre de bonne foi ».

1780. GOUGENHEIM (G.) et SCHUHL (P.-M.). — [Le problème du repentir envisagé par Montaigne]. — Pp. 142-46 de : — Trois essais de Montaigne (I, 39 — II, 1 — III, 2) expliqués... 2e édition revue. — *Paris, Vrin*, 1959, in-16 jés., XVI-148 pp.

1781. LEVI (Anthony), S.J. — Montaigne and the tradition of moral writing in the late sixteenth century. — Pp. 51-63 de : — French moralists. The theory of the passions, 1585 to 1649. — *Oxford, Clarendon Press*, 1964, in-8o, VIII-362 pp.

1782. LÉVIS-MIREPOIX (Duc de). — Le sens national de Montaigne. (*Culture française*, XI : 1964, pp. 111-12).

1783. CAMERON (Keith C.). — Montaigne and the mask. (*Esprit créateur*, VIII : 1968, no 3, pp. 198-207).

Pour peindre l'homme à nu, Montaigne a été contraint de lui arracher ce qu'il appelle son « masque », c'est-à-dire tout ce qui dans l'être humain peut s'assimiler à de la duperie, de l'hypocrisie, une fausse apparence, une conduite anormale. Aussi, le thème et l'image du « masque » se rencontrent-ils souvent dans les *Essais*.

= C.R. : — J. Sartenaer (*Lettres romanes*, XXII : 1968, pp. 95-96) ; — R. Campagnoli (*Studi fr.*, XIV : 1970, no 42, pp. 533-34). =

1784. STAROBINSKI (J.). — Montaigne et la dénonciation du mensonge. (*Dialectica*, XXII : 1968, pp. 120-31).

« Le monde est menteur et masqué ». L'un des principaux instruments de la tromperie universelle est sans doute le langage, générateur d'inauthenticités. S'insurgeant contre de telles institutions, Montaigne partira donc à la recherche de la vérité, n'ignorant cependant pas qu'il existe une « mise à nu » bien naturelle : la mort, si propre à faire tomber les masques, — pas dans tous les cas du reste, car « une belle mort » peut en

effet se révéler comme « un chef-d'œuvre d'artifice » (p. 130), — et par conséquent un nouveau et suprême mensonge.
= C.R. : — L. Sozzi (*Studi fr.*, XIV : 1970, n° 40, pp. 142-43). =

1785. HIPPEAU (L.). — La notion de fausse vertu chez Montaigne. (*B.S.A.M.*, 5ᵉ sér., nᵒˢ 3-4, 1972, pp. 5-15).

Montaigne, notamment dans les derniers essais, montre qu'il ne croyait pas à l'existence d'une vertu « absolue et pure » : celle dont il nous parle est imprégnée de vices qui s'emploient utilement à la soutenir. C'est ce que l'on retrouvera chez La Rochefoucauld qui, au XVIIᵉ siècle, soutiendra la thèse d'une vertu fondée sur l'intérêt personnel.

1786. BEAUDRY (James C.). — The concept of virtue in the *Essais* of Montaigne. — Diss. Univers. Illinois, Urbana-Champaign, 1973, 146 pp. — (*Diss. Abstr. Int.*, XXXIV : 1973-1974, n° 1 [July], p. 304-A).

1787. KEMP (Peter). — Montaigne. — Pp. 17-19 de : — Théorie de l'engagement. I : Pathétique de l'engagement. — *Paris, Ed. du Seuil* (1973), in-16, 319 pp.

Dans la littérature française, c'est chez Montaigne qu'apparaît pour la première fois une expression de l'engagement moral.

1788. TRAVERSO (Edilia Orlandini). — La fonction de la recherche philosophique dans les « Essais » de Michel de Montaigne. (*B.S.A.M.*, 5ᵉ sér., n° 5, 1973, pp. 25-38).

Pour Montaigne, ce n'est pas sous l'aspect d'un culte de la logique ou de l'enquête métaphysique que doit être considérée la philosophie, mais plus valablement comme formatrice du jugement et des mœurs, réalisant ainsi « une étude de l'homme pour lui apprendre à vivre ». En d'autres termes, c'est une « conquête subjective d'une dimension éthique » (p. 35).

1789. BOON (Jean Pierre). — Epistémè et morale dans les *Essais* de Montaigne. (*B.S.A.M.*, 5ᵉ sér., n° 13, 1975, pp. 23-26).

De l'avis de Montaigne, toute science doit être fondée sur la connaissance de soi-même, véritable progrès moral qui conditionne le progrès technique.

## Mort (Idée de la)

1790. BOURQUELOT (F.). — Recherches sur les opinions et la législation en matière de mort volontaire, pendant le Moyen-Age, les XIVᵉ, XVᵉ et XVIᵉ siècles. (*Bibl. de l'Ecole des Chartes*, 1ʳᵉ sér., 1842-1843, pp. 456-75).

Voir pp. 465-66 et 471 les opinions de Montaigne sur cette question.

1791. Montaigne and death. (*Quart. rev.*, 1849, t. LXXXV, pp. 346-47).

1792. CITOLEUX (Marc). — Montaigne et la mort. (*Les Humanités*, cl. de lettres, XIII : 1936-1937, n° 8, mai 1937, pp. 381-83). —

Extrait de l'ouvrage : *Le vrai Montaigne, théologien et soldat,* (n° 2082), pp. 274-78.

« Montaigne appréhende non pas le *être mort,* car il croit en la vie éternelle, mais le *mourir* qui peut lui ravir le ciel par le désespoir » (p. 382).

1793. MUSGRAVE (Wilford P.). — The theme of death in the *Essays* of Montaigne. — Diss. Pensylvania State College, 1939. — Voir, p. 100, dans : — Donald B. Gilchrist. — Doctoral dissertations accepted by American Universities. — *New York, Wilson,* 1939, in-8°.

1794. FRIEDRICH (Hugo). — Montaigne und der Tod. (*Romanische Forschungen,* LXI : 1948, pp. 32-88). — Cette étude, qui devait former le chap. VI du *Montaigne* publié en 1949 (n° 1576), a été traduite en français dans la revue *Preuves* : XVIII (1968), n°s 204 [février], pp. 17-32, et 205 [mars], pp. 26-39.

La mort, une des questions capitales abordées dans les *Essais,* où Montaigne l'a présentée avec des aspects différents suivant les étapes de sa méditation sur cette idée.

1795. DRÉANO (Chanoine M.). — Montaigne et la préparation à la mort. (*B.H.R.,* XXII : 1960, n° 1, pp. 151-71).

Montaigne a parlé de la mort plus souvent dans les essais de 1580 que dans ceux de 1588, et il l'a fait, semble-t-il, en utilisant « un stoïcisme assoupli et accueillant » auquel « la religion elle-même s'est mêlée ». Il s'est visiblement entraîné « à ne pas craindre la mort ; puis il n'a plus senti le besoin de continuer cet entraînement » (p. 171).
= C.R. : — L. Sozzi (*Studi fr.,* IV : 1960, n° 11, p. 335). =

1796. BOON (Jean Pierre). — La pensée de Montaigne sur la mort a-t-elle évoluée ? (*M.L.N.,* LXXX : 1965, pp. 307-17).

Conclusion négative : plutôt qu'une évolution de sa pensée, il y aurait eu, selon l'auteur, un véritable « changement de perspective » de la part de Montaigne sur cette question.
= C.R. : — P. Jodogne (*Studi fr.,* X : 1966, n° 29, p. 338). =

1797. CHORON (Jacques). — Sterben lernen und nicht sterben können. Der Tod bei Michel de Montaigne und Giordano Bruno. (*Antaios,* VIII : 1966-1967, pp. 550-59).

1798. STONE (Donald), Jr. — Death in the third book. (*Esprit créateur,* VIII : 1968, n° 3, pp. 185-93).

La conception et la présentation du thème de la mort dans le dernier livre des *Essais,* où il figure comme une réplique au chap. 20 du livre Ier : *Que philosopher c'est apprendre à mourir.*

1799. ISRAEL (Marcel). — Montaigne et la tentation du *Contemptus Mundi.* (*B.S.A.M.,* 5e sér., n° 12, 1974, pp. 29-34).

Sur la tentative à laquelle s'est livré Montaigne « pour situer la Mort, se situer par rapport à elle » et en faire le « nécessaire dénouement » d'une vie qui, sans la Sagesse, serait dérisoire et avilissante.

# Nature, naturisme, exotisme, le « bon sauvage », etc.

1800. ASSELINEAU (Ch.). — Un nouveau genre de littérature. — Montaigne et La Fontaine. — Les Bestiaires... (*Bull. du bibl.*, 1869, pp. 364-66).

A propos des observations faites par Montaigne (*Essais*, II, 12) sur l'animal considéré dans ses rapports avec l'homme. A ce titre, le moraliste apparaît, dans les littératures modernes, comme « le vrai père de cette science particulière que l'habitude de la vie domestique et de l'observation ont généralisée » (p. 365). — Voir aussi nᵒˢ 1280, 1317, 1888, 1904, 2504.

1801. CHINARD (Gilbert). — Un défenseur des Indiens : Montaigne. — Pp. 193-218 de : — L'exotisme américain dans la littérature française au XVIᵉ siècle, d'après Rabelais, Ronsard, Montaigne, etc. — *Paris, Hachette*, 1911, in-16, XVII-246 pp. — Réimpr. : *Genève, Slatkine*, 1970, in-8º, XVIII-249 pp.

La défense des « Cannibales » et des Mexicains entreprise par Montaigne successivement dans les essais *Des Cannibales* (I, 31) et *Des Coches* (III, 6). Importance de ces chapitres dans l'histoire de l'humanitarisme et de la liberté d'esprit.

1802. TILLEY (Arthur). — Follow nature. — Pp. 247-58 de : — Studies in the French Renaissance. — *Cambridge University Press*, 1922, in-8º, 320 pp., 7 ill. hors-texte.

Montaigne considère que l'homme est une loi pour lui-même ; il peut donc suivre sans crainte sa propre nature puisque, malgré d'incontestables travers, celle-ci se trouve améliorée par la réflexion et la conscience.

1803. SEILLIÈRE (E.). — La doctrine de la bonté naturelle de Montaigne à Delisle de Sales. (*Séances et trav. de l'Acad. des sc. mor. et polit.*, N.S., LXXXV : 1925, 1ᵉʳ sem., pp. 369-410).

1804. GMELIN (Hermann). — Montaigne und die Natur. (*Archiv für Kulturgeschichte*, XXI : 1931, H. 1, pp. 26-43).

1805. LEBEL (Roland). — Montaigne et les sauvages. — P. 15 de l' : — Histoire de la littérature coloniale en France. — *Paris, Victor Larose*, 1931, in-8º, 236 pp. — (Coll. *Les Manuels coloniaux*).

« Comme il n'y a pas une idée de son temps que Montaigne n'ait discutée (*sic*), il est naturel que [...] dans ses chapitres sur les *Cannibales* et les *Coches* (1580-88), il se pose résolument en défenseur des Indiens ».

1806. PERCEVAL (E. de). — Montaigne et l'Amérique. (*La Vie bordelaise*, 31 décembre 1933 / 6 janvier 1934, pp. 1 et 2).

Sur l'opinion professée par Montaigne en faveur des populations « barbares » d'Amérique, indignement persécutées par les conquérants européens. — (Troisième volet d'un *Triptyque à propos de Montaigne*, — cf. les nᵒˢ 570 et 818).

1807. PLATTARD (J.). — L'Amérique dans l'œuvre de Montaigne. (*Rev. des cours et conf.*, XXXV : 1933-1934, n° 1, 15 décembre 1933, pp. 12-21).

Comment Montaigne a utilisé sa documentation sur les Indiens du Nouveau-Monde et leurs conquérants. — C'est une suite à ce que J. Plattard a dit, dans *Montaigne et son temps* (n° 410), pp. 170-76, des jugements de l'auteur des *Essais* sur la question.

1808. SEILLIÈRE (E.). — Montaigne et la bonté naturelle. (*J. des Débats*, 26 février 1933, p. 3). — Repris, pp. 22-28 de l'ouvrage : — Sur la psychologie du Romantisme français. — *Paris, Ed. de la Nouv. rev. crit.*, s.d. (1933), in-16, 260 pp. — (Coll. *Les Essais critiques*, n° 39).

Après l'épisode sceptique, la morale de Montaigne aurait poursuivi son évolution pour atteindre les principes de la nature brute, pour parvenir à un naturisme mystique « qui annonce de loin Rousseau » et même peut-être l'école romantique. — (Etude inspirée par le livre synthétique de P. Villey : n° 406). — *Voir* aussi le n° 1803, et comparer avec une autre position prise (n° 426).

1809. ATKINSON (Geoffroy). — Les nouveaux horizons de la Renaissance française. — *Paris, Droz*, 1935, in-8°, xx-502 pp.

A consulter principalement : — p. 325, inventaire dans les *Essais* des passages relatifs aux « faits nouveaux géographiques » (pour l'auteur, Montaigne fait allusion plus souvent à l'Orient qu'à l'Occident et au Nouveau-Monde...) ; — pp. 328-35, anecdotes se rapportant aux « horizons grandissants » ; — pp. 339-44, Montaigne et l'exotisme ; — pp. 353-57, Montaigne et le « Bon Sauvage » ; — pp. 367-68, la bonne discipline des Turcs ; — p. 383, condamnation par Montaigne de la cruauté des conquérants ; — pp. 391-92, sa critique des vices des Chrétiens, etc. — Importante bibliographie.

1810. DRÉANO (Chanoine M.). — A propos des Cannibales. (*B.S.A.M.*, 2ᵉ sér., n° 6, 1939, p. 66).

Confrontation d'une lettre de Pasquier, dans laquelle il est question des indigènes du Brésil, avec le passage de l'essai I, 31, où Montaigne fait état de ses conversations avec « son valet brésilien ».

1811. JULIEN (Ch.-A.). — L'intérêt de Montaigne pour le Nouveau-Monde. — Pp. 417-31, dans : — Les voyages de découverte et les premiers établissements (xvᵉ-xviᵉ siècles)... — *Paris, P.U.F.*, 1948, in-8°, 533 pp. — (Coll. : *Colonies et empires*, 3ᵉ sér.).

Avec une étude des deux chapitres-types : *Des Cannibales* (I, 31) et *Des Coches* (III, 6).

1812. BRUHAT (J.). — Les origines de l'anticolonialisme en France. — I : De Montaigne à l'abbé Raynal. (*Cahiers internationaux*, V : 1953, n° 42, pp. 57-66).

1813. ETIEMBLE (R.). — Montaigne et le racisme. (*Evidences*, juillet 1955, pp. 28-33). — Repris, pp. 37-53, dans : — Le péché vraiment capital... — *Paris, Gallimard* (1957), in-16, 191 pp. — (Coll. *Les Essais*, LXXXV).

Considérations sur la pensée de Montaigne et avis formulés en ce qui concerne diverses interprétations qu'on en a données. L'auteur, quant à lui, estime que, parmi les idées qui dominent dans les *Essais*, il y a lieu de retenir la condamnation par le moraliste, à plusieurs reprises, du racisme et de sa religion. « Bien qu'au XVIᵉ siècle ce vice le cédât à plusieurs autres en immédiate gravité, Montaigne en a senti la menace et l'horreur » (p. 47).

1814. TRINQUET (R.). — « Montaigne ou la nature » d'après Sainte-Beuve [*Port-Royal*, liv. III]. (*B.S.A.M.*, 2ᵉ sér., nᵒ 19, 1956, pp. 56-57).

« Homme de *la* nature » peut-être, s'il faut en croire Sainte-Beuve, mais « Montaigne est bien plus encore, ce qui n'est pas du tout la même chose, l'homme de *sa* nature, c'est-à-dire de la nature, telle qu'elle est réfractée dans sa personne... [de] cette nature... qu'il chérit, revendique et s'enchante à nous peindre » (p. 56).

1815. BATAILLON (M.). — Montaigne et les conquérants de l'or. (*Studi fr.*, III : 1959, nᵒ 9, pp. 353-67. — Réimpr. dans *Les langues néo-latines*, LXVII : 1973, pp. 31-50).

« Le présent article est la reprise, pour l'essentiel, d'une conférence faite sous le même titre à Turin (Palazzo Madama), le 20 nov. 1958, pour inaugurer la dixième année de travail de l'Associazione Universitaria Italo-Francese » (p. 353, début de la note 1). — Dans cette étude, l'auteur examine favorablement le point de vue exprimé par Montaigne dans le chap. *Des Coches* (III, 6) sur l'action des conquistadors européens à l'encontre des civilisations très avancées des peuples d'Amérique (Mexique, Pérou), et il fait ressortir le caractère d'actualité de ces jugements pour notre XXᵉ siècle qui, au contraire des précédents, a puissamment travaillé dans le sens de la décolonisation.

1816. ETIEMBLE (R.). — Montaigne et les Indes Orientales-Occidentales. — Pp. 33-70 de la 1ʳᵉ partie (*Généralités. Définitions*) de : — L'Orient philosophique au XVIIIᵉ siècle. Cours professé à la Faculté des Lettres de Paris, 1956-1957... — Paris, *Centre de Documentation Universitaire*, s.d. (1961 et 1958), 2 vol. in-4ᵒ, 217 et 181 pp., multigraphiés. — (*Les Cours de la Sorbonne*).

Etude qui constitue la 1ʳᵉ section de cette partie du Cours et comprend quatre leçons dont voici les titres : *Des Coches* (4ᵉ et 5ᵉ leçons, pp. 34-52), *Le Bon Sauvage des « Cannibales »* (6ᵉ leçon, pp. 53-61), enfin : *Montaigne et les sacrifices humains* (7ᵉ leçon, pp. 62-70). — Marcel Françon a présenté une critique (nᵒ 3201) de certaines explications données ici par R. Etiemble, lequel par ailleurs s'est servi de son Cours sur les *Coches* pour établir sa communication parue dans les *C.A.I.E.F.* de 1962 sous le titre : *Sens et structure dans un essai de Montaigne* (nᵒ 1223).

1817. SINGER (Armand E.). — Montaigne's appreciation of external nature. (*Philol. papers*, LIV : 1963, nᵒ 14, pp. 6-17).

L'appréciation par Montaigne de la nature extérieure : — la représentation qu'il donne des différents phénomènes naturels est assez pauvre dans les *Essais* au contraire de ce qu'on trouve dans le *Journal de voyage*.

1818. LEBÈGUE (R.). — Montaigne et le paradoxe des Cannibales. (*Mél. Bruno Revel*, 1965, pp. 359-63).

Dans cette apologie des Cannibales du Brésil (*Essais*, I, 31), Montaigne n'a peut-être pas agi avec une intense conviction. En effet, il ne devait pas se faire beaucoup d'illusions « sur la valeur de certains arguments ; mais il connaissait la littérature des paradoxes et des sophismes, et il prati-

quait l'humour » (p. 362). Le sujet lui fournissait même un excellent prétexte pour démontrer à ses contemporains, imbus de conformisme, l'importance des leçons de sagesse que leur offrait la nature. — *Voir* n° 1333.
= C.R. : — *Studi fr.*, XI (1967), n° 32, p. 338. =

1819. MOREIRA COUTINHO AZEVEDO (Vivice). — Influência do descobrimento do Novo Mundo no pensamento da Renascença. Apresentação e analise do « Bon Sauvage » nos « Essais » de Montaigne. (*V Colóquio internacional... Coimbra*, 1963. — *Actas* III : 1965, pp. 469-75).

Le « bon sauvage » dans les *Essais* de Montaigne : présentation et analyse de ce concept.

1820. WEBER (H.). — Montaigne et l'idée de nature. (*Saggi e ric. di letter fr.*, V : 1965, pp. 41-63).

Ce que représente chez Montaigne cette idée de nature qui a fait son apparition dès les premiers essais et que l'on retrouve tout aussi vivante dans ceux de la dernière période (cf. III, 13). Et H. Weber fait remarquer que, dans les différents cas, il y a là un héritage du stoïcisme. « Vivre selon la nature « était en effet une maxime chère aux philosophes du Portique. — *Voir* n° 2187.
= C.R. : — *Studi fr.*, X (1966), n° 30, p. 542. =

1821. HOLYOAKE (S. John). — Montaigne and the concept of « bien né ». (*B.H.R.*, XXX : 1968, n° 3, pp. 483-98).

On ne saurait expliquer la notion de « bien né » si on ne cherchait pas à rattacher celle-ci à l'idée de *nature* qui est fondamentale dans l'esprit de Montaigne.
= C.R. : — P. Jodogne (*Studi fr.*, XIII : 1969, n° 38, p. 335). =

1822. RAYMOND (Marcel). — Montaigne devant les sauvages d'Amérique. — Pp. 13-37 de : — Etre et dire. Etudes. — *Neuchâtel, Editions de La Baconnière* (1970), in-8°, 300 pp. — (Coll. : *Langages*).

Venant après d'autres chroniqueurs de son temps, comme Barthélémy de Las Casas, André Thévet, Jean de Léry, Le Challeux, Chauveton, etc., Montaigne a condamné avec encore plus de vigueur les excès des conquérants européens chez les peuplades d'Amérique. En cela, « l'homme de l'intelligence et aussi de la tendresse jette une parole qui devance les temps, qui transcende les temps » (p. 37).

1823. TRAFTON (Dain A.). — Ancients and Indians in Montaigne's « Des Coches ». (*Symposium*, XXVII : 1973, pp. 76-90).

De l'opposition faite par Montaigne entre l'ancien monde, symbole de la décadence humaine, et le nouveau, où apparait une expression de la bonté naturelle.

1824. GAGNON (F.). — Les Cannibales de Montaigne. *Vie des arts*, XIX : 1974, n° 75, pp. 28-31).

1825. CAMARA CASCUDO (Luis da). — Montaigne et l'indigène du Brésil. Le chapitre « *Des Cannibales* » lu et annoté par un Brésilien.

[Traduction par B. Alléguède, avertissement par P. Michel]. (*B.S.A.M.*, 5ᵉ sér., nᵒˢ 14-15, 1975, pp. 89-102).

D'une ample étude commentée de ce chapitre, il a été donné dans ces pages les éléments qui ont paru les plus signifiants.

1826. LUTRI (Joseph R. de). — Montaigne on the noble savage. A shift in perspective. (*French rev.*, XLIX : 1975-1976, nᵒ 2, pp. 206-11).

Le thème du « bon sauvage » présenté sous deux aspects différents par Montaigne dans ses chap. *Des Cannibales* et *Des Coches*.

# Opinions exprimées par Montaigne

*Arts et lettres*

1827. LA HARPE (J.-F. de). — [Opinions de Montaigne sur Sénèque et Plutarque]. — Tome III (an VII-1799), pp. 274-80, de : — Lycée, ou Cours de littérature ancienne et moderne. — *Paris, chez H. Agasse*, an VII (1799) - an XIII (1805), 16 tomes en 19 vol. in-8ᵒ.

1828. MOËT (E.). — Des opinions et des jugements littéraires de Montaigne... — *Paris, A. Durand*, 1859, in-8ᵒ, 191 pp. — (*Thèse de lettres, Paris* 1859).

Montaigne n'est pas « un arbitre juré des auteurs, c'est un connaisseur et un artiste : il ne prononce pas des arrêts, mais il expose sa manière propre de voir et de sentir » (p. 3), et cela que ce soit sur la poésie ou sur l'histoire, l'éloquence, la rhétorique, le genre épistolaire, l'art des Anciens et les qualités de certains modernes, — sans oublier, bien entendu, ses réalisations personnelles (p. 181 sqq.).
= C.R. : — J.-F. Bladé (*Rev. d'Aquitaine*, IV : 1859-1860, pp. 263-70, 298-302, 326-32 ; — *voir* nᵒ 3057). =

1829. SAINTSBURY (George E.B.). — Montaigne, his references to literature. — Tome II (1902), pp. 138-42, de : — A history of criticism and literary taste in Europe, from the earliest texts to the present day... — *Edinburgh, London, W. Blackwood and sons*, 1900-1904, 3 vol. in-8ᵒ. — Réimpr. : — *Slatkine Reprints, Genève*, 1971, 3 vol. in-8ᵒ.

Les opinions de Montaigne en matière littéraire ; ses jugements sur divers écrivains ; l'essai *Des Livres*.

1830. LANDOUZY (Prof. Louis). — A propos de l'article sur le voyage de Montaigne en Italie. (*Rev. mod. de médecine et de chirurgie*, II : 1904, nᵒ 11, pp. 849-50).

Sous la forme d'une lettre « adressée au lecteur de Montaigne et non au rédacteur du journal », le professeur Landouzy exprime ses regrets de ce que, dans cet article (nᵒ 640), le Dʳ F. Helme n'ait pas mis en valeur l'absence de sensibilité (de cœur et artistique) qui, de l'avis du professeur, était une des caractéristiques de Montaigne, comme le montre son indifférence devant les chefs-d'œuvre de la Renaissance. — *Voir* aussi les nᵒˢ 1832 et 1833.

1830a. NORTON (Miss Grace). — Montaigne as a reader and student of style. — Pp. 193-263 de : — Studies in Montaigne... (n° 356).

Ses tendances à la lecture. — Ses auteurs préférés. — L'usage qu'il a fait de leurs écrits.

1831. GOUTCHKOFF (Th.). — Les vues esthétiques de Montaigne. (*L'Occident*, XI : 1907, n°ˢ 62 [janvier], pp. 20-29, et 63 [février], pp. 76-88). — En publication séparée : — *Paris, Sansot*, 1907, in-12, 71 pp. — (*Petite collection « Scripta brevia »*).

L'amour de la beauté a été finement nuancé par Montaigne pour qui les arts se classent « selon la part plus ou moins importante dévolue aux qualités d'origine » ; à ses yeux, l'objet réellement beau est celui qui « *fait corps* avec le milieu environnant » : c'est pourquoi il préfèrera l'esthétique du paysage à celle des arts individualisés (pp. 69-70).

1832. ARMAINGAUD (Dr A.). — [Montaigne et l'art de la Renaissance]. (*Acad. des inscr. et belles-lettres. Comptes rendus des séances*, 1921, p. 153).

Résumé d'une communication faite dans la séance du 3 juin 1921. Elle était relative à l'attitude de Montaigne en face des chefs-d'œuvre de la Renaissance italienne, et devait être publiée sous le titre suivant :

1833. — Du silence de Montaigne sur les œuvres d'art de la Renaissance en Italie. (*Rev. polit. et parlem.*, 1921, t. CVIII, 10 septembre, pp. 419-24). — *Voir* aussi l'éd. Armaingaud du *Journal de voyage*, t. VII (1928), des « Œuvres complètes » (n° 387), *Avant-propos*, pp. XXI-XXIX.

Dans cette étude, l'auteur insiste sur le fait que, de son voyage en Italie, Montaigne a rapporté le souvenir des monuments et ruines antiques, sur lesquels il a laissé de fort belles pages, mais que, par contre, il n'a absolument rien dit des tableaux exécutés par les grands artistes de la Renaissance. Cet intérêt, il est vrai, ne devait commencer à se manifester qu'à la fin du siècle suivant. — Stendhal avait déjà fait état de ce mutisme de Montaigne (n° 631).

1834. MACHABEY (A.). — Montaigne et la musique. (*Rev. musicale*, 1er juillet 1928, pp. 260-71, et 1er août, pp. 342-50).

Bien qu'il n'en ait parlé qu'occasionnellement, Montaigne n'était pas insensible à la musique dont il a constaté l'action physiologique sur les êtres animés, faisant siennes par ailleurs diverses appréciations d'auteurs de l'antiquité, toutes favorables à l'art musical. — Cf. n° 1837.

1835. — La musique au temps de Montaigne. (*Rev. musicale*, 1er octobre 1928, pp. 465-74, et 1er novembre, pp. 37-45).

Dans cette conclusion du travail précédent, A. Machabey observe que Montaigne a donné, dans son *Journal de voyage*, des témoignages de la diffusion de la musique à cette époque (même de la musique savante, malgré ses préférences pour la musique populaire). On pourra se référer à ces passages quand on voudra « éclaircir l'histoire musicale de son temps » (p. 45).

1836. G. M. — Montaigne et l'architecture. (*La Liberté du S.O.*, 30 mars 1933, p. 1).

Si Montaigne n'a pratiquement rien dit de l'architecture, par contre il a fait mention des architectes eux-mêmes pour critiquer le caractère trop technique à ses yeux de leur vocabulaire (cf. *Essais*, I,51).

1837. LACLAU (P.). — Montaigne et la musique. (*Je suis partout*, 8 avril 1933, p. 6).

Les raisons pour lesquelles Montaigne a pu montrer une certaine indifférence envers l'art musical.

1838. GRACEY (Phyllis). — Montaigne et la poésie... — Paris, P.U.F., 1935, in-8°, VIII-186 pp. — (*Thèse de lettres, Paris* 1935).

L'enthousiasme de Montaigne pour la poésie. La conception qu'il en a eue et les résultats qu'il en a tirés ; ses lectures, ses jugements de poètes, l'usage qu'il a su faire de ceux-ci (recensement des citations). — Bibliographie, pp. 177-179.

1839. ALEXANDER (Will. Hardy). — The Sieur de Montaigne and Cicero. (*Univers. of Toronto quart.*, IX : 1939-1940, pp. 222-30).

Le XVIe siècle a fait le procès du cicéronianisme dont les défauts ont été dénoncés par des humanistes comme Montaigne. Mais celui-ci, reconnaissant le caractère incomparable de l'éloquence de Cicéron, a surtout mis l'accent sur l'insipidité de ses imitateurs. — Cf. n° 1851.

1840. PIANA (Giuseppe). — Le idee di Montaigne sulla lettura. (*La Parola e il Libro*, III : 1947, pp. 89-92).

Ce que Montaigne pensait de la lecture.

1841. MICHEL (P.). — Montaigne et la poésie de Ronsard. (*B.S.A.M.*, 3e sér., n° 1, 1957, pp. 46-53. — *Voir* aussi : *L'Ecole*, 6 avril 1957, pp. 417-21).

Similitude d'avis chez Montaigne et Ronsard dans leurs appréciations de la poésie, « la bonne, l'excessive, la divine ». Et précisément, celle de Ronsard, pour l'auteur des *Essais*, ne serait guère éloignée « de la perfection ancienne » (II, 17).

1842. RAT (M.). — Note sur Montaigne et Jean Second. (*B.S.A.M.*, 3e sér., n° 1, 1957, pp. 58-61).

Montaigne ne semble pas avoir prisé à sa juste valeur (II, 10) ce poète néo-latin, « l'un des plus grands poètes de l'amour de tous les temps » (p. 58).

1843. TRONQUART (G.). — Montaigne juge de Rabelais. (*B.S.A.M.*, 3e sér., n° 3, 1957, pp. 17-19).

Caractère *surprenant* du jugement qu'il émet de Rabelais (rangé parmi les auteurs « simplement plaisants »). Ne faut-il pas y voir une réaction de lecteur devant le ton « hilare » pris par l'auteur de *Gargantua* ?

1844. BADY (René). — Un concours de poésie dans les « Essais ». (*Lettres d'humanité*, XVIII : 1959, pp. 527-34).

Dans le chapitre I, 37 (*Du jeune Caton*), on voit Montaigne « instituer plaisamment un concours de poésie entre cinq poètes latins et les classer dans l'ordre de ses préférences » (p. 528).
= C.R. : — *Studi fr.*, IV (1960) n° 11, p. 335. =

1845. FRANÇON (M.). — « Poésie de nature » et « poésie d'art ». (*Bull. folklorique d'Ile-de-France*, XXIV : 1961, p. 495).

« Il nous parait curieux de remarquer que l'auteur des *Essais* est un des premiers à faire cette distinction » (dans le chap. *Des vaines subtilitez*, I, 54). — *Voir* n° 1847.
= C.R. : — G. di Stefano (*Studi fr.*, VIII : 1964, n° 23, p. 335). =

1846. BRAKE (T.). — On « speechifiers welle snubbed ». Some rhetorical viewpoints of Montaigne. (*Quart. J. of speech*, LVI : 1970, pp. 205-13).

1847. FRANÇON (M.). — Montaigne humaniste et folkloriste. (*Mél. Solano*, 1970, pp. 65-75).

« Montaigne, tout humaniste qu'il ait été, appréciait ce que nous appelons le folklore », représenté en l'espèce par la « poésie populaire » et spécialement par « certaine chanson rapportée de l'Amérique du Sud » (cf. Phyllis Gracey [n° 1898], p. 29).

1848. ROQUIN (C.). — Montaigne et les « livres plaisans ». (*Bull. de la Soc. des professeurs français en Amérique*, 1971, pp. 45-54).

Sur les satisfactions de l'esprit que Montaigne a rencontrées dans la lecture des historiens et surtout des poètes « plaisans », en tête desquels il plaçait Horace, Lucrèce et Virgile.
= C.R. : — B. Dupont (*Studi fr.*, XVII : 1973, n° 49, p. 124). =

1848a. LARKIN (Neil M.). — The secret light : Montaigne on Beauty and Art. — Diss. John Hopkins Univers., 1969, 313 pp. — (*Diss. Abstr. Int.*, XXXII : 1971-1972, n° 12 [June], pp. 6983/6984-A).

La beauté pour Montaigne : une « lumière secrète » dissimulée dans la grande œuvre d'art, en l'attente d'un œil perspicace qui viendra la découvrir.

1849. MAISTRE-WELCH (Marcelle). — Montaigne critique littéraire. — Diss. Univers. of Michigan, 1972, 191 pp. — (*Diss. Abstr. Int.*, XXXIV : 1973-1974, n° 4 [October], p. 1923-A).

C'est surtout après l'édition de 1580 des *Essais* que s'est affirmé chez Montaigne son goût pour une critique littéraire originale, parce que fondée sur sa philosophie de la nature et sur des impressions intimes de plaisir désormais débarrassées de tout caractère utilitaire, contrairement au célèbre dicton d'Horace *utile dulci*.

1850. LUTRI (Joseph R. de). — Un mot sur Montaigne et l'art épistolaire. (*B.S.A.M.*, 5e sér., n° 12, 1974, pp. 51-55).

Examen de l'opinion de Montaigne sur l'art épistolaire dans l'Antiquité et à son époque. Pour quelles raisons il a pu sensiblement le déprécier.

1851. GREEN (Jeffrey M.). — Montaigne's critique of Cicero. (*J. of. the hist. of Ideas*, XXXVI : 1975, pp. 595-612).

A propos des avis défavorables que Montaigne formule sur Cicéron, et par lesquels il rompt avec une longue tradition d'adulation pour l'écrivain latin. — *Voir* n° 1839.

## Cosmopolitisme

1852. THIBAUDET (A.). — Pour la géographie littéraire : — Montaigne. (*N.R.F.*, 1929, t. XXXII, 1er avril, pp. 534-43).

Doit-on présenter Montaigne comme le plus vrai Européen de la littérature française, suivant l'opinion d'André Gide et de Charles Du Bos ?

1853. BRUNSCHVICG (Léon). — L'esprit européen chez Montaigne. — Pp. 86-89 de : — L'Esprit européen. — *Neuchâtel, Editions de La Baconnière*, 1947, in-8°, 187 pp. — (*Etre et penser*. Cahiers de philosophie, n° 20).

« Une des plus belles pages qui aient été consacrées à Montaigne » (Abel Lefranc, *Préface* de l'éd. fac-sim. du *Livre de Raison* de Montaigne, — *voir* n° 1426 : p. 12, note 1).
Le volume sus-désigné est une publication posthume de L. Brunschwicg ; il rassemble des leçons qui ont été professées en Sorbonne par ce philosophe, de décembre 1939 à mars 1940.

1854. FEYTAUD (J. de). — Montaigne citoyen du monde. (*B.S.A.M.*, 4e sér., n° 9, 1967, pp. 13-28).

De même que son maître Socrate, Montaigne est citoyen du monde. « Ce cosmopolitisme,... cette pente à l'universel, ce sentiment de la communauté humaine, il l'a reçu avec la vie » (p. 15).
= C.R. : — *Studi fr.*, XIII (1969), n° 39, p. 536. =

## Justice, lois

1855. GALLES. — Des opinions de Montaigne sur la magistrature et les lois. — *Orléans, impr. de E. Puget*, 1862, in-8°, 40 pp.

(Discours prononcé devant la Cour impériale d'appel d'Orléans, en son audience solennelle de rentrée du 4 novembre 1862).

1856. BIMBENET (J.-E.). — Les Essais de Montaigne dans leurs rapports avec la législation moderne. (*Rev. hist. du droit fr. et étranger*, IX : 1863, pp. 231-44 et 398-419). — Deux publications séparées : — *Paris, A. Durand*, 1863, in-8°, 38 pp. ; — *Orléans, Herbuisson*, 1864, in-8°, 73 pp.

Etude visiblement inspirée par le discours de Galles. Elle tend à démontrer que Montaigne, magistrat, n'a pas été seulement un critique de la magistrature et des lois de son temps, mais aussi qu'il a prévu des transformations de la législation, qui ne devaient prendre effet qu'aux siècles suivants et notamment au XVIIIe.

1857. GUIZOT (Guillaume). — Opinions de Montaigne sur les lois de son temps. (*Rev. des cours litt. de la France et de l'étranger*, III : 1866, n° 8, pp. 139-45).

Bien que magistrat, Montaigne n'a pas hésité à donner son avis sur l'appareil judiciaire de son temps : la vénalité des charges et la structure des lois civiles ont fait naître son mécontentement, comme la cruauté des lois pénales a soulevé son indignation.

1858. CONS (Louis). — Montaigne et l'idée de justice. (*Mél. Laumonier*, 1935, pp. 347-54).

Sur ce point, « on peut dire que pour Montaigne le changement, c'est le malaise et le danger » (p. 352). Aussi a-t-il été conduit, en matière de justice, à fuir le choix personnel et à s'en remettre à celui « fait depuis longtemps par d'autres que lui, c'est-à-dire, au « choix cristallisé dans la Coutume » (p. 353).

1859. NUSSY-SAINT-SAËNS (M.). — De Montaigne à Montesquieu : critiques de la vie judiciaire par deux magistrats philosophes. (*Tout Lyon*, 1963, n° 766, pp. 2-5).

1860. DHOMMEAUX-SAULEAU (J.-P.). — Montaigne et sa critique de la justice française. (*B.S.A.M.*, 4e sér., n° 17, 1969, pp. 14-24).

L'expérience qu'a eue Montaigne de la justice dans son pays l'a conduit « à procéder à une analyse pénétrante et critique » de celle-ci, tant dans sa structure que dans ses méthodes d'application. C'est ainsi qu'il a pu dénoncer les imperfections et l'absence de gratuité de la justice civile, et l'usage des supplices en justice criminelle (une pratique qui devait se propager jusque dans les entreprises de colonisation).
= C.R. : — R. Campagnoli (*Studi fr.*, XIV, 1970, n° 42, p. 534). =

1861. STRÖMHOLM (Stig). — Montaigne und Pascal, zwei Einsprüche gegen den vernunftrechtlichen Optimismus. (*Nachrichten der Akad. der Wissensch. in Göttingen, Philol.-hist. Klasse*, 1972, n° 5, pp. 262-73).

Montaigne et Pascal, deux oppositions à l'optimisme en faveur d'un droit rationnel.

1862. MENGONI (Luigi). — I pensieri di Montaigne sul diritto. (*Riv. int. di filos. del diritto*, 1973, pp. 285-99).

1863. ANATOLE (Chr.). — De Montaigne et de la justice. (*Littératures*, N.S., XI, 1975, vol. XXII, pp. 13-29).

Attitude très objective observée par Montaigne — un ancien magistrat — envers la justice et la législation de son temps. Les critiques qu'il adresse à ces mœurs et institutions judiciaires.

1864. TELLE (E.V.). — Montaigne et le procès Martin Guerre. (*B.H.R.*, XXXVII : 1975, n° 3, pp. 387-419).

Sur l'appréciation que Montaigne a donnée de l'arrêt rendu par le juris consulte Coras au procès des « deux Martin Guerre, le faux et le vrai » (p. 388), procès auquel il avait assisté à Toulouse, en 1560 (chap. Des Boyteux, III, 11). — Avec une analyse philologique du passage.

## Médecine

1865. PATIN (Guy). — [Montaigne et son opinion sur les médecins]. — P. 25 [lettre du 12 septembre 1645] des : — Lettres choisies de feu Monsieur Guy Patin, docteur en médecine et professeur au Collège de France... — Francfort, J.-L. Du-Four, 1683, in-12, 522 pp.

1866. MERLEAU-PONTY (Dr Jean). — Montaigne et les médecins. — Paris, Libr. médicale et scientifique Jules Rousset, 1903, in-8°, 38 pp., bibliogr. — (Thèse de médecine, Paris).

« C'est une étude historique sur l'opinion qu'avait des médecins un grand esprit... [et qui] fut émise à une époque où la science ne savait répondre au désir des patients » (p. 35).

1867. ZILGIEN (Dr). — Montaigne précurseur de l'Ecole de Nancy. Son opinion sur les médications. (Rev. médicale de l'Est, XXXV : 1903, pp. 707-15).

Les doctrines de l'Ecole de Nancy sur la puissance de la suggestion en médecine ont été annoncées par Montaigne quand il a parlé de la force de l'imagination (I, 21). Les descriptions qu'il en donne sont parfaitement convaincantes. De même, certaines thérapeutiques actuelles, telles que la sérothérapie, se trouvent déjà décrites dans les Essais (II, 37), mais les « drogues » bizarres en honneur à son époque apparaissaient à Montaigne comme. autant de « singeries ».

1867a. LECLERC (Dr H.). — La tisane d'eryngium et d'herbe du Turc de Michel de Montaigne. (Paris médical, 1917, t. XXVI, pp. 386-88).

Ce que Montaigne pensait des tisanes en question (III, 13).

1868. S[OUDAY] (P.). — Montaigne et la médecine. (Le Temps, 23 février 1923, p. 1).

A propos de la communication faite par le Dr Armaingaud à l'Académie de Médecine (n° 2963). Certains chroniqueurs, un peu surpris, ont rappelé l'opinion méprisante qu'avait eue Montaigne pour la médecine. Il s'agissait de la médecine contemporaine, fait remarquer P.S. qui ajoute : « Montaigne aurait parlé autrement de Pasteur ». — L'article dérive peu après sur des questions relatives à la philosophie et à la linguistique des Essais.

1869. Montaigne and the doctors. (T.L.S., July 12, 1923, p. 467).

Sur la sévérité manifestée par Montaigne envers les médecins de son temps (article consécutif à l'ouvrage de James S. Taylor, n° 383).

1869a. JOST (A.C.). — Montaigne and physicians. (Delaware state med. J., III : 1931, pp. 137-40).

1870. AYMONIER (C.). — Montaigne et la médecine en Aquitaine. (*Rev. hist. de Bordeaux*, XXVI : 1933, pp. 49-61 et 97-107).

Etude du réquisitoire soutenu contre la médecine et les médecins par Montaigne qui s'est intéressé, à vrai dire, surtout aux côtés négatifs de la question (cf. pp. 61 et 97-103, la défense de la médecine par un contemporain, Laurent Joubert).

1871. LACOSTE (D\u02b3 E.). — Montaigne parle médecine. (*Chronique méd.*, XL : 1933, n° 2, pp. 25-28).

Bien que Montaigne ait abominé la médecine, il lui est pourtant arrivé de ne pas tenir les médecins pour absolument inutiles ou même nuisibles. Des citations probantes sont données à ce sujet.

1872. — Montaigne et la médecine. (*Presse méd.*, XLI : 1933, pp. 555-56). — Repris dans les pp. 7-11 de : — Esquisses de littérature et de morale. — *Lille, Giard*, 1967, in-8°, 135 pp.

Hygiéniste accompli du cœur et de l'âme, Montaigne n'a guère manifesté de complaisance envers les médecins du corps. D'où cela provient-il ? Cette méfiance à l'égard de la médecine a été autrefois habituelle chez les philosophes, mais surtout « la médecine qu'a combattue Montaigne est celle dont les médecins sont les premiers à rire ».

1873. CRUCHET (D\u02b3 R.). — Montaigne et les médecins. — Pp. 113-39 de : — France et Louisiane. Médecine et littérature. Montaigne et Montesquieu « at home »... — *Louisiana State University Press* [Impr. Delmas, Bordeaux], 1939, in-8°, 297 pp. — (*Romance language series*, n° 2).

Montaigne a laissé paraître une antipathie formelle, moins peut-être envers les médecins eux-mêmes qu'envers la médecine telle qu'elle existait à son époque. Pourtant, selon certains indices, il aurait eu des aperçus précis de cette science dans sa jeunesse, et par la suite il a montré qu'il savait pratiquer l'auto-observation et pouvait même recourir, en cas de besoin, à la méthode expérimentale. (Conférence donnée à Bâton-Rouge, Louisiane, en mai 1938). — Cet ouvrage existe aussi sous le titre : *La médecine et les médecins dans la littérature française*.

1874. DAUDET (Léon). — Opinion de Montagine sur la médecine. (*L'Action française*, 11 janvier 1939, p. 1).

« L'irritation de Montaigne contre la médecine et les médecins sûrs d'eux-mêmes est celle d'un espoir déçu ».

1875. LAIGNEL-LAVASTINE (D\u02b3 M.). — L'esprit clinique de Montaigne contre la médecine de son temps. (*B.S.A.M.*, 2ᵉ sér., n° 11, 1941, pp. 14-15).

Au dernier chapitre du livre II, Montaigne n'a pas seulement critiqué les médecins et la médecine de son temps, « et avec raison. Il a montré la voie en analysant finement les conditions de l'observation médicale ». — (A propos de l'étude du D\u02b3 P. Vallery-Radot, présentée en 1939, à la « Société française d'Histoire de la Médecine », et diffusée seulement en 1942, cf. n° 1877).

1876. ABRAND (Dr H.). — Montaigne, les médecins et la médecine. Commentaires par G. Guichard. (*B.S.A.M.*, 2e sér., n° 12, 1942, pp. 10-26 ; — les commentaires occupent les pp. 17 à 26).

Si l'on regroupe les opinions médicales que Montaigne a dispersées dans son livre, un examen approfondi de ces différents passages « amène à reconnaître que [le moraliste] a soutenu en médecine bien des idées justes », notamment « sur l'observation clinique et la nécessité de l'expérience » (p. 16). — *Voir* aussi n° 1873.

1877. VALLERY-RADOT (Dr Pierre). — La médecine et les médecins dans l'œuvre de Montaigne. — *Paris, Le François*, 1942, in-8°, 24 pp., portr.

Montaigne n'a pas « voué à la médecine et aux médecins une haine systématique et définitive ». Il lui est arrivé de rendre un juste hommage aux hommes de bien de la profession, auxquels il a donné « une grande leçon de modération et d'humilité » en cherchant à rabattre chez eux une trop fréquente tendance à la présomption (p. 23).

1878. DESBONNETS (Dr G.). — Montaigne et les médecins. (*Mél. de sc. religieuse*, VII : 1950, pp. 77-90).

1879. VERGNES (Dr). — Montaigne et la médecine. (*Bull. de la Soc. d'ét. scient. et archéol. de Draguignan*, XLIX : 1952-1953, pp. 46-47).

1880. GUITARD (E.-H.). — Montaigne et l'art de guérir. (*Rev. d'hist. de la pharm.*, XLIII : 1955, n° 147, pp. 189-97 ; — XLIV : 1956, n° 148, pp. 249-65). — En publ. séparée : — *Paris, Société d'histoire et de pharmacie*, 1956, in-8°, 32 pp., pl., portr.

Cette étude a été écrite pour répondre à certaines assertions du Dr Cruchet (n° 1873), et souligner que Montaigne, tout en manifestant une antipathie héréditaire pour les médecins, n'en a pas moins émis sur l'« art de guérir » des théories qu'il estimait salutaires pour l'homme, tant que celui-ci ne s'écartera pas de l'expérience enseignée par la nature.

1881. DUJARRIC DE LA RIVIÈRE (Dr R.). — Montaigne et la médecine. (*Rev. gén. des sc. pures et appliquées*, LXV : 1958, n°s 3-4, pp. 93-108. — Réimpr. dans le *B.S.A.M.*, 3e sér., n° 27, 1963, pp. 3-17).

Etude synthétique sur l'état de santé de Montaigne et sur ses rapports avec la médecine qu'il a sévèrement critiquée, comme il a « quelque peu malmené les médecins ». Malgré cela, les médecins de l'époque actuelle ne lui en ont pas tenu la moindre rigueur, bien au contraire [il y a eu pourtant des exceptions, voir le n° 1358]. Peut-être est-ce parce qu'ils se sont rappelés qu'il existe dans le scepticisme un côté constructif dont la science ne peut manquer de profiter.

= C.R. : — L. Sozzi (*Studi fr.*, III : 1959, n° 7, p. 134) ; — G. Mombello (*Studi fr.*, X : 1966, n° 30, p. 543). =

1882. VALLERY-RADOT (Dr Pierre). — Le scepticisme médical de Montaigne. (*Le Fureteur médical*, XVIII : 1959, n° 5, pp. 131-39).

En protestant contre une médecine « qui tenait plus de la sorcellerie que des réalités, [Montaigne] a brisé bien des idoles et rendu un signalé service ». Son scepticisme envers la médecine de son temps », c'est celui de tout homme à la recherche de la vérité ».

1883. BATISSE (D$^r$ F.). — Montaigne et la médecine. — *Paris, Les Belles-Lettres*, 1962, in-8°, 292 pp., bibliogr.

L'esprit critique de Montaigne l'a conduit à « censurer dans le monde médical certains procédés et certaines déviations ».

Il n'a sans doute pas eu tort d'agir ainsi, d'autant plus qu'il a apporté un correctif à ces attaques en donnant « des conseils judicieux sur l'hygiène et sur l'éducation physique et intellectuelle », en marquant « le pouvoir thérapeutique de la suggestion », enfin en appelant l'attention sur « le problème de l'expérimentation médicale » (opportunité des cures thermales, importance de la climatologie, etc.). — *Voir* n° 1662.

= C.R. : — *Studi fr.*, VIII (1964), n° 23, p. 335. =

1884. DONADI (G.C.). — Montaigne, o della polemica medica. (*Proceed. XIX$^{th}$ int. Congress for the hist. of Medicine*, 1966, pp. 537-40).

1885. GUTT (Romuald Wieslaw). — O nieprzemijajacej wartości niektórych medycznych wypowiedzi Michaela de Montaigne. [On the timeless value of certain medical statements of Michael de Montaigne]. (*Kwart. historii nauki i techniki*, XIII : 1968, n° 2, pp. 275-302).

Texte en polonais, résumé en anglais.

1886. SOONS (Alan). — A note on Montaigne's Essai 2,37 (« De la ressemblance des enfants aux pères »). (*Romanische Forschungen*, LXXXIV : 1972, pp. 372-73).

Sur l'attitude de Montaigne à l'égard de la médecine : il méprise celle de son temps qui n'est pour lui qu'une parodie de science, mais il envisage le progrès médical comme un évènement très possible dans l'avenir.

## Autres opinions

1887. BOURQUELOT (F.). — Recherches sur la lycanthropie. (*Mém. de la Soc. des Antiquaires de France*, XIX : 1849, pp. 193-262).

Une opinion de Montaigne sur les maléfices (pp. 252-53).

1888. GERDEMANN (Johannes). — Das Tier in der Philosophie Montaignes. Inaugural - Dissertation... — *Würzburg, Druck der Bonitas-Bauer' schen k. b. Hofbuchdruckerei*, 1897, in-8°, 80 pp.

L'animal dans la philosophie de Montaigne.

1889. REVOL (Général J.-F.). — Montaigne et l'art militaire. — *Paris, Chapelot*, 1911, in-8°, 32 pp.

Le métier des armes considéré par Montaigne.

1890. NORTON (Miss Grace). — Montaigne on war. (*The Nation*, 1914, vol. XCIX, October 15, p. 466).

Ce que Montaigne a pu penser de la guerre (article inspiré par les événements contemporains).

1891. ARMAINGAUD (Dʳ A.). — Montaigne et la guerre. (*Rev. polit. et parlem.*, 1919, t. XCVIII, 10 janvier, pp. 81-86, — 10 février, pp. 186-96, et 10 mars, pp. 304-15).

Quelles ont été « les opinions de Montaigne sur la guerre ou à propos de la guerre », et comment elles ont pu varier. Nombreuses citations assorties de commentaires.

1892. PERREAU (E.-H.). — Montaigne politique et juriste. (*Recueil de l'Acad. de législation*, 4ᵉ sér., I : 1920-1921, pp. 142-81).

Les conceptions de Montaigne sur les questions économiques, politiques, juridiques et procédurières, telles qu'elles se présentaient à son époque.

1893. AYMONIER (C.). — Montaigne et la sorcellerie. (*Rev. philom. de Bordeaux*, XXXVII : 1934, n° 2, pp. 78-94 ; — voir aussi : *B.S.A.M.*, 2ᵉ sér., n° 2, 1937, pp. 66-69).

Sur l'opinion qu'avait Montaigne des sorciers et sorcières de son temps, — à ses yeux, moins des représentants de l'Enfer que des victimes de l'imagination, « la folle du logis ». Ce point de vue qui a été condamné par le Jésuite Del Rio et par Pierre L'Ancre devait être accueilli favorablement par Malebranche, un peu plus tard. — *Voir* aussi n°ˢ 1894, 1895 et 1907.

1894. LYONS (J.C.). — Literary evidence of the prestige of the black arts in French literature of the Renaissance. (*Stud. in philol.*, XXXI : 1934, pp. 224-35).

Sur Montaigne et les sciences occultes (enchantements, astrologie, alchimie, etc.), voir pp. 233-35.

1895. BOASE (Alan M.). — Montaigne et la sorcellerie. (*Human. et Renaiss.*, II : 1935, n° 4, pp. 402-21).

Les opinions de Montaigne sur les sorciers et la sorcellerie. — *Voir* aussi n°ˢ 1893, 1894 et 1907.

1896. AYMONIER (C.). — Montaigne et la guerre. (*B.S.A.M.*, 2ᵉ sér., n° 9, 1940, pp. 63-64).

Montaigne admet la guerre, école de vaillance pour l'homme, mais il la veut conduire selon les règles de l'honneur pour éviter qu'elle ne dégénère. — (Publié au début de la seconde guerre mondiale). — Cf. n°ˢ 1890, 1891.

1897. LAPP (John C.). — Three attitudes toward astrology : Rabelais, Montaigne and Pontus de Tyard. (*P.M.L.A.*, LXIV : 1949, pp. 530-48).

En face des diverses pratiques secrètes dont il constatait les effets autour de lui, Montaigne a observé une attitude assez singulière : il ne leur a certes pas ménagé ses sarcasmes, et cependant, comme le montrent deux passages au moins de son livre (dans l'*Apologie* et dans le chap. *Des Coches*), un fait subsiste : l'auteur des *Essais* n'aurait pas rejeté l'idée que les astres peuvent exercer leur contrôle sur les destinées humaines (pp. 535-41).

1898. RIVELINE (M.). — Montaigne et les Juifs. (*B.S.A.M.*, 2ᵉ sér., nᵒ 16, 1953-1954, pp. 17-20).

Quelle attitude Montaigne — d'origine israélite par sa mère — a pu avoir envers les Juifs.

1899. LUNEL (A.). — Montaigne et les Juifs. (*B.S.A.M.*, 2ᵉ sér., nᵒ 19, 1956, pp. 40-49 ; — voir aussi : *J. des Communautés*, VII, 1957, nᵒ 174, pp. 1-2).

L'attitude de Montaigne vis-à-vis des enfants d'Israël s'est exprimée de deux façons : sa sympathie, « qui aurait pu être un peu plus fraternelle, resta voilée et fut intermittente » (p. 49) ; mais il n'hésita pas à manifester son indignation devant les actes d'injustice et de barbarie dont les Juifs ont été maintes fois les victimes (voir l'essai *Que le goust des biens et des maux...* I, 14).

1900. GIONET (Arthur J.). — Les idées de Montaigne sur la capacité de raisonner du peuple. (*Kentucky for. lang. quart.*, X : 1963, pp. 140-44).

1901. MICHEL (P.). — La chatte de Montaigne parmi les chats du XVIᵉ siècle. (*B.S.A.M.*, 3ᵉ sér., nᵒ 29, 1964, pp. 14-18).

Opinion du XVIᵉ siècle sur le chat, animal énigmatique. Considérations sur la fameuse réflexion de Montaigne (II, 12) relativement à sa chatte, à « cette chatte privilégiée » qui « nous renseigne sur la personnalité et sur la pensée » de son maître.

1902. DASSONVILLE (M.). — De quelques préjugés de Montaigne. (*Esprit créateur*, VIII : 1968, nᵒ 3, pp. 175-84).

La lecture des *Essais* laisse « percevoir l'écho des préjugés d'un bourgeois gentilhomme de l'ancienne France » (p. 177). Des exemples ont été relevés qui constituent souvent « des dominantes assez fréquentes pour ne pas être inaperçues » (p. 183).
= C.R. : — R. Campagnoli (*Studi fr.*, XIV : 1970, nᵒ 42, p. 533). =

1903. FEYTAUD (J. de). — « Solitude où je trouve une douceur secrète ». (*B.S.A.M.*, 4ᵉ sér., nᵒ 21, 1970, pp. 7-35).

Sur l'expression du repli auquel Montaigne s'est astreint après 1571 et qui lui a semblé la condition nécessaire pour une vie à l'aise. En a-t-il été insociable pour cela ? Rien dans son œuvre ni dans son comportement humain n'autorise à l'affirmer, au contraire.
= C.R. : — *Studi fr.*, XV (1971), nᵒ 45, p. 537. =

1904. ISHIGAMI - IAGOLNITZER (Mitchiko). — Apologie des facultés rationnelles chez les animaux au XVIᵉ siècle — Montaigne et Pasquier —. (*B.S.A.M.*, 5ᵉ sér., nᵒ 2, 1972, pp. 39-49).

Identité de vue chez Montaigne et Pasquier (lettre à E.A. Turnèbe) sur la question de l'existence d'un raisonnement chez les animaux. — *Voir* les nᵒˢ 1280, 1317, 1800, 1888, 1904, 2481, 2504.

1905. ROBERTSON (John Boyack). — Montaigne's moral preoccupation with military conflict and its effect on the *Essais*. — Diss.

Univers. of Arizona, 1972, 359 pp. — (*Diss. Abstr. Int.*, XXXIII : 1972-1973, n° 3 [September], p. 1179-A).

Attitude observée par Montaigne devant les bouleversements qu'a créés la guerre civile de son temps. — (Sous le titre : « La moralité de conflit militaire dans les *Essais* de Montaigne », un passage traduit de cette thèse a été publié dans le *B.S.A.M.*, 5e sér., n°s 10-11, 1974, pp. 79-82).

1906. SOMMERS (M.P.). — Montaigne's etiquette : the indispensable vanity. (*Romance notes*, XVI : 1974-1975, n° 1, pp. 166-71).

Etude synthétique des opinions exprimées par Montaigne sur les règles de l'étiquette imposées dans différents milieux.

1907. BOASE (Alan M.). — Montaigne et les sorcières. Une mise au point. (*Culture et politique en France...* 1975, pp. 375-86).

Nouvelles considérations sur ce que dut être réellement l'attitude de Montaigne vis-à-vis des sorcières de son temps. — *Voir* aussi n°s 1893 et 1895.

1908. NAKAM (Géralde). — Sur deux héros des « Essais » de Montaigne, Alcibiade, Julien l'Apostat. (*Ass. Guill. Budé. Actes du IXe Congrès*, 1975, pp. 651-70).

A propos de ces deux personnages, traditionnellement considérés « comme déconcertants et suspects », Montaigne ne craint pas de renverser les points de vue admis et d'idéaliser Julien de même qu'Alcibiade en parlant d'eux « avec une ardeur et une tendresse particulières » (p. 652).
= C.R. : — P. Michel (*B.S.A.M.*, 5e sér., n° 14-15, 1975, pp. 135-36). =

# Optimisme

1909. KELLER (Abraham C.). — Optimism in the Essays of Montaigne. (*Stud. in philol.*, LIV : 1957, pp. 408-28).

Thèse originale dans laquelle l'auteur soutient que les deux tendances contradictoires de Montaigne — son esprit libéral et son conservatisme politique — sont, l'une comme l'autre, génératrices d'un véritable optimisme philosophique.
= C.R. : — Brian Nicholas (*Studi fr.*, II : 1958, n° 5, pp. 302-03). =

# Pédagogie

1910. [MANGIN (Abbé Antide)]. — Education de Montaigne, ou l'art d'enseigner le latin à l'instar des mères latines... — *Paris, impr. de F. Didot*, 1818, in-8°, VIII-96 pp.

Ce sont les réflexions de Montaigne sur l'enseignement du latin (I, 26) qui ont fourni à l'auteur la matière de son petit livre. Il y suggère en effet que, conformément à la discipline prévue pour Montaigne, on établisse des maisons d'éducation nommées *Maison de sevrage des Français*, dans lesquelles « deux ou trois maîtres ne sachant pas un mot de français et ne parlant que latin, suffiraient, avec des professeurs français, pour apprendre les deux langues à une infinité d'enfants ».

1911.  GUIZOT (F.). — Des idées de Montaigne en fait d'éducation. —
       Pp. 383-431 des : — Méditations et études morales... — *Paris,
       Didier*, 1852, in-8°, XXXII-459 pp.

1912.  MICHELET (J.). — [La méthode d'éducation chez Montaigne].
       — Pp. 165-70 de : — Nos fils... — *Paris, Libr. internationale,
       A. Lacroix, Verboeckhoven et C^ie*, 1870, in-18 jés., XIX-436 pp.

       Dans ses principes pédagogiques, Montaigne se révèle nettement inférieur
       à l'exubérant Rabelais : il met son élève « au pain sec, de peur qu'il ne
       mange trop ». Pourtant, malgré ses côtés négatifs, ce système d'éducation
       « est déjà une belle esquisse,... une tentative pour donner, *non l'objet*, le
       savoir, — mais *le sujet* : c'est l'homme » (p. 70).

1913.  ARNSTÄDT (Fried. Aug.). — Rabelais Verwandtschaft mit Mon-
       taigne, Locke und Rousseau. — Pp. 168-242 de : — François
       Rabelais und sein « Traité d'éducation » mit besonderer Berück-
       sichtigung der pädagogischen Grundsätze Montaignes. Lockes
       und Rousseaus. — *Leipzig, J. Ambros. Barth*, 1872, in-8°, VI-
       295 pp.

1914.  JEUDY (R.). — De l'éducation dans Rabelais et dans Montaigne.
       — *Paris, Hurtau*, 1874, in-16, 32 pp. — Extrait publ. dans la
       *Rev. polit. et litt. (Rev. bleue)*, 2^e sér., VI (1874), 6 juin, pp.
       1163-66.

1915.  HOFFMANN (R.A.J.). — Italienische Humanisten und Rabelais
       und Montaigne als Pädagogen. — *Stettin, Herrcke & Lebeling*,
       1876, in-8°. — *(Programm des Königlichen Marienstifts-Gymna-
       siums*, n° 104).

1916.  AUBERGÉ (E.). — De l'enseignement à l'époque de la Renais-
       sance, et des idées de Rabelais et de Montaigne en matière
       d'éducation. (*Bull. de la Soc. d'archéol., sc., lettres et arts de
       Seine-et-Marne*, VIII : 1875-1877 [1878], pp. 165-72).

1917.  REICHERT (N.). — Michel de Montaigne über Erziehung und
       Unterricht. — *Progr. der Realsch. i. O. zu Magdeburg*, 1878,
       in-4°, 33 pp.

1918.  COMPAYRÉ (G.). — Montaigne. — Tome I^er, pp. 83-112, de l' :
       — Histoire critique des doctrines de l'éducation en France
       depuis le seizième siècle... — *Paris, Hachette*, 1879, 2 vol. in-8°.

       Caractère dominant des vues de Montaigne sur l'éducation : la modération,
       complétée par la souplesse et la mobilité de l'esprit. Ce que fut l'éduca-
       tion personnelle de Montaigne et ce qu'allait être celle préconisée par lui :
       le but et les moyens de cette éducation qui devait avoir tant d'influence
       sur la pédagogie des siècles suivants.

1919. LAURIE (Simon S.). — Montaigne as an educationalist. (*Fraser's mag.*, LI : 1880, vol. CII, pp. 60-72).

1920. SOUQUET (P.). — Les écrivains pédagogues du XVIe siècle. (*Rev. pédag.*, III : 1880, 1er sem., pp. 127-43).

Sur Montaigne adversaire de l'éducation scolastique, voir pp. 142-43.

1921. CONOR (M.L.). — Etude sur Montaigne : ses doctrines pédagogiques. (*Rev. pédag.*, III : 1880, 2e sem., pp. 167-77 ; — IV : 1881, 1er sem., pp. 34-44).

Les principes essentiels de Montaigne en matière d'éducation des enfants. Il est, de tous les écrivains du XVIe siècle, celui qui s'est occupé le plus sincèrement de cette œuvre humaine, « la plus haute qui se puisse faire » (p. 167).

1922. KRUSE (K.). — Die pädagogischen Meinungen des Michel Montaigne, nach den Begriffen und Grundsätzen der philosophischen Pädagogik dargestellt und beurteilt. — Jen. Diss. — *Jena*, 1881, in-8°, 70 pp.

1923. TARROU (Pasteur D.-N.). — L'éducation dans Montaigne. (*Bull. de l'Acad. du Var*, N.S., X : 1881, pp. 159-74).

Exposé critique des théories de Montaigne sur l'éducation : ses « nobles efforts », ses lacunes, ses contradictions. — (Texte lu dans la séance de l'Académie du 2 mai 1881).

1924. COMPAYRÉ (G.). — Montaigne pédagogue. — Pp. 82-89 de l' : — *Histoire de la pédagogie...* — *Paris, Delaplane, s.d.* (1886), in-18, XVI-488 pp.

Place occupée par Montaigne dans l'histoire de la pédagogie, entre Erasme et Rabelais. Son éducation personnelle. Importance à ses yeux d'une éducation générale et de l'éducation du jugement. Ce qu'il faut lire et comment il faut lire. Défauts du système éducatif de Montaigne, — en particulier, insuffisance de ses vues sur l'éducation des femmes.

1925. — La pédagogie de Montaigne. — Pp. 5-26 de : — [Ed.] *De l'Institution des enfants* (Essais, liv. I, chap. XXV) et extraits pédagogiques, publiés avec une notice, une analyse et des notes... — *Paris, Hachette*, 1888, in-16, 122 pp. — (*Coll. des principaux ouvrages pédagogiques français et étrangers*).

Notice servant d'introduction à cette édition séparée. Elle reprend certains des arguments antérieurement exposés (nos 1918 et 1924) et s'augmente d'une analyse du chap. de l'*Institution des enfants*.

1926. HÉMON (F.). — [Les idées de Montaigne sur l'éducation]. — Pp. 1-38, *Introduction* du chapitre : — *De l'Institution des enfants*. Edition nouvelle avec une introduction, une bibliographie, des jugements et des extraits... — *Paris, Delagrave, s.d.* (1888), in-12, 139 pp.

Ces idées de Montaigne sont le résultat d'une influence assez complexe, « à la fois triple et unique », celle de l'antiquité, de la Renaissance et de l'éducation individuelle.

1927. KEHR (J.). — Die Erziehungsmethode des Michael von Montaigne. Inaugural Dissertation... — *Eupen*, 1889, in-8°, 25 pp.

1928. PARDO BAZÁN (Emilia). — Los pedagogos del Renacimiento (Erasmo, Rabelais y Montaigne)... — *Madrid, Publicación del Museo pedagógico*, 1889, in-4°, 45 pp.

1929. MASIUS (Erich). — Die pädagogischen Ansichten Montaignes. Inaug. Diss... — *Leipzig, Druck von B.G. Teubner*, 1890, in-8°, 37 pp.

Les idées de Montaigne en matière d'éducation.

1930. QUICK (Robert Herbert). — Montaigne. — Pp. 70-79 de : — Essays on educational reformers... Only authorized edition of the work as rewritten in 1890. — *New York, D. Appleton and Co*, 1890, in-16, XXXIV-560 pp. — *(International education series ed. by W.T. Harris... vol. XVII).*

1931. RAUMER (Karl [G.] von). — Montaigne. — Tome I$^{er}$, pp. 315-32, de : — Geschichte der Pädagogik vom Wiederaufblühen Klassischer Studien bis auf unsere Zeit. — 5. Auflage... — *Gütersloh, Bertelsmann*, 1890-1894, 4 tomes en 2 vol. in-8°.

L'auteur examine avec bienveillance les théories pédagogiques de Montaigne.

1932. WILLIAMS (Samuel Gardner). — Montaigne. — Pp. 74-83 de : — The history of modern education ; an account of the course of educational opinion and practice from the revival of learning to the present decade... — *Syracuse, N.Y., C.W. Barden*, 1892, in-16, VII-395 pp. — *(School bulletin publications).*

1933. KLEIN (Abbé Félix). — Montaigne éducateur. (*Enseignement chrétien*, 1$^{er}$ juin 1895). — Article repris pour constituer le chap. IV (pp. 14-18) de l'*Introduction* à l'éd. des *Extraits de Montaigne* par l'abbé F. Klein et l'abbé V. Charbonnel... (n° 1505).

Le système pédagogique de Montaigne : « former l'enfant à penser juste et à bien vivre, en respectant son initiative, en développant plutôt qu'en contrariant les dispositions natives de son intelligence et de sa volonté » (p. 18).

1934. STAPFER (P.). — La fille de Montaigne. (*Bibl. univ. et Rev. suisse*, LXVII : 1895, pp. 500-17).

Résultat d'entretiens sur l'éducation des femmes, avec Léonor de Montaigne comme exemple. Ce que l'auteur des *Essais* dit de sa fille « est utile pour jeter du jour sur la partie de sa philosophie qui, à tort ou à raison, est regardée aujourd'hui comme la plus solide... : ses idées sur l'éducation des enfants » (p. 501). — Texte inséré dans le chap. IV de *La famille et les amis de Montaigne* (n° 836).

1935. HÉMON (F.). — Les éléments antiques, modernes et individuels dans la pédagogie de Montaigne. — Pp. 280-300 de : — Etudes littéraires et morales... (n° 1038).

Ce sont les éléments les plus antiques qui ont le moins vieilli dans la méthode de Montaigne, laquelle « n'impose pas de dogmes, mais achemine doucement l'âme vers la vérité, mise à la portée de chacun » (p. 298). — Cf. n° 1926.

1936. JALENQUES (L.). — Opinion de Montaigne sur la science et l'instruction. (*Bull. hist. et scient. de l'Auvergne*, XVII : 1897, pp. 91-108).

Au sujet de ce que pense Montaigne, d'abord de la science qui ne fait pas plus la sagesse qu'elle n'ait un élément de bonheur (p. 97), puis de l'instruction des femmes, en quoi il ne parait pas tellement éloigné du « bonhomme Chrysale ».

1937. SCHMIEDER (Isidor). — Die pädagogischen Anschauungen Montaignes. Inaug. Diss... — *Leipzig, G. Fock,* 1898, in-8°, 64 pp.

Les opinions de Montaigne dans le domaine de la pédagogie.

1938. PUDOR (Heinrich). — Die Bedeutung Montaignes für die Pädagogik unserer Zeit. (*Norddeutsche Allgem. Ztg.,* XXXIX : 1901 ; — voir aussi : *Pädagogisches Archiv,* XLIV : 1902, pp. 62-66).

1939. LAURIE (Simon S.). — Montaigne, the French rationalist, 1533-1592. — Pp. 94-116 de : — Studies in the history of educational opinion from the Renaissance... — *Cambridge University Press,* 1903, in-16, VII-261 pp.

1940. THUILLIER (L.). — L'éducation et l'hygiène morale dans Montaigne. (*Rev. mod. de médecine et de chirurgie,* II : 1904, n° 8, pp. 754-60).

Sur la modernité des principes contenus dans le chap. *De l'Institution des enfants,* et aboutissant au « développement parallèle et harmonieux du corps et de l'esprit » (p. 759).

1941. COMPAYRÉ (G.). — Les grands éducateurs. Montaigne et l'éducation du jugement. — *Paris, Delaplane, s.d.* (1905), in-18, 122 pp. — Trad. en anglais : — *New York, Crowell,* 1908, in-16, 139 pp.

L'auteur présente les théories éducatives de Montaigne par rapport à celles de l'âge moderne, et voit en lui un ancêtre des grands pédagogues que furent les Messieurs de Port-Royal, Fénelon, Locke et Rousseau.

1942. LANGLAIS (J.). — L'éducation en France avant le seizième siècle. (*Rev. de la Renaissance,* VI : 1905, pp. 33-40, 91-103 et 149-69), — suivi de : — La pédagogie de Rabelais et de Montaigne. (*Ibid.,* pp. 185-208 et 259-68). — Ces deux études ont été réunies et publiées en une brochure ayant pour titre : — L'éducation

avant Montaigne et le chapitre « De l'Institution des Enfants »...
— *Paris, Croville-Morant*, 1907, in-16, 83 pp., bibliogr.

Historique des procédés pédagogiques du Moyen-Age et de la Renaissance.
Rabelais. — La pédagogie de Montaigne : partie négative (critique du
pédantisme et de la pédagogie rabelaisienne), partie positive (l'instruction
est destinée à faire de l'élève, non un savant, mais un homme, même un
« gentilhomme »).
= C.R. : — *R.H.L.F.*, XIV (1907), pp. 581-82. =

1943. AMBROSI (Luigi). — Michele Montaigne e la sua pedagogia. —
*Roma, I Diritti della scuola (Unione coop. ed.)*, 1906, in-16,
127 pp., portr.

1944. GUEX (F.). — Michel de Montaigne. — Pp. 130-39 de l' : —
Histoire de l'instruction et de l'éducation... — *Lausanne,
Payot ; Paris, Alcan*, 1906, in-8°, VIII-736 pp.

Le système d'éducation proposé par Montaigne : ses qualités à côté de
quelques lacunes incontestables.

1945. HODGSON (Geraldine Emma). — Studies in French education
from Rabelais to Rousseau... — *Cambridge University Press*,
1908, in-16, VIII-240 pp.

Le second chapitre est consacré à la pédagogie de Montaigne.

1946. TROVATO (Rosa de). — Montaigne e la sua pedagogia. — *Messina, tip. Moderna*, 1908, in-16, 43 pp.

1947. DUGAS (L.). — Le système pédagogique de Montaigne. (*Rev.
pédag.*, XXXII : 1909, 1er sem., pp. 105-17). — Repris, pp. 98-
114, dans : — Le problème de l'éducation. Essai de solution
par la critique des doctrines pédagogiques. — 2e éd. revue. —
*Paris, F. Alcan*, 1911, in-8°, III-344 pp. — (De la *Bibliothèque
de philosophie contemporaine*).

On y joindra, de ce même ouvrage (pp. 192-95), un passage sur « le problème de l'éducation attrayante » qu'avait abordé Montaigne.

1948. BARTH (Bruno). — Montaignes Pädagogik im Verhältnis zu
seiner Philosophie. (*Zeits. f. Geschichte der Erziehung u. des
Unterrichts*, I : 1911, pp. 3-32).

La pédagogie de Montaigne dans ses rapports avec sa propre philosophie.

1949. COMPAYRÉ (G.). — Montaigne. — Pp. 1338-40 du : — Nouveau
dictionnaire de pédagogie et d'instruction primaire, publié
sous la direction de F. Buisson... — *Paris, Hachette*, 1911,
in-8°, VIII-2087 pp.

Etude critique de la pédagogie de Montaigne d'après les deux essais *Du
Pédantisme* (I, 25) et *De l'Institution des enfants* (I, 26), complétés par
certains autres passages de son œuvre, pris notamment dans les chap.
*De l'affection des pères aux enfants* (II, 8), *Des Livres* (II, 10) et *De l'art
de conférer* (III, 8).

1950. GUALTIERI (Vitt. Gaspare). — Montaigne et l'enseignement des langues vivantes : lettre à un vieux professeur de français. — *Modica, Tranchina*, 1911, in-8°, 16 pp.

1951. FAGUET (E.). — De l'éducation dans Montaigne et Rabelais. (*J. de l'Univers. des Annales*, 1er février 1913, pp. 203-16).

Conférence donnée à l'Université des Annales, le 6 janvier 1913. — Nombreuses illustrations.

1952. DUGAS (L.). — La formation d'un libre esprit par une éducation sans contrainte : Montaigne. — Pp. 1-18 de : — Penseurs libres et liberté de pensée. — *Paris, F. Alcan*, 1914, in-8°, VI-185 pp. — (De la *Bibliothèque de philosophie contemporaine*).

1953. PIZZARDI (Rosa). — Il Rinascimento pedagogico e le idee di Michael de Montaigne. — *Sciacca, tip. S. Puccio*, 1916, in-8°, 32 pp.

La renaissance pédagogique et les idées de Michel de Montaigne.

1954. BORDEAUX (Henry). — La paternité et l'éducation dans Montaigne. — Pp. 169-202 de : — Les Pierres du Foyer. Essai sur l'histoire littéraire de la famille française. Discours d'ouverture de M. Paul Bourget. — Conférences du « Foyer ». — *Paris, Plon-Nourrit, s.d.* (1918), in-16, XVI-339 pp.

Comment Montaigne a pu concevoir la science de la vie ; importance qu'a prise en cela pour lui l'éducation livresque et pratique. — (Conférence donnée au *Foyer*, le 8 janvier 1914, et publiée dans la *Revue du Foyer* du 1er mars 1914).

1955. THIELE (Ernst). — Die Erziehung zur Selbsttätigkeit bei Montaigne und Locke. Inaug. Diss... — *Leipzig, O. Hillmann*, 1920, in-8°, VIII-128 pp.

1956. RENAULT (J.). — Les idées pédagogiques de Montaigne. — *Paris, Lethielleux, s.d.* (1921), in-16, 53 pp. — (*Les idées pédagogiques*, n° 3).

L'auteur a surtout cherché à mettre en relief, dans la doctrine pédagogique de Montaigne, « les conseils les plus opportuns et les plus adéquats à l'époque actuelle » (p. 3).
= C.R. : — Ch. Landry (*Polybiblion*, 1921, t. CLII, p. 219). =

1957. FAMÀ (C. Gaetano). — Montaigne e le sue idee pedagogiche : breve studio critico. — *Catania, tip. V. Giannotta*, 1922, in-16, 15 pp.

1958. OPAHLE (Oswald). — Die Pädagogik Michel de Montaignes in systematischer Würdizung. (*Vierteljahrsschrift f. wissenschaftliche Pädagogik*, 1926, n° 4, pp. 499-557). — Devenu la thèse : — Die Pädagogik Michel de Montaignes. — *Bigge-Ruhr, Josef*, 1927, in-8°, 61 pp. — (*Diss. Bonn*).

1959. WOLFF (M.). — La vie et l'œuvre éducatrice de Montaigne. — Tome I<sup>er</sup>, pp. 119-27, de : — Les maîtres de la pensée éducatrice... — *Paris, Editions du Loup*, 1928-1931, 2 vol. in-8°, pl., portr. — (*Encyclopédie de l'éducation*, publiée sous la direction de M. Wolff).

> Voir aussi, pp. 10-12, un résumé des principes d'éducation de Montaigne, inspirés par son humanisme averti et sa « lumineuse intelligence ».

1960. ERLACHER (Carl). — Montaignes pädagogischen Ansichten. (*Die deutsche Schule*, XXXIII : 1930, pp. 732-41).

1961. BONNAFOUS (Max). — Montaigne et l'éducation. (*Montaigne, Conférences* 1933, pp. 213-37).

> « La pédagogie de Montaigne n'apporte aucun plan d'études. Avec Montaigne, il n'y a rien à enseigner, rien à apprendre. Le programme tient en une ligne : éducation du jugement » (p. 237).
> = C.R. : — *La France de Bordeaux*, 31 mars 1933, p. 4. =

1962. FICKEN (C.E.). — Montaigne's anniversary message to modern education. (*School and Society*, XIX : 1933, t. XXXVII, pp. 233-43).

1963. S[ABRAZÈS] [D<sup>r</sup> J.]. — Glanes dans les « Essais » de Montaigne. (*Gaz. hebd. des sc. médic. de Bordeaux*, 4 juin 1933, pp. 366-67).

> Sur le rôle d'éducateur, tel que le conçoit Montaigne.

1964. SAKMANN (Paul). — Montaigne. (*Die Erziehung*, VIII : 1933, pp. 699-710).

> A l'occasion du IV<sup>e</sup> centenaire de Montaigne : ses points de vue en matière d'éducation.

1965. SILVA CORREIA (João da). — A-propósito das Ideias Pedagógicas de Montaigne. (*Diário de notícias*, 28 de Novembro de 1933 ; — repris dans le *Boletim do Inst. francês de Portugal*, IV : 1934, n<sup>os</sup> 3-4, pp. 155-60).

> Considérations sur les idées pédagogiques de Montaigne.

1966. THIBAUDET (A.). — Montaigne contre l'école unique. [Réponse à M. Anatole de Monzie]. (*Candide*, 6 juillet 1933, p. 3).

> Selon l'auteur, qui s'appuie sur un passage de l'essai *De l'Affection des pères aux enfans* (II, 8), Montaigne eut été un adversaire résolu des « tirages extraordinaires » que constituent les examens d'entrée de l'enseignement moderne.

1967. DURAND (D<sup>r</sup> Marcel). — Un problème de pédagogie. — La mémoire de Montaigne. — Education de la mémoire. — (*Hygiène sociale*, VI : 1934, n° 114 [25 février], pp. 2447-48).

> L'éducation excessivement latinesque de Montaigne n'aurait-elle pas eu sa part de responsabilité dans les lacunes de mémoire dont il se plaint si fréquemment ? Il n'est certes pas douteux que si son père vivait aujour-

d'hui, il choisirait pour Michel un autre système d'éducation que la présence d'un précepteur allemand renforçant exclusivement la mémoire
verbale de son élève.

= C.R. : — A. Connord (*Le Périgourdin de Bordeaux*, septembre 1934, p.
15). =

1968. PORTEAU (P.). — Montaigne et la vie pédagogique de son temps.
— *Paris, E. Droz*, 1935, in-8°, 330 pp., bibliogr. — (*Thèse de
lettres, Paris* 1935).

Dans cet ouvrage qui a pour sujet central la vie des collèges au XVI^e
siècle, Montaigne est jugé assez sévèrement, moins sans doute pour son
plan d'éducation, acceptable par certains côtés, que pour sa virulente
critique des « pedantes » et pour le noir tableau qu'il brosse des maisons
d'éducation de cette époque. (Cf. E. Henriot, *Montaigne a-t-il menti ?*,
n° 1292).

= C.R. : — *B.S.A.M.*, 2^e sér., n° 3 (1938), pp. 57-58 ; — M. Raymond (*Human.
et Renaiss.*, V : 1938, n° 3, pp. 507-10). =

1969. BERNARD (P.). — A l'école de Montaigne. Comment devenir
un homme cultivé... — *Paris, Fernand Nathan*, 1937, in-16, 254
pp. — (*Bibliothèque des éducateurs*).

« Les *Essais* de Montaigne sont une mine inépuisable d'enseignements, de
de suggestions, d'idées » pour « l'homme qui se cultive », pour « l'éducateur de soi-même » (ce que Montaigne a été, du reste). C'est ce guide
irremplaçable que l'auteur du présent ouvrage recommande à tous ceux
qui veulent entreprendre leur « culture intellectuelle ».

= C.R. : — E. Henriot (*Le Temps*, 11 octobre 1937, p. 1) ; — A. Salles
(*B.S.A.M.*, 2^e sér., n° 2, 1937, p. 95). =

1970. FICKEN (C.E.). — Wanted : a cultural invention. (*Mod. lang. J.*,
XXI : 1936-1937, pp. 307-14).

A propos des méthodes d'éducation (pour celle de Montaigne, voir pp.
313-14).

1971. DURKHEIM (Emile). — La pédagogie de Montaigne. — Tome II,
pp. 61-67, de : — L'évolution pédagogique en France... — *Paris,
F. Alcan*, 1938, 2 vol. in-8°. — (*Bibliothèque de philosophie
contemporaine*).

Apôtre d' « une éducation toute pratique », Montaigne réduit en fait à bien
peu de choses le rôle de l'éducateur proprement dit. Sa doctrine abouti-
rait presque « à une sorte de nihilisme pédagogique ». Elle repose en
réalité « sur un certain nombre de postulats que lui-même n'a pas inventés
mais qu'il emprunte à ses contemporains ». Seulement, il a tiré de ces
notions « les conséquences qu'elles impliquaient et que ses devanciers
immédiats [Rabelais, Erasme], dans le feu de leur enthousiasme, n'avaient
pas aperçus » (p. 67). — L'ouvrage a été réédité en 1 vol. in-8° de 403 pp.
par les P.U.F. en 1969. Le passage relatif à la pédagogie de Montaigne y
figure aux pp. 254-60.

1972. GAILLARD (R.). — La pédagogie de Montaigne à J.-J. Rousseau.
Avant-propos de Jean Zay. — *Paris, Debresse*, 1938, in-16,
124 pp. — (Coll. : *Savoir et enseigner*).

1973. SALLES (A.). — Montaigne, disciple des « pedantes ». (*B.S.A.M.*,
2^e sér., n° 3, 1938, pp. 32-34).

Etude faite à partir de la thèse de P. Porteau (n° 1968).

1974. GUAGLIANONE (Manon V.). — La personalidad de Miguel de
Montaigne en la historia de las ideas educacionales. Tesis para
optar al doctorado en filosofia y letras. — *Buenos Aires*, 1939,
in-8°, 228 pp., fig. — (*Universidad de Buenos Aires. — Facultad
de Filosofia y Letras. — Instituto de didactica*). — (*Trabajos
de investigacion y de tesis*, n° II).

Après une étude portant sur la Renaissance en Italie et dans le reste de
l'Europe, ainsi que sur la vie et l'œuvre de Montaigne (pp. 15-127), l'auteur
s'attache à faire apparaître la pensée de celui-ci en matière de pédagogie
et sa position dans le cadre de l'enseignement à son époque, ce qu'il a
apporté de nouveau et ce que fut son influence sur la pédagogie moderne.
— Bibliographie (pp. 223-25).

1975. CHALLAYE (F.). — [La pédagogie de Montaigne]. — Pp. 9-16
de : — L'enfant et la morale. — *Paris, P.U.F.*, 1941, in-8°,
150 pp. — (*Nouvelle encyclopédie pédagogique*, collection dirigée par Albert Millot).

1976. J.M.R. — Un grand éducateur, Montaigne. (*L'Œuvre*, 2 août
1941, p. 4).

Selon Montaigne, l'éducation des jeunes doit être énergique, complétée de
jeux, d'exercices, de voyages, — de tout ce qu'il faut pour cultiver harmo-
nieusement les facultés et développer la personnalité.

1977. SMITH (William F.). — Vives and Montaigne as educators.
(*Hispania*, XXIX : 1946, pp. 483-93).

1978. RICHARD (P.-J.). — Montaigne comédien et le théâtre des
Jésuites. — *Valence-sur-Rhône, Editions rhodaniennes*, 1947,
in-16, 12 pp.

Dans cette étude sur le théâtre des Jésuites, il est fait mention (pp. 5-6)
du rôle de comédien que Montaigne joua au collège de Guyenne, et dont
il parle avec intérêt dans son chapitre *De l'Institution des enfants*.

1979. HUBERT (R.). — Montaigne. — Pp. 233-37 de l' : — Histoire
de la pédagogie. — *Paris, P.U.F.*, 1949, in-8°, VIII-404 pp.

1980. DASSONVILLE (M.). — Voyage en Béotie, séjour à Athènes,
retour à Sparte. (*Rev. de l'Univers. d'Ottawa*, XXIV, 1954, n° 3,
pp. 328-44, et n° 4, pp. 432-64).

Examen du système pédagogique de Montaigne dans un commentaire des
chapitres 25 et 26 du livre Ier des *Essais*.

1981. PIRE (Georges). — De l'influence de Sénèque sur les théories
pédagogiques de Montaigne. (*Etudes classiques*, XXII : 1954,
pp. 379-87). — Repris avec quelques additions et modifications,
pp. 162-72, dans : — Stoïcisme et pédagogie. De Zénon à Marc-
Aurèle. De Sénèque à Montaigne et à J.-J. Rousseau. Préface

de Henri-Irénée Marrou. — *Liège, H. Dessain ; Paris, J. Vrin,* 1958, in-8°, 219 pp.

Sans être un véritable théoricien de la pédagogie, Sénèque a exprimé, en matière d'éducation, des conceptions qui ont rencontré l'adhésion chaleureuse de Montaigne et ont contribué à faire du moraliste français comme le disciple du philosophe latin, tout au moins dans les essais de la première partie. Si, par la suite, l'influence de Sénèque ne s'est plus guère exercée que sur la *forme* de Montaigne qu'elle a édulcorée, ce dernier n'en conservera pas moins les premiers résultats obtenus.

1982. FRESCAROLI (Antonio). — Note al capitolo *De l'institution des enfans* negli *Essais* di Montaigne. (*Aevum*, XXIX : 1955, pp. 359-74).

Sur la période de composition de ce chapitre, les influences qui l'ont fait naître et l'évolution qu'il représente par rapport à l'esprit pédagogique du siècle.

1983. MILLER (Wm. Marion). — Montaigne as presented in our histories of education. (*Mod. lang. J.*, XXXIX : 1955, pp. 131-34).

Inventaire critique des livres d'histoire de l'éducation publiés depuis 1900 aux Etats-Unis, et dans un certain nombre desquels le rôle joué par Montaigne dans le développement de la pédagogie semble avoir été trop peu mis en valeur.

1984. VACCA (Carlo). — A modern inquiry into the educational ideas of Montaigne. (*Modern lang. J.*, XXXIX : 1955, pp. 314-18).

La méthode pédagogique conseillée par Montaigne est une véritable anticipation sur les opinions de son temps en la matière. Par bien des côtés même, elle se rapproche singulièrement des principes dont l'époque moderne a eu moyen de vérifier l'efficacité.

1985. SANHUEZA ARRIAGADA (Guillermo). — Pensamiento pedagógico de Montaigne. — *Santiago* [Chili], *Editorial Universitaria,* 1962, in-16, 102 pp.

1986. GARRIGÁ (Miguel C.). — Ideas pedagógicas de Miguel de Montaigne. (*Rev. Calasancia*, IX : 1963, n° 33, pp. 88-98).

1987. MICHEL (P.). — Rôle éducatif et social du théâtre. (*L'Ecole,* 11 mai 1963, pp. 661-62 et 679).

Référence à l'essai *De l'Institution des enfants* (I, 26). — *Voir* aussi le n° 1978.

1988. CHATEAU (J.). — La formation de l'homme. — Pp. 119-263 de : — Montaigne psychologue et pédagogue... (n° 1616).

Montaigne témoigne une défiance marquée envers une science comme celle de son temps, qu'il juge inutile. A son avis, le savoir profitable doit être une acquisition empirique, notamment par la voie de la « communication » (société des hommes, usage des livres, — cf. *De trois commerces*, III, 3), et son but essentiel est d'aider l'adolescent à devenir lui-même un homme en lui montrant comment on doit s'accommoder de la vie.

1989. RAT (M.). — Montaigne pédagogue. (*B.S.A.M.*, 3<sup>e</sup> sér., n° 31, 1964, pp. 39-43).

A propos du livre de J. Château sur *Montaigne psychologue et pédagogue.*

1990. RICCIARDI RUOCCO (Maria). — Montaigne tra natura e cultura. (*Nuova riv. pedagogica*, XIV : 1964, n° 2, pp. 26-37).

Nature et culture, deux idées complémentaires dans la pédagogie de Montaigne.

1991. LICHET (R.). — Montaigne pédagogue contemporain. (*Conjonction*, 1965, n° 98, pp. 37-49).

Etat d'actualité de la méthode pédagogique exposée dans le chap. 26 du livre I<sup>er</sup> des *Essais.*

1992. SANHUEZA ARRIAGADA (Guillermo). — Al margen de la pedagogía filosófica de Montaigne. (*Humanitas* [Tucumán], XIII : 1965, n° 18, pp. 223-33).

1993. LEONARDUZZI (Alessandro). — Montaigne pedagogista. (*Pedagogia e Vita*, XXVIII : 1966-1967, pp. 88-99).

1994. SIMÉON (P.). — Montaigne et l'institution des enfants. — *Monte-Carlo, Editions Regain*, 1966, in-16, 44 pp.

1995. FEYTAUD (J. de). — Montaigne et la révolte des blancs-becs. (*B.S.A.M.*, 4<sup>e</sup> sér., n° 16, 1968, pp. 40-56).

L'éducation de la jeunesse au temps de Montaigne, par comparaison à ce qu'elle est devenue aujourd'hui.

1996. WINANDY (A.). — « Tête bien pleine — Tête bien faite ». Une mise en question du problème pédagogique. (*Bull. de la Soc. des professeurs français en Amérique*, 1968 [1969], pp. 25-31).

Contient une mise en regard de la pédagogie de Rabelais avec celle de Montaigne ; point de départ éventuel pour une plus large étude.

1997. GLAUSER (Alfred). — Montaigne et l'éducation paradoxale. (*Kentucky Romance quart.*, XVI : 1969, pp. 375-82). — Repris sous une forme quelque peu différente dans : *Montaigne paradoxal* (n° 509), pp. 127-32.

Sur le caractère particulier des principes d'éducation énoncés par Montaigne dans le chapitre *De l'Institution des enfans* où se manifeste un esprit de paradoxe dont la raison principale serait à rechercher dans la nature du style chez l'essayiste.

1998. JENZER (Carlo). — Lebensnähe, Lebensferne und Realismus in den pädagogischen Ansichten von Michel de Montaigne. — *Bern, Herbert Lang*, 1969, in-8°, 186 pp. — (*Europäische Hoch-*

*schulschriften.* Reihe XI : Pädagogik, Bd. 1). — *(Thèse de lettres Berne).*

La proximité et l'éloignement à l'égard de la vie, et le réalisme dans les idées pédagogiques de Montaigne. — Une éducation satisfaisante doit être conduite, selon l'auteur des *Essais,* à la fois *par* la vie et *pour* la vie, sans perdre de vue les règles de la nature. Mais en même temps il recommande à son élève de maintenir, à l'égard de la vie, une distance qui lui assure son autonomie. Il y a là un paradoxe dont C. Jenzer démontre d'ailleurs le caractère purement apparent.
= C.R. : — M. Baraz (*B.H.R.,* XXXII : 1970, n° 2, pp. 509-12) ; — R. Bernoulli (*B.S.A.M.,* 4e sér., n°s 22-23, 1970, pp. 73-75). =

1999. FEYTAUD (J. de). — Un mouton de Panurge. (*B.S.A.M.,* 4e sér., n° 20, 1970, pp. 21-38).

Sur l'éducation à base latine donnée par Pierre de Montaigne à son fils. Une telle pratique n'avait, au fond, rien d'étrange à l'époque des humanistes du Collège de Guyenne, et l'initiative du père de Montaigne s'accordait donc parfaitement avec les habitudes du temps. Ceci n'a du reste pas empêché son fils de formuler quelques réserves à ce sujet, montrant de la sorte que tout système comporte des inconvénients à côté de ses avantages.
= C.R. : — *Studi fr.,* XV (1971), n° 45, p. 536. =

2000. PAISSE (J.-M.). — De l'éducation selon Montaigne. (*Bull. de l'Ass. Guill. Budé,* 1970, pp. 285-93).

Etude des premiers paragraphes de l'*Institution des enfans* (I, 26), dont J.-M. Paisse s'attache à prouver la modernité pour certains des principes exposés.

2001. — Montaigne et la pédagogie. (*B.S.A.M.,* 4e sér., n° 22-23, 1970, pp. 7-15).

Analyse de quelques passages de l'essai I, 26 ; elle fait suite à l'étude précédente.
= C.R. : — R. Campagnoli (*Studi fr.,* XVI : 1972, n°s 47-48, p. 457). =

2002. PASSUELLO (Luigina). — La prospettiva pedagogica di Michel de Montaigne. — *Padova, Liviana Editrice,* 1971, in-8°, VII-133 pp. — (*Publicazioni dell'Istituto di Pedagogia, Università di Padova*).

2003. GUILLEMAUD (Mme J.). — Montaigne, maître à penser de la pédagogie moderne [*conclusion d'un mémoire de Maîtrise*]. (*B.S.A.M.,* 5e sér., n° 3-4, 1972, pp. 81-82).

2004. HALLYN (F.). — Montaigne : approche pédagogique et/ou littéraire. (*Paedagogica Historica,* XII : 1972, pp. 33-58).

Etude des idées pédagogiques de Montaigne, mais disposées pour la première fois, semble-t-il, « dans un éclairage littéraire ». L'auteur en effet s'est efforcé de souligner l'importance des images dans la « réalité pédagogique » exprimée par Montaigne, dont l'« institution » personnelle a été en fait la résultante d'une assimilation intérieure de ses riches lectures.

2005. MILHAUD (G.). — De l'homme à l'enfant. (*Europe*, L : 1972, nᵒˢ 513-514, pp. 66-76).

Prédominance de l'idée pédagogique dans l'ensemble du livre des *Essais*. Examen d'un certain nombre de questions principales abordées par Montaigne à cette occasion.

# Pessimisme

2006. MOTHEAU (H.). — Le pessimisme de Montaigne. (*Le Temps*, 8 août 1886, p. 3).

2007. DELL'ISOLA (Maria). — Petitesse, instabilité, néant de l'homme dans la philosophie de Montaigne. (*Cœnobium*, VII : 1913, nᵒ 8, pp. 39-46).

Constatation nettement pessimiste qui est pour notre moraliste un de ses arguments de prédilection et qu'il expose avec joie « comme s'il venait de faire une découverte du plus haut intérêt » (p. 39). On en trouve les indications les plus évidentes dans l'essai *De Democritus et Heraclitus* (I, 50) et, naturellement, dans l'*Apologie* où « il prend un malin plaisir à mépriser l'homme et à le ravaler au néant » (p. 46). — Etude reprise dans l'ouvrage d'ensemble nᵒ 1522 dont elle constitue le chapitre IV.

2008. MURRAY (Robert H.). — The idea of progress. (*Quart. rev.*, 1920, t. CCXXXIV, pp. 100-108).

Dans cet article déterminé par deux ouvrages contemporains relatifs à « l'idée de progrès », l'auteur examine l'attitude de certains écrivains du xviᵉ siècle, et il en dégage que si Rabelais et Bacon ont exprimé une croyance dans le progrès, au contraire le « pessimisme » de Montaigne devait lui interdire une opinion de cette nature (pp. 104-07).

# Politique

2009. LA BARRE-DUPARCQ (E. de). — Opinion de Montaigne sur nos troubles. (*Séances et trav. de l'Acad. des sc. mor. et polit.*, XLI : 1881, N.S., t. XV, pp. 701-22).

Montaigne, un témoin éloquent et sincère des guerres civiles de son temps.

2010. COMBES (F.). — Montaigne et La Boétie. (Etude historique sur leurs idées politiques). (*Annales de la Faculté des Lettres de Bordeaux*, IV : 1882, pp. 88-116 [La Boétie] et 210-23 [Montaigne]). — Etude reprise en tirage à part sous le titre suivant : — Essai sur les idées politiques de Montaigne et La Boétie... — Bordeaux, H. Duthu, 1882, in-4ᵒ, 55 pp.

En politique, « La Boétie est un théoricien, Montaigne un observateur » qui n'a rien de l'inflexibilité acerbe de son ami. L'un a voulu faire revivre l'esprit des anciens Spartiates, l'autre a préféré, en voyageant, étudier les institutions des peuples contemporains, et il en a tiré une préférence pour les coutumes et une défiance envers « ceux qui donnent le branle à un Etat » (I, 23, — cité p. 219 de l'étude dans les *Annales*).

2011. HUNT (R.N. Carew). — Montaigne and the State. (*Edinburgh rev.*, 1927, t. CCXLVI, pp. 259-72).

2012. CAMPOS (Agostinho de). — Montaigne e a violência política. (*Boletim do Inst. francês de Portugal*, IV : 1934, nos 3-4, pp. 42-48).

Comment Montaigne a réagi devant les violences politiques de son temps. Son humanité. Sa bonté.

2013. CHÉREL (A.). — [Montaigne et le Machiavélisme]. — Pp. 59-62 et 321-22 (notes) de : — La pensée de Machiavel en France. — *Paris, L'Artisan du Livre*, 1935, in-16, 350 pp.

Dans ces pages, l'auteur souligne « le ton assez exceptionnel » que Montaigne a donné dans les *Essais* à « ses déclarations anti-machiavéliques » (p. 60).

2014. MESNARD (P.). — [Sur les idées politiques de Montaigne et de La Boétie]. — Pp. 389-406 de : — L'essor de la philosophie politique au XVIᵉ siècle... — *Paris, Boivin*, 1936, in-8°, VIII-711 pp. (*Thèse de lettres, Paris* 1936) ; — 2ᵉ éd. rev. et augm. d'un suppl. bibliographique : — *Paris, J. Vrin*, 1951, in-8°, VIII-711-21 pp., dépl. (*Bibliothèque d'histoire de la philosophie*).

Etude du *Contr'un*, dans laquelle se trouvent exposées les théories politiques de La Boétie. Revenant sur une décision antérieurement prise, Montaigne s'est abstenu de le publier dans les *Essais*, étant inquiet de voir les polémistes protestants accaparer l'œuvre de son ami qui avait en réalité toujours pratiqué (comme lui-même d'ailleurs) un « loyalisme conservateur » (p. 396).

2015. MAURIAC (Dr P.). — Montaigne et la chose publique. (*U.M.F.I.A.*, XIII : 1937, n° 121, pp. 465-75).

Montaigne, qui ne faisait pas fi de l'autorité, ne craint pas cependant, à l'occasion, d'afficher « un nonchalant mépris » pour la chose publique : — il sait regarder en face l'évènement d'un air « tout aussi dédaigneux ; mais [quand] l'évènement le presse et le bouscule, alors il prend parti et sert » (p. 475).
= C.R. : — E. Massonneau (*Bull. de la Soc. des Bibl. de Guyenne*, VIII : 1938, pp. 77-78). =

2016. AYMONIER (C.). — Les opinions politiques de Montaigne. (*Actes de l'Acad. de Bordeaux*, 6ᵉ sér., t. XI, 1937-1938, pp. 213-37 ; — partiellement réimpr. dans : *B.S.A.M.*, 2ᵉ sér., n° 8, 1940, pp. 10-11).

Opposé à la domination populaire, Montaigne est sans doute « conservateur, donc royaliste et catholique » (p. 216). Mais « pour n'être pas démocrate, il n'en est pas moins démophile » (p. 226). Quant au machiavélisme, en si grand honneur à cette époque, on peut dire que Montaigne, s'il lui est arrivé de s'incliner devant la raison d'Etat, n'a pourtant jamais sacrifié à la doctrine du célèbre politique italien : il est bien resté le moraliste à la conscience droite. — (L'étude s'appuie assez fortement sur l'ouvrage de P. Mesnard [n° 2014]).

2017. DAVID (Jean). — Quelques aspects démocratiques de la philosophie de Montaigne. (*M.L.N.*, LVI : 1941, pp. 485-92).

> « Ce travail a pour but d'établir cette distinction que Montaigne, tout en n'étant pas libéral, tout en faisant résider l'autorité soit dans le prince soit dans une aristocratie, est démocrate. On trouve dans sa philosophie non le système mais l'esprit de la démocratie dans son triple aspect, social, culturel et économique, de sorte que l'on peut dire qu'une aristocratie imbue de l'esprit de Montaigne respecterait la personnalité du peuple et ne s'opposerait pas aux réformes en faveur de la majorité des citoyens [...] Ainsi se trouverait résolu le problème de l'aristocratie dans la démocratie, et par là il convient de faire ressortir l'actualité de Montaigne » (p. 485). — Cette importante étude a fait l'objet des répliques nᵒˢ 2018, 2019, 2022 et 2023.

2018. FRANÇON (M.). — La démocratie de Montaigne. (*M.L.N.*, LVII : 1942, p. 82).

> De l'avis de l'auteur, les arguments fournis par J. David dans l'article précédent ne prouvent nullement la manifestation d'un esprit « démocratique » chez Montaigne.

2019. TORREY (Norman L.). — Montaigne and democracy. (*M.L.N.*, LVII : 1942, p. 81).

> Les tendances libérales révélées par Montaigne peuvent-elles être assimilables à un véritable esprit démocratique ? — *Voir* nᵒ 2017.

2020. LÉGER (F.). — Ce que fait et pense Montaigne. — Pp. 51-74 de : — La fin de la Ligue (1589-1593)... — (*Paris*), *Les Editions de la Nouvelle France*, s.d. (1944), in-8ᵒ, 254 pp. — (*Cahiers de la Restauration française*, — 4).

> « Monarchiste par conservatisme, conservateur par horreur de la misère publique, c'est là toute la sagesse sociale de Montaigne. Elle en vaut d'autres » (p. 74).

2021. RAT (M.). — Du nouveau sur Montaigne : — C'est l'écrivain des « Essais » qui apprit à Henri de Navarre — futur Henri IV — que « Paris vaut bien une messe ». (*Figaro litt.*, 29 janvier 1949, p. 4).

> Sur les relations entre Henri de Navarre et Montaigne. « On peut croire » que ce dernier aurait conseillé au vainqueur de Coutras d'opter pour la foi catholique avant de devenir roi de France. — *Voir* nᵒ 2027.

2022. WILLIAMSON (Edward). — On the liberalizing of Montaigne : a remonstrance. (*French rev.*, XXIII : 1949-1950, nᵒ 2, pp. 92-100).

> A propos de l'emploi que l'on a fait de nos jours du mot *démocratie* concernant Montaigne. L'auteur estime que cette notion ne peut être que très relative : « Parler de la démocratie de Montaigne, dit-il, c'est vouloir ignorer l'époque où il vivait ». Il y a là une critique de l'étude de Jean David (nᵒ 2017).

2023. FRANÇON (M.). — Professor Williamson on Montaigne. (*French rev.*, XXIII : 1949-1950, nᵒ 5, p. 420).

> Sur l'esprit démocratique ou libéral de Montaigne. La définition et la distinction de l'un comme de l'autre resteraient à faire, semble-t-il.

2024. DAVID (Jean). — De la « démocratie » dans Montaigne. (*French rev.*, XXIII : 1949-1950, n° 6, pp. 522-23).

Réponse à l'étude d'Edw. Williamson (n° 2022).

2025. RAT (M.). — Montaigne, politique et disciple de Machiavel. (*Figaro litt.*, 4 août 1951, p. 9).

Relativement aux travaux qu'Alexandre Nicolaï préparait depuis douze ans sur la question, et dont le critique examine la substance pour en approuver les conclusions. — *Voir* n° 2030.

2026. NICOLAÏ (A.). — Le secret des « Essais ». (*B.S.A.M.*, 2e sér., n° 16, 1953-1954, pp. 34-58).

Où l'on hasarde cette hypothèse que le livre de Montaigne pourrait être, « au fond, une œuvre politique « *camouflée* » dont le fameux « *Moy* » montaniste serait comme le pavillon qui couvre la marchandise » (p. 51).

2027. COUVRAT-DESVERGNES (R.). — Est-ce Montaigne qui a dit : « Paris vaut bien une messe » ? (*Bull. de la Soc. hist. et archéol. du Périgord*, LXXXII : 1955, pp. 218-22).

Réponse (négative) à la déclaration de Maurice Rat (n° 2021). L'auteur étudie la génèse de cette phrase célèbre qui apparut pour la première fois dans *Les Caquets de l'Accouchée* (1622) et fut par la suite résolument attribuée par Prault au Béarnais dans son *Esprit d'Henri IV* (1770). — (En réalité, la formule employée dans *Les Caquets de l'Accouchée* est : « La couronne vaut bien une messe », et elle est attribuée à Sully, — voir pp. 172-73 de l'éd. de la *Bibliothèque elzévirienne* (1855).

2028. GAXOTTE (Pierre). — Les idées politiques de Montaigne. (*B.S.A.M.*, 2e sér., n° 18, 1956, pp. 5-7).

Nanti d'une vaste expérience politique, Montaigne a toujours marqué qu'il était « un bon et fidèle royaliste », ce qui devait lui valoir la confiance du futur Henri IV. — (Discours prononcé au dîner des « Amis de Montaigne », le 17 mai 1956). — *Voir* aussi le n° 2029.
= C.R. : — L. Sozzi (*Studi fr.*, II : 1958, n° 4, p. 129). =

2029. — Le ferme et solide Montaigne. (*Figaro litt.*, 9 juin 1956, pp. 1 et 10).

A côté du Montaigne traditionnel, qui a « le don de se contredire », de douter, de jouer aimablement de soi, il existe « un Montaigne politique qui a été remarquablement ferme dans ses idées et très constant dans sa doctrine ».

2030. NICOLAÏ (A.). — Le machiavélisme de Montaigne. (*B.S.A.M.*, 3e sér. : — I. Montaigne et Machiavel [n° 4, 1957, pp. 11-15] ; — II. De l'Utile et de l'Honnête [*ibid.*, pp. 16-21] ; — III. Montaigne et Machiavel vus par Pierre Villey [n° 5-6, 1958, pp. 25-47] ; — IV. Princes de France et d'Italie : leurs communs travers [n° 7, 1958, pp. 2-8] ; — V. De l'Inéqualité qui est entre nous. — L'Institution du Prince chez les Humanistes français. — Comment Machiavel et Montaigne nous présentent les Princes [n° 9, 1959, pp. 18-30]).

La thèse d'un Montaigne « manifestement imprégné de la théorie de Machiavel » (*ibid.*, n° 4, p. 16) a pu rencontrer quelques adeptes (n° 2025). Elle a cependant été rejetée par un grand nombre de critiques (*voir* les n°ˢ 2013, 2016, et surtout, après l'étude de Nicolaï : les n°ˢ 2031, 2035, 2038, etc.).

2031. ALFIERI (Vittorio Enzo). — Politica e morale in Montaigne. (*Mél. Lugli et Valeri*, 1961, pp. 1-12).

Pour l'auteur, s'il est vrai que plusieurs assertions de Montaigne font apparaître une certaine parenté avec l'esprit de Machiavel, c'est à tort qu'on l'aura parfois accusé de faire fi de la conscience morale en matière de politique.
= C.R. : — G. Mombello (*Studi fr.*, VI : 1962, n° 16, p. 137). =

2032. AUSSARESSES (F.). — Sur un mot de Montaigne relatif au Concile de Trente. (*Mémorial* 1963, pp. 146-49).

Au sujet de ce passage du *Journal de voyage* dans lequel Montaigne, désignant le Concile de Trente, le nomme *notre* Concile. Quelles sont les justifications d'un semblable possessif ?

2033. BARAZ (Michael). — Montaigne et la vie publique. (*Mél. Hiram Peri*, 1963, pp. 211-21).

2034. MARCU (Eva). — Un rebelle conservateur, ou les limites de la liberté. (*B.S.A.M.*, 3ᵉ sér., n° 31, 1964, pp. 16-19).

« Foncièrement, résolument conservateur », Montaigne s'est en outre montré « rebelle à toute soumission », mais il l'a fait à travers un jeu de contradictions subtilement dispersées dans son livre.

2035. BATTISTA (Anna Maria). — Alle origini del pensiero politico libertino : Montaigne e Charron. — *Milano, A. Giuffrè*, 1966, in-8°, IV-287 pp. — (*Publicazioni dell'Istitute di studi storico-politici. Università di Roma. Facoltà di Scienze politiche*, 11).

Cette étude est consacrée au mouvement de réaction éthico-politique qui s'est fait jour à la fin du XVIᵉ siècle et dont on aperçoit les premières manifestations dans l'œuvre de Montaigne et de Charron sous la forme d'une liberté de pensée opposée à la tradition tout autant qu'au machiavélisme.
= C.R. : — C. Cordié (*Riv. di letter. mod. e compar.*, XX : 1967, p. 75) ;
— M. Richter (*Studi fr.*, XII : 1968, n° 35, p. 345). =

2036. BEAME (E.M.). — The limits of toleration in sixteenth-century France. (*Stud. in the Renaiss.*, XIII : 1966, pp. 250-65).

L'idée de tolérance au XVIᵉ siècle a, en France, un caractère essentiellement politique, avec ses limites de droite à gauche. Or, par rapport à un « tolérant » effectif comme Sébastien Castellion, Montaigne se trouve placé à l'extrême droite, car, tout en désapprouvant les sévices, il condamne le calvinisme dans lequel il ne voit rien de positif.
= C.R. : — M. Jeanneret (*Studi fr.*, XI : 1967, n° 33, p. 530). =

2037. FRANÇON (M.). — Les « guerres de religion » et Montaigne. (*B.S.A.M.*, 4e sér., n° 20, 1970, pp. 39-48).

De la position qui a été celle de Montaigne dans cette période troublée des « guerres de religion ».
= C.R. : — *Studi fr.*, XV (1971), n° 45, p. 536. =

2038. GOUMARRE (Pierre J.). — Contre un faux Montaigne. (*Riv. di letter. mod. e compar.*, XXIV : 1971, pp. 31-38).

Condamnation du point de vue de ceux qui ont cru voir dans la pensée politique de Montaigne du machiavélisme (de P. Villey à Frieda S. Brown), voire du super-machiavélisme (Alexandre Nicolaï). L'essai *De l'utile et de l'honneste* (III, 1) semble au contraire révéler chez Montaigne une ferme opposition à la doctrine de Machiavel. — (Pourtant, F.S. Brown est également de cet avis, quoi qu'on en dise ici, cf. n° 1615, pp. 74, 78 et 79).
= C.R. : — *Studi fr.*, XVI (1972), n°s 47-48, p. 456. =

2039. SANDERS (Sylvia Griffith). — The political thought of Montaigne. — Diss. Yale Univers., 1971, 273 pp. — (*Diss. Abstr. Int.*, XXXII : 1971-1972, n° 6 [December], p. 3394-A).

Remarquable caractère « moderne » de la philosophie politique que Montaigne a développée dans les *Essais*.

2040. MONOD (J.M.). — « Le Roi » d'après les « Essais » de Montaigne [conclusion d'un mémoire de Maîtrise]. (*B.S.A.M.*, 5e sér., n° 3-4, 1972, pp. 83-84).

Sur les vertus que Montaigne reconnait dans le régime monarchique.

2041. KÖLSCH (Manfred). — Recht und Macht bei Montaigne. Ein Beitrag zur Erfoschung der Grundlagen von Staat und Recht. — *Berlin, Duncker und Humblot*, 1974, in-8°, 112 pp. — (*Beitrage zur politischen Wissenschaften*, Bd. 18).

2042. DHOMMEAUX (J.). — Les idées politiques de Montaigne. (*Rev. polit. et parlem.*, LXXVII : 1975, n° 858 [oct.-nov.], pp. 51-66).

La philosophie politique de Montaigne peut s'expliquer par l'existence en lui de trois tendances presque concomitantes : la soumission à la tradition, la proclamation d'une « totale liberté à l'égard des partis », enfin un esprit de réformisme politique, juridique et social.

2043. HECK (Francis S.). — Montaigne's conservatism and liberalism : a paradox ? (*Romanic rev.*, LXVI : 1975, n° 3, pp. 165-71).

Montaigne libéral en pensée mais conservateur en action : le paradoxe de cette double position serait peut-être plus apparent que réel.

2044. SCHAEFER (David L.). — Montaigne's intention and his rhetoric. (*Interpretation. AJ. of Political Philosophy*, V : 1975-1976, n° 1, pp. 57-90).

L'intention de Montaigne et sa rhétorique : — un examen approfondi de celle-ci permet d'envisager les *Essais* comme une œuvre de philosophie politique.

## Religion, foi

2045. SILHON (Jean de). — [Blâme adressé à Montaigne pour son pyrrhonisme]. — Pp. 1-32 et 43-45, dans : — De la certitude des connoissances humaines. où sont principalement expliquez les Principes et les Fondemens de la Morale et de la Politique... — *Paris, Imprimerie Royale*, 1661, in-4°, 22 ff. n. ch., (titre et pièces limin.) et 637 pp.

Tout en réfutant les arguments pyrrhoniens soutenus par Montaigne, l'auteur déclare ne pas avoir de méfiance à l'égard des sentiments chrétiens exprimés dans les *Essais*.

2046. DEVIENNE (Dom). — Dissertation sur la religion de Montaigne... — *A Bordeaux, chez les libraires, et à Paris, chez Crapart*, 1773, in-8°, 32 pp.

Solidité de la pensée religieuse chez Montaigne, dont cependant quelques commentateurs voudraient faire un athée et un impie.

2047. FRÉRON (Jean). — Lettre V [du 16 octobre 1773, relative à la] *Dissertation sur la religion de Montaigne*, par Dom Devienne... (*L'Année littéraire*, 1773, t. VI, pp. 94-105).

Le fameux adversaire de Voltaire et des philosophes donne ici son approbation à la thèse soutenue par le bénédictin Devienne.

2048. MARÉCHAL (Sylvain). — Montaigne. — Pp. 293-94 du : — Dictionnaire des athées anciens et modernes. — *A Paris, chez Grabit*, an VIII [1800], in-8°, LXXII-524 pp.

Pour S. Maréchal, comme pour son collaborateur, J. de Lalande, Montaigne s'est signalé par un athéisme incontestable.

2049. NAIGEON (J.-A.). — Avertissement de l'éditeur [daté de : *Paris, 15 germinal, an X* (= 5 avril 1802)]. — Tome Ier, pp. V-LXIII, de l'édition stéréotype des : — Essais de... Montaigne... — *Paris, Pierre et Firmin Didot*, an X-1802, 4 vol. in-8°.

Titre bien sommaire pour les 59 pages de ce célèbre exposé dans lequel l'ancien conventionnel Naigeon a pensé faire apparaître « avec liberté les sentiments particuliers et religieux de Montaigne, qui étaient en opposition avec ceux de son siècle ». (Extrait d'une note manuscrite du Dr Payen, figurant dans un des exemplaires de la Bibliothèque nationale). Selon Naigeon en effet, Montaigne était bien éloigné du croyant traditionnel, quoi qu'on en ait pu dire. « Ce qu'il a pensé et écrit, il y a plus de deux cents ans, n'a été entendu et senti que dans le dix-huitième siècle » (p. XXX). Ainsi on a pu voir que « sa religion, réduite au plus simple terme, était précisément ce qu'est aujourd'hui dans tous les pays où le christianisme est établi, la religion de ceux qui ont quelque instruction, c'est-à-dire un pur déisme » (p. LII).
Cet avertissement a été partiellement reproduit en tête de l'éd. Desoër des *Essais* de 1818, en 1 vol. in-8° à deux colonnes (pp. XI-XVI), et l'éditeur (de l'Aulnaye) l'annonce ainsi : « Nous pensons qu'on ne lira pas sans intérêt quelques réflexions extraites d'une préface fort rare, qui ne se trouve que dans un très petit nombre d'exemplaires d'une édition récente

des *Essais*. Quelle que puisse être l'opinion du lecteur, il sera sans doute bien aise de connoître un écrit que des circonstances particulières avoient relégué dans le cabinet de quelques curieux » (p. XI). Les « circonstances particulières » dont il est question sont une allusion à la décision prise, en cette année 1802, par le Premier Consul de censurer cet écrit que l'on publiait bien inopportunément au moment où venait d'être signé le Concordat entre le Vatican et le gouvernement consulaire français. Très rares sont les exemplaires qui ont échappé à cette exécution. On estime qu'il n'a dû en rester que huit « ayant appartenu au Premier Consul, à ses plus hauts fonctionnaires et à Didot » (*Note du D<sup>r</sup> Payen*). Gabriel Peignot, lui, en réduisait le nombre à deux ou trois (*Op. cit.*, p. 92).

Sur cette pièce si curieuse, on pourra consulter : — les *Annales littéraires et morales*... (n° 104) ; — Gabriel Peignot, *Répertoire de bibliographies spéciales, curieuses et instructives*... (n° 105) ; — J.-Ch. Brunet, *Manuel du libraire*... (n° 47), tome III, col. 1840 ; — J.-M. Quérard, *La France littéraire*... (n° 43), tome VI, p. 223 ; — *Catalogue de la collection Rochebilière*... (n° 74) p. 4 ; — H. Mazel (n° 2085).

2050. LABOUDERIE (Abbé J.). — Discours préliminaire. — Pp. 1-144, dans : — Le christianisme de Montaigne, ou Pensées de ce grand homme sur la religion... — *Paris, Demonville, Leclerc, Merlin*, 1819, in-8°, x-596 pp. — Réimpr. dans le tome II (1843), pp. 462-515, des : — Démonstrations évangéliques [...], reproduites intégralement [...], annotées et publiées par M. l'abbé M[igne]... — *Petit-Montrouge, chez l'éditeur*, 1843-1849, 18 vol. in-4° à 2 col.

Ce discours relatif à Montaigne et à sa pensée religieuse sert d'avant-propos à d'importants passages extraits de la *Théologie naturelle* (trad. de Montaigne), des *Essais*, du *Journal de voyage* et des *Lettres*. Ces passages sont démonstratifs de la foi chrétienne de leur auteur, assure Labourderie. Mais dans *Port-Royal* (liv. III, chap. 3), Sainte-Beuve devait déclarer que celui-ci s'est beaucoup aventuré à soutenir la thèse du christianisme de Montaigne.

2051. SAINTE-BEUVE (C.A.). — « Suite de Montaigne ; arrière-fond, etc... — Tome II (1842), pp. 416-46, de : — Port-Royal. — *Paris, E. Renduel, L. Hachette*, 1840-1859, 5 vol. in-8°. — Réimpr. dans : *Les grands écrivains français. Etudes des Lundis... classées... et annotées par Maurice Allem*... — Paris, Garnier, 1926, in-16 (*XVI<sup>e</sup> siècle : les Prosateurs*, pp. 234-52).

C'est le 3<sup>e</sup> chapitre du livre III de *Port-Royal*. On y trouve une analyse très originale de la pensée de Montaigne en matière de religion. Pour Sainte-Beuve en effet, l'auteur des *Essais* est rien moins qu'un chrétien, sans pour autant être « réputé impie ». — Ce chapitre se termine par le fameux « convoi funèbre idéal » de Montaigne, où, « je le crains — déclare Sainte-Beuve — Pascal seul, s'il est du cortège, a prié » (p. 445).

2052. FRANCK (A.). — [Sur la religion de Montaigne]. (*Moniteur univ.*, 7 avril 1847, p. 714, col. 1). — [Extrait du « Rapport sur les mémoires envoyés pour concourir au prix de philosophie proposé en 1843, et à décerner en 1846, au nom de la section de philosophie » de l'Académie des sciences morales et politiques].

Le rapporteur déclare, d'après les arguments contenus dans l'*Apologie*, qu'« on ne risque certainement pas de calomnier Montaigne en affirmant qu'au fond il estime aussi peu la foi que la raison ».

2053. MERLHIAC (G. de). — Examen d'une étude philosophique et littéraire sur Montaigne par M. l'Abbé Jean. (*Chron. du Périgord et du Limousin*, III : 1855, n° 11, pp. 258-61).

Critique de l'étude de l'abbé Jean Sagette (n° 291) qui avait voulu faire de Montaigne, non pas un sceptique, mais au contraire un chrétien, un dévot, un ultramontain, alors que G. de Merlhiac voit en lui un personnage éclectique, un rêveur indécis (*sic*), sinon même un sophiste.

2054. SAGETTE (Abbé Jean). — Une réponse à l'examen de M. de Merlhiac. (*Chron. du Périgord et du Limousin*, III : 1855, n° 12, pp. 265-70).

Longue réplique de l'auteur à son contradicteur (n° 2053), dans laquelle il cherche à démontrer que le débat entre eux deux est surtout « une différence d'appréciation » (p. 267). En même temps, il apporte des précisions à sa thèse sur la foi profonde de l'auteur des *Essais*.

2055. DARGAUD (J.-M.). — Montaigne et la politique religieuse. — Tome IV, pp. 345-48, de l' : — Histoire de la liberté religieuse en France et de ses fondateurs... — *Paris, Charpentier*, 1859, 4 vol. in-18.

2056. BARTHÉLÉMY (Ch.). — La religion de Montaigne. — Vol. V, pp. 145-60, de : — Erreurs et mensonges historiques... — *Paris, Blériot*, 1875, in-18, 260 pp.

Condamnation formelle de la thèse de l'impiété, et à plus forte raison de celle de l'athéisme chez Montaigne.

2057. LA BRIÈRE (Léon Leroy de). — Montaigne chrétien. Réflexions tirées des « Essais ». — *Paris, L. Chailley*, (1894), in-18, 260 pp.

Dans ce « livre édifiant » (F. Strowski, n° 2068), l'auteur se propose de démontrer, à l'aide de preuves textuelles, l'étendue du christianisme de Montaigne.

2058. COLLIGNON (A.-M.). — La vie littéraire. Notes et réflexions d'un lecteur. — 2ᵉ éd. revue et corrigée... — *Paris, Fischbacher*, 1896, in-18, 473 pp.

Montaigne considéré comme « affranchisseur d'âmes » et libre penseur. (Voir les chap. 1, 2, 7, 8, 23, 24 et 25).

2059. STAPFER (P.). — Raimond de Sebonde et le christianisme de Montaigne. — Pp. 325-60 de : — La famille et les amis de Montaigne... (n° 836).

Sur la foi « extrêmement superficielle, quoique formelle », de Montaigne, voir p. 356.

2060. MATAGRIN (A.). — Montaigne et la tolérance religieuse. — Pp. 239-45 de : — Histoire de la tolérance religieuse, évolution d'un principe social... — *Paris, Fischbacher*, 1905, in-8°, 447 pp.

2061. ALBALAT (A.). — Le vrai Montaigne. (*J. des Débats*, 5 novembre 1906, p. 3).

Attitude de Montaigne notamment en matière de religion. Pour l'auteur, cette attitude reste à définir et le problème de la foi religieuse du moraliste subsiste. (Ecrit à l'occasion de la parution de l'Edition municipale).

2062. PONS (Sylvio). — Tre fedi (Montaigne — Pascal — Alfred de Vigny). (*Bilychnis*, III : 1914, nᵒ 10, pp. 214-21).

Sur la position prise par Montaigne dans le domaine de la religion, voir pp. 214-17.

2063. CHOLLET (A.). — La théologie du doute dans Montaigne. — Tome IV (2ᵉ partie, 1920), col. 1814-16 du : — Dictionnaire de théologie catholique... (nᵒ 395).

Au sujet du scepticisme religieux de Montaigne. « La théologie du doute est inspirée chez lui par le respect de la foi et le désir de mettre en relief les vérités révélées par Dieu » (col. 1814).

2064. DEMAN (A.). — La religion de Montaigne. (*Rev. des jeunes*, XI : 1921, t. XXIX, pp. 280-94).

Malgré l'avis de ceux qui, comme Sainte-Beuve, Lanson, Victor Giraud, ont cru voir en lui un incroyant ou au moins un pratiquant à l'âme peu chrétienne, Montaigne, « le pieux gentilhomme », assure l'auteur, « mourut en chrétien : et son tombeau nous le représente les mains jointes et priant. J'imagine que, s'il revenait, Montaigne serait fâché que nous ayons dressé des limites à son christianisme » (p. 294).

2065. BUSSON (H.). — [Les idées de Montaigne en matière de religion]. — Pp. 434-49 de : — Les sources et le développement du rationalisme dans la littérature française de la Renaissance (1533-1601)... — *Paris, Letouzey et Ané*, 1922, in-8ᵒ, XVII-688 pp. — (*Thèse de lettres, Paris*, 1922-1923. — *Biblioth. de la Soc. d'hist. ecclésiastique de la France*). — Nouv. éd., revue et augm. : — *Paris, Vrin*, 1957, in-8ᵒ, 654 pp. — (Coll. : *De Pétrarque à Descartes*, I).

Montaigne n'est pas un libertin. On doit le considérer plutôt comme un disciple de Pomponazzi et du mouvement padouan « par l'étendue et la nature de son scepticisme ». Mais ce scepticisme « n'exclut pas la foi. Il est même une excellente préparation à la croyance » (p. 438). La doctrine religieuse et métaphysique que l'on trouve dans les *Essais* manque peut-être d'originalité. Elle « est celle que cinquante ans de pénétration italienne ont modelée dans l'élite des intelligences françaises de la seconde moitié du XVIᵉ siècle » (p. 449).

2066. JULES (Léon). — Montaigne. — Tome IV (1926), col. 1113-14, du : — Dictionnaire pratique des connaissances religieuses, publié sous la direction de J. Bricout... — *Paris, Letouzey et Ané*, 1925-1928, 6 vol. gr. in-8ᵒ.

La profession de foi catholique de Montaigne paraît suspecte à l'auteur qui reproche à celui-ci d'avoir « avec cynisme » préparé la voie des libres-penseurs du XVIIIᵉ siècle, et il rappelle, pour renforcer son point de vue, la mise à l'Index du livre des *Essais*, prononcée par l'Eglise dans le décret du 28 janvier 1676.

2067. SPEZZAFUMO DE FAUCAMBERGE (Suzanne). — Michel de Montaigne, catholique bon teint. (*Apollon*, I : 1927, juillet, pp. 17-24).

Article enrichi de nombreux passages des *Essais* et du *Journal*, qui ont été choisis pour détruire la thèse de l'incroyance chez Montaigne. Pour l'auteur, en effet, « la chose est patente : Montaigne a de la foi, et précisons, une foi chrétienne et catholique » (p. 17).

2068. STROWSKI (F.). — Montaigne chrétien. (*La Vie catholique*, 7 janvier 1928, p. 5).

Article qu'a fait naître la parution de la vie de Montaigne par A. Lamandé (n° 538) : celui-ci n'ayant pas complètement abordé le problème de la pensée religieuse du moraliste, on pourrait se rapprocher de L. de La Brière (n° 2057), en disant que « les professions de foi catholique » dont sont « farcis » les *Essais* ne paraissent aucunement douteuses.

2069. FOREST (Aimé). — Montaigne humaniste et théologien. (*Rev. des sc. philos. et théol.*, XVIII : 1929, pp. 59-73).

Sur le rôle joué par l'expérience religieuse dans la philosophie des *Essais*. — Montaigne aurait eu « une doctrine théologique sous-jacente à toute l'Apologie de Raymond Sebond », et munie de rapports étroits avec la raison et la foi, toutes deux restant, bien sûr, nettement séparées.
= C.R. : — J. Plattard (*Rev. du XVIe s.*, XVI : 1929, pp. 345-47). =

2070. JANSSEN (Herman J.J.). — Montaigne fidéiste... — *Nijmegen-Utrecht, N.V. Dekker, Van de Vegt en J.W. Van Leeuwen*, 1930, in-8°, 5 ff. n. ch. et 167 pp. (avec, en annexe, un dépliant contenant le plan de l'*Apologie de Raymond Sebond*). — (*Thèse de lettres, Amsterdam* 1930). — Réimpr. : — *Paris, Nizet et Bastard*, 1934, in-8°, 167 pp.

Théologien chrétien, l'auteur s'est attaqué ici au vieux problème de la sincérité religieuse de Montaigne. Celle-ci, à ses yeux, n'est pas contestable, car le moraliste n'a nullement contrecarré les idées de Sebond sur la religion : ce dernier, en bon rationaliste, avait voulu en expliquer les hauts mystères, alors que Montaigne, dans sa position de fidéiste, les considère indémontrables. Mais comme ils s'entendent tous deux sur la formule terminale, « Montaigne, sans arrière-pensée, se croit en plein accord avec l'auteur de la *Théologie naturelle* » (P. Villey, *op. cit.*, p. 461). — *Voir* une appréciation contraire, n° 2120.
= C.R. : — J. Coppin (*Rev. du XVIe s.*, XVII : 1930, pp. 314-21) ; — P. Villey (*R.H.L.F.*, XXXIX : 1932, pp. 460-63). =

2071. BARBEY (Léon). — La religion de Montaigne. (*Nova et vetera*, 1933, pp. 436-47).

Dans cette étude, Montaigne nous apparaît comme un chrétien convaincu par son rejet de l'athéisme et la nature positive de son scepticisme (p. 438), mais aussi comme un catholique par le refus qu'il a marqué de se ranger aux côtés des novateurs de la Réforme (p. 443).

2072. BARRÈRE (J.). — Un mot sur le fidéisme de Montaigne. (*Rev. philom. de Bordeaux*, XXXVI : 1933, n° 1, pp. 35-37).

Examinant la thèse de H. Janssen (n° 2070) et son C.R. par P. Villey. J. Barrère se déclare lui aussi convaincu de la sincérité religieuse de Montaigne.

**2073.** CHÉREL (A.). — Le christianisme de Montaigne. (*La Liberté du S.-O.*, 1er avril 1933, p. 1).

Montaigne catholique fidéiste dans un milieu où cherchait à dominer le protestantisme.

**2074.** CLERCQ (V. de). — Le catholicisme de Montaigne. (*La Vie catholique*, 25 février 1933, pp. 11-12).

S'il a rattaché une grande partie de sa pensée philosophique à Sénèque et à Sextus Empiricus, Montaigne, dans tous les actes de sa vie, n'en est pas moins resté un bon catholique, ainsi que le montrent son éloignement pour les doctrines protestantes et son double choix, celui de ses amis parmi de zélés catholiques (La Boétie, Monluc) et celui du parti qu'il a jugé bon de suivre dès qu'éclatèrent les guerres civiles.

**2075.** LAMANDÉ (A.). — Autour d'un quatrième centenaire : — la religion de Montaigne. (*Le Correspondant*, 1933, t. CCCXXX, 25 février, pp. 481-97, et 10 mars, pp. 703-13).

De la difficulté qui existe pour résoudre le problème de la religion de Montaigne : était-il vraiment croyant ou au contraire faut-il voir en lui le sceptique forcené que certains ont affirmé avoir découvert ? Selon A. Lamandé, qui s'appuie sur des textes essentiels, il semble indiscutable que Montaigne n'ait rien voulu cacher et que son christianisme n'était pas une pensée de commande.

**2076.** KEMP (R.). — Montaigne et l'Angelus. (*Nouvelles litt.*, 10 février 1934, p. 3).

Montaigne était-il ou non un croyant ? Les deux thèses ont fait ici l'objet d'un examen à propos de l'ouvrage de J. Plattard (n° 410) dans lequel était soutenue l'opinion positive, que le critique R. Kemp n'hésite pas à rejeter.

**2077.** RAYMOND (Marcel). — Entre le fidéisme et le rationalisme : à propos de l'attitude religieuse de Montaigne. (*Mél. Ernst Tappolet*, 1934, pp. 237-47). — Repris sous le titre : — L'attitude religieuse de Montaigne, — pp. 50-67, dans : — Génies de France. — *Neuchâtel, La Baconnière*, 1942, in-16, 248 pp. — (*Les Cahiers du Rhône*, 4).

Montaigne, l'homme du « juste milieu », même en matière de pensée religieuse ?

**2078.** GIRAUD (V.). — Le problème religieux et l'histoire de la littérature française. (*R.D.M.*, 8e pér., 1935, t. CV, 1er octobre, pp. 617-51). — Travail édité sous le même titre, après avoir été revu et fortement augmenté : — *Paris, Ed. Alsatia*, 1938, in-16, 237 pp.

Sur le cas de Montaigne, voir, pp. 623-24, une analyse de « ce complet agnoticisme » que l'auteur des *Essais* a observé en matière de religion, avec un penchant pour « la bonne vieille morale chrétienne, et même catholique », à laquelle il parait finalement s'être rallié. — P. Moreau estime qu'on trouve dans ces pages « le jugement le plus équitable et le plus mesuré sur la religion de Montaigne » (n° 430 : p. 108).

**2079.** AYMONIER (C.). — Montaigne incrédule ? (*Rev. d'hist. de l'Eglise de France*, XXII : 1936, pp. 289-316 ; — extrait de cet article dans le *B.S.A.M.*, 2e sér., no 10, 1941, pp. 26-27).

« La sincérité [religieuse] de Montaigne, souvent mise en doute ou niée, semble de moins en moins contestée » (p. 289). A ce propos, C. Aymonier analyse les arguments soutenus pour et contre, et complète son examen par les faits de la vie de Montaigne et par des éléments tirés de son livre. Il en conclut, suivant en cela le théologien C. Constantin (no 395), qu'« avec une âme au fond peu religieuse, et une mentalité rationaliste, Montaigne vécut et mourut catholique sincère » (p. 315).

**2080.** DRÉANO (Chanoine M.). — La pensée religieuse de Montaigne... — *Paris, Beauchesne*, 1936, in-8o, 501 pp. — (*Thèse de lettres, Paris 1937*). — (*Bibliothèque des Archives de la Philosophie*). — Cf. no 2119.

Dans cette étude qui s'appuie sur une vaste documentation, l'auteur a voulu prouver que Montaigne était un fervent catholique et que, s'il a fait usage du pyrrhonisme, ce fut uniquement pour défendre la religion à l'aide de cette doctrine philosophique qui venait ainsi s'opposer au rationalisme propre à « certains savants de ses contemporains » (p. 472). = C.R. : — M. Citoleux (*Polybiblion*, 1937, vol. 194, pp. 38-39) ; — Ferd. Gohin (*Rev. univers.*, XLVI : 1937, pp. 42-44) ; — Marcel Raymond (*Human. et Renaiss.*, IV : 1937, no 3, pp. 345-46) ; — M. Cailliau (*Arch. de philos.*, XIV : 1938, suppl. bibliogr., pp. 31-32) ; — J.-B. Sabrié (*Rev. d'hist. de l'Eglise de France*, XXIV : 1938, pp. 72-73) ; — W.G. Moore (*Mod. lang. rev.*, XXXIV : 1939, pp. 608-10). =

**2081.** RIQUOIR (Ant.). — Michel Montaigne et la religion catholique. (*L'Archer*, VII : 1936, no 5, pp. 509-21).

Etude qui reprend un passage de la conférence du Dr Lucien Cornet (no 3168), et où sont rejetées vivement les assertions d'impiété et d'incroyance formulées par le Dr Armaingaud à l'adresse de son auteur favori.

**2082.** CITOLEUX (Marc). — Le vrai Montaigne, théologien et soldat. — *Paris, Lethielleux*, 1937, in-16, 315 pp. — *Couronné en 1937 par l'Académie française (Prix Narcisse Michaud)*.

L'auteur était persuadé qu'il donnait la reconstitution du *vrai Montaigne* en le présentant sous les traits d'« un casuiste casqué » (p. 240), voire même d'un « théologien attardé du Moyen Age » (p. 275). = C.R. : — E. Jourdan (*Polybiblion*, 1937, vol. 194, pp. 117-18) ; — Ferd. Gohin (*Rev. univers.*, XLVI : 1937, t. II, pp. 42-44) ; — R. Narsy (*J. des Débats*, 7 mai 1937, p. 5) ; — Marcel Raymond (*Hum. et Renaiss.*, IV : 1937, no 3, pp. 346-50) ; — J. Plattard (*R.H.L.F.*, XLV : 1938, pp. 97-99).

**2083.** GRUËN (William). — Montaigne : sceptic or apologist ? (*Sewanee rev.*, XLVI : 1937, no 1, pp. 70-73).

**2084.** ABERCROMBIE (Nigel). — Montaigne and the *City of God*. — Pp. 40-56 de : — Saint Augustine and French classical thought. — *Oxford, Clarendon Press*, 1938, in-8o, 123 pp.

**2085.** MAZEL (H.). — La fameuse préface de Naigeon. (*B.S.A.M.*, 2e sér., no 4, 1938, pp. 28-29).

Analyse de cet *avertissement* dont « l'idée centrale est que Montaigne n'a pas été le croyant qu'il dit être » (p. 29).

2086. DE BOER (C.). — Montaigne als « apologeet » van Raymond Sebond : een moreel probleem. — *Amsterdam, N.V. Noord Hollansche Uitgevers Maatschappij*, 1940, in-8°, 26 pp. — (*Mededeelingen der Nederlandsche Akademie van Wetenschappen, afdeeling Letterkunde*. Nieuwe reeks, deel 3, n° 12).

On a souvent accusé Montaigne d'avoir « trahi » R. Sebond dans son *Apologie*. C'est une erreur pour l'auteur de cette étude. Montaigne a au contraire conseillé vivement — et avec conviction — la lecture de la *Théologie naturelle* qu'il juge de première utilité (cf. n° 1349a). Mais il a conduit son raisonnement avec une *nonchalance* qui a pu égarer de nombreux critiques sur le véritable objectif envisagé par le moraliste.

= C.R. : — W. Kalthoff (*Archiv*, XCVI : 1941, t. 180, p. 59) ; — R. Guiette (*Rev. belge de philol. et d'hist.*, XXIII : 1944, pp. 629-30). =

2087. SALLES (A.). — La religion de Montaigne. (*B.S.A.M.*, 2ᵉ sér., n° 8, 1940, pp. 24-26).

Récapitulation des différentes opinions exprimées sur la question et examinées déjà par le Dʳ Armaingaud dans son travail : *Y a-t-il une évolution dans les Essais de Montaigne ?* (n° 2221).

2088. LAMANDÉ (A.). — Communication sur la mort chrétienne, la religion ou l'irréligion de Montaigne. (*B.S.A.M.*, 2ᵉ sér., n° 11, 1941, pp. 15-17).

Compte rendu inédit de la séance des Amis de Montaigne du 15 mars 1930. Il est suivi d'une réponse du Dʳ Armaingaud (pp. 17-18), d'une intervention d'A. Thibaudet (p. 18) et d'un résumé des principales opinions modernes sur la même question (pp. 18-20).

2089. GUITON (Jean). — Où en est le débat sur la religion de Montaigne ? (*Romanic rev.*, XXXV : 1944, n° 2, pp. 98-115).

L'auteur donne ici un « état présent » de ce débat, sujet de « polémiques toujours très vives », dont « il y a fort à parier qu'elles ne s'éteindront jamais », pense-t-il. Pour sa part, il conclut en faveur d'un christianisme effectif chez Montaigne.

2090. HUBRECHT (G.). — La religion de Montaigne. (*Bull. de la Soc. des Bibl. de Guyenne*, XVI : 1946, n° 43, pp. 55-66 ; — XVII : 1947, n° 45, pp. 23-31 ; — XVIII : 1948, n° 48, pp. 77-89).

Etude analytique des déclarations de Montaigne en matière de religion, lesquelles, pour G. Hubrecht, ne laissent pas de doute sur la position du moraliste en faveur d'une foi sincère et d'un catholicisme de nature traditionnelle.

= C.R. : — R. Limouzin-Lamothe (*Rev. d'hist. de l'Eglise de France*, XXXV : 1949, pp. 269-70) ; — C. Paulus (*Rev. belge de philol. et d'hist.*, XXVIII : 1950, pp. 805-06). =

2091. FRAME (Donald M.). — Did Montaigne betray Sebond ? (*Romanic rev.*, XXXVIII : 1947, n° 4, pp. 297-329).

Montaigne a-t-il trahi Sebond ? — En réalité, selon l'auteur, la question se situerait sur un tout autre plan que celui de la personnalité de Raimond Sebond, dont Montaigne paraît s'être servi dans l'*Apologie* comme d'un prétexte pour mener une attaque en règle contre la science et la présomption humaines. (On trouve, pp. 324-25, un schéma original de l'*Apologie de Raimond Sebond*, avec références à l'édition Villey de 1930).

**2092.** CHAZEL (P.). — Le problème du salut chez Montaigne. (*Etudes théol. et relig.*, XXIV : 1949, n° 2, pp. 57-63).

L'athéisme masqué dont on a parfois accusé Montaigne constitue une imputation toute gratuite. En réalité, sa pensée religieuse s'exprime sous la forme d'une opposition à la dialectique thomique que récuse son fidéisme. — Définition du Dieu de Montaigne : « une transcendance sans amour » (p. 61). — Quant au salut, si Montaigne y renonce, c'est pour s'en tenir aux enseignements de l'Ancien Testament et à la sagesse de l'Ecclésiaste, comme si pour lui Jésus-Christ n'était pas venu (p. 63) ; — cf. G. Guizot, *Montaigne, études et fragments* (n° 3065), p. 149.

**2093.** DEBUIRE (M.). — Montaigne est-il chrétien ? (*Cahiers de Neuilly*, avril 1950, pp. 8-14).

Malgré de légères réserves au départ, la réponse à cette question n'en est pas moins positive, quelque peu inspirée du reste par le livre de Citoleux (n° 2082).

**2094.** DUVIARD (F.). — La révision du « cas Montaigne ». Montaigne chrétien. (*Neophilologus*, XXXIV : 1950, n° 3, pp. 129-41).

L'auteur considère les *Essais* comme un « livre religieux » reflétant un « épicurisme chrétien ». L'*Apologie de Raymond Sebond* est à ses yeux une preuve magistrale de ce christianisme « un peu spécial » (pp. 131-33).

**2095.** HOOPES (Robert). — Fideism and skepticism during the Renaissance : three major witnesses. (*Huntington libr. quart.*, XIV : 1950-1951, n° 4, pp. 319-47).

Les trois témoins auxquels il est fait appel sont successivement : Luther, Calvin et Montaigne.

**2096.** SCLAFERT (le R.P. Clément). — Montaigne et Maldonat. (*Bull. de litt. ecclésiastique*, LII : 1951, pp. 65-93 et 129-46). — Extr. publ. — (1951), in-8°, 48 pp. — avec ce complément de titre : « Prélude à une enquête sur l'*Ame religieuse de Montaigne* qui paraîtra prochainement aux *Nouvelles Editions Latines* ».

« Nous avons de la foi de Montaigne un garant assez imprévu : son contemporain, le Jésuite Maldonat », qui fut « son confident et son intime ami », et aussi celui dont Pierre de L'Ancre a pu dire qu'il « était le cœur et l'âme du sieur de Montaigne » (*Extr.*, p. 4). Apologistes tous deux, ils se sont fréquemment rencontrés dans la défense de la cause catholique contre les adversaires protestants (p. 15).
= C.R. : — E. Griffe (*Rev. d'hist. de l'Eglise de France*, XXXVIII : 1952, pp. 196-97). =

**2097.** — L'âme religieuse de Montaigne. — *Paris, Nouvelles Editions Latines, s.d.* (1951), in-8°, 315 pp. — (*Le Monde catholique*).

Un livre comme les *Essais* « sans la religion et sans la théologie ne saurait se comprendre » (p. 7). Il est même « le code et le bréviaire de la sagesse française, qui est une sagesse chrétienne », et Montaigne a prouvé que cette dernière « enrichissait, vivifiait la sagesse antique » (*Conclusion*, p. 307).
= C.R. : — P. Michel (*L'Ecole*, 1ᵉʳ mars 1952, pp. 381-82) ; — P. Jourda (*Rev. univers.*, LXI : 1952, p. 218) ; — P. Galtier (*Gregorianum*, XXXIV : 1953, pp. 128-31) ; — P. M[ichel] (*B.S.A.M.*, 2ᵉ sér., n° 16, 1953-1954, pp. 88-92). =

2098. DASSONVILLE (M.). — Montaigne, apologiste perfide ? (*Rev. de l'Univers. Laval*, VI : 1951-1952, n° 8 [avril 1952], pp. 609-21 ; — n° 9 [mai], pp. 725-40 ; — n° 10 [juin], pp. 822-32).

> Réponse négative. La méthode employée dans l'*Apologie* « a trompé de nombreux lecteurs et presque tous les commentateurs. Elle a permis à Montaigne de ne pas s'en tenir à une discussion théorique, mais d'amener progressivement ses adversaires à reconnaître la misère de l'homme incroyant et la sublimité de l'acte de foi » (p. 832).

2099. LEBÈGUE (R.). — Les courants philosophiques et religieux en France au XVIe siècle. (*Année propéd.*, V : 1952, pp. 67-75).

> Le chap. V (pp. 72-74), sous le titre : « Montaigne et son temps », est consacré au débat sur la religion chez l'auteur des *Essais*, — débat d'où l'on peut conclure que, médiocre chrétien, apologiste du plaisir, Montaigne ne parait cependant pas avoir été, en matière de pratique religieuse, « un simulateur hypocrite » (p. 74).

2100. CALVET (Mgr Jean). — Le choix de Montaigne. A propos de la religion de l'auteur des « Essais ». (*Rev. des cercles d'études d'Angers*, 1953, n° 3, pp. 67-68).

2101. MÜLLER (Chanoine A.). — Montaigne et le problème religieux. (*Enseignement chrétien*, juin-juillet 1953, pp. 377-86).

2102. BUSSON (H.). — La pratique religieuse de Montaigne. (*B.H.R.*, XVI : 1954, n° 1, pp. 86-95).

> La lecture des *Essais* et surtout celle du *Journal de voyage* nous font apparaître chez Montaigne un catholique sans doute sincère, mais quelque peu limité dans la démonstration de ses sentiments. « Le *Notre Père* en se couchant, la messe du dimanche, sauf manquements, la communion pascale — obligatoire —, voilà à quoi se ramène la pratique religieuse de Montaigne » (p. 93). — Ci-après une note rectificative de M. Dréano.

2103. DRÉANO (Chanoine M.). — Au sujet de la pratique religieuse de Montaigne. Simples notes sur quelques textes. (*B.H.R.*, XVI : 1954, n° 2, pp. 213-16).

> Partisan de la thèse d'une profonde dévotion chez Montaigne, le chanoine Dréano cherche ici à redresser les positions prises par H. Busson dans l'étude précédente. Il le fait à l'aide de certains passages des *Essais* et du *Journal* qu'il cite et qu'il commente. — Sa note a fait l'objet d'une réponse de H. Busson, pp. 216-17.

2104. FRESCAROLI (Antonio). — Ancora sulla religione di Montaigne. (*Vita e pensiero*, XXXVII : 1954, n° 9, pp. 508-13).

> Deux lignées de critiques ont jugé Montaigne de façon nettement opposée : les uns (d'Antoine de Laval à Gide et à Solmi, en passant par les philosophes du XVIIIe siècle) voient en lui un incrédule ; les autres au contraire (de Marie de Gournay jusqu'aux grands commentateurs du XXe siècle, tels que Strowski et Villey) l'estiment foncièrement croyant et même catholique. L'auteur donne les raisons pour lesquelles il opte en faveur de cette dernière manière de voir.

2105. PONS (R.). — Etude sur la pensée religieuse de Montaigne. L'« Apologie de Raymond Sebond ». (*Inform. litt.*, VI : 1954, n° 2, pp. 43-55).

Dans l'*Apologie*, cet « épouvantail des lettrés », Montaigne a su montrer qu'il savait être un apologiste loyal en même temps qu'un croyant persuadé de « la grandeur insoutenable de Dieu » (p. 54).

2106. WALKER (D.P.). — Ways of dealing with atheists : a background to Pamela's refutation of Cecropia. (*B.H.R.*, XVII : 1955, n° 2, pp. 252-77).

Etude d'ensemble sur la conduite observée, en face des incroyants, par certains écrivains du siècle de la Renaissance. D'un christianisme très incertain, Montaigne, pour sa part, semble s'être contenté d'une attitude passive, destinée à imposer silence aux adeptes de l'athéisme et à mettre les croyants à l'abri de la contagion de l'impiété (p. 265).

2107. DUVIARD (F.). — Montaigne chrétien et catholique. (*Rev. des Fac. cath. de l'Ouest*, LXVI : 1956, octobre, pp. 37-46).

2108. DANIEL-ROPS (H.). — Montaigne chrétien et sa sainte nièce. (*B.S.A.M.*, 3e sér., n° 15, 1960, pp. 3-8 ; — voir aussi : *Ecclesia*, 1960, n° 140, novembre, pp. 23-30).

La pensée religieuse de Montaigne : une discussion qui « paraît bien devoir se conclure dans un sens positif » (pp. 5-6), avec l'appui considérable qu'apporte le témoignage de Jeanne de Lestonnac, nièce du moraliste, canonisée en 1949.
= C.R. : — G. Mombello (*Studi fr.*, VI : 1962, n° 17, p. 337). =

2109. FEYTAUD (J. de). — Le danger des parenthèses. (*B.S.A.M.*, 3e sér., n° 13, 1960, pp. 34-41).

« M. de Saci s'effrayait de voir, dans les *Essais*, que la foi était « mise à part ». C'est une parenthèse dont la suite des temps allait révéler le danger » (p. 40).
= C.R. : — G. Mombello (*Studi fr.*, VI : 1962, n° 17, p. 337). =

2110. HAMEL (Marcelle). — L'expression des idées religieuses de Montaigne dans les « Essais ». (*B.S.A.M.*, 3e sér., n° 16, 1960, pp. 30-38).

Chez Montaigne, « le point de vue chrétien se définit à propos de maint problème, tout au long des *Essais* » (p. 31), et cela, le plus souvent, avec une vigueur et un élan qui interdisent de mettre en doute la loyauté du penseur.
= C.R. : — G. Mombello (*Studi fr.*, VI : 1962, n° 17, p. 338). =

2111. DUNN (John F.). — La théologie de Montaigne et de saint François de Sales. (*Rev. de l'Univers. Laval*, XVI : 1961-1962, n° 2 [octobre 1961], pp. 110-21 ; — n° 3 [novembre], pp. 253-66).

En réalité, l'auteur, de son propre aveu, s'est efforcé de définir non pas, à proprement parler, « la théologie de saint François et de Montaigne, mais plutôt leur attitude envers la théologie » (p. 112). Il rappelle que c'est par la traduction de Sebond que Montaigne a débuté dans la vie littéraire (p. 115), cette traduction que, cependant, Villey a omis de citer comme source de l'*Apologie*. — La pensée de Montaigne, « remontant à saint Augustin par Raymond de Sebond, prend appui sur la foi, la première des grandes vertus théologales. Sans cette foi, sans cette illumination, l'œuvre de perfection intérieure qui a caractérisé tout le mouvement humaniste n'est pas possible » (p. 265).

2112. TRUC (G.). — Polémiques sur Montaigne. (*B.S.A.M.*, 3e sér., n° 19, 1961, pp. 15-20). — Reprod. du chap. XI de la monographie *Montaigne* (n° 442), pp. 163-74.

Etude des polémiques soulevées par la question de la religion (ou de l'irréligion) de Montaigne.
= C.R. : — *Studi fr.*, VI (1962), n° 18, p. 539. =

2113. BUSSON (H.). — Montaigne et les Jésuites. — Pp. 9-92 de : — Littérature et théologie : Montaigne, Bossuet, La Fontaine, Prévost. — *Paris, P.U.F.*, 1962, in-8°, 246 pp. — (*Publications de la Faculté des lettres et sc. humaines d'Alger*, XLII).

Cette étude est formée des trois chapitres suivants : — *Montaigne et son cousin* (n° 933) ; — *Montaigne et le Père Edmond Auger* ; — *La prière de Montaigne*, — chapitres qui, déclare l'auteur (*Avant-propos*, p. 5), « suggèrent plus de rapprochements qu'ils n'établissent de contacts. Leur titre même pourra paraître trompeur. Il se justifie cependant par la présence à l'arrière-plan des jésuites de Bordeaux, et spécialement du Père Auger. En fait, on a visé surtout à recomposer l'ambiance qui conditionne la vie religieuse de l'énigmatique philosophe en son triple aspect : spiritualisme, dogmatique, mystique ».

2114. FEYTAUD (J. de). — Les travaux d'Hercule. (*B.S.A.M.*, 3e sér., n° 23-24, 1962, pp. 29-43).

Sur la « sage hardiesse » de Montaigne, lequel ne craint pas d'orner l'expression de sa foi chrétienne avec « les plus belles fleurs de la Grèce et de Rome » (p. 42).
= C.R. : — *Studi fr.*, VII (1963), n° 21, p. 538. =

2115. BLINKENBERG (Andreas). — La religion de Montaigne. (*Mémorial* 1963, pp. 162-72).

Il ne semble pas douteux que Montaigne s'est conformé toute sa vie à des principes religieux, mais on peut se demander si « son adhésion constante au catholicisme » n'aurait pas eu des raisons d'ordre social.

2116. ALLEN (Don Cameron). — Montaigne (Three French atheists). — Pp. 75-89 de : — Doubt's boundless sea. Skepticism and faith in the Renaissance. — *Baltimore, The John Hopkins Press*, 1964, in-8°, XI-272 pp.

2117. SPRIET (Pierre). — Montaigne, Charron et la crise morale provoquée par les guerres de religion. (*French rev.*, XXXVIII : 1964-1965, n° 5, pp. 587-98).

L'attitude religieuse de Montaigne et de Charron et les raisons pour lesquelles les *Essais* ont été condamnés par l'Eglise près d'un siècle après leur publication. En conclusion, il est souligné que, contrairement à l'opinion de certains, Montaigne, « loin d'être un maître de l'athéisme », apparaît plutôt « comme l'un des représentants les plus sympathiques des laïques chrétiens qu'ait jamais produits la littérature » (p. 598).

2118. Trinquet (R.). — Les deux sources de la morale et de la religion chez Montaigne. (*B.S.A.M.*, 4e sér., no 13, 1968, pp. 24-33).

Influence sur la formation de la pensée morale et religieuse de Montaigne du traité de la *Civilité des mœurs puériles* d'Erasme (1530) et surtout de l'ouvrage de R. Sebond. Cette action ne semble cependant pas avoir été déterminante, puisqu'il subsistera toujours chez Montaigne des traces incontestables de la culture humaniste, d'essence non-chrétienne.
= C.R. : — *Studi fr.*, XV (1971), no 44, pp. 338-39. =

2119. Dréano (Chanoine M.). — La religion de Montaigne. Nouvelle édition revue et complétée. — *Paris, A.-G. Nizet*, 1969, in-8o, 336 pp.

Refonte de la thèse de 1937 (no 2080) à l'aide de certains travaux parus depuis cette date, en particulier de Citoleux, Dédéyan, D.M. Frame, Cl. Sclafert, Micha et M. Dréano lui-même.
= C.R. : — *Studi fr.*, XIV (1970), no 41, p. 336. =

2120. Gierczyński (Abbé Zbigniew). — Le fidéisme apparent de Montaigne et les artifices des « Essais ». (*Kwart. Neofilol.*, XVI : 1969, no 2, pp. 137-63).

Humaniste et padouan tout à la fois, Montaigne n'a rien du « sceptique chrétien » que l'on avait pensé découvrir. Son scepticisme, « l'unique dogme de sa vie » (p. 151), est sans différence avec le scepticisme antique : le moraliste a simplement recouvert ses traits d'un « masque fidéiste », véritable imposture que révèlera toute étude détaillée de l'*Apologie*.

2121. Pertile (Lino). — Il problema della religione nel *Journal de Voyage* di Montaigne. (*B.H.R.*, XXXIII : 1971, no 1, pp. 79-100).

Pour l'auteur, la curiosité manifestée par Montaigne lors de son séjour en Italie aurait été de nature peut-être intellectuelle ou anthropologique, mais nullement religieuse.
= C.R. : — P. Jodogne (*Studi fr.*, XVI : 1973, nos 47-48, p. 458). =

2122. Ford (Franklin L.). — Dimensions of toleration : Castellio, Bodin, Montaigne. (*Proceed. of the Americ. philos. Soc.*, CXVI : 1972, no 2, pp. 136-39).

Sur trois expressions de la tolérance religieuse au xvie siècle (pour Montaigne, voir pp. 138-39).

2123. Limbrick (Elaine). — Montaigne et Saint Augustin. (*B.H.R.*, XXXIV : 1972, no 1, pp. 49-64).

Montaigne semble avoir porté intérêt à la *Cité de Dieu* moins comme moraliste et amateur d'histoire que pour garantir son orthodoxie et y chercher une base doctrinale à son fidéisme.
= C.R. : — P. Jodogne (*Studi fr.*, XVI : 1972, nos 47-48, p. 458) ; — E. Orlandini Traverso (*Ibid.*, XVII : 1973, no 49, p. 125). =

2124. Carron (Jean-Claude). — Montaigne ondoyant et le « catholique » en voyage. (*Echos de Saint-Maurice*, III : 1973, pp. 129-36).

2125. WRAY (Morris Garland). — Montaigne and christianity. — Diss. Vanderbilt Univers., 1975, 229 pp. — (*Diss. Abstr. Int.*, XXXVI : 1975-1976, n° 4 [October], p. 2281-A).

La pensée religieuse de Montaigne en un temps où s'affirmait le pluralisme des religions. Dans bien des cas, l'expression de cette pensée peut sembler proche de celle que l'on rencontre chez Luther et Calvin, et pourtant Montaigne n'a pas été attiré par le protestantisme comme certains membres de cette noblesse française à laquelle il appartenait.

# Sagesse

2126. TOLDO (Pietro). — L'homme sage de Montaigne. (*Mél. Lanson*, 1922, pp. 132-53).

Dans cette manière d'autobiographie que sont les *Essais*, Montaigne a promis « de se faire connaître au lecteur » sous le portrait de l'« homme sage », définissable comme « celui qui met en pratique le « connais-toi, toi-même » (p. 149), alors qu'en écrivant son livre, il a fait, comme tant d'autres, « sa toilette pour le grand public » (p. 153).

2127. SOLMI (Sergio). — La salute di Montaigne. (*La Cultura*, XII, 1933, pp. 281-99). — Repris dans : — La salute di Montaigne ed altri scritti di Letteratura francese. — *Firenze, F. Le Monnier*, 1942, in-16, XVI-191 pp. — (Autre édition : — *Milano-Napoli, R. Ricciardi*, 1952, in-8°, 221 pp.).

Montaigne n'est un héros ni de l'action ni de la pensée. Au contraire, en moraliste pratique, il propose une sagesse éloignée de tous les objectifs susceptibles de rendre la vie difficile, et qui est fondée sur un idéal sans doute le plus élémentaire et le plus simple qui soit, un idéal qui pourrait se nommer d'un mot entendu dans son sens le plus large, la *santé*. — *Voir* aussi le n° 3200.

2128. TRUC (G.). — Montaigne et le plaisir. (*Grande rev.*, 1933, t. CXLI, pp. 311-13).

Pour l'auteur des *Essais*, limiter « le sens ou l'action de la volupté au plaisir physique », ainsi qu'on le fait généralement, correspond à « réserver l'ennui ou l'amertume aux jeux de l'esprit ou à l'exercice du devoir », ce qui semble contraire à toute logique.

2129. DEBIDOUR (V.-H.). — Un immortel : Montaigne. (*Bull. des lettres*, XIV : 1952, pp. 181-84).

Tout au long des *Essais*, véritables « carnets d'observation », Montaigne s'est efforcé d'inscrire « une sagesse qui réduise, acclimate et apprivoise les penchants et contrariétés de l'homme » (p. 183), et qui en fin de compte est négative, car s'« il a tout fait par prudence (saine) et par calcul (juste) il n'a rien fait par amour : c'est sa force et sa faiblesse immortelles » (p. 184).

2130. FEYTAUD (J. de). — La Doulou (Montaigne et la douleur). (*B.S.A.M.*, 3e sér., n° 25-26, 1963, pp. 25-66).

L'attitude de Montaigne devant la douleur, c'est « celle d'un homme qui veut accepter sa condition d'homme avec toutes ses servitudes aussi bien

que ses agréments » (p. 43). Sans ostentation, il lutte avec ses seules forces, faisant preuve d'un courage souriant et modeste, d'une vertu sans bruit.
= C.R. : — *Studi fr.*, X (1966), n° 28, p. 135. =

2131. STAROBINSKI (J.). — Distance et plénitude. (*Merc. de Fr.*, 1963, t. CCCXLVIII, juillet, pp. 400-09).

> Les leçons de la vie et de la mort ont fait voir à Montaigne que la possession d'un bien s'obtient par la séparation. Ainsi, c'est la perte de La Boétie qui lui a permis d'atteindre à la plénitude de l'amitié (p. 403). De même, il a dû reconnaître que « l'intimité, la plénitude heureuses, qui sont la récompense de la sagesse, nous ne les obtenons finalement qu'en consentant à la distance et à l'infirmité de notre prise. La séparation est le chemin secret vers la présence... » (p. 409).

2132. REYMONT (Ch.-H.). — Les illusions dépassées. (*Europe*, L : 1972, n⁰ˢ 513-514, pp. 98-107).

> « Les *Essais* instaurent une thérapeutique contre les illusions, en nous proposant une manière de vivre dans l'ordre du relatif, et aussi inaugurent une nouvelle pratique de la pensée que l'on pourrait presque, avant la lettre, qualifier d'expérimentale » (p. 107).

2133. DEMERS (Jeanne). — La « sagesse » de Montaigne : une poétique. (*Etudes françaises*, IX : 1973, n° 4, pp. 303-21).

> Mise en valeur de cette originalité des *Essais* dont la « sagesse » apparaît comme une véritable poétique, moins par la réalité des images qui ont pu nous frapper que par celle d'« une musique extraordinairement sereine », qui persiste en nous après chaque lecture (cf. Michael Baraz, *L'être et la connaissance...*, [n° 1624], p. 19).

2134. CONCHE (M.). — Montaigne et l'ardeur à la vie. (*B.S.A.M.*, 5ᵉ sér., n° 13, 1975, pp. 5-21).

> Au contraire de Pascal, Montaigne « parie pour la non-vérité du christianisme, en ce sens qu'il se rallie à une sagesse qui lui permette de faire de sa vie une réussite *dans tous les cas* « en la portant » à son plus haut degré de vitalité ». C'est un « pari tragique » qui s'oppose au pari chrétien de Pascal.

## Scepticisme

2135. SILHON (Jean de). — [Sur le pyrrhonisme des *Essais*]. — Pp. 17-18 et 424-25 des : — Deux Veritez de Silhon, l'une de Dieu et de sa Providence, l'autre de l'Immortalité de l'Ame. Dédié à Mgr. de Metz... — *Paris, Laurent Sonnius*, 1626, in-8°, 11 ff. n. ch. (titre et pièces limin.) et 538 pp.

> Condamnation très nette du doute de Montaigne « (et de quelques autres trouble-festes, quoy que Catholiques) ».

2136. DIDEROT. — Montaigne donne aux Pyrrhoniens un étendard avec la devise : *Que sais-je ?* — Dans : *La Promenade du Sceptique* (1747) : — tome Iᵉʳ, pp. 216-17, des : — *Œuvres complètes de Diderot, revues sur les éditions originales...* par

J. Assézat et Maurice Tourneux. — *Paris, Garnier*, 1875-1877, 20 vol. in-8º.

2137. — [Pyrrhonisme de Montaigne]. — Tome XIII (1765), p. 612 (col. 1 et 2), de l' : — Encyclopédie ou Dictionnaire raisonné des sciences, des arts et des métiers, par une Société de gens de lettres. Mis en ordre et publié par M. Diderot et [...] M. d'Alembert. — *Paris, Briasson, etc.*, 1751-1780, 35 vol. in-fol.

Ce passage, qui appartient à l'article : *Philosophie pyrrhonienne*, se retrouve au t. XVI (1876), pp. 485-86, de l'éd. des *Œuvres complètes de Diderot...* (nº 2136). — Diderot y déclare notamment que Montaigne est l'«auteur de ces essais qui seront lus tant qu'il y aura des hommes qui aimeront la vérité, la force, la simplicité. L'ouvrage de Montaigne est la pierre de touche d'un bon esprit».

2138. LAPRADE (V. de). — Le doute de Montaigne. (*Rev. de Lyon*, 1er décembre 1849 ; — article tiré en extraits de 8 pp. chez Boitel, à Lyon (*s.d.*).

Définition de ce fameux doute : ce n'est point chez Montaigne « le Pyrrhonisme absolu, comme le lui reproche Pascal, si injuste à son égard », mais plutôt « la résistance d'une raison indépendante et supérieure à tous les partis qui croient tenir la vérité et s'arrogent le droit de l'imposer à leurs adversaires par la force ».

2139. MARTIN (Henri). — [Le scepticisme de Montaigne]. — Tome IX (1860), pp. 396-400, de l' : — Histoire de France depuis les temps les plus reculés jusqu'en 1789... Quatrième édition. — *Paris, Furne*, 1860-1862, 17 vol. in-8º.

2140. PRÉVOST-PARADOL. — Montaigne. — Pp. 3-40 des : — Etudes sur les moralistes français, suivies de quelques réflexions sur divers sujets... — *Paris, Hachette*, 1865, in-16, VII-304 pp. — Nombreuses réimpr. de cet ouvrage, dont celle donnée en 1934 chez Hatier, avec notice et notes par E. Janelle. — L'étude sur Montaigne — à laquelle fait suite une étude sur La Boétie (pp. 41-78) — avait déjà été publiée en tête du t. Ier, pp. IX-XXXII, de l'éd. des *Essais* parue chez Garnier (1865), en 4 vol. in-8º.

Le but essentiel de ce travail était de démontrer l'existence d'un fonds sceptique dans la pensée de Montaigne. — Un « article exquis », en jugeait E. Faguet (*Seizième siècle*, Avant-propos, p. XXXII).

2141. THIMME (Herm.). — Der Skepticismus Montaignes. Inaugural-Dissertation. — *Göttingen*, 1875, in-8º, 29 pp.

2142. EMERSON (Ralph Waldo). — Montaigne, or the Sceptic. — Pp. 123-50 de : — Representative men : seven lectures. New and revised edition. — *Boston, James R. Osgood and Cº*, 1876, in-16, 231 pp. — L'ouvrage a fait l'objet de plusieurs traductions françaises. La plus appréciée est celle qu'a réalisée Jean Izoulet, agrégé de philosophie, sous le titre : *Les Sur-humains...*

Paris, A. Colin, *s.d.* (1895), in-18 jés., VI-283 pp. (Le chapitre consacré à Montaigne y occupe les pp. 144 à 182).

Pour Emerson, Montaigne symbolise un sage scepticisme, véritable domaine d'équilibration que traversera tout esprit supérieur chaque fois qu'il voudra s'opposer à l'exagération et au formalisme d'une certaine partie de la société. — Cette étude, dans son ensemble, a dû paraître quelque peu subjective à maints appréciateurs, comme Bayle Saint John qui affirme : « Le Montaigne de Mr. Emerson, c'est au fond Mr. Emerson lui-même » (*Montaigne, the essayist* [n° 296], t. II, p. 326).

2143. HENNING (Arend). — Der Skepticismus Montaignes und seine geschichtliche Stellung. Inaug. Diss. — *Jena, Neuenhahn,* 1879, in-8°, 51 pp.

Le scepticisme de Montaigne et sa position historique.

2144. ALIX (D^r). — Montaigne est-il sceptique ? (*Mém. de l'Acad. des sc. inscr. et belles-lettres de Toulouse,* 9^e sér., II : 1890, pp. 447-72).

Epithète exagérée, assure l'auteur de cette communication lue dans la séance du 3 juillet 1890. Une analyse des *Essais* montre en effet que les expressions de doute visent avant tout des questions philosophiques, hormis la religion où Montaigne a su prouver des sentiments orthodoxes incontestables.

2145. OWEN (John). — Montaigne. — Pp. 423-90 de : — The skeptics of the French Renaissance... — *London, Swan Sonnenschein & C^o,* 1893, in-8°, XIII-830 pp.

L'auteur examine attentivement la pensée de Montaigne qu'il assimile à celle d'un sceptique, mais sans conférer à cette interprétation un caractère vraiment absolu.

2146. HÉMON (F.). — Le scepticisme de Montaigne. — Pp. 301-08 de : — Etudes littéraires et morales... (n° 1038).

Dans quelles conditions il lui a été donné de se développer et quelles en sont les proportions.

2147. STROWSKI (F.). — Un contemporain de Montaigne : Sanchez le Sceptique. (*Bull. hisp.,* VIII : 1906, pp. 79-86). — (*Annales de la Faculté des Lettres de Bordeaux,* 4^e série).

Article repris dans le *Montaigne* de la coll. *Les grands philosophes* (n° 1514), au chap. sur le *Scepticisme de Montaigne* (§ III). — Il pose l'éventualité de relations spirituelles entre Sanchez et Montaigne — qui « avaient des parents communs » —, sans envisager d'ailleurs la moindre influence de l'un des deux sur l'autre.

2148. ALAIN. — Le Doute. (*La Dépêche de Rouen,* 8 juin 1912). — Repris au tome I^er, pp. 20-21, des : — Propos d'Alain, 3^e éd. — *Paris, N.R.F.,* 1920, 2 vol. in-16. — Devenu la préface du livre III des *Essais,* éd. Pierre Michel. — *Paris, Le Livre de Poche,* 1965, 3 vol. in-16.

Sur le doute de Montaigne, tel que le concevait un des plus grands lecteurs et élèves du philosophe. — Au sujet de l'influence de Montaigne sur Alain, voir le n° 2774.

2149. BEAUNIER (A.). — Apologie pour le doute. (*Figaro*, 11 juin 1912, p. 1).

A l'occasion de la naissance de la Société des Amis de Montaigne, l'auteur se livre à une petite étude sur le doute, « humble vertu, vertu de Montaigne, et celle dont nous avons le besoin le plus urgent ».

2150. CHAMPION (E.). — Le scepticisme de Montaigne. (*Rev. bleue*, LIX : 1921, pp. 189-92).

Ami et disciple du D$^r$ Armaingaud, E. Champion rejette, comme celui-ci, l'épithète de *sceptique* accolée depuis Pascal au nom de Montaigne. Le doute que l'on rencontre dans les *Essais* « n'est à tout prendre, dit-il, que le doute méthodique de Bacon et de Descartes », non le doute universel dont on accuse Montaigne d'avoir été un des adeptes (p. 190).

2151. FRANCE (Anatole). — Les matinées de la Villa Saïd : propos d'Anatole France recueillis par Paul Gsell. — *Paris, Grasset*, 1921, in-8°, XIV-306 pp.

Sur le scepticisme de Montaigne, voir pp. 81-82. — Un passage essentiel de cet entretien a été reproduit dans le *B.S.A.M.*, 2$^e$ sér., n° 9 (1940), p. 65.

2152. WALSH (James J.). — Montaigne, the believing Skeptic. (*The Catholic World*, 1923, t. CXVII, pp. 760-71).

Montaigne, le sceptique qui a la foi (écrit pour la sortie du livre de J. Spottiswoode Taylor, n° 383).

2153. BOURDEAU (J.). — Montaigne est-il un sceptique ? (*J. des Débats*, 7 mars 1924, p. 3 ; — repris dans la *Chronique des Lettres françaises*, août 1924, pp. 475-76).

Examen des deux sortes d'opinions : *pour* le scepticisme de Montaigne (de Pascal à Villey en passant par Brunetière, ces deux derniers critiques soutenant en outre la thèse d'une évolution en trois phases de la pensée chez le moraliste), et *contre* l'idée de scepticisme, point de vue défendu un peu contradictoirement d'ailleurs par le D$^r$ Armaingaud par certains représentants de l'église catholique. Mais J. Bourdeau se borne à mettre les deux théories en présence, sans prendre nettement parti pour l'une ou pour l'autre.

2154. HOFFMANN (E.). — Montaignes Zweifel. (*Logos*, XIV : 1925, pp. 258-68).

Le doute de Montaigne.

2155. FAVILLI (Mario). — Il superamento pratico dello scetticismo di Michel de Montaigne. (*Riv. di Filosofia*, XVIII : 1927, pp. 424-42).

Le philosophe, son époque, son livre. — Nature du scepticisme de Montaigne : son accomplissement pratique. — L'expérience extérieure et ses résultats. — La « raison universelle » et la « forme maîtresse ». — L'éthique du plaisir.

2156. DORER (M.). — Montaignes Apologie des Raimond von Sabunde und ihre Bedeutung für den Skeptizismus. (*Philos. Jahrbuch*, XL : 1927, pp. 414-22 ; — XLI : 1928, pp. 71-82).

L'importance que l'*Apologie de Raymond Sebond* présente pour le scepticisme.

2157. Bréhier (E.). — Le pyrrhonisme : Montaigne. — Tome Ier, fasc. III (1928), pp. 760-65, de l' : — Histoire de la Philosophie... — Paris, F. Alcan, 1926-1932, 2 vol. in-8°.

C'est un pyrrhonisme actif dont la démonstration est soutenue avec éclat dans les Essais et plus spécialement dans l'Apologie de Raymond Sebond.

2158. Thibaudet (A.). — Dubito, ergo sum. (N.R.F., 1928, t. XXXI, 1er septembre, pp. 400-04).

Montaigne a pratiqué un « doute plein et vif, qui s'oppose au doute vide et malheureux ». C'est de cette faculté de douter que Voltaire le félicitait dans sa lettre à Tressan. Il est vrai que les circonstances étaient favorables et que Montaigne a su « douter dans une langue qui peut douter » (p. 402).

2159. Headstrom (Birger R.). — The philosophy of Montaigne's Skepticism. (Personalist, XII : 1931, pp. 259-66).

2160. Cohen (Josué J.). — Le scepticisme de Montaigne. (Rev. des conf. franç. en Orient, II : 1938, n° 14, pp. 323-32).

2161. Horkheimer (Max). — Montaigne und die Funktion der Skepsis. (Zeits. f. Sozialforschung, VII : 1938, pp. 1-54).

Montaigne et le doute antique. — Rôle du doute et de la religion dans la société moderne.

2162. Dugas (L.). — Le doute chez Montaigne et Descartes. (B.S.A.M., 2e sér., n° 6, 1939, pp. 70-72).

Origine et nature du doute chez ces deux penseurs.

2163. Michel (P.). — Le scepticisme de Montaigne. (L'Ecole, 17 octobre 1953, pp. 92-94).

Projet de dissertation à partir de ce passage de l'Apologie : « Qui fagoteroit suffisamment un amas des asneries de l'humaine sapience... etc. ». — Explication. — Discussion. — Conclusion.

2164. Bogoulavski (V.M.). — Les Essais de Montaigne [texte russe]. (Voprossi Filosofi, 1956, n° 5, pp. 106-19).

Importance du scepticisme de Montaigne. Il devait être forcément incompris par les érudits bourgeois qui n'ont pu y apercevoir l'esprit progressiste qui l'anime en réalité.

2165. Feytaud (J. de). — Montaigne et l'enthousiasme sceptique. (B.S.A.M., 3e sér., n° 3, 1957, pp. 6-16).

En examinant la célèbre « évolution » de Montaigne (évolution dont il conviendrait peut-être de parler avec mesure), on est conduit à cette Apologie, centre désigné de son scepticisme auquel il était « arrivé non seulement sans désespoir, ni même déception, mais d'un pas joyeux, d'une allure conquérante, comme il allait au stoïcisme » en 1572 (p. 14).

2166. Popkin (Richard H.). — Michel de Montaigne and the « nouveaux Pyrrhoniens ». — Pp. 44-65 de : — The history of Scepticism from Erasmus to Descartes. — *Assen, Van Gorcum*, 1960, in-8°, XVII-236 pp., bibliogr. — (*Wijsgeriche teksten en studies*, IV).

Etude analytique de l'*Apologie de Raimond Sebon* avec discussion des thèmes essentiels qui y sont développés et d'où ressort la mise en pratique d'une doctrine pyrrhonienne nouvelle, laquelle, venant à une époque où le monde intellectuel était menacé de destruction, devait se révéler comme une force décisive pour la constitution de la pensée moderne (p. 55).

2167. DRÉANO (Chanoine M.). — La crise sceptique de Montaigne ? (*B.H.R.*, XXIII : 1961, n° 2, pp. 252-64).

Contrairement à ce qu'on a soutenu bien des fois, Montaigne n'est point passé brusquement au pyrrhonisme : il y est venu plutôt doucement ; même, « il s'y trouvait bien à l'aise depuis longtemps quand il a écrit son *Apologie de Raymond Sebon* » (p. 264). Il n'y a donc pas eu chez lui de *crise* sceptique, à proprement parler.

2168. GRAY (Floyd). — The « Nouveaux Docteurs » and the problem of Montaigne's consistency in the *Apologie de Raymond Sebond*. (*Symposium*, XVIII : 1964, pp. 22-34).

L'*Apologie* pourrait bien ne pas être, comme on l'a dit si souvent, une trahison de Montaigne envers Sebond, mais plutôt un prétexte pour rassembler des arguments contre ces « nouveaux docteurs » dont la présomption intellectuelle avait développé le doute universel et destructif. Montaigne, lui, professerait de préférence un scepticisme raisonnable admettant l'existence de la vérité partout où se trouve la foi. Même, il n'hésiterait pas à combattre ces sectateurs avec leurs propres arguments, et son « Que sais-je ? » deviendrait alors l'arme suprême à diriger contre les « nouveaux docteurs » de Genève.

= C.R. : — A. Olivero (*Studi fr.*, IX : 1965, n° 27, pp. 537-38). =

2169. MULDER (John Rudolph). — Literary scepticism : Montaigne and sir Thomas Browne. — Diss. Univers. of Michigan, 1963, 183 pp. — (*Diss. Abstr.*, XXIV : 1963-1964, n° 12 [June], p. 5389).

Le scepticisme chez deux lecteurs de Sextus Empiricus : Montaigne et Th. Browne, avec analyse de ces deux « documents centraux » : l'*Apologie de Raimond Sebond* et *Religio Medici*.

2170. ARTAMONOV (S.). — Filosofsky skeptitsism Montenia [Le scepticisme philosophique de Montaigne]. — Tome III, pp. 153-64, de : — Pisatel i jisn [L'écrivain et la vie]. — *Moscou*, 1966, in-8°.

2171. GIERCZYŃSKI (Abbé Zbigniew). — Le scepticisme de Montaigne, principe de l'équilibre de l'esprit. (*Kwart. Neofilol.*, XIV : 1967, n° 2, pp. 111-31).

Cette étude se rattache à celle publiée, la même année, sous le titre : *La science de l'ignorance de Montaigne* (n° 1724), par une idée dominante que l'on trouve ici formulée : « Le scepticisme constitue à un tel point l'essence de la pensée de Montaigne qu'il serait vain de chercher dans les *Essais* des signes de son affaiblissement » (p. 111). C'est, en somme, la réfutation de la thèse de Villey sur l'« évolution » de la pensée de Montaigne, avec une « crise » sceptique intermédiaire.

= C R. : — M. Françon (*Studi fr.*, XIII : 1969, n° 37, pp. 128-29). =

2172. LONIGAN (Paul R.). — Montaigne and the Presocratics in the « Apologie de Raymond Sebond ». (*Studi fr.*, XI : 1967, n⁰ 31, pp. 24-30).

Pour appuyer la thèse qu'il développe dans l'*Apologie* (faiblesse de la raison humaine, intégration de l'âme avec l'esprit), Montaigne a eu fréquemment recours à la garantie que pouvaient lui offrir des philosophes présocratiques comme Démocrite, Empédocle, Héraclite, Parménide, Pythagore et Thalès.

2173. GRUNDY (Dominick Edwin). — Sceptical consistency : scepticism in literary texts of Montaigne, Sir Thomas Browne and Alain Robbe-Grillet. — Diss. Univers. of Michigan, 1967, 146 pp. — (*Diss. Abstr. Int.*, XXVIII : 1967-1968, n⁰ 12 [June], pp. 5015/5016-A). — *Voir* aussi le n⁰ 2177.

Etude de quelques problèmes essentiels soulevés par le scepticisme de trois écrivains français et anglais (p. ex. : comment peut être construit un ensemble complexe à partir d'une philosophie qui fait ressortir l'imperfection de l'homme à représenter la réalité). Les thèmes sceptiques de Montaigne ont été pris dans le livre III, et plus spécialement dans l'essai *De la vanité* (III, 9).

2174. GIERCZYŃSKI (Abbé Zbigniew). — Le « Que sais-je ? » de Montaigne. Interprétation de l'*Apologie de Raimond Sebond*. (*Roczniki Humanistyczne*, XVIII : 1970, n⁰ 4, pp. 5-103).

« En étendant sur l'*Apologie* le voile d'un fidéisme trompeur, Montaigne en a dissimulé la véritable portée » (p. 30). Effectivement, précise l'auteur, c'est en rationaliste sceptique et armé d'une méthode à caractère empirique que dans ce long chapitre Montaigne est parti à l'assaut du bastion des dogmatiques, auxquels il a voulu démontrer que l'accès à la vérité est parfaitement interdit à l'homme, dont la raison, sa « seule lumière », se révèle en réalité bien souvent une source d'erreur pour lui. D'où la portée réelle de l'*Apologie* : rendre évidente la faiblesse de l'homme en matière de connaissance scientifique aussi bien que de raisonnement théologique. Dans ce dernier domaine, le scepticisme de Montaigne s'est développé au point de faire des *Essais* une œuvre sans « aucune trace d'un sentiment religieux sincère... Rien d'étonnant que les rationalistes des siècles suivants » aient choisi Montaigne « pour leur modèle » (p. 31).
= C.R. : — P. Michel (*B.S.A.M.*, 4ᵉ sér., n⁰ 24, 1971, pp. 63-65) ; — *Studi fr.*, XVI (1972), n⁰ 46, p. 141 ; — E. Marcu (*B.H.R.*, XXXIV : 1972, n⁰ 3, pp. 561-63) ; — Colette Fleuret (*R.H.L.F.*, LXXIII : 1973, pp. 677-80). =

2175. RAZZINO (G.). — Scepsi e coscienza storica in Montaigne. (*Atti dell'Accademia Pontaniana*, XXI : 1971, extrait de 21 pp).

Le doute philosophique est compensé par la conscience de l'histoire chez Montaigne, examinateur attentif de l'humaine condition.
= C.R. : — M. Richter (*Studi fr.*, XVI : 1972, n⁰ˢ 47-48, p. 455). =

2176. VÉDRINE (Hélène). — Le scepticisme et la crise de la culture : Montaigne. — Pp. 115-20 dans : — Les philosophes de la Renaissance... — *Paris, P.U.F.*, 1971, in-16, 128 pp. — (Coll. *Que sais-je ?*, n⁰ 1424).

Le scepticisme chez Montaigne, « ce n'est pas le doute cartésien qui aboutira au Cogito, ni la négation brutale, mais la suspension volontaire du jugement » (p. 116).

2177. GRUNDY (Dominick Edwin). — Scepticism in two essays by Montaigne and Sir Thomas Browne. (*J. of the hist. of Ideas*, XXXIV : 1973, pp. 529-42).

Ces deux essais sont respectivement : *De la Vanité* et *Hydriotaphia*.

2178. CONCHE (M.). — La méthode pyrrhonienne de Montaigne. (*B.S.A.M.*, 5e sér., nos 10-11, 1974, pp. 47-62).

Considérations sur les caractéristiques présentées par le scepticisme de Montaigne. Ses divergences avec le pyrrhonisme d'origine.

2179. LIMBRICK (Elaine). — The paradox of faith and doubt in Montaigne's *Apologie de Raimond Sebond*. (*Wascana rev.*, IX : 1974, pp. 75-84).

2180. BERNOULLI (Dr R.). — Que sais-je ? Contribution à l'étude de la gnoséologie de Montaigne. (*B.S.A.M.*, 5e sér., n° 16, 1975, pp. 15-36).

« D'où Montaigne tire-t-il la certitude métaphysique que les sens, la raison, l'imagination, enfin tout ce dont l'homme dispose de façon naturelle pour parvenir à une science, ne valent métaphysiquement rien ? » (p. 17).
— [Adaptation en langue française de l'avant-dernier chapitre de la thèse *Untersuchungen über Montaignes Erkenntnislehre* (Recherches sur la gnoséologie de Montaigne), présentée fin 1971 à la Faculté des lettres de l'Université de Bâle].

2181. RUSSEL (Daniel). — On Montaigne's device. (*Studi fr.*, XIX : 1975, n° 55, pp. 84-88).

Sur le caractère pyrrhonien de la figure emblématique de Montaigne (la balance), et sur l'association qu'il en a faite, d'abord à l'affirmation : « Je m'abstiens » (en grec sur un jeton), puis à la célèbre expression de doute : « Que sçay-je ? », au centre de l'*Apologie*.

## Société, sociabilité, l'« honnête homme »

2182. PLATTARD (J.). — L'Honnête homme d'après Montaigne. (*Boletim do Inst. francês de Portugal*, IV : 1934, nos 3-4, pp. 55-63).

« Les « honnêtes gens », ce sont les gens de bonne compagnie, ceux qui ont des manières polies et l'esprit cultivé. Tel est, en effet, le sens de cette expression dans la seconde partie du XVIIe siècle. Or, c'est déjà celui qu'elle a dans les *Essais* de Montaigne » (p. 56).

2183. DÉDÉYAN (Ch.). — Deux aspects de Montaigne : — I. Montaigne et la cité : Essais, III, 10 ; — II. Montaigne et l'honnête homme : Essais, III, 8. (*B.H.R.*, VI : 1945, pp. 302-27).

Sur l'attitude de Montaigne : — 1) devant la société politiquement organisée ; — 2) devant la société mondaine. A ce dernier point de vue, ne pourrait-on voir en lui le père de l'« honnête homme » qu'a connu le XVIIe siècle ? (Réponse déjà faite par J. Plattard).

2184. LIMBRICK (Elaine). — La conception de l'honnête homme chez Montaigne. (*Rev. de l'Univers. d'Ottawa*, XLI : 1971, n° 1, pp. 47-57).

> Montaigne, instructeur du XVII<sup>e</sup> siècle pour l'idée d'« honnête homme » dont les éléments lui avaient été fournis par les Latins (Cicéron) et par des contemporains (Castiglione), et qu'il s'est chargé de diffuser dans les *Essais*. — Voir n° 2186. — [*N.B.* — Le périodique sus-indiqué a imprimé par erreur *Lembrick* le nom de l'auteur qui s'écrit : *Limbrick.*]

2185. FLEURET (Colette). — Montaigne et la société civile. (*Europe*, L : 1972, n<sup>os</sup> 513-514, pp. 107-23).

> Les *Essais* nous exposent « une critique complète et cohérente de la société telle qu'elle est, liée à une conception très réfléchie de la société telle qu'elle devrait être » (p. 111), et dont il existe pour Montaigne deux modèles positifs : « les républiques antiques et les communautés sauvages du Nouveau-Monde » (p. 116).

2186. SCHONBERGER (Vincent L.). — La conception de l'« honneste » homme chez Montaigne. (*Rev. de l'Univers. d'Ottawa*, XLV : 1975, n° 4, pp. 491-507).

> C'est ici, dans la même revue et avec le même titre, une présentation sensiblement différente, par la forme, du sujet déjà traité par E. Limbrick (n° 2184).

## Stoïcisme

2187. DILTHEY (Wilhelm). — Auffassung und Analyse des Menschen im 15. und 16. Jahrhundert. (*Archiv f. Geschichte der Philosophie*, IV : 1891, pp. 604-51).

> Dans la fraction consacrée à Montaigne — pp. 647-51 de cette étude sur « la conception et l'analyse de l'homme au XV<sup>e</sup> et au XVI<sup>e</sup> siècle » —, l'auteur classe le philosophe « parmi les stoïciens, par la raison qu'au point central de sa doctrine on trouve la formule que la vertu consiste dans une vie conforme à la nature ». Mais il a soin d'ajouter que « Montaigne est un stoïcien souriant, heureux de vivre ». (V. Bouillier, n° 2904 : p. 52).

2188. ARMAINGAUD (D<sup>r</sup> A.). — Le prétendu stoïcisme de Montaigne. Discussion de la thèse de M. le professeur Strowski. (*Rev. polit. et parlem.*, 1907, t. LIII, 10 septembre, pp. 570-87).

> Examen critique de la monographie de F. Strowski (n° 1514), dont le D<sup>r</sup> Armaingaud n'accepte pas certains éléments. A son avis, soutenir que Montaigne a choisi le stoïcisme comme base de départ de sa pensée philosophique, c'est vouloir présenter un Montaigne de fantaisie.

2189. STROWSKI (F.). — De Montaigne au docteur Armaingaud. L'art de l'inexactitude. (*Censeur polit. et litt.*, II : 1907, 26 octobre, pp. 232-36, et 2 novembre, pp. 263-69).

> Réponse de F. Strowski à l'attaque que venait de diriger contre lui le D<sup>r</sup> Armaingaud sur la question du *stoïcisme de Montaigne* (n° précédent). Son opposant devait répliquer peu après dans le même périodique (n° 2191).

2190. — Montaigne. — Iʳᵉ partie (*De Montaigne à Pascal*), pp. 28-58, de l' : — Histoire du sentiment religieux en France au XVIIᵉ siècle : — Pascal et son temps. — *Paris, Plon-Nourrit,* 1907-1908, 3 vol. in-16.

Ce que sont les *Essais* : — une œuvre inspirée avant tout par Sénèque, Epictète et divers autres sages de l'Antiquité, le réceptacle de cette sagesse de Montaigne, dans laquelle l'auteur voit dominer le stoïcisme, plus exactement un néo-stoïcisme, ou si l'on préfère, un « stoïcisme francisé, humanisé, vivant et aimable » (p. 30).

2191. ARMAINGAUD (Dʳ A.). — Le prétendu stoïcisme de Montaigne. Réponse à M. Fortunat Strowski. (*Censeur polit. et litt.*, III : 1908, 4 janvier, pp. 7-12 ; — 25 janvier, pp. 108-14 ; — 1ᵉʳ février, pp. 141-45 ; — 8 février, pp. 176-79). — Tiré à part sous le titre : — « Montaigne a toujours été épicurien ». — *Paris, Ed. du Censeur,* 1908, in-8°, 32 pp.

Le titre du tirage à part résume fort bien l'argumentation présentée ici par le Dʳ Armaingaud : tous les essais que F. Strowski considère comme étant de structure stoïcienne appartiennent en réalité à la morale épicurienne, observée sans cesse par Montaigne.

2192. ZANTA (Léontine). — [Le stoïcisme et son évolution chez Montaigne]. — Pp. 91-94 de : — La renaissance du stoïcisme au XVIᵉ siècle. — *Paris, Champion,* 1914, in-8°, II-367 pp. — (*Thèse de lettres, Paris* 1914). — (*Bibliothèque littéraire de la Renaissance,* N.S., vol. V).

Sous l'influence de certaines lectures (Amyot, Erasme, Sénèque), Montaigne ne pouvait manquer de laisser transparaître à travers les pages de son livre « ce fameux stoïcisme au sujet duquel s'élevèrent tant de discussions », et qui allait peu à peu faire place chez lui au scepticisme, lors de son attaque de la raison spéculative dans l'*Apologie de Raymond Sebond.*

2193. BEAUNIER (A.). — De Montaigne à Vauvenargues. (*R.D.M.*, 6ᵉ pér., 1915, t. XXVII, mai-juin, pp. 216-27). — Repris, pp. 167-87, dans : — Les idées et les hommes. 3ᵉ série. — *Paris, Plon,* 1916, in-16, 324 pp.

Le stoïcisme chez Montaigne et chez certains autres écrivains, d'après les ouvrages de J. Merlant (nᵒ 1733) et de Léontine Zanta (nᵒ 2192).

2194. GUENOT (H.). — Montaigne et la guerre. (*Rev. univers.*, XXIV : 1915, t. Iᵉʳ, pp. 291-93).

Les contemporains de la Grande Guerre ont pu trouver dans le « stoïcisme souriant » des *Essais* maintes leçons de vertu militaire et de constance en face de la douleur.

2194a. CAPITOLO (Guido). — La filosofia stoica nel secolo XVI in Francia. — *Napoli-Città di Castello, F. Perrella,* 1931, in-8°, 63 pp. — (*Biblioteca di filosofia, diretta da Antonio Allotta*).

Le stoïcisme au XVIᵉ siècle en France, principalement chez Montaigne, Juste Lipse et Charron.

2195. SCHLÖTKE-SCHRÖER (Charlotte). — Die Bedeutung der stoischen Philosophie in Montaignes Essais. (*Neuphilol. Zeits.*, II : 1950, pp. 177-83).

Importance de la philosophie stoïcienne dans les *Essais* de Montaigne.

2196. JULIEN-EYMARD D'ANGERS (le P.). — Le stoïcisme en France dans la première moitié du XVIIᵉ siècle. Les origines. 1575-1616. I : Michel de Montaigne. (*Etudes franciscaines*, N.S., II : 1951, nᵒ 6, pp. 287-98).

Stoïcien pour commencer, ayant subi l'influence d'Epictète et de Sénèque (si souvent réédités à la fin du XVIᵉ siècle), Montaigne, au contact de Plutarque, ne tarda pas à évoluer et même finalement à renoncer au stoïcisme.

2197. AULOTTE (R.). — Plutarque et la renaissance du stoïcisme en France aux XVIᵉ et XVIIᵉ siècles. (*Ass. Guill. Budé. Actes du VIIᵉ Congrès*, 1964, pp. 153-55).

Montaigne est peut-être le seul écrivain de cette époque chez lequel la « séduction stoïcienne » ait opéré un complet recul sous l'action des *Moralia* de Plutarque qui l'en ont détourné « pour le conduire au socratisme voluptueux de la sagesse finale » (p. 154).

## Temps, durée, « passage »

2198. POULET (G.). — Montaigne. — Pp. 1-15 de : — Etudes sur le temps humain [1ʳᵉ série]. — *Paris, Plon* (1950), in-16, XLVII-409 pp.

Etude du caractère discontinu qui est donné dans les *Essais* au temps vécu, c'est-à-dire à la durée, laquelle « chez Montaigne n'existe d'abord que sous la forme de la conscience momentanée que le moi a de lui-même, grâce à des « occasions étrangères, présentes et fortuites » [I, 10] (p. 3).

2199. SAYCE (Richard A.). — Montaigne et la peinture du passage. (*Saggi e ric. di letter. fr.*, IV : 1963, pp. 9-59).

Partant des deux célèbres phrases de l'essai *Du Repentir* (III, 2) : « Je ne peints pas l'estre. Je peints le passage », R. Sayce expose que, dans les *Essais*, « le passage que Montaigne veut peindre, c'est la continuité de la pensée dans le temps » (p. 58), et qu'il emploie à cet effet différents moyens, surtout l'association d'idées, « procédé fondamental de la peinture du passage » (p. 29). Audacieuse entreprise, certes, car Montaigne n'a pas eu en cela de précurseur, s'il devait lui venir des successeurs comme Proust ou Joyce au XXᵉ siècle.
= C.R. : — C. Cordié (*Paideia*, XIX : 1964, p. 416). =

2200. HORNIK (Henry). — Time and periodization in French Renaissance literature : Rabelais and Montaigne. (*Studi fr.*, XIII : 1969, nᵒ 39, pp. 477-81).

Sur la notion de temps chez les écrivains de la Renaissance française, en particulier chez Montaigne (l'auteur se réfère plusieurs fois au travail de G. Poulet).

2201. JOUKOVSKY (Françoise). — Montaigne et le problème du temps.
— *Paris, A.G. Nizet*, 1972, in-8°, 253 pp.

Si la connaissance des philosophes de l'Antiquité a fortement aidé Montaigne dans sa découverte du temps, elle ne lui a pas pour autant facilité la solution du problème que celui-ci représente. Sans doute, « le temps est la substance du livre » des *Essais*, mais à aucun moment leur auteur n'en a pu préciser les caractéristiques. Il a donc finalement renoncé « à en donner une explication sur le plan ontologique », et s'est contenté « de l'accepter comme une donnée de l'expérience, au même titre que la vie » (pp. 240-41).

= C.R. : — P. Michel (*B.S.A.M.*, 5ᵉ sér., nᵒˢ 3-4, 1972, pp. 86-87) ; — P.A. Perrod (*Europe*, LI : 1973, n° 526, pp. 232-33) ; — Ed. Orlandini Traverso (*B.H.R.*, XXXV : 1973, n° 3, pp. 608-10). =

CHAPITRE XIII

# LA PENSÉE DE MONTAIGNE :
# SON EXPRESSION ET SA DIFFUSION
# SON ÉVOLUTION POSSIBLE

## Le jugement

2202. LIMA (Dr Silvio). — Montaigne, professor de espírito crítico. (*Boletim do Inst. francês de Portugal*, IV : 1934, nᵒˢ 3-4, pp. 37-41).

Importance du jugement chez Montaigne, l'ancêtre spirituel de Descartes.

2203. STINGLHAMBER (le P. L.), S.J. — Le classicisme de Montaigne. (*Etudes classiques*, VII : 1938, pp. 202-05).

Montaigne se rattache à l'école classique française de Descartes, Pascal, Corneille, Boileau, Bossuet, par l'intérêt capital qu'il porte au jugement, « valeur de connaissance, règle de conduite, principe de sagesse » (p. 205).

2204. HERTRICH (Ch.). — Montaigne, héros du bon sens. — *Saint-Etienne, Editions des Flambeaux*, 1942, in-8º, 23 pp. — (*Les Fascicules des Flambeaux*).

2205. LA CHARITÉ (Raymond C.). — The concept of judgment in Montaigne. — Diss. Univers. of Pennsylvania, 1966, 288 pp. — (*Diss. Abstr. Int.*, XXVII : 1966-1967, nº 10 [April], p. 3438-A). — Remanié pour l'édition qui en a été donnée : — *The Hague, Martinus Nijhoff*, 1968, in-8º, 149 pp.

Le jugement occupe une place prépondérante chez Montaigne. Ce concept psychologique est véritablement la notion centrale qui s'affirme dans l'ensemble des *Essais*. Le rôle qu'il a joué dans la composition de l'œuvre est significatif de l'élévation à laquelle la pensée de l'homme peut accéder.
= C.R. : — Fl. Gray (*B.S.A.M.*, 4ᵉ sér., nº 17, 1969, pp. 44-45) ; — S.F. Will (*Renaiss. quart.*, XXII : 1969, pp. 275-77) ; — Gr. Castor (*Mod. lang. rev.*, LXV : 1970, pp. 624-25) ; — R. Campagnoli (*Studi fr.*, XIV : 1970, nº 40, p. 142) ; — I.D. McFarlane (*French st.*, XXV : 1971, pp. 326-28). =

2206. — Mental exaltation and Montaigne's notion of judgment. (*Romance notes*, VIII : 1966-1967, nº 2, pp. 278-80).

2207. HOLYOAKE (S. John). — The idea of « jugement » in Montaigne. (*Mod. lang. rev.*, LXIII : 1968, pp. 340-51).

Le jugement est considéré comme la faculté clé chez Montaigne. Cependant, il est difficile d'en retenir une définition rigoureuse, car l'idée s'en est plusieurs fois modifiée dans le cours des *Essais*, suivant les époques de leur composition ou la nature des contextes dans lesquels elle a été introduite.
= C.R. : — M. Jeanneret (*Studi fr.*, XIII : 1969, n° 37, p. 128). =

2208. LA CHARITÉ (Raymond C.). — The relationship of judgment and experience in the *Essais* of Montaigne. (*Stud. in philol.*, LXVII : 1970, pp. 31-40).

Etude des rapports qui existent chez Montaigne entre l'expérience et le jugement, et recherche de leur signification pour le concept vital de cette faculté dans la pensée du moraliste. Ces rapports sont étroits, selon R.C. La Charité qui parle même d'une « coalition » des deux principes, voire d'une « action réciproque », d'une « interdépendance ».

2209. PIZZORUSSO (Arnaldo). — Sul « metodo » di Montaigne : le occasioni del giudizio. (*Saggi e ric. di letter. fr.*, XI : 1971, pp. 9-28). — Réimpr., pp. 21-38, dans : — Da Montaigne a Baudelaire... (n° 1702).

Malgré l'attitude négative prise à ce sujet par bien des critiques et des lecteurs, on doit reconnaître qu'il existe chez l'auteur des *Essais* une méthode de pensée que Descartes, au siècle suivant, devait ériger en système. Mais déjà, chez Montaigne, le problème de la méthode était en même temps celui du jugement, plus précisément des conditions dans lesquelles ce jugement peut s'exercer avec le moins de risques d'erreur (p. 15).
= C.R. : — *Studi fr.*, XVI (1972), n°ˢ 47-48, p. 455. =

## Le raisonnement

2210. DIDEROT. — Le grand art de Montaigne à prouver. — Dans les : *Réflexions sur le livre « De l'Esprit »* [d'Helvétius] (1773) : tome II, p. 272, de l'éd. des : — *Œuvres complètes de Diderot...* (n° 2136).

2211. MALLOCH (A.E.). — The techniques and function of the Renaissance paradox. (*Stud. in philol.*, LIII : 1956, pp. 191-203).

La conception et l'usage du paradoxe chez Donne, More et Montaigne.

2212. DRESDEN (Sem.). — La précision paradoxale de Montaigne. (*Mémorial* 1963, pp. 69-77. — Etude reprise dans *Neophilologus*, XLVII : 1963, n° 4, pp. 269-77).

Ce qu'a voulu faire Montaigne en écrivant son livre et comment il l'a fait. Dans la précision avec laquelle il a exposé ses états de pensée persiste une ambiguïté, un paradoxe dont l'origine est peut-être à chercher dans la « forme » ouverte et comme « provisoire » du genre qu'il a adopté, l'essai.
= C.R. : — *Studi fr.*, VIII (1964), n° 22, p. 140. =

2213. Bowen (Barbara C.). — Montaigne and the art of bluff. — Pp. 103-61 de : — The age of bluff. Paradox and ambiguity in Rabelais and Montaigne. — *University of Illinois Press*, 1972, in-8°, VIII-168 pp.

Sur la technique de raisonnement employée par Montaigne, lequel, de même que Rabelais, s'amuse, dans son argumentation, à déconcerter son lecteur par la voie du paradoxe, de l'ambiguïté, de la boutade, etc. — Le terme *bluff* sert ici à désigner toute opération déconcertante.
= C.R. : — G.J. Brault (*French rev.*, XLVI : 1972-1973, n° 1, p. 146) ; — D.M. Frame (*Renaiss. quart.*, XXV : 1972, pp. 342-43) ; — Fr. Rigolot (*B.H.R.*, XXXIV : 1972, n° 2, pp. 363-65) ; — E.R. Vidal (*Mod. lang. quart.*, XXXIV : 1973, pp. 335-37) ; — D. Coleman (*French. st.*, XXIX : 1975, pp. 188-89). =

2214. Frame (Donald M.). — Montaigne and the problem of consistency. (*Mél. Silver*, 1974, pp. 157-72).

Etude de l'intérêt que Montaigne — au caractère particulièrement instable — porte à la logique, dont les propriétés constituent au contraire de véritables symboles de persistance et de stabilité. Un paradoxe de plus, dira-t-on. En apparence du moins, car l'auteur démontre qu'il n'en est rien, qu'une stabilité peut fort bien naître de l'instabilité première, et qu'enfin la logique est devenue pour Montaigne une importante valeur morale.

# La communication

2215. Starobinski (J.). — Montaigne et la « relation à autruy ». (*Saggi e ric. di letter. fr.*, IX : 1968, pp. 77-106).

Examen des conditions dans lesquelles Montaigne, en tant qu'écrivain, a pu engager des rapports avec le monde extérieur — représenté par ses lecteurs — dans une « liaison universelle » parfaitement complémentaire de son expérience subjective.

2216. Wilden (Anthony). — Montaigne's « Essays » in the context of communication. (*M.L.N.*, LXXXV : 1970, pp. 454-78).

A propos de l'idéologie du moi qui, chez Montaigne, s'exprime dans un conflit entre désir et expérience, et dont l'objectif réel est l'établissement d'une communication entre l'auteur et le lecteur.

2217. Fronczak (Marianna Katherine Koch). — Communication and the critique of language in Montaigne's « Essais ». — Diss. Univers. of Michigan, 1973, 271 pp. — (*Diss. Abstr. Int.*, XXXIV : 1973-1974, n° 4 [October], pp. 1907/1908-A).

Loin d'être un reclus dans sa tour, Montaigne (il n'hésite pas à le dire) aime participer aux affaires publiques de son pays. La *communication* est alors pour lui non seulement un plaisir, mais aussi un besoin fondamental, et le langage devient le véhicule idéal de sa pensée.

2218. Feytaud (J. de). — Sur une mouche. Confession ou flux de caquet. (*B.S.A.M.*, 5e sér., n° 9, 1974, pp. 29-40).

Comment Montaigne a pu éprouver le besoin d'effectuer dans son livre une confession publique, « religieusement et purement », de ses faiblesses (notamment de celles révélées dans l'essai *Sur des vers de Virgile*, III, 5).

2219. JONES (Robert Franklin). — The theme of communication in the *Essais* of Montaigne. — Diss. Univers. of Southern California, 1973, 167 pp. — (*Diss. Abstr. Int.*, XXXIV : 1973-1974, n° 8 [February], pp. 5178/5179-A).

Ce que représente chez Montaigne l'idée de *communication* qui domine l'ensemble de son livre, écrit précisément à une époque où, du fait des guerres de religion, l'impression d'isolement s'était intensifiée chez les hommes.

## Evolution de la pensée de Montaigne

2220. VILLEY (P.). — L'évolution des Essais. — Tome II intégralement (576 pp.) de la thèse : — Les sources et l'évolution des Essais de Montaigne... (n° 1335).

L'*essai* : origine du genre. — L'acheminement de Montaigne depuis les essais « impersonnels » où domine le stoïcisme jusqu'aux essais « personnels » qui, après une phase de pyrrhonisme, sont caractérisés par le dessein de se peindre, ainsi que par un attachement à la philosophie de la nature (éd. de 1588). — Les *Essais* dans les dernières années : le système des additions et le caractère de celles-ci. — (On remarquera qu'avec ce principe d'une évolution de la pensée de Montaigne, P. Villey a mis en application une méthode que Brunetière avait empruntée à l'histoire naturelle).

2221. ARMAINGAUD (D^r A.). — Y a-t-il une évolution dans les Essais de Montaigne ? (*B.S.A.M.*, 1^re sér., n° 2, 1913, pp. 117-60, et n° 3, 1914, pp. 254-65).

Analysant les derniers travaux de Brunetière (n^os 227 et 1512) et les thèses de Strowski (n° 1514) et de Villey (n° 1335), qui, tous trois, jugeaient évidente une évolution de la pensée de Montaigne dans les *Essais*, le D^r Armaingaud conteste vivement cette idée d'évolution : pour lui, Montaigne n'a jamais cessé de pratiquer la philosophie épicurienne, même quand il a eu Sénèque comme inspirateur. — Cf. n° 1674.

2222. GRAY (Floyd). — The unity of Montaigne in the *Essais*. (*Mod. lang. quart.*, XXII : 1961, pp. 79-86).

L'auteur introduit plusieurs arguments destinés à combattre la thèse — en honneur au début du xx^e siècle — des trois positions intellectuelles que Montaigne aurait successivement observées.
= C.R. : — *Studi fr.*, VI (1962), n° 16, pp. 137-38. =

2223. FRANÇON (M.). — Note sur l'« évolution » des *Essais*. (*B.S.A.M.*, 4^e sér., n° 12, 1967, p. 8).

Si l'on accepte l'hypothèse de Villey sur l'évolution des *Essais*, par contre il est bien difficile d'établir une datation exacte des divers chapitres. Suggestions proposées par l'auteur de cette note.
= C.R. : — R. Campagnoli (*Studi fr.*, XV : 1971, n° 43, p. 134). =

2224. BOON (Jean Pierre). — L'idéal de « l'honneste homme » est-il compatible avec la théorie évolutive des « Essais » de Montaigne ? (*P.M.L.A.*, LXXXIII : 1968, pp. 298-304). — Article repris pour former le chap. 2 (pp. 31-41) de : *Montaigne gentilhomme et essayiste...* (n° 1636).

« Ce qu'il est convenu d'appeler « l'évolution » des *Essais* pourrait bien être plus une fonction de perspective que de convictions nouvelles ». Ainsi, « l'honneste homme », à l'idéal duquel Montaigne restera fidèle, n'évolue pas lui-même, mais s'adapte aux diverses circonstances qu'il doit affronter (p. 304).

2225. — « Evolution » et esthétique dans les « Essais » de Montaigne. (*Philol. quart.*, XLVII : 1968, pp. 526-31). — Texte repris dans *Montaigne gentilhomme et essayiste* (n° 1636) dont il constitue la conclusion (pp. 87-96).

L'évolution que l'auteur croit reconnaître chez Montaigne n'intéresserait aucunement la pensée de celui-ci, contrairement à l'opinion de Villey, mais plutôt son esthétique d'écrivain : c'est en effet en la perfectionnant qu'il est passé peu à peu d'un art « objectif » à un art nettement personnel.

2226. WINTER (Ian James). — The evolution of the Moi in the *Essais* of Montaigne. — Diss. Washington Univers., 1970, 581 pp. — (*Diss. Abstr. Int.*, XXXI : 1970-1971, n° 4 [October], p. 1820-A).

Les *Essais* rendent leur signification la plus exacte et la plus profonde quand on les considère dans la lumière d'un mouvement général de la pensée chez leur auteur. Mais les différents « stages » de ce mouvement ne sont nullement hermétiques ; ils se concevraient plutôt dans un sens cumulatif.

2227. FRANÇON (M.). — Sur l'évolution des *Essais*. (*B.S.A.M.*, 4e sér., n° 27, 1971, pp. 63-66).

Etude de la notion d'évolution telle qu'on a eu l'habitude de l'appliquer aux *Essais*.
= C.R. : — R. Campagnoli (*Studi fr.*, XVII : 1973, n° 50, p. 339). =

2228. LA CHARITÉ (Raymond C.). — Montaigne's early personal essays. (*Romanic rev.*, LXII : 1971, n° 1, pp. 5-15).

Critique de la thèse devenue traditionnelle depuis Villey (1908), selon laquelle les premiers essais (1572-1574) étaient absolument impersonnels et ainsi dépourvus d'analyse psychologique. Or, pour R. La Charité, les chapitres en question laissent au contraire apparaître la personnalité de Montaigne. Cette prise de position sert à consolider la théorie de l'unité des *Essais*, et par conséquent à détruire celle d'une évolution possible de la pensée de Montaigne.
= C.R. : — D. Wilson (*Studi fr.*, XV : 1971, n° 45, p. 535). =

2229. FRANÇON (M.). — Bayle Saint-John et la théorie évolutive des *Essais*. (*B.S.A.M.*, 5e sér., n° 7-8, 1973, pp. 113-14).

Bien avant Edme Champion, Strowski et Villey, Bayle Saint-John (n° 296) avait établi le principe d'une évolution des *Essais*.

2230. TETEL (Marcel). — Montaigne. Evolution or convolution ? (*Authors and their centuries...*, 1974, pp. 23-39). — Repris par l'auteur dans son *Montaigne* (n° 512), pp. 20-36.

Ce qu'il faut penser d'une évolution tangible de la pensée de Montaigne, comme l'entendait P. Villey.

# CHAPITRE XIV

# MONTAIGNE ÉCRIVAIN

## Généralités

2231. HÉMON (F.). — L'art, le « moi » et le goût de Montaigne. — Pp. 309-26 de : — Etudes littéraires et morales... (n° 1038).

Malgré un caractère fantaisiste et un esprit indécis, malgré les « défauts » dont il s'accuse complaisamment, Montaigne a composé son livre avec un art et un goût dont une pratique attentive de ces pages fait bientôt apparaître la réalité.

2232. AUERBACH (Erich). — Der Schriftsteller Montaigne. (*Germ.-roman. Monats.*, XX : 1932, pp. 39-53). — Réimpr. dans les pp. 184-95 de : — Gesammelte Aufsätze zur romanischen Philologie. Hrsg. von Fritz Schalk. — *Bern, München, Francke*, 1967, in-8°, 384 pp.

On peut définir Montaigne comme un magistrat dont l'occasion a fait un écrivain qui est parvenu à s'imposer, en dépit d'une absence de spécialité aussi bien que de méthode.

2233. RECKSIEK (Margot). — Montaignes Verhältnis zu Klassik und Manierismus... — *Bonn*, 1962, in-8°, 298 pp. — (*Inaug. Diss. Bonn*).

2234. ARAKI (Shôtarô). — Montaigne et l'expression littéraire. (*Etudes de langue et de littérature françaises*, 1965, n° 6, pp. 29-41).

2235. EMERY (L.). — Montaigne, causeur solitaire. — Pp. 13-20 dans : — De Montaigne à Teilhard de Chardin, via Pascal et Rousseau. — *Lyon*, « *Les Cahiers Libres* », s.d. (1965), in-8°, 145 pp.

L'auteur — comme il le dit lui-même — s'est borné « à tracer quelques lignes de force » relativement à Montaigne, à partir des jugements d'Albert Thibaudet, récemment publiés (n° 479). Son étude cherche à dégager la nature réelle des *Essais*, et notamment ce qui en fait l'attrait, « à quoi tient la persistante emprise de Montaigne sur ses lecteurs et son étonnante présence posthume », — répondant d'ailleurs aussitôt : « Mais naturellement à son style » (p. 15).

2236. FAISANT (Cl.). — L'art de Montaigne. — Pp. 243-51 de : — Essais... textes choisis... (n° 1626).

*Divisions de l'étude* : — Montaigne artiste ; — la langue ; — le style ; — les images ; — l'ordre dans les « Essais ».

2237. LAFONT (R.). — « *Que le gascon y aille si le français n'y peut aller* » : réflexions sur la situation linguistique et stylistique de l'œuvre de Montaigne. (*Le Français moderne*, XXXVI : 1968, n° 2, pp. 98-104).

Placé entre le français, le gascon et le périgourdin, Montaigne, véritable déraciné linguistique, est parvenu, du fait même de cette instabilité et de ces conditions de malaise, à produire une œuvre écrite dans « un français éblouissant », ce qui donne bien « la preuve de son génie linguistique ». Une telle instabilité devait en effet « provoquer la création d'un langage d'auteur qui la surmontât » (p. 104).

= C.R. : — M. Jeanneret (*Studi fr.*, XII : 1968, n° 36, p. 536). =

2238. WINEGRAD (Dilys Veronica). — Expression and being and the *Essais* of Montaigne. — Diss. Univers. of Pennsylvania, 1970, 250 pp. — (*Diss. Abstr. Int.*, XXXI : 1970-1971, n° 6 [December], p. 2894-A).

Il existe une fondamentale dichotomie entre la réalité des choses et son expression par le langage. Pour la réduire, Montaigne s'est efforcé de trouver un terrain dans lequel les mots ne soient plus un véhicule imparfait pour la substance qu'il leur appartient de communiquer.

2239. REGOSIN (Richard). — Language and the dialectic of the self in Montaigne's « Essais ». (*From Marot to Montaigne* — Mél. 1972 — , pp. 167-75).

Sur la puissance créatrice et évocatrice du langage chez Montaigne, principalement dans la discussion des problèmes de la personnalité et de la connaissance.

2240. STIERLE (Karlheinz). — L'histoire comme exemple, l'exemple comme histoire. Contribution à la pragmatique et à la poétique des textes narratifs. (*Poétique*, III : 1972, n° 10, pp. 176-98). — Traduction de : — Geschichte als Exemplum, Exemplum als Geschichte. Zur Pragmatik und Poetik narrativer Texte. (*Colloque de Constance*, Wilhelm Fink Verlag, München, 1970).

Examen du renversement qui, dans les *Essais* (voir pp. 190-98), mène de l'« histoire comme exemple » à l'« exemple comme histoire », et qui s'est accompli sous forme paradigmatique avant même que l'exemple n'ait trouvé, en tant que forme simple, le terme que lui assignait l'évolution philosophico-historique.

= C.R. : — Cl. Blum (*B.S.A.M.*, 5ᵉ sér., n° 16, 1975, pp. 92-97). =

2241. ROLLINS (Yvonne B.). — Montaigne et le langage. (*Romanic rev.*, LXIV : 1973, n° 4, pp. 258-72).

La conception que Montaigne se fait du langage est très particulière : en écrivant les *Essais*, il avoue qu'il n'a pu résister à sa tentation et cependant, au cours de son livre, il ne cesse d'en critiquer les défauts ou les faiblesses, alors que ce même langage a joué pour lui un rôle important dans le domaine de l'auto-connaissance ; on peut même dire qu'« il est l'essai premier, essentiel à Montaigne, sur lequel se greffent tous les autres *Essais*, qui n'en sont que le prétexte ou l'accessoire » (p. 272).

2242. McKINLEY (Mary Belle). — Montaigne and words : the evolving concept of language in the *Essais*. — Diss. Rutgers Univers. (New Jersey), 1974, 245 pp. — (*Diss. Abstr. Int.*, XXXV : 1974-1975, n° 10 [April], p. 6723-A).

Examen des attitudes explicites et implicites prises par Montaigne sur le problème du langage et de la puissance des mots, telles qu'elles apparaissent dans les *Essais*. — L'expérience de l'écrivain chez Montaigne.

# La langue ; — la grammaire

2243. CH[AUDON] (L.-M.). — Lettre de l'auteur du *Nouveau dictionnaire historique* à l'auteur des *Annales de Bordeaux* sur la question de savoir si l'exemple de Montaigne autorise les gasconismes. (*Bull. polym. du Muséum d'instr. publ. de Bordeaux*, VI : 1808, pp. 416-18).

Contient des appréciations assez sévères sur la langue des *Essais* que l'auteur juge encombrée par trop de gasconismes.

2244. Lettre aux rédacteurs, relativement à celle précédemment écrite par M. l'abbé Chaudon à l'auteur des *Annales de Bordeaux*, au sujet de Montaigne. (*Bull. polym. du Muséum d'instr. publ. de Bordeaux*, VII : 1809, pp. 25-26).

Protestation contre la sévérité montrée par l'abbé Chaudon à l'égard de la langue de Montaigne, laquelle au contraire « prête à son imagination des couleurs que nous avons perdues depuis ».

2245. J.R. — Montaigne and the French language. (*Gentleman's mag.*, X : 1838, Oct., pp. 378-82).

2246. GLAUNING (Friedrich). — Versuch über die syntaktischen Archaismen bei Montaigne. (*Archiv*, XXVII : 1872, t. 49, pp. 163-92, 325-56 et 415-44).

Essai sur les archaïsmes de syntaxe chez Montaigne. (Voir en particulier l'étude consacrée à l'*article*, pp. 164-80).

2247. LOISEAU (A.). — [Sur la langue de Montaigne]. — Pp. 411-24 de l' : — Histoire de la langue française, ses origines et son développement jusqu'à la fin du XVIᵉ siècle... Ouvrage couronné par la Société des Etudes Historiques. — *Paris, Thorin*, 1881, in-18, IV-534 pp.

2248. WENDELL (Henning). — Etude sur la langue des Essais de Michel de Montaigne, présentée à la Faculté des lettres de Lund... — *Stockholm, impr. de K.L. Beckman*, 1882, in-8°, 99 pp.

2249. Voizard (E.). — Etude sur la langue de Montaigne. — *Paris, Léopold Cerf*, 1885, in-8°, xx-308 pp. — (*Thèse de lettres, Paris* 1885). — Réimpr. : — *Genève, Slatkine*, 1969, in-8°, 328 pp.

L'auteur s'est livré ici à une enquête sur la morphologie et la syntaxe pratiquées par Montaigne, sur son vocabulaire et son style. Cet ouvrage constitue la première tentative d'une certaine envergure qui ait été faite à propos de la « forme » des *Essais*. La critique s'est montrée généralement assez sévère à son sujet. « Cette prétendue étude, déclare Delboulle, est toute à recommencer. Il est par trop évident que M. Voizard n'a fait que voltiger à travers les *Essais*, en d'autres termes, qu'il a lu à peine son auteur, ou qu'il l'a lu les yeux fermés » (*sic*).

= C.R. : — A. Delboulle (*Rev. crit.*, XX : 1886, 1er sem., pp. 389-91). =

2250. — Etude préliminaire sur la langue de Montaigne. — Pp. xxix-lxxviii des : — Essais de Montaigne. — Extraits publiés d'après les éditions primitives... 3e édition... — *Paris, Garnier frères, s.d.* (1885), in-18, lxxx-514 pp.

Etude dans laquelle sont examinées — comme dans la première partie de la thèse précédente —, l'orthographe, les formes grammaticales et la syntaxe observées par Montaigne.

2251. Dembski (Max). — Montaigne und Voiture, ein Beitrag zur Geschichte der Entwickelung der französischen Syntax des XVI. und XVII. Jahrunderts. Inaug. Diss... — *Greifswald, Druck von J. Abel*, 1888, in-8°, 80 pp.

Montaigne et Voiture : historique du développement de la syntaxe française aux xvie et xviie siècles.

2252. Lanusse (M.). — De l'influence du dialecte gascon sur la langue française, de la fin du xve siècle à la seconde moitié du xviie... — *Grenoble, impr. F .Allier*, 1893, in-8°, xv-470 pp. — (*Thèse de lettres, Paris* 1891).

« Pasquier reproche longuement à Montaigne de ne pas oublier assez « le ramage gascon » (p. 27). Pour quels motifs a-t-il donc maintenu dans les *Essais* des gasconismes aussi nombreux ? — Au cours de son étude, M. Lanusse montre qu'ils sont de nature, les uns, linguistique (pp. 277-368), les autres, grammaticale (pp. 369-447).

2253. Spalikowski (Dr E.). — Dictionnaire médical des *Essais* de Montaigne, précédé d'une introduction sur « Montaigne malade ». — *Paris, J.-B. Baillière et fils ; Rouen, Agence A. Lemort*, 1897, in-16, 96 pp. — (*Documents pour servir à l'histoire de la médecine*, I).

Etudie un certain nombre de termes (environ 80) ayant trait à la question médicale et employés par Montaigne à différents endroits de son livre. — Cf. n° 744.

2254. Vaganay (H.). — De Rabelais à Montaigne. Les adverbes terminés en *-ment*. (*Rev. des ét. rabel.*, I : 1903, pp. 166-87 ; — II : 1904, pp. 11-18, 173-89 et 258-74 ; — III : 1905, pp. 186-215).

C'est une liste de plus de 2000 adverbes à désinence *-ment* qui ont été relevés non seulement chez Rabelais et chez Montaigne, mais aussi dans les œuvres d'autres auteurs du xvie siècle (Marot, Ronsard, Amyot, etc.).

2255. NORTON (Miss Grace). — The use made by Montaigne of some special words. (*M.L.N.*, XX : 1905, pp. 243-48).

Etude lexicographique d'une dizaine de mots dont Montaigne s'est servi, et des modifications de sens qu'il a pu éventuellement y apporter.

2256. GAY (Lucy M.). — Studies in Middle French. (*M.L.N.*, XXII : 1907, pp. 104-09).

Examen de quelques expressions françaises, telles que *rien* et *quelque chose* en particulier, et de l'usage que Montaigne en a fait (pp. 106-09). — *Voir* aussi le n° 2298.

2257. CLAIR (M.). — Essai sur les particularités de la langue de Montaigne. (*Rev. de philol. franç. et de litt.*, XXIV : 1910, pp. 51-60).

Cette étude résulte d'une comparaison effectuée entre le texte de l'Exemplaire de Bordeaux (publié dans l'*Edition municipale*) et celui de l'éd. de 1595, comparaison qui fait apparaître des différences philologiques sensibles provenant « évidemment de scrupules de puriste » de la part de Mlle de Gournay.

2258. RADOUANT (R.). — [Grammaire et lexique de Montaigne]. — Pp. 381-455 de : — Montaigne. Œuvres choisies, disposées d'après l'ordre chronologique, avec introduction, bibliographie, notes, grammaire, lexique et illustrations documentaires... — *Paris, Hatier, s.d.* (1914), in-16, XII-464 pp. — (*Collection d'auteurs français* d'après la méthode historique publiée sous la direction de Ch.-M. des Granges).

2259. SAINÉAN (L.). — Qu'est-ce que « le jargon de galimatias » de Montaigne ? [I, 25]. (*Rev. du XVIe s.*, II : 1914, pp. 363-66).

On peut en tout état de cause attribuer à Montaigne la paternité de cette expression (*galimatias*), qu'il faudrait ajouter aux autres gasconismes existant dans les *Essais*.

2260. AMATO (Modesto). — La grammaire de Montaigne. — *Palerme, Trimarchi*, 1917, in-16, 82 pp.

2261. COPPIN (J.). — Etude sur la grammaire et le vocabulaire de Montaigne d'après les variantes des « Essais »... — *Lille, impr. H. Morel*, 1925, in-8°, 112 pp. — (*Mémoires et travaux publiés par les professeurs des Facultés catholiques de Lille*, fasc. XXIX). — (*Thèse complémentaire de lettres, Paris* 1924).

Un sondage approfondi réalisé dans les éd. de 1580, 1582, 1588, et poursuivi jusque dans l'Exemplaire de Bordeaux, a montré que, progressivement, plus Montaigne prenait possession de ses capacités d'écrivain, plus son vocabulaire devenait personnel et tendait à l'amélioration. Sur ce point, les variantes de son exemplaire personnel (2987 corrections) laissent apparaître sept catégories de modifications dont six ont un caractère visant effectivement la pureté de la forme (cf. p. 13, n. 4).
= C.R. : — R. Bossuat (*Rev. crit.*, LX : 1926, p. 278) ; — P. Villey (*R.H.L.F.*, XXXIV : 1927, pp. 591-92). =

2262. NORTON (Miss Grace) et VILLEY (P.). — Les Essais de Montaigne publiés... d'après l'Exemplaire de Bordeaux, avec... des notes, des notices, un lexique et un index des noms propres... Tome cinquième. Lexique de la langue des Essais et index des noms propres... — Bordeaux, F. Pech et C$^{ie}$, 1933, in-4°, IX-727 pp.

Cinquième volume de l'« Edition municipale » (n° 1164). C'est aussi, jusqu'à présent du moins, le plus complet dictionnaire de la langue de Montaigne.

2263. P[ALAUQUI] (L.). — Propos bordelais : — Montaigne et le dialecte gascon. (La France de Bordeaux, 20 mars 1933, p. 7).

A propos de la notice publiée par H. Teulié dans l'Almanach gascon (n° 1284). — « Montaigne, dit l'auteur de ce C.R., connaissait mal le gascon... Il y aurait, ajoute-t-il, une très curieuse étude à faire sur les mots gascons « francisés » par Montaigne et sur les citations gasconnes des Essais ».

2264. HEINER (Walburga). — Der Gebrauch der Negation in den Essais von Montaigne. — Diss. Münster, 1935, in-8°, 64 pp. — (Arbeiten zur romanischen Philologie, Nr. 27).

De quelle manière Montaigne utilise la négation dans les Essais.

2265. GEORGES, f.e.c. (R.F.). — La langue des Essais de Montaigne et celle du Canada français. (II$^e$ Congrès de la langue française, 1937, pp. 128-54).

« Juxtaposition d'archaïsmes employés dans le franco-canadien et par Montaigne ». (Rev. de l'Univers. Laval, XVI : 1961-1962, n° 1 [septembre 1961], p. 80).

2266. SALLES (A.). — L'orthographe de Montaigne. (B.S.A.M., 2$^e$ sér., n° 2, 1937, pp. 63-66).

Etude des prescriptions que Montaigne donnait dans son avis à l'imprimeur en lui ordonnant de suivre une orthographe qui, dit A. Salles, « n'a rien de rébarbatif » et qui « rappelle par bien des traits celle de l'édition princeps, imprimée en 1580 » (p. 66). — Cf. n° 2270.

2267. RIVELINE (M.). — A propos de Montaigne, disciple des « pedantes » [suite du n° 1973]. (B.S.A.M., 2$^e$ sér., n° 4, 1938, p. 33).

Lettre au rédacteur en chef du Bulletin, visant l'emploi qu'a voulu faire Montaigne du mot gardoires (I, 25), dont l'idée ne saurait être assimilée à celle d'un « liber locorum ». Dans une note qui est jointe à cette lettre, le rédacteur en chef, A. Salles, estime pour sa part qu'on pourrait y voir une nouvelle doléance de Montaigne sur son défaut de mémoire. (Cf. n° 832).

2268. Veillons de près au sens exact des mots dans les Essais. (B.S.A.M., 2$^e$ sér., n° 3, 1938, p. 36).

« Bien des mots usuels n'ont pas, dans Montaigne, le sens que nous leur donnons aujourd'hui ». C'est le cas, par exemple, pour conférer (III, 8) que certains traduisent par converser, et d'autres, par controverser.

2269. BEAULIEUX (Ch.). — L'orthographe de Montaigne. (Bull. philol. et hist. [jusqu'à 1715] du Comité des travaux hist. et scient.,

1938-1939, pp. LXII-LXIII) ; — c'est le résumé d'une communication présentée au 72ᵉ Congrès des Sociétés savantes, tenu à Bordeaux en 1939. Le texte complet de cette communication figure dans les *Mélanges Huguet*, 1940, pp. 7-20 (un extrait en a été donné dans le *B.S.A.M.*, 2ᵉ sér., nº 7, 1939, pp. 110-11).

L'orthographe très particulière de Montaigne offre bien des points de ressemblance avec celle de Jacques Peletier du Mans, ce qui donne à penser que « Montaigne a adopté, sans le dire, la réforme phonétique de l'auteur des *Dialogues de l'ortografe* dans ce qu'elle avait de plus raisonnable » (p. 20).

2270. NICOLAÏ (A.). — « Suivés l'orthographe antiene ». (*B.S.A.M.*, 2ᵉ sér., nº 7, 1939, p. 110).

Une demande exprimée par Montaigne « deux fois au moins, dans les *Essais* [III, 9] et dans l'avis à l'imprimeur qui figure en tête du ms. de Bordeaux ». — Cf. nº 2266.

2271. DOW (Neal). — The concept and term « nature » in Montaigne's Essays. — Diss. Univers. of Pennsylvania, 1938. — *Philadelphia, Univers. of Pennsylvania Press*, 1940, in-8º, IX-68 pp.

Du danger que présenterait l'emploi sans discrimination de sens des termes *nature* et *naturel* dans l'interprétation du texte de Montaigne où ils abondent comme on le sait, mais avec diverses acceptations.

2272. SCHARTEN (Teodora). — A proposito dei verbi onomatopeici *rommeler* e *grommeler* in Montaigne. (*Aevum*, XVII : 1943, pp. 219-25).

Si le verbe *grommeler* est assez répandu en français, il n'en est pas de même pour *rommeler* (= geindre, — II, 6) comme le montre l'auteur dans des considérations d'ordre étymologique permettant de déduire que Montaigne, pour cette formation onomatopéique, a eu recours au vocabulaire périgourdin.

2273. CHARTIER (Emile). — Notre dette lexicographique envers Montaigne. (*Mém. de la Soc. royale du Canada*, 3ᵉ sér., XXXIX, Sect. I, mai 1945, pp. 45-64).

2274. GOUGENHEIM (G.). — Grammaire de la langue française du seizième siècle... — *Lyon, Paris, Edition IAC, s.d.* (1951), in-16, 258 pp. — (Coll. « Les langues du monde », *publiée sous la direction* de Henri Hierche. — Série : Grammaire, philologie, littérature, vol. VII).

Les exemples concernant Montaigne ont été pris, pour les *Essais*, dans l'éd.Plattard (*Les Belles Lettres*, 6 vol.), et pour le *Journal de voyage*, dans l'éd. E. Pilon (1932).

2275. BEAULIEUX (Ch.). — Les traces de l'orthographe particulière de Montaigne dans la première édition des « Essais ». (*B.S.A.M.*, 2ᵉ sér., nº 16, 1953-1954, pp. 59-63).

L'orthographe qu'utilisa Millanges dans l'éd. de 1580 résultait pour une bonne part de celle qu'avait observée Montaigne dans son premier manuscrit, et pour laquelle il avait mis en application les règles de Peletier (cf. nº 2269). Nombreux exemples présentés à l'appui de cette constatation.

2276. BART (B.F.). — « Abêtir » in Pascal and Montaigne. (*Romance philol.*, IX : 1955-1956, pp. 1-6).

En réponse à Etienne Gilson (*Les Idées et les lettres*, Paris, Vrin, 1932, pp. 264-65) qui voyait dans cette expression de Pascal une allusion aux « animaux-machines » de Descartes, B.F. Bart estime que ce terme a été plutôt emprunté par Pascal à l'*Apologie de Raymond Sebond*, — remarque déjà faite par L. Brunschvicg (n° 2685, p. 173). — *Voir* aussi : Brian Foster : « Pascal's use of *abêtir* ». (*French st.*, XVII : 1963, pp. 1-13).

2277. BAULIER (F.). — Contribution à l'étude de l'inversion du sujet après la conjonction « et ». (*Le Français moderne*, XXIV : 1956, n° 4, pp. 249-57).

Près de 1420 exemples ont été pris chez Rabelais et chez Montaigne. Pour ce dernier, les recherches ont porté sur le *Journal de voyage*.

2278. RAT (M.). — Montaigne écrivain. (*B.S.A.M.*, 3e sér., n° 7, 1958, pp. 23-31). — Etude reprise intégralement sous le titre : — Un novateur du vocabulaire et du langage : Montaigne écrivain. (*Service public et bon langage*, n° 2, avril 1968, pp. 22-36, — et dans *B.S.A.M.*, 4e sér., n° 15, 1968, pp. 17-26).

Comment l'action d'écrivain qui fut celle de Montaigne a pu être vivifiante pour la langue française.
= C.R. : — *Studi fr.*, XV (1971), n° 44, p. 340. =

2279. — Gasconismes et gasconnades de Montaigne. (*Figaro litt.*, 14 février 1959, p. 3).

Sur la faute commise par « des grammairiens à statistiques trompeuses » en prêtant à Montaigne un usage abusif de « gasconismes impurs ».

2280. LORIAN (A.). — La syntaxe des temps dans les « Essais » de Montaigne. (Mode, temps et aspect dans le 1er livre des « Essais » ; étude de syntaxe et de style). — *Thèse de lettres*, *Paris* 1959 : xxxv-816 ff. dactyl. — (Résumé dans les *Annales de l'Université de Paris*, XXX : 1960, n° 4, pp. 604-05).

« Etude de syntaxe synchronique qui s'efforce de décrire une partie du système grammatical de Montaigne, et qui se fonde sur le dépouillement intégral du 1er livre des *Essais* et sur des sondages opérés dans les deux autres livres (environ 12.000 formes verbales prédicatives) » (p. 604).

2281. NICULESCU (Radu). — Studiu semantic al eseului 10 « De mesnager sa volonté » din cartea a III-a a « Eseurilor » lui Montaigne. (*Revista de filologie romanicà şi germanicà*, IV : 1960, pp. 37-47).

Etude sémantique de l'essai 10 du livre III (texte en roumain avec un sommaire en français).

2282. LORIAN (A.). — Un problème de méthode : les formes verbales indifférenciées. (*Romance philol.*, XV : 1961-1962, pp. 292-300).

On rencontre dans les *Essais* des formes verbales indifférenciées, « c'est-à-dire capables de représenter plusieurs temps grammaticaux à la fois ». Dans cette étude, l'auteur a réalisé un inventaire des principaux types de ces formes particulières.

2283. LEBÈGUE (R.). — Le Cuyder avant Montaigne et dans les Essais. (*C.A.I.E.F.*, n° 14, mars 1962, pp. 275-84).

Chez certains écrivains du XVI⁰ siècle, comme Calvin, *cuyder* a le sens de : croyance. Pour Montaigne, il sert à désigner, notamment dans l'*Apologie*, l'orgueil, « la présomption humaine, la confiance injustifiée et vaniteuse en notre raison » (p. 280).

= C.R. : — *Studi fr.*, VI (1962), n° 18, p. 538. =

2284. GOUGENHEIM (G.). — De l'utilité d'un index complet des œuvres de Montaigne. (*Mémorial* 1963, pp. 215-20).

Où il est démontré que l'index complet est le seul instrument avec lequel on puisse effectuer, sur la langue de Montaigne, des travaux exhaustifs et satisfaisants pour l'esprit.

2285. CASTOR (Grahame). — [Sur la signification du mot *invention* chez Montaigne]. — Pp. 103-11 de : — Pleiade Poetics. A study... (n° 1726).

2286. LORIAN (A.). — Montaigne. De l'impératif (étude de style). (*Zeits. f. roman. Philol.*, LXXX : 1964, pp. 54-97).

Etude de l'emploi de l'impératif par Montaigne. Fréquence relative de ce temps. Inventaire de ses emplois réguliers et de ceux qui sont propres au style des *Essais* (impératif explétif, en formule d'auteur, au service de l'ironie, substitut d'hypothèse). Les expressions concurrentes de l'impératif.

2287. STEVENS (Linton C.). — The meaning of « Philosophie » in the *Essais* of Montaigne. (*Stud. in philol.*, LXII : 1965, pp. 147-54).

Le terme « philosophie » a été employé avec différents sens par Montaigne. L.C. Stevens en dénombre sept, dont aucun ne renferme la moindre idée théologique.

= C.R. : — R. Campagnoli (*Studi fr.*, X : 1966, n° 29, p. 338). =

2288. LORIAN (A.). — Note sur l'emploi de l'indicatif après les expressions dénotant la peur, dans les *Essais* de Montaigne. (Contribution à la langue de Montaigne). (*B.S.A.M.*, 4⁰ sér., n° 6, 1966, pp. 9-14).

Il est arrivé quelquefois à Montaigne (l'auteur de la note cite 4 passages) d'employer l'indicatif dans une subordonnée exprimant la peur, alors que dans ce cas il utilise en général le subjonctif. Pour quelles raisons a-t-il donc eu ainsi accessoirement recours à l'indicatif ?

= C.R. : — R. Campagnoli (*Studi fr.*, XII : 1968, n° 34, p. 137). =

2289. — Les latinismes de syntaxe en français. (*Zeits. f. franz. Sprache u. Liter.*, LXXVII : 1967, pp. 155-69).

Etude concernant cinq écrivains du XVI⁰ siècle, dont Montaigne.

2290. CATACH (Nina). — L'orthographe de Montaigne. — Pp. 195-201 de : — L'orthographe française à l'époque de la Renaissance... — *Genève, Droz*, 1968, XXXIV-498 pp., fac-sim. — (*Publications romanes et françaises*, n° 101).

Etude reprise pour l'essentiel dans : — « L'orthographe de la Renaissance à Bordeaux ». (*Bull. de la Soc. des Bibl. de Guyenne*, XXXVIII : 1969, n° 89, pp. 102-30).

2291. FRANÇON (M.). — Humanisme. (*Renaiss. quart.*, XXI : 1968, pp. 300-03).

Note sur l'apparition en français des termes *humanisme* et *humaniste*, ainsi que sur l'emploi d'*humaniste* chez Montaigne et chez Bossuet.

2292. HAMEL (Marcelle). — Montaigne et la grammaire. (*B.S.A.M.*, 4e sér., no 14, 1968, pp. 33-38).

S'il est vrai que Montaigne s'est toujours moqué à travers les *Essais* de la grammaire et des grammairiens, il n'en est pas moins certain qu'il y a manifesté « une constante attention aux problèmes linguistiques » (p. 38). = C.R. : — *Studi fr.*, XV (1971), no 44, p. 339. =

2293. LAFONT (R.). — Montaigne et l'ethnotype gascon. (*B.S.A.M.*, 4e sér., no 15, 1968, pp. 12-16).

Importance pour Montaigne du dialecte gascon, moins dépouillé « d'estoffe » que le français. Fixation géographique de ce dialecte : il s'agit sans nul doute du « dialecte occitan du sud de la Garonne », probablement de l'armagnac. — Note complétant l'article du *Français moderne* (no 2237). = C.R. : — *Studi fr.*, XV (1971), no 44, p. 339. =

2294. RICAU (Osmin). — Montaigne « vers nos montagnes ». (*Pyrénées*, no 73, janv.-mars 1968, pp. 18-22).

L'auteur des *Essais*, abbé laïque de Lahontan en Gascogne. Son appréciation du dialecte et du folklore gascons.

2295. FRANÇON (M.). — Montaigne et l'humanisme. (*B.S.A.M.*, 4e sér., no 17, 1969, p. 34).

Sur le terme *humaniste* employé par Montaigne dans l'essai *Des Prieres* (I, 56). — *Voir* aussi : no 1712.

2296. PAPIĆ (Marko). — L'expression et la place du sujet dans les Essais de Montaigne... — *Paris*, P.U.F., 1970, in-8°, 263 pp. — (Faculté des Lettres et Sciences humaines de l'Université de Clermont-Ferrand, 2e sér., fasc. XXIX). — (*Thèse de lettres, Clermont-Ferrand* 1969).

Cette thèse sur la grammaire des *Essais* « traite de la place du sujet par rapport au verbe, ainsi que de son degré zéro, dont la fréquence d'emploi était encore assez haute à l'époque ». Spécialement, les sujets nominaux ont été soigneusement distingués des sujets pronominaux, « les deux syntaxes présentant des traits essentiellement différents » (p. 9). Enfin, une enquête de ce genre a rendu indispensable « la délimitation de tous les types de phrases comparatives » qui se signalent dans l'œuvre de Montaigne par leur richesse et leur variété.
= C.R. : — J. Bourguignon (*Rev. de linguistique romane*, XXXV : 1971, pp. 238-39) ; — M. Hamel (*B.S.A.M.*, 5e sér., nos 3-4, 1972, pp. 85-86) ; — P. Clifford (*French st.*, XXVII : 1973, pp. 324-25) ; — M. Wilmet (*Le Français moderne*, XLI : 1973, no 2, pp. 89-91). =

2297. HECK (Francis S.). — The meaning of solitude in Montaigne's Essays. (*Rocky Mountain mod. lang. Ass. bull.*, XXV : 1971, pp. 93-97).

2298. BOWEN (Barbara C.). — *Nothing* in French Renaissance literature. (*From Marot to Montaigne* — Mél. 1972 —, pp. 55-64).

    *Rien* — le mot et l'idée — chez les écrivains de la Renaissance française,
dont Montaigne (pp. 63-64).

2299. BRUSH (Craig B.). — Reflections on Montaigne's concept of
being. (*From Marot to Montaigne* — Mél. 1972 —, pp. 147-65).

    Le concept de l'*estre* chez Montaigne : les différents usages faits par lui
de ce terme dont le sens réel dépend obligatoirement du contexte.

2300. PAPIĆ (Marko). — Un problème particulier : — le groupe « Et
si » (extraits de la thèse de doctorat). (*B.S.A.M.*, 5e sér., n°
3-4, 1972, pp. 29-36).

    Sur « la question de *l'incidence qu'a eue le groupe « Et si »* sur le sort
*du sujet pronominal* » (cf. la thèse — n° 2296 —, pp. 84-92).

2301. NAUDEAU (Olivier). — La portée philosophique du vocabulaire
de Montaigne. (*B.H.R.*, XXXV : 1973, n° 3, pp. 487-98).

    Analyse de deux mots du vocabulaire montagnien, le premier, verbal et
concret, *composer*, le second, nominal et abstrait, *composition*, et étude
de leurs rapports avec la structure et l'indéchirable « unité » des *Essais*.
— (Adaptation d'une communication faite à l'Université de Cincinnati, les
6/7 avril 1973).

2302. PAPIĆ (Marko). — Remarque grammaticale sur deux alinéas
dans les « *Essais* ». (Le groupe *comme* + *dire*). (*B.S.A.M.*,
5e sér., n° 9, 1974, pp. 41-45).

    Sur deux propositions amenées par une conjonction de comparaison
(*comme*), placée devant un verbe déclaratif (*dire*), — construction qui
« relève d'une syntaxe particulière, dfiférente de celle des propositions
comparatives proprement dites » (p. 41).

2303. WINEGRAD (Dilys Veronica). — Language as theme and image
in the *Essais* of Montaigne. (*Symposium*, XXVIII : 1974, pp.
274-83).

    Sur le double rôle joué chez Montaigne par le langage, qui devient créa-
teur à la fois d'expressions figuratives et de thèmes internes, aidant ainsi
à créer la forme des *Essais* et à renforcer la pensée de leur auteur.

# La composition ; — le style

2304. ALBALAT (A.). — [L'antithèse chez Montaigne]. — Pp. 195-97 et
239-42 de : — La formation du style par l'assimilation des
auteurs. — *Paris, A. Colin*, 1901, in-18 jés., VIII-308 pp.

    « L'antithèse est le procédé habituel de son style... Personne n'a mieux
possédé l'art de faire *heurter* ses pensées. C'est surtout chez lui qu'on
voit les ressources que peut donner cette tournure d'esprit », complétée
par « la variété de ses formes, sa naïveté,... ses tournures de style... »
(p. 240).

2305. RUEL (E.). — Les « Essais » de Montaigne envisagés comme une œuvre d'art. (*La Quinzaine*, XLII : 1901, pp. 425-45).

La composition des *Essais*, — une œuvre qui présente plus d'unité que celle des autres moralistes. — Etude extraite de l'ouvrage : *Du sentiment artistique dans la morale de Montaigne* (voir n° 1770, pp. 33-70).

2306. BEAUNIER (A.). — Montaigne artiste. (*J. des Débats*, 26 janvier 1902, p. 1).

Approbation de la thèse de Ruel : Montaigne s'est révélé artiste sans effort, très naturellement.

2307. LANSON (G.). — L'art de Montaigne : l'art de « se dire ». — Pp. 44-54 de : L'art de la prose... — *Paris, Libr. des Annales politiques et littéraires*, 1909, in-18 jés., 304 pp.

Dans la riche nature de Montaigne, un sentiment d'art a coopéré puissamment à la façon du style de l'écrivain. Ainsi, « le naturel charmant des *Essais* est l'imitation artistique, très étudiée et consciente, du naturel vécu et vivant de l'homme qui a écrit ce livre ; il entre beaucoup d'art dans ce naturel littéraire comme dans celui de La Fontaine » (p. 54).

2308. BARTH (Bruno). — Montaigne als Stilist. (*Zeits. f. franz. u. engl. Unterricht*, XVI : 1917, pp. 105-20).

2309. CROLL (Morris W.). — Attic prose : Lipsius, Montaigne, Bacon. (*Schelling anniversary papers*, 1923, pp. 117-50).

Correspondance chez Montaigne du naturel du style et de la langue avec le naturel de la pensée. Etude que viendra compléter celle du même auteur sur le *baroque* (n° 2348).

2310. COPPIN (J.). — Quelques procédés de stile (*sic*) de Montaigne. (*Rev. de philol. franç. et de litt.*, XL : 1928, pp. 190-201. — Extrait donné dans le *B.S.A.M.*, 2ᵉ sér., n° 10, 1941, p. 29).

Une étude du chapitre *De l'Art de conférer* (III, 8) a permis à l'auteur de dégager quelques-unes des préférences de Montaigne en matière de style ; il en a ainsi retenu cinq. — (Le texte de ce travail a été rédigé en « orthographe moderne »).

2311. SCHNABEL (Walter). — Montaignes Stilkunst. Eine Untersuchung vornehmlich auf Grund seiner Metaphern. — *Breslau u. Oppeln Priebatsch*, 1930, in-8°, 141 pp. — (*Sprache u. Kultur d. german.-roman, Völker, Reihe C, Bd. VI*).

L'art du style chez Montaigne, — étude limitée à l'emploi des métaphores par le moraliste et à la valeur d'application de celles-ci dans les cas les plus différents. A la fin de son livre, l'auteur fait observer que le goût de Montaigne pour le style métaphorique a connu, avec l'extension des *Essais*, un développement de plus en plus marqué.
= C.R. : — A. Hämel (*Germ.-roman. Monats.*, XIX : 1931, p. 233) ; — H. Rheinfelder (*Literat. f. germ. u. roman. Philol.*, LIII : 1932, pp. 34-37) ; — F. Gaiffe (*Rev. univers.*, XLIII : 1934, t. Iᵉʳ, pp. 46-47). =

2312. WINKLER (E.). — Montaignes Stilkunst. (*Zeits. f. franz. Sprache u. Liter.*, LV : 1931, pp. 243-50).

L'art du style chez Montaigne, à propos de l'étude de W. Schnabel (n° 2311).

2313. THIBAUDET (A.). — Du style de Montaigne. (*Boletim do Inst. francês de Portugal*, IV : 1934, nᵒˢ 3-4, pp. 89-97).

Chez Montaigne, le style constitue comme une opposition à la rhétorique. Il est « serré, désordonné, coupé, difficile ». C'est le style du « journal intime nu », le style qui, sans doute, est l'homme, mais, au cas particulier, « l'homme intérieur ». D'ailleurs, « il erre et muse, le style de Montaigne, autour de la bouche, au lieu d'aller droit à l'oreille » (p. 92). « De là, cette ligne onduleuse ou brisée des *Essais*, les dissonances du chapitre et de la page correspondant à l'anacoluthe de la phrase » (p. 94).

2314. WITTKOWER (Elly). — Die Form der Essais von Montaigne. Ein Ausdruck seiner Lebens- und Kunstanschauung... — *Berlin, B. Lévy*, 1935, in-8ᵒ, IV-107 pp. — (*Diss. Basel*).

Voici, chronologiquement parlant, l'une des premières études de réelle importance qui aient été consacrées à la composition chez Montaigne. Son auteur considère cette dernière surtout comme un produit d'association d'idées (cf. nᵒ 2199), ce qui justifierait à ses yeux l'apparent « désordre » de certains chapitres. — Cette thèse a été parfois jugée avec quelque sévérité (*voir* R. Etiemble, nᵒ 1223 : p. 264).

= C.R. : — *Literar. Centralblatt*, 1936-1937, p. 840. =

2315. BLASBERG (Hans). — Die Wortstellung bei Montaigne. — *Bochum-Langendreer, Pöppinghaus*, 1937, in-8ᵒ, VIII-68 pp., bibliogr. — (*Diss. Westfälischen Wilhems-Universität, Münster*, 1935).

Etude de la forme chez Montaigne : la construction de la phrase, son rythme, l'ordre logique des mots, etc.

2316. AYMONIER (C.). — Sur le style de Montaigne. (*B.S.A.M.*, 2ᵉ sér., nᵒ 13-14, 1948-1949, pp. 21-24).

Similitude du style de Montaigne et de celui de Sénèque (dans un commentaire de la thèse de Miss C. Hill Hay, nᵒ 2520).

2317. JASINSKI (R.). — Sur la composition chez Montaigne. (*Mél. Chamard*, 1951, pp. 257-67).

Montaigne, en grand seigneur qu'il est, ne compose pas comme les faiseurs de livres. « Il compose à sa manière, suivant une technique dont on n'a pas assez vu l'originalité ». L'analyse de quelques *Essais* permet de suivre « les fluctuations à travers lesquelles il s'en est progressivement assuré la maîtrise » (p. 257).

2318. MICHEL (P.). — Le naturel de Montaigne. (*L'Ecole*, 4 octobre 1952, pp. 5-6 et 27-28).

Bien que le livre des *Essais*, en dépit des déclarations de Montaigne, ait été susceptible de recevoir une certaine préparation, il n'en est pas moins vrai que le moraliste y fait preuve à tout instant d'un naturel qui révèle davantage l'« homme » que l'« auteur ». (Projet de diss. pour la classe de seconde).

2319. SAYCE (Richard A.). — [Le style personnel de Montaigne]. — Pp. 114-16 de : — Style in French prose. A method of analysis. — *Oxford, Clarendon Press*, 1953, in-8ᵒ, 166 pp., ill.

Caractéristiques du style de Montaigne. — Voir en outre : son emploi des métaphores (pp. 59, 63), des antithèses (p. 70), des mots groupés (p. 75), etc. — Cf. aussi le nᵒ 2341.

2320. HATZFELD (Helmut A.). — Per una definizione dello stile di Montaigne. (*Convivium*, N.S., I : 1954, pp. 284-98).

Chez Montaigne, le maniérisme du style n'est pas seulement l'expression d'une époque, mais plutôt celle d'un genre littéraire auquel se rattache-raient, bien qu'indirectement, des écrivains comme Renan, Anatole France, Proust, Gide. On pourrait même voir dans ce style celui d'un auteur pour qui la manière de traiter les sujets a toujours primé la nature de ceux-ci.
= CR. : — I. Califice (*Lettres romanes*, X : 1956, p. 81). =

2321. GRAY (Floyd). — Le style de Montaigne. — Diss. Univers. Wisconsin, 1955. — (*Diss. Abstr.*, XVI : 1955-1956, n° 5 [November], pp. 963-64). — Publ. en vol. : — *Paris, Nizet*, 1958, in-8°, 262 pp.

Analyse approfondie de la question stylistique chez Montaigne. L'auteur y examine successivement : 1° la structure de l'œuvre (les moyens gramma-ticaux de la création, le *tempo* de Montaigne) ; 2° les éléments poétiques de son style (le lyrisme, les figures, les images, etc.) ; 3° la composition des *Essais*. — Importante bibliographie, mais absence d'un index analy-tique qui serait précieux.
= C.R. : — D.M. Frame (*Romanic rev.*, L : 1959, n° 3, pp. 209-11) ; — S. Ulmann (*M.L.N.*, LIV : 1959, pp. 429-30) ; — G. Gougenheim (*R.H.L.F.*, LX : 1960, pp. 229-30) ; — R.A. Sayce (*French st.*, XIV : 1960, pp. 66-67) ; — G. Seiver (*Symposium*, XIV : 1960, pp. 312-13) ; — H. Simons (*Lettres roma-nes*, XV : 1961, pp. 173-77). =

2322. MICHA (A.). — Art et nature dans les « Essais ». (*B.S.A.M.*, 2e sér., n° 19, 1956, pp. 50-55). — Repris dans : — Le singulier Montaigne... (n° 788, pp. 121-33).

Art, nature, deux notions constantes et en même temps « les deux pôles de la pensée de Montaigne ». Pour lui en effet, « la nature, c'est le donné ; l'art, c'est l'acquis ». Et pourtant, il ne lui semble pas impossible de les rapprocher l'un de l'autre dans une féconde conciliation : celle-ci apparaît dans sa vie comme dans son style d'écrivain.
= C.R. : — L. Sozzi (*Studi fr.*, II : 1958, n° 4, pp. 129-30). =

2323. PARSLOW (Morris). — Montaigne's composition : a study of the structure of the *Essays* in the third book. — Diss. Princeton Univers., 1954. — (*Diss. Abstr.*, XVI : 1955-1956, n° 1 [July], p. 123).

2324. MOLNAR (Thomas). — Montaigne and the self as style. (*The Rev. of politics*, XXI : 1959, pp. 702-04).

2325. MORIER (H.). — Le style primesautier [Montaigne]. — Pp. 260-63 de : — La Psychologie des styles... — *Genève, Georg, s.d.* (1959), in-8°, 375 pp.

Chez l'auteur des *Essais*, « la période naît de la flânerie et non de l'exal-tation lyrique ou de l'emphase... [Elle] subit l'influence seconde de la construction latine. D'où : syntaxe proliférante, arborescente, où des rameaux adventices peuvent surgir à tout moment. Symptôme : l'*hyper-bate*. Type : « Il n'est rien de si fautier que les lois, *ni si lourdement* » (III, 13) [p. 261]. — (Erreur sur le texte cité) qui doit se lire : « Il n'est rien si lourdement et largement fautier que les lois, ni si ordinairement »).

2326. RAT (M.). — Réflexions sur le style de Montaigne (à propos d'un livre récent). (*B.S.A.M.*, 3ᵉ sér., nᵒ 10, 1959, pp. 24-30).

Caractéristiques principales du style de Montaigne : nature de son *tempo*, ses « ruptures grammaticales », ses digressions, ses images. — Etude suggérée par la thèse de Fl. Gray (nᵒ 2321).

2327. TRAEGER (Wolf Eberhard). — Aufbau und Gedankenführung in Montaignes Essays. — Diss. Heidelberg, 1959, 325 ff. dactyl. — En édition : — *Heidelberg, Carl Winter Universitätsverlag,* 1961, in-8ᵒ, 242 pp. — (*Studia Romanica, H.* 1).

Structure de la composition et suite des idées dans les *Essais* de Montaigne. L'auteur estime qu'en dépit d'une réputation longtemps entretenue de désordre, le livre du moraliste contient tous les éléments d'une méthode, d'un « ordre », peut-être caché, voire déconcertant, que la forme de l' « essai » et l'esprit de liberté de l'écrivain ont rendu, il est vrai, d'autant plus insaisissable.
= C.R. : — M. Baraz (*B.H.R.*, XXIV : 1962, nᵒ 3, pp. 535-36, et XXV : 1963, nᵒ 2, pp. 284-85) ; — U. Mölk (*Studi fr.*, VI : 1962, nᵒ 18, p. 540) ; — M. Kruse (*Roman. Jahrb.*, XIV : 1963, pp. 210-15) ; — J. Sartenaer (*Lettres romanes*, XVIII : 1964, pp. 74-77). =

2328. GENZ (Henry E.). — Compositional form in Montaigne's *Essais* and the self-portrait. (*Kentucky for. lang. quart.*, X : 1963, pp. 133-39).

2329. MARCU (Eva). — « Dérapages » d'idées et de style de Montaigne. (*B.S.A.M.*, 3ᵉ sér., nᵒ 29, 1964, pp. 33-40).

Les contradictions maintes fois démontrées dans la pensée de Montaigne, ses hésitations, ses « renversements de position », se traduisent souvent par un texte déconcertant dont E. Marcu donne plusieurs exemples.

2330. VAN DER STAAY (M.). — L'art de Montaigne. (*Cahiers des étudiants romanistes*, II : 1964, pp. 85-90).

2331. GARAVINI (Fausta). — La « formula » di Montaigne. (*Paragone*, XVIII : 1967, nᵒ 210, pp. 14-45).

Sur la méthode rédactionnelle observée par Montaigne : — tendance à une concentration de l'idée, soit par l'usage d'une citation appropriée à celle-ci, soit encore par une correction patiente et un dépouillement assidu de la phrase ; celle-ci prend alors souvent une allure de brièveté digne plutôt de Salluste que d'un exécutant raffiné. D'autre part, ce style si particulier s'oppose nettement à l'abondance verbale d'un optimiste comme Rabelais en ce qu'il traduit l'incertitude de Montaigne pour « l'humaine condition ».
= C.R. : — *Studi fr.*, XIII (1969), nᵒ 38, p. 336. =

2332. COTTRELL (Robert D.). — Le style anticicéronien dans l'œuvre de Montaigne et de Sponde. (*Romanic rev.*, LIX : 1968, nᵒ 1, pp. 16-29).

S'appuyant sur des travaux précédents comme ceux de M.W. Croll (nᵒ 2583), l'auteur estime que le style de Montaigne, de même que celui de Sponde, a été atteint par le courant d'anticironianisme qui se développait à la fin du xvıᵉ siècle.
= C.R. : — M. Jeanneret (*Studi fr.*, XIII : 1969, nᵒ 38, p. 337). =

2333. KLEIS (Charlotte J.C.). — Narrative technique in Montaigne's
Essais : point of view as the means to thematic focus and
self-definition. — Diss. Univers. of Michigan, 1967, 333 pp. —
(Diss. Abstr. Int., XXVIII : 1967-1968, n° 8 [February], p.
3147-A).

Etude de la technique de la narration chez Montaigne, depuis son exposition de la réalité, acquise par lui indirectement auprès des livres, jusqu'à la révélation personnelle et directe qu'il nous donne au 3e livre,
l'autoportrait de 1578-1580 constituant le stade intermédiaire.

2334. LABLÉNIE (E.). — Les additions ultimes de Montaigne d'après
une étude du chapitre De la Vanité (III, 9) et une comparaison
avec quelques autres chapitres. (B.S.A.M., 4e sér., n° 13, 1968,
pp. 15-23).

En plus d'une statistique des additions réparties dans l'ensemble des
Essais, l'auteur s'est intéressé aux « additions ultimes » (celles postérieures
à 1588), qui ont servi, soit à renforcer une idée (citations ou rappels de
lecture), soit surtout à rendre le style plus frappant et plus concret,
comme ferait un écrivain qui « prend son travail plus au sérieux » (p. 23).
= C.R. : — Studi fr., XV (1971), n° 44, p. 338. =

2335. STRAWN (Richard R.). — The style of Montaigne in Book III
of the Essais. — Diss. Yale Univers., 1952, 185 pp. — (Diss.
Abstr. Int., XXVIII : 1967-1968, n° 9 [March], p. 3686-A).

Etude consacrée aux différents éléments du style de Montaigne, à l'aide
desquels ce dernier est parvenu à révéler l'importance de son art d'écrivain (choix du vocabulaire, techniques stylistiques, liaison du style lui-
même avec la mentalité de l'auteur).

2336. BOTE (Lidia). — Authenticité, originalité et imitation littéraire
chez Montaigne. (B.S.A.M., 4e sér., n° 18, 1969, pp. 13-23). —
Trad. en langue roumaine : — « Montaigne despre autentici-
tatea, originalitatea şi imiţatia literară ». (Studia Universitatis
Babeş-Bolyai. Series philologia, XV : 1970, n° 2, pp. 85-97).

Sur l'esthétique littéraire de Montaigne.
= C.R. : — R. Campagnoli (Studi fr., XV : 1971, n° 44, p. 340). =

2337. LARMAT (J.). — Montaigne et la diversité. Contribution à une
critique stylistique des Essais. (Annales de la Faculté des
lettres et sc. hum. de Nice, III : 1969, n° 8 [2e trim.], pp. 113-
25).

Il est possible de découvrir certains aspects de la personnalité de Montaigne par l'étude du style dans les Essais.

2338. GRIFFIN (R.). — The French Renaissance commonplace and
literary contexte : an example. (Neophilologus, LIV : 1970,
n° 3, pp. 258-61).

Dans le texte des divers prosateurs de la Renaissance, le lieu commun,
d'un usage fréquent, constitue une expression traditionnelle adaptée aux
besoins propres à chaque auteur. Exemple fourni par la citation d'Erasme : Mus in pice, et son emploi par Rabelais et Montaigne (dans l'essai
De l'Expérience, — III, 13).

2339. Lapp (John C.). — Montaigne's « negligence » and some lines from Virgil. (*Romanic rev.*, LXI : 1970, n° 3, pp. 167-81).

La « nonchalance », la « négligence » dont Montaigne fait souvent état dans son livre pourrait être considérée comme une forme d'esthétique de l'écrivain, de même que son indépendance vis-à-vis de la rhétorique contemporaine, à laquelle il oppose, pour sa vigueur, la rhétorique des écrivains latins. — (Étude présentée en français au XIe Stage international de Tours, sous le titre : *Montaigne « négligent » et des vers de Virgile*. — Voir : *Renaissance, Maniérisme, Baroque*, 1972, pp. 153-65).

2340. Brush (Craig B.). — The essayist is learned : Montaigne's *Journal de voyage* and the *Essays*. (*Romanic rev.*, LXII : 1971, n° 1, pp. 16-27).

Comparaison entre le *Journal de voyage* et les *Essais* : — les traits principaux sur lesquels ils se différencient (en particulier, l'absence d'images et de gauloiseries dans le *Journal*).

2341. Sayce (Richard A.). — The style of Montaigne : Word-Pairs and Word-Groups. — Pp. 383-405 de : — Literary style : A symposium. Edited and (in part) translated by Seymour Chatman. — *London and New York, Oxford University Press*, 1971, in-8°, xv-427 pp.

Sur l'emploi quasi renouvelé dans la phrase de Montaigne de deux (ou plus de deux) termes assez souvent synonymes ou d'une synonymie très proche, et dont le rapprochement se complète à l'occasion de subtiles rencontres phoniques visiblement recherchées par l'écrivain (cf. Z. Samaras, n° 2361 : pp. 142 sqq.).
= C.R. : — P. Bonnet (*B.S.A.M.*, 5e sér., n° 1, 1972, pp. 67-68). =

2342. Aulotte (R.). — Le style de Montaigne. — Pp. 79-92 des : — Etudes sur les « Essais » de Montaigne... (n° 1143).

L'idéal du style pour Montaigne. Les caractéristiques de celui dont il use et les qualités qu'on y découvre.

2343. Bauschatz (Cathleen McCollom). — The evolution of the narrator in Montaigne's *Essais*. — Diss. Columbia Univers., 1973, 315 pp. — (*Diss. Abstr. Int.*, XXXIV : 1973-1974, n° 6 [December], pp. 3380/3381-A).

Examen des différentes techniques employées par Montaigne dans la rédaction des *Essais*, depuis les premiers chapitres jusqu'aux ultimes additions qu'il apporta à son ouvrage.

2344. McGowan (Margaret Mary). — Montaigne's deceits. The art of persuasion in the *Essais*. — *London, Univers. of London Press*, 1974, in-8°, VIII-207 pp.

La méthode de travail de Montaigne vue à travers les artifices de style avec lesquels il est parvenu à s'attacher son lecteur.
= C.R. : — E.H. Dale (*J. of European st.*, IV : 1974, pp. 396-97) ; — E. Marcu (*B.H.R.*, XXXVII : 1975, n° 1, pp. 165-67) ; — D.M. Frame (*Romanic rev.*, LXVI : 1975, n° 4, pp. 312-13) ; — R.A. Sayce (*French st.*, XXIX : 1975, pp. 190-91). =

*Baroque, maniérisme*

2345. CROLL (Morris W.). — The baroque style in prose. (*Mél. Klae-ber*, 1929, pp. 427-56).

Etude du style baroque chez certains prosateurs comme Bacon, Sir Thomas Browne et Montaigne. Chez ce dernier, les principaux signes distinctifs qui apparaissent dans son texte sont notamment : la phrase coupée (inspirée de Sénèque), l'ordre mouvant, l'asymétrie, la période en état de construction mais prenant forme et se complétant à la faveur du mouvement de pensée qu'elle exprime.

2346. ROUSSET (J.). — [Montaigne : un pré-baroque]. — Pp. 236-37, et *passim*, de : — La littérature de l'âge baroque en France, Circé et le Paon. — *Paris, José Corti*, 1954, in-8°, 316 pp.

Les *Essais*, une œuvre de cette époque « où le Baroque fermente à l'intérieur sans développer encore toutes ses conséquences » (p. 237).

2347. SAYCE (Richard A.). — Baroque elements in Montaigne. (*French st.*, VIII : 1954, pp. 1-16).

Fixation, d'après les « catégories » établies par Wölfflin, des critères « baroques » observés dans l'art et le style de Montaigne.

2348. BUFFUM (Imbrie). — The basic baroque Categories as exemplified by Montaigne. — Pp. 1-76 de : — Studies in the Baroque from Montaigne to Rotrou... — *New Haven and London : Yale University Press ; Paris, P.U.F.*, (1954), in-8°, XIII-256 pp. — (*Yale Romanic Studies* : second series, 4).

Pour démontrer que Montaigne est un écrivain essentiellement baroque, l'auteur n'hésite pas, en abandonnant les règles instaurées par H. Wölfflin pour le baroque plastique, à définir huit catégories de critères qu'il estime avoir trouvés dans les *Essais* et qui constitueraient à ses yeux les concepts fondamentaux d'une composition littéraire baroque ; son étude est accompagnée, à titre d'exemple, d'une analyse structurale de l'essai *De la Vanité* (pp. 60-76). — Cette théorie a été vivement combattue par A. Kiès (n° 2349) et A. Blinkenberg (n° 2350).

2349. KIÈS (Albert). — Montaigne et Saint François de Sales sont-ils baroques ? (*Lettres romanes*, XIII : 1958, pp. 235-50).

Dans cet examen de l'ouvrage précédent, A. Kiès répond par la négative à la question qu'il a posée lui-même.
= C.R. : — C. Rizza (*Studi fr.*, II : 1958, n° 6, p. 487). =

2350. BLINKENBERG (Andreas). — Réflexions sur le prétendu « baroquisme » de Montaigne. (*Actes de l'Acad. de Bordeaux*, 4e sér., t. XXII : 1967 [1968], pp. 40-46).

Contestation de la thèse soutenue par plusieurs érudits, tels que J. Rousset (n° 2346), R.A. Sayce (n° 2347) et I. Buffum (n° 2348), selon lesquels l'art de Montaigne devrait être considéré comme ayant un caractère « baroque ».
= C.R. : — *Sud-Ouest*, 25 mai 1967, p. 5. =

2351. SAYCE (Richard A.). — Renaissance, mannerism and baroque. — Pp. 313-26 de : — The Essays of Montaigne. A critical exploration... (n° 510).

Placé dans la double perspective du maniérisme et du baroque, Montaigne se trouve ainsi à un point de transition, mais il semble que chez lui les éléments baroques (n° 2347) seraient peut-être les plus significatifs (p. 326).

2352. — Renaissance et maniérisme dans l'œuvre de Montaigne. (*Renaissance, Maniérisme, Baroque*, 1972, pp. 137-51).

Etroitement rattaché à la Renaissance par sa passion pour l'Antiquité et son érudition d'humaniste, Montaigne a su également se révéler grâce à son mobilisme continuel et son style imagé, comme un représentant du courant maniériste qui s'est manifesté à la fin du XVIe siècle.

2353. BONNET (P.). — Montaigne, le maniérisme et le baroque. (*B.S.A.M.*, 5e sér., n° 7-8, 1973, pp. 45-58).

« Etat présent » d'une question qui a vu naître des prises de position variées et contradictoires.

2353a. FRANÇON (M.). — Note sur Montaigne et le baroque. (*B.S.A.M.*, 5e sér., n° 10-11, 1974, pp. 101-02).

Observations relatives à l'étude précédente et à certaines critiques qui en ont été faites (voir *B.S.A.M.*, 5e sér., n° 7-8, 1973, p. 5).

2354. DRESDEN (Sem). — Montaigne maniériste ? (*Mél. Geschiere*, 1975, pp. 131-44).

## Comique, humour, jeux de mots

2355. BESANT (Walter). — Montaigne. — Pp. 132-47 de : — The French humorists from the twelfth to the nineteenth century... — *Boston, Robert brothers*, 1874, in-16, VI-455 pp., portr.

2356. CHAMBERLIN (H.H.). — Michel de Montaigne, the satirist. (*Bachelor of Arts*, II : 1896, pp. 804-21).

2357. BALDENSPERGER (F.). — La tradition moderne de l'humour. — L'humour dans Montaigne. (*Rev. des cours et conf.*, XXI : 1912-1913, n° 2, 5 janvier 1913, pp. 118-35).

L'auteur constate que Montaigne aime conter les anecdotes plaisantes ou singulières, comme à « épingler les illogismes » fournis par l'histoire, la cour ou la ville. Il n'en est pas pour autant un humoriste, du moins de la veine des « humoristes avérés ». Chez lui, « l'humour est comme caché », et il semble naturel « de laisser dans l'ombre cet aspect moins apparent de son génie » (p. 135).
= C.R. : — J. Plattard (*Rev. du XVIe s.*, II : 1914, p. 139). =

2358. BONNET (P.). — Jeux phoniques et jeux de mots dans les « Essais » de Montaigne. (*B.S.A.M.*, 3ᵉ sér., n° 16, 1960, pp. 3-29).

Sur l'emploi fait par Montaigne de certains procédés stylistiques (allitération, assonance, homéotéleute, paronomase, etc.) qui servent à orner sa phrase pour l'agrément de son lecteur et sans doute pour son propre plaisir. Origine possible de ces subtilités.

= C.R. : — G. Mombello (*Studi fr.*, VI : 1962, n° 17, pp. 337-38). =

2359. RAT (M.). — L'humour de Montaigne. (*B.S.A.M.*, 3ᵉ sér., n° 31, 1964, pp. 33-38).

Etude de cette tournure d'esprit que Montaigne a manifestée dans les *Essais* à plusieurs occasions et sous diverses formes. — (Pages écrites à propos de la thèse ci-après).

2360. CAMERON (Keith C.). — Montaigne et l'humour. — *Paris, Archives des lettres modernes* (*J. Minard*), 1966, n° 71, in-16, 56 pp. — (*Etudes de critique et d'histoire littéraire*). — Adaptation d'une thèse de lettres sur *L'humour dans les Essais de Montaigne*, soutenue par l'auteur en 1964 devant l'Université de Rennes (240 pp. dactyl.).

Type parfait de l'« homme de bonne humeur », Montaigne devait aussi révéler des prédispositions à un humour qu'en effet il a su faire jaillir à travers son livre, dans ses critiques moqueuses des institutions, des conditions sociales et de leurs représentants, quelquefois de lui-même. Et pour ce faire, il a mis en œuvre des « moyens stylistiques » particulièrement efficaces (images, tournures populaires, usage du dialogue, jeux de mots, etc.).

= C.R. : — J. Sartenaer (*Lettres romanes*, XXII : 1968, pp. 95-96) ; — Y. Giraud (*B.H.R.*, XXXII : 1970, n° 2, pp. 517-18). =

2361. SAMARAS (Zoé). — The comic element of Montaigne's style. — Diss. Columbia Univers., 1967, 386 pp. — (*Diss. Abstr. Int.*, XXVIII : 1967-1968, n° 5 [November], p. 1827-A). — Publ. en vol. : — *Paris, A.-G. Nizet*, 1970, in-8°, 252 pp.

Analyse stylistique des *Essais* destinée à faire ressortir un des procédés employés par Montaigne pour transmettre son « message », et qui n'avait pas encore été suffisamment étudié, bien qu'il soit prédominant dans l'œuvre : il s'agit du *comique*, élément caractérisé surtout par des figures de style dont l'auteur a réuni en appendice un très grand nombre d'exemples (pp. 153-244).

= C.R. : — E. Marcu (*B.H.R.*, XXXIII : 1971, n° 3, pp. 713-14) ; — P. Michel (*B.S.A.M.*, 4ᵉ sér., n° 25-26, 1971, pp. 126-27) ; — R.D. Cottrell (*Romanic rev.*, LXIV : 1973, n° 4, pp. 306-07). =

2362. NOLAN (Donald James). — Montaigne's use of the comic in the *Essais*. — Diss. Univers. of Illinois, 1967, 203 pp. — (*Diss. Abstr. Int.*, XXVIII : 1967-1968, n° 12 [June], p. 5065-A).

Le côté comique de Montaigne, un auteur pourtant traditionnellement jugé *sérieux*. Son sens de l'humour ; les exemples qu'il en donne dans les *Essais* et qui déterminent volontiers le sourire, sinon le rire, malgré la gravité des sujets abordés.

2363. BERTHIAUME (André). — Montaigne humoriste. (*Etudes littéraires*, IV : 1971, pp. 187-207).

Analyse de l'humour tel que Montaigne l'a pratiqué dans les *Essais* avec un art de la variété qui émerveillera toujours.
= C.R. : — P. M[ichel] (*B.S.A.M.*, 4e sér., n° 27, 1971, pp. 78-79). =

2364. KAYATTA (George Nayef). — Comic elements in Montaigne's *Essais* in light of Bergson's *Le Rire*. — Diss. Case Western Reserve Univers., 1970, 329 pp. — (*Diss. Abstr. Int.*, XXXII : 1971-1972, n° 1 [July], p. 408-A).

Bien avant Bergson, Montaigne avait démontré que le concept de *risible* existe en permanence dans l'univers humain.

## Figures, images

2365. MAYER (G.). — Les images dans Montaigne, d'après le chapitre de l'« Institution des Enfants ». (*Mél. Huguet*, 1940, pp. 110-18).

«... Par un besoin naturel de son tempérament, Montaigne s'est servi d'un nombre considérable d'images. Le chapitre « de l'Institution des enfants » n'en comporte pas moins de 77 (p. 110)... La spontanéité de ces images est telle qu'aucune d'entre elles n'est l'objet de la moindre restriction... Elles font partie du style de Montaigne et de l'essence et de la forme même de sa pensée » (p. 118).

2366. GLASSER (Richard). — Montaigne. — Pp. 137-42 des : — Studien über die Bildung einer moralischen Phraseologie im romanischen. (*Analecta romanica*, 1956, n° 3, 172 pp.).

2367. HAMEL (Marcelle). — Les images dans l'essai *De mesnager sa volonté* (III, 10). Quelques emprunts de Montaigne. (*Mémorial* 1963, pp. 101-07).

Intérêt très net que présentent les chapitres du livre III où « des métaphores extrêmement variées donnent au texte sa force vive ». A ce point de vue, l'essai *De mesnager sa volonté* se recommande spécialement « par son dynamisme poétique » derrière lequel se dissimulent de précieux inspirateurs comme Horace, Virgile, Sénèque et Plutarque.

2368. BARAZ (Michaël). — Les images dans les *Essais* de Montaigne. (*B.H.R.*, XXVII : 1965, n° 2, pp. 361-94).

Parmi les caractéristiques essentielles du livre de Montaigne, on retient généralement les images, remarquables par leur fréquence et leur intensité, à tel point qu'elles semblent être consubstantielles à la pensée de l'auteur. La présente étude vise sans doute la matière de ces images, mais également les raisons d'« un imagisme aussi luxuriant et aussi effréné » qui, chez Montaigne, proviendrait « de la même source que l'idée maîtresse de sa philosophie — celle de la consonance de l'homme et de la nature » (p. 371).
= C.R. : — *Studi fr.*, X (1966), n° 30, pp. 544-45 ; — C. Cordié (*Paideia*, XXI : 1966, pp. 192-93). =

2369. DELÈGUE (Y.). — Les comparaisons dans les *Essais* de Montaigne. (*R.H.L.F.*, LXVI : 1966, pp. 593-618).

Ce que signifiait dans l'âme de Montaigne le recours à ces images qui ont fait de son style « une figure perpétuelle ». Importance des comparaisons (poétiques surtout, comparaisons de correspondance et de similitude) que viennent doubler les métaphores. Avec un essai de bilan.
= C.R. : — M. Jeanneret (*Studi fr.*, XI : 1967, n° 32, pp. 338-39). =

2370. CLARK (Carol E.). — Montaigne and the imagery of political discourse in sixteenth-century France. (*French st.*, XXIV : 1970, pp. 337-55).

Intérêt que présentent chez Montaigne les images se rapportant à diverses questions de politique (fréquente comparaison entre l'Etat et le corps humain, procédés de « médication » en cas de guerre civile, etc.). Mise en parallèle, sur ce point, entre Montaigne et d'autres écrivains politiques du XVIᵉ siècle.

2371. NAKAM (Géralde). — Ombres et clartés dans les *Essais*. (*Europe*, L : 1972, nᵒˢ 513-514, pp. 77-98).

Dans les *Essais*, le conflit de l'ombre et de la lumière apparaît « sous une forme à la fois atténuée et vibrante ». L'auteur se propose ici d'étudier la fréquence et les différences d'expression de ces deux images symboliques auxquelles Montaigne a marqué une réelle fidélité.

2372. DICKSON (Colin C.). — Imagery in book III of Montaigne's *Essais* : a study of three chapters. — Diss. Univers. of Pennsylvania, 1972, 446 pp. — (*Diss. Abstr. Int.*, XXXIII : 1972-1973, n° 7 [January], pp. 3640/3641-A).

Etude consacrée à trois types de figures : la métaphore, la comparaison et la métonymie, existant dans les chapitres 3, 10 et 13 du livre III. Leur fonction dans le contexte et leur contribution à l'unité de chacun de ces chapitres, voire du 3ᵉ livre lui-même.

2373. HOLOCH (Naomi Luba). — Personnification in the *Essais* of Montaigne. — Diss. Columbia Univers., 1972, 241 pp. — (*Diss. Abstr. Int.*, XXXIII : 1972-1973, n° 10 [April], p. 5725-A).

On trouve dans les *Essais* plus de 1400 exemples de personnifications. Pour un grand nombre d'entre elles, la présente thèse examine leur nature, leur usage et leur sens, démontrant que la personnification est, parmi les procédés de stylistique, un de ceux que Montaigne a employés le plus volontiers pour donner de la force à son discours, en écrivain possédant la pleine maîtrise de son art.

2374. NORTON (Glyn Peter). — Image and introspective imagination in Montaigne's *Essais*. (*P.M.L.A.*, LXXXVIII : 1973, pp. 281-88).

Importance de l'expression métaphorique dans l'introspection chez Montaigne, et propension de celui-ci pour le « style imagé » traduisant la présence en lui d'une imagination de caractère poétique.
= C.R. : — F.S. (*Studi fr.*, XIX : 1975, n° 55, p. 136). =

2375. SAMARAS (Zoé). — La figure étymologique dans les *Essais* de Montaigne. (*B.S.A.M.*, 5ᵉ sér., n° 14-15, 1975, pp. 75-80).

Valeur stylistique de la figure étymologique dans le texte de Montaigne. Les effets qu'elle y produit (effets antithétiques, comiques, ironiques, même lyriques).

*Proverbes*

2376. Elaine (*Sister* M. Katharine). — The moral force of Montaigne's proverbs. (*Proverbium*, 1965, n° 3, pp. 33-45 ; — trad. française dans le *B.S.A.M.*, 4ᵉ sér., n° 7, 1966, pp. 49-59).

Les proverbes, expressions de la sagesse populaire que Montaigne emploie avec pleine conscience de ce qu'il fait (l'étude renferme une liste de ces formules en français, gascon et latin).

2377. Lablénie (E.). — Montaigne auteur de maximes. — *Paris, S.E.D.E.S.*, 1968, in-16, 131 pp.

Ce recueil a été composé pour rendre Montaigne accessible à tous, en le présentant sous la forme concentrée de maximes comme il en pullule dans les *Essais*.
= C.R. : — M. Rat (*B.S.A.M.*, 4ᵉ sér., n° 14, 1968, p. 61) ; — *Studi fr.*, XIV (1970), n° 40, p. 143. =

2378. Schmarje (Susanne). — Das sprichwörtliche Material in den « Essais » von Montaigne... — *Berlin, New York, Walter de Gruyter*, 1973, 2 vol. in-8°, 242 et 161 pp. — (*Hamburger Romanistiche Studien A*, 50). — (*Diss. Univers. Hamburg*, 1970).

Etude spécialisée du style de Montaigne, portant sur l'emploi fréquent dans les *Essais* de proverbes ou de formules à caractère proverbial. Ce « matériel » de composition est généralement de provenance populaire, et son apparition, souvent inattendue, contribue à faire l'originalité du style des *Essais*. — Le 2ᵉ vol. comporte un lexique, ainsi qu'un catalogue alphabétique des proverbes enregistrés.
= C.R. : — Günter Abel (*B.H.R.*, XXXVI : 1974, n° 3, pp. 680-84) ; — U. Schulz-Buschhaus (*Romanische Forschungen*, LXXXVI : 1974, pp. 484-87 ; — G. Gerhardi (*Studi fr.*, XIX : 1975, n° 57, pp. 539-40) ; — F. Joukovsky (*Romance philol.*, XXIX : 1975-1976, pp. 133-35). =

# Montaigne conteur et poète

2379. Thibaudet (A.). — Le roman de Montaigne. — De Mauriac à Montaigne. (*Rev. univ.*, 1935, t. LX, 15 mars, pp. 655-77).

De nombreux chapitres des *Essais* — ce « livre de l'humaine condition » — renferment la substance même d'une action romanesque, et Montaigne, dont on connaît les talents de conteur, s'est ainsi affirmé comme un précurseur des grands romanciers de psychologie du XIXᵉ et du XXᵉ siècles (Mauriac en particulier).

2380. Eickert (C.H.). — Die Anekdote bei Montaigne. Diss. Köln. — *Erlanger, Junge*, 1937, in-8°, 94 pp.

2381. Vianey (J.). — Montaigne conteur. — Comment il critique et refait les récits d'Amyot. (*Les Humanités*, cl. de lettres, XIV : 1937-1938, n° 3 [décembre 1937], pp. 115-21).

Trois récits-types pris chez Amyot et dans les *Essais*, puis mis en parallèle, semblent suffisants pour montrer le travail effectué par Montaigne sur ses textes de base. La conclusion est que s'il n'a pas la prétention d'être un conteur, on ne saurait contester qu'au siècle suivant La Fontaine, par exemple, a dû goûter chez lui « cette clarté, cette rapidité, cette subordination à l'essentiel qui sont les qualités du récit classique » (p. 121).

2382. — Comment Montaigne corrige les récits de Plutarque traduits par Amyot (*résumé*). (*Ass. Guill. Budé. Actes du Congrès de Strasbourg*, 1938 [1939], pp. 380-81).

Cette communication vient compléter l'article précédent. J. Vianey y fait remarquer que Montaigne applique aux récits de Quinte-Curce et de Tite-Live les principes de remaniement qu'il a fait subir à ceux de Plutarque-Amyot. — *Voir* aussi n° 2384.

2383. CHÉREL (A.). — [La prose poétique de Montaigne]. — Pp. 76-80 de : — La prose poétique française. — *Paris, L'Artisan du Livre*, 1940, in-16, 282 pp.

« La prose poétique de Montaigne, c'est ce langage friand de métaphores sans cesse... ; c'est ce rythme mesuré à la valeur, à l'élan de ce qu'il veut figurer ; cette allure primesautière, d'une vivacité de plus en plus fidèle, et naturelle, comme la souhaitera un autre gascon, poète lui aussi, l'abbé de Fénelon... » (pp. 79-80). — *Voir* aussi n° 2394.

2384. VIANEY (J.). — Montaigne conteur. (*Mél. Huguet*, 1940, pp. 200-10).

Le caractère parfois sec et terne des récits de Montaigne s'explique par le fait que le moraliste, en véritable précurseur des classiques, s'est astreint à dépouiller la matière narrative mise à sa disposition notamment par ses lectures, en vue « d'aller franchement au but » et « de démontrer la vérité que l'action doit illustrer » (p. 200).

2385. Montaigne et la poésie. (*B.S.A.M.*, 2ᵉ sér., n° 11, 1941, pp. 21-27).

« Il suffit d'entr'ouvrir l'œuvre de Montaigne, d'en lire quelques pages au hasard, pour sentir ce qu'on peut bien appeler la *poésie* de cet auteur ». Car, « on l'a dit cent fois : le prosateur Montaigne est un poète ». D'ailleurs, par l'accumulation des citations poétiques, il a fait de son livre un florilège qui en est un des charmes et que, seul, un poète pouvait être capable de réussir. (*Extrait des archives du professeur A. Salles*).

2386. FEYTAUD (J. de). — L'âme poétique de Montaigne. (*B.S.A.M.*, 3ᵉ sér., n° 1, 1957, pp. 33-45).

Montaigne nous assure qu'il aime la poésie « d'une particulière inclination », et d'autre part il « se présente délibérément comme un véritable poète en prose ». Mais il faut le reconnaître, ce fervent admirateur des poètes a sans doute ouvert la voie à l'« athéisme poétique » du XVIIIᵉ siècle (p. 43).

2387. MICHEL (P.). — Notule sur Hugo et Montaigne poète. (*B.S.A.M.*, 3ᵉ sér., n° 13, 1960, p. 47).

Au sujet d'un « vers blanc » contenu dans l'essai *De la Physionomie* (III, 12) et noté par Victor Hugo. (*Voir* un complément à cette notule, n° 2390). = C.R. : — G. Mombello (*Studi fr.*, VI : 1962, n° 17, p. 337). =

2388. GROUAS (Ch. A.). — Un poète qui s'ignore : Montaigne. (*Le Thyrse*, LV : 1962, pp. 249-51).

2389. FEYTAUD (J. de). — Poétique de Montaigne. (*Mémorial* 1963, pp. 221-33).

Il y a chez Montaigne une inclination pour la poésie qui contribue à élever sa prose à cette suprême dignité. Car il est poète dans le sens où le furent les premiers penseurs, et en même temps son activité sans trève, « son goût de la reprise indéfinie », sont ceux du poète tel que le définit Valéry. — *Voir* aussi le n° 2386.

2390. MICHEL (P.). — Un « très beau vers » de Montaigne trouvé par Victor Hugo. (*B.S.A.M.*, 3e sér., nos 25-26, 1963, p. 74).

Complément à la notule n° 2387.

2391. RAT (M.). — Montaigne versificateur. (*B.S.A.M.*, 3e sér., n° 25-26, 1963, pp. 75-77).

La prose de Montaigne abonde en vers blancs de toutes sortes (l'auteur en cite une cinquantaine), qui enrichissent le texte sans jamais l'amollir.

2392. MICHEL (P.). — Un poème en prose de Montaigne. (*B.S.A.M.*, 4e sér., n° 4, 1965, pp. 42-44).

Le sentiment de la nature exprimé par Montaigne dans un passage du chapitre : *Que le goust des biens et des maux...* (I, 14).
= C.R. : — R. Campagnoli (*Studi fr.*, XI : 1967, n° 33, p. 531). =

2393. EHRLICH (Hélène Hedy). — La fable : sa fonction dans les *Essais* [extrait du chap. VI de la thèse de l'auteur (cf. n° 1140)]. (*B.S.A.M.*, 5e sér., n° 1, 1972, pp. 27-32).

*Voir* aussi le n° 2396.

2394. DONALDSON-EVANS (Lance K.). — Montaigne and poetry. (*Neophilologus*, LVIII : 1974, n° 4, pp. 360-67).

Sur le goût naturellement marqué par Montaigne pour cette « alleure poetique » qu'il a su faire apparaître tout au long de son livre ; la prose poétique des *Essais* (pp. 361-65), — cf. n° 2383.

2395. ZINGUER (Ilana). — Les anecdotes dans les « *Essais* » de Montaigne. Extrait du mémoire de maîtrise, dirigé par M. Baraz (Université d'Haïfa). (*B.S.A.M.*, 5e sér., n° 9, 1974, pp. 81-107).

« Si les anecdotes ont initié Montaigne à la création, elles ont fortement contribué par la suite à faire de cette création une œuvre d'art, qui gardera longtemps sa richesse infinie de par la symbolique mouvante qu'elle recèle » (p. 107).

2396. EHRLICH (Hélène Hedy). — La fable dans les *Essais* de Montaigne. Sa valeur formelle et épistémologique : le signifié et le signifiant de la fable. (*B.S.A.M.*, 5e sér., n° 14-15, 1975, pp. 65-74).

Etude présentée en 1963 pour un séminaire sur Montaigne à Columbia University, New York. Elle précédait ainsi la thèse de Mme Ehrlich : *Montaigne, la critique et le langage* (n° 1140). — Cf. n° 2393.

# Les citations de Montaigne

2397. LARBAUD (Valéry). — Des citations. — Pp. 215-19 de : — Sous l'invocation de saint Jérôme. 4e édition. — (Paris), *Gallimard* (1946), in-16, 341 pp., portr. front.

Cet « art de la citation, chez nous, Montaigne semble le posséder au suprême degré » (p. 217).

2398. STEVENS (Linton C.). — Montaigne's misinterpretation of a Greek citation. (*M.L.N.*, LXVII : 1952, pp. 185-87).

Il s'agit du vers 552 de l'*Ajax* de Sophocle, que Montaigne a reproduit (après l'avoir traduit) dans l'*Apologie de Raymond Sebond* (éd. Thibaudet-Maurice Rat, 1962, p. 475), et dont il avait vraisemblablement pris la citation dans les *Adages* d'Erasme.

2399. DUMOULIN DE LAPLANTE (P.). — Réflexions sur la conférence de Pierre Michel. (*B.S.A.M.*, 3e sér., no 1, 1957, pp. 54-57).

Etude statistique des citations de poètes par Montaigne, à propos de la conférence de M.P. Michel : *Montaigne et les poètes de la Pléiade* (cf. no 1841).

2400. METSCHIES (Michael). — Zitat und Zitierkunst in Montaignes Essais. [La citation et l'art de citer dans les *Essais* de Montaigne]. — *Genève, Droz ; Paris, Minard*, 1966, in-8o, VIII-94 pp. — (*Kölner romanistische Arbeiten*, neue Folge, Heft 37).

Sur l'art de la citation chez Montaigne, où il a acquis une réelle valeur esthétique, car dans ce domaine également l'auteur des *Essais* s'est révélé un maître. De plus, l'abondance dans son texte des citations en vers tendraient à démontrer son goût profond pour la poésie.
= C.R. : — W. Drost (*Studi fr.*, XI : 1967, no 31, p. 134) ; — E. Marcu (*B.H.R.*, XXIX : 1967, no 1, pp. 286-87) ; — P. Schunck (*Zeits. f. roman. Philol.*, LXXXIV : 1968, pp. 183-86) ; — F.S. Brown (*Comparative lit.*, XXI : 1969, pp. 369-71) ; — Fr. Rau (*Germ.-roman. Monats.*, N.S., XIX : 1969, pp. 225-27) ; — P.M. Schon (*Arcadia*, IV : 1969, pp. 205-06). =

2401. DESSEIN (A.). — Sur quelques citations « cachées » des *Essais*. (*B.S.A.M.*, 4e sér., no 14, 1968, pp. 39-41).

Sont ici considérées comme citations « cachées » des adaptations françaises d'aphorismes d'auteurs tels que Platon, Cicéron, Térence, Sénèque, etc.
= C.R. : — *Studi fr.*, XV (1971), no 44, p. 339. =

2402. TRONQUART (G.). — Variations sur la dernière citation des « Essais ». (*B.S.A.M.*, 4e sér., no 17, 1969, pp. 29-31).

La dernière citation de Montaigne (*Frui paratis...*) a été choisie par lui dans les *Odes* d'Horace. Elle était, semble-t-il, la plus capable de rendre « le son juste de sa dernière pensée ». — Cf. no 2514.

2403. PERTILE (Lino). — Noterella sul testo degli « Essais ». (*Studi fr.*, XVI : 1972, nos 47-48, pp. 336-38).

Au sujet de la trad. italienne des *Essais* par Fausta Garavini (réimpr. 1970). Le problème des citations de Montaigne et l'identification de certaines d'entre elles.

# Chapitre XV

# COMPARAISON DE MONTAIGNE AVEC D'AUTRES ÉCRIVAINS ET PENSEURS PARENTÉS SPIRITUELLES

2404. Nisard (D.). — Descartes et son influence sur la littérature française. (*R.D.M.*, N.S., 1844, t. VIII, 1er décembre, pp. 863-92).

Dans cette étude, on trouve, pp. 874-77, 879-82 et 885-86, des comparaisons entre la pensée de Descartes et celle de Montaigne.

2405. Bartholmess (Chr.). — [Comparaison du scepticisme de Huet avec celui de Montaigne]. — P. 168-70 de : — Huet, évêque d'Avranches, ou le scepticisme théologique... — *Paris, Franck*, 1850, in-8°, x-229 pp. — (*Thèse de lettres, Paris* 1849).

2406. Vauvenargues. — Sur Montaigne et Pascal [*fragment* n° 7]. — Pp. 274-76 des : — Œuvres... Edition nouvelle, précédée de l'Eloge de Vauvenargues, couronnée par l'Académie française, et accompagnée de notes et commentaires, par D.-L. Gilbert. — *Paris, Furne*, 1857, in-8°, xxxviii-500 pp.

Mise en parallèle des deux écrivains.

2407. Montaigne und Bacon, eine Parallele. (*Archiv*, XVII : 1862, t. 31, pp. 259-76).

L'auteur a pris prétexte de ce que Montaigne et Bacon avaient, « presque en même temps, fait usage du titre d'*Essais*, pour instituer un parallèle entre le rôle littéraire » de l'un et celui de l'autre. (Cf. P. Villey, *Rev. de la Renaissance*, XII : 1911, p. 123, — n° 2797).

2408. Glauning (Friedrich). — Syntaktische Studien zu Marot, ein Beitrag zur Geschichte der franzosischen Syntax. — *Nordlingen, Beck*, 1873, in-8°, 50 pp.

Contient une comparaison de la syntaxe de Marot avec celle de Montaigne.

2409. Gréard (O.). — [Plutarque et Montaigne moralistes]. — Pp. 376-77 dans : — De la morale de Plutarque... 2e édition. — *Paris, Hachette*, 1874, in-16, xvi-399 pp.

2410. Benoist (A.). — Erasmiana de studiorum ratione sententia, cum Montanü et Rabelasü opinionibus collata. — Pp. 139-57 de : — Quid de puerorum institutione senserit Erasmus... — *Paris, Thorin*, 1876, in-8°, 157 pp. — (*Thèse de lettres, Paris* 1877).

Mise en regard des doctrines pédagogiques d'Erasme avec celles de Rabelais et de Montaigne.

2411. Gebhart (E.). — De l'éducation [chez Rabelais et chez Montaigne]. — Pp. 234-41 de : — Rabelais, la Renaissance et la Réforme. — *Paris, Hachette*, 1877, in-16, x-300 pp.

Vues comparatives sur les deux systèmes d'éducation.

2412. Bimbenet (J.-E.). — Montaigne — Montesquieu. (*Mém. de la Soc. d'agric., sc., belles-lettres et arts d'Orléans*, XXIII : 1882, pp. 313-55, et XXIV : 1883, pp. 15-59).

Parallèle entre Montaigne et Montesquieu « dans les singulières et remarquables analogies qui les signalent à l'opinion publique » (p. 15). Principaux domaines abordés : éducation, rang social, fonctions magistraturales, étude de la femme, voyages, sentiments, religion, appréciations sur la justice. — A la suite de chaque partie de ce mémoire, se trouve un rapport critique par L. Guerrier (pp. 356-60 et 60-64).

2413. Dodge (R.E.N.). — Montaigne and Bacon as essayists. (*Harvard monthly*, X : 1890, pp. 110-20).

2414. Mark (Harry Thiselton). — Locke compared with Montaigne. — Pp. 127-29 de : — An outline of the history of educational theories in England... — *London, S. Sonnenschein & C°*, 1899, in-16, xi-139 pp.

2415. Froment (Théodore). — Un voisin de Montaigne au xixe siècle. (*Rev. philom. de Bordeaux*, III : 1900, n° 11, pp. 481-99).

Il s'agit du moraliste Joubert que Sainte-Beuve appelait déjà « un voisin de Montaigne », en 1838, quand parut le recueil des *Pensées*. « Esprit libre, vif et curieux, dit Th. Froment, moraliste aimable et fin diseur, il avait conscience d'une sorte de parenté et comme d'un voisinage intellectuel avec l'auteur des *Essais* » (p. 481). — Le Montaigne épuré et raffiné du xixe siècle. — Il disait lui-même : « Je suis comme Montaigne impropre au discours continu » (p. 482).

2416. [Lamb et Montaigne]. (*Quart. rev.*, 1900, t. CXCII, pp. 334-35).

Deux écrivains à première vue si semblables d'aspect, et dont on peut dire cependant que l'un, Lamb, est à l'avant-garde des critiques, tandis que l'essayiste français prend sa place de plus en plus au milieu des philosophes. (Cf. n° 2418).

2417. Wendt (Karl). — Pierre Charron als Pädagoge unter besonderer Berücksichtigung seiner Verhältnisses mit Michael de

Montaigne. — Dissertation Rostock. — *Neubrandenburg, C. Brünslow*, 1903, in-8°, 88 pp.

Dans cette mise en parallèle de Charron et de Montaigne en matière d'éducation, l'auteur s'est surtout attaché à faire ressortir l'importance des divergences qui existent entre les deux systèmes.
= C.R. : — *R.H.L.F.*, XI (1904), p. 700. =

2418. Montaigne compared with Lamb. (*Quart. rev.*, 1905, t. CCI, pp. 182-200).

La forme des *Essais of Elia* a entraîné certains critiques, dans une confrontation des deux auteurs, à vouloir faire de Lamb, à tort ou à raison, un fils de Montaigne (cf. Dédeyan, n° 2790 : I, p. 163). — *Voir* aussi n° 2416.

2419. KAUFMANN (M.). — Pascal and Montaigne compared. (*Quart. rev.*, 1906, t. CCIV, pp. 542-46).

2420. NORTON (Miss Grace). — The spirit of Montaigne : some thoughts and expressions similar to those of his Essays. — *Boston and New York, Houghton, Mifflin & C°*, 1908, in-8°, 234 pp.

Sélection de pensées et d'expressions relevées chez un certain nombre d'écrivains de plusieurs époques, et présentant des traits de similitude avec divers passages des *Essais*. Cette situation est souvent rapportée à une influence plus ou moins directe de Montaigne sur les auteurs cités (*voir* n°ˢ 2634a et 2645).

2421. LOBSTEIN (Paul). — Calvin und Montaigne. — *Strasbourg, E. van Hauten*, 1909, in-8°, 20 pp.

Discours prononcé à Strasbourg à l'occasion du 4ᵉ centenaire de la naissance de Calvin. « Sans chercher un parallèle entre le réformateur et le philosophe, M. Lobstein les oppose plutôt l'un à l'autre pour faire ressortir, par le contraste, le caractère de Calvin, sa conception religieuse et morale et la nature de l'influence qu'il a exercée ». (L.R., *Rev. crit.*, XLIV : 1910, 1ᵉʳ sem., p. 277).

2422. M[ONTMORENCY] (J.E.G. de). — The Essays of Montaigne and Bacon. (*Contemporary rev.*, 1913, vol. CIII, pp. 281-85).

Comparaison entre les deux philosophes : points de similitude et de divergence qui s'en dégagent.

2423. WOLFF (M.). — Rabelais et Montaigne, éducateurs et humanistes. (*Le Gaulois*, 3 décembre 1921, p. 4).

2424. MOREAU (P.). — Montaigne et Pascal. (*Bibl. univ. et Rev. suisse*, CIX/CX : 1923, pp. 40-52).

S'il est vrai que Pascal doit beaucoup à Montaigne, il s'écarte pourtant de lui « sur les conclusions dernières » ; ce sont donc en fin de compte deux points de vue différents, même deux tempéraments opposés. — (Cf. un raisonnement opposé, n° 2708).

2425. THIBAUDET (A.). — [Parenté spirituelle de Bergson avec Montaigne]. — Vol. I, pp. 23-94 et *passim*, vol. II, pp. 196 et *passim*, de : — Trente ans de vie française. — T. III : Le Bergsonisme... — *Paris, N.R.F.* (1923), 2 vol. in-16.

D'après Thibaudet, Bergson, bien qu'il ne fasse jamais allusion à l'auteur des *Essais*, paraît avoir de nombreux traits communs avec Montaigne, — duquel on pourrait dire d'ailleurs qu'il se présente comme « le plus bergsonien des écrivains français » (vol. II, p. 196). — Cf. les nᵒˢ 1545, 1555 et 1618.

2426. — Montaigne et Alphonse Daudet. (*N.R.F.*, 1931, t. XXXVII, 1ᵉʳ octobre, pp. 596-602).

Ces deux écrivains appartiennent à la même famille spirituelle, par leur extraction méridionale, par le style et la langue, par « cet état d'égocentrisme » que l'on constate dans la *Doulou* presque aussi bien que dans les *Essais*. Il existe cependant « cette différence capitale que Montaigne est un peintre de lui-même, et que Daudet est un peintre des autres » (p. 600).

2427. LAMANDÉ (A.). — La Foire aux idées : Goethe, Montaigne et les voyages. (*Rev. bleue*, LXX : 1932, pp. 248-50).

Montaigne, le « grand internationaliste », rapproché de l' « universel » Goethe, à propos d'un jugement de ce dernier sur les qualités de voyageur de l'auteur des *Essais*.

2428. GUÉHENNO (J.). — De Montaigne à Lénine. (*Europe*, XXXVIII : 1935, nᵒ 149, 15 mai, pp. 107-11).

Montaigne appartient à cette lignée de penseurs qui « ont tracé le chemin des hommes », — lignée qui va de Socrate à Lénine, en passant, outre Montaigne, par Voltaire, Goethe, Marx et Jaurès.

2429. NARUSÉ (M.). — Montaigne et la sagesse extrême-orientale... — *Paris, impr. J. Dumoulin*, 1935, gr. in-8ᵒ, 12 pp. — (*Université de Paris. — Institut d'études japonaises. — Travaux et conférences. — Fasc. II*).

Comparaison de Montaigne avec les sages bouddhistes, faisant ressortir, entre eux et lui, une singulière parenté.

2430. LAVANCHY (L.). — Montaigne et Proust. (*Etudes de lettres*, XIII : 1938, pp. 136-44).

2431. VIGORELLI (Giancarlo). — Variazioni su Malebranche : Malebranche e Montaigne. — Pp. 279-89 dans : — Malebranche nel terzo centenario della nascità. Introduzione di Agostino Gemelli. Publicazione a cura della Università cattolica del Sacro Cuore. — *Milano, Vita e Pensiero*, 1938, in-8ᵒ, XIV-380 pp. — [Suppl. au vol. XXX, septembre 1938, de la *Rivista di filosofia neoscolastica*].

Deux courants de pensée en nette opposition, notamment sur le problème de la misère et de la grandeur de l'homme.

2432. SIVASRIYANANDA (W.). — [L'épicurisme de La Rochefoucauld comparé avec celui de Montaigne]. — Pp. 157-62 de : — L'épicurisme de La Rochefoucauld... — *Paris, L. Rodstein*, 1939, in-8°, 222 pp. — (*Thèse de lettres, Paris* 1939).

2433. TAVERA (F.). — [Comparaison de La Bruyère avec Montaigne (et d'autres penseurs)]. — Pp. 189-93 (et *passim*) de : — L'idéal moral et l'idée religieuse dans les *Caractères* de La Bruyère. L'art de La Bruyère... — *Paris, Mellotée* (1940), in-8°, 223 pp.

2434. MORAND (P.). — Montaigne et Rabelais. (*Voici*, III : 1941, pp. 37-40).

2435. HALPERIN (Maurice). — The great tradition in French literature. (*French rev.*, XVI : 1942-1943, n° 5, pp. 285-92).

Examen de la place occupée respectivement par Rabelais et par Montaigne dans cette tradition littéraire.

2436. SMITH (Horatio). — Sainte-Beuve, Montaigne : human nature. (*Americ. Soc. Legion of Honor mag.*, XVII : 1946-1947, n° 3, pp. 267-81). — Réimpr. : — *New York, American Soc. of the French Legion of Honor*, 1946, in-8°, 17 pp. — (*Franco-American pamphlets*, 3. ser., n° 6).

Sainte-Beuve et Montaigne : deux expressions caractéristiques et similaires de la nature humaine. Le parallèle est d'ailleurs concluant, Sainte-Beuve pouvant être considéré comme le Montaigne du XIXe siècle.

2437. BODART (Roger). — Le dialogue Montaigne-Pascal. (*Rev. générale*, LXXXIV : 1948, pp. 541-59). — Repris dans les pp. 9-36 des : — Dialogues européens. De Montaigne à Sartre. Avec un portrait de l'auteur par Albert Crommelynck. — (*Bruxelles et Paris*), *Editions des Artistes* (1950), in-16, 179 pp., portr.

Dans cette étude, l'auteur s'est attaché à mettre en regard le « scepticisme désertique » de Montaigne et le « scepticisme fécond » de Pascal (p. 15). — *Voir* aussi le n° 1580.

2438. FABUREAU (H.). — Un Montaigne suédois. (*Merc. de Fr.*, 1948, t. CCCII, 1er février, pp. 378-80).

Au sujet du moraliste scandinave, le comte d'Oxenstierna, « gentilhomme suédois et écrivain français... qu'on surnommait au XVIIIe siècle « le Montaigne du septentrion ».

2439. MAEDA (Yôichi). — Montaigne to Pascal tono kirisutokyô Benshôron. [Les arguments apologétiques chez Montaigne et chez Pascal]. — *Tokyo, Sôgensha*, 1949, in-8°. — (Les conclusions de cet ouvrage ont été publiées dans le *B.S.A.M.*, 3e sér., n°s 17-18, 1961, pp. 28-39).

Examen des rapports existant entre les deux apologies ; les points de concordance et de divergence les plus évidents, apparaissant dans une confrontation qui se révèle extrêmement complexe.
= C.R. : — *Studi fr.*, VI (1962), n° 18, p. 539. =

2440. MÉNARD (F.). — La sagesse « taoïste » des *Essais* de Michel de Montaigne. (*Le Symbolisme*, 1949, mai, pp. 227-37, et juin, pp. 273-81).

En rappelant que Stefan Zweig considérait les Essais comme un message de vie, « un viatique et un baume », l'auteur de cette étude a voulu rapprocher ce message « de la souriante sagesse chinoise qui fleurit dans le Tao de Lao Tseu » : — *Voir* n° 2466.

2441. LINDEMANN (Reinhold). — Entre Montaigne et Rilke. (*B.S.A.M.*, 3ᵉ sér., n° 10, 1959, pp. 31-32. — Trad. d'un article paru le 24 janvier 1959 dans le *Rhein Post*).

« Un dialogue entre le sage humaniste français et le chantre orphique de langue allemande semble chose impensable, impossible. Une doctrinaire prise de position en faveur de l'un ou de l'autre est chose dangereuse, menaçante pour la plénitude de l'Occident. Mais à mi-chemin de ces deux attitudes, on devrait aujourd'hui comme dans l'avenir pouvoir trouver le lieu sacré, l'emplacement vraiment fécond du monde occidental » (p. 32).

2442. TROOZ (Charles de). — Montaigne e Pascal. (*Ausonia*, XIV : 1959, nᵒˢ 2-4, pp. 244-47). — Trad. italienne du chap. IV de : — Le Magister et ses maîtres. — *Louvain, Publications universitaires*, 1951, in-16, 251 pp.

Comparaison entre Montaigne et Pascal. Les points communs que l'on remarque chez eux et les nombreuses particularités qui les différencient. On ne saurait toutefois préférer l'un à l'autre, car ils s'avèrent tous deux parfaitement indispensables.

2443. PETIT (L.). — Descartes en Italie sur les pas de Montaigne. (*B.S.A.M.*, 3ᵉ sér., n° 13, 1960, pp. 22-33).

Mise en parallèle de Montaigne et de Descartes, faisant ressortir à la fois la ressemblance de leurs itinéraires en Italie et les affinités que recèlent leurs écrits, comme l'analogie de leurs idéaux dans la façon de vivre.

2444. REVEL (J.-F.). — Montaigne à propos de Proust. — Pp. 159-90 de : — Sur Proust. Une lecture non conformiste de « A la recherche du temps perdu ». — *Paris, Julliard*, 1960, in-16, 248 pp. — Réimpr. : — *Paris, Denoël/Gonthier*, 1970, in-16, 219 pp. — (*Bibliothèque Médiations*, 67).

L'auteur met l'accent sur la conformité de pensée que l'on trouve chez Montaigne et Proust, et en particulier : la recherche de l'analyse introspective, la connaissance approfondie de l'homme, une extrême sensibilité chez l'un et chez l'autre ; « aucun des deux n'est misanthrope, mais tous deux sont pessimistes » (p. 154 de la réimpr.).

2445. GUGGENHEIM (Michel). — Des *Essais* aux *Confessions* ; deux écrivains devant leur moi. (*French rev.*, XXXIV : 1960-1961, n° 6, pp. 517-24).

En matière d'introspection, des divergences essentielles existent entre Montaigne et Rousseau, qui cependant ont pu montrer, sur d'autres côtés, bien des points de similitude.

2446. SAISSELIN (Remy G.). — From Montaigne's tower to the Fox Hole. (*Symposium*, XV : 1961, pp. 22-29).

Sur certains éléments caractéristiques qui différencient l'humanisme moderne de l'humanisme classique tel qu'il s'exprime dans Montaigne.

2447. TRUC (G.). — Du doute de Montaigne au doute d'Anatole France. (*B.S.A.M.*, 3ᵉ sér., nº 19, 1961, pp. 21-25. — Reprod. du chap. XII de la monographie *Montaigne* [nº 442], pp. 175-83).

Au sujet des points de rapprochement et des différences de tonalité qui apparaissent entre l'auteur des *Essais* et M. Bergeret.
= C.R. : — *Studi fr.*, VI (1962), nº 18, p. 539. =

2448. FEYTAUD (J. de). — Le Prieur et le Chevalier [Ronsard et Montaigne]. (*B.S.A.M.*, 3ᵉ sér., nᵒˢ 23-24, 1962, pp. 22-28).

« Par leur origine, leur carrière et leurs œuvres, Ronsard et Montaigne sont frères ». Même, « il n'est pas absurde d'imaginer, pour un peu de différence, un Montaigne prieur et [un] Ronsard chevalier » (p. 22).
= C.R. : — *Studi fr.*, VII (1963), nº 21, p. 538. =

2449. MICHEL (P.). — Montaigne-Marivaux. (*B.S.A.M.*, 3ᵉ sér., nº 23-24, 1962, pp. 44-52).

Mise en parallèle de Montaigne et de Marivaux qui, sans être assimilables l'un à l'autre, n'en font pas moins partie de la même « famille d'esprits » (p. 52). — *Voir* aussi nº 2739.
= C.R. : — G. Mombello (*Studi fr.*, VII : 1963, nº 21, pp. 538-39). =

2450. SPINKA (Matthew). — Two early representatives of Humanism : Erasmus and Montaigne. — Pp. 14-22 de : — Christian thought from Erasmus to Berdyaev. — *Prentice Hall Inc., Englewood Cliffs, N.J.*, 1962, in-8º, x-246 pp.

L'humanisme et le christianisme d'Erasme comparés avec ceux de Montaigne.

2451. TRUC (G.). — Montaigne et nous : de son moi à celui de Gide et au nôtre. (*B.S.A.M.*, 3ᵉ sér., nº 23-24, 1962, pp. 61-67). — Reprod. du chap. XIII de la monographie *Montaigne* (nº 442), pp. 185-97.

Importance du chemin parcouru par l'humanité depuis Montaigne, comme il est mis en évidence quand on étudie certaines confessions postérieures aux *Essais* (notamment chez Rousseau, les romantiques, Proust, Gide, Jacques Rivière).

2452. ISHIGAMI (Mitchiko). — La sagesse de Montaigne et celle de Kenkô, moine japonais du XIVᵉ siècle. (*Mémorial* 1963, pp. 85-90).

Kenkô et Montaigne, deux moralistes et aussi deux essayistes dans la pensée desquels on peut distinguer de nombreux points communs, en particulier sur l'organisation universelle, le problème de l'« humaine condition » et le caractère sacré des faits de la vie.

2453. MICHEL (P.). — Montaigne, Alain : humanistes de jadis et de naguère. (*Mémorial* 1963, pp. 78-84).

Il existe entre ces deux philosophes des rapports évidents, des affinités de pensée et d'expression dont certaines sont tellement marquantes qu'elles ont valu à l'auteur des *Propos* de recevoir le surnom de « Montaigne d'aujourd'hui ».

2454. MOREAU (P.). — Analyse et dilettantisme chez Montaigne et Stendhal. (*Saggi e ric. di letter. fr.*, III : 1963, pp. 7-36). — Repris, pp. 31-57, dans : — Ames et thèmes romantiques. — *Paris, José Corti*, 1965, in-8°, XVIII-315 pp. — Réimpr. sous le titre : « L'égotisme de Montaigne et de Stendhal » dans le *B.S.A.M.*, 4ᵉ sér., n° 5, 1966, pp. 8-25.

« A plus de deux siècles de distance, ces deux maîtres de la culture du *moi* nous offrent deux images de l'égotisme, parallèles et complémentaires », que l'auteur n'a pas jugé vain de confronter dans cette étude.
= C.R. : — R. Campagnoli (*Studi fr.*, XI : 1967, n° 32, p. 338). =

2455. SAINT-MARTIN (J.). — Les parentés spirituelles entre La Boétie, Montaigne et les autres penseurs du Périgord et du Bordelais (Fénelon, Montesquieu, Maine de Biran, Joubert). (*Mémorial* 1963, pp. 173-89).

Le Périgord et le Bordelais, une région qui apparaît comme un grand cru pour les penseurs. Or, entre ceux dont il est ici question, on observe une étroite parenté spirituelle, de nombreuses « similitudes de situations et de comportements » que les ethnographes expliqueront par les lois de la géographie humaine.

2456. RAT (M.). — Montaigne en kimono. (*Nouvelles litt.*, 16 avril 1964, p. 6. — Repris sous le titre : « Montaigne au Japon », dans le *B.S.A.M.*, 3ᵉ sér., n° 30, 1964, pp. 60-62).

Examen de la thèse que venait de soutenir en Sorbonne Mˡˡᵉ Mitchiko Ishigami : — « *La sagesse et la condition humaine selon l'humanisme et le bouddhisme* [cf. n° 2460], — qui établit de précieuses et précises concordances entre la sagesse de Montaigne et celle d'un « moine » bouddhiste du moyen âge, Kenko », — minutieux parallèle dont l'intérêt principal « est de faire mieux comprendre aux Français que nous sommes, l'amicale audience obtenue par Montaigne au Japon ».

2457. BROWN (Frieda S.). — Interrelations between the political ideas of Ronsard and Montaigne. (*Romanic rev.*, LVI : 1965, n° 4, pp. 241-47).

= C.R. : — M. Jeanneret (*Studi fr.*, X : 1966, n° 29, pp. 337-38) ; — *Studi fr.*, XI (1967), n° 31, p. 131. =

2458. MICHEL (P.). — Montaigne. — Pp. 23-43 de : — Continuité de la sagesse française (Rabelais, Montaigne, La Fontaine). — *Paris, S.E.D.E.S.*, 1965, in-16, 69 pp.

Entre Rabelais et La Fontaine, Montaigne constitue un important relais qui montre que les générations ne sont pas destinées à s'opposer. Et, c'est un fait, de profondes ressemblances dans leur attitude à l'égard de la vie relient ces trois grands écrivains. « C'est cet humanisme qui les a rappro-

chés et unis, malgré le temps et l'évolution des circonstances historiques »
(p. 68).
= C.R. : — G. Dupeyron (*B.S.A.M.*, 4ᵉ sér., n° 5, 1966, pp. 29-30) ; — J.-P.
Chauveau (*Inform. litt.*, XVIII : 1966, n° 2, pp. 76-77). =

2459. — La Fontaine et Montaigne. (*B.S.A.M.*, 4ᵉ sér., n° 3, 1965, pp.
7-19).

L'auteur démontre que « les fils qui relient la sagesse de La Fontaine à
celle de Montaigne forment un écheveau serré » (p. 7).
= C.R. : — R. Campagnoli (*Studi fr.*, X : 1966, n° 29, p. 339). =

2460. Ishigami (Mitchiko). — La sagesse et la condition humaine
selon l'humanisme [Montaigne] et le bouddhisme [Kenkô].
(*Etudes de langue et de littérature françaises*, 1966, n° 8, pp.
32-46. — Repris dans le *B.S.A.M.*, 4ᵉ sér., n° 10, 1967, pp. 25-37).

= C.R. : — *Studi fr.*, XIII (1969), n° 39, p. 537 ; — voir aussi n° 2456. =

2461. Michel (P.). — Du *Tiers Livre* aux *Essais*. (*B.S.A.M.*, 4ᵉ sér.,
n° 7, 1966, pp. 18-23).

Conformité des points de vue chez Rabelais et chez Montaigne à propos
de ces deux questions importantes : la régularité de la justice et le problème des femmes.

2462. — Fidéisme de Ronsard et de Montaigne. (*B.S.A.M.*, 4ᵉ sér.,
n° 7, 1966, pp. 24-34).

Chez Montaigne comme chez Ronsard, on voit apparaître un fidéisme qui
est justifié à leurs yeux par l'impossibilité de la raison humaine à comprendre Dieu et par la vanité des disputes métaphysiques. Or, cet état
d'esprit, que devait condamner le xviiᵉ siècle, pourrait bien représenter le
catholicisme du xviᵉ.
= C.R. : — *Studi fr.*, XIII (1969), n° 37, p. 130. =

2463. Rawson (C.J.). — Pope and Montaigne : a parallel. (*Notes &*
*Qu.*, N.S., XIII, 1966, pp. 459-60).

2464. Brown (Frieda S.). — Montaigne and Gide's *La Porte étroite*.
(*P.M.L.A.*, LXXXII : 1967, pp. 136-41).

Essai de comparaison stylistique entre *La Porte étroite* de Gide et les
*Essais* de Montaigne.
= C.R. : — S. Haig (*Studi fr.*, XII : 1968, n° 36, p. 585). =

2465. Françon (M.). — Sur la tragédie du mouchoir dans les *Essais*
de Montaigne (II, 33) et dans l'*Othello* de Shakespeare.
(*B.S.A.M.*, 4ᵉ sér., n° 16, 1968, pp. 55-56).

= C.R. : — *Studi fr.*, XV (1971), n° 43, p. 135. =

2466. Biermez (J.). — Sur Montaigne et la sagesse taoïste. (*Rev.*
*de Paris*, LXXVI : 1969, juillet-août, pp. 18-28).

La sagesse de Montaigne présenterait beaucoup de conformité avec celle
du Tao chinois, de Tchoang-Tseu ou de Lao-Tseu. C'est la même nonchalance, la même « technique de modestie », auxquelles s'ajoute un mysti-
cisme de la Nature et de la poésie qui s'en dégage. — *Voir* n° 2440.

2467. Cvengros (G.). — Romain Rolland et Montaigne. (*Acta litt. Acad. scient. Hungaricae*, XI : 1969, pp. 391-402).

A propos du problème posé par le genre de *Colas Breugnon*.

2468. Ehrlich (Hélène Hedy). — Rabelais et Montaigne. (*B.S.A.M.*, 4e sér., no 17, 1969, pp. 4-13).

Rapprochement des deux écrivains sur un thème particulier : démasquer le « mentir » et le combattre notamment dans une de ses expressions usuelles, la fausse rhétorique.
= C.R. : — R. Campagnoli (*Studi fr.*, XIV : 1970, no 42, p. 534). =

2469. Moreau (P.). — La sensation de la vie chez Montaigne et chez Jean-Jacques. (*B.S.A.M.*, 4e sér., no 18, 1969, pp. 4-12).

Examen du monologue intérieur tel qu'il s'est exprimé chez Montaigne, situé au crépuscule de la Renaissance, et chez un Jean-Jacques à l'aube du romantisme.
= C.R. : — *Studi fr.*, XV (1971), no 44, p. 340. =

2470. Lobet (Marcel). — Choisir entre Rabelais et Montaigne ? — Pp. 93-97 de : — Classiques de l'an 2000. — *Nivelles (Belg.)*, *Editions de la Francité*, 1970, in-8o, 212 pp.

2471. Sy (Pierrette). — Une amitié posthume, ou pourquoi Stendhal aima Montaigne. (*B.S.A.M.*, 4e sér., no 21, 1970, pp. 37-46).

Stendhal devint lecteur assidu de Montaigne à la fois par l'attrait que fit naître en lui les ressemblances existant entre eux deux et par la règle de vie qu'il découvrit dans la philosophie des *Essais*.
= C.R. : — *Studi fr.*, XV (1971), no 45, p. 537. =

2472. Telle (E.V.). — « Essai » chez Erasme, Essay chez Montaigne. (*B.H.R.*, XXXII : 1970, no 2, pp. 333-50).

Différence de conception de l'*essai* chez les deux humanistes. On peut même dire qu'« il y a moins de rapprochements probants que de contrastes fertiles à établir entre eux » (p. 350).
= C.R. : — P. Jodogne (*Studi fr.*, XV : 1971, no 44, pp. 340-41). =

2473. Brown (Frieda S.). — Peace and conflict : a new look at Montaigne and Gide. (*French st.*, XXV : 1971, pp. 1-9).

Sur la différence de tempéraments que l'on peut reconnaître chez Montaigne et chez Gide, — le moraliste recherchant par-dessus tout la paix intérieure, le romancier au contraire ayant toujours subi les effets d'une « obsession maladive ».

2474. Garcia (Ofelia). — Montaigne and Bergson. A comparison. (*Rackham lit. st.*, I : 1971, pp. 27-34).

2475. Michel (P.). — L'homme de colère et l'homme de paix : Monluc et Montaigne. (*Europe*, L : 1972, nos 513-514, pp. 22-37. —

Repris avec quelques remaniements dans le *B.S.A.M.*, 5ᵉ sér., n° 2, 1972, pp. 51-66).

Nombreux sont les points de rencontre dans l'œuvre de ces deux écrivains, — hommes d'action que semblaient séparer *a priori* tant de différences de caractère, de tempérament, de formation et de carrière.

2476. — Diderot, Helvétius et Montaigne. (*B.S.A.M.*, 5ᵉ sér., n° 2, 1972, p. 71).

Une mise en parallèle d'Helvétius et de Montaigne réalisée par Diderot.

2477. ROUDY (P.). — Montaigne et le comédien et *L'erreur d'une pédagogie*. (*Europe*, L : 1972, nᵒˢ 513-514, pp. 123-28).

Ce qui, tout à la fois, rapproche et sépare la découverte de soi chez Montaigne et chez le comédien (Louis Jouvet pris en exemple).

2478. TETEL (Marcel). — Marguerite de Navarre et Montaigne : relativisme et paradoxe. (*From Marot to Montaigne*, — Mél. 1972 —, pp. 125-35).

Sur les raisons qui peuvent motiver une juxtaposition de ces deux auteurs. = C.R. : — M. Richter (*Studi fr.*, XVIII, 1974, n° 52, p. 140). =

2479. ISHIGAMI-IAGOLNITZER (Mitchiko). — Le Bouddha, Pyrrhon et Montaigne. (*B.S.A.M.*, 5ᵉ sér., n° 5, 1973, pp. 11-23).

Sans vouloir conclure à une influence précise du Bouddha sur Montaigne par l'intermédiaire de Pyrrhon, l'auteur constate qu'en dépit de certaines divergences, « il existe une continuité idéologique entre eux » (p. 23), — explicable par la connaissance que Pyrrhon a pu avoir du Bouddha, lorsqu'il se rendit en Inde, en 326 av. J.C.

2480. PAULSON (Michael George). — The concept of passion as seen by Descartes and Montaigne. — Diss. Florida State Univers., 1973, 168 pp. — (*Diss. Abstr. Int.*, XXXIV : 1973-1974, n° 4 [October], p. 1928-A).

Comparaison entre le *Traité des passions de l'âme* et les *Essais*. En dépit de quelques différences de base, la même conception de la passion humaine est exposée dans les deux ouvrages, avec les mêmes autorités et de semblables exemples historiques permettant de justifier les conclusions offertes. = C.R. : — R. Nicolich (*Studi fr.*, XVIII : 1974, n° 54, p. 537). =

2481. WHITFIELD (J.H.) — Machiavelli, Guicciardini, Montaigne. (*Italian studies*, XXVIII : 1973, pp. 31-47).

Etude comparative de la pensée et de son évolution chez Machiavel, Guichardin et Montaigne.

2482. DUMOULIN DE LAPLANTE (P.). — Brantôme et Montaigne. (*B.S.A.M.*, 5ᵉ sér., n° 9, 1974, pp. 47-55).

Portraits parallèles de deux écrivains contemporains et compatriotes, et qui se sont pourtant pratiquement ignorés.

2483. FEYTAUD (J. de). — Céline et le petit Montaigne. (*B.S.A.M.*, 5e sér., n° 12, 1974, pp. 5-28).

Sur les nombreux points de correspondance que l'on découvre entre Montaigne et le père de Bardamu.

2484. THORNTON (Naoko Fuwa). — The birth of the essay. A comparative study of Montaigne and Yoshida Kenkó. — Diss. Indiana Univers., 1973, 153 pp. — (*Diss. Abstr. Int.*, XXXIV :1973-1974, n° 10 [April], pp. 6606/6607-A).

2485. FRANÇON (M.). — Sur l'exotisme chez Rabelais et chez Montaigne. (*Francia*, 3a ser., n° 16, 1975, pp. 75-80).

De l'emploi du terme « cannibales » dans le texte des deux écrivains.

2486. ISHIGAMI-IAGOLNITZER (Mitchiko). — Esquisse sur la méthode de recherche et le mode d'expression chez Montaigne et chez Proust. (*B.S.A.M.*, 5e sér., n° 13, 1975, pp. 27-36).

2487. KOHN (Mme Ingeborg M.). — Montaigne et Edward Gibbon : le pélerinage à Rome. (*B.S.A.M.*, 5e sér., n° 16, 1975, pp. 77-82).

Deux hommes de lettres dont le voyage à Rome offre « des parallèles intéressants pour une analyse comparative ».

2488. TETEL (Marcel). — Conscience chez Montaigne et Pascal. (*Saggi e ric. di letter. fr.*, XIV : 1975, pp. 9-35).

Sur l'opposition que l'on peut généralement observer entre l'auteur des *Essais* et celui des *Pensées* en matière de conscience (religieuse, morale ou simplement intellectuelle).

CHAPITRE XVI

# LES SOURCES DE MONTAIGNE

## Généralités

2489. PAYEN (D^r J.-F.). — Appel aux érudits. Citations, faits historiques, allusions, allégations, etc. qui se trouvent dans les œuvres de Montaigne et dont la source n'a point été indiquée par les éditeurs. — *Paris, impr. Guiraudet et Jouaust*, 1857, in-8°, 24 pp. — (Deux tirages ont été faits, la même année, de ce travail, qui en outre a été reproduit *in extenso* dans le *B.S.A.M.*, 1^re sér., n° 1, 1913, pp. 77-92).

Liste de 108 passages et citations dont, à cette époque, l'identification restait à déterminer.

2490. « Le maître jour » [*Essais*, I, 19]. (*Intermédiaire*, II : 1865 :)

— Rappel, par J.L. (col. 546), de la question posée par le D^r Payen dans son *Appel aux érudits* (question n° 18). L'auteur renouvelle celle-ci en demandant « quel est l'écrivain grec ou latin qui », à propos du jour de la mort, « a parlé si excellemment ».
— Réponse (*Ibid.*, col. 625-26) par R. D[EZEIMERIS] qui rejette, comme sources proposées : Sénèque (26^e lettre à Lucilius), Euridipe (*Alceste*, v. 158), Eschyle (*Agamemnon*, v. 743), etc. A son avis, cette expression serait « tout à fait frappée au coin de Montaigne », et il propose de lui en laisser la paternité.

2490a. O.D. — Faits historiques, allusions, etc., de Montaigne. (*Intermédiaire*, VII : 1874, col. 97).

Proposition d'explication de faits historiques dont il est question dans les *Essais*.

2491. G.J.D. — Travaux relatifs aux Essais de Montaigne. (*Intermédiaire*, XVII : 1884, col. 615-16).

Pour une publication des réponses faites à l'*Appel aux érudits* du D^r Payen (n° 2489).

2492. VILLEY (P.). — Les lectures de Montaigne et leur chronologie. — Tome I^er, pp. 51-280 de : — Les sources et l'évolution des Essais de Montaigne... (n° 1335).

Table alphabétique et catalogue méthodique des lectures de Montaigne. — La culture de l'auteur des *Essais* étudiée d'après ses lectures. — (*Voir* aussi le tome IV de l'*Ed. municipale*, n° 2496).

2493. BECKER (Philipp August). — Montaignes geistige Entwicklung. (*Deutsche Literat.*, XXX : 1909, col. 2245-52).

Le développement intellectuel chez Montaigne (étude synthétique à partir des travaux de P. Villey, J. de Zangroniz, Grace Norton).

2494. SALLES (A.). — Réponses à l'« Appel aux érudits » du Dr Payen. (*B.S.A.M.*, 1re sér., n° 3, 1914, pp. 244-48).

Cette communication, présentée à la séance de la Société du 13 juin 1913, concernait les questions n°s 8, 9, 10 et 23.

2495. VILLEY (P.). — Quelques réponses à l'« Appel aux érudits ». (*B.S.A.M.*, 1re sér., n° 3, 1914, pp. 248-53).

Ces réponses ont été faites par l'auteur à la fois grâce à ses travaux précédents et aux recherches auxquelles il se livrait à la date de cette communication.

2496. — Les Essais de Montaigne... publiés... d'après l'Exemplaire de Bordeaux... avec des notes, des notices et un lexique... Tome quatrième. Les sources des Essais. Annotations et éclaircissements par Pierre Villey... — *Bordeaux, F. Pech et C*ie, 1920, in-4°, LXXXIII-484 pp.

Quatrième volume de l'« Edition municipale » (n° 1164). — Destiné à signaler au lecteur des *Essais* les sources d'un très grand nombre de passages, il débute par une *Table des ouvrages possédés par Montaigne et des auteurs cités* par lui.
= C.R. : — J. Bédier (*Rev. de France*, I : 1921, 1er octobre, pp. 654-55) ; — *R.H.L.F.*, XXVIII : (1921), p. 618. =

2497. MOUSSAT (E.). — De Montaigne à Montesquieu. — Pp. 55-59 de : — Visages de la Gironde. Livre de lectures du Pays Girondin [publié sous la direction d'Armand Got]... — *Bordeaux, Delmas*, 1934, in-8°, XXVIII-525 pp., tables, fig.

Influence du terroir sur la pensée de Montaigne et de Montesquieu (avec reprod. du portrait de Montaigne gravé sur bois par Robert Cami). — Ce texte est extrait d'un *Discours de distribution des prix* prononcé au Lycée de Bordeaux par E. Moussat, le 13 juillet 1914 ; il a été réimpr. dans le *B.S.A.M.*, 5e sér., n° 12, 1974, pp. 2-4.

2498. BUFFUM (Imbrie). — L'influence du voyage de Montaigne sur les Essais... — *Princeton University Press*, 1946, in-8°, VIII-153 pp., bibliogr. — (*Diss. Princeton*).

L'auteur observe qu'après l'éd. de 1580, un changement marqué s'est opéré dans la pensée de Montaigne. Il est certain que son voyage a dû modifier ses idées sur différentes questions comme l'expérience, la douleur et le plaisir, la solitude, la coutume, etc. Cette thèse vient ainsi compléter celle de Villey sur les sources et l'évolution des *Essais* (n° 1335) et également l'*Essai* de Dédéyan *sur le Journal de voyage* (n° 1375).
= C.R. : — Donald M. Frame (*Romanic rev.*, XXXVIII : 1947, n° 4, pp. 355-57) ; — H. Carrington Lancaster (*M.L.N.*, LXII : 1947, pp. 345-48) ; — Samuel F. Will (*Symposium*, I : 1947, pp. 124-26). =

2499. DÉDÉYAN (Ch.). — Montaigne et les sources vivantes des « Essais ». (*Letter. mod.*, IV : 1953, pp. 67-69).

Pour enrichir la matière de son livre, Montaigne n'a pas puisé seulement dans des sources livresques. Il a utilisé aussi des « sources vivantes », constituées par ses observations personnelles, par les confidences recueillies soit chez les grands seigneurs, soit dans le peuple, même par de nombreux souvenirs (ceux de La Boétie, de son père, de ses autres parents et amis).

2500. SCHON (Peter M.). — Vorformen des Essays in Antike und Humanismus. Ein Beitrag zur Entstehungsgeschichte der Essais von Montaigne... — *Wiesbaden, Franz Steiner Verlag*, 1954, in-8°, VI-105 pp. — (*Mainzer Romanistiche Arbeiten*, Band I).

Dans cette « contribution à l'histoire de la génèse des *Essais* », l'auteur passe en revue les différentes formes d'écrits exploitées de l'Antiquité jusqu'au XVIe siècle (dialogues, lettres, biographies, « leçons », adages, etc.), et qui ont pu inspirer Montaigne dans la pratique d'un genre littéraire dont il reste, malgré tout, le grand initiateur.
= C.R. : — P. Mesnard (*B.H.R.*, XVII : 1955, n° 2, pp. 312-14) ; — D.P. Walker (*Mod. lang. rev.*, L : 1955, p. 572) ; — J. Sartenaer (*Lettres romanes*, X : 1956, pp. 208-10) ; — A.M. Boase (*French st.*, XI : 1957, pp. 171-72) ; — A. Buck (*Zeits. f. roman. Philol.*, LXXIII : 1957, pp. 307-08) ; — E. Jarno (*R.H.L.F.*, LVII : 1957, p. 232) ; — A. Kiès (*Rev. de litt. comp.*, XXXII : 1958, pp. 582-83). =

2501. BARRIÈRE (P.). — Montaigne et l'expérience parlementaire. (*B.S.A.M.*, 3e sér., n° 2, 1957, pp. 7-12). — (*Quadricentenaire de la rencontre de Montaigne et de La Boétie*. — Séance solennelle, 10 juin 1957. — Allocution n° 2).

Les treize années que Montaigne passa au Parlement de Bordeaux furent pour lui «· dans tous les sens du terme, un essai, une tentative provisoire dont il éprouva les possibilités, où il s'éprouva lui-même, qu'il abandonna pour une autre », enfin « une expérience de l'homme et de la vie » à laquelle nous devons peut-être son livre des *Essais*.

2502. — A propos d'un quadricentenaire : réalités chez Montaigne. (*Rev. hist. de Bordeaux*, N.S., VI : 1957, pp. 181-200).

Avec la fin de sa vie parlementaire (1570), Montaigne s'est trouvé en présence d'un certain nombre de réalités, comme cette retraite qu'il allait prendre et dont les *Essais* devaient constituer le divertissement.

2503. BOON (Jean Pierre). — Montaigne : feudal aspects. — Diss. Columbia Univers., 1960, 215 pp. — (*Diss. Abstr.*, XXI : 1960-1961, n° 3 [September], p. 617).

A travers son œuvre, Montaigne s'est fréquemment identifié avec la petite noblesse terrienne de son temps. Celle-ci était l'héritière directe d'une tradition féodale pour laquelle le commerce des armes constituait un idéal. Et il est évident que la « science militaire » a exercé chez Montaigne une influence considérable sur plusieurs essais comme l'*Institution des Enfants*, et sur son accès à maints concepts comme celui de l'« honnête homme ».

2504. MAUPOINT (M.). — Le « Bestiaire » de Montaigne. (*B.S.A.M.*, 3e sér., n° 25-26, 1963, pp. 10-24).

Si Montaigne a eu peu de connaissances vétérinaires, il n'en est pas moins vrai qu'il a su observer les animaux et que ces derniers ont été pour lui des moyens de comparaison et lui ont fourni des locutions commodes et pittoresques. Aussi, ses références à des animaux ou à des histoires d'animaux sont-elles fréquentes dans son livre.
= C.R. : — M. Richter (*Studi fr.*, X : 1966, n° 28, pp. 134-35). =

2505. KAHL (Konrad). — Montaigne et les livres. (*Librarium*, XI : 1968, pp. 107-12).

Venu un peu plus de cent ans après la découverte de l'imprimerie, Montaigne a manifesté un amour des livres qui nous autorise à le considérer à la fois comme un érudit et un bibliophile de qualité. Et d'ailleurs, les livres n'ont-ils pas été pour lui un guide sûr, au point de lui servir « non tant d'instruction que d'exercice ? » (p. 112).

2506. COSEM (M.). — Entre deux civilisations. (*Europe*, L : 1972, n°s 513-514, pp. 143-49).

Montaigne, enfant de deux civilisations, l'une, occitane, l'autre, latine.

## Sources antiques

2507. NODIER (Ch.). — « Montaigne a littéralement copié Sénèque ». — P. 7 et note A (pp. 159-60) de : — Questions de littérature légale. Du plagiat, de la supposition d'auteurs, des supercheries qui ont rapport aux livres... Seconde édition, revue, corrigée et considérablement augmentée. — *Paris, impr. de Crapelet*, 1828, in-8°, xv-227 pp.

Il s'agit exclusivement du passage sur la conspiration de Cinna (*Essais*, I, 24) que Montaigne a retracée en suivant de très près le passage correspondant qui se trouve dans le *De Clementia* (I, 9) de Sénèque.

2508. DELBOULLE (A.). — Les emprunts de Montaigne à Amyot. (*R.H.L.F.*, II : 1895, pp. 604-06).

Présentation de quatre passages parallèles (Plutarque d'Amyot — *Essais*), augmentés de trois autres passages, similaires dans les *Essais* et dans la traduction d'Hérodote par Saliat.

2509. BRUNS (Ivo). — Montaigne und die Alten... — *Kiel, P. Toeche*, 1898, in-8°, 20 pp. — Repris dans les pp. 357-79 de : — Vorträge und Aufsätze... — *München, C.H. Beck*, 1905, in-8°, XXI-480 pp.

L'œuvre des écrivains et des penseurs de l'Antiquité comme source de Montaigne.
Conférence faite par le professeur Bruns à l'Université de Kiel, le 27 janvier 1898.

2510. POUND (Ezra Loomis). — Socrate and Montaigne. — Pp. 62-65 de : — Pavannes and divisions... — New York, A.A. Knopf, 1918, in-8°, 266 pp.

2511. CHAMARD (H.). — Un emprunt de Montaigne à Platon. (R.H.L.F., XXXI : 1924, p. 94).

Article relatif à un passage de l'essai I, 26 (« Facheuse suffisance qu'une suffisance purement livresque... »), sans doute inspiré de la X<sup>e</sup> lettre de Platon à Aristodore que Montaigne peut avoir lue dans la traduction latine de Marsile Ficin (1548).

2512. FUSIL (C.A.). — Montaigne et Lucrèce. (Rev. du XVI<sup>e</sup> s., XIII : 1926, pp. 265-81).

« Excellente étude sur la dette de Montaigne envers Lucrèce » (P. Villey, Sources et évolution des Essais, 2<sup>e</sup> éd., 1933, t. I<sup>er</sup>, p. 188, note 1).

2513. HENSEL (Paul). — Montaigne und die Antike. (Vorträge der Bibliothek Warburg, V : 1925-1926 [1928], pp. 67-94).

La place des écrivains de l'antiquité dans l'œuvre de Montaigne. = C.R. : — Archiv, LXXXIII (1928), t. 154, pp. 130-31. =

2514. DUCHEMIN (M.). — Horace, source de deux passages de Montaigne et de Pascal. (R.H.L.F., XXXIX : 1932, pp. 377-79).

Le passage de Montaigne est la dernière citation de son livre (« Frui paratis... ») qu'il a prise dans les Odes d'Horace. Il semble même que c'est au poète latin qu'il faudrait demander le dernier mot de la philosophie du moraliste français. — Cf. n° 2402.

2515. MENUT (Albert Douglas). — Montaigne and the Nicomachean Ethics. (Mod. philol., XXXI : 1933-1934, pp. 225-42).

Influence sur les Essais de la morale d'Aristote comme l'auteur le montre en présentant 27 passages de Montaigne qui prennent leur source dans l'Ethique à Nicomaque. C'est là par conséquent une liste plus complète que celle donnée par Villey (cf. G. Highet, The classical tradition... 1949, p. 616, note 25 [n° 2524]).

2516. BELOWSKI (Eleonore). — Montaigne und Lukrez. — Pp. 108-23 de : — Lukrez in der französischen Literatur der Renaissance. — Berlin, Ebering, 1934, gr. in-8°, 132 pp. — (Romanische Studien, H. 36).

2517. BOUDOUT (J.). — Horace et les lettres françaises. (Les Humanités, cl. de lettres, XI : 1934-1935, n° 4 [janvier 1935], pp. 151-56).

Dans cette étude, l'auteur fait remarquer que les préceptes moraux d'Horace nous ont été pour la plupart transmis par Montaigne, « filtrés et repensés » (p. 152).

2518. HOCKE (G.R.). — Montaigne. — Pp. 54-64 de : — Lukrez in Frankreich von der Renaissance bis zur Revolution. Diss. Bonn. — Köln, Kerschgens, 1935, in-8°, 184 pp.

2519. LEBÈGUE (R.). — Horace en France pendant la Renaissance. (*Human. et Renaiss.*, III : 1936, n° 4, pp. 384-419).

Sur l'utilisation d'Horace par Montaigne, voir pp. 394-95 et 418 : — « De tous les poètes, déclare l'auteur, c'est Horace qui est le plus souvent cité dans les *Essais* » (p. 394).

2520. HAY (Camilla Hill). — Montaigne lecteur et imitateur de Sénèque... — *Poitiers, Soc. franç. d'Imprimerie et de Librairie*, 1938, in-8°, XI-202 pp. — (*Thèse de lettres, Poitiers* 1938).

La vogue de Sénèque au XVI<sup>e</sup> siècle s'est précisée notamment dans l'action que l'œuvre du philosophe latin a eue sur la formation de l'esprit et des grandes lignes de la morale de Montaigne, ainsi que sur son style. Même, on peut dire que si l'influence de la pensée de Sénèque sur Montaigne s'est manifestée de façon sporadique, par contre, l'influence du style (rythme de la phrase, figures de rhétorique, etc.) a été continuelle (p. 193).
= C.R. : — L. Lavaud (*Human. et Renaiss.*, V : 1938, n° 3, pp. 505-06) ; — A. Salles (*B.S.A.M.*, 2<sup>e</sup> sér., n° 4, 1938, pp. 33-34). =

2521. ALEXANDER (W.H.). — Montaigne's classical bookshelf. (*Univers. of Toronto quart.*, XI : 1941-1942, pp. 78-86).

Influence possible des grands auteurs de l'Antiquité gréco-latine que pratiquait Montaigne sur la forme de ses jugements moraux.

2522. FEUILLÂTRE (E.). — Les emprunts de Montaigne à Hérodote dans l'*Apologie de Raymond Sebond*. (*Faculté des Lettres de l'Université de Poitiers*, — *Mélanges...* 1946, — pp. 246-58).

La lecture d'Hérodote dans la traduction de Pierre Saliat a permis à Montaigne d'enrichir et d'illustrer son livre. Il y a puisé en effet « des faits plus ou moins singuliers, des anecdotes plus ou moins authentiques » qu'il a fait entrer postérieurement à 1588 dans le texte des *Essais*. C'est ainsi que l'on trouve, pour l'ensemble de l'œuvre, cinquante additions, dont huit, vraiment notables, figurent dans l'*Apologie*.

2523. KNÖS (Börje). — Les citations grecques de Montaigne. (*Mél. Rudberg*, 1946, pp. 460-83).

Quoiqu'il ait su plus de grec qu'il veut bien le dire, Montaigne ne parait pas avoir donné de citations grecques (ou de traductions de ces citations) autrement que par l'intermédiaire de traducteurs latins qui lui en ont confirmé le sens.

2524. HIGHET (Gilbert). — [Montaigne et l'Antiquité classique]. — Pp. 185-93 (et les notes, pp. 616-17) de : — The classical tradition : Greek and Roman influences on western literature. — *Oxford, Clarendon Press*, 1949, in-8°, XXXVIII-763 pp.

Sur les sources d'idées que Montaigne a pu trouver chez les auteurs de l'Antiquité classique.

2525. SCHULTZ (Howard). — Warlike flutes : Gellius, Castiglione, Montaigne and Milton. (*M.L.N.*, LXIV : 1949, pp. 96-98).

Sur un passage des *Nuits attiques* d'Aulu-Gelle (liv. I, ch. 11) dont Montaigne semble s'être souvenu (*Essai*, III, 2), comme Castiglione dans le *Corteggiano* et Milton dans *The Paradise lost* (I, 550-554).

2526. PIRE (Georges). — De l'influence de Sénèque sur les *Essais* de Montaigne. (*Etudes classiques*, XXII : 1954, pp. 270-86).

L'étude est augmentée d'un *Tableau des principaux emprunts faits par Montaigne à Sénèque* (pp. 279-86). — A aucun moment, l'auteur ne s'est référé à la thèse de C. Hill Hay (n° 2520) qui traite du même sujet. — *Voir* aussi les n°ˢ 1981 et 2539.

2527. DELBIAUSSE (R.). — « Fût-ce sous la peau d'un veau... » (*B.S.A.M.*, 2ᵉ sér., n° 17, 1955, p. 49).

Source proposée pour ce passage de l'essai I, 20 (l'*Odyssée* d'Homère).

2528. DREANO (Chanoine M.). — Citations latines de Montaigne. (*B.S.A.M.*, 2ᵉ sér., n° 18, 1956, pp. 46-47).

Recherche de la source de trois citations latines des *Essais*.

2529. KELLERMANN (Frederick D.). — Montaigne reader of Plato. (*Comparative lit.*, VIII : 1956, pp. 307-22).

2530. — The *Essais* and Socrates. (*Symposium*, X : 1956, pp. 204-16).

Montaigne, surtout dans ses essais du IIIᵉ livre, fait entendre fréquemment des tonalités socratiques. On pourrait même dire que Socrate est comme un « porte-parole » pour Montaigne qui a trouvé chez le grand penseur grec une âme correspondant à son idéal de perfection. — *Voir* aussi le n° 1596.

2531. SCHUHL (P.-M.). — Montaigne et Socrate. (*France-Grèce*, n° 15, 1ᵉʳ trim. 1956, pp. 6-15). — Repris, pp. 152-66, dans les : — Etudes platoniciennes... — *Paris*, P.U.F., 1960, in-8°, 180 pp. — (*Bibliothèque de philosophie contemporaine*).

Sur le « rôle particulièrement éminent » joué par Socrate dans l'œuvre de Montaigne, à tel point que celui-ci le revendique comme son maître et qu'il ne serait peut-être pas excessif de voir dans les *Essais* une sorte d'« imitation de Socrate », en qui leur auteur a trouvé le modèle purement humain de la vie la plus sage et la plus parfaite » (p. 15).

2532. BERRY (Edmund G.). — Notes on Montaigne's Plutarch. (*Mél. Ullmann*, 1960, pp. 133-35).

Pour 12 passages des *Essais* cités par lui, l'auteur signale l'éventualité de leur source dans différents chapitres des *Moralia* de Plutarque.

2533. GRAY (Floyd). — Montaigne and the *Memorabilia*. (*Stud. in philol.*, LVIII : 1961, pp. 130-39).

Alors que la Renaissance avait été généralement plus platonique que socratique, Montaigne, créateur en France d'une littérature d'idées, va opérer le mouvement inverse en introduisant dans de nombreuses additions postérieures à 1588 l'esprit de Socrate dont la lecture des *Mémorables* de Xénophon lui apportera l'essentiel.
= C.R. : — L. Sozzi (*Studi fr.*, VI : 1962, n° 16, p. 138). =

2534. FRAISSE (Simone). — Montaigne et Lucrèce. — Pp. 169-89 de :
— Une conquête du rationalisme : l'influence de Lucrèce en
France au seizième siècle... — *Paris, A.-G. Nizet, 1962, in-16,*
223 pp.

Après avoir rappelé « l'emploi et le rôle des citations de Lucrèce » dans
les *Essais,* l'auteur examine les trois aspects sous lesquels le poète latin
a été considéré par Montaigne : d'abord le moraliste, puis le philosophe
(plus spécialement le métaphysicien), enfin le poète lui-même.

2535. WILEY (William L.). — Montaigne's later latin borrowings.
(*Mél. Schutz,* 1964, pp. 246-56).

Sur les emprunts faits par Montaigne aux auteurs latins de la période
post-classique.

2536. GRILLI (Alberto). — Su Montaigne e Seneca. (*Mél. Bruno Revel,*
1965, pp. 303-11).

L'auteur analyse l'essai *De la Solitude* (I, 39) et en conclut que la dette
de Montaigne serait moins grande envers les *Lettres* qu'envers les *Dia-*
*logues* de Sénèque.

2357. LEGGE (M. Dominica). — Call no man happy. (*Forum for mod.*
*lang. stud.,* I : 1965, pp. 240-45).

Ce titre est le début du texte [anglais] de cet adage de Solon commenté
par Aristote : « Call no man happy until he is dead », et l'article lui-même
est une étude des sources aristotéliciennes de Montaigne, notamment
dans l'essai : *Qu'il ne faut juger de nostre heur qu'après la mort* (I, 19).

2538. FRANÇON (M.). — Sur une source possible de Rabelais et de
Montaigne. (*B.H.R.,* XXVIII : 1966, n° 2, pp. 397-98).

L'expression de Montaigne : « fut ce soubs la peau d'un veau » aurait-elle
eu pour source un passage de l'*Odyssée* commenté par Plutarque ? C'était
l'opinion de R. Delbiausse (n° 2527) à laquelle souscrit M. Françon en
citant un passage de *Pantagruel* qui pourrait avoir la même origine.
= C.R. : — P. Jodogne (*Studi fr.,* XI : 1967, n° 31, p. 128). =

2539. PERTILE (Lino). — Su Montaigne e Seneca. (*Annali dell'Uni-*
*versità di Padova* [*Facoltà di Lingue in Verona*], ser. II, vol. I,
1966-1967, pp. 3-27).

Ce que représente le rapport Sénèque-Montaigne dans une étude [inté-
grale] de l'auteur des *Essais.* (L'article est complété par une *Tavola dei*
*passi di Seneca presenti in Montaigne.*
= C.R. : — *Studi fr.,* XV (1971), n° 45, p. 536. =

2540. MOORE (Will G.). — Lucretius and Montaigne. (*Mél. Henri*
*Peyre,* 1967, pp. 109-14).

Bien que captivé par l'expression énergique de Lucrèce dans son apologie
de la nature, Montaigne n'en reste pas moins très réservé devant le
dogmatisme et la prétendue science du poète latin.
= C.R. : — R. Campagnoli (*Studi fr.,* XIV : 1970, n° 40, p. 142). =

2541. Boon (Jean Pierre). — Montaigne et Epicure : aspects de l'hédonisme dans les *Essais*. (*Comparative lit.*, XX : 1968, pp. 64-68).

Derrière certaines idées à caractère stoïcien exprimées par Montaigne, on en voit apparaître d'autres qui, nettement épicuriennes, ont pu être empruntées au livre X de la *Vie des philosophes* de Diogène Laërce (éd. de Lyon, 1546).
= C.R. : — R. Campagnoli (*Studi fr.*, XIII : 1969, n° 38, p. 336). =

2542. — Emendations des emprunts dans le texte des essais dits « stoïciens » de Montaigne. (*Stud. in philol.*, LXV : 1968, pp. 147-62).

Dans les essais de cette catégorie (I, 14, 20, 39, 42 ; II, 1 et 3), les passages d'aspect stoïcien ont été en réalité inspirés de Sénèque, dont à plusieurs reprises Montaigne a cru bon de modifier l'expression pour la mettre en harmonie avec ses idées personnelles, ce qui donne à ces essais « une mesure d'originalité » que ne semblent pas avoir aperçue les tenants de la théorie évolutive.

2543. Clark (Carol E.). — Seneca's Letters to Lucilius as a source of some of Montaigne's imagery. (*B.H.R.*, XXX : 1968, n° 2, pp. 249-66).

On rencontre souvent dans les *Essais* des images métaphoriques dont un grand nombre ont été suggérées à Montaigne par la lecture des *Lettres à Lucilius*, et la plupart d'entre elles ont pour but, comme chez Sénèque, de différencier le réel de l'illusion (p. 253). Par ailleurs, une étude comparative des deux styles montre chez ces écrivains une même propension au dépouillement de la phrase et à la recherche de la simplicité philologique.
= C.R. : — P. Jodogne (*Studi fr.*, XIII : 1969, n° 38, pp. 335-36). =

2544. Bonnet (P.). — La source d'une citation latine de Montaigne. (*B.S.A.M.*, 4e sér., n° 19, 1969, pp. 43-49).

Cette citation (*si quid enim placet...*) figure au début du chap. *De la Praesumption* (II, 17).

2545. Boon (Jean Pierre). — Montaigne et ses « grands hommes ». *French rev.*, XLIII : 1969-1970, n° 1, pp. 34-41). — Article devenu le chap. 5 de : *Montaigne gentilhomme et essayiste* (n° 1636), pp. 65-72.

L'admiration que Montaigne professe pour « les grands modèles » de l'Antiquité (Epaminondas, Caton, Alcibiade, Socrate) s'explique par les qualités d'hommes d'action que l'essayiste a trouvées en eux, dont certains en outre (notamment Socrate) lui ont semblé être des exemples à imiter.

2546. Pertile (Lino). — Su alcune nuove fonti degli *Essais* di Montaigne. (*B.H.R.*, XXXI : 1969, n° 3, pp. 481-94).

Désignation avec commentaires des sources de dix citations qui jusque là étaient restées non identifiées.
= C.R. : — P. Jodogne (*Studi fr.*, XIV : 1970, n° 41, p. 336). =

2547. T'SERSTEVENS (Albert). — Sénèque et Montaigne. — Pp. 77-79 de : — Escales parmi les livres. — *Paris, Nouvelles éditions latines* (1969), in-8°, 238 pp.

L'auteur se refuse à voir dans Montaigne — « tout abandon et jouissance épicurienne » — un imitateur de Sénèque, le rigide stoïcien. Il estime que ce dernier serait tout au plus « un saint patron que Montaigne s'est choisi dans le calendrier antique » (p. 78).

2548. FRANÇON (M.). — Une source probable des *Essais*. (*Romance notes*, XI : 1969-1970, n° 3, pp. 617-18).

Sur l'origine d'un passage de l'*Apologie* dans lequel Montaigne compare les propositions des philosophes sceptiques aux effets de la rhubarbe (voir éd. P. Porteau, p. 145).

2549. CÉARD (J.). — Montaigne et l'Ecclésiaste. Recherches sur quelques sentences de la « librairie ». (*B.H.R.*, XXXIII : 1971, n° 2, pp. 367-74).

Etude de douze sentences suivies provenant de l'Ecclésiaste. Par quelle voie Montaigne a pu les recueillir.

2550. FRANÇON (M.). — Note sur Montaigne, Rutilius et l'humanisme. (*B.S.A.M.*, 4ᵉ sér., n° 24, 1971, pp. 55-56).

A propos de l'*Itinerarium* du poète Rutilius dont Montaigne a donné une citation (II, 15).
= C.R. : — *Studi fr.*, XVI (1972), nᵒˢ 47-48, p. 456. =

2551. OUDEIS (J.). — Une lecture exemplaire : Montaigne lit Solon. (*Rev. de l'Ens. philos.*, XXII : 1972, n° 4, pp. 1-28).

Au sujet de l'allusion à une sentence de Solon figurant au début de l'essai : *Qu'il ne faut juger de nostre heur qu'apres la mort* (I, 19), l'auteur examine en détail comment et pourquoi Montaigne a été conduit à la lire, et il dégage cette conclusion : « Lisant Solon, c'est lui-même que Montaigne trouve » (p. 24).

2552. GOUMARRE (Pierre J.). — Montaigne et Machiavel et les grands capitaines de l'Antiquité. (*Lettres romanes*, XXVII : 1973, pp. 3-15).

En homme de la Renaissance, Montaigne, de même que Machiavel, est féru des exemples de l'Antiquité, et surtout de ceux (actes ou réflexions) qui proviennent des grands capitaines. Mais alors que Machiavel ne voit en chacun d'eux que le militaire, Montaigne y recherche l'homme qui pense. N'a-t-il pas comparé Epaminondas à Socrate ?

2553. LIMBRICK (Elaine). — Montaigne and Socrates. (*Renaissance and Reformation*, IX : 1973, pp. 46-57).

2554. MONAT (Pierre). — Sur quelques citations de Montaigne non encore identifiées. (*Latomus*, XXXII : 1973, pp. 380-83).

Il s'agit de huit citations latines dont la source est restée en effet long-temps inconnue. Mais les sept premières ont été identifiées en 1969 par L. Pertile (n° 2546). Quant à la dernière — *An vivere tanti est ?* —, l'auteur propose d'y voir une adaptation d'un passage du *De Clementia* de Sénèque.

2555. UCHIDA (Yuichi). — Montaigne et Lucrèce. (*Etudes de langue et de littérature françaises*, n° 22, mars 1973, pp. 36-51).

2556. HENDRICK (Philip J.). — Montaigne and Lucretius. — Diss. Univers. of Pennsylvania, 1973, 232 pp. — (*Diss. Abstr. Int.*, XXXIV : 1973-1974, n° 12 [June], p. 7706-A).

Dans quelle mesure le poème de Lucrèce a pu exercer son influence sur Montaigne, et par là, contribuer au développement des *Essais*.

2557. TRAVERSO (Edilia). — Montaigne e Aristotele. — *Firenze, Felice Le Monnier*, 1974, in-8°, 173 pp. — (*Istituto di filosofia della Facoltà di lettere e filosofia dell'Università di Genova*).

Les circonstances dans lesquelles Montaigne a abordé l'œuvre d'Aristote et s'en est pénétré ; étendue de l'influence que celle-ci a exercée sur l'évolution de sa pensée. — L'auteur a dénombré dans les *Essais* une centaine d'emprunts ou d'allusions à Aristote. Les 2/3 proviennent des *Politiques* et de l'*Ethique à Nicomaque*.
= C.R. : — G. Giani Rotelli (*Studi fr.*, XIX : 1975, n° 57, p. 539). =

2558. BOWEN (Barbara C.). — Montaigne's anti-*Phaedrus* : « Sur des vers de Virgile » (*Essais*, III, 5). (*J. of Medieval and Renaissance stud.*, V : 1975, pp. 107-21).

Concerne l'attitude adoptée par Montaigne, dans ce célèbre essai, vis-à-vis du *Phèdre* de Platon.

2559. COTTRELL (Robert D.). — L'image des terres oisives dans « De l'oisiveté » [I, 8]. (*B.S.A.M.*, 5e sér., n° 16, 1975, pp. 63-66).

Sur l'origine probable de cette image qui ouvre le chapitre *De l'oisiveté*.

2560. — « La Science de l'oubli » de Montaigne et l'« ars oblivionis » de Cicéron. (*B.S.A.M.*, 5e sér., n° 16, 1975, pp. 67-69).

L'expression, « la science de l'oubli », de Montaigne (II, 12) n'aurait-elle pas son origine dans le *De Oratore* de Cicéron ?

2561. HENDRICK (Philip). — Lucretius in the Apologie de Raimond Sebond. (*B.H.R.*, XXXVII : 1975, n° 3, pp. 457-66).

Sur le rôle joué par Lucrèce.dans la constitution de cet essai où l'on ne compte pas moins de 76 citations provenant du *De Natura Rerum*.

## Sources modernes

2562. DENIS (F.-J.). — Une fête brésilienne célébrée à Rouen en 1550. (*Bull. du bibl.*, 1849, pp. 332-402).

A propos de cette fête, le nom de Montaigne est fréquemment invoqué comme s'il avait été présent à Rouen en 1550, alors que son voyage dans cette ville, où il recueillit certains des éléments de l'essai *Des Cannibales* (I, 31) dont il est fait état ici, eut lieu en 1562 avec le roi Charles IX et la cour. — (Voir n° 709).

2563. COMPAYRÉ (G.). — De Montano Sebondi interprete ac judice.
— Pp. 66-85 de : — De Ramundo Sebundo ac *de Theologiae
Naturalis* libro, apud Facultatem litterarum Parisiensem dis-
seruit, ad doctoris gradum promovendus... — *Paris, Thorin*,
1872, in-8°, 87 pp. — *(Thèse de lettres, Paris* 1873).

On trouve également, *passim*, de fréquents renvois à l'*Apologie* et à la
traduction de Montaigne. Sur les conditions dans lesquelles celui-ci a été
mis en contact avec l'œuvre du théologien espagnol, voir pp. 18-21.

2564. REULET (Abbé D.). — Un inconnu célèbre. Recherches historiques et critiques sur Raymond de Sebonde... (n° 1342).

Sebond, celui « qui mérita d'être traduit par Montaigne et de devenir
comme l'essai de ses immortels *Essais* » (p. 7).

2565. IONNESCU-GION (G.I.). — Montaigne și Valahia. (*Rev. pentru
istorie, archeologie și filologie*, I : 1883, pp. 477-84).

2566. CLÉMENT (L.). — Antoine de Guevara, ses lecteurs et ses imitateurs français au XVIᵉ siècle. (*R.H.L.F.*, VII : 1900, pp. 590-
602, et VIII : 1901, pp. 214-33).

Sur l'importance de l'influence qu'ont exercée sur Montaigne, Guevara et
son continuateur Pierre Messie (les arguments concernant ce dernier se
trouvent dans la seconde partie de l'étude, pp. 224-33).

2567. LANSON (G.). — Edme Champion : Introduction aux Essais de
Montaigne. Armand Colin et Cⁱᵉ, 1900, in-16. (*Rev. univers.*,
IX : 1900, t. Iᵉʳ, p. 173).

L'auteur de ce C.R., parlant du « dessein primitif » et du « caractère initial des *Essais* », ajoute : « Je conseillerais à qui voudra le bien entendre
de regarder les *Diverses leçons* de Pierre Messie (Pedro Mexia), le livre
que Montaigne a connu, auquel il a fait des emprunts, ce livre en sa
médiocrité érudite et bavarde est le type exact de ce que Montaigne concevait quand il s'est mis à écrire ». — C'est ici la première fois que cette
source a été signalée. — *Voir* aussi : L. Clément (n° 2566), J. Caillat (n°
2569), P. Villey (n° 2492).

2568. STROWSKI (F.). — Une source italienne des « Essais » de Mon-
taigne. L'« Examen vanitatis doctrinae gentium » de François
Pic de la Mirandole. (*Bull. italien*, V : 1905, pp. 309-13). —
(*Annales de la Faculté des lettres de Bordeaux*, 4ᵉ série).

L'auteur étudie l'ouvrage que le neveu du docteur omniscient, Jean Pic
de la Mirandole, a composé en y exprimant un pyrrhonisme qui prolonge
celui de Sextus Empiricus. Mais il ne semble pas être parvenu à donner
des raisons suffisamment démonstratives d'une influence réelle de ce
livre sur le Montaigne de l'*Apologie*.

2569. CAILLAT (J.). — Montaigne, l'Italie et l'Espagne. (*Rev. univers.*,
XV : 1906, t. II, pp. 403-14).

« Il est curieux de suivre Montaigne, voyageant à travers l'Italie, à travers
la littérature italienne et espagnole, de voir ce qui l'intéresse, ce dont il
enrichit sa mémoire pour le verser dans son livre » (p. 403). C'est ainsi
qu'il a dû découvrir le prototype de sa « méthode raisonneuse et sceptique » dans la *Silva de varia lección de Pedro Mexia* (cf. le n° 2567).

2570. MARTINO (P.). — [Montaigne et l'Orient]. — P. 17 de : — L'Orient dans la littérature française au XVIIᵉ et au XVIIIᵉ siècle. — Paris, Hachette, 1906, in-8°, 378 pp.

Dans cette page de son introduction, P. Martino affirme que dans les *Essais* Montaigne n'a rien dit de l'Orient auquel il n'a témoigné que de l'indifférence. Une note de l'étude *Montaigne et les Turcs* par C.D. Rouillard (n° 2598) a fait justice d'une semblable appréciation. (*Voir* aussi G. Atkinson [n° 1809] qui a soutenu une thèse nettement opposée à celle de Martino).

2571. NORTON (Miss Grace). — Le Plutarque de Montaigne. Selections from Amyot's translation of Plutarque arranged to illustrate Montaigne's *Essays*... — *Boston and New York, Houghton, Mifflin and Cᵒ*, 1906, in-8°, 192 pp.

2572. ZANGRONIZ (J. de). — Montaigne, Amyot et Saliat. Etude sur les sources des Essais... — *Paris, Champion*, 1906, in-16, XVI-196 pp. — (*Bibliothèque littéraire de la Renaissance*, 1ʳᵉ sér., vol. VII). — Réimpr. : — *Genève, Slatkine*, 1975, in-8°, 220 pp.

Etude des emprunts effectués par Montaigne à Amyot, traducteur de Plutarque, et à Saliat, traducteur d'Homère, et comportant la mise en parallèle des principaux passages du moraliste avec les textes qu'il a suivis. L'intérêt de ce travail est peut-être d'avoir montré que, même quand Montaigne fait œuvre de copiste, il a une imagination suffisamment forte pour donner un « tour original » aux passages qu'il copie (remarque déjà faite par Malebranche, et justifiée par les vérifications précises de Zangroniz).

= C.R. : — *Rev. de la Renaissance*, VII (1906), p. 120 ; — F. Brunetière (*R.D.M.*, 5ᵉ pér., 1906, t. XXXV, 1ᵉʳ septembre, pp. 220-24, ou *Etudes critiques*, t. VIII, 1907, pp. 44-49) ; — J. Plattard (*Rev. des ét. rabel.*, IV : 1906, pp. 281-82) ; — G. Lanson (*Rev. univers.*, XV : 1906, t. II, p. 417) ; — J. de Gourmont (*Merc. de Fr.*, 1907, t. LXV, 15 janvier, pp. 319-20) ; — H.H. (*Rev. crit.*, XLI : 1907, 1ᵉʳ sem., p. 316) ; — W. Martini (*Zeits. f. franz. Sprache u. Liter.*, XXXI : 1907, pp. 42-43). =

2573. VILLEY (P.). — Amyot et Montaigne. (*R.H.L.F.*, XIV : 1907, pp. 713-27).

Etude du livre de Zangroniz avec des renseignements nouveaux. (En post-scriptum, l'auteur a donné un C.R. de l'ouvrage de Miss G. Norton, *Le Plutarque de Montaigne*, n° 2571).

2574. JACOBS (Joseph). — A hitherto unknown source of Montaigne and Burton. (*The Athenaeum*, June 6, 1908, p. 698).

Selon l'auteur, un certain nombre de faits curieux, relatifs à différents peuples évoqués dans les *Essais* (par exemple les Amazones, au livre III, chap. 5) seraient empruntés au *Theatrum Vitae humanae* de Theodore Zwinger, un professeur de morale que Montaigne avait rencontré à Bâle, en 1580.

2575. MONOD (H.). — Contribution à l'ouvrage de M. Edmond (*sic*) Villey sur les sources des *Essais* de Montaigne. (*Bull. du bibl.*, 1908, pp. 369-75).

Parlant de l'essai *De la cruauté* (II, 11), l'auteur de cette étude propose d'y voir un souvenir du *Tocsin des massacreurs* qui parut en 1577, suggestion jugée peu vraisemblable par P. Villey (*Sources...* 2ᵉ éd., 1933, t. Iᵉʳ, p. 375, n. 2).

2576. VILLEY (P.). — Les livres d'histoire moderne utilisés par Montaigne, contribution à l'étude des sources des Essais. Suivi d'un appendice sur les traductions françaises d'histoires anciennes utilisées par Montaigne... — *Paris, Hachette,* 1908, in-8°, 261 pp. — (*Thèse de lettres, Paris* 1907). — Réimpr. : — *Genève, Slatkine,* 1972, in-8°, 270 pp.

Ouvrage que vient compléter la thèse principale (n° 1335) dans la fixation des sources de Montaigne. Villey a donné ici une étude détaillée des historiens modernes lus par le moraliste, soit dans leur langue, soit dans une traduction française, et dont l'influence a laissé des traces visibles dans les *Essais.*
= C.R. : — *Archiv,* LXII (1908), t. 121, pp. 231-32 ; — G. Lanson (*R.H.L.F.,* XV : 1908, pp. 755-58) ; — J. Plattard (*Rev. des ét. rabel.,* VII : 1909, pp. 506-08) ; — E. Boutroux (*Séances et trav. de l'Acad. des sc. mor. et polit.,* LXVIII : 1908, t. LXX, pp. 474-78). =

2577. DEDIEU (Abbé J.). — Montaigne et le cardinal Sadolet. (*Bull. de litt. ecclésiastique,* XI : 1909, pp. 8-22).

Influence prépondérante qu'aurait eu sur Montaigne le *De liberis recte institaendis* (1533) de Sadolet.

2578. VILLEY (P.). — Montaigne a-t-il lu le *Traité de l'Education* de Jacques Sadolet ? (*Bull. du bibl.,* 1909, pp. 265-78).

Examen de la thèse soutenue par l'abbé Dedieu ; elle est rejetée formellement par Villey.

2579. DEDIEU (Abbé J.). — Montaigne et Sadolet. (*Bull. du bibl.,* 1910, pp. 1-9).

Malgré l'avis donné par son critique (n° 2578), J. Dedieu persiste à croire à l'influence de Sadolet sur Montaigne, car toutes les idées « en apparence neuves » que l'on trouve dans l'*Institution des enfants* étaient déjà incluses dans le livre du cardinal.

2580. MANSUY (A.). — Montaigne [et les Slaves]. — Pp. 27-42 de : — Le monde slave et les classiques français aux XVIe-XVIIe siècles. Préface de Ch. Diehl, membre de l'Institut. — *Paris, Champion,* 1912, in-8°, VIII-495 pp.

Etude des sources utilisées par Montaigne pour rapporter dans les *Essais* certains faits survenus en Pologne et en Russie.

2581. VILLEY (P.). — [Influence des idées nouvelles sur Montaigne]. — Pp. 9-14 de : — Les sources d'idées au XVIe siècle. Textes choisis et commentés... — *Paris, `Plon-Nourrit* (1912), in-16, 278 pp. — (De la *Bibliothèque française* dirigée par Fortunat Strowski. — *XVIe siècle*).

Lecteur avide et d'une insatiable curiosité, Montaigne ne pouvait rester indifférent aux idées nouvelles offertes par la Renaissance italienne, ni aux textes grecs et latins ignorés des siècles précédents et que celle-ci apportait au monde.

2582. — Une source inconnue d'un essai de Montaigne. (*R.H.L.F.*, XIX : 1912, pp. 802-17).

Villey signale ici le *De occulta philosophia* de Corneille Agrippa, source de « presque toute la documentation » pour l'essai *De la force de l'imagination* (I, 21).
= C.R. : — J. Plattard (*Rev. du XVIᵉ s.*, I : 1913, p. 452). =

2583. Croll (Morris W.). — Juste Lipse et le mouvement anticicéronien à la fin du xviᵉ et au début du xviiᵉ siècle. (*Rev. du XVIᵉ s.*, II : 1914, pp. 200-42).

Difficulté d'établir lequel, de Juste Lipse ou de Montaigne, a inspiré de l'anticicéronianisme à l'autre. On peut tout au plus admettre qu'ils se trouvaient placés dans un milieu anticicéronien et qu'ils « obéissaient tous les deux à l'influence de leur époque » (p. 241). — Cf. nº 2620a.

2584. Laurini. — Montaigne ed alcuni scrittori italiani del secolo xvi. (*Riv. pedagogica*, XIV : 1921, pp. 183-90).

Dans cette étude, il est fait simplement allusion à quelques écrivains italiens dont Montaigne a connu les œuvres (le Tasse, l'Arioste, Bembo, Leone Ebreo, Guazzo), tandis qu'il y est largement question de Baldassare Castiglione, l'auteur du *Corteggiano*, dont l'influence sur Montaigne aurait été plus grande que ne l'avait pensé Villey (*voir* nº 2600).

2585. Terlizzi (Enrico). — Il Montaigne e l'Italia. (*Studi di letter. ital.*, XII : 1922, pp. 261-378).

Sur l'importance que la langue et la littérature italiennes ont pu avoir pour Montaigne.

2586. Pereyra (Carlos). — Montaigne et López de Gómara. (*Rev. de l'Amérique lat.*, VIII : 1924, pp. 122-28 ; — repris dans : *El Escorial*, I : 1940, pp. 227-36).

L'auteur étudie, après Villey et Chinard, l'influence de Gómara sur Montaigne qui le lut après 1580, et dans lequel il prit connaissance des cruautés et des misères de la conquête espagnole au Nouveau-Monde. L'œuvre de l'historien espagnol lui a ainsi servi « pour saupoudrer les *Essais* de poivre et de sel » (p. 127).

2587. Michaud (G.L.). — The Spanish sources of certain sixteenth century French writers. (*M.L.N.*, XLIII : 1928, pp. 157-63).

Influence de plusieurs historiens espagnols (Pedro Mexia, Guevara, López de Gómara) sur divers écrivains français du xviᵉ siècle, en particulier Montaigne.

2588. Busson (H.). — L'influence du *De Incantationibus* de P. Pomponazzi sur la pensée française (1560-1650). (*Rev. de litt. comp.*, IX : 1929, pp. 308-47).

Elle s'est exercée notamment sur les écrivains de la Pléiade, sur Montaigne et sur Naudé. La question de l'influence sur Montaigne est traitée aux pp. 327-31.

2589. NAUTA (G.A.). — Léon Hébreu (Montaigne, *Essais*, III, ch. 5). (*Neophilologus*, XIV : 1929, n° 3, pp. 171-72).

Précisions données sur Léon Hébreu auquel Montaigne fait allusion dans un passage de l'essai *Sur des vers de Virgile*.

2590. HAZARD (P.). — A l'Italie que doit Montaigne ? (« *Dante* », II : 1933, pp. 337-39 ; — voir aussi : *Chron. de la Soc. des Gens de lettres*, LXVIII : 1933, pp. 460-62).

Sur « l'étendue de cette dette féconde » que Montaigne contracta, tant envers l'Italie antique de Virgile qu'envers l'Italie moderne de Pétrarque. Car, « Montaigne et l'Italie, c'est, dans la vie de l'auteur des *Essais*, un chapitre essentiel » (p. 339).

2591. MICHEL (P.). — Les deux voyages de Montaigne. L'Amérique et l'Italie des rêves. (« *Dante* », II : 1933, pp. 255-60).

Impressions qu'a pu faire naître chez Montaigne l'idée d'exotisme née de l'Amérique des « Cannibales » et de l'Italie qui lui a parlé dès l'enfance et le guidera jusqu'à la mort (p. 258). Différence marquée entre ces deux « voyages » de son imagination.

2592. BOURDON (L.). — Note sur les sources portugaises de Montaigne. (*Boletim do Inst. francês de Portugal*, IV : 1934, n°s 3-4, pp. 161-68, avec reprod. h.-texte de la p. de titre de l'exempl. Payen du *De Rebus Emmanuelis gestis* d'Osorio).

Après 1588, Montaigne a tiré parti de l'œuvre de deux historiens portugais : Osorio, dans la traduction de Simon Goulard, et Lopes de Castanheda. Mais il a dû connaître Osorio dans son texte original dès avant 1580, car « il se serait inspiré de cet auteur dans la rédaction de son chapitre *Des Cannibales* » (p. 163).

2593. MICHEL (P.). — La Boétie, Montaigne et Machiavel. (« *Dante* », IV : 1935, pp. 57-63 ; — repris dans le *B.S.A.M.*, 3e sér., n° 21, 1962, pp. 54-60, — n° 2607).

Importance de l'action que purent avoir successivement La Boétie et Machiavel sur la pensée politique de Montaigne. — Cette étude, « écrite sous l'empreinte encore fraîche d'Alain », et dans laquelle l'auteur avait préféré, dit-il, « sacrifier en paradoxe plutôt qu'au conformisme », a fait l'objet, lors de sa parution, d'une contestation dans la même revue (cf. le n° suivant).

2594. CAMUGLI (S.). — Montaigne et Machiavel. Une lettre de M.S. Camugli. (« *Dante* », IV : 1935, pp. 113-14).

L'auteur de cette lettre s'élève contre l'étude de P. Michel, dans laquelle il voit une « tentative d'annexer de force le libre Montaigne au Machiavélisme ». — Voir à la suite, pp. 114-15, la réponse de P. Michel.

2595. BAILLOU (J.). — L'influence de la pensée philosophique de la Renaissance italienne sur la pensée française. Etat présent des travaux relatifs au XVIe siècle. (*Rev. des études ital.*, I : 1936, pp. 116-53).

A propos de Montaigne, voir principalement pp. 120, 146 et 148-53.

2596. PLATTARD (J.). — Montaigne lisait-il Marot ? (*B.S.A.M.*, 2e sér., no 1, 1937, pp. 29-30).

Les trois seules réminiscences de Marot que l'on trouve dans les *Essais* autorisent à éliminer celui-ci des poètes favoris de Montaigne.

2597. CIORANESCO (A.). — [Montaigne et le *Roland furieux*]. — Tome Ier, pp. 40-41, de : — L'Arioste en France des origines à la fin du XVIIIe siècle. — *Paris, Les Presses Modernes*, 1938, 2 vol., in-8o. — (*Publications de l'Ecole roumaine en France, II et III*). — (*Thèse de lettres, Paris* 1939).

Malgré tout ce qu'il en a dit, Montaigne avait un faible pour l'Arioste, puisque « quand il se propose de présenter à son élève les deux types de beauté féminine entre lesquels il devra choisir un jour, c'est Bradamante et Angélique qu'il lui donne en exemple ».

2598. ROUILLARD (Clarence Dana). — Montaigne et les Turcs. (*Rev. de litt. comp.*, XVIII : 1938, pp. 235-51). — Repris par l'auteur, avec quelques légères modifications, dans les pp. 363-76 de son travail d'ensemble : — The Turk in French history, thought and literature (1520-1660). — *Paris, Boivin* (1941), in-8o, 700 pp. — (*Etudes de littérature étrangère et comparée*, 13).

Plusieurs chapitres ont été réservés à cette question : — Le développement de la connaissance des Turcs chez Montaigne ; — le Turc guerrier dans les *Essais* ; — quelques observations sur les qualités morales des Turcs ; — Montaigne et le mahométisme.

2599. SALLES (A.). — Montaigne et le *De pueris statim ac liberaliter instituendis* d'Erasme. (*B.S.A.M.*, 2e sér., no 3, 1938, pp. 29-30).

Sur la ressemblance frappante existant entre le traité d'Erasme et le chapitre de Montaigne, *De l'Institution des enfants*.

2600. ZIINO (Michele). — Castiglione e Montaigne. Relazioni tra *Essais de Cortegiano*. (*Convivium*, X : 1938, pp. 56-60).

Le *Courtisan* de Castiglione, une importante source d'idées pour Montaigne (cf. l'« honneste homme »).

2601. FRANÇON (M.). — Montaigne et les Du Bellay. (*French rev.*, XXV : 1951-1952, no 6 [May], pp. 474-75).

Selon l'auteur, « le chapitre X du livre II [*Des Livres*] — un des chapitres les plus intéressants des *Essais* — se ressent beaucoup de l'influence des *Mémoires* de Martin et de Guillaume du Bellay... » (p. 475).

2602. — On a source of Montaigne's « *Essays* ». (*Mod. lang. rev.*, XLVIII : 1953, pp. 443-45).

Sur le passage de l'essai *Des Cannibales* (I, 31) dans lequel Montaigne parle d'« une grande isle, nommée Athlantide... », et sur la source d'où il a tiré cette évocation.

2603. — Le Guichardin de Montaigne. (*Italica*, XXXI : 1954, pp. 24-25).

« A quelle époque Montaigne lut-il l'*Histoire d'Italie* de Guichardin ? » Et, par voie de conséquence, à quelle date a-t-il composé le chap. *Des Livres ?* (Voir le n° 1337).

2604. — Montaigne et Osorio. (*Mod. lang. J.*, XXXVIII : 1954, pp. 204-05).

« Montaigne s'est-il servi du texte latin d'Osorio [cf. n° 2592] ou de la traduction française de cet ouvrage ? » L'auteur pense, à l'inverse de Villey, que Montaigne a dû consulter la traduction française de Simon Goulard, « mais [qu']à l'occasion, il l'a contrôlée en s'adressant au texte d'Osorio ». — *Voir* les n°ˢ 2592 et 2614.

2605. Trinquet (R.). — Note sur « Saint Michel et son serpent ». (*B.S.A.M.*, 2ᵉ sér., n° 18, 1956, p. 45).

Indication de la source d'une réflexion célèbre se trouvant au Iᵉʳ essai du liv. III (éd. Villey, t. III, 1931, p. 670).

2606. Brahmer (Mieczyslaw). — L'Italianisme de Montaigne. (*C.A.I.-E.F.*, n° 14, mars 1962, pp. 225-39).

Influence considérable exercée par la culture italienne sur la formation des idées du moraliste français dont la « librairie » était riche en ouvrages de poètes et de prosateurs de la péninsule.
= C.R. : — G. Mombello (*Studi fr.*, VI : 1962, n° 18, p. 538). =

2607. Michel (P.). — La Boétie, Montaigne et Machiavel. (*B.S.A.M.*, 3ᵉ sér., n° 21, 1962, pp. 54-60). — Etude déjà donnée dans « *Dante* » en 1935 (n° 2593), et augmentée ici d'un *N.B.*

= C.R. : — G. Mombello (*Studi fr.*, VII : 1963, n° 20, p. 341). =

2608. — Entre le conte et l'essai, l'*Apologie pour Hérodote* (II, 10). (*B.S.A.M.*, 3ᵉ sér., n° 22, 1962, pp. 28-33).

Intérêt que Montaigne a pu prendre à la lecture du pamphlet d'Henri Estienne, comme aux autres « livres simplement plaisans ». Celui-ci en effet se situe assez bien, et même présente une sorte de relais, entre les romans de Rabelais et les essais du moraliste.
= C.R. : — G. Mombello (*Studi fr.*, VII : 1963, n° 20, p. 342). =

2609. Battista (Anna Maria). — Montaigne e Machiavelli. (*Riv. intern. di filos. del diritto*, XL : 1963, ser. III, pp. 526-63). — Repris avec le titre : *Sul « Machiavellismo » di Montaigne*, pp. 7-50, dans : — Alle origini del pensiero politico libertino... n° 2035).

2610. Françon (M.). — Lettres de Pierre Villey à Miss Grace Norton. (*Studi fr.*, VII : 1963, n° 21, pp. 475-76).

Publication des fragments de deux lettres adressées par P. Villey à Miss G. Norton, et relatifs aux sources [modernes] de Montaigne.

2611. GRAY (Floyd). — Montaigne devant Sebond et La Boétie, une question d'ambivalence. (*Mémorial* 1963, pp. 150-55).

La *Theologia naturalis* et la *Servitude volontaire* ont déterminé chez Montaigne une attitude semblable : d'abord une approbation très nette, puis une tendance à les discréditer l'un comme l'autre. C'est qu'entre temps, il s'était rendu compte que chacun de ces ouvrages, comme bien d'autres livres d'ailleurs, était devenu outil, moyen de propagande, agent destructeur dans la société politique et religieuse de son temps. Il a donc réagi en conséquence, et cette réaction suffit « pour que disparaisse toute ambivalence dans son attitude devant Sebond et La Boétie. Il y a contradiction dans le texte de Montaigne, mais il n'y en a pas dans sa pensée » (p. 155).

2612. VIAL (Santina C.). — Equicola's « *Di Natura* » as a source of Montaigne's « Essais ». (*Comparative lit.*, XV : 1963, pp. 311-20).

Influence possible d'Equicola sur Montaigne dans l'élaboration par celui-ci des thèmes de l'amitié et de la gloire.

2613. MICHEL (P.). — Réminiscences rabelaisiennes dans les « Essais ». (*B.S.A.M.*, 4ᵉ sér., n° 1, 1965, pp. 3-5).

Deux exemples proposés dans lesquels il semblerait que Montaigne se soit souvenu de l'auteur de *Pantagruel*, tant par la forme du récit que par l'accumulation verbale.

2614. FRANÇON (M.). — Montaigne et Goulard. (*B.S.A.M.*, 4ᵉ sér., n° 7, 1966, pp. 102-03).

Suite du n° 2604 concernant Osorio que Montaigne a utilisé par l'intermédiaire de la traduction de Goulard.
= C.R. : — *Studi fr.*, XIII (1969), n° 37, p. 131. =

2615. DELÈGUE (Y.). — Liberté et servitude volontaires : Sebond et La Boétie, inspirateurs de Montaigne. (*Trav. de linguist. et de littér.*, VI : 1968, n° 2, pp. 69-79).

Comment Montaigne a pu trouver chez Sebond et chez La Boétie un même thème d'inspiration qu'il développe notamment dans son essai *De l'Amitié* : il s'agit de « liberté volontaire », et cette idée ne manque pas précisément dans le *Discours* de La Boétie où ce dernier ne parle de « servitude [volontaire] » que pour la condamner.

2616. WEINBERG (Bernard). — Montaigne's readings for *Des Cannibales*. (*Mél. Wiley*, 1968, pp. 261-79).

Pour composer le chap. *Des Cannibales* (I, 31), Montaigne ne s'est pas contenté de témoignages oraux ; il a fait appel aux récits de certains explorateurs (André Thevet, Nicolas Barré, Jean de Léry). Citation de passages sensiblement parallèles.

2617. TRINQUET (R.). — La lettre sur la mort de La Boétie, ou Lancelot de Carle inspirateur de Montaigne. (*Mél. Lebègue*, 1969, pp. 115-25. — Repris dans le *B.S.A.M.*, 4ᵉ sér., n° 20, 1970, pp. 11-19, sous le titre : *La véritable source du premier écrit de Montaigne*).

La description de la « mort à l'antique » de son ami La Boétie a pu avoir pour Montaigne une source contemporaine : la relation de la mort de François de Lorraine par Lancelot de Carle.
= C.R. : — *Studi fr.*, XV (1971), n° 45, p. 536. =

2618. GREENLEE (J.W.) et BENTON (J.F.). — Montaigne and the 110 Guillaumes : a note on the sources. (*Romance notes*, XII : 1970-1971, n° 1, pp. 177-79).

Remarques sur les sources de l'histoire des 110 Guillaumes, dans l'essai *Des Noms* (I, 46).
= C.R. : — W. Leiner (*Studi fr.*, XV : 1971, n° 45, p. 536. =

2619. FRANÇON (M.). — Montaigne, Dante et Le Tasse. (*B.S.A.M.*, 4ᵉ sér., n° 25-26, 1971, pp. 121-23).

A propos de la citation non encore identifiée : *Che ricordarsi il ben doppia la noia* (II, 12).
= C.R. : — *Studi fr.*, XVI (1972), n°ˢ 47-48, pp. 456-57. =

2620. GOUMARRE (Pierre J.). — Montaigne et Gentillet. (*Romance notes*, XIII : 1971-1972, n° 2, pp. 322-25).

A propos d'une anecdote sur la cruauté (II, 27) que Montaigne avait prise dans l'*Antimachiavel* d'Innocent Gentillet.

2620a. MEININGER (Geneviève Marie Proot). — Juste Lipse dans la littérature française de Montaigne à Montesquieu. — Diss. Univers. of Nebraska, 1971, 209 pp. — (*Diss. Abstr. Int.*, XXXII : 1971-1972, n° 5 [November], pp. 2698/2699-A).

Montaigne a reçu l'influence de l'humaniste Juste Lipse, qui s'est exercée sur lui non seulement en matière de philosophie morale et politique, mais aussi de rhétorique, l'essayiste ayant opté pour l'initiative de l'érudit belge, décidé à libérer les lettres de l'emprise cicéronienne. — Cf. n° 2583.

2621. COTTRELL (Robert D.). — Montaigne, Brantôme et la courtisane Flora. (*B.S.A.M.*, 5ᵉ sér., n° 2, 1972, pp. 33-37).

Au sujet d'une anecdote relative à la courtisane romaine Flora, et rapportée de la même source (Guevara) par Montaigne et par Brantôme, mais non sans que chaque auteur la modifie au gré de sa propre pensée.

2622. GARAVITO (Julian). — Montaigne et le monde hispanique. (*Europe*, L : 1972, n°ˢ 513-514, pp. 149-53).

Les sources espagnoles de Montaigne (pp. 149-52), avec quelques notes sur la fortune qui fut la sienne en terre espagnole et dans l'Amérique latine.

2623. MANN PHILLIPS (Margaret). — Erasme et Montaigne. (*Colloquia Erasmiana Turonensia*, 1972, t. Iᵉʳ, pp. 479-501).

Sur l'étendue de la dette contractée par Montaigne envers Erasme, dont deux œuvres ont été étudiées à ce sujet : les *Adages* (pp. 479-90) et le *De duplici copia verborum* (pp. 491-501). — Cf. V. Giraud : « Erasme a été le vrai maître de Montaigne » (n° 1517, p. 636).

2624. FEYTAUD (J. de). — Sillage de Rabelais. (*B.S.A.M.*, 5ᵉ sér., n° 5, 1973, pp. 111-18 ; — n° 6, pp. 21-54 ; — n° 7-8, pp. 75-112).

Nature de l'influence qu'a eue sur Montaigne la lecture de Rabelais.

2625. FRANÇON (M.). — Sur les allusions de Montaigne à des faits historiques. (*B.S.A.M.*, 5ᵉ sér., n° 6, 1973, pp. 60-61).

Les Mémoires de Martin et Guillaume du Bellay, source d'un passage des *Essais* (I, 16).

2626. MAIORINO (Giancarlo). — Montaigne and the Italian Renaissance. — Diss. Univers. of Wisconsin, 1973, 467 pp. — (*Diss. Abstr. Int.*, XXXIV : 1973-1974, n° 3 [September], p. 1248-A).

Influence très profonde exercée par les écrivains de la Renaissance italienne sur Montaigne, qui a trouvé chez eux non seulement des idées, mais peut-être aussi la forme de l'« essai » comme genre littéraire.

2627. ISHIGAMI-IAGOLNITZER (Mitchiko). — Le *Quod nihil scitur* de Sanchez et l'essai *De l'expérience* de Montaigne. (*B.S.A.M.*, 5ᵉ sér., n° 9, 1974, pp. 11-19).

Une confrontation de passages tirés du livre de Sanchez et du chap. *De l'expérience* montrent que les idées et les expressions en sont très proches, ce qui semble « renforcer l'hypothèse d'une influence du premier sur le second » (p. 13).

2628. TETEL (Marcel). — Montaigne et Pétrarque : irrésolution et solitude. (*J. of Medieval and Renaissance stud.*, IV : 1974, pp. 203-20).

Sur la nature des rapports qui ont existé entre la pensée de Pétrarque et celle de Montaigne.
= C.R. : — Cl. Blum (*B.S.A.M.*, 5ᵉ sér., n° 14-15, 1975, pp. 122-24) ; — D. Rossi (*Studi fr.*, XIX : 1975, n° 55, pp. 136-37). =

2629. ZOCCOLA (Paolo). — Di un passo controverso del *Cortegiano* e dei rapporti fra Castiglione e Montaigne. (*Giorn. stor. della letter. ital.*, XCI : 1974, vol. CLI, pp. 97-102).

2630. FRANÇON (M.). — Montaigne et les Brésiliens. (*B.S.A.M.*, 5ᵉ sér., n° 16, 1975, pp. 73-74).

Examen critique des sources écrites et verbales auxquelles Montaigne a puisé les éléments de son essai *Des Cannibales* (I, 31).

2630a. — Note sur les chansons brésiliennes citées par Montaigne. (*B.S.A.M.*, 5ᵉ sér., n° 16, 1975, p. 75).

2631. MEIJER (Marianne S.). — Une source de Montaigne. (*B.S.A.M.*, 5ᵉ sér., n° 16, 1975, pp. 71-72).

Proposition de source pour le passage de l'*Apologie* où Montaigne déclare « que, de toutes les vanitez, la plus vaine c'est l'homme ».

CHAPITRE XVII

# FORTUNE / INFLUENCE DE MONTAIGNE

## Généralités

2632. ADDIS (John). — Parallel passages. (*Notes & Qu.*, 5th ser., 1874, vol. I, p. 326).

Confrontation d'une phrase de Montaigne (*Essais*, I, 13) avec des passages de sens voisin figurant dans les *Joyeuses Commères de Windsor* et dans le *Bourgeois gentilhomme*.

2633. SEDGWICK (Henry Dwight). — Success of Montaigne. — Pp. 93-138 de : — Essays on great writers. — *Boston, Houghton, Mifflin & C°*, 1903, in-8°, 354 pp.

2634. NORTON (Miss Grace). — Montaigne : his personal relations to some of his contemporaries, and his literary relations to some later writers... — *Boston and New York, Houghton, Mifflin & C°*, 1908, in-8°, x-205 pp.

Faux-titre : *The influence of Montaigne*. — Réunion de citations, allusions, idées peut-être inspirées par Montaigne, et provenant d'écrivains contemporains ou postérieurs à lui (au total : 107).

2634a. — The spirit of Montaigne : some thoughts and expressions similar to those of his Essays... (n° 2420).

2635. ROUTH (Harold Victor). — The origins of the Essay compared in French and English literatures. (*Mod. lang. rev.*, XV : 1920, pp. 28-40 et 143-51).

Importance de la contribution de Montaigne dans le développement de l'« essai ».

2636. FAURE (Elie). — [La descendance spirituelle de Montaigne : Shakespeare, Cervantès et Pascal]. — Pp. 57-230 de : — Montaigne et ses trois premiers nés. — *Paris, G. Grès et C*, 1926, in-16, IX-230 pp. — Réimpr. : *Paris, Pro libro*, 1948, in-16, 230 pp.

Ces trois études (Shakespeare, pp. 57-114 ; — Cervantès, pp. 115-71 ; — Pascal, pp. 173-230) ont été ici jointes à celle sur *Montaigne*, publiée trois

ans plus tôt (n° 1526). — Les deux premières ont soulevé quelques critiques. On a considéré en effet que l'idée de Montaigne, père spirituel de
Shakespeare, était sans doute exagérée. « Quant à la filiation, encore plus
inattendue, entre Montaigne et Cervantès, Elie Faure lui-même ne la propose qu'avec beaucoup d'hésitation. Il voudrait y croire plutôt qu'il n'y
croit » (V. Bouillier).
= C.R. : — R. Kemp (*La Liberté*, 4 mars 1926, p. 5) ; — V. Bouillier
(*B.S.A.M.*, 2ᵉ sér., n° 1, 1937, p. 46). =

2637. VILLEY (P.). — Notes relatives à l'influence et à la fortune des
*Essais* en France et en Angleterre. — Tome III (1931), pp.
697-860, des : — Essais... Nouvelle édition... (n° 403).

Appendice I du 3ᵉ vol. de cette édition.

2638. MONGRÉDIEN (G.). — La fortune de Montaigne. (*Nouvelles litt.*,
21 janvier 1933, p. 4).

A propos de l'ouvrage que venait de publier P. Villey chez l'éditeur Malfère (n° 406), l'auteur de l'article examine rapidement l'impression que
purent faire les *Essais* à travers les siècles où « tant d'interprétations
diverses et abusives » semblent bien être « la preuve de la forte vitalité »
qui est celle de ce livre « de bonne foi ».

2639. HENRIOT (E.). — Se cultiver. (*Le Temps*, 11 octobre 1937, p. 1).

Montaigne, le guide et le patron naturel de la culture personnelle. Article
inspiré par le livre de P. Bernard (n° 1969).

2640. MERLET (Dʳ J.-F. Louis). — Ce jour naissait Montaigne... (*La
France de Bordeaux*, 28 février 1937, p. 6).

Article publié pour l'anniversaire de la naissance de Montaigne et des
fêtes du quadricentenaire. Il contient différentes remarques, notamment
sur les emprunts qu'on lui a faits.

2641. SÁENZ HAYES (Ricardo). — La Posteridad de Montaigne. —
Pp. 311-95 de : — Miguel de Montaigne (1533-1592)... (n° 431).

La fortune et l'influence de Montaigne en France, en Angleterre, en Allemagne, en Italie, en Espagne et en Amérique (du Nord et du Sud). —
*Voir* les nᵒˢ 3192 et 3193.

2642. HALL (Marie Louise M.). — Montaigne and his translators. —
Diss. Madison, Univers. of Wisconsin, 1940. — (*Summaries of
doctoral diss.*, V : 1939-1940, pp. 272-74).

2643. NATOLI (Glauco). — Prensenza di Montaigne. — Pp. 9-20 de :
— Figure e problemi della cultura francese. — *Messina-
Firenze, Casa editrice G. d'Anna* (1956), in-8°, 339 pp. —
(*Bibliotèca di cultura contemporanea*, 49). — Repris, pp. 3-21,
dans : — Marcel Proust e altri saggi. — *Napoli, Edizioni scien-
tifiche italiane*, 1968, in-8°, XII-340 pp. — (*Collana di saggi*, 32).

Action exercée par la pensée de Montaigne sur plusieurs écrivains, tant
en France qu'à l'étranger.

**2644.** D[REANO] (M.). — Les raisons de l'influence de Montaigne. (*Bull. de la libr. anc. et mod.*, n° 82, févr. 1966, pp. 47-49).

« Les critiques sont unanimes sur ce point : « Montaigne est de tout temps » »... Constamment réédité, il ne laisse personne indifférent... Les éloges sont quasi-unanimes... « Aux XIXe et XXe siècles, l'admiration est à son comble... Où trouver les raisons d'un tel succès, d'une influence aussi tenace ? »

**2645.** FRANÇON (M.). — Sur l'influence de Montaigne. (*B.S.A.M.*, 4e sér., n° 13, 1968, pp. 56-58).

Commentaire des travaux « comparatistes » de Miss Grace Norton (n°s 2634 et 2634a) et de P. Villey (n° 2637).

# En France

*Généralités*

**2646.** NODIER (Ch.). — [Montaigne plagié]. — Pp. 6-7, 41-44, et notes A (pp. 160-64), B (p. 165), J (pp. 206-10) et K (pp. 211-13), de : — Questions de littérature légale... (n° 2507).

« Corneille n'a fait que rimer la superbe page de Montaigne qui a pour titre : *Divers evenemens de mesme conseil* » (p. 6 et note A), dont Voltaire de son côté s'est inspiré pour réaliser le célèbre dénouement d'*Alzire* (p. 7 et note B). — Ostensibles plagiats de Charron (note J) et de Pascal (note K).

**2647.** GAZIER (A.). — L'influence de Montaigne. (*Rev. des cours et conf.*, XX : 1911-1912, n° 17, 7 mars 1912, pp. 769-78).

L'influence étudiée est uniquement celle exercée en France sur les libertins du XVIIe siècle, les philosophes du XVIIIe et enfin les Romantiques. Il n'est pas question de l'influence de Montaigne à l'étranger. — (Troisième cours sur les *Moralistes français du XVIe au XVIIIe siècle*).

**2648.** BOASE (Alan M.). — The fortunes of Montaigne. A history of the Essays in France, 1580-1669... *Habent sua fata libelli*. — *London, Methuen, s.d.* (1935), in-8°, XI-462 pp., portr., bibliogr. — Réimpr. : — *New York, Octagon Books*, 1970, in-8° (*id.*).

L'auteur de cette vaste étude a envisagé d'écrire, sous le nom de « fortunes », l'histoire de l'accueil (favorable ou défavorable) qui a été réservé en France aux *Essais* de 1580 à 1669, et aussi de l'influence qui a pu être la leur pendant la même période. Les écrivains et penseurs examinés à ce propos sont notamment : Mlle de Gournay, Charron, Camus, Garasse, Mersenne, Silhon, Marandé, Descartes, Gassendi, La Mothe le Vayer, Chapelain, Balzac, Méré, Voiture, La Rochefoucauld, Saint-Evremond, Pascal, Molière, La Fontaine. Avec la date de 1669, A Boase pose cette redoutable question : *eclipse ?* pour rappeler qu'une véritable suspension allait se produire dans la publication des *Essais*, et cela jusqu'à 1724, année où Coste en donna sa première édition, mais pour des souscripteurs — et à Londres !

= C.R. : — A.J. Symons (*Fortnightly rev.*, N.S., 1935, t. CXXXVIII, pp. 499-500) ; — *T.L.S.*, Aug. 15, 1935, p. 511 ; — G. Boas (*M.L.N.*, LI : 1936, pp. 256-58) ; — R. Pintard (*R.H.L.F.*, XLIII : 1936, pp. 434-36) ; — H.F. Stewart (*Mod. lang. rev.*, XXXI : 1936, pp. 584-86) ; — A. Salles (*B.S.A.M.*, 2e sér., n° 1, 1937, p. 47) ; — Mlle Albert (*B.S.A.M.*, 2e sér., n° 9, 1940, pp. 68-69) ; = W.G. Moore (*Mod. lang. rev.*, LXVIII : 1973, pp. 654-55) ; — I.D. McFarlane (*French st.*, XXVIII : 1974, p. 190). =

2649. VILLEY (P.). — Montaigne devant la postérité. — *Paris, Boivin* (1935), in-8°, X-376 pp. — *(Bibliothèque de la Revue des cours et conférences).*

Ouvrage interrompu en 1933 par la mort accidentelle de son auteur. Jean Plattard en a donné ici la première partie et le début de la seconde, qui sont ainsi composées : — I. *La fortune des « Essais » de 1580 à 1610* : — la nouveauté de l'œuvre ; — Marie de Gournay éditrice ; — l'opposition aux « Essais » ; — de quelques plagiats ; — les premiers disciples de Montaigne : La Motte Messemé, Charron, J.-P. Camus. — II. *Le succès de Montaigne au XVIIe siècle* : — Montaigne et le monde des gentilshommes ; — l'idée de l'*honnête homme* ; — le rôle de la conversation... — Appendice. — (L'étude ne dépasse pas l'année 1630).

= C.R. : — P. Jourda (*Rev. crit.*, LXIX : 1935, pp. 165-66) ; — *T.L.S.*, Aug. 15, 1935, p. 511 ; — F.Ed. Schneegaus (*Bull. de la Fac. des lettres de Strasbourg*, XIV : 1935-1936, pp. 290-93) ; — B. Matulka (*Romanic rev.*, XXVII : 1936, n° 1, pp. 39-42) ; — H.F. Stewart (*Mod. lang. rev.*, XXXI : 1936, pp. 584-86) ; — P.A. Becker (*Zeits. f. franz. Sprache u. Liter.*, LX : 1937, pp. 109-13) ; — G. (*Neophilologus*, XXIV : 1939, n° 4, pp. 300-01). =


2649a. HENRIOT (E.). — Montaigne et ses premiers lecteurs. (*Le Temps*, 28 mai 1935, p. 3).

Les réactions qu'entraîne la lecture des *Essais* aux XVIe et XVIIe siècles (à propos de l'ouvrage précédent).


2650. FRANÇOIS (Carlo). — La descendance directe de Montaigne. — Pp. 38-69 de : — La notion de l'Absurde dans la littérature française du XVIIe siècle... (n° 1756).

Sur « l'inventaire des absurdités et des erreurs » qui, entrepris par Montaigne, puis continué par Charron, « va devenir monumental » (p. 40) de Gassendi à Pierre Bayle, en passant par Gabriel Naudé, Guy Patin, Cyrano de Bergerac, etc.


*XVIe siècle*


2651. SAINTE-BEUVE (C.A.). — Charron. (*Moniteur univ.*, 25 décembre 1854, pp. 1423-24, et 2 janvier 1855, pp. 7-8). — Etude reprise dans le tome XI (1856), pp. 197-223, des *Causeries du Lundi*, et dans : *Les grands écrivains français. Etudes des Lundis... classées... et annotées par Maurice Allem...* — Paris, Garnier, 1926, in-16 (*XVIe siècle : les Prosateurs*, pp. 253-89).

Charron, sa vie, son œuvre et sa fortune ; « le caractère de son mérite et son exact rapport avec Montaigne » (p. 253) dont il a adapté le scepticisme à sa propre ligne de pensée.


2652. DELBOULLE (A.). — Charron, plagiaire de Montaigne. (*R.H.L.F.*, VII : 1900, pp. 284-96).

Sévère examen de la prose de Charron, dans laquelle, dit l'auteur, les « rencontres avec Montaigne ne sont pas dues au hasard de la mémoire » (p. 284). Et il présente une suite de 67 passages parallèles, pour certains desquels il semblerait difficile de contester sa thèse. — *Voir* pourtant quelques oppositions à cette argumentation, n°s 2655, 2656, 2659 à 2661.

2653. SABRIÉ (J.-B.). — [Montaigne, source de Charron]. — Pp. 270-84, 326-28, 446-52 etc., de la thèse : — De l'humanisme au rationalisme. — Pierre Charron (1541-1603), l'homme, l'œuvre, l'influence... — *Paris, Alcan*, 1913, in-8°, 4 ff. n. ch. et 552 pp., portr. — (*Thèse de lettres, Toulouse* 1913).

2654. TRINQUET (R.). — Pierre Matthieu, lecteur de Montaigne. (*B.H.R.*, XIX : 1957, n° 2, pp. 349-54).

L'historien Pierre Matthieu (1563-1621) a cultivé de bonne heure Montaigne et les *Essais*, auxquels il a fait de nombreux emprunts pour son livre *Histoire des derniers troubles de France* (1594).

2655. CHARRON (Jean Daniel). — The *Wisdom* of Pierre Charron. An original and orthodox code of morality. — *Chapel Hill, Univers. of North Carolina Press*, 1960, in-8°, 153 pp. — (*Univers. of North Carolina Studies in Romance languages and literatures*, 34).

Publication de la thèse présentée par l'auteur, en 1956, à la même Université, sous le titre : *The life and works of Pierre Charron : a re-evaluation*, et dans laquelle il rejette l'idée d'une influence quelconque de Montaigne sur Charron, en dépit de la critique traditionnelle et des exemples qui ont pu être donnés, notamment par A. Delboulle (n° 2652).
= C.R. : — L. Sozzi (*Studi fr.*, VIII : 1964, n° 22, pp. 140-41). =

2656. — Did Charron plagiarize Montaigne ? (*French rev.*, XXXIV : 1960-1961, n° 4, pp. 344-51).

Quoi qu'en aient pu penser les critiques du XIXe siècle, la question, de l'avis de l'auteur, ne résiste pas à un examen sérieux : Charron, même dans les passages où il semble être proche de Montaigne, a toujours fait œuvre d'écrivain personnel. — (N.B. — Jean D. Charron est un descendant indirect de Pierre Charron).
= C.R. : — G. Mombello (*Studi fr.*, VI : 1962, n° 17, pp. 338-39). =

2657. LEAKE (Roy E.), Jr. — Jean-Baptiste Chassignet and Montaigne. (*B.H.R.*, XXIII : 1961, n° 2, pp. 282-95).

Influence de Montaigne sur les poèmes du recueil : *Le Mespris de la vie et consolation contre la mort* (1594) par Chassignet que R.E. Leake propose de considérer comme le « fils d'alliance » de l'essayiste.
= C.R. : — *Studi fr.*, VI (1962), n° 17, p. 338. =

2658. GRAY (Floyd). — Reflexions on Charron's debt to Montaigne. (*French rev.*, XXXV : 1961-1962, n° 4, pp. 377-82. — Traduit en français sous le titre : *Réflexions sur Charron et Montaigne*, et paru dans le *B.S.A.M.*, 3e sér., n° 29, 1964, pp. 41-46).

Réplique à l'étude de J.D. Charron (n°s 2655 et 2656) : Fl. Gray vient ici défendre la thèse traditionnelle d'une sorte de codification par Charron des *Essais* de Montaigne, mais il estime que, seule, une édition critique de la *Sagesse* permettra de départager les emprunts faits aux *Essais* d'avec les passages vraiment originaux.
= C.R. : — G. Mombello (*Studi fr.*, VI : 1962, n° 17, pp. 338-39). =

2659. SOMAN (Alfred). — Pierre Charron : a revaluation. (*B.H.R.*, XXXII : 1970, n° 1, pp. 57-77).

Charron aurait-il été simplement l'*herbier de Montaigne*, ainsi que l'ont qualifié les représentants d'une solide tradition, ou au contraire ne faudrait-il pas voir en lui un humaniste d'une indépendance trop longtemps ignorée ?

2660. EHRLICH (Hélène-Hedy). — Montaigne et la légende du Maître-disciple. (*B.S.A.M.*, 4e sér., n° 24, 1971, pp. 15-26).

Réunion de nombreux arguments permettant, selon l'auteur, de renverser « la théorie du maître-disciple », qu'a vivement soutenue H. Busson (*voir* n° 2677, pp. 181-82), précisément à propos de Charron.
= C.R. : — R. Campagnoli (*Studi fr.*, XVI : 1972, n° 47-48, pp. 457-58). =

2661. KOGEL (Renée). — Comparaison of De la Sagesse with the Essais. — Pp. 33-42 de : — Pierre Charron. — *Genève, Droz,* 1972, in-8°, 182 pp. — (*Histoire des idées et critique littéraire,* vol. 127).

La *Sagesse* a sans doute pris sa source principale dans les *Essais*, mais, contrairement à ce que l'on a déclaré, elle ne constitue nullement une codification de ceux-ci, présentant même avec eux des différences fondamentales.


*XVII*e *siècle*


2662. ETIENNE (L.). — [La Mothe le Vayer, un des héritiers directs de Montaigne]. — Pp. 35-36 et 63-70 de l' : — Essai sur La Mothe le Vayer... — *Rennes, impr. de J.-M. Vatar,* 1849, in-8°, 242 pp. — (*Thèse de lettres, Rennes* 1849).

Il y a lieu cependant de signaler une différence très nette entre les deux sceptiques, c'est que Montaigne « apprend à penser », tandis que « Le Vayer n'enseigne qu'à discuter » (p. 36).

2663. PINSON (P.). — Un disciple de Montaigne ; fragments inédits de René Hémard, poète et moraliste étampois du XVIIe siècle, publiés d'après le manuscrit autographe de l'auteur et précédés d'une introduction. — *Paris, Aubry,* 1868, in-8°, 24 pp.

2664. DORER (Edmund). — Montaigne und Cartesius. — Tome III, pp. 40-46, de : — Edmund Dorer's nachgelassene Schriften, herausgegeben von Adolf Friedrich graf von Schack. — *Dresden, L. Ehlermann,* 1893, 3 vol. in-16.

2665. LAUMONIER (P.). — Montaigne précurseur du XVIIe siècle. (*R.H.L.F.*, III : 1896, pp. 204-17).

Montaigne, par de nombreux côtés, prépare le siècle classique. A la fois sceptique et épicurien, il annonce La Mothe le Vayer, Saint-Evremond, La Rochefoucauld, Voiture, Naudé, Méré, Fontenelle. Avec ses « scrupules de styliste », il ouvre la voie à Malherbe, Boileau, Racine, La Fontaine, Fénelon, La Bruyère. Sa haine des pédants (et de tous les ridicules), on la retrouve chez Molière, un de ses fervents. Son admiration pour les héros antiques, c'est le Corneille de *Cinna* qui en héritera. Son amour pour le « bon sens » et le jugement (opposé à la mémoire mécanique), n'est-ce pas la première page du *Discours de la Méthode* qui apparaît ainsi chez lui, un demi-siècle à l'avance ? Et que dire des Jansénistes — Pascal, Arnauld, Nicole —, de Bossuet, du jésuite Bourdaloue, si ce n'est qu'ils ont (secrètement parfois, mais à plusieurs reprises) attentivement feuilleté leur Montaigne ?

2666. DREYFUS-BRISAC (E.). — [Les *Essais* de Montaigne, source de plusieurs maximes de La Rochefoucauld]. — Pp. 63-69 de : — Les clefs des Maximes de La Rochefoucauld. Etudes littéraires comparées. — *Paris, chez l'auteur, s.d.* (1904), in-18, 337 pp.

Mise en parallèle de passages présentant des caractères de similitude. Il n'y a pas de commentaire.

2667. STROWSKI (F.). — Les libertins et Montaigne. — I<sup>re</sup> partie (*De Montaigne à Pascal*), pp. 235-44, de l' : — Histoire du sentiment religieux en France au XVII<sup>e</sup> siècle... (n° 2190).

En abandonnant Charron pour Montaigne comme ils l'ont fait, les libertins du XVII<sup>e</sup> siècle n'ont rien gagné au change, bien au contraire, car, attirés par les passages des *Essais* où se manifeste la « volupté épicurienne » (ceux de la dernière époque), ils n'ont pas vu qu'une compensation en était donnée, avec les chapitres stoïciens de 1580, non désavoués par leur auteur. Fatale méprise, assure F. Strowski.

2668. HELLER (Kurt). — Michel de Montaigne's Einfluss auf die Aerztestücke Molière's. Inaugural-Dissertation... — *Jena, Druck von G. Neuenhahn*, 1908, in-8°, 49 pp. — (*Thèse de pharmacie*).

Influence de Montaigne dans les pièces « à médecins » de Molière.

2669. TILLEY (Arthur). — From Montaigne to Molière, or the preparation for the classical age of the French literature... — *London, John Murray*, 1908, in-8°, VIII-265 pp. — Réimpr. : — *New York, Russell and Russell*, 1970, in-8°, XI-224 pp.

Etude de la période transitoire comprise entre la publication des *Essais* (1580) et la première représentation des *Précieuses ridicules* (1659). — Deux passages y sont relatifs à Montaigne : le premier (pp. 7-11) traite de sa fortune et de l'influence considérable qui fut la sienne jusqu'en 1659 ; le second (pp. 241-53), de l'impression profonde qu'il fit sur Pascal non seulement par la substance mais aussi par le style de son livre.

2670. JORDAN (Leo). — Cyrano de Bergerac und Montaigne. (*Archiv*, LXX : 1916, t. 135, pp. 386-96).

Cyrano de Bergerac, l'ami de Gassendi, a puisé dans les *Essais* bien des éléments dont il a enrichi ses voyages imaginaires.

2671. — Die Frage der Echtheit von Cyrano Bergeracs *Sonnenreise*. — Die *Sonnenreise* und die *Essays* von Montaigne. (*Archiv*, LXXIII : 1919, t. 138, pp. 188-206, et t. 139, pp. 72-82).

Complément à l'étude précédente.

2672. WICKELGREN (Florence L.). — La pensée de La Mothe le Vayer. (*French quart.*, V : 1923, pp. 236-52).

Si elle ne procède pas absolument de celle de Montaigne, cette pensée, bien souvent, a pris sa naissance dans les mêmes textes de base que celle de l'essayiste. — *Voir* aussi n° 2681.

2673. MAGENDIE (M.). — [Montaigne et] la conception mondaine de l'honnêteté. — Pp. 59, 335-38, 386-96 et *passim*, dans : — La politesse mondaine et les théories de l'honnêteté en France, au XVIIe siècle, de 1600 à 1660... — *Paris, P.U.F.*, 1925, in-8°, XL-943 pp. — (*Thèse de lettres, Paris* 1925).

Influence manifeste de Montaigne sur la classe aristocratique du XVIIe siècle à laquelle il inspire le mépris du pédant et la notion de l'« honnête homme » ; en même temps, il suscite en elle des disciples tels que, notamment, le chevalier de Méré, « professeur de bienséances », qui « fonde sa théorie de l'honnêteté sur une conception épicurienne de la vie » (p. 752).

2674. — Les sources françaises [de l'*Honneste homme* de Faret] : Montaigne. — Pp. XXXV-XXXVII de la préface de : — Nicolas FARET. L'Honneste homme, ou l'Art de plaire à la Court... — *Paris, P.U.F.*, 1925, in-8°, LII-120 pp. — (*Thèse complémentaire de lettres, Paris* 1925).

2675. GRUBBS (Henry A.). — The originality of La Rochefoucauld's « Maxims ». (*R.H.L.F.*, XXXVI : 1929, pp. 18-59).

Malgré son désir d'originalité, La Rochefoucauld n'a pu éviter des emprunts à divers écrivains antérieurs, et en particulier à Montaigne (pp. 33-37). — *Voir* aussi les n°ˢ 2666 et 2698.

2676. BOAS (George). — The happy beast in French thought of the seventeenth century... — *Baltimore, The Johns Hopkins Press*, 1933, in-8°, 159 pp.

Réaction de certains penseurs du XVIIe siècle contre l'idéalisation de l'animal exprimée par Montaigne (le P. Garasse, Chanet, Descartes, Bossuet), mais aussi apparition de quelques adeptes de cette doctrine (Cureau de la Chambre, Gassendi).

2677. BUSSON (H.). — [Influence de Montaigne sur les esprits du XVIIe siècle]. — Pp. 177-81 et 184-224 de : — La pensée religieuse de Charron à Pascal... — *Paris, J. Vrin*, 1933, in-8°, 665 pp.

Au XVIIe siècle, l'influence exercée par Montaigne a été considérable. Elle s'est fait sentir bien avant la parution de la grande édition des *Essais* de 1635, et l'on a vu certains opposants à la pensée de Montaigne (p. ex. J. de Silhon et le P. Garasse) ne pouvoir résister au charme de l'écrivain. — *Voir* aussi le n° 2680.

2678. SABRAZÈS (Dr J.). — Les propos aigres-doux de Guez de Balzac sur Montaigne. (*Gaz. hebd. des sc. médic. de Bordeaux*, 10 septembre 1933, pp. 582-87. — Article résumé dans le *B.S.A.M.*, 2e sér, n° 3, 1938, p. 47).

Ces critiques, que l'on peut relever dans les *Entretiens* publiés à Leide en 1659 (n° 3019) et à Amsterdam en 1663, sont assez vives mais en général dépourvues de justifications. Balzac reproche ainsi à Montaigne son manque d'ordre et de méthode, son défaut de pénétration, sa vanité, etc. Sabrazès n'a pas hésité à faire justice de ces accusations.

2679. GOHIN (F.). — La Fontaine et Montaigne. (*La Muse française*, XIII : 1934, pp. 28-45). — Repris pp. 63-80 de : — La Fontaine. Etudes et recherches. — *Paris, Garnier* (1937), in-8°, VI-247 pp. (*Bibliothèque d'histoire littéraire et de critique*). — Résumé établi par l'auteur lui-même pour le *B.S.A.M.*, 2e sér., n° 2, 1937, pp. 76-78.

Sans doute, La Fontaine n'a nommé Montaigne qu'une seule fois, mais il est facile de comprendre le plaisir qu'il a pu trouver dans la lecture des *Essais*, et le profit qu'il a tiré du contact d'une pensée si voisine de la sienne par tant de côtés. — *Voir* les n°s 2459, 2648 (pp. 396-409), 2683, 2695, 2703.

2680. PLATTARD (J.). — Montaigne précurseur du classicisme. (*Boletim do Inst. francês de Portugal*, IV : 1934, n°s 3-4, pp. 64-69).

Venu un siècle avant les écrivains classiques, Montaigne fera sentir sur eux l'emprise de son charme. On verra ainsi des détracteurs de son livre vanter le plaisir pris par eux à cette lecture. Il ne faut donc pas s'étonner si « ceux qui ne condamnaient pas ses idées aient encore renchéri sur ces éloges » (p. 66). — Cf. n°s 2665 et 2677.

2681. WICKELGREN (Florence L.). — [Les rapports de pensée entre La Mothe le Vayer et Montaigne]. — Pp. 61-69, 93-99 [...], 258-61 de : — La Mothe le Vayer, sa vie et son œuvre. — *Paris, Droz*, 1934, in-8°, 307 pp. — (*Thèse de lettres, Paris* 1934).

Existence certaine d'« affinités générales » entre les deux sceptiques. La Mothe faisant volontiers appel à Montaigne comme autorité. Pourtant, il lui est arrivé de prendre quelques libertés dans l'interprétation des textes qui leur étaient communs, et même d'opter de préférence pour la ligne de pensée du « disciple » Charron.

2682. BOASE (Alan M.). — Un disciple inconnu de Montaigne. Léonard Marandé. (*B.S.A.M.*, 2e sér., n° 1, 1937, pp. 33-35).

Etude établie à partir du chap. XV de *The fortunes of Montaigne* (n° 2648, — pp. 195-208).

2683. KING (Paul C.). — Montaigne as a source of La Fontaine's fable : *La Mort et le mourant*. (*P.M.L.A.*, LII : 1937, pp. 1101-13).

L'essai *Que philosopher c'est apprendre à mourir* (I, 20) serait une source très plausible, semble-t-il, pour les idées exprimées par La Fontaine sur la mort dans la fable désignée.

2684. SALLES (A.). — Un plagiaire de Montaigne : Simonius. (*B.S.A.M.*, 2e sér., n° 2, 1937, p. 79).

Simonius (ou plutôt Simon) était un professeur de droit français qui publia en 1637, à Francfort et à Leipzig, un traité en latin dans lequel il avait traduit sans vergogne des passages entiers de Montaigne.

2685. BRUNSCHVICG (Léon). — Descartes et Pascal lecteurs de Montaigne. — *Neuchâtel, La Baconnière*, 1942, in-8°, 211 pp. — Réimpr. : *New York and Paris, Brentano's*, 1944, in-8°, 239 pp.

— Seconde éd. suisse : — *Neuchâtel, La Baconnière*, 1945, in-8°, 211 pp. — (*Etre et penser*, Cahiers de philosophie, n° 12).

Avec Descartes et Pascal, « la fortune a donné à Montaigne les lecteurs les plus assidus et les plus fervents qu'auteur ait pu souhaiter. Tous deux l'ont incorporé à leur propre substance, impatients pourtant de lui répondre... L'étude parallèle de leurs réponses, radicalement divergentes et en même temps étroitement solidaires l'une de l'autre, semble offrir une chance sérieuse de préciser les termes du problème auquel la pensée française s'est attachée à l'issue du moyen âge et d'en définir les caractères essentiels » (p. 9). — *Voir* les n°ˢ 3196 et 3197.

= C.R. : — Germaine Weill (*Renaissance*, I : 1943, pp. 445-62) ; — A. Roche (*Mod. lang. J.*, XXVIII : 1944, pp. 693-94) ; — A. Guérard (*Books abroad*, XIX : 1945, pp. 160-61) ; — *Rev. philos.*, LXIX (1945), t. CXXXV, pp. 273-74 ; — R. Mehl (*Rev. d'hist. et de philos. relig.*, XXVI : 1946, pp. 315-18) ; — A.M. Boase (*French st.*, II : 1948, pp. 360-61). =

2686. PINTARD (R.). — [Les successeurs de Montaigne]. — Tome Iᵉʳ, pp. 45-68, 140-50, et *passim* de : — Le libertinage érudit dans la première moitié du XVIIᵉ siècle... — *Paris, Boivin*, 1943, 2 vol. in-8°, XI-765 pp. (pagination continue). — (*Thèse de lettres, Paris* 1943).

Comment s'est exercée l'influence de Montaigne dans la première moitié du XVIIᵉ siècle, à partir de Charron et jusqu'à Gassendi, La Mothe le Vayer, Naudé, Patin, Saint-Evremond, Sorbière.

2687. WADSWORTH (Charlotte R.). — Molière's debt to Montaigne. (*Mod. lang. quart.*, VIII : 1947, pp. 290-301).

C'est à Montaigne que Molière est redevable d'un certain nombre de thèmes qu'il a fait entrer dans son théâtre, ainsi que d'une grande partie de l'expression philosophique qui réside en celui-ci.

2688. GADOFFRE (Gilbert). Le *Discours de la Méthode* et l'histoire littéraire. (*French st.*, II : 1948, pp. 299-314).

« Les *Essais* ont frayé le passage au *Discours*... Léon Brunschvicg avait raison : pour l'homme du *Discours de la Méthode*, Montaigne est un point de départ ». C'est à lui « qu'il faut attribuer l'idée que Descartes se fait de sa dignité de gentilhomme philosophe, trop bien né pour avoir rien de commun avec les gens de plume ou d'université » (p. 305).

2689. DAMBSKA (I.). — Les *Méditations* de Descartes et le scepticisme français au XVIIᵉ siècle. (*Kwart. filozof.*, XIX : 1950, pp. 1-24).

Contient une étude de l'influence qu'eurent Montaigne et Charron sur la pensée cartésienne.

2690. TOURNEMILLE (J.). — Molière et l'essai de Montaigne intitulé « De la ressemblance des enfans aux pères ». (*B.S.A.M.*, 2ᵉ sér., n° 18, 1956, pp. 42-44).

Dans cinq comédies de Molière sont lancés, à l'égard des médecins, maints brocards qui, le plus souvent, ont été pris dans le dernier chapitre du livre II des *Essais*.

2691. HÉNON (M.). — Un adepte de Montaigne [Jean Maillefer, 1611-1684]. (*Technique, Art, Science*, 1962, n° 163, pp. 61-64).

Jean Maillefer, bourgeois rémois du XVIIᵉ siècle, a laissé des mémoires dans lesquels il fait état de disciplines morales généralement inspirées de Montaigne.

2692. HUDON (Louis). — La Bruyère et Montaigne. (*Studi fr.*, VI : 1962, n° 17, pp. 208-24).

Importance de l'influence de Montaigne sur l'auteur des *Caractères* qui a été un de ses plus fidèles pratiquants.
= C.R. : — J. Masumbuko (*Lettres romanes*, XIX : 1965, pp. 289-90). =

2693. LARROUTIS (M.). — Corneille et Montaigne. L'égotisme dans *La Place Royale*. (*R.H.L.F.*, LXII : 1962, pp. 321-28).

Pour créer la psychologie d'Alidor, le personnage principal de *La Place Royale*, Corneille a eu Montaigne comme inspirateur. C'est ainsi que, à l'instar de l'auteur des *Essais* dans sa jeunesse (II, 10), Alidor redoute les effets de l'amour qui pourraient le déposséder de lui-même.

2694. MOORE (Will G.). — L'« Apologie » et la Science. (*Mémorial* 1963, pp. 200-03).

« En quoi et dans quelle mesure cette critique de la connaissance a-t-elle inspiré la renaissance scientifique du XVIIe siècle » (p. 200).

2695. BEUGNOT (B.). — La Fontaine et Montaigne : essai de bilan. (*Etudes françaises*, I : 1965, n° 1, pp. 43-65).

Evaluation de l'influence que Montaigne a dû exercer sur La Fontaine qui paraît avoir trouvé dans l'auteur des *Essais* le maître et l'exemple de la sagesse.
= C.R. : — G. Mirandola (*Studi fr.*, X : 1966, n° 29, p. 357). =

2696. DRÉANO (Chanoine Mathurin). — Notes de lecture montaignistes au XVIIe siècle. (*B.S.A.M.*, 4e sér., n° 1, 1965, pp. 27-29).

Ces notes confirment que l'avis de Montaigne était rappelé sur toutes sortes de sujets et en toutes sortes d'occasions, à cette époque.

2697. MICHEL (P.). — La Fontaine et Montaigne... (n° 2459).

2698. HIPPEAU (L.). — Montaigne et La Rochefoucauld. (*B.S.A.M.*, 4e sér., n° 11, 1967, pp. 41-50).

Montaigne a ouvert la voie à La Rochefoucauld en lui enseignant son scepticisme et certains principes épicuriens de sa morale. En même temps, il lui a laissé en héritage deux belles qualités d'âme : la sincérité et l'humanité.
= C.R. : — R. Campagnoli (*Studi fr.*, XIV : 1970, n° 41, p. 337). =

2699. FRANÇON (M.). — Montaigne et Corneille. (*Quaderni fr.*, I : 1970, pp. 193-200).

Cette étude constitue le chap. VI des *Notes sur la littérature et l'histoire françaises du XVIe siècle* que l'auteur a fait paraître dans cette publication. — Il se propose d'y examiner l'influence que Montaigne a eue sur Corneille dans l'élaboration de la tragédie de *Cinna* dont le thème, librement traduit de Sénèque, figurait déjà dans l'essai I, 24 (*Divers evenemens de mesme conseil*).

2700. — Montaigne, le *Discours de la Méthode* de Descartes et l'humanisme. (*B.S.A.M.*, 5e sér., n° 1, 1972, pp. 49-57).

Sur les nombreux rapprochements d'idées que l'on est amené à faire entre le *Discours de la Méthode* et les *Essais* (à propos de l'éd. du *Discours*, commentée par Etienne Gilson [1925]).

2701. MOUREAU (F.). — L'humanisme dévot et les *Essais* au XVII<sup>e</sup> siècle : l'exemple du *Courtisan désabusé* de Charles de Bourdonné. (*B.S.A.M.*, 5<sup>e</sup> sér., n° 12, 1974, pp. 35-49).

Le *Courtisan désabusé*, un livre aujourd'hui oublié qui n'en est pas moins remarquable par l'influence que les *Essais* y ont marqué en bien des points. Mais c'est aussi « un excellent manuel de propagande dévote », où « les petites leçons de théologie » transparaissent dans une véritable « promenade autour de soi-même ».

2702. DARDANO BASSO (Isa). — Incostanza e magia nella cultura francese alla fine del Cinquecento. Pierre de Lancre lettore di Montaigne. (*La Cultura*, XCV : 1975, pp. 106-45).

2703. MICHEL (P.). — Réminiscence montaigniste chez La Fontaine. (*B.S.A.M.*, 5<sup>e</sup> sér., n° 13, 1975, p. 59).

Sur un vers de la fable : *Le Milan, le Roi et le Chasseur* (XII, 12).

## XVII<sup>e</sup> siècle (suite) : — Montaigne et Pascal

2704. KUHN (F.). — Montaigne et Pascal. (*Rev. chrétienne*, XIII : 1866, pp. 139-45).

2705. GROTE (J.). — Pascal and Michel de Montaigne. (*Contemporary rev.*, 1877, vol. XXX, pp. 285-96 ; — repris dans : — *Littel's Living Age*, 1877, vol. CXXXIV, pp. 259-66).

2706. UHLÍR (Ant.). — Montaigne et Pascal. (*R.H.L.F.*, XIV : 1907, pp. 442-54).

Si « le Dieu de Montaigne n'est pas le Dieu de Pascal », cette particularité n'a pas empêché le futur auteur des *Pensées* de lire ardemment les *Essais* où il « a puisé presque toute sa connaissance de la vie morale de l'homme » (p. 442). Pourtant Montaigne ne pouvait pas servir de guide spirituel absolu pour Pascal, car ils avaient « chacun leur but particulier » si « leurs commencements étaient communs » (p. 443). — Cette étude apporte surtout des éclaircissements sur l'édition dans laquelle Pascal a lu les *Essais*, et qui semble bien être celle de Paris 1652 (p. 446). — *Voir* aussi les n<sup>os</sup> 2716 et 2718.

2707. MAUREVERT (G.). — Montaigne et Pascal, ou comment on pille jusqu'aux dieux. — Pp. 42-48 dans : — Le Livre des plagiats... — Paris, Fayard, s.d. (1922), in-16, 319 pp.

Auteur d'un livre « basti des despouilles » de l'Antiquité, Montaigne devait à son tour faire l'objet de pillages délibérés de la part de Pascal. (Remarque déjà faite par Ch. Nodier, n° 2646).

2708. LAMANDÉ (A.). — De Montaigne à Pascal. (*Entretiens des Amis de Pascal*, VII : 1930, n° 23, mai-juin, pp. 147-56).

Compte rendu d'une causerie qui a été présentée par A. Lamandé chez les « Amis de Pascal » et de la discussion qui s'en est suivie, sous la présidence de F. Strowski. — Le conférencier se refuse à regarder Montaigne et Pascal comme des « pôles opposés », attendu que l'auteur des *Essais* a été le « père nourricier » de celui des *Pensées*, et que tous deux, à leur manière, ont tendu vers un même but : rabattre l'orgueil de l'homme, humilier ce dernier, l'incliner vers une simplicité d'âme primitive (p. 151). Quelques comparaisons de passages ont été données à l'appui de cette thèse. — Cf. nᵒˢ 2424 et 2706.

2709. DARBON (A.). — La rencontre de Montaigne et de Pascal. (*Actes de l'Acad. de Bordeaux*, 5ᵉ sér., IX : 1932-1933, pp. 322-31).

Quoi de plus émouvant dans l'histoire littéraire que la rencontre de deux grands esprits qui s'interrogent sur le sens de la vie, même s'ils en viennent à se séparer devant l'incompatibilité de leurs sentiments ? C'est ce qui est arrivé pour Pascal vis-à-vis de Montaigne.

2710. BLIN (G.). — Le sens profond de la critique de Montaigne par Pascal. (*Fontaine*, 1943, nᵒ 29, pp. 374-79).

2711. CHAMBERS (Frank M.). — Pascal's Montaigne. (*P.M.L.A.*, LXV : 1950, pp. 790-804).

Pascal a jugé très sévèrement Montaigne, et pourtant il a trouvé avec lui un guide assez semblable à celui que Dante, pour sa *Divine Comédie*, avait rencontré dans Virgile.

2712. JULIEN-EYMARD D'ANGERS (le P.). — Montaigne. — Pp. 16-24 et 74-75 de : — L'Apologétique en France de 1580 à 1670 : Pascal et ses précurseurs... — *Paris, Nouvelles Editions Latines*, 1954, in-8ᵒ, 243 pp. — (*Le Monde catholique*).

Ce que Pascal, apologiste, a pu conserver des *Essais* ; ce qu'il en a rejeté.

2713. SPOERRI (Theophil). — [Montaigne et Pascal]. — Pp. 56-68 de : — Der verborgene Pascal. Ein Einführung in das Denken Pascals als Philosophie für den Menschen von Morgen... — *Hamburg, Furche-Verlag* (1955), in-16, 212 pp.

Sur la nature et l'étendue de la dette de Pascal envers Montaigne.

2714. AUERBACH (Erich). — La teoria politica di Pascal. (*Studi fr.*, I : 1957, nᵒ 1, pp. 26-42).

Celle-ci dérive en grande partie de Montaigne.

2715. DUVIARD (F.). — Pascal a-t-il plagié Montaigne ? (*Rev. univers.*, LXVI, 1957, pp. 146-58).

Question à laquelle il semble assez difficile de répondre catégoriquement. En effet, les « parallélismes » d'expressions existant entre les deux auteurs ne prouvent nullement — compte tenu de la « morale littéraire » de cette époque — que l'un avait voulu plagier l'autre.

2716. LAFUMA (L.). — Eclaircissement d'une référence pascalienne à Montaigne. (*B.S.A.M.*, 3ᵉ sér., nᵒ 11-12, 1959, pp. 44-46).

Au sujet d'une phrase de Pascal dans laquelle il est fait allusion à « un remarquable exemple de la *vanité* d'une querelle », et que précède le chiffre d'une page (751) de l'éd. de 1652 des *Essais*. (*Voir* nᵒ 2706).

2717. COURCELLE (P.). — Pascal lecteur des « Essais ». — Pp. 95-105
de : — L'Entretien de Pascal et Sacy, ses sources et ses énig-
mes. Texte, notes et commentaire... — *Paris, J. Vrin*, 1960,
in-8°, 183 pp. — (*Bibliothèque des textes philosophiques*).

Dans cette édition critique de l'*Entretien*, P. Courcelle signale 53 références qu'il a prises dans Montaigne et qu'il considère comme autant de
sources pour Pascal, affirmant qu'« à part trois ou quatre, elles sont
toutes sûres » (p. 95).

2718. PETIT (L.). — Le chevalier de Méré introducteur de Pascal
aux « Essais » de Montaigne. (*B.S.A.M.*, 3ᵉ sér., n° 16, 1960,
pp. 42-58).

Pascal a été « nourri de Montaigne » que, tout compte fait, il tenait en
grande estime. C'est un de ses amis, le chevalier de Méré, qui serait à
l'origine de l'initiation de Pascal à la connaissance du moraliste, en lui
mettant en mains un exemplaire de l'éd. de 1652 des *Essais* (p. 57). (Cf.
n° 2706).
= C.R. : — G. Mombello (*Studi fr.*, VI : 1962, n° 17, p. 338). =

2719. TOFFANIN (Giuseppe). — Pascal e Montaigne. — Pp. 35-41 de :
— Italia e Francia. — *Bologna, Zanichelli*, 1960, in-8°, VIII-
75 pp.

2720. FEYTAUD (J. de). — Le joueur de paume. (*B.S.A.M.*, 3ᵉ sér.,
n° 19, 1961, pp. 40-48).

Aspects particuliers de la dette contractée par Pascal envers Montaigne.
Sur bien des points, son « art de persuader » recueille la leçon de celui
qu'il appelle « l'incomparable auteur de l'*Art de conférer* » (cf. n° 3071).
= C.R. : — G. Mombello (*Studi fr.*, VI : 1962, n° 18, p. 540). =

2721. MESNARD (J.). — De la « diversion » au « divertissement ».
(*Mémorial* 1963, pp. 123-28).

« Comment le chapitre *De la diversion* (*Essais*, III, 4) a pu donner naissance, d'une façon lointaine mais indiscutable et comme nécessaire, au
grand thème pascalien du *divertissement* » (p. 123).

2722. MAEDA (Yôichi). — Montaigne et le premier jet du fragment
pascalien sur les « deux infinis ». (*B.S.A.M.*, 4ᵉ sér., n° 1, 1965,
pp. 6-26).

Le premier jet de ce passage se distingue nettement de la rédaction définitive par sa correspondance beaucoup plus affirmée avec le texte de
Montaigne. — L'étude, qui a pour but de faire « saisir pour ainsi dire sur
le vif la génèse et la transformation du célèbre fragment » (p. 8), est
enrichie de la reproduction en fac-sim. du Ms. de Pascal.
= C.R. : — R. Campagnoli (*Studi fr.*, X : 1966, n° 30, pp. 543-44). =

2723. HELLER (Lane M.). — La correction fraternelle à propos de
quatre lignes du Pari de Pascal, rapprochées d'un passage des
« Essais » de Montaigne. (*XVIIᵉ s.*, 1969, n° 83, pp. 17-24).

Ces quatre lignes, dans le manuscrit du Pari, suivent immédiatement le
fameux : « Si vous gagnez, vous gagnez tout... » Elles traitent de l'avertissement charitable que l'on donne à son prochain pour le préserver de
certains défauts (*correction fraternelle*). Comme source de cette idée, le
Dʳ Heller propose un passage du chap. *De l'Art de conférer* (*Essais*, III, 8).

2724. CROQUETTE (B.). — Pascal et Montaigne. Etude des réminiscences des *Essais* dans l'œuvre de Pascal. — *Genève, Droz ; Paris, Minard*, 1974, in-8°, v-188 pp. — (*Histoire des idées et critique littéraire*, vol. 142).

Comme il l'annonce dans son introduction, l'auteur s'est attaché à relever et à examiner les réminiscences *textuelles* des « Essais », dont la présence peut être reconnue dans les *Pensées*. L'enquête, méthodiquement conduite, a permis de mettre en lumière des « souvenirs » de Montaigne qui, jusque là, avaient échappé aux investigations des commentateurs de Pascal.
= C.R. : — Cl. Blum (*B.S.A.M.*, 5ᵉ sér., n° 13, 1975, pp. 63-68) ; — G.V. (*Bibliogr. de la phiols.*, XXII : 1975, p. 263). =

2725. HELLER (Lane M.). — Note on a pensée (Brunschvicg, 107) : Pascal and Montaigne. (*Orbis Litterarum*, XXIX, 1974, pp. 216-20).

Sur la source de cette pensée que, selon le Dʳ Heller, on doit trouver dans un passage de l'essai II, 1 (*De l'inconstance de nos actions*) et non pas dans l'*Apologie*, comme l'indique Brunschvicg.

2726. COCHRAN (Judith Pfau). — *Entretien de Pascal et Sacy sur Epictète et Montaigne*. Montaigne's influence on the Pascal of 1655. — Diss. Duke Univers., 1974, 207 pp. — (*Diss. Abstr. Int.*, XXXV : 1974-1975, n° 8 [February], p. 5393-A).

2727. GLAUSER (A.). — Montaigne et le « roseau pensant » de Pascal. (*Romanic rev.*, LXVI : 1975, n° 4, pp. 263-68).

« Il n'est pas dans les habitudes de Pascal de rechercher une métaphore éclatante ». Comme bien d'autres qui existent pourtant chez lui, celle du « roseau pensant » paraît être un souvenir de Montaigne, puisqu'elle reproduirait l'idée contenue dans l'épithète *calamiteux*, chère à Montaigne quand il parle de l'homme (de *calamus* = roseau).

## XVIIIᵉ siècle

2728. CAJOT (Dom Joseph), bénédictin. — Des Emprunts de M. Rousseau sur Michel de Montagne. — Pp. 119-58 de : — Les Plagiats de M. J.J.R[ousseau] de Genève, sur l'éducation. « Grandia verba ubi sunt ? Si vir es, ecce nega ». *Martial. L. 2. Epigr...* — *La Haye ; et se trouve à Paris, chez Durand*, 1766, in-12, XXIII-378 pp.

C'est dans le chap. IV de ce traité que Dom Cajot s'est efforcé de démontrer que Rousseau avait puisé dans Montaigne une grande partie de ses théories sur l'éducation, et qu'il avait travesti d'un coloris moderne les éléments de ses emprunts » pour s'en approprier le mérite » (p. 121). — Cf. n° 2730.

2729. KRÜGER (Gustav). — Fremde Gedanken in J.-J. Rousseaus ersten Discours. (*Archiv*, XLVI : 1891, t. 86, pp. 259-76).

Recherche des emprunts faits à Montaigne par Rousseau pour son *Discours sur les sciences et les arts*.

2730. VILLEY (P.). — [L'influence de Montaigne et de Locke sur les idées pédagogiques de Rousseau]. — Pp. 105-258 de : — L'influence de Montaigne sur les idées pédagogiques de Locke et de Rousseau... (n° 2874).

Si le système pédagogique de Rousseau provient en très grande partie de celui de Montaigne (et parfois aussi de celui de Locke), on ne saurait voir dans l'auteur de l'*Emile* le plagiaire que veut nous présenter Dom Cajot (n° 2728), attendu que Rousseau, à aucun moment, ne cherche à dissimuler ses dettes, et qu'en outre son naturalisme sensuel constitue une véritable marque d'autonomie.

2731. DELARUELLE (L.). — Les sources principales de J.J. Rousseau dans le premier Discours à l'Académie de Dijon. (*R.H.L.F.*, XIX : 1912, pp. 245-71).

Parmi « les principales lectures dont on retrouve le souvenir direct ou l'influence lointaine » dans ce Discours, on doit noter celle de Montaigne envers lequel Rousseau a contracté une dette d'importance (pp. 263-69).

2732. PLATTARD (J.). — André Chénier et Rabelais. (*Rev. du XVI<sup>e</sup> s.*, II : 1914, pp. 196-99).

L'auteur remarque qu'en dehors de Rabelais, l'écrivain de la Renaissance française le plus goûté par Chénier était Montaigne dont il appréciait au plus haut point l'indépendance d'esprit comme la force de l'expression.

2733. COURTEAULT (P.). — Montaigne et l'Académie de Bordeaux. (*Actes de l'Acad. de Bordeaux*, 5<sup>e</sup> sér., IX : 1932-1933, pp. 313-22).

Prestige de Montaigne en France au XVIII<sup>e</sup> siècle et activité de l'Académie de Bordeaux pour en réaliser l'extension (les souvenirs bibliophiliques, le concours académique de 1772-1774 et la publicité faite par François de Neufchâteau pour l'exemplaire autographe en dépôt chez les Feuillants).

2734. SCHALK (Fritz). — Einleitung in die Encyklopädie der franzosischen Aufklärung. — *München, Max Huber*, 1936, in-8°, 151 pp. — (*Münchner Romanistische Arbeiten*, VI).

Avec les autres humanistes de son temps, Montaigne est un des précurseurs du mouvement philosophique du XVIII<sup>e</sup> siècle (*passim*).

2735. KELLER (Abraham C.). — Plutarch and Rousseau's first *Discours*. (*P.M.L.A.*, LIV : 1939, pp. 212-22).

Dans le *Discours sur les sciences et les arts*, Rousseau utilise souvent Plutarque, mais en général c'est chez Montaigne qu'il a relevé cette source. — *Voir* n° 2729.

2736. Deux réminiscences de Montaigne dans Beaumarchais [*Le Barbier de Séville*, acte I<sup>er</sup>, sc. 2, et acte II, sc. 13]. (*B.S.A.M.*, 2<sup>e</sup> sér., n° 10, 1941, p. 19).

2737. DRÉANO (Chanoine M.). — La renommée de Montaigne en France au XVIII<sup>e</sup> siècle. 1677-1802. — *Angers, Editions de l'Ouest*, 1952, in-8°, 589 pp.

Ouvrage réalisant la liaison entre celui d'A.M. Boase (n° 2648) et celui de D.M. Frame (n° 2756). C'est une étude solidement documentée sur la fortune de Montaigne au siècle des philosophes, sur ses admirateurs, ses

critiques, ses opposants, ainsi que sur la diffusion de son œuvre (éd. des *Essais*, mise au jour en 1774 du *Journal de voyage*). — « Dans la mesure où un chercheur peut épuiser un sujet, il se pourrait que l'auteur ait été ici assez près du but ». On doit retenir cependant que M. Dréano « n'étudie pas l'influence de Montaigne mais simplement sa renommée. Nous le regrettons un peu » (H.B. dans *Neophilologus*).
= C.R. : — *Figaro litt.*, 10 mai 1952, p. 8 ; — A.C. Keller (*B.H.R.*, XV : 1953, n° 2, pp. 255-56) ; — M. Rat (*B.S.A.M.*, 2e sér., n° 16, 1953-1954, pp. 92-94) ; — D.M. Frame (*Romanic rev.*, XLV : 1954, n° 2, pp. 142-45) ; — H.B. (*Neophilologus*, XXXVIII : 1954, n° 2, pp. 149-50) ; — R. Lebègue (*Rev. des sc. hum.*, 1954, n° 76, pp. 425-28) ; — Ch. Dédéyan (*R.H.L.F.*, LV : 1955, pp. 73-75) ; — N. Stuckling (*Erasmus*, VIII : 1955, pp. 530-33) ; — J. Sartenaer (*Lettres romanes*, X : 1956, pp. 118-19). =

2738. — Montaigne dans les bibliothèques privées en France au XVIIIe siècle. (*C.A.I.E.F.*, n° 14, mars 1962, pp. 255-62).

Inventaire de 542 bibliothèques privées françaises, susceptibles d'avoir possédé les ouvrages de Montaigne. — Recherche fastidieuse qui n'a peut-être pas dégagé tous les résultats espérés.
= C.R. : — G. Mombello (*Studi fr.*, VI : 1962, n° 18, p. 538). =

2739. MICHEL (P.). — Montaigne et Marivaux. (*B.S.A.M.*, 3e sér., n° 21, 1962, p. 61).

Montaigne, un des auteurs favoris de Marivaux. — *Voir* aussi le n° 2449.

2740. PIRE (Georges). — Jean-Jacques Rousseau lecteur de Pierre Charron. (*Rev. de litt. comp.*, XXXVI : 1962, pp. 481-94).

Etude comparative de ces deux influences sur Rousseau, celle de Charron et celle de Montaigne.

2741. BRUSH (Craig B.). — Montaigne and Bayle : variations on the theme of skepticism. — Diss. Columbia Univers., 1963, 650 pp. — (*Diss. Abstr.*, XXV : 1964-1965, n° 1 [July], p. 469). — Publ. en vol. : — *The Hague, Martinus Nijhoff*, 1966, in-8°, XI-361 pp. — (*Archives internationales d'histoire des Idées*, 14).

Comment le scepticisme s'est développé chez Montaigne et chez Bayle, entre lesquels on découvre de nombreuses affinités. Pourtant leur parenté est moins étroite qu'on ne le dit parfois, car les fondements de la pensée de Bayle ne sont pas les mêmes que ceux de la pensée de Montaigne, et d'autre part C.B. Brush insiste sur l'absence visible dans le *Dictionnaire* d'un article consacré à Montaigne. (On trouve à l'appendice I du présent ouvrage une reproduction avec commentaires des sentences de la « librairie » [pp. 332-37], et l'appendice II réunit les passages de Bayle où se marque l'influence de Montaigne : il y en a au total 123 qui sont incontestables).
= C.R. : — D.M. Frame (*B.S.A.M.*, 4e sér., n° 11, 1967, pp. 52-53) ; — E. Labrousse (*R.H.L.F.*, LXVII : 1967, p. 631) ; — E. Marcu (*B.H.R.*, XXIX : 1967, n° 1, pp. 287-89) ; — W.H. Barber (*French st.*, XXII : 1968, pp. 327-28) ; — F. Schalk (*Romanische Forschungen*, LXXX : 1968, pp. 500-01). =

2742. SCHWARTZ (Jerome). — Diderot and Montaigne : the *Essais* and the shaping of Diderot's humanism. — Diss Columbia Univers., 1965, 256 pp. — (*Diss. Abstr. Int.*, XXVIII : 1967-1968, n° 12 [June], p. 5028-A). — Publ. en vol. : — *Genève, Droz*, 1966, in-8°, 158 pp.

Le livre de Montaigne, que Diderot a dû lire vraisemblablement toute sa vie, exerça une influence plus ou moins directe sur l'encyclopédiste, car on trouve chez lui bien souvent des tendances de pensée et surtout une esthétique littéraire qui avaient appartenu au moraliste et que Diderot n'a pas manqué de transformer et d'adapter selon ses goûts. (Cf. le naturalisme de Montaigne dans les *Cannibales* et celui de Diderot dans le *Supplément au voyage de Bougainville*).

= C.R. : — Frieda S. Brown (*French rev.*, XL : 1966-1967, n° 5, pp. 706-07) ; — D.M. Frame (*B.S.A.M.*, 4e sér., n° 11, 1967, pp. 53-54) ; — E. Marcu (*B.H.R.*, XXIX : 1967, n° 2, pp. 513-15) ; — G. May (*Romanic rev.*, LIX : 1968, n° 2, pp. 139-42) ; — R. Niklaus (*French st.*, XXII : 1968, pp. 69-71) ; — J. Undank (*M.L.N.*, LXXXIII : 1968, pp. 642-45) ; — C. Fleuret (*R.H.L.F.*, LXIX : 1969, pp. 305-07) ; — G. Nakam (*XVIIIe s.*, II : 1970, pp. 358-60). =

2743. SILBER (Ellen S.). — Rousseau and Montaigne : the evolution of a literary relationship. — Diss. Columbia Univers., 1968, 165 pp. — (*Diss. Abstr. Int.*, XXX : 1969-1970, n° 6 [December], pp. 2499/2500-A).

Traite chronologiquement des variations de l'influence de Montaigne sur Rousseau aux différentes étapes du développement de celui-ci comme écrivain et comme penseur.

2744. MOUREAU (F.). — Montaigne à l'aube du siècle des Philosophes. (*B.S.A.M.*, 4e sér., n° 22-23, 1970, pp. 49-55).

Influence « souterraine » de Montaigne durant la période située entre la mise à l'Index de son livre (1676) et la parution de la première édition de Coste (1724), qui devait « redonner une vigueur nouvelle à la renommée de l'auteur des *Essais* » (p. 52).

= C.R. : — *Studi fr.*, XVI (1972), n°s 47-48, p. 457. =

2745. WEBER (Marie Louise). — Présence de Montaigne dans les Rêveries de Rousseau. — Diss. Rice Univers., 1970, 225 pp. — (*Diss. Abstr. Int.*, XXXI : 1970-1971, n° 6 [December], p. 2945-A).

Etude des « dernières attitudes que Montaigne et Rousseau ont adoptées pour résoudre bon nombre de leurs problèmes à la fin de leur vie ». Affinités de pensée se révélant entre eux sur certaines de ces questions, dans une confrontation attentive des *Rêveries du promeneur solitaire* et des *Essais*.

2746. BOMER (John Meeks). — The presence of Montaigne in the Lettres persanes. — Diss. Univers. of Wisconsin, 1970, 277 pp. — (*Diss. Abstr. Int.*, XXXI : 1970-1971, n° 9 [March], p. 4755-A).

Admirateur de Montaigne, Montesquieu, devenu écrivain après avoir connu, lui aussi, quelques désillusions dans la magistrature, est resté sous l'influence de son grand prédécesseur. Ses Persans sont presque une réplique des Cannibales de Montaigne, et l'on découvre, dissimulé dans ses « Lettres », un auto-portrait qui, pour une bonne part, est inspiré de l'essayiste.

2747. FEYTAUD (J. de). — Lecture des Essais dans la Nouvelle Héloïse. (*B.S.A.M.*, 4e sér., n° 25-26, 1971, pp. 33-61).

Nombreuses sont les « correspondances par où nos deux auteurs s'entretiennent. Le détail même des textes fait surprendre en Rousseau un lecteur de Montaigne, aussi attentif que Pascal » (p. 41).

2748. FLEURET (Colette). — Montaigne et les écrits politiques de J.-J. Rousseau. (*B.S.A.M.*, 4ᵉ sér., nᵒ 25-26, 1971, pp. 63-66).

*Introduction* et *Conclusion* d'une thèse relative à l'influence de Montaigne sur l'œuvre politique de Rousseau.

2749. MYDLARSKI (Dʳ H.). — Vauvenargues critique de Montaigne. (*B.S.A.M.*, 4ᵉ sér., nᵒ 24, 1971, pp. 35-40).

Souvent très sévère, la critique de Vauvenargues à l'adresse de Montaigne se nuance parfois néanmoins de considérations favorables qui font comme un écho à celles de Voltaire.
= C.R. : — *Studi fr.*, XVI (1972), nᵒ 47-48, p. 457. =

2750. JACOEBÉE (P.). — Encore Marivaux et Montaigne. (*B.S.A.M.*, 5ᵉ sér., nᵒ 1, 1972, pp. 63-65).

Nouvel examen des « rapprochements possibles entre Marivaux et Montaigne », déjà effectués par P. Michel (nᵒˢ 2449 et 2739).

2751. MOUREAU (F.). — En prologue à la seconde querelle : Rabelais et Montaigne, « modernes » et « libertins » en 1711. (*B.S.A.M.*, 5ᵉ sér., nᵒ 1, 1972, pp. 11-23).

Utilisant le *Parallèle* de Dufresny, publié dans le *Mercure galant* de cette époque, l'auteur démontre que le début du XVIIIᵉ siècle a vu le renouveau de la faveur de Rabelais et de Montaigne, que venaient d'adopter les « modernes », alors qu'ils étaient condamnés comme « libertins » par certains représentants des « anciens ».

2752. — Montaigne au XVIIIᵉ siècle : de l'ère théologienne à l'ère de la sensibilité. (*B.S.A.M.*, 5ᵉ sér., nᵒ 7-8, 1973, pp. 59-73).

L'œuvre de Montaigne placée entre les hommes de lettres et les hommes d'Eglise : « cet étrange mélange de fascination et de répulsion exercé par les *Essais* sur le XVIIIᵉ siècle n'est pas l'un des aspects les moins étonnants de la fortune de Montaigne » (p. 73).

## *XIXᵉ siècle*

2753. FOUILLÉE (A.). — Les philosophes de la Gascogne : Montaigne, Montesquieu, Maine de Biran, et leur influence sur le développement de l'esprit moderne. Discours prononcé à la distribution des prix du lycée de Bordeaux, le 10 août 1867. — *Bordeaux, impr. de Gounouilhou*, 1867, in-8ᵒ, 11 pp.

2754. Gérard de Nerval et Montaigne. (*Intermédiaire*, XIV : 1881, col. 642).

Au sujet d'un passage de Montaigne transcrit dans *La main enchantée* (Œuvres de G. de Nerval, éd. Lévy, 1868, t. V, p. 255).

2755. SCHOLLMEYER (V.). — Gustav Flaubert in seinem Verhältnis zu Michel de Montaigne. — *Greifswald, Adler*, 1934, in-8ᵒ, 65 pp. — (*Diss. Greifswald*).

2756. FRAME (Donald M.). — Montaigne in France, 1812-1852. — *New York, Columbia University Press*, 1940, in-8°, XII-308 pp. — (*Diss. Columbia Univers.*).

Etude analytique de ce que fut en France la fortune de Montaigne pendant quarante années qui correspondent à la période romantique. L'attitude qu'ont alors prise les écrivains à l'égard de l'auteur des *Essais*, considéré tant dans sa personnalité que dans sa pensée et dans son style. Les nombreux signes de grande popularité qui devaient se manifester en sa faveur. Son influence sur Sainte-Beuve. — L'ouvrage est complété par une très riche bibliographie (n° 83).
= C.R. : — A.N. Wiley (*Books abroad*, XV : 1941, pp. 477-78) ; — H. Peyre (*Romanic rev.*, XXXII : 1941, n° 3, pp. 302-06) ; — W.G. Moore (*Mod. lang. rev.*, XXXVII : 1942, pp. 391-92) ; — P. Moreau (*R.H.L.F.*, LIII : 1953, pp. 239-40). =

2757. DE GRAAF (Daniel A.). — Rimbaud lecteur de Montaigne. (*Neophilologus*, XXXVIII : 1954, n° 3, pp. 166-68).

Le poète des *Chercheuses de poux* a toujours été plein d'enthousiasme pour les *Essais*, en particulier pour le chapitre *De la Vanité* (III, 9) dans lequel il devait découvrir des éléments d'inspiration, par exemple lorsqu'il a voulu chanter « la grandeur tragique de Paris, après la guerre et la Commune » (p. 168).

2758. KNECHT (Loring D.). — Sainte-Beuve en face de Montaigne et de Pascal. — Diss. Univers. of Wisconsin, 1957, 292 pp. — (*Diss. Abstr.*, XVII : 1956-1957, n° 11 [May], p. 2595).

Ce qu'ont représenté dans la vie intellectuelle de Sainte-Beuve les talents littéraires spéciaux de Montaigne et de Pascal, ainsi que leur attitude sociale et religieuse.

2759. RAT (M.). — Montaigne et Michelet. (*B.S.A.M.*, 3ᵉ sér., n° 13, 1960, pp. 42-46).

Il est arrivé à Michelet de formuler à propos de Montaigne des réserves parfois surprenantes ; et pourtant on ne saurait nier qu'il a su apprécier en lui un écrivain au style « exquis », et même le juger comme l'un des plus grands « poètes » de notre littérature.
= C.R. : — G. Mombello (*Studi fr.*, VI : 1962, n° 17, p. 337). =

2760. ZIMMERMAN (Melvin). — Baudelaire et Montaigne : les thèmes *Carpe diem* et *Vita brevis*. (*Romance notes*, VIII : 1966-1967, n° 2, pp. 197-99).

Influence possible de Montaigne (*Essais*, I, 20) sur Baudelaire dans la composition de la « bouffonnerie » *Un cabaret folâtre* et du petit poème en prose *Le tir et le cimetière* (*Spleen de Paris*, XLV), où il est fait allusion, comme dans Montaigne, aux macabres pratiques des Egyptiens.

2761. MOREAU (P.). — Vues sur Montaigne et les Romantiques français. (*B.S.A.M.*, 4ᵉ sér., n° 9, 1967, pp. 3-12).

Le rapprochement n'a rien de paradoxal malgré les apparences ; il existe même un important dossier sur la question (cf. n° 2756). Ici, l'auteur constate que Montaigne, à maintes reprises, a fait usage d'une « prose poétique » (n° 2383) dont les Romantiques ont pu constater la richesse et recueillir l'enseignement, depuis le précurseur J.-J. Rousseau jusqu'à l'auteur des *Mémoires d'Outre-Tombe*.
= C.R. : — R. Campagnoli (*Studi fr.*, XIII : 1969, n° 39, p. 536). =

2762. — Chateaubriand entre Montaigne et Pascal. (*C.A.I.E.F.*, n° 21, mai 1969, pp. 225-33).

Sur l'importance accordée aux deux écrivains par le Chateaubriand de *l'Essai sur les Révolutions*, du *Génie du Christianisme* et des *Mémoires d'Outre-Tombe*. (Communic. présentée au XXe Congrès de l'Association, le 26 juillet 1968).

2763. McFarlane (I.D.). — A note on the presence of Montaigne in the « Mémoires d'outre-tombe ». (*Mél. Herbert J. Hunt*, 1972, pp. 225-37).

2764. Suwala (Halina). — Zola lecteur de Montaigne. (*Kwart. Neofilol.*, XIX : 1972, pp. 257-70).

Apprentissage de la vérité humaine, auquel Zola s'est livré durant les années 1859-1862, et qu'il a cherchée dans Montaigne et dans Shakespeare.

2765. Lebègue (R.). — Essai sur Chateaubriand lecteur de Montaigne. (*Société Chateaubriand. Bulletin*, N.S., n° 16, 1973, pp. 54-63).

A propos de l'intérêt que Chateaubriand dût trouver à la lecture des *Essais* et du *Journal de voyage*, et du profit qu'il en a retiré. On estime d'ailleurs comme démontré que « presque toutes [ses] œuvres contiennent un hommage et un reflet des *Essais* » (p. 63).
= C.R. : — Petre Ciureanu (*Studi fr.*, XVIII : 1974, n° 54, pp. 565-66).=

2766. Françon (M.). — Note sur Flaubert et Montaigne. (*B.S.A.M.*, 5e sér., n° 10-11, 1974, p. 102).

Au sujet de deux citations de Montaigne dans la Correspondance de Flaubert.

2767. Wetherill (Peter M.). — Montaigne and Flaubert. (*Studi fr.*, XVIII : 1974, n° 54, pp. 416-28).

Similitude d'idées chez Montaigne et chez Flaubert, qui regardait l'auteur des *Essais* comme son « père nourricier » (*Correspondance*, IV, p. 33) [voir *op. cit.*, p. 421].

## XXe siècle

2768. Belleli (Maria Luisa). — Modernità di Montaigne. — Roma, *Formiggini*, 1933, in-8°, 196 pp.

Influence de Montaigne sur plusieurs auteurs français modernes (Anatole France, Barrès, Gide, Valéry, Proust).

2769. Guggenheim (Michel). — Gide and Montaigne [trad. angl. par Richard Strawn]. (*Yale French st.*, n° 7, 1951, pp. 107-14).

Sur l'importance qu'avait prise Montaigne pour Gide, lequel en goûtait profondément « la personnalité ondoyante et diverse », d'autant plus qu'il y avait bien du Montaigne chez l'auteur des *Nourritures terrestres*.

2770. RAT (M.). — Montaigne et Anatole France. (*B.S.A.M.*, 3e sér., n° 23-24, 1962, pp. 53-56).

Après avoir examiné l'opinion qu'Anatole France avait de Montaigne, M. Rat cite des remarques et des réflexions tirées de *La Vie littéraire, de Thaïs*, etc., lesquelles, à son avis, procèdent « plus ou moins, par les philosophes du XVIIIe siècle, de l'auteur des *Essais* » (p. 56).
= C.R. : — G. Mombello (*Studi fr.*, VII : 1963, n° 21, p. 539). =

2771. VITANOVITCH (S.). — André Gide et Montaigne. (*Filološki Pregled*, 1964, nos 3-4, pp. 127-42).

Publication sous forme d'essai d'un fragment inédit d'une thèse de doctorat sur Gide, dans laquelle l'auteur démontre qu'avec Dostoïevski, Montaigne est sans doute l'écrivain que Gide a le plus lu et le plus commenté.
= C.R. : — P. Jodogne (*Studi fr.*, X : 1966, n° 28, p. 182). =

2772. SHACKLETON (M.). — Gide lecteur de Montaigne. (*French st. in South Africa*, I : 1971-1972, pp. 48-59).

2773. MÜLLER (Chanoine A.). — François Mauriac et Montaigne. (*B.S.A.M.*, 5e sér., n° 2, 1972, pp. 5-9).

Si « apparemment, il existe fort peu de points de contact entre les deux écrivains », on doit pourtant reconnaître que Mauriac a bien été un lecteur de Montaigne, car en plusieurs endroits de son œuvre, il lui est arrivé de le mentionner, voire d'en faire des citations directes.

2774. LAGRANGE (A.). — Alain lecteur de Montaigne. (*B.S.A.M.*, 5e sér., n° 14-15, 1975, pp. 35-63).

Le livre des *Essais* a été pour Alain non seulement un but idéal de lecture et de commentaires, mais surtout une source d'inspiration, car il a tiré de sa pratique de Montaigne « des idées de toutes sortes, sur la morale et la religion, sur la politique, la sociologie et l'économie, sur l'esthétique, sur les passions humaines, sur la nature de l'homme et de l'esprit » (p. 41).

# En Angleterre

*Généralités*

2775. Cotton's translation of Montaigne. (*Notes & Qu.*, 6th ser., 1885, vol. XII, pp. 367 (C.E. Tyrer), 414 (E. Solly) et 473 (A. Wallis et C.E. Mathews).

2776. MAYHEW (A.L.). — Florio's Montaigne. (*Notes & Qu.*, 8th ser., 1893, vol. IV, p. 264).

Note relative à la traduction des *Essais* par Florio et à certaines réimpressions qui en ont été faites.

2776a. [NORTON (Miss Grace)]. — Florio's betrayal of Montaigne... (n° 1158).

2776*b*. PEACOCK (E.). — Florio's translation. (*Notes & Qu.*, 8th ser., 1893, vol. IV, p. 351).

2777. DIECKOW (Fritz A.F.). — John Florios englische Übersetzung der Essais Montaignes, und Lord Bacons, Ben Jonsons und Robert Burtons Verhältnis zu Montaigne. Inaugural-Dissertation... — *Strassburg, i. E., Buchdruckerei Hertzer, Hubert und Frisch.* 1903, in-8°, 118 pp.

Etude de la traduction des *Essais* de Montaigne par Florio, ainsi que des rapports existant entre Bacon, Ben Jonson, Robert Burton et le moraliste français.
= C.R. : — Ph. Aronstein (*Beiblatt zur Anglia*, XV : 1904, pp. 236-38). =

2778. ELTON (Charles I.). — Florio's translation. — Pp. 371-72 de : — William Shakespeare, his family and friends by the late Charles I. Elton, ed. by A. Hamilton Thompson, with a memoir of the author by Andrew Lang. — *New York, E.P. Dutton*, 1904, in-8°, x-521 pp.

2779. UPHAM (Alfred Horatio). — Montaigne. — Pp. 265-307 et 524-53 [*Appendix C*] de : — The French influence in English literature from the accession of Elizabeth to the Restoration. — *New York, Columbia University Press*, 1908, in-8°, x-560 pp. — (*Columbia University. Studies in comparative literature*).

Jugement mesuré de l'influence que Montaigne a pu exercer sur les écrivains anglais : Bacon, Ben Jonson, Sir Thomas Browne, Robert Burton, Sir William Cornwallis, William Drummond, Marston, Sir Walter Raleigh, Shakespeare et John Taylor. L'Appendice C renferme un certain nombre de passages parallèles entre Montaigne et six de ces auteurs.

2780. LEE (Sidney). — Montaigne. — Pp. 165-79 de : — The French renaissance in England, an account of the literary relations of England and France in the 16th century. — *Oxford, Clarendon Press*, 1910, in-8°, XXIV-494 pp.

Concerne l'influence de Montaigne en Angleterre, sur Bacon, Ben Jonson, Sir William Cornwallis et Shakespeare.

2781. VILLEY (P.). — Montaigne en Angleterre. (*R.D.M.*, 6e pér., 1913, t. XVII, 1er septembre, pp. 115-50).

Historique de l'influence de l'auteur des *Essais* en Angleterre, depuis la traduction de Florio (1603) jusqu'au xixe siècle.
= C.R. : — J. Plattard (*Rev. du XVIe s.*, II : 1914, p. 139). =

2782. L. — Montaigne anglo-saxon. (*J. des Débats*, 5 septembre 1913, p. 1).

Sur le succès remporté par Montaigne outre-Manche (à propos de l'étude précédente).

2783. VILLEY (P.). — Montaigne et les poètes dramatiques anglais du temps de Shakespeare. (*R.H.L.F.*, XXIV : 1917, pp. 357-93).

Importance de la traduction des *Essais* par Florio pour des dramaturges comme Marston et Webster qui y firent de nombreux emprunts, justifiés par les exemples que donne P. Villey. Par contre, au sujet de Shakespeare, il estime que les rapprochements proposés par Robertson (n° 2815) et quelques autres ne prouvent en rien une influence de Montaigne, mais plutôt « des coïncidences de pensée entre les deux écrivains » (p. 383). — *Voir* aussi le n° 2826.

2784. SQUIRE (J.C.). — G.B. Ive's translation of the *Essays*. (*The Observer*, Febr. 14, 1926, p. 5).

2785. MATTHIESSEN (Francis Otto). — Florio's Montaigne (1603). — Pp. 103-68 de : — Translation, an Elizabethan art. — *Cambridge, Harvard University Press*, 1931, in-8°, VII-232 pp.

Etude analytique des qualités et des défauts de la traduction de Florio, suivie d'un aperçu de la bonne fortune rencontrée par l'œuvre de Montaigne au XVII° siècle en Angleterre et de l'influence qu'elle y exerça.

2786. KOSKUL (A.). — L'offrande d'un traducteur : notes sur l'anglais de John Florio, traducteur de Montaigne. (*Rev. anglo-améric.*, IX : 1931-1932, pp. 287-304 et 508-24).

Où l'on montre J. Florio introduisant dans l'anglais de sa traduction un certain nombre d'acceptions et de termes nouveaux presque calqués sur le français de Montaigne.

2787. YATES (Frances A.). — The translation of Montaigne. — Pp. 213-45 de : — John Florio. The life of an Italian in Shakespeare's England. — *Cambridge University Press*, 1934, in-8°, VIII-364 pp.

Examen des caractéristiques de la traduction des *Essais* par Florio et recherche des différences de style entre le traducteur et son modèle.

2788. Montaigne in English. (*T.L.S.*, May 15, 1937, p. 377).

Compte rendu de la traduction des *Essais* que venait de donner en 3 volumes le professeur Jacob Zeitlin, et dont on goûtait vivement les mérites que faisait ressortir le « braggadocio » à peu près intolérable du style de Florio.

2789. SÁENZ HAYES (Ricardo). — La posteridad de Montaigne en Inglaterra. (*Boletin de la Acad. Argentina de Letras*, V : 1937, pp. 651-69). — Repris par l'auteur dans son *Miguel de Montaigne* (n° 431), pp. 330-42.

Réussite facile de l'œuvre de Montaigne en Angleterre, où elle a été bientôt traduite (Florio, puis Cotton), beaucoup lue et quelquefois adaptée (Shakespeare). L'étude montre la croissance de cette fortune depuis le début du XVII° siècle jusqu'à Byron et Thackeray.

2790. DÉDÉYAN (Ch.). — Montaigne chez ses amis anglo-saxons. Montaigne dans le romantisme anglais et ses prolongements victoriens. — *Paris, Boivin, s.d.* (1946), 2 vol. in-8°, 448 et 118 pp. — (*Etudes de littérature étrangère et comparée,* n° 18). — (*Thèse principale de lettres, Paris* 1944).

Le 1ᵉʳ vol. contient une étude de la fortune et de l'influence de Montaigne dans les milieux littéraires anglais et américains, de 1760 à 1900, et fait ressortir les principaux jugements que l'on y a portés sur lui. Le 2ᵉ vol. en constitue l'appendice, car il reproduit des textes justificatifs provenant de quelques-uns des intellectuels considérés dans la 1ʳᵉ partie.

Il est regrettable qu'un ouvrage de cette importance n'ait pas été gratifié d'une présentation meilleure. En effet, l'impression en est médiocre, les fautes typographiques parfois lourdes, et quant à la bibliographie qui se trouve au 2ᵉ vol. (pp. 91-105), elle est difficilement utilisable en raison de l'imprécision de certaines références, notamment celles relatives aux articles de périodiques.

= C.R. : — G.J.A. (*Rev. de Paris*, LIII : 1946, novembre, pp. 161-62) ; — R. Kemp (*Nouvelles litt.*, 8 août 1946, p. 3) ; — A.M. Schmidt (*Critique*, I : 1946, pp. 419-22) ; — J.M. Carré (*Rev. de litt. comp.*, XXI : 1947, pp. 306-09) ; — D.M. Frame (*Romanic rev.*, XXXVIII : 1947, n° 3, pp. 258-62) ; — H.C. Lancaster (*M.L.N.*, LXII : 1947, pp. 345-48) ; — G. Charlier (*Rev. belge de philol. et d'hist.*, XXVI : 1948, pp. 181-84) ; — M. Lecuyer (*French rev.*, XXI : 1947-1948, n° 4, pp. 330-31) ; — P. Moreau (*R.H.L.F.*, XLVIII : 1948, pp. 90-95) ; — J. Sartenaer (*Lettres romanes*, II : 1948, pp. 170-76). =

2791. — Les habits anglais de Michel de Montaigne. (*Rev. de l'Alliance franç.*, n° 19, juillet 1946, pp. 16-18).

Il s'agit des traductions de Flόrio (1603) et de Cotton (1685), ainsi que de l'utilisation par ce dernier des travaux du réfugié français, Pierre Coste. — Cette étude est extraite de la thèse précédente, dont elle forme le second chapitre

2792. Chartrain (D.). — Montaigne chez ses amis anglo-saxons. (*Le Mirail*, n° IV, mai 1948, pp. 6-8).

Sur l'influence de Montaigne en Angleterre. Travail effectué à partir de la thèse de Dédéyan par un élève bordelais de Mathématiques Sup. I.

2793. Policardi (Silvio). — Montaigne e Florio. (*Belfagor*, IV : 1949, pp. 716-21).

Les conditions dans lesquelles fut réalisée et publiée la traduction des *Essais* par Florio. Les principaux caractères de ce travail. L'accueil chaleureux que, malgré ses défauts, devaient lui réserver les lecteurs anglais, dont probablement Shakespeare à qui elle aurait suggéré certains motifs de *Hamlet* et de *The Tempest* (p. 721).

2794. Schirmer-Imhoff (Ruth). — Montaigne und die Frühzeit des englischen Essays. (*Germ.-roman. Monats.*, N.S., III : 1953, pp. 121-35).

Influence de Montaigne dans l'introduction de l'essai « en Angleterre. La dette envers lui des premiers essayistes anglais : Bacon, Cornwallis, Cowley, Temple, etc.

2795. Grève (Marcel de). — [Fortune de Rabelais et de Montaigne en Angleterre au xvıᵉ et au xvııᵉ siècles]. — Pp. 236-37 de : — L'interprétation de Rabelais au xvıᵉ siècle. Publié avec le concours de la Fondation Universitaire de Belgique. — *Genève, Droz*, 1961, in-4°, 312 pp. — (*Travaux d'Humanisme et Renaissance*, XLVII. — *Etudes rabelaisiennes*, III).

Les deux auteurs ont reçu un accueil nettement différent, Montaigne remportant un succès immédiat auprès du lecteur anglais, lequel par contre jugeait Rabelais incompréhensible.

## *Bacon*

2796. NORTON (Miss Grace). — Montaigne and Francis Bacon. (*The Spectator*, June 3, 1905, p. 817). — Extrait de : — The early writings of Montaigne... (n° 355, pp. 205-11).

Sans donner d'affirmation absolue sur ce point, l'auteur estime, en s'appuyant à la fois sur des faits historiques et des comparaisons de textes, que Bacon, qui était entré probablement en relations avec Montaigne, avait pu en subir l'influence à la faveur de leurs conversations.

2797. VILLEY (P.). — Montaigne a-t-il eu quelque influence sur François Bacon ? (*Rev. de la Renaissance*, XII : 1911, pp. 121-58 et 185-203 ; — XIII : 1912, pp. 21-46 et 61-82). — Tiré à part sous le titre : — Montaigne et François Bacon. — *Paris, Rev. de la Renaissance*, 1913, in-8°, 111 pp. ; — réimpr. : *Genève, Slatkine Reprints*, 1973, in-8°, 113 pp.

A la question ainsi posée, l'auteur répond lui-même en disant que « la fantaisie s'est donnée libre carrière » sur ce sujet. Bacon a sans doute connu et apprécié l'œuvre de Montaigne. Ses propres Essais ont peut-être subi son influence lointaine, mais « ils n'en sont pas sortis » (t. XII, p. 122).
= C.R. : — J. Plattard (*Rev. du XVIᵉ s.*, I : 1913, p. 453) ; — *R.H.L.F.*, XX (1913), p. 481. =

2798. TAFFE (Valentine). — Bacon et Montaigne essayistes. (*Rev. anglo-améric.*, I : 1923-1924, pp. 505-16).

Retiré chez lui en 1571, Montaigne se livre à des « méditations dispersées » qu'il transcrit dans un livre auquel il donne le nom d'*Essais*. C'est cette forme et ce nom qu'adoptera Bacon, un de ses premiers lecteurs, lorsqu'il voudra faire œuvre d'écrivain. Mais si, en de nombreux passages de ses *Essays*, se marque l'empreinte de Montaigne, il n'en reste pas moins que les deux essayistes se sont écartés manifestement l'un de l'autre par la nature de leur personnalité.

2799. SELBY (F.G.). — Bacon and Montaigne. (*Criterion*, III : 1925, pp. 258-77).

Malgré de nombreuses comparaisons effectuées entre des expressions de la pensée chez les deux philosophes, l'auteur n'a pu conclure à une influence déterminante de Montaigne sur Bacon.

2800. ZEITLIN (Jacob). — The development of Bacon's Essays, with special reference to the question of Montaigne's influence upon them. (*J. of engl. and germ. philol.*, XXVII : 1928, pp. 496-519).

L'auteur conteste toute idée d'influence du moraliste français sur Bacon, estimant que les caractères de similitude entre eux sont amplement compensés par les divergences.

## Shakespeare

2801. CAPELL (Edward). — Montaigne. — Vol. II (1780 [?]), part. IV, p. 63, de : — Notes and various readings to Shakespeare... — *London, printed by Henry Hughs for the Author*, 1779-1783 (?), 3 vol. in-4°.

C'est ici la première tentative que l'on ait faite de rapprocher une page de Montaigne (*Essais*, I, 31) d'un passage de Shakespeare (acte II, sc. 1, de la comédie *The Tempest*). — Cf. n° 2837.

2802. MADDEN (Sir Frederic). — Observations on an autograph of Shakspere, and the orthography of his name. Communicated to the Society of Antiquaries,... in a letter to John Gage, Esq. — *London, Thomas Rodd*, 1838, in-8°, 18 pp. — (Extrait de : *Archaeologia*, vol. XXVII, 1838, pp. 113-23).

Selon l'auteur, qui fut conservateur des Manuscrits au British Museum, l'existence de la signature de Shakespeare sur un exemplaire de la traduction de Florio renforce l'idée qu'on a pu avoir au XVIIIe siècle d'une influence de Montaigne sur le grand dramaturge anglais, et qu'avait fait naître la comparaison des deux passages précédemment indiqués (n° 2801). — L'authenticité de cette signature, formellement contestée par E. Maunde Thompson (n° 171), a néanmoins été admise par le bibliographe Samuel A. Tannenbaum (n°s 172 et 172a), tandis que, pour G. Percival Best, « la question reste indécise » (n° 179 : p. 36).

2803. [Vente à Londres de l'exemplaire du Florio de 1603 qui portait une signature attribuée à Shakespeare]. (*Bull. du bibl.*, 1838, p. 176).

Passage d'une lettre envoyée au Bulletin par la librairie Evans lequel annonçait la vente qu'il avait ainsi réalisée pour le prix de 100 livres st. (Le British Museum devait peu après faire l'acquisition de cet exemplaire).

2804. HUNTER (Joseph). — Michel de Montaigne and *The Tempest*. — Pp. 94-100 de : — A disquisition on the scene, origin, date, etc. of Shakespeare's Tempest. In a letter to Benjamin Heywood Bright, Esq... — *London, printed by C. Whittingham*, 1839, in-8°, 151 pp.

L'influence de Montaigne sur la comédie de Shakespeare, compte tenu de la datation qui est donnée de celle-ci (1596) et du fait que la traduction de Florio était connue plusieurs années avant sa parution.

2805. CHASLES (Philarète). — Michel Montaigne et Jacques Amyot étudiés par Shakspeare. (*J. des Débats*, 14 octobre 1846, pp. 2-3, et 7 novembre, pp. 2-3). — Repris sous le titre : *Shaks-*

*peare traducteur de Montaigne,* dans les deux ouvrages suivants : — 1 : Etudes sur W. Shakspeare, Marie Stuart et l'Arétin. Le drame, les mœurs et la religion au XVIe siècle. — *Paris, Amyot, s.d.* (1852), in-12, VIII-523 pp. [cf. pp. 161-87] ; — 2 : L'Angleterre au XVIe siècle... — *Paris, Charpentier,* 1879, in-18, 444 pp. [cf. pp. 115-39].

Ph. Chasles est à l'origine du mouvement qui, pendant d'assez longues années, fit de l'auteur des *Essais* l'inspirateur constant de Shakespeare : « Une fois sur la piste des études et des préférences de Shakspeare, nous retrouvons Montaigne à tout bout de champ dans *Hamlet,* dans *Othello,* dans *Coriolan ».* Les deux styles offrent beaucoup d'analogies : « Même saveur, même verdeur ; c'est la même fécondité de tours et d'images ». Chasles se propose en outre de faire apparaître « l'étude philosophique de l'humanité entreprise par Shakspeare sous la direction de Montaigne ». — (Le caractère nettement exagéré d'une semblable opinion devait être souligné par de nombreux critiques du XXe siècle).

2806. MACRAY (J.). — *The Tempest* and Montaigne. (*Notes & Qu.,* XXXII, Sept. 2, 1865, p. 186).

2807. STEDEFELD (G.F.). — Hamlet : ein Tendenzdrama Shakespeares gegen die skeptische und kosmopolitische Weltanschauung des Michael de Montaigne... — *Berlin, Paetel,* 1871, in-8o, IV-94 pp.

Etude des rapports entre Shakespeare et Montaigne, envisagés, cette fois, sous un jour entièrement nouveau. Selon l'auteur, en effet, la tragédie de *Hamlet* aurait été imaginée pour combattre la conception que Montaigne avait eue du monde et pour faire l'apologie d'un christianisme pratique face au scepticisme de Hamlet (et de Montaigne, bien entendu).

2808. LUDWIG (Otto). — Shakespeare und Montaigne. — Pp. 372-75 de : — Shakespeare Studien, aus dem Nachlasse des Dichters herausgegeben von Moritz Heydrich. — *Leipzig, Carl Cnobloch,* 1872, in-16, CXV-542 pp.

Dans ces pages, O. Ludwig insiste sur cette « remarquable ressemblance » que l'on trouve dans les raisonnements des deux écrivains, ce qui l'amène à demander : « Un drame de Shakespeare n'est-il pas en quelque sorte un essai de Montaigne transformé en action et en parole ? (p. 373) ». Et il prend comme exemple *Hamlet* dont le personnage principal pourrait avoir son prototype dans le Montaigne de l'essai *Que philosopher c'est apprendre à mourir* (I, 20).

2809. ELZE (Karl). — Montaigne's influence on Shakespeare. — Chap. I de : — Essays on Shakespeare, translated with the author's sanction by L. Dora Schmitz. — *London, Macmillan,* 1874, in-8o, VI-379 pp.

2810. FEIS (Jacob). — Shakspere and Montaigne. An endeavour to explain the tendency of « Hamlet » from allusions in contemporary works... — *London, K. Paul, Trench & Co,* 1884, in-8o, VIII-210 pp. — Réimpr. fac-sim. : *Genève, Slatkine,* 1970, in-8o, VIII-211 pp.

De l'avis de l'auteur — qui reprend, en les renforçant, les idées de Stedefeld (no 2807), — Shakespeare a bien été un lecteur assidu de Montaigne,

mais il en aurait désapprouvé la philosophie, et même il aurait écrit *Hamlet* afin surtout de la réfuter.
= C.R. : — *Het Toonel*, XIV (1885), pp. 193-96. =

2811. BLIND (Karl). —- Hamlet et Montaigne. (*Rev. internationale*, I : 1884, t. IV, pp. 721-31). — Traduit de l'allemand (voir : *Magazine f. die Literatur des In-und Auslandes*, 1884, t. CVI, pp. 717-21).

La question Shakespeare-Montaigne considérée dans le même sens que J. Feis (n° 2810) dont la thèse est vivement appréciée.

2812. WAITES (Alfred). — Montaigne-Florio-Shakespeare. (*Shakespeariana*, VIII : 1891, pp. 87-94 et 153-63).

Examen de la pensée de Montaigne (pp. 87-94) et de la traduction des *Essais* par Florio (pp. 153-57), avant que soit abordée la partie principale de cette étude : l'influence, jugée vraisemblable, de Montaigne sur Shakespeare (pp. 157-63), pour la démonstration de laquelle ont été présentés des passages parallèles tirés des deux écrivains, et, dans l'œuvre de Shakespeare, d'*As you like it*, de *The Tempest* et surtout de *Hamlet*.

2813. Shakespeare's Montaigne. (*Scribner's mag.*, VII : 1893, t. XIV [July], pp. 130-31).

Sur le caractère d'immortalité de la traduction de Florio, pour la raison essentielle qu'un exemplaire en a appartenu à Shakespeare et que ce dernier y a puisé certains éléments de son œuvre dramatique.

2814. BAILEY (Sir William H.). — Shakespeare and Montaigne. — *Manchester, Herald & Walker* (1895), in-8°, 21 pp.

L'auteur soutient que le livre de Montaigne a exercé une influence considérable sur ce qu'on peut appeler le côté philosophique de l'esprit de Shakespeare, comme il est visible dans *Hamlet*, *Julius Caesar*, *The Tempest*, et d'autres pièces postérieures à l'an 1600 (p. 8). — (Discours prononcé, le 23 avril 1895, au Manchester Arts Club pour l'anniversaire de Shakespeare).

2815. ROBERTSON (John M.). — Shakespeare and Montaigne. (*Free rev.*, 1896, t. VI, pp. 363-81, 476-94, 587-608 ; — t. VII, pp. 56-70). — Publié en vol. sous le titre : — Montaigne and Shakespeare. — *London University Press*, 1897, in-8°, 169 pp. — Réimpr. aux pp. 3-231 de : — Montaigne and Shakespeare, and other essays on cognate questions. — *London, Adam & Charles Black*, 1909, in-8°, VII-358 pp. — Cette dernière publication a elle-même fait l'objet des réimpr. suivantes : — *New York, Burt Franklin*, 1969, in-8°, 358 pp. ; — *Genève, Slatkine*, 1971, in-8°, VIII-359 pp.

Dans cette étude célèbre et souvent controversée, l'auteur s'efforce de démontrer que Shakespeare devrait le développement de son esprit à l'étude qu'il a faite de Montaigne, dont il a adopté la couleur de pensée comme il apparaît dans certaines de ses œuvres, *Hamlet* ou *Macbeth* par exemple.
= C.R. : — A. Brandl (*Shakesp. Jahr.*, XXXV : 1899, pp. 313-14) ; — R.W. Bond (*Mod. lang. rev.*, V : 1910, pp. 361-70). =

2816. COLLINS (John C.). — Shakespeare and Montaigne. (*Saturday rev.*, XLIII : 1897, t. LXXXV, pp. 850-51). — Repris, pp. 277-96, dans : — Studies in Shakespeare... — *London, E.P. Dutton*, 1904, in-8°, xv-380 pp.

> Etude critique de l'ouvrage de Robertson, dans laquelle J.C. Collins expose les raisons pour lesquelles il ne peut suivre la thèse avancée par ce littérateur.

2817. TYLER (Thomas). — Hamlet and Montaigne. (*The Academy*, July 9, 1898, p. 45).

> Lettre à la revue, suggérée par le C.R. donné dans celle-ci sur l'ouvrage de M.E. Lowndes (n° 348), et relative spécialement à l'influence (jugée probable) de Montaigne sur le Shakespeare de *Hamlet*.

2818. HAZLITT (William Carew). — Montaigne. — Pp. 155-64, 174-76, 258-59, 271... dans : — Shakespear... — *London, Bernard Quaritch*, 1902, in-8°, XXXII-288 pp.

> Hazlitt est persuadé que Shakespeare a bénéficié de la pensée de Montaigne, étant donné les traces que l'on peut retrouver de sa lecture des *Essais* en particulier dans *The Merchant of Venice, Measure for measure, Hamlet* et *The Tempest*. Mais les comparaisons de textes donneraient à penser que le poète a eu recours davantage à une édition française qu'à la version anglaise de Florio (p. 259).

2819. HOOKER (Elizabeth R.). — The relation of Shakespeare to Montaigne. (*P.M.L.A.*, XVII : 1902, pp. 312-66).

> Etude de cette question au sujet de laquelle l'auteur admet une utilisation des *Essais* par Shakespeare qui a pu transformer en poésie tout ce qu'il y a trouvé à son goût, sans pour autant être devenu un disciple philosophique de Montaigne. Nombreux passages parallèles offerts en appendice (pp. 350-66).

2820. ANDERS (Heinrich R.D.). — The influence of Montaigne on Shakespeare. — Pp. 51-55 de : — Shakespeare's books : a dissertation on Shakespeare's reading and the immediate sources of his works... — *Berlin, George Reimer*, 1904, in-8°, xx-316 pp. — Réimpr. fac-sim. : *New York, AMS Press, Inc.*, 1965, in-8°.

2821. LEE (Sidney). — [Influence de Montaigne sur Shakespeare]. — Pp. 310 et 318-20 de : — Great Englishmen of the sixteenth century... 2th edition. — *London, Constable*, 1907, in-16, XXIII-333 pp.

> Sans adopter entièrement les conclusions de Robertson, S. Lee reste convaincu que Shakespeare s'est inspiré de l'essai *Des Cannibales* pour donner dans *The Tempest* la description que fait Gonzalo d'un état socialiste idéal.

2822. KELLNER (Léon). — Shakespeare und Montaigne. (*Deutsche Rundschau*, 1910, t. CXLIII, pp. 140-53).

> Examen très réservé des hypothèses de Stedefeld (n° 2807) et de Feis (n° 2810), ainsi que de la théorie de Robertson (n° 2815). Les deux premières sont considérées par Kellner comme dépourvues d'autorité. En ce qui

concerne la troisième, elle paraît excessive, car la lecture des *Essais* a pu être bienfaisante pour Shakespeare, sans forcément l'entraîner à réaliser les emprunts directs et considérables dont il est question.

2823. KROPF (L.). — Montaigne and Shakespeare. (*Magyar Shakespeare-tár*, IV : 1911, pp. 58-62).

2824. GILBERT (Allen H.). — Montaigne and « The Tempest ». (*Romanic rev.*, V : 1914, n° 4, pp. 357-63).

L'analogie entre un « cannibale » de Montaigne et le Caliban de *The Tempest* est ici étudiée de très près ; elle donne même à penser que ce nom de Caliban pourrait être issu par métathèse de « Cannibal ».

2825. GREENWOOD (Sir Granville G.). — Shakespeare's indebtedness to Montaigne. — Pp. 125-27 et *passim* de : — Is there a Shakespeare problem ? With a reply to Mr. J.M. Robertson and Mr. Andrew Lang... — *London, New York, John Lane*, 1916, in-8°, XXIV-613 pp.

2826. VILLEY (P.). — Montaigne et Shakespeare. — Pp. 417-20 de : — A book of homage to Shakespeare, edited by Sir Israel Gollancz... — *London, The Shakespeare Association*, 1916, in-4°, XXX-557 pp., front.

Rejet catégorique des arguments de Miss Norton (n° 2634), Robertson (n° 2815) et Miss Hooker (n° 2819) dans cette étude où, pour conclure, il est fait usage de la formule mathématique suivante : « Cent zéros additionnés ensemble ne font toujours que zéro ». — *Voir* aussi le n° 2783.

2827. WATSON (Foster). — Shakespeare and two stories of Luis Vives. (*Nineteenth cent.*, XLIII : 1919, t. 85, pp. 297-306).

Au début de cet article (pp. 297-98), l'auteur discute de la question des emprunts que Shakespeare aurait pu faire à Montaigne. Assez sceptique en principe sur la valeur des « parallel passages », il admettrait pourtant la thèse d'une influence de l'essayiste français sur le dramaturge anglais, si l'on parvenait à établir l'authenticité de l'autographe qui figure sur l'exemplaire du British Museum. — *Voir* n° 2802.

2828. REA (John D.). — A note on *The Tempest*. (*M.L.N.*, XXXV : 1920, pp. 313-15).

Recherches en vue de fixer la position géographique de l'île dans laquelle Shakespeare a fait se dérouler cette comédie. Une référence à Montaigne s'est révélée indispensable.

2829. CHAMBRUN (Clara Longworth, comtesse de). — Giovanni Florio, un apôtre de la Renaissance en Angleterre à l'époque de Shakespeare. — *Paris, Payot*, 1921, in-8°, 227 pp., pl., portr., fac-sim. — (*Thèse de lettres, Paris* 1920).

Voir principalement : — 1ʳᵉ partie, chap. IV : *La traduction des Essais de Montaigne* : la vogue de Montaigne à la fin du XVIᵉ siècle en Angleterre où on réclamait la traduction des *Essais* ; les hésitations de Florio à l'entreprendre, pourtant bientôt conquis par son sujet ; jugements portés sur sa traduction à son époque et de nos jours (pp. 81-95) ; — 2ᵉ partie, chap. II : *Les concordances* : sur les emprunts faits par Shakespeare à la trad. de Florio ; passages parallèles cités concernant : *The Tempest, Measure for measure, Hamlet, King Lear, Julius Caesar, Macbeth, Romeo and Juliet*, etc. (pp. 148-62).

2830. AYNARD (J.). — Giovanni Florio, Shakespeare et Montaigne. (*J. des Débats*, 1er juillet 1921, p. 3).

Dans son examen de la thèse précédente, le critique s'interroge sur les possibilités qu'aurait eues Shakespeare de lire les *Essais* dans la traduction de l'Italien, et bien qu'un peu nuancée, sa conclusion ne laisse pas d'être positive.

2831. WIHAN (Josef). — Shakespeare und Montaigne. — Pp. 69-78 de : — Die Hamletfrage, ein Beitrag zur Geschichte der Renaissance in England... — *Leipzig, B. Tauchnitz*, 1921, in-8°, 89 pp.

2832. BARTLETT (Henrietta C.). — Montaigne. — Pp. 108-09 et 131 de : — Mr William Shakespeare, original and early editions of his quartos and folios ; his source books and those containing contemporary notices... — *New Haven, Yale University Press*, 1922, in-8°, XXVIII-214 pp. — Réimpr. : — *New York, Kraus Reprint Co.*, 1969.

2833. LOOTEN (Chanoine C.). — [Montaigne et Shakespeare]. — Pp. 272-79 de : — Shakespeare et la religion. — *Paris, Perrin*, 1924, in-16, 311 pp.

Sur le caractère plausible de l'influence de Montaigne dans la composition notamment de *La Tempête* et de *Hamlet*.

2834. CHAMBRUN (Clara Longworth, comtesse de). — Influences françaises dans la « Tempête » de Shakespeare. (*Rev. de litt. comp.*, V : 1925, pp. 37-59).

Les influences envisagées sont celles de Rabelais et surtout de Montaigne. Pour ce dernier, l'auteur insiste sur la « frappante similitude » que l'on remarque entre les textes correspondants, dans la comédie de Shakespeare et dans le chapitre *Des Cannibales*.

2835. TAYLOR (George Coffin). — Shakespeare's debt to Montaigne. — *Cambridge, Harvard University Press ; London, Milford*, 1925, in-8°, VI-66 pp. — Réimpr. : — *Brooklyn (N.Y.), Phaeton Press*, 1966, in-8°, 66 pp.

En s'appuyant sur des comparaisons de passages, G.C. Taylor soutient que, tant dans la pensée que dans l'expression, Montaigne a exercé sur Shakespeare une influence particulièrement importante qui s'est marquée tout au fond de lui-même depuis ses premières lectures des *Essais* présentés par Florio.
=C.R. : — *T.L.S.*, December 24, 1925, p. 895 ; — C.R. Baskerville (*Mod. philol.*, XXIII : 1925-1926, pp. 499-500) ; — E. Legouis (*Rev. de litt. comp.*, VI : 1926, pp. 538-39) ; — J.W. Tupper (*M.L.N.*, XLI : 1926, pp. 209-10) ; — C. Sprietsma (*Rev. des cours et conf.*, XXVIII : 1926-1927, n° 5, 15 février 1927, pp. 477-80). =

2836. CHAMBRUN (Clara Longworth, comtesse de). — [Montaigne, une des « sources de la documentation shakespearienne »]. — Pp.

233-38 et 245-47 de : — Shakespeare acteur-poète, avec une héliogravure et seize gravures hors-texte. — *Paris, Plon* (1926), in-8°, II-317 pp.

M^me de Chambrun estime que le nom de Caliban, dans *The Tempest*, est simplement « l'anagramme phonétique de *Cannibal* dont Montaigne s'est servi » (p. 233, — cf. n^os 2824 et 2860). Par ailleurs, elle a relevé une trentaine d'allusions ou d'emprunts à l'œuvre de Montaigne dans certaines pièces de Shakespeare (*Hamlet, le Roi Lear*, peut-être *Richard II*, mais avant tout *La Tempête*).

2837. TAYLOR (George Coffin). — The date of Edward Capell's *Notes and various readings to Shakespeare*, volume II. (*Rev. of English st.*, V : 1929, pp. 317-19).

Recherches en vue de déterminer la date exacte de parution de ce vol. II des *Notes* dans lequel on trouve (cf. n° 2801), et pour la première fois, l'indication d'une influence de Montaigne sur Shakespeare. Ce fut même là « le commencement d'un important mouvement » (p. 317).

2838. DUHOURCAU (F.) et HÉRISSON-LAROCHE. — Le génie de Shakespeare et le génie de Montaigne. (*Entretiens des Amis de Pascal*, VII : 1930, n° 23, mai-juin, pp. 158-64).

Comment Shakespeare et Pascal ont pu se rencontrer au « carrefour Montaigne » (p. 160).

2839. FRIPP (Edgar I.). — Montaigne and Shakespeare. — Pp. 152-53 et 159 de : — *Shakespeare studies, biographical and literary... — Oxford University Press ; London, Humphrey Milford*, 1930, in-16, x-176 pp., fig.

Il est certain que Shakespeare a fait usage du livre de Montaigne lorsqu'il a composé, par exemple, *Hamlet, The merry wives of Windsor, Troïlus and Cressida* ou *Measure for measure*. Mais il a éprouvé aussi le besoin de se servir de Montaigne lui-même, ce « petit aristocrate français à la moustache épaisse » (p. 153), et il l'a peint sous les traits du grotesque seigneur Jacques dans *As you like it*, une de ses premières comédies (*voir* n° 2846).

2840. TÜRCK (Susanne). — Shakespeare und Montaigne. Ein Beitrag zur Hamlet-Frage... — *Berlin, Junker und Dünnhaupt*, 1930, in-8°, II-160 pp. — (*Diss. Göttingen-Philos.*). — (*Neue Forschungsarbeiten zur Geitesgeschichte der germanischen und romanischen Völker*, 8).

Dans cette étude où d'abondantes comparaisons de textes ont été longuement examinées, la réalité d'une influence de Montaigne sur Shakespeare ne paraît pas devoir faire le moindre doute. Mais cette influence est particulièrement sensible dans *Hamlet*, la plus profonde des œuvres de Shakespeare, et celle qui fut écrite à l'époque où Montaigne venait de produire une forte impression sur le poète. Si donc il existe une correspondance d'idées entre les deux écrivains, c'est surtout là qu'elle peut être trouvée (cf. p. 24).
= C.R. : — T. Brooke (*J. of engl. and germ. philol.*, XXX : 1931, pp. 605-06) ; — H. Jantzen (*Beiblatt z. Anglia*, XLII : 1931, pp. 124-26) ; — Max J. Wolff (*Engl. Studien*, LXVI : 1931-1932, pp. 425-26) ; — H. de Groot (*English st.*, XIV : 1932, pp. 220-24) ; — R.A. Law (*Books abroad*, VI : 1932, p. 60) ; — H. Schöffler (*Deutsche Literat.*, LIII : 1932, col. 931-36) ; — A.E. Philippson (*Literat. f. germ. u. roman. philol.*, LIV : 1933, pp. 17-19) ; — H. de Groot (*Neophilologus*, XIX : 1934, n° 2, pp. 128-29). =

2841. MAY (Marcel). — Une influence possible de Montaigne sur Shakespeare dans *Henry V*, Acte IV, Scène I. (*Rev. anglo-améric.*, IX : 1931-1932, pp. 109-26).

Selon M. May, Shakespeare, pour ce passage de son drame, se serait inspiré de l'essai *De l'inégalité qui est entre nous* (I, 42). — Le travail débute par un court historique de la question Shakespeare-Montaigne.

2842. FRANZ (W.). — Shakespeare und Montaigne. (*Die neueren Sprachen*, XL : 1932, pp. 106-08).

Le problème de l'influence sur Shakespeare de la pensée philosophique de Montaigne examiné à partir de la thèse de S. Türck (n° 2840).

2843. DOYON (R.-L.). — Montaigne et Shakespeare. (*Merc. de Fr.*, 1933, t. CCXLIII, 1er avril, p. 246).

Cette note fait mention d'une phrase de Plaute [extr. du Prologue des *Captifs*], qui a été traduite par Montaigne, et que l'on retrouve transposée dans Shakespeare. — Voir n° 2845.

2844. GALLAND (R.). — Montaigne et Shakespeare. (*Montaigne, Conférences* 1933, pp. 333-71).

Il est sans doute impossible de démontrer avec précision l'influence que Montaigne a pu avoir sur Shakespeare. Pourtant, les comparaisons de passages sont souvent trop éloquentes pour empêcher de reconnaître que le grand Anglais a « vibré sympathiquement, intuitivement réagi au choc de cette riche pensée d'humaniste, exprimée dans une prose incomparable » (p. 371).
= C.R. : — *La Petite Gironde*, 4 avril 1933, p. 4 ; — *La France de Bordeaux*, 5 avril 1933, p. 4. =

2845. L.M. — Montaigne et Shakespeare. (*Merc. de Fr.*, 1933, t. CCXLIII, 15 avril, pp. 506-07).

Article écrit en réponse à la note de R.-L. Doyon (n° 2843). L'auteur de ce nouvel « écho » se demande si l'influence de Montaigne sur Shakespeare a été aussi profonde qu'on a bien voulu le dire. Il conseille d'ailleurs à ce sujet « de se méfier des jeux subtils de la littérature comparée », tout en admettant « que Montaigne fut, dès le début, très sympathique aux Anglais et qu'on a reconnu des reflets de lui « chez un grand nombre d'écrivains d'outre-Manche — à commencer par Shakespeare...

2846. DEUTSCHBEIN (Max). — Shakespeares Kritik an Montaigne in « As you like it ». (*Neuphilol. Monats.*, V : 1934, pp. 369-85).

Il est possible que Shakespeare se soit livré à une critique moqueuse de Montaigne dans *As you like it*, et qu'il en ait donné, avec le seigneur Jacques, un portrait quelque peu chargé. — Cf. *supra* n° 2839.

2847. ALLEN (Percy). — Montaigne and Twelfth Night. (*T.L.S.*, Sept. 18, 1937, p. 675).

Dans sa comédie *Twelfth Night*, Shakespeare se serait servi du texte de Montaigne pour construire le nom d'un de ses personnages, Malvolio, l'intendant de la comtesse Olivia (cf. : *mal volontiers* dans le chapitre *Des Noms*, I, 46).

2848. SCHÜCKING (Levin Ludwig). — Shakespeare's debt to Montaigne. — Pp. 24-26 et *passim* de : — The meaning of Hamlet..., translated from the German by Graham Rawson. — *London, New York, Oxford University Press*, 1937, in-8°, ix-195 pp.

Les raisons qui justifient la thèse d'une influence de Montaigne sur Shakespeare.

2849. FRIPP (Edgar I.). — Florio's *Montaigne*. — [Vol. II] pp. 595-99 de : — Shakespeare, man and artist... — *Oxford University Press ; London, Humphrey Milford*, 1938, 2 vol. in-8° (pagin. continue), front.

L'auteur insiste sur l'impression profonde qu'a dû ressentir Shakespeare à la lecture de la traduction des *Essais* par Florio, et sur les nombreux « points de sympathie » qui ont existé entre le penseur français et le dramaturge britannique. Il croit les retrouver, chez ce dernier, non seulement dans *Hamlet*, mais aussi dans *Troïlus and Cressida, Measure for measure, King Lear*.

2850. HENDERSON (W.B. Drayton). — Montaigne's « Apologie of Raymond Sebond » and « King Lear ». (*Shakesp. Assoc. Bull.*, XIV : 1939, pp. 209-25 ; — XV : 1940, pp. 40-54).

L'existence entre les deux œuvres d'un certain nombre de traits d'identité ont donné à penser que Shakespeare avait pu s'inspirer de Montaigne pour l'élaboration de *King Lear*.

2851. HARMON (Alice). — How great was Shakespeare's debt to Montaigne ? (*P.M.L.A.*, LVII : 1942, pp. 988-1008).

Si Shakespeare a connu — ce qui est probable — l'œuvre de Montaigne, en revanche il est permis de trouver excessive la thèse selon laquelle il en aurait subi étroitement l'influence. La présence de formules similaires chez les deux écrivains ne prouvent sans doute rien en dehors d'une même tendance d'esprit. (*Voir* au n° 2853 une réfutation de cet article par G.C. Taylor).

2852. PAGE (Frederick). — Shakespeare and Florio. (*Notes & Qu.*, 1943, vol. CLXXXIV, pp. 283-85, et vol. CLXXXV, pp. 42-44 et 107-08).

Contrairement à l'opinion soutenue par G.C. Taylor (n° 2835), plus de 80 % des mots que celui-ci considère comme ayant été probablement puisés par Shakespeare dans la traduction de Florio, étaient déjà en usage en Angleterre bien avant 1603, ce qui affaiblit notablement la thèse de l'influence de cette traduction sur l'auteur de *Hamlet*.
= C.R. : — D.F. Bond (*Romanic rev.*, XXXV : 1944, n° 3, p. 189). =

2853. TAYLOR (George Coffin). — Montaigne-Shakespeare and the deadly parallel. (*Philol. quart.*, XXII : 1943, pp. 330-37).

Pour dégager une confirmation formelle de sa propre manière de voir n° 2835), Taylor entreprend ici de réfuter les arguments et les conclusions apportés par Alice Harmon (n° 2851).

2854. DEUTSCHBEIN (Max). — Shakespeares Hamlet und Montaigne. (*Shakespeare-Jahrb.*, LXXX-LXXXI : 1944-1945,. pp. 70-107).

En même temps qu'une influence générale de Montaigne sur l'œuvre de Shakespeare, on doit retenir une influence plus particulière du moraliste sur la tragédie de *Hamlet*, où l'individualité du personnage principal pourrait être une émanation de la philosophie des *Essais*.

2855. DÉDÉYAN (Ch.). — Où se pose la question Shakespeare-Montaigne. — Tome I^er, pp. 375-84 de : — Montaigne chez ses amis anglo-saxons... (n° 2790).

2856. CHAMBRUN (Clara Longworth, comtesse de). — Shakespeare trouve une nouvelle inspiration dans les *Essais*. — Pp. 196-206, 403-06 de : — Shakespeare retrouvé. Sa vie, son œuvre... — *Paris, Larousse, Plon* (1947), in-4°, 494 pp. — Ouvrage trad. en anglais, avec pour titre : — Shakespeare. A portrait restored. — *London, Hollis & Carter* (1957), in-8°, 406 pp., front.

2857. MAXWELL (J.C.). — Montaigne and « Macbeth ». (*Mod. lang. rev.*, XLIII : 1948, pp. 77-78).

Influence vraisemblable d'un essai de Montaigne (I, 19 : *Qu'il ne faut juger de nostre heur qu'apres la mort*) sur Shakespeare à l'époque où celui-ci écrivait *Macbeth*.

2858. SCHMID (Eduard E.). — Shakespeare, Montaigne und die schauspielerische Formel. (*Shakespeare-Jahrb.*, LXXXII-LXXXIII : 1948, pp. 103-35).

Thèse selon laquelle l'auteur des *Essais* et celui de *Hamlet* ont pu avoir la même façon d'envisager la nature humaine, sans que le second, malgré sa connaissance du moraliste français, ait nécessairement procédé de lui.

2859. ATKINSON (A.D.). — Additional Florio-Shakespeare resemblances. (*Notes & Qu.*, 1949, t. XCCIV, pp. 356-58).

2860. WATERSTON (G. Chychele). — Shakespeare and Montaigne. A footnote to *The Tempest*. (*Romanic rev.*, XL : 1949, n° 3, pp. 165-72).

Dans la question des rapports Shakespeare-Montaigne, l'attention s'est portée davantage sur les tragédies que sur la comédie de *La Tempête*, où l'on trouve pourtant, non seulement des passages parallèles avec l'essai *Des Cannibales*, mais aussi comme une représentation de Montaigne lui-même dans le personnage de Gonzalo (pp. 171-72).

2861. HODGEN (Margaret T.). — Montaigne and Shakespeare again. (*Huntington libr. quart.*, XVI : 1952-1953, n° 1, pp. 23-42).

En dépit d'une longue tradition, il ne parait pas certain que le fameux passage de la comédie *The Tempest* (acte II, sc. 1) ait pris sa source dans les *Cannibales* de Montaigne.

2862. FISCH (Harold). — Hamlet's Meditations and Montaigne. (*Le Réel dans la littérature et de la langue*. — Mél. 1967 — p. 287 [résumé]).

Au sujet des traces de l'influence qu'aurait eue Montaigne sur le Shakespeare de *Hamlet*.

2863. MONTANO (Rocco). — From Montaigne to « The Tempest ». (*Umanesimo*, I : 1966-1967, n° 6, pp. 9-36).

2864. Sipahigil (T.). — Montaigne's « Essays » and « Othello ». (*Notes & Qu.*, N.S., XXI : 1974, p. 130).

Signale un passage d'*Othello* (acte IV, sc. 1, vers 260-64) dont plusieurs expressions figuraient déjà dans l'essai *Des vaines subtilitez* (I, 54) [trad. Florio, 1603, pp. 169-70].

## Autres écrivains

2865. Hunt (Leigh). — Passages marked in Montaigne's « Essays » by Lord Byron. (*New monthly mag.*, XIV : 1827, pp. 26-32 et 240-45).

Sur l'exemplaire des *Essais* annoté par Lord Byron. (Cf. Ch. Dédéyan [n° 2790], I, pp. 117-18, et II, pp. 53-55).

2866. Cross (L.). — Montaigne and Fuller [1608-1661]. (*New monthly mag.*, LXVIII : 1881, vol. 169, p. 115).

2867. Mehner (Carl Max). — Der Einfluss Montaigne's auf die pädagogischen Ansichten von John Locke. Inaugural-Dissertation... — *Leipzig, Brückner und Niemann*, 1891, in-8°, 42 pp.

2868. Mayhew (A.L.). — Tennyson and Montaigne. (*Notes & Qu.*, 8th ser., 1893, vol. IV, p. 365).

A propos d'une similitude d'expression existant entre un vers de Tennyson et un passage de l'*Apologie*.

2869. McLaren McBryde (John), Jr. — Montaigne and Ian Maclaren. (*M.L.N.*, XII : 1897, col. 384).

Lettre aux rédacteurs de la revue, mentionnant la correspondance qui semblerait effective entre un passage de l'essai *Que le goust des biens et des maux...* (I, 14) et une situation du conte de Ian Maclaren : *Days of Auld Lang Syne, — A Cynic's End.* — (Ian Maclaren est le pseudonyme de John Watson, un pasteur écossais, auteur de contes, d'essais et d'histoires pour enfants (1850-1907).

2870. Texte (J.). — La descendance de Montaigne : Sir Thomas Browne. — Pp. 51-93 des : — Etudes de littérature européenne. — *Paris, A. Colin*, 1898, in-8°, 305 pp.

Ce médecin anglais du xviie siècle, auteur d'un journal intime, *Religio medici*, est en fait « un Montaigne moins profond, plus rêveur et fantasque, plus vraiment religieux aussi » (p. 62). Il s'est révélé tout à la fois épicurien et mystique, sceptique et tolérant, et l'on retrouve chez lui la nonchalance et la belle humeur qui habitent les *Essais*.

2871. — Un Montaigne anglais : la vie et l'œuvre de Sir Thomas Browne (1605-1682). (*Rev. de Belgique*, 2e sér., VIII : 1898, t.

XXII, pp. 170-85 et 236-54). — Tir. à part : — *Bruxelles, P. Weissenbruch*, 1898, in-8°, 36 pp.

Dans l'ouvrage de Browne, *Religio medici*, l'influence de Montaigne est visible à chaque page. Par le ton, l'esprit et une certaine allure libre et cavalière, « tout révèle un lecteur attentif, quoique indépendant, de Montaigne » (p. 18).

2872. CRAWFORD (Charles). — Montaigne, Webster and Marston : D$^r$ Donne and Webster. (*Notes & Qu.*, 10$^{th}$ ser., 1905, vol. IV, pp. 41-43, 121-23, 201-03 et 302-03 ; — 1906, vol. V, pp. 301-02 et 382-83 ; — vol. VI, pp. 22-24, 122-24 et 242-44). — Repris par l'auteur sous le titre : « Montaigne, J. Webster, J. Marston and J. Donne », pp. 1-63, dans : — Collectanea, second series... — *Stratford-on-Avon, The Shakespeare Head Press*, 1907, in-16.

De l'influence qu'a dû avoir Montaigne, traduit par Florio, sur les dramaturges Marston et Webster. Dans cette étude, C. Crawford donne de nombreux passages parallèles entre les *Essais* et : 1° *The Dutch Courtezan* et *The Fawn*, pour Marston ; 2° *The White Devil* et *The Duchess of Malfi*, pour Webster. Ils sont particulièrement convaincants. Certaines des citations de *The Dutch Courtezan* sont comme autant d'échos du chapitre *Sur des vers de Virgile*. — *Voir* aussi les n°$^s$ 2783, 2878 et 2897.

2873. KLINGENSPOR (Franz). — Montaigne und Shaftesbury in ihrer praktischen Philosophie... Inaugural-Dissertation... — *Braunschweig, Buchdruckerei F. Bosse*, 1908, in-8°, v-45 pp. — (*Diss. Erlangen* 1908).

2874. VILLEY (P.). — [L'influence des idées pédagogiques de Montaigne sur celles de John Locke]. — Pp. 1-104 de : — L'influence de Montaigne sur les idées pédagogiques de Locke et de Rousseau. — *Paris, Hachette*, 1911, in-16, XII-270 pp.

Dans son système d'éducation, « Locke précise et complète la pensée de Montaigne » (p. 103). « Mais s'il la complète, il ne la contredit sur aucun point, et il fait siennes à peu près toutes les idées de son devancier » (p. 104).
= C.R. (pour l'ensemble de l'ouvrage) : — J. de La Rouxière (*Rev. de la Renaissance*, XII : 1911, pp. 119-20). =

2875. COLLINS (John C.). — Browning and Montaigne. — Pp. 216-28 de : — The posthumous essays of J.C. Collins, edited by L.C. Collins. — *London, J.M. Dent & sons, ltd ; New York, E.P. Dutton*, 1912, in-8°, VI-287 pp.

2876. VILLEY (P.). — L'influence de Montaigne sur Charles Blount et sur les déistes anglais. (*Rev. du XVI$^e$ s.*, I : 1913, pp. 190-219 et 392-443).

Aux XVII$^e$ et XVIII$^e$ siècles, Montaigne exerça outre-Manche une influence très sensible, non seulement sur Charles Blount, qui se sert fréquemment de lui, mais encore sur les principaux partisans du déisme et de la liberté de pensée (William Temple, George Savile, Mandeville, Bolingbroke). Il avait même acquis une réelle popularité en Angleterre, à un moment où en France il était considéré comme un écrivain dangereux.

2877. — Montaigne et le *Timber* de Ben Jonson. (*Mél. Picot*, 1913, vol. I, pp. 29-40).

Rejet très net de la thèse de Dieckow (n° 2777), pour qui l'influence des *Essais* sur le *Timber* aurait été considérable.
= C.R. : — J. Plattard (*Rev. du XVIe s.*, II : 1914, p. 140). =

2878. Sainmont (J.). — Influence de Montaigne sur Marston et Webster... — *Louvain, Libr. universitaire des Trois-Rois*, 1914, in-8°, VIII-48 pp.

2879. Audra (E.). — Montaigne. — Pp. 466-80 de : — L'influence française dans l'œuvre de Pope. — *Paris, Champion*, 1931, in-8°, VI-649 pp. — (*Bibliothèque de la Revue de littérature comparée*, vol. 72).

Montaigne, une des meilleures sources d'inspiration pour l'auteur de l'*Essay on Man*.

2880. Barrett (W.P.). — Matthew Prior's « Alma ». (*Mod. lang. rev.*, XXVII : 1932, pp. 454-58).

Au sujet de l'influence de Montaigne qui semble transparaître dans certains passages du poème élégant et spirituel de Prior, dont G. Saintsbury croyait avoir trouvé la source dans l'œuvre de John Donne. — Cf. n° 2885.

2881. Jones (H.M.). — Wycherley, Montaigne, Tertullian and Mr. Summers. (*M.L.N.*, XLVII : 1932, pp. 244-45).

Relatif à l'influence que Montaigne parait avoir eue sur l'imagination de l'auteur dramatique anglais Wycherley (deux passages comparés). — N.B. : — C'est à l'aide de l'édition Summers de Wycherley que H.M. Jones a pu faire connaître la source de la citation de Montaigne : *Nimirum propter continentiam...* (III, 5) [= Tertullien, *De Pudicitia*, I, 16].

2882. Turner (Albert M.). — Charles Reade and Montaigne. (*Mod. philol.*, XXX : 1932-1933, pp. 297-308).

Sur les nombreux emprunts faits par Charles Reade au *Journal de voyage* pour son roman *The Cloister and the Hearth* (1861).

2883. Bennett (Roger E.). — Sir William Cornwallis's use of Montaigne. (*P.M.L.A.*, XLVIII : 1933, pp. 1080-89).

Les conditions de la prise de contact de Cornwallis avec l'œuvre de Montaigne : aucun autre essayiste anglais avant Cowley ne devait subir autant que lui l'ascendant du « père de l'essai » (p. 1089).

2884. Stewart (J.I.M.). — Montaigne's *Essays* and *A defence of Ryme*. (*Rev. of English st.*, IX : 1933, pp. 311-12).

Pour l'auteur de cette note, l'influence de Montaigne paraît évidente dans *A defence of Ryme* du poète élizabéthain Daniel (1563-1619).

2884a. Whittaker (E.). — Montaigne and Pepys. (*The Bookman*, LXXXIII : 1933, pp. 431-32).

2885. WRIGHT (H.B.). — William Jackson on Prior's use of Montaigne. (*Mod. lang. rev.*, XXXI : 1936, pp. 203-05).

Longtemps avant le Dr Barrett (n° 2880), l'essayiste anglais W. Jackson avait fait observer que, pour l'idée centrale de son poème *Alma, or the Progress of the Mind*, Matthew Prior avait probablement trouvé son inspiration dans Montaigne.

2886. CROCKER (S.F.). — Rochester's *Satire against Mankind* [and Montaigne]. (*West Virginia univers. st. philol. papers*, II : 1937, pp. 57-73).

2887. GATHORNE-HARDY (Robert). — Montaigne among the English. (*T.L.S.*, Sept. 13, 1947, p. 465).

Lettre au périodique pour suggérer l'influence qu'aurait pu avoir Montaigne, trad. Florio, sur Jeremy Taylor (1613-1667).

2888. LEGGE (M. Dominica). — An English allusion to Montaigne before 1595. (*Rev. of English st.*, N.S., I : 1950, October, pp. 341-44).

L'auteur envisage comme possible une allusion à Montaigne dans les *Gray's Inn Christmas revels* de 1594-1595, fondant son opinion sur la présence du mot « conference » dans ce texte, — argument jugé un peu mince, en général.

2889. DAVRIL (R.). — Un disciple de Montaigne en Angleterre : le chevalier William Cornwallis. (*Littératures*, I : 1952, décembre, pp. 87-98).

2890. HIMELICK (Raymond). — Samuel Daniel, Montaigne and Seneca. (*Notes & Qu.*, N.S., III : 1956, pp. 61-64).

Bien que fervent admirateur de Montaigne, Daniel semble avoir eu moins d'affinités avec le naturalisme de celui-ci qu'avec le stoïcisme de Sénèque.

2891. LIEVSAY (J.L.). — Robert Burton's « De Consolatione ». (*South Atlantic quart.*, LV : 1956, pp. 329-36).

Influence d'humanistes comme Montaigne et Rabelais sur l'œuvre de Burton.

2892. ORNSTEIN (Robert). — Donne, Montaigne and natural law. (*J. of engl. and germ. philol.*, LV : 1956, pp. 213-29).

Influence de la pensée de Montaigne sur les premiers poèmes de John Donne.

2893. AXELRAD (A.J.). — [Quelques emprunts de Marston à Montaigne]. — P. 98-111 de : — Un malcontent élizabethain : John Marston (1579-1634)... — *Paris, Didier*, 1957, in-8°, 252 pp., 2 tableaux, dépl. — (*Thèse de lettres, Paris* 1954).

2894. HIMELICK (Raymond). — Montaigne and Daniel's « To sir Thomas Egerton ». (*Philol. quart.*, XXXVI : 1957, pp. 500-04).

Etude des emprunts faits par Daniel à l'essai *De l'Expérience* (III, 13).
= C.R. : — F.S. (*Studi fr.*, II : 1958, n° 6, p. 484). =

2895. LUTAUD (Olivier). — Montaigne chez les niveleurs anglais : Walwyn et les *Essais*. (*Riv. di letter. mod. e compar.*, XII : 1959, pp. 53-58).

Etendue de l'influence que Montaigne eut sur certains membres du groupe des « puritains de gauche » (Overton, Lilburne et surtout Walwyn), opposés à Cromwell, lors de la révolution anglaise de 1640.
= C.R. : — *Studi fr.*, III (1959), n° 9, p. 478. =

2896. WHITMAN (Robert F.). — Webster's *Duchess of Malfi*. (*Notes & Qu.*, N.S., VI : 1959, pp. 174-75).

Au sujet des emprunts qui ont été faits par Webster à Montaigne et à Sidney.

2897. CROSS (Gustav). — Marston, Montaigne and morality : *The Dutch Courtezan* [« la courtisane hollandaise »] reconsidered. (*E.L.H.*, XXVII : 1960, pp. 30-43).

Considérée sur le plan de la moralité, *The Dutch Courtezan* laisse apparaître un certain nombre de sources parmi lesquelles on peut désigner Montaigne, et plus spécialement son essai *Sur des vers de Virgile* (III, 5), car la comédie de Marston est la plus licencieuse de son théâtre. — Cf. n° 2872.

2898. FRANÇON (M.). — Montaigne et les deux Thomas Warton. (*B.S.A.M.*, 4e sér., n° 7, 1966, pp. 96-98).

A propos de l'ode : *Stay, stay, thou lovely, fearful snake...* », inspirée de la chanson des « Cannibales » : *Couleuvre, arreste toy...*
= C.R. : — *Studi fr.*, XIII (1969), n° 37, p. 131. =

2899. — Montaigne et *The Spectator*. (*B.S.A.M.*, 4e sér., n° 12, 1967, pp. 37-39).

Citation de huit nouveaux passages du *Spectator* d'Addison, où se révèle l'influence de Montaigne (Miss Grace Norton n'en avait signalé que deux [voir n° 2634, pp. 34-35]).

2900. DAY (W.G.). — Some source passages for *Tristram Shandy*. (*Notes & Qu.*, N.S., XVIII : 1971, pp. 58-60).

Sur les emprunts que Sterne a pu faire, en particulier aux *Essais* de Montaigne.

# En Allemagne

2901. ITELSON (Gregor). — Leibniz und Montaigne. (*Archiv f. Geschichte der Philosophie*, II : 1889, pp. 471-72).

L'auteur avance l'hypothèse que Leibnitz aurait trouvé le principe de son système des « petites perceptions » dans l'essai de Montaigne : *Comme nostre esprit s'empesche soy mesme* (II, 14).

2902. BETTELHEIM (A.). — Zu Faust. (*Goethe-Jahrb.*, XIII : 1892, p. 223).

Mise en parallèle de deux vers de *Faust* (1807-08) avec un passage de Montaigne (III, 13).

2903. ANDLER (Ch.). — L'influence française : Montaigne. — Tome Iᵉʳ (*Les précurseurs de Nietzsche*), pp. 157-69, de : — Nietzsche, sa vie et sa pensée... — *Paris, Bossard*, 1920-1931, 6 vol. in-8°.

Nietzsche avait une prédilection pour les moralistes français, et en particulier pour Montaigne qu'il connut probablement grâce à Cosima Wagner, et contre la séduction duquel il n'a pas essayé de lutter. Les traces de cette influence transparaissent en de nombreux points de ses œuvres maîtresses.

2904. BOUILLIER (V.). — La renommée de Montaigne en Allemagne. — *Paris, Champion*, 1921, in-16, 64 pp.

En Allemagne, Montaigne s'est acquis de nombreux admirateurs comme Bodmer, Lessing, Goethe, Kant, Schopenhauer et surtout Nietzsche, mais son influence en général y a été plutôt limitée.
= C.R. : — *Rev. de litt. comp.*, II (1922), pp. 155-56 ; — M. Souriau (*Polybiblion*, 1922, t. CLV, p. 222). =

2905. SCHNEIDER (Ferdinand Josef). — Hippel als Schüler Montaignes, Hammans und Herders. (*Euphorion*, XXIII : 1921, pp. 180-90).

Montaigne, un des maîtres du romancier Hippel (1741-1796).

2906. — Montaigne und die Geniezeit. (*Euphorion*, XXIII : 1921, pp. 369-77).

2907. DRESCH (J.). — Montaigne en Allemagne. (*Rev. philom. de Bordeaux*, XXV : 1922, nᵒ 1, pp. 1-9).

Sur la fortune de Montaigne en Allemagne au XVIIIᵉ et surtout au XIXᵉ siècles (étude réalisée à partir du petit livre de V. Bouillier, nᵒ 2904).

2908. BOUILLIER (V.). — Montagine et Goethe. (*Rev. de litt. comp.*, V : 1925, pp. 572-93. — Repris dans la *Rev. rhénane*, 1926, pp. 27-31).

Entre Montaigne et Goethe, on découvrirait des affinités intellectuelles et morales, plutôt qu'une véritable influence de l'un sur l'autre.

2909. — Montaigne en allemand : Christoph Bode, son grand traducteur. (*Rev. de litt. comp.*, XIII : 1933, pp. 5-13).

Avec la traduction des *Essais* par Christoph Bode (1730-1793), les lecteurs allemands de Montaigne ont eu en main un travail d'une qualité exceptionnelle, dans lequel son auteur s'est attaché à respecter scrupuleusement l'esprit et la lettre de l'original.

2910. FUCHS (A.). — [Montaigne cité par Wieland]. — Pp. 295-96 et *passim* dans : — Les apports français dans l'œuvre de Wieland, de 1772 à 1789. — *Paris, Champion*, 1934, in-8°, XI-750 pp. — (*Bibliothèque de la Revue de littérature comparée*, vol. 101).

Intérêt porté à Montaigne par Wieland, qui en a parlé à plusieurs reprises, mettant même en valeur une de ses caractéristiques essentielles : son « aversion pour la pensée rigidement systématique ».

2911. AYMONIER (C.). — Montaigne et Nietzsche. (*B.S.A.M.*, 2e sér., n° 11, 1941, pp. 29-31).

Sur la vénération qu'a montrée l'Allemand Nietzsche à l'égard de l'auteur des *Essais* » dont il a fait, jusqu'à sa dernière heure de lucidité, sa lecture favorite » (p. 29).

2912. WILLIAMS (William David). — [Influence dominante de Montaigne sur Nietzsche]. — *Passim*, et notamment : pp. 31-33, 58-61, 71-75, 107-09, 117-19, 172-74 de : — Nietzsche and the French. A study of the influence of Nietzsche's French reading on his thought and writing... — *Oxford, Basil Blackwell*, 1952, in-8°, XXI-206 pp. — (*Modern language studies*).

Si Rousseau et Voltaire ont été les premiers écrivains français lus par Nietzsche avec une très grande attention, il est certain que Montaigne, Pascal et La Rochefoucauld, eux, se sont trouvés être les trois penseurs français qu'il a toujours consultés avec le plus d'assiduité. On peut même dire que l'action de Montaigne, en particulier, aura été pour lui constante et profonde (p. 172). D'ailleurs, Nietzsche personnellement reconnaissait qu'il y avait dans son esprit quelque chose de la pétulance de Montaigne (*Ecce homo*, chap. 2).

2913. GAGNEBIN (Ch.). — Nietzsche lecteur des *Essays* de Montaigne. (*Mél. Bohnenblust*, 1953, pp. 16-23).

2914. WEISSTEIN (Ulrich). — Henrich Mann, Montaigne and *Henri Quatre*. (*Rev. de litt. comp.*, XXXVI : 1962, pp. 71-83).

Importance prise par les *Essais* de Montaigne dans la composition du roman de l'écrivain allemand, Heinrich Mann.
= C.R. : — G. Mombello (*Studi fr.*, VI : 1962, n° 18, p. 540). =

2914a. FRANÇON (M.). — Nietzsche et le « scepticisme » de Montaigne. — Pp. 129-31 de : — Leçons et notes sur la littérature française au XVIe siècle... (n° 482).

Sur une citation erronée que Nietzsche a faite d'un passage de Montaigne.

2915. BERNOULLI (Dr R.). — A propos de quelques thèmes de Montaigne dans la philosophie allemande. (*B.S.A.M.*, 4e sér., n° 7, 1966, pp. 84-95).

D'après une conférence faite en mai 1966 à l'Université de Bâle sous le titre : *Montaigne précurseur de la philosophie allemande des temps modernes* (penseurs étudiés : Herder, Wittgenstein, Hegel, Kant, Schopenhauer, Nietzsche, R.M. Rilke).
= C.R. : — *Studi fr.*, XIII (1969), n° 37, p. 131. =

2916. COTTRELL (Robert D.). — L'Indien d'Amérique de Nietzsche :
une source possible dans les *Essais* de Montaigne. (*B.S.A.M.*,
4 sér., n° 21, 1970, pp. 67-68).

« Dans les œuvres complètes de Nietzsche, il n'y a qu'une seule allusion
aux Indiens d'Amérique ». La grande pratique qu'il avait de Montaigne
donne à penser qu'il les aura « trouvés » dans l'essai *Des Cannibales*.

2917. FRANÇON (M.). — Sur Montaigne et la langue allemande.
(*B.S.A.M.*, 4e sér., n° 24, 1971, pp. 57-58).

Les maximes philosophiques de Montaigne sont d'une transposition aisée
dans la langue allemande, probablement en raison de la parenté de construction de l'allemand et du latin ; « or, Montaigne donne fréquemment
l'impression de « penser » en latin plutôt qu'en français » (p. 57).

## Aux Etats-Unis

2918. TURNBULL (R.). — Montaigne and Emerson. (*Littel's living age,*
XXVI : 1850, pp. 433-38. — Extr. du *New York Recorder*).

A propos de l'ouvrage d'Emerson, *Representative Men* (n° 2142), paru en
cette même année 1850.

2919. MICHAUD (Régis). — Emerson et Montaigne. (*Rev. germanique,*
X : 1914, pp. 417-42). — Cf. du même auteur : *Une alliance
intellectuelle : Emerson et Montaigne,* — pp. 1-50 de : — Mys-
tiques et réalistes anglo-saxons, d'Emerson à Bernard Shaw...
— *Paris, A. Colin,* 1918, in-16, 295 pp.

Une profonde connaissance des *Essais* a conduit Emerson à reprendre et
à exploiter les idées que Montaigne avait eues sur l'amitié, l'éducation, le
culte des livres, l'histoire et ses héros, le scepticisme. Mais il n'en a pas
moins conservé et même su faire ressortir son attachante personnalité.

2920. USTICK (William Lee). — Emerson's debt to Montaigne. (*Wash.
univers. stud.,* IX : 1922, pp. 245-62). — (*Heller memorial
volume*).

S'il existe de notables différences entre le style de Montaigne et celui
d'Emerson, en revanche on ne saurait nier une parenté intellectuelle qui,
chez eux, devait se révéler des plus saisissantes et des plus riches en
résultats.

2921. YOUNG (Charles L.). — Emerson's Montaigne... — *New York,
Macmillan,* 1941, in-8°, XII-236 pp. — (*Wellesley College publication*).

Etude portant sur la connaissance qu'Emerson eut de Montaigne et sur
les points de conformité comme sur ceux de dissemblance qui ont apparu
entre les deux écrivains. Young fait en outre remarquer l'attitude qui fut
celle d'Emerson, tant dans son choix systématique des idées de Montaigne,
que dans la représentation — très subjective — qu'il se fit de l'essayiste
français. (Cf. n° 2142).
= C.R. : — S.E. Whicher (*New England quart.,* XIV : 1941, pp. 769-71) ; —
C. Godhes (*South Atlantic quart.,* XLI : 1942, p. 224) ; — R.E. Watters
(*Mod. lang. quart.,* III : 1942, pp. 490-91) ; — Ralph L. Rusk (*M.L.N.,* LVIII :
1943, pp. 238-39). =

2922. Kurz (Harry). — Stephen H. Bush's « Essays » on French teaching and letters. (*Mod. lang. J.*, XXXVIII : 1954, pp. 7-11).

Parmi ces lettres d'un ardent pratiquant de Montaigne aux Etats-Unis — le professeur Stephen H. Bush —, il en est une (pp. 9-10) qui, sous le titre de *Reflections on Montaigne*, constitue une suite d'observations sur la pensée de l'auteur des *Essais* et sur l'action décisive que cette pensée a pu avoir sur celle du professeur Bush, lui-même.

2923. Newcomb (Robert). — Benjamin Franklin and Montaigne. (*M.L.N.*, LXXII : 1957, pp. 489-91).

Montaigne, sujet d'une lettre de Franklin à Joseph Priestly (June 7, 1782).

2924. Kilbourne (W.G.), Jr. — Montaigne and captain Vere. (*American literature*, XXXIII : 1962, pp. 514-17).

2925. Schulman (Robert). — Montaigne and the techniques and tragedy of Melville's « Billy Budd ». (*Comparative lit.*, XVI : 1964, pp. 322-30).

Le livre de Montaigne a été choisi par Melville comme une des lectures favorites du capitaine Vere, personnage de son roman *Billy Budd* (cf. le chap. VII), pour la composition duquel l'écrivain américain s'est fréquemment souvenu du moraliste des *Essais*.
= C.R. : — R. Campagnoli (*Studi fr.*, X : 1966, n° 29, p. 339). =

2926. Hein (Rebecca Patterson). — Montagine in America. — Diss. Univers. of Michigan, 1966, 255 pp. — (*Diss. Abstr. Int.*, XXVII : 1966-1967, n° 7 [January], pp. 2152/2153-A).

Etude sur la fortune de Montaigne aux U.S.A., qui est présentée sous un double aspect : 1) la distribution de ses écrits ; 2) l'intérêt croissant des Américains pour l'écrivain et son livre des *Essais*.

2927. Françon (M.). — Emerson lecteur de Montaigne. (*B.S.A.M.*, 4e sér., n° 15, 1968, pp. 32-41).

Reproduction (et traduction) des passages marqués par Emerson dans les marges de ses exemplaires de la traduction Cotton des *Essais*, en dépôt à la « Houghton Library » de l'Université Harvard.
= C.R. : — *Studi fr.*, XV (1971), n° 44, p. 340. =

2928. Stevens (Aretta J.). — The edition of Montaigne read by Melville. (*Papers of Bibliogr. Soc. of America*, LXII : 1968, pp. 130-34).

# En Italie

2929. Setti (Giovanni). — Tassoni e Montaigne. (*Miscellanea Tassoniana...* 1908, — pp. 227-42).

L'auteur émet ici l'hypothèse d'une pratique courante des *Essais* par le poète Tassoni, auteur du poème héroï-comique *La Secchia rapita* mais aussi des *Pensieri*. Ce point de vue est formellement rejeté par F. Neri (n° 2930). *Voir* aussi V. Bouillier, n° 2931, pp. 18-20.

2930. NERI (Ferdinando). — Sulla fortuna degli *Essais*. (*Riv. d'Italia*, XIX : 1916, vol. I, pp. 275-90).

Cette étude de l'« acclimatation » de Montaigne en Italie (cf. V. Bouillier, n° 2931, p. 12) comprend deux parties : — I. *Tassoni e Montaigne ?* (repris dans les pp. 105-16 de : *Fabrilia : ricerche di storia letteraria*. Torino, Chiantore, 1930, in-8°, 134 pp.) ; — II. *Le prime traduzioni italiane*. Dans la 1ʳᵉ partie, F. Neri réfute le point de vue soutenu par G. Setti (n° 2929). Dans la seconde, il donne une analyse des traductions italiennes des *Essais* du XVIᵉ au XVIIIᵉ siècle, à partir de celle de Naselli (1590).
≐ C.R. : — L. Auvray (*R.H.L.F.*, XXIX : 1922, p. 382). =

2931. BOUILLIER (V.). — La fortune de Montaigne en Italie. — Pp. 7-49 de : — La fortune de Montaigne en Italie et en Espagne. — *Paris, Champion*, 1922, in-16, 72 pp.

Bien que son œuvre, de bonne heure, ait fait l'objet d'une traduction ita-lienne (n° 2933), et malgré les nombreuses affinités qu'il avait avec le génie italien, Montaigne n'a obtenu dans la péninsule « qu'une fortune assez limitée », qu'une « indifférence relative » (p. 9) dont les symptômes dispa-raîtront seulement à partir du XVIIIᵉ siècle où une très vive estime se révè-lera en sa faveur dans le monde des lettres.
= C.R. : — J. Plattard (*Rev. crit.*, LVII : 1923, pp. 349-50) ; — Id. (*Rev. du XVIᵉ s.*, X : 1923, pp. 119-20) ; — *Rev. de litt. comp.*, III (1923), pp. 331-32. =

2932. BENEDETTO (L.F.). — I *Saggi* del Montaigne e la loro fortuna in Italia. (*Marzocco*, 18 février 1923).

Réfutation de la thèse soutenue par V. Bouillier d'une fortune plutôt in-certaine que les *Essais* auraient rencontrée en Italie.

2933. CAMPAGNOLI (Ruggero). — Girolamo Naselli primo traduttore italiano di Montaigne (1590). (*Studi fr.*, XVI : 1972, nᵒˢ 47-48, pp. 214-31).

Sur la qualité de la traduction des *Essais* réalisée par Naselli. Ses tour-nures, ses interventions (omissions de passages, voire de chapitres, réduc-tion de la pensée de l'auteur, etc.) souvent inspirées par des autorités officielles de l'époque.

# En Espagne

2934. BOUILLIER (V.). — La fortune de Montaigne en Espagne. — Pp. 51-72 de : — La fortune de Montaigne en Italie et en Espagne... (n° 2931).

En dehors de Francisco de Quevedo (1580-1645) qui l'a beaucoup goûtée, l'œuvre de Montaigne n'a guère été connue et appréciée en Espagne qu'à partir du XIXᵉ siècle.

2935. SÁENZ HAYES (Ricardo). — La posteridad de Montaigne en España. (*Nosotros*, 2ᵉ sér., 1936, pp. 369-89). — Repris par l'auteur dans son *Miguel de Montaigne...* (n° 431), pp. 360-78.

La pratique de Montaigne en Espagne, de Quevedo à Menendez y Pelayo et Azorín.

2936. MARICHAL (Juan). — Montaigne en España. (*Nueva rev. de filol.* hispanica, VII : 1953, pp. 259-78). — Repris, pp. 119-48 [avec des notes, pp. 326-30], dans : — La voluntad de estilo (teoría e historia del ensayismo hispánico). — *Barcelona, Editorial Seix Barral, S.A.*, 1957, in-16, 336 pp.

Contestation sur l'avis exprimé par V. Bouillier (n° 2934) qui trouvait en Espagne une longue période d'indifférence à l'égard de Montaigne ; J. Marichal s'est appliqué à démontrer que cette thèse était erronée.
= C.R. : — P.G. (*Lettres romanes*, X : 1956, pp. 359-60). =

2937. CARBALLO PICAZO (Alfredo). — El ensayo como género literario. Notas para su estudio en España. (*Rev. de literatura*, V : 1954, pp. 93-156).

Cette étude sur l'*essai* dans la littérature espagnole réserve une place importante (pp. 105-22) à Montaigne pour l'apport qu'il y a fait du « genre », et qui est consécutif à son influence sur Quevedo, Salvo, Saavedra Fajardo, Feijoo, et, plus près de nous, sur Valera, Emilia Pardo Bazan, etc.
= C.R. : — P.G. (*Lettres romanes*, X : 1956, p. 327). =

2938. LÓPEZ FANEGO (Otilia). — Contribución al estudio de la influencia de Montaigne en España. — Tesis doctoral. Universidad complutense, Facultad de filosofia y letras, Madrid, 1974. — (*Rev. de la Univers. compl.*, XXXIV : 1975, t. 100, fasc. II, p. 73).

Etude des marques de l'influence de Montaigne en Espagne sur Quevedo, Feijoo, Unamuno, Ortega, etc., ainsi que la traduction des *Essais* donnée en 1634-1637 par le théologien Diego de Cisneros.

## Autres pays

2939. BOASE (Alan M.). — Un lecteur hollandais de Montaigne : Pieter van Veen. (*Mél. Lefranc*, 1936, pp. 408-17).

Frère cadet du peintre Otto van Veen, l'érudit Pieter van Veen a toujours manifesté la plus vive admiration pour l'auteur des *Essais* dont un exemplaire contenant des notes et jugements de ce lecteur est en dépôt au British Museum.

2940. HALVORSEN (Haakon H.). — Montaigne og Holberg. (*Edda* [Oslo], XLI : 1941, pp. 1-41).

Sur le rôle joué par les *Essais* dans la composition des *Pensées morales* de l'écrivain danois Holberg (1684-1754).

2941. ELLERBROEK (G.G.). — Un adversaire hollandais de Montaigne : Johan van Beverwijck. (*Neophilologus*, XXXI : 1947, n° 1, pp. 2-8).

Médecin à Dordrecht, J. van Beverwijck (1593-1647) a longuement pratiqué Montaigne, mais, persuadé que celui-ci, hostile aux représentants de la médecine, pourrait avoir une influence funeste, il a composé en latin, pour le réfuter, une dissertation qu'il traduisit lui-même en hollandais (1641).

2942. — Notes sur la fortune de Montaigne en Hollande. (*Neophilologus*, XXXII : 1948, n° 2, pp. 49-54).

(Conférence faite en hollandais au 17e Congrès flamand de philologues à Louvain, — 1.3 septembre 1947).
Montaigne a été beaucoup lu en Hollande où de nombreux écrivains l'ont cité volontiers. On ne peut cependant pas parler à son sujet d'une influence directe comme celle de Descartes, bien que certains hommes de lettres (assez rares, il est vrai) ont pu — tel par exemple P.C. Hooft — se servir de ses arguments pour fortifier leurs idées personnelles.

2943. THORPE (Lewis). — Montaigne and the Emblems of Jakob Cats. (*Mod. lang. quart.*, X : 1949, pp. 419-28).

Etendue de la dette envers Montaigne du poète néerlandais Jakob Cats, auteur des *Emblèmes des vanités amoureuses*.

2944. — Pieter van Veen's copy of Montaigne. (*Riv. di letter. mod.*, N.S., III : 1952, pp. 168-79).

Etude analytique des annotations contenues dans cet exemplaire de l'éd. de 1602 (cf. n° 2939), et dont certaines sont relatives à des évènements survenus dans les Pays-Bas à la fin du XVIe siècle et au début du XVIIe.

2945. BANACHÉVITCH (N.). — Niégoch et les Français. (*Rev. de litt. comp.*, XXIX : 1955, pp. 72-87).

Eventualité d'une influence de Montaigne sur Niégoch, dernier prince évêque de Monténégro (1813-1851) et auteur d'un poème philosophique et religieux, la *Loutcha Mikrokozma* (pp. 78-80).

2946. BAJCSA (André). — Les *Essais* en Hongrie. (*Mémorial* 1963, pp. 234-37).

Le succès qu'a rencontré en Hongrie le livre de Montaigne s'explique notamment par le fait qu'il « a accompli une fois de plus le rôle consolateur de tous les grands livres dans la détresse d'un peuple » (p. 234).

2947. BÁTI (László). — Montaigne et la Hongrie. (*Mémorial* 1963, pp. 91-93).

Le « culte » réservé à Montaigne dans un pays de structure socialiste.

2948. GRIMSLEY (Ronald). — Kierkegaard and Montaigne. — Pp. 64-72 de : — Søren Kierkegaard and French literature, eight comparative studies. — *Cardiff, University of Wales Press*, 1966, in-8°, VII-172 pp.

2949. BUCUR (Marin). — Notre voisin à tous. (*Europe*, L : 1972, n°ˢ 513-514, pp. 153-59).

Sur la fortune de Montaigne en Roumanie.

2950. ARAKI (Shôtarô). — Note sur « Montaigne au Japon ». (*B.S.A.M.*, 5e sér., n° 6, 1973, pp. 7-9).

Historique de la pénétration de Montaigne dans les milieux lettrés japonais.

# Importance de Montaigne. — Modernité, universalité de son œuvre

2951. SIMPLET. — Plainte d'un étudiant en droit contre son ancien professeur de rhétorique [lettre à la revue]. (*Merc. de Fr.*, 1816, t. LXIX, novembre, pp. 150-53).

Dans ces lignes, l'auteur demande (et croit pouvoir expliquer) pourquoi la lecture de Montaigne avait été interdite aux étudiants de cette époque.

2952. BING (A.D.). — Les annuaires parisiens de Montaigne à Didot, 1500 à 1900... — *Le Havre, impr. de Lemale*, 1897, in-8°, 72 pp.

2953. KÜHN (Emil). — Die Bedeutung Montaignes für unsere Zeit..., mit einem einleitenden Brief, von M. Schwalb. — *Strassburg, Heitz und Mündel*, 1904, in-8°, 80 pp.

Importance de Montaigne pour notre temps. Les leçons de morale et de tolérance que l'on peut retirer de son livre.

2954. MAZEL (H.). — [Nécessité de lire Montaigne]. — Pp. 110-12 de : — Ce qu'il faut lire dans sa vie. — *Paris, Mercure de France*, 1906, in-18, 391 pp.

Il faut lire Montaigne, car il est un des « grands prosateurs du dedans ». Mais « qu'on se méfie des enragés éclaircisseurs... Il n'y a rien de plus lumineux que la philosophie des *Essais*, à condition qu'on n'appelle pas les porteurs de torches... » (p. 110).

2955. VISAN (T. de). — Ce qu'il y a d'actuel chez Montaigne. (*Rev. hebd.*, XVII : 1908, 26 septembre, pp. 449-68).

Ecrite à propos du livre de F. Strowski (n° 1514), cette étude cherche à démontrer qu'il existe dans les *Essais* de Montaigne une « éternelle jeunesse qui *actualise* les observations de notre penseur » et justifie l'admiration et les louanges portées à celui qui « nous a laissé un livre de sagesse inépuisable, le bréviaire français » (p. 468).

2956. ALBALAT (A.). — Comment il faut lire Montaigne et Pascal. (*Rev. hebd.*, XXI : 1912, 26 octobre, pp. 461-82). — Repris au chap. III (pp. 39-51) de : — Comment il faut lire les auteurs classiques français (de Villon à Victor Hugo). — *Paris, A. Colin*, 1913, in-18 jés., XI-338 pp.

L'article sur Montaigne (pp. 461-72), destiné au futur lecteur des *Essais*, résume l'essentiel des notions traditionnelles : « comment Montaigne s'est formé, ce que c'est au juste que son livre et en quoi consistent son originalité et son talent ».

2957. GILLOT (H.). — [Montaigne et l'idée moderne]. — Pp. 78-83 de : — La Querelle des Anciens et des Modernes en France, de la *Défense et Illustration de la langue française* aux *Parallèles des Anciens et des Modernes*. — *Paris, Champion*, 1914, in-8°, XXVIII-610 pp. — (*Thèse de lettres, Paris* 1914). — Réimpr. : — *Genève, Slatkine*, 1968, in-8°, XXX-613 pp.

Malgré les apparences, Montaigne n'est pas resté invariablement attaché à l'œuvre de l'« ancienneté ». Il considère même que revient « aux Modernes toute liberté de « retaster » la matière pétrie par les devanciers, de continuer, de parfaire l'œuvre des Anciens » (p. 79).

2958. MITCHELL (R.S.). — Montaigne and the modern age. (*Harvard monthly*, LX : 1915, pp. 138-40).

2959. S. — En lisant Montaigne. (*J. des Débats*, 18 décembre 1916, p. 1).

L'auteur de cet article recommande les *Essais*, « un des meilleurs livres que l'on puisse lire et relire en ce moment » (en pleine Grande Guerre) par les précieux conseils de sagesse et de résistance qu'il renferme.

2960. ARMAINGAUD (Dr A.). — Montaigne. — La manière dont on le cite. (*Rev. polit. et parlem.*, 1918, t. XCVI, 10 août, pp. 177-82).

« Je gagerais qu'il ne se passe pas un jour à Paris où Montaigne ne soit cité huit ou dix fois, soit dans des articles de journaux, soit dans une revue, soit dans un discours » (p. 178). Mais comme bien souvent on ne le cite que de mémoire, sans remonter au texte, la citation est plus ou moins inexacte, enlevant ainsi au texte réel de Montaigne ce qu'il a d'énergique et de suggestif.

2961. TAYLOR (Henry Osborn). — Montaigne. — Tome Ier, pp. 359-75, de : — Thought and expression in the sixteenth century. — *New York, Macmillan*, 1920, 2 vol. in-8°.

Sur la place occupée par Montaigne dans le développement intellectuel en France, au XVIe siècle.

2962. ARBELLOT (S.). — Voulez-vous vivre longtemps ? Lisez Montaigne. (*Figaro*, 11 février 1923, p. 1).

Une « révélation » que le Dr Armaingaud se proposait de faire à ses confrères de l'Académie de Médecine.

2963. ARMAINGAUD (Dr A.). — De l'influence de la lecture de Montaigne et de la connaissance de sa vie sur la longévité. (*Bull. de l'Acad. de Médecine*, LXXXVII : 1923, pp. 255-66).

Dans la séance du 20 février 1923, le Dr Armaingaud a présenté à ses confrères de l'Académie cette communication dans laquelle il soutient que la pratique des *Essais* et les exemples donnés par Montaigne sont d'un très bon enseignement et d'une excellente hygiène, susceptibles par suite de prolonger la durée de la vie et de la rendre plus heureuse. — Cf. les nos 2962, 2964, 2966 et 2971.

2964. — La lecture de Montaigne et la longévité. (*Rev. polit. et parlem.*, 1923, t. CXIV, 10 mars, pp. 451-60).

Nouvelle présentation des arguments soutenus dans la communication précédente, faisant ressortir l'action bienfaisante de la lecture de Montaigne sur les fonctions, sur la durée et même sur le bonheur de la vie.

2965. — Des différentes manières de lire Montaigne. (*Nouvelle rev.*, 1923, t. LXVIII, 1er novembre, pp. 3-15).

« Il y a plusieurs manières de lire Montaigne et l'on peut y chercher et y trouver des avantages bien différents ». — Article repris par l'auteur dans les pp. 31-37 de son *Etude sur Montaigne* (n° 387).

2966. — L'art de vivre heureux d'après Montaigne. (*Nouvelle rev.*, 1923, t. LXVIII, 15 novembre, pp. 97-112. — Traduit en anglais et publié dans *Living age*, 1924, t. CCCXX, Febr. 16, pp. 311-15).

Article repris par l'auteur sous le titre : *L'art de vivre heureux et longtemps ou La sagesse dans Montaigne*, dans les pp. 63-81 de son *Etude sur Montaigne* (n° 387).

2967. STRACHEY (J. St. L.). — The first of the moderns. (*The Spectator*, April 17, 1926, pp. 721-22).

2968. LAMANDÉ (A.). — Montaigne, les pots-de-vin et l'esprit moderne. (*Figaro*, 19 novembre 1927, p. 2 du *Supplément littéraire*).

A propos de scandales politiques et de « pots-de-vin », un usage que Montaigne put voir en pratique quand il était maire de Bordeaux. — Sur les diverses « inventions » modernes, dont on aperçoit déjà le principe dans les *Essais* (p. ex. : les petites annonces, l'homéopathie).

2969. SEGRE (Umberto). — Montaigne per l'anima moderna. — Pp. 103-17 des : — Scritti vari publicati dagli alunni della Regia Scuola Normale Superiore di Pisa per le nozze Arnaldi-Cesaris Demel. — *Pisa, Artigraf. Pacini Mariotti*, 1928, in-8°, 177 pp.

2970. BUCK (Philo M.), Jr. — Que sçais-je ? — Montaigne. — Pp. 336-68 de : — The golden thread... — *New York, Macmillan*, 1931, in-8°, XVIII-552 pp.

Sur la nature de sa philosophie et la place occupée par lui dans la littérature mondiale.

2971. ARMAINGAUD (Dr A.). — Comment la culture assidue de Montaigne peut contribuer à augmenter la durée et le bonheur de la vie. (*La Petite Gironde*, 26 mai 1933, p. 1, et 27 mai, pp. 1-2).

Nouvel exposé de la thèse précédemment soutenue (cf. n°s 2963, 2964 et 2966).

2972. JALOUX (E.). — L'apothéose de Montaigne. (*Le Temps*, 7 juillet 1933, p. 3).

Montaigne est le seul écrivain d'une incontestable universalité dont la France peut à bon droit se prévaloir en face des Dante, des Shakespeare, des Cervantès et des Goethe. Il a exercé une influence capitale sur toutes les époques et jusque sur les penseurs modernes comme Marcel Proust dont il est l'ancêtre direct.

2973. MARMANDE (R. de). — Montaigne, notre ami. (*Ere nouvelle*, 28 mars 1933, p. 1).

A l'occasion du IVᵉ centenaire, les jeunes sont ici fortement engagés à fréquenter Montaigne et ses *Essais*, « le séminaire des intelligences ».

2974. Roustan (Mario). — Le centenaire de Montaigne et sa leçon politique. (*Grande rev.*, 1933, t. CXLI, pp. 353-62).

Examen de la pensée politique du « conservateur » Montaigne, auquel une sagesse profonde enseignait que les changements de régime sont généralement pernicieux pour les sociétés. Une telle opinion trouvait sa place à cette époque du xxᵉ siècle où le monde sentait naître des ferments de dictature.

2975. Timmermans (B.J.H.M.). — Montaigne en onze tijd... — *Groningen, Batavia, P. Noordhoff*, 1933, in-8°, 55 pp.

Montaigne et notre temps. — (Discours prononcé en commémoration de son IVᵉ centenaire, le 4 mars 1933, à La Haye).

2976. Ferrus (M.). — Le lycée national [de Bordeaux] devenu lycée Michel-Montaigne. (*La Petite Gironde*, 24 mars 1934, p. 4, et 26 mars, p. 6).

*Voir*, n° 34, le titre du décret relatif à ce changement de dénomination.

2977. Plattard (J.). — La modernité de Montaigne. (*Boletim do Inst. francês de Portugal*, IV : 1934, nᵒˢ 3-4, pp. 27-34).

« Aucun écrivain du xviᵉ siècle ne nous paraît plus près de nous que Montaigne, et son œuvre exerce sur les modernes un attrait particulier » (p. 29).

2978. Colla (Clara). — Montaigne — A 1533 philosopher with 1933 ideas. (*French rev.*, VIII : 1934-1935, n° 5, pp. 382-88).

Où l'on voit que les principes d'éducation exposés par Montaigne pourraient avoir bien des rapports avec les données de l'éducation progressive du xxᵉ siècle.

2979. Riveline (M.). — Montaigne à la scène ! (*B.S.A.M.*, 2ᵉ sér., n° 5, 1939, p. 43).

Véritable « tour de force » réalisé par le « laboratoire de théâtre » Art et Action en donnant à la Schola Cantorum, les 29 et 30 octobre 1938, sept chapitres des *Essais* adaptés pour la circonstance.

2980. Sabrazès (Dr J.). — Montaigne au regard des médecins. (*Gaz. hebd. des sc. médic. de Bordeaux*, 1ᵉʳ janvier 1939, pp. 8-12, — 8 janvier, pp. 25-28, — 15 janvier, pp. 42-46, — 22 janvier, pp. 61-63. — Extrait dans le *B.S.A.M.*, 2ᵉ sér., n° 7, 1939, pp. 107-08).

Au regard des médecins actuels, Montaigne, malade des voies urinaires, a souffert aussi... de déceptions particulières qui justifient son animosité à l'égard des représentants de la médecine (pp. 8, 25, 46). Mais il n'était pas ignorant de celle-ci, puisqu'il lui est arrivé de jouer occasionnellement le rôle de médecin consultant (p. 42) et même de formuler une profession de foi médicale (p. 63).

2981. Plattard (J.). — Montaigne toujours actuel. (*B.S.A.M.*, 2ᵉ sér., n° 9, 1940, pp. 72-73).

Extrait de *Montaigne et son temps* (n° 410), pp. 287-97.

2982. MICHA (A.). — Actualité de Montaigne. (*Cahiers du Sud*, XXX : 1943, n° 252, pp. 63-69).

« Une relecture de l'œuvre nous fait pénétrer dans l'intimité d'un Montaigne bien moins loin de nous qu'il parait d'abord, et qui s'accorde parfaitement à nos esprits, à nos besoins, à nos aspirations et à nos temps » (p. 64).

2983. SPAGNOLI (John J.). — Montaigne in America to-day. (*Americ. Soc. Legion of Honor mag.*, XXI : 1950-1951, n° 4, pp. 339-51).

Ce que Montaigne pourrait penser de la civilisation actuelle aux U.S.A. (l'organisation et l'extention des villes, l'éducation, la politique, etc.) s'il ressuscitait sur le continent américain.

2984. MAUROIS (A.). — Notre ami Montaigne. (*B.S.A.M.*, 2e sér., n° 15, 1949-1952, pp. 7-9).

Pour chacun de ceux qui le pratiquent attentivement, Montaigne s'affirme comme l'ami parfait, toujours prêt à s'entretenir avec son lecteur qu'il met à l'aise et qu'il rassure, en l'imprégnant doucement d'une pensée où l'on ne saurait apercevoir des traces de vieillissement.

2985. MICHEL (P.). — Actualité de Montaigne : — Le fond. (*B.S.A.M.*, 3e sér., n° 1, 1957, pp. 20-27. — Repris dans *L'Année propédeutique*, IX : 1956-1957, pp. 240-47).

Les raisons pour lesquelles « Montaigne est toujours actuel » (p. 22). — Lui, « une des plus intelligentes incarnations de la Renaissance assimilée et dépassée, il représente aussi pour nous la pensée moderne avec sa complexité, ses doutes, ses investigations continuelles » (p. 27).

2986. RAT (M.). — Pérennité de Montaigne. *L'Education nationale*, 13 juin 1957, pp. 16-17).

2987. GENEVOIX (M.). —- Montaigne toujours actuel. (*B.S.A.M.*, 3e sér., n° 8, 1958, pp. 1-4).

2988. ZWEIG (Stephan). — Actualité de Montaigne. (*Documents*, XV : 1960, pp. 583-91).

Bien que placé dans un milieu normalement porté à la servilité envers les puissances, Montaigne, toute sa vie, a manifesté un amour de la liberté qui le rend aujourd'hui plus proche de nous qu'aucun autre de ses contemporains.

2989. DUVIARD (F.). — Deux études sur Montaigne. I : Un livre d'actualité : « Les Essais » de Montaigne. II : Montaigne et les politiques d'aujourd'hui. (*Rev. des sc. hum.*, 1961, pp. 339-46 et 347-65).

Aspects modernes présentés par les *Essais* dont l'auteur est pour le lecteur d'aujourd'hui un « conseiller d'autant plus aimé qu'il ne prétend jamais être infaillible ni dogmatique » (p. 340). C'est d'ailleurs pourquoi F. Duviard proposerait volontiers Montaigne comme guide aux praticiens actuels de la politique (p. 361).
= C.R. : — G. Mombello (*Studi fr.*, VI : 1962, n° 16, p. 138). =

2990. VIER (J.). — Montaigne et nous. (*B.S.A.M.*, 3e sér., n° 19, 1961, pp. 26-33).

Ce que les générations suivantes doivent à Montaigne, — au vrai Montaigne, celui « de la curiosité tempérée par la sagesse, de la « nouvelleté » contenue par la tradition » (p. 33).
= C.R. : — *Studi fr.*, VI (1962), n° 18, p. 539. =

2991. RAT (M.). — Ubiquité de Montaigne. (*Nouvelles litt.*, 20 juin 1963, p. 11).

Tour d'horizon sur les conférences du Congrès international (1963), lesquelles tendraient à démontrer qu'avec La Fontaine, Montaigne est « le plus universel de nos grands écrivains ».

2992. CHATEAU (J.). — Modernité de Montaigne. (*L'Education nationale*, 21 janvier 1965, pp. 19-20).

Le caractère très moderne de l'œuvre de Montaigne apparaît « dès qu'on parvient à s'imprégner de [cette] œuvre entière « au lieu de limiter sa lecture à l'*Apologie* ou à l'*Institution des enfants*.

2993. PALASSIE (G.). — Montaigne à l'Académie de Bordeaux (23 mars 1965). (*Actes de l'Acad. de Bordeaux*, 4e série, XX : 1965, pp. 127-30. — Réimpr. dans le *B.S.A.M.*, 4e sér., n° 3, 1965, pp. 30-33).

Fragment du discours de réception de G. Palassie à l'Académie de Bordeaux, dans lequel est mis en évidence le caractère d'actualité continue des *Essais*, qui sont destinés à vivre immortels.

2994. PEIGNOT (J.). — Relire Montaigne. (*N.R.F.*, N.S., XIII : 1965, 1er juillet, pp. 44-58).

A quel moment de la vie la lecture de Montaigne peut sembler être le plus profitable à celui qui l'entreprend. C'est en effet « un des plus efficaces exercices d'assouplissement de l'esprit auquel on puisse se livrer. Mieux encore, la lecture des *Essais* nous persuade que nous sommes parvenus à nous hisser au plus haut sommet de nous-mêmes » (p. 56). — Cf. n° 3000.

2995. MICHEL (P.). — Montaigne et l'actualité [1. Montaigne et le « Paster Noster » ; 2. Les Moscovites à Rome]. (*B.S.A.M.*, 4e sér., n° 9, 1967, pp. 39-40).

Montaigne précurseur de l'époque actuelle dans la traduction du *Pater*. — Un passage du *Journal de voyage* à propos d'un évènement contemporain (la visite d'un ministre soviétique au Vatican).

2996. — Montaigne à l'ère atomique. (*B.S.A.M.*, 4e sér., n° 16, 1968, pp. 15-22).

Les *Essais* ne sont pas seulement « le reliquaire des siècles passés » ; ils sont une « expérience », un livre de sagesse dans lequel les hommes d'aujourd'hui peuvent retirer des fruits sans nombre.

2997. — Montaigne... — *Bordeaux, Guy Ducros*, 1969, in-16, 182 pp. — (Coll. : *Tels qu'en eux-mêmes*).

Cet ouvrage offre de très larges perspectives sur ce qu'a été la survie littéraire de Montaigne, depuis les jugements nuancés de ses contemporains jusqu'aux grandes études entreprises par les chercheurs du XIXᵉ et du XXᵉ siècles.

= C.R. : — M. Françon (*Studi fr.*, XIV : 1970, n° 42, pp. 532-33) ; — J. Sartenaer (*Lettres romanes*, XXIV : 1970, pp. 309-10) ; — R. Trinquet (*B.S.A.M.*, 4ᵉ sér., n° 22-23, 1970, p. 76) ; — I.D. McFarlane (*French st.*, XXV : 1971, p. 329). =

2998. POUILLOUX (J.-Y.). — Lire les « Essais » de Montaigne... — *Paris, Fr. Maspéro*, 1969, in-16, 121 pp. — (Coll. : *Textes à l'appui*).

Examen de la façon selon laquelle a été lu jusqu'ici le livre de Montaigne, et proposition d'un « protocole de lecture » permettant moins d'élucider l'intention véritable qui a présidé à son élaboration que d'éviter l'interprétation hâtive de « ce texte compliqué et retors » (p. 28).

= C.R. : — *Bull. crit. du Livre fr.*, XXV (1970), p. 126 ; — M. Charles (*Langue française*, VII : 1970, pp. 112-13) ; — G. Nakam (*B.S.A.M.*, 4e sér., n° 20, 1970, pp. 66-69) ; — G. Lauvergnat-Gagnière (*B.H.R.*, XXXIII : 1971, n° 2, pp. 483-87). =

2999. MARCQ (Eve). — Relire les Essais pour « apprendre à mourir ». (*B.S.A.M.*, 4ᵉ sér., n° 27, 1971, pp. 69-71).

Le livre de Montaigne est un « bréviaire où tout est dit de la science de la vie » et dont la lecture doit dès lors « préparer à attendre la mort avec sérénité » dans la conscience de « ce bilan moral sans lequel toute existence serait vaine » (p. 70).

3000. HELLENS (Fr.). — D'une façon de lire Montaigne. (*Europe*, L : 1972, n° 513-514, pp. 38-42).

A quelle époque de la vie Montaigne se lit avec le plus de profit. — Cf. n° 2994.

3001. PERTILE (Lino). — Montaigne, il suo tempo e noi. (*Culture française*, XIX : 1972, mars-avril, pp. 89-96).

Sur la valeur des *Essais* à leur époque et aujourd'hui où ils se présentent à nous comme un message profondément actuel.

= C.R. : — M.R. (*Studi fr.*, XVII : 1973, n° 49, p. 124). =

3002. WEBER (H.). — Montaigne et nous. (*Europe*, L : 1972, n° 513-514, pp. 3-21).

Sous quel angle valable Montaigne pourrait être considéré de nos jours.

CHAPITRE XVIII

# JUGEMENTS SUR MONTAIGNE

## Montaigne juge de soi-même

3003. FORD (C.L.). — Montaigne on himself. (*Notes & Qu.*, 9th ser., 1899, t. III, p. 174).

3004. SALLES (A.). — Montaigne critiqué par Montaigne. (*B.S.A.M.*, 2e sér., no 5, 1939, pp. 36-37).

Analyse de plusieurs passages dans lesquels Montaigne s'adresse de véritables reproches. — (Résumé des conférences du Cercle Montaigne pendant l'hiver 1938-1939).

3005. JORGENSON (Jewel). — Montaigne's presumptuous opinion of himself. (*Pacific Northwest Conference on foreign languages*, XV : 1964, pp. 93-99).

3006. BOWEN (Barbara C.). — What does Montaigne mean by « marqueterie » ? (*Stud. in philol.*, LXVII : 1970, pp. 147-55).

Dans l'essai *De la Vanité* (III, 9), Montaigne juge son livre comme « une marqueterie mal jointe ». La présente étude a pour but de dégager les raisons de cette qualification et surtout le sens que l'on peut en fait lui attribuer.

3007. WINTER (Ian J.). — « Mon livre et moi ». Montaigne's deepening evaluation of his own work. (*Renaiss. quart.*, XXV : 1972, pp. 297-307).

A propos des appréciations que Montaigne a données de ses *Essais* à plusieurs endroits de ceux-ci et à plusieurs étapes de leur rédaction. C'est surtout entre 1580 et 1588 que cet auto-jugement a acquis une profondeur plus marquée.

= C.R. : — R.N. Jolley (*Studi fr.*, XVII : 1973, no 50, p. 339). =

## Montaigne jugé à différentes époques

3008. LA CROIX DU MAINE. — Michel de Montaigne. — Pp. 328-29 du :

— Premier volume de la Bibliothèque du sieur de La Croix du Maine, qui est un catalogue général de toutes sortes d'autheurs qui ont escrit en françois depuis cinq cents ans et plus jusques à ce jour d'huy... — *A Paris, chez Abel l'Angelier*, 1584, in-fol., 558 pp.

Réimpr. avec des notes de Bernard de La Monnoye, au tome II, pp. 129-33, de l'éd. des *Bibliothèques françoises de la Croix du Maine et Du Verdier...* publ. par Rigoley de Juvigny. — *Paris, Saillant et Nyon*, 1772, in-4°.

3009. SAINTE-MARTHE (Scévole de). — [Montaigne]. — Pp. 66-68 de : — Scaevolae Sammarthani lucubrationum pars altera qui continentur Gallorum doctrina illustrium, qui nostra patrúmque memoria, floruerunt, Elogia... — *Augustoriti Pictonum, apud viduam Ioannis Blanceti*, 1606, in-12, 4 ff. n. ch., 252 pp. et 5 ff. n. ch. (table et errata).

L'éloge de Montaigne fait immédiatement suite à celui de La Boétie (pp. 65-66).

L'ouvrage de Sainte-Marthe a été traduit en français par Guillaume Colletet sous le titre : — Eloges des hommes illustres qui depuis un siècle ont fleury en France dans la profession des Lettres. Composez en Latin par Scévole de Sainte-Marthe, et mis en François par G. Colletet... — *Paris, Sommaville, Courbé et Langlois*, 1644, in-4°, 8 ff. n. ch., 608 pp. et 21 pp. n. ch. (table). — Contient les éloges jumelés de La Boétie (pp. 147-49) et de Montaigne (pp. 149-52).

3010. BAUDIER (Dominique). — Dominici Baudii poematum nova editio. — *Lugduni Batavorum, ex officina T. Basson*, 1607, in-8°, 611 pp.

Appréciation réservée de l'œuvre de Montaigne, principalement en ce qui concerne la pensée religieuse du moraliste (pp. 359-60).

3011. CAMUS (J.-P.). — Jugement des Essais de Michel, seigneur de Montaigne. (Lettre CVII, à Achante). — Tome VIII (1613), pp. 409-60, des : — Diversitez de Messire Jean Pierre Camus, evesque et seigneur de Belley, contenant dix livres... — *A Paris, chez Claude Chappelet*, 1609-1614, 9 vol. in-8°.

J.-P. Camus informe son correspondant qu'il vient d'abandonner la lecture des *Essais* et cela pour plusieurs raisons. Mais les raisons qu'il expose — et qui devraient être autant de critiques — apparaissent plutôt comme des éloges de ce livre, où l'on trouve toujours des « grâces nouvelles » justifiant l'emprise qu'il exerce sur le lecteur, à tel point que ce dernier ne tarde pas à éprouver un désir d'imitation. L'auteur des *Diversitez* a pu lui-même l'observer dans ses premiers écrits, et c'est du reste ce qui l'a contraint à se retirer, contre son gré, « d'une aussi belle eschole » (p. 434). — *Voir* P. Villey, n° 2649, pp. 185-234.

3012. PASQUIER (E.). — [Jugement sur Montaigne et les *Essais*]. — Tome II, pp. 377-84, des : — Lettres d'Estienne Pasquier, conseiller et advocat general du Roy à Paris. Contenans plusieurs belles manières et discours sur les affaires d'Estat de France et touchant les guerres civiles. — *Paris, Jean Petit-pas*, 1619, 3 vol. in-8°.

Ce jugement — qui a été maintes fois reproduit (cf. p. ex. l'éd. Villey-Saulnier, 1965, pp. 1206-10) — constitue la matière de la lettre à M. de Pelgé, conseiller du roi et maître en sa Chambre du Compte, (liv. XVIII, lettre I).

3013. THOU (Jacques Auguste de). — Michael Montanus. — Tome V, fol. 266, de : — Iac. Augusti Thuani Historiarum sui temporis. — [*Aurelianae* (Orléans)], *Apud Petrum de la Rovière*, 1620, 5 vol., in-fol.

Eloge posthume de Montaigne (*lib. CIV*, anno 1592) dans lequel l'historien rappelle les traits essentiels de la vie de celui-ci, en particulier son amitié pour La Boétie et surtout la création de ses *Essais* dont l'équivalent latin est pour lui : *Conatus*, — une traduction dans laquelle G. Guizot voyait un contresens (n° 3065, p. 69).

3014. L'ANCRE (P. de). — Le P. Del Rio ne peut souffrir la liberté des opinions du sieur de Montagne [sur l'imagination]. — Pp. 339-41 de : — L'Incredulité et mescreance du sortilege plainement convaincue, où il est amplement et curieusement traicté de la vérité ou illusion du sortilege,... de la divination,... des apparitions et d'une infinité d'autres rares et nouveaux subjects... — *A Paris, chez Nicolas Buon*, 1622, in-4°, 52 + 841 pp. et la table.

3015. SAINCT-SERNIN (J. de). — Essais et observations sur les Essais du Seigneur de Montagne... — *Londres, impr. de E. Allde*, 1626, in-8°, 43 pp.

L'œuvre de Montaigne est appréciée ici par un lecteur assidu, certes, mais qui cependant ne laisse pas parfois d'exprimer des opinions opposées à celles de « son maître ». — *Voir* l'étude que Jean Marchand a consacrée à cet ouvrage (n° 3212).

3016. BOUCHER (le P. Jean), cordelier. — [Jugement sur la pensée religieuse de Montaigne]. — Pp. 128-32 de : — Les Triomphes de la religion chrestienne, contenans les resolutions de trois cens soixante et six questions sur le subject de la foy, de l'Ecriture sainte,... et de l'immortalité de l'Ame... — *A Paris, chez Laurent Sonnius*, 1628, in-fol., 29 ff. n. ch. et 855 pp.

En matière de religion, Montaigne (ainsi que Charron d'ailleurs) a multiplié les erreurs et les contradictions. Malgré cela, on doit reconnaître que « le livre du sieur de Montagne est comme un plat d'escrevisses, où ce qu'il y a de nourrissant est vrayement friand et delicat, mais il y a plus à esplucher qu'à manger » (p. 132).

3017. BESOLD (Christoph). — [Sur la pensée de Montaigne]. — P. 86 de : — Christophori Besoldi... operis politici variis digressionibus... illustrati editio nova... — *Argentorati* [Strasbourg], *sumptibus haeredum L. Zetzneri*, 1641, 5 parties en 1 vol. in-4°.

Sévère jugement d'une pensée considérée comme renfermant des tendances à l'athéisme.

3018. DESMARETS (R.). — Montaigne. — Pp. 79-82 de : — Rolandi Maresii epistolarum philologicarum liber primus. — *Lutetiae Parisiorum, apud H. Le Gras*, 1650, in-12, 163 pp.

Jugement élogieux émanant du frère de Jean Desmarets de Saint-Sorlin.

3019. BALZAC (J.-L. Guez de). — Entretiens XVIII et XIX : — *De Montaigne et de ses escrits* ; — *Qu'au temps de Montaigne nostre langue estoit encore rude.* — Pp. 241-50 des : — Entretiens de feu Monsieur de Balzac. — *A Leide, chez Jean Elsevier,* 1659, in-12, 396 pp. et 12 ff. n. ch. (table), titre-front. gravé.

Ces entretiens (comme tous ceux du recueil) portent le nom de *Dissertations critiques* dans l'édition collective des *Œuvres* de 1665 (2 vol. in-fol.) où ils sont chiffrés : XIX et XX. — On en trouvera le texte critique dans l'édition B. Beugnot, t. I$^{er}$, pp. 289-99 (*Paris, Textes Français Modernes,* 1972, 2 vol. in-8°).

Dans ces deux entretiens, rendus célèbres par le sujet qu'ils traitent, on rencontre aussi bien des réserves sur Montaigne que des appréciations favorables. Les réserves n'offrent à vrai dire aucun caractère d'originalité, mais les approbations sont celles d'un homme de goût et d'un admirateur : Balzac en effet ne cache pas qu'il « révère » Montaigne « par tout » (p. 248) et que les défauts d'ordre matériel qu'il lui trouve sont compensés en fait par l'élévation de son esprit. — Ces pages de critique ont connu une ample diffusion avec les éditions de Coste où elles figurent dès la seconde (*Paris,* 1725, t. I$^{er}$, pp. LX-LXII). — Cf. n° 2678.

3020. [ARNAULD (A.) et NICOLE (P.)]. — [Condamnation du pyrrhonisme et du libertinage de Montaigne, ainsi que des « contes ridicules » dont il se sert pour asseoir son raisonnement]. — I$^{er}$ discours, p. 11, et III$^e$ partie, chap. XIX, pp. 341-53, de : — La Logique ou l'Art de penser, contenant, outre les règles communes, plusieurs observations nouvelles, propres à former le jugement. Seconde édition, reveuë et augmentée. — *A Paris, chez Charles Savreux,* 1664, in-12, 473 pp. et la table.

Sévère jugement porté sur l'œuvre de Montaigne par les maîtres de Port-Royal. — *Voir* n°ˢ 3023 et 3039.

3021. SOREL (Ch.). — Des *Essais* de Michel de Montagne. — Pp. 68-78 de : — La Bibliothèque françoise..., ou le choix et l'examen des livres françois qui traitent de l'éloquence, de la philosophie, de la dévotion et de la conduite des mœurs... — *A Paris, par la Compagnie des Libraires du Palais,* 1664, in-12, 12 ff. n. ch. et 400 pp.

Eloge non déguisé de Montaigne et de son livre. — Cf. n° 3206.

3022. Scaligeriana sive excerpta ex ore Josephi Scaligeri. Per F.F. P.P. — *Genevae, apud Petrum Columesium,* 1666, in-12, 368 pp.

Première édition du *Scaligeriana secunda* donnée par Jacques et Pierre Dupuy (i.e. *Fratres Puteanos,* ou : F.F. P.P.). — On en retiendra les articles : *Goulart* (pp. 127-28) et *Montagnes* (p. 231). C'est dans ce dernier article que figure la note relative à Montaigne : « Son pere estoit vendeur de harenc ».

3023. BÉRANGER (Guillaume). — Response à plusieurs injures et railleries ecrites contre Michel, seigneur de Montagne, dans un livre intitulé : La logique ou l'art de penser..., de la 2. edition. Avec un beau traité de l'éducation des enfans, et cinq cens excellens passages tirez du Livre des Essais, pour montrer le mérite de cet autheur. — *A Rouen, chez Laurens Maurry*, 1667, pet. in-8°, 347 pp.

Réponse aux critiques de Port-Royal (n° 3020). — *Voir* n° 3195 une étude du présent ouvrage.

3024. BOSSUET (J.-B.). — [Montaigne et la religion de la nature]. — Pp. 404-05 des : — Sermons choisis. Texte revu sur les manuscrits de la Bibliothèque nationale, publié avec une introduction, des notices, des notes et un choix de variantes par Alfred Rébelliau... — *Paris, Hachette*, 1882, in-16, XVIII-518 pp. — (*Classiques français*).

Ce passage, qui constitue une violente attaque contre la philosophie de Montaigne, est extrait du 3e point du sermon *Sur les conditions nécessaires pour être heureux*, autrement connu sous le nom de *Deuxième sermon pour la fête de tous les saints* (1669).

3025. MALEBRANCHE (N. de). — Du livre de Montagne. — Tome Ier, pp. 288-300 : — De la Recherche de la Vérité, où l'on traitte de la nature de l'esprit de l'homme et de l'usage qu'il en doit faire pour éviter l'erreur dans les Sciences. — *A Paris, chez André Pralard*, 1674-1678, 3 vol. in-12.

Ce jugement sur Montaigne et les *Essais* se trouve au livre II (*De l'Imagination*), IIIe partie, dont il forme le chap. V. Malebranche y condamne la vanité de Montaigne et son adhésion aux « opinions les plus extravagantes sur la nature de l'âme ». Mais il estime loyal de faire la part des choses et de rendre justice à un écrivain comme celui-ci : « Ses idées, dit-il, sont fausses, mais elles sont belles ; ses expressions sont irrégulières ou hardies, mais elles sont agréables ; ses discours sont mal raisonnez, mais ils paroissent bien imaginez. On voit dans tout son livre un caractère d'original qui plaist infiniment »... (p. 300).

3026. RAPIN (le P. René). — [Condamnation de l'esprit de Montaigne au nom de la religion]. — P. 210 des : — Réflexions sur la philosophie ancienne et moderne, et sur l'usage qu'on en doit faire pour la religion. — *Paris, F. Muguet*, 1676, in-12, 264 pp.

3027. ESPRIT (Abbé Jacques). — [Erreurs de Montaigne]. — Tome Ier, pp. 150-62 [erreurs touchant l'amitié], et tome II, pp. 7-12 [sur la sagesse de Socrate], 44-50 [étranges idées qu'il a sur la tempérance] et 79-80 (« son esprit a été son piège »), de : — La Fausseté des vertus humaines... — *Paris, G. Desprez*, 1677-1678, 2 vol. in-12.

Adepte des Jansénistes, J. Esprit prononce dans les pages indiquées une condamnation formelle des *Essais*, dont il semble n'apprécier que le style (t. II, p. 79).

3028. ANCILLON (D.). — Montagne (Michel de). — Tome II, pp. 376-79, de : — Mélange critique de littérature, recueilli des conversations de feu M. Ancillon, avec un discours sur sa vie et ses dernières heures. — *Bâle, E. et J.G. König*, 1698, 3 vol. in-12.

3029.  LA BRUYÈRE (J. de). — Montagne. — P. 31, dans : — Les carac-
       tères de Théophraste traduits du grec, avec les Caractères ou
       les Mœurs de ce siècle. Dixième édition. — *Paris, E. Michallet*,
       1699, in-12, 15 ff. n. ch., 52 + 662 + xIiv pp. et 3 ff. n. ch.

       Court passage que La Bruyère a introduit dans la 5ᵉ éd. de son livre, et
       dans lequel il défend Montaigne contre Nicole et Malebranche.

3030.  [ARGONNE (Noël, *dit* : Bonaventure d')]. — [Jugements défavo-
       rables sur le caractère de Montaigne et sur les *Essais*]. —
       Tome Iᵉʳ, pp. 132-33, et tome II, pp. 30-31, de : — Mélanges
       d'histoire et de littérature recueillis par M. de Vigneul-Marville
       [*Bonaventure d'Argonne*]. Seconde et nouvelle édition, revue,
       corrigée et augmentée. — *Rotterdam, Elie Yvans*, 1700-1702,
       3 vol. in-12.

3031.  BERNARD (J.). — [Jugement sur Montaigne, à propos de la
       publication des *Pensées de Montaigne propres à former l'esprit
       et les mœurs*, Paris, 1700, in-12]. — (*Nouvelles de la République
       des Lettres*, 1701, t. 22, pp. 449-52).

       Le jugement est assez sévère : en effet, Montaigne est considéré comme
       un écrivain d'une lecture « très-dangereuse » surtout en matière de reli-
       gion, et l'on approuve l'auteur du recueil (il s'agit du *recueil Artaud*)
       d'avoir prudemment fait un choix dans les maximes du moraliste.

3032.  [SACY (Louis Sylvestre de)]. — [Jugement élogieux sur Mon-
       taigne]. — P. 88 du : — Traité de l'amitié. — *A Paris, chez
       Jean Moreau*, 1703, in-12, 12 ff. n. ch., 228 pp. et 24 ff. n. ch.
       (table).

3033.  LAMY (le P. Bernard), oratorien. — [Opinion sur la morale de
       Montaigne et sur celle de ses disciples]. — Tome Iᵉʳ, pp. 122-
       23, 164-65 ; — tome II, pp. 185-94, et tome III, pp. 5-7, de :
       — Demonstration ou preuves évidentes de la verité et de la
       sainteté de la morale chrétienne. Ouvrage qui comprend en
       cinq entretiens toute la Morale... — *Paris, Denys Mariette*,
       1709-1711, 5 vol. in-12.

       Montaigne et ses disciples, en particulier Saint-Evremond, définis comme
       des épicuriens. Au tome III, le P. Lamy se livre à une longue diatribe spé-
       cialement contre l'auteur des *Essais*. — Ces « Entretiens » sont engagés
       entre trois personnages imaginaires : Arsenne, Pamphile et Théodose.

3034.  [Opinions de Mᵐᵉ de Lafayette et de Segrais sur Montaigne].
       Iʳᵉ partie, p. 143, du : — Segraisiana ou Mélange d'histoire et
       de littérature recueilli [par Antoine Galland] des entretiens de
       Monsieur de Segrais, de l'Académie Françoise... — *A Paris,
       par la Compagnie des Libraires associés*, 1721, 3 parties en
       1 vol. in-8°, portrait.

3035. BOSSUET (J.-B.). — Les animaux n'inventent rien. — Pp. 345-46 de l' : — Introduction à la philosophie, ou De la connoissance de Dieu et de soi-mesme... — A Paris, chez Gabriel Amaubry, 1722, in-12 de : 11 ff. n. ch. et 382 pp.

Sévère jugement porté sur la comparaison faite par Montaigne entre l'homme et l'animal au début de l'essai I, 42.

3036. HUET (P.D.). — Essais de Montaigne. — Pp. 14-17 du : — Huetiana, ou Pensées diverses de M. Huet, evesque d'Avranches. — A Paris, chez Jacques Estienne, 1722, in-12, XXIV-436 pp.

Ana rédigé par Huet lui-même et publié par l'abbé d'Olivet. — Le jugement qu'il renferme sur Montaigne, malgré quelques critiques, se révèle plutôt favorable à l'essayiste et à son œuvre.

3037. Premier essai de Montaigne travesti, adressé aux Auteurs du Mercure. (Merc. de Fr., décembre 1725, 1er vol., pp. 2808-09).

Poème de 33 vers composé vraisemblablement pour la sortie de la 2e éd. de Coste (Paris, 1725), et dans lequel l'auteur (anonyme) expose les agréments qu'a procurés autrefois la lecture de Montaigne, pour conclure néanmoins que celui-ci a, depuis, perdu son crédit et que ses Essais sont maintenant une œuvre dépassée,

> Un livre en vieux langage,
> François, Gascon, Grec et Latin,
> Un garde-boutique, un bouquin
> Dont peu de lecteurs font usage.

3038. PASCAL (B.). — Entretien de M. Pascal et de M. de Sacy sur la lecture d'Epictète et de Montagne. — Tome V, 2e partie, pp. 239-70, de la : — Continuation des Mémoires de littérature et d'histoire [d'A.-H. de Sallengre, publ. par le P. Pierre-Nicolas Desmolets]... — A Paris, chez Simart, 1728, 2 parties en 1 vol. in-12 de : XI-464 pp.

Edition princeps de ce célèbre « Entretien » que l'on trouve également, mais avec quelques variantes, dans le tome II, pp. 55-73, des Mémoires pour servir à l'histoire de Port-Royal par Nicolas Fontaine, qui fut secrétaire de Le Maître de Sacy (mémoires publ. par Michel Tronchai : A Utrecht, aux dépens de la Compagnie, 1736, 2 vol. in-12). — C'est ici que Pascal définit Montaigne comme un « pur pirrhonien » (p. 247), et il expose son opinion sur ce point de manière à entraîner la conviction de son interlocuteur, — lequel d'ailleurs n'est qu'un interlocuteur supposé par le rédacteur de l' « Entretien », Fontaine ; celui-ci en effet, pour établir son texte, s'est servi d'authentiques écrits laissés par Pascal, et les a présentés sous la forme d'une conversation que ce dernier aurait eue avec M. de Sacy (voir P.-L. Couchoud : « L'Entretien de Pascal avec M. de Saci a-t-il eu lieu ? », — Merc. de Fr., 1951, t. CCCXI, 1er février, pp. 216-28). — Voir n° 2717, l'édition critique de l'Entretien donnée par P. Courcelle.
= C.R. : — J. des sçavans, août 1729, pp. 465-66. =

3039. NICOLE (P.). — Montaigne ; jugement de son livre. — Vol. VI (1730), pp. 204-05, des : — Essais de morale, contenus en divers traités sur plusieurs devoirs importans... — A Paris, chez Guillaume Desprez, 1730-1735, 13 vol. in-18.

Le présent jugement est en très nette contradiction avec celui formulé dans la Logique de Port-Royal (n° 3020), car Nicole, ici, ne cherche plus à dénigrer chez Montaigne les tendances de sa pensée, assurant même que l'on pourrait « tirer quelque utilité » de son livre (p. 205).

3040. Bossuet (J.-B.). — Un autre croira fort beau... — Pp. 120-21 du : — Traité de la concupiscence, — dans les : — Traitez du libre-arbitre et de la concupiscence, ouvrages posthumes de Messire Jacques-Bénigne Bossuet, évêque de Meaux... — *A Paris, chez Barthélémy Alix*, 1731, 2 t. en 1 vol. in-12.

Désignation voilée de Montaigne qui se trouve accusé « de mépriser l'homme dans ses vanités et ses airs », de plaider contre lui la cause des bêtes (n° 3035) et d'attaquer en forme jusqu'à la raison (p. 120).

3040a. Voltaire. — Montaigne. — Pp. 350-51 et 364-65 des : — Lettres philosophiques, par M. de V... — *A Amsterdam, chez E. Lucas, au Livre d'Or (Rouen, Jore)*, 1734, in-12, 2 ff. prélim. et 387 pp.

Dans la 25e lettre, *Sur les Pensées de M. de Pascal*, Voltaire donne deux fois la réplique à Pascal pour des attaques de celui-ci contre Montaigne (« Les défauts de Montaigne sont grands »... — Le sot projet que Montaigne a eu de se peindre ! »...). — *Voir* aussi l'éd. critique des *Lettres philosophiques*, par G. Lanson : — *Paris, Cornély*, 1909, 2 vol. in-16 (t. II, pp. 210-11 et 216).

3041. Argens (J.-B. de Boyer, marquis d'). — Montaigne. — Pp. 402-06 des : — Réflexions historiques et critiques sur le goût et sur les ouvrages des principaux auteurs anciens et modernes... — *Berlin, Fromery*, 1743, in-12, 411 pp. — Extr. publ. par J. Marchand dans le *B.S.A.M.*, 2e sér., n° 7 (1939), pp. 111-12.

Importance de la réputation acquise par Montaigne et par son livre : — « Les *Essais* inspirent de l'amour pour la vraie philosophie, de l'inclination pour l'érudition et du respect pour la morale » (p. 403). Dirigées contre une œuvre de cette qualité, les critiques de Nicole, de Pascal et de Malebranche ne se justifient en rien et relèvent du simple parti-pris. — (Cf. M. Dréano, n° 2737 : pp. 282-89).

3042. La Vallée (J.) et Brion (L.). — Montaigne. — Pp. 19-21 du : — Voyage dans les départemens de la France... [Département de la Gironde]... — *Paris, Brion, Buisson et Debray*, 1797-an V, in-8°, 38 pp., 3 eaux-fortes et 1 carte.

Jugement sur Montaigne, augmenté de la traduction de son épitaphe latine.

3043. La Harpe (J.-F. de). — [Jugement sur Montaigne ; sa mise en parallèle avec Rabelais]. — Tome IV (an VII-1799), pp. 59-63, de : — Lycée, ou Cours de littérature ancienne et moderne... (n° 1827).

3044. Bourdic-Viot (Henriette). — Eloge de Montaigne... — *Paris, chez Charles Pougens*, an VIII [1800], in-18, 107 pp.

Cet éloge a été inspiré à Mme Bourdic-Viot par sa vénération pour Montaigne, en qui elle étudie tour à tour le philosophe, le magistrat, l'homme privé, et chaque fois ce sera pour le défendre vigoureusement contre les critiques. Son travail, lu dans les lycées de Paris, n'a pas été perdu de vue par les panégyristes de 1812 (cf. n° 3103).
= C.R. : — *La Décade philos., littér. et polit.*, an VIII [1801], 20 pluviôse, pp. 286-88. =

3045. La Montagne (Baron Pierre de). — Discours prononcé dans la cérémonie de la translation des cendres de Michel Montaigne, le premier Vendémiaire an 9 [22 septembre 1801]... — *A Bordeaux, de l'impr. de Moreau, s.d.* (1801), in-8°, 22 pp.

Eloge de Montaigne composé à l'occasion du transfert de son tombeau, de l'église des Feuillants », où il étoit renfermé depuis deux siècles », dans « une des salles de l'édifice où se tenoit l'Académie » (p. 7, note 1).

3046. Delille (J.). — « C'est lui, c'est moi ». — Chant VI, vers 695-708, (tome II, p. 109), de : — L'Imagination, poëme [en VIII chants]... — *Paris, Giguet et Michaud*, 1806, 2 vol. in-8°.

Ce passage a été reproduit dans le *B.S.A.M.*, 2ᵉ sér., n° 7 (1939), p. 112.

3047. Leuliette (J.-J.). — [Sur Montaigne et son œuvre]. — Pp. 94-96 du : — Tableau de la littérature en Europe, depuis le seizième siècle jusqu'à la fin du dix-huitième, et Examen des causes politiques, morales et religieuses qui ont influé sur le génie des écrivains et sur le caractère de leurs productions... — *Paris, Léopold Collin*, 1809, in-8°, 16 + XLII + 324 pp.

3048. Palissot de Montenoy (Ch.). — Montaigne. — Tome V (*Mémoires pour servir à l'histoire de notre littérature*), pp. 137-41, des : — Œuvres complètes... Nouvelle édition, revue, corrigée et augmentée... — *Paris, Léopold Collin*, 1809, 6 vol. in-8°.

L'auteur, dans ces pages, formule sur Montaigne plusieurs jugements qui tournent bientôt à la satire contre les philosophes du XVIIIᵉ siècle, et aussi contre le plus récent éditeur des *Essais*, Naigeon, auquel il attribue sans ambages la fameuse boutade du chap. « De l'Institution des enfans » (« ...que de bonne heure son gouverneur l'estrangle, s'il est sans tesmoins... »). Celle-ci pourtant n'avait rien d'apocryphe, puisqu'on en peut constater l'existence dans l'Exemplaire de Bordeaux (f° 59 v°), d'après lequel précisément l'éd. de 1802 a été établie. — *Voir* n° 104 une opinion semblable d'un chroniqueur anonyme de 1803.

3049. Lamartine (A. de). — [Opinions sur Montaigne]. — Tome Iᵉʳ, pp. 253 et 301, de la : — Correspondance... — *Paris, Hachette, Furne, Jouvet et Cⁱᵉ*, 1873-1875, 6 vol. in-8°.

Dans deux lettres à son ami Aymon de Virieu, Lamartine a manifesté un très net changement d'opinion à l'égard de Montaigne. Celle du 26 juillet 1810 (p. 253) contient une déclaration du futur poète, pleine de bienveillance pour « l'ami Montaigne que — dit-il — j'apprends tous les jours à mieux connaître et par conséquent à aimer davantage ». Mais dans celle du 21 mai 1811 (p. 301), une évolution paraît s'être effectuée chez lui à propos de l'auteur des *Essais*, envers lequel il marque déjà un certain éloignement. (*Voir*, n° 3060, ce qu'il en a dit en 1849 dans les *Confidences*). — Cette attitude de Lamartine a été analysée dans la thèse de D.-M. Frame (n° 2756), pp. 9-13.

3050. Féletz (Abbé Ch.-M. Dorimond de). — Essais de Michel de Montaigne. — Pp. 233-40 de : — Jugements historiques et littéraires sur quelques écrivains et quelques écrits du temps... — *Paris-Lyon, Périsse frères*, 1840, in-8°, xv-537 pp.

3051. Sainte-Beuve (C.A.). — « Montaigne à la barre de Port-Royal... » — Tome II (1842), pp. 385-406, de : — Port-Royal... (n° 2051). — Dans les études classées par Maurice Allem (même n°), cf. pp. 227-33.

> Chap. II (en partie) du livre III de *Port-Royal*. — On y trouve un jugement, voire une *définition*, que Sainte-Beuve donne de Montaigne. Certaines expressions en sont bien connues, par exemple : « Montaigne, c'est tout simplement la nature » (p. 399), mais c'est, il est vrai, « *la nature au complet sans la grâce* » (ibid.). — « Il y a du Montaigne en chacun de nous » (p. 402), etc...

3052. Grivot (A.). — Etudes sur Montaigne. (*L'Université catholique*, 1844, t. XVII, mars, pp. 193-201, et avril, pp. 300-11).

> Ecrites à propos de l'éd. du *Panthéon littéraire* parue sept ans plus tôt, ces études qui portent sur les différents aspects de la pensée de Montaigne, en condamnent sans appel les manifestations, jugées pernicieuses pour avoir notamment contribué à ruiner « la foi et les institutions catholiques dans notre pays » (p. 311).

3053. Ranke (Leopold von). — [Jugement sur Montaigne]. — Tome Iᵉʳ (1852), p. 277, de : — Französische Geschichte vornehmlich im 16. und 17. Jahrhundert... — Stuttgart und Tübingen, J.G. Cotta, 1852-1861, 5 vol. in-8°.

3054. Sacy (Sylv. de). — Corneille, Montaigne, La Bruyère. (*J. des Débats*, 19 janvier 1855 ; — repris dans le *Bull. du bibl.*, 1855, pp. 3-10). — Inséré par S. de Sacy dans le tome Iᵉʳ, pp. 350-60, de ses : — Variétés littéraires, morales et historiques... — *Paris, Libr. acad. Didier*, 1858, 2 vol. in-18 jés.

> L'auteur donne sur Montaigne une opinion personnelle dont Bigorie de Laschamps a dit : « Au fond, c'est le jugement de Port-Royal. Seulement le juge, cette fois, aime fort celui qu'il condamne » (voir n° 299 : p. 483, note 1).

3055. Sand (George). — [Montaigne et les *Essais*]. — IVᵉ partie (tome VIII, 1856), chap. IX (pp. 98-99) de l' : — Histoire de ma vie... — *Paris, Michel Lévy*, 1856-1857, 10 vol. in-18.

> C'est dans le parc d'Ormesson que G. Sand a lu en entier les *Essais*, et elle avoue ici le plaisir qu'elle a pris au contact de l'œuvre d'un auteur sur lequel elle émet un jugement très favorable.

3056. Church (Revᵈ Richard William). — The Essays of Montaigne. — Pp. 239-82 de : — Oxford Essays, contributed by members of the University. — *London, J.W. Parker and son*, 1857, in-8°.

> Montaigne jugé avec impartialité par un homme d'Eglise. (*Voir* Ch. Dédéyan, n° 2790 : t. Iᵉʳ, pp. 295-309).

3057. Bladé (J.-F.). — Des opinions et jugements littéraires de Montaigne, par M.E. Moët. (*Rev. d'Aquitaine*, IV : 1859-1860, pp. 263-70, 298-302 et 326-32).

> Dans ce compte rendu de l'ouvrage de Moët (n° 1828), J.-F. Bladé porte les jugements les plus sévères sur Montaigne et son « triste livre » (p. 298), allant même jusqu'à prononcer : « Ah ! que tout cela est petit auprès de ce colosse de Rabelais ! » (p. 299).

3058. JOLLY (J.). — Montaigne. — Tome I<sup>er</sup>, pp. 37-40, de l' : — Histoire du mouvement intellectuel au XVI<sup>e</sup> siècle et pendant la première partie du XVII<sup>e</sup>... — *Paris, Amyot*, 1860, 2 vol. in-8°.

Valeur littéraire de l'œuvre de Montaigne.

3059. VEUILLOT (Louis). — Montaigne. — Tome II, pp. 467-68, de : — Çà et là, 2<sup>e</sup> édition, revue et augmentée... — *Paris, Gaume frères et J. Duprey*, 1860, 2 vol. in-16.

Dans ce passage caractéristique qui appartient à une « confession littéraire », Montaigne est fustigé d'importance par le grand polémiste catholique. — On retrouve ce texte dans le tome VIII (1926), pp. 526-28, des *Œuvres complètes* de Louis Veuillot (*Paris, Lethielleux*), et aussi pp. 249-50 des *Pages choisies* de Louis Veuillot, par Antoine Albalat (*Paris, Bibliothèque des auteurs modernes* [Lyon, Impr. Emm. Vitte], 1906). Il a été reproduit d'après ces extraits dans le *B.S.A.M.*, 2<sup>e</sup> sér., n° 7 (1939), p. 113.

3060. LAMARTINE (A. de). — [Sévère jugement sur Montaigne], dans : — *Les Confidences* (liv. XI, chap. XVI), tome XXIX (1863), p. 320, des : — Œuvres complètes... — *Paris, chez l'Auteur*, 1860-1866, 41 vol. in-8°.

Dans cette page, le poète parle de Montaigne à propos de son ami intime, Aymon de Virieu, qui en descendait par sa mère. Son nouveau jugement (reproduit dans le *B.S.A.M.*, 2<sup>e</sup> sér., n° 6, 1939, p. 76) est à comparer avec ceux qu'il formulait sur l'essayiste en 1810 et en 1811 (n° 3049).

3061. BULWER LYTTON (Edward George). — Montaigne. — Tome II, pp. 253-55, de : — Caxtoniana : a series of essays on life, literature and manners... — *Leipzig, B. Tauchnitz*, 1864, 2 vol. in-16. — (*Coll. of British authors*, vol. 692 et 693).

Dans ce passage de l'essai XXV (*On some authors in whose writings Knowledge of the world is eminently displayed*), l'auteur se livre à une véritable apologie de Montaigne, — « le plus grand des écrivains français », — « le Père de l'Essai moderne », — qui doit son immortalité à sa parfaite connaissance du cœur humain. — Cet essai, paru dans le *Blackwood Magazine* de septembre 1862, a été traduit en français par Richard pour la *Rev. britannique* de 1864, pp. 71-93 et 307-23.

3062. DESCHANEL (E.). — Montaigne. — Pp. 40-43 de : — Physiologie des écrivains et des artistes, ou Essai de critique naturelle... — *Paris, Hachette*, 1864, in-18, 388 pp.

Montaigne, « un Anglo-Gascon greffé de latin ». Il est Gascon, et il le montre par son éloquence et sa hâblerie. Mais « comme Anglais, il est d'un caractère pratique et positif ; égoïste par principes » (p. 41).

3063. MICHELET (J.). — [Sur Montaigne et les *Essais*]. — Tome X (*XVI<sup>e</sup> siècle. La Ligue et Henri IV*), pp. 268-72, de l' : — Histoire de France. Nouvelle édition, revue et augmentée... — *Paris, Libr. internationale, A. Lacroix et Cie, s.d.* (1876), 17 vol. in-8°.

Michelet exprime ici des jugements assez durs sur Montaigne et son livre (« ce livre si froid,... l'évangile de l'indifférence et du doute », etc.), mais il sait tempérer son apparente hostilité par des appréciations très originales pour l'époque et qui sont en faveur du moraliste, par exemple : « les grands esprits, l'élite rare semblent pressentir que son doute n'est que le doute provisoire qui rendra la science possible » (p. 270). — Sur la question « Montaigne et Michelet », voir M. Rat (n° 2759), G. Nakam (n° 3087) et M. Françon (n° 3088).

**3064.** Perrens (F.T.). — Montaigne. — Pp. 44-49 de : — Les libertins en France au xviie siècle. — *Paris, Léon Chailley, s.d.* (1896), in-8°, 429 pp.

Selon l'auteur, Montaigne peut être considéré comme « le grand ancêtre des libertins du xviie siècle, ceux-ci ayant trouvé avec les *Essais* en quelque sorte « leur livre cabalistique », comme disait le P. Garasse (p. 44).

**3065.** Guizot (Guillaume). — Montaigne, études et fragments. Œuvre posthume publiée par les soins de M. Auguste Salles, professeur au Lycée Janson-de-Sailly, lauréat de l'Académie française. Préface de M. Emile Faguet... — *Paris, Hachette*, 1899, in-16, xli-269 pp.

Le protestant Guizot avait, presque malgré lui, voué un réel attachement à Montaigne et aux *Essais* dont il envisageait de donner une édition savante. Il mourut sans parvenir à son but, et ne nous a laissé que quelques cours (cf. nos 557 et 1857) et ces fragments dans lesquels il distille à la fois critiques et approbations. Pour lui, Montaigne est un pur sceptique, un non-chrétien, un « caractère détrempé plutôt que corrompu » (p. 42), « une des maîtresses plutôt qu'un des maîtres de la pensée française » (p. 252), etc. Mais en revanche, il ne ménage pas son admiration à l'essayiste pour une langue, un style (pp. 82-98) qui ont enthousiasmé des générations de lecteurs, aussi exigeants peut-être que G. Guizot lui-même !
= C.R. : — A. Chauvin (*Bull. crit.*, 2e sér., VI : 1900, pp. 9-13) ; — L. Coquelin (*Rev. encycl.*, X : 1900, pp. 359-60) ; — R. Rosières (*Rev. crit.*, XXXIV : 1900, 1er sem., pp. 211-13) ; — A. Sorel (*Le Temps*, 7 juillet 1900, p. 3 [cf. n° 3186] ; — *Polybiblion*, 1900, t. LXXXIX, pp. 339-40. =

**3066.** Boutroux (E.). — [Montaigne lu par Pascal]. — Pp. 92-93 de : — Pascal... — *Paris, Hachette*, 1900, in-16, 207 pp. — (Coll : *Les grands écrivains français*).

**3067.** Fabre (J.). — Montaigne. — Pp. 208-14 de : — La Pensée moderne (de Luther à Leibniz)... — *Paris, F. Alcan*, 1908, in-8°, 563 pp.

« Montaigne est une espèce de Platon gaulois... Il imagine tout mieux qu'aucun poète ; il fait penser autant qu'aucun philosophe, et il est un psychologue incomparable » (p. 208). Son attitude en face des novateurs politiques et religieux de son temps a été celle, loyale, d'un conservateur et d'un chrétien (p. 210).

**3068.** Hervier (M.). — Michel de Montaigne. — Pp. 60-91 de : — Les écrivains français jugés par leurs contemporains. I. Le xvie et le xviie siècles. — *Paris, Mellotée, s.d.* (1911), in-16, viii-676 pp.

Réunion des jugements les plus connus, prononcés au xvie et au xviie siècles, et auxquels on a joint quelques opinions exprimées par Montaigne sur lui-même et sur son œuvre.

**3069.** Rey-Pailhade (E. de). — Montaigne. — Pp. 7-108 de : — Montaigne philosophe-moraliste. Etude. Méditations philosophiques... — *Toulouse, Ed. Privat*, 1912, in-16, 155 pp.

Etude sévère (même impitoyable) de l'homme comme de l'œuvre : — égoïste, vaniteux, sans courage ni foi chrétienne, Montaigne a prétendu donner un enseignement avec son livre dont la lecture est ici jugée « plus attrayante qu'utile, plus dangereuse peut-être que salutaire » (p. 108).

3070. CLOUGH (Arthur Hugh). — Poems, with an introduction by Charles Whibley. — *London, Macmillan and Co*, 1913, in-8°, XXXVII-459 pp.

Sixième éd. de cette œuvre poétique qui a été publiée, la première fois, en 1862. L'auteur, ami de Matthew Arnold auquel il ressemble sur bien des points, a inséré, p. 355, dans *The clergyman first tales* (2e part. du poème *Mari Magno*), vingt vers où Montaigne fait l'objet d'un jugement assez défavorable.

3071. PASCAL (B.). — [Pascal juge de Montaigne]. — Pp. 343, 345, 430, 443, 479-80, 704, des : — Pensées et opuscules publiés avec une introduction, des notices, des notes par M. Léon Brunschvicg... 7e édition revue et augmentée... — *Paris, Hachette*, 1914, in-16, IX-808 pp. — (*Classiques français*).

Dans les *Pensées*, l'opinion émise par Pascal sur Montaigne est nettement plus rigoureuse que dans l'*Entretien avec M. de Saci* (n° 3038), même si bon nombre de ses propres arguments ont eu les *Essais* pour source d'inspiration. — (Rappelons que la célèbre définition : « l'incomparable auteur de l'*Art de conférer* » ne se trouve ni dans les *Pensées*, ni dans l'*Entretien*, mais dans l'opuscule : *De l'esprit géométrique* [cf. *op. cit.*, p. 192]).

3072. SUARÈS (A.). — [Jugement sur Montaigne]. — Pp. 208-09 de : — Xénies. — *Paris, Emile-Paul*, 1923, in-18, III-253 pp. — (Passage reproduit dans la *Rev. du XVIe s.*, X ; 1923, pp. 118-19).

3073. Demi-juif. — Tome Ier, pp. 35-41, de : — Sur la vie, essais. Deuxième édition... — *Paris, Emile-Paul*, 1925, 2 vol. in-18.

Dans le troisième essai de son livre, A. Suarès procède à une analyse originale de ce que fut et de ce que reste Montaigne dont il donne une appréciation très élogieuse, pour répondre à ces « imposteurs parfaits », persistant à ne voir dans l'auteur des *Essais* qu'un « demi-juif » au lieu de l'homme qui fut vraiment de tous les temps.

3073a. JARNÈS (Benjamin). — Montaigne, el fugitivo. (*Rev. de Occidente*, V : 1927, t. XVII, pp. 375-80).

Montaigne, un glossateur plutôt qu'un philosophe (p. 378).

3074. VILLEY (P.). — Quelques jugements sur Montaigne (XVIe et XVIIe siècles). — Tome III (1931), pp. 861-904, des : — Essais... Nouvelle édition... (n° 403).

Appendice II du 3e vol. de cette édition.

3075. FAUGÈRE (Dr G.). — Montaigne vu par un médecin périgourdin. (*Progrès médical*, LXII : 1934, pp. 603-08).

Evocation de Montaigne, ce Gascon plein d'allégresse et de vivacité, grâce auquel « l'Humanisme émigré sur les bords du Rhin avec Erasme est venu se greffer sur les bords de la Dordogne » (p. 608).

= C.R. : — A. Connord (*Le Périgourdin de Bordeaux*, septembre 1934, pp. 13-14). =

3076. RAY (Sibnarayan). — Hommage à Montaigne. (*Synthèses*, III : 1948, pp. 183-90).

Etude construite à partir des travaux des critiques du XIXe siècle en majorité favorables à Montaigne, même Sainte-Beuve qui pourtant voyait en lui « la nature au complet sans la grâce » (n° 3051), une restriction inspirée de Pascal et que reprend volontiers l'auteur de cet « hommage ».

3077. RAT (M.). — Quand le Pape fait l'éloge de Montaigne. (*Figaro litt.*, 23 juillet 1949, p. 4).

Au sujet des remarques faites par Pie XII à la cérémonie de canonisation de Jeanne de Lestonnac, nièce de Montaigne, le 15 mai 1949.

3078. DREANO (Chanoine M.). — Jugements sur Montaigne. (*B.S.A.M.*, 2e sér., n° 18, 1956, pp. 47-51).

Commentaire de jugements prononcés par J.-C. Frey (1628), le R.P. Dom Pierre de Saint-Romuald (1647), lord Bolingbroke (1752), Mme de Graffigny (1756) et Baculard d'Arnaud (1775).

3079. RAT (M.). — Montaigne et Maurice Barrès. (*B.S.A.M.*, 3e sér., n° 23-24, 1962, pp. 57-60).

Ce que Barrès pensait de Montaigne, d'après *Greco ou le secret de Tolède* — dont un passage fit l'objet d'une célèbre et curieuse rétractation (n° 731) — et d'après les *Cahiers*.
= C.R. : — G. Mombello (*Studi fr.*, VII : 1963, n° 21, p. 539). =

3080. GUILLEMIN (H.). — Pointes sèches : Montaigne. (*Gazette de Lausanne*, 12/13 janvier 1963, p. 20).

Ce court article est un extrait de l'étude publiée par son auteur en 1948 (n° 446). Celui-ci n'en a retenu que les critiques, ce qui en fait une des diatribes les plus virulentes dont Montaigne ait pu être l'objet.

3081. RAT (M.). — Note complémentaire sur Montaigne, Anatole France et Pierre de Nolhac. (*B.S.A.M.*, 3e sér., n° 29, 1964, pp. 47-48).

Augmentée du sonnet de P. de Nolhac sur l'arrivée de Montaigne à Rome (n° 3255).

3082. MARCQ (Eve). — Pourquoi j'aime Montaigne. (*B.S.A.M.*, 4e sér., n° 3, 1965, pp. 26-29).

Réflexions sur le Mémorial du 4e centenaire de la mort de La Boétie (*Ier Congrès international des Etudes montaignistes*, — *B.S.A.M.*, 3e sér., n° 29 bis, 1964, 272 pp.), sur l'amitié chez Montaigne et sur le plaisir que l'on prend à la lecture des *Essais*.

3083. CLOUARD (H.). — Montaigne. (*B.S.A.M.*, 4e sér., n° 6, 1966, pp. 51-55).

Jugement d'ensemble porté par un écrivain contemporain sur la pensée de Montaigne.

3084. FRANÇON (M.). — Horace Walpole, M^me du Deffand et Montaigne. (*B.S.A.M.*, 4^e sér., n^o 7, 1966, pp. 99-101).

Mise en opposition de deux opinions, celle de Walpole, franchement hostile à Montaigne, et celle de son amie et correspondante, M^me du Deffand, qui s'efforce de lui démontrer combien est injuste son jugement du moraliste français.

3085. DUMONT (R.). — Montaigne. — Pp. 381-97 de : — Stephan Zweig et la France... — *Paris, Didier*, 1967, in-8^o, 430 pp. — (*Etudes de littérature étrangère et comparée*, 58). — (*Thèse de lettres, Paris* 1968).

Emigré au Brésil en 1940, Zweig, ayant ouvert incidemment les *Essais* de Montaigne, devait avouer qu'il avait pris un immense plaisir à la lecture d'un écrivain chez lequel il rencontrait des ressemblances frappantes avec sa propre personnalité. Il lui a consacré une étude qui vit le jour dans un recueil publié en 1960, — dix-huit ans après sa mort (n^o 472).

3086. FRANÇON (M.). — Montaigne, J.-A. de Thou et les « guerres de religion ». (*B.S.A.M.*, 4^e sér., n^o 18, 1969, pp. 33-42).

Au sujet des *Mémoires* de l'historien J.-A. de Thou dans lesquelles on trouve des passages remarquables relatifs à l'auteur des *Essais*, ainsi que l'exposé des caractères fondamentaux de ce que nous appelons aujourd'hui les « guerres de religions ».
= C.R : — *Studi fr.*, XV (1971), n^o 44, p. 340. =

3087. NAKAM (Géralde). — Michelet juge de Montaigne. (*B.S.A.M.*, 4^e sér., n^o 21, 1970, pp. 47-53).

Michelet n'a jamais manifesté que mépris et hostilité à l'égard de Montaigne. Une semblable attitude trouve son explication, dit l'auteur, dans le fait que leurs deux natures étaient étrangères, bien qu'il existât en elles quelques raisons de parenté. — Cf. n^os 2759 et 3088. — *Voir* aussi les n^os 1912 et 3063.
= C.R. : — R. Campagnoli (*Studi fr.*, XV : 1971, n^o 45, pp. 536-37). =

3088. FRANÇON (M.). — Notes sur Montaigne et l'éducation. (*B.S.A.M.*, 4^e sér., n^o 24, 1971, pp. 59-60).

Montaigne et ses principes d'éducation jugés par Michelet (à propos de l'étude précédente).

3089. — Montaigne et les hommes de lettres. (*Riv. di letter. mod. e compar.*, XXV ; 1972, pp. 245-54).

L'œuvre de Montaigne jugée par les hommes de lettres de son temps et des siècles postérieurs, notamment du XIX^e siècle. — Montaigne vu par Walter Pater (pp. 248-53).
= C.R. : — G.H. Bumgardner (*Studi fr.*, XVII, 1973, n^o 50, pp. 338-39). =

3090. LA CHARITÉ (Raymond C.). — Pascal's ambivalence toward Montaigne. (*Stud. in philol.*, LXX : 1973, pp. 187-98).

Sur la double attitude de Pascal envers Montaigne qui est tout à la fois loué et critiqué par lui.

3091. MARCHAND (J.). — Montaigne jugé par le prince de Ligne. (*B.S. A.M.*, 5^e sér., n^o 14-15, 1975, p. 117).

# Montaigne et l'« Index »

3092. GRENIER DE CARDENAL (Dr H.). — Suspension de mise à l'index des Essais de Montaigne. (*Bull. de la Soc. des Bibl. de Guyenne,* I : 1931, n° 1, pp. 15-16, et III : 1933, n° 9, pp. 1-2. — fac. similés).

Cette suspension a été prononcée *à titre strictement personnel* par l'évêque de Périgueux, en vertu d'un indult daté du 27 mai 1854. Le bénéficiaire de la mesure était le baron Curial, propriétaire à cette époque du château de Montaigne.

3093. DANIEL-ROPS (H.). — Montaigne et l'Index. (*La Croix*, 22 janvier 1959, p. 1 ; — chronique reproduite dans le *B.S.A.M.*, 3e sér. n° 9, 1959, pp. 4-6).

Au sujet d'une révision du procès Montaigne devant le Saint-Office, un des vœux posthumes du Pape Pie XII.

3094. MILLET (R.). — Prépare-t-on au Vatican une révision de l'Index et de la liste des livres interdits par l'Eglise catholique ? L'*Index librorum prohibitum* compte plus de 5.000 ouvrages. (*Figaro litt.*, 7 janvier 1961, p. 4).

Liste des principaux ouvrages condamnés et inscrits à l'*Index* : « Des *Essais* de Montaigne aux *Poésies* de Henri Heine ».

3095. BERNOULLI (Dr R.). — La mise à l'Index des *Essais* de Montaigne (*B.S.A.M.*, 4e sér., n° 8, 1966, pp. 4-10).

Les circonstances et le texte de l'inscription à l'Index du livre de Montaigne, le 28 janvier 1676.

= C.R. : — R. Campagnoli (*Studi fr.*, XIII : 1969, n° 38, pp. 336-37). =

# CHAPITRE XIX

# MANIFESTATIONS
# EN FAVEUR DE MONTAIGNE

## Eloges académiques

### Concours de 1774 (Académie de Bordeaux)

3096. DEVIENNE (Dom). — Eloge historique de Michel de Montaigne et dissertation sur sa religion... — A Paris, chez Grangé, 1774, in-12, 108 pp. — Réimpr. en 1775 à l'adresse du libraire Crapart.

En donnant ici une réédition de sa Dissertation sur la religion de Montaigne (n° 2046), Dom Devienne a voulu participer au concours pour le prix d'éloquence de l'Académie de Bordeaux, avec cet éloge qui précède son travail antérieur et le complète par de nouveaux arguments favorables à Montaigne — croyant, moraliste et écrivain.
= C.R. : —L'Année littéraire, 1775, t. I, pp. 104-18 ; — Merc. de Fr., février 1775, pp. 94-99. =

3097. TALBERT (Abbé F.-X.). — Eloge de Michel Montagne, qui a remporté le prix d'éloquence à l'Académie de Bordeaux en 1774, par M. l'Abbé Talbert, de l'Académie de Besançon, chanoine en l'illustre église métropolitaine de la même ville, prédicateur du Roi. — A Londres ; et se trouve à Paris, chez Moutard, 1775, in-12, 146 pp.

Dans ce travail, l'abbé Talbert, s'il n'a rien apporté de nouveau sur Montaigne, s'est néanmoins élevé au-dessus des panégyristes habituels en montrant qu'il avait mis à profit sa lecture des Essais : ses remarques sur la pensée de Montaigne, sur sa pédagogie, sa morale, sa langue, son style ne manquent pas en effet de bon sens, et l'on pourrait encore à l'occasion tirer parti des notes abondantes dont il a fait suivre le texte de son Eloge (pp. 99-146).
= C.R. : — J. encycl., 1er octobre 1775, pp. 88-101 ; — J. de Verdun, novembre 1775, pp. 341-44. =

### Concours de 1812 (Académie française)

3098. BIOT (J.-B.). — Montaigne, discours qui a obtenu une mention dans le concours proposé par l'Académie... — Paris, Michaud

*frères*, 1812, in-8°, 68 pp. — Réimpr. dans le t. II, pp. 21-68, des :
— Mélanges scientifiques et littéraires, par J.-B. Biot... — *Paris,
Michel Lévy*, 1858, 3 vol. in-8°.

« Ce discours me paraît être la pièce la plus remarquable qui ait été
publiée sur Montaigne. Dominant son sujet, l'auteur apprécie avec une
extrême indépendance et une grande supériorité de vues l'époque où a
vécu ce philosophe, ses qualités personnelles et l'influence qu'ont exercée
sur son caractère et sur sa philosophie les opinions et les mœurs de son
temps ; bien que dans cette dernière partie M. Biot se montre sévère, on
peut dire en général que l'auteur des *Essais* n'a jamais été mieux jugé
que dans ce travail » (Dʳ Payen, *Notice bibliogr.*, [n° 44], § VI, n° 97).

3099. Droz (J.). — Eloge de Montaigne... — *Paris, impr. de Firmin
Didot*, 1812, in-8°, 38 pp. (existe dans le format in-4° avec 28 pp.).

Discours dont l'auteur fut récompensé par l'attribution d'une médaille d'or
que lui décerna l'Institut impérial de France. — Sainte-Beuve considérait
cette pièce d'éloquence « comme le complément de l'*Essai sur l'art d'être
heureux* » du même auteur. A son avis, elle a été composée « presque en
entier avec un heureux tissu de phrases choisies dans Montaigne » (*Causeries du Lundi*, t. III, p. 175). — *Voir* aussi J. Marchand, n° 3108.
= C.R. : — F.-B. Hoffmann (*J. des Débats*, 1ᵉʳ mai 1812, pp. 2-4). =

3100. [Du Roure (Marquis Sc.)]. — Eloge de Montaigne, discours qui
a obtenu une mention honorable au jugement de la 2ᵉ classe de
l'Institut, dans sa séance du 9 avril 1812... — *Paris, impr. de
Fain*, 1812, in-8°, 44 pp.

3101. Jay (A.). — Eloge de Montaigne, discours qui a obtenu l'accessit
au jugement de la classe de la langue et de la littérature françaises de l'Institut dans sa séance du 9 avril 1812... — *Paris,
Delaunay*, 1812, in-8°, 98 pp.

Réimpr. en tête des éd. de Montaigne données par de l'Aulnaye (*Paris,
Desoër*, 1818, 1 vol. in-8° ; *Liège, Desoër*, 1819, 9 vol. in-18).
= C.R. : — F.-B. Hoffmann (*J. des Débats*, 5 mai 1812, pp. 2-4). =

3102. Le Clerc (J.-V.). — Eloge de messire Michel, seigneur de Montaigne, chevalier de l'ordre du roi et gentilhomme ordinaire de
sa chambre ; suivi de *La Mort de Rotrou*, poëme ; *La Mort de
Rotrou*, chant lyrique ; *Brennus, ou les Destins de Rome*, dithy-
rambe... — *Paris, Auguste Delalain*, 1812, in-8°, 203 pp.

Non retenu par l'Académie, cet éloge (pp. 1-116), qui était dédié *A madame
la comtesse de Rémusat*, devait reparaître, légèrement modifié, sous le
titre de *Discours sur la vie et les ouvrages de Montaigne*, dans la première
édition des *Essais* publiée par Le Clerc (*Paris, Lefèvre*, 1826, 5 vol. in-8°).
= C.R. : — Amar (*Moniteur univ.*, 16 mai 1812, pp. 538-39). =

3103. Victorin-Fabre (Marie J.-J.). — Eloge de Michel de Montaigne...
— *A Paris, chez Maradan*, 1812, in-8°, 83 pp. — Réimpr. dans le
t. II, pp. 305-37, des : — Œuvres de Victorin-Fabre, mises en
ordre et augmentées de la vie de l'auteur, par J. Sabbatier... —
*Paris, Paulin*, 1844, 2 vol. in-8°.

Discours ayant attiré quelque attention pour une image que l'on y trouve
(cf. *B.S.A.M.*, 1ʳᵉ sér., n° 2, 1913, pp. 102-05) et qui est celle de Montaigne
« prosterné devant la mémoire de son père » et « s'enveloppant de son

vieux manteau, non par commodité mais par délices, disant qu'il lui semblait s'envelopper de lui » (p. 59). Or, on allait bientôt découvrir (*B.S.A.M.*, 1re sér., n° 3, 1914, p. 273) que cette image — jugée « tellement belle » par le Dr Armaingaud — existait déjà dans l'*Eloge* donné en 1800 par Henriette Bourdic-Viot (n° 3044, pp. 83-84). — (Il n'a pas été possible jusqu'ici d'en déterminer la source exacte).
= C.R. et études : — J.J.F. Dussault (*J. des Débats*, 7 mai 1813, pp. 1-4) ; — Y. (*J. de l'Empire*, feuilleton du 7 mai 1813). — Voir aussi : Sainte-Beuve (*Portraits contemporains*, t. V, 1871, p. 152). =

**3104.** VILLEMAIN (A.-F.). — Eloge de Montaigne, discours qui a remporté le prix d'Eloquence décerné par la classe de la langue et de la littérature françaises de l'Institut, dans sa séance du 23 mars 1812... *Quidquid agunt homines, nostri est farrago libelli.* Juvenal. — *Paris, Firmin Didot*, 1812, in-18 jés., 45 pp. — Réimpr. dans les *Discours et mélanges littéraires* du même auteur (*Paris, Ladvocat*, 1823, in-8°, pp. 1-41), au t. Ier de l'éd. des *Essais* publiée chez Froment (1825, 8 vol. in-18) et en tête de celle parue chez Furne et de Bure en 1 vol. in-8° (1831).

Cet éloge de Montaigne, dit Sainte-Beuve, a été « écrit en huit jours par ce jeune homme de vingt ans, [...] et fut un événement littéraire très vif » (*Portraits contemporains*, t. II, pp. 363-64). — *Voir* n° 283.
= C.R. : — J.J.F. Dussault (*J. des Débats*, 11 avril 1812, pp. 2-4) ; — F.-B. Hoffmann (*J. des Débats*, 24 avril 1812, pp. 2-4). =

**3105.** VINCENS (E.). — Eloge de Michel de Montaigne, qui n'a pas concouru pour le prix de l'Institut... — *Paris, Fantin*, 1812, in-8°, 112 pp.

« Cet Eloge n'a pas paru au concours de l'Institut auquel il étoit destiné. Expédié de loin, il s'est égaré en route » (*Avertissement*, p. i). Son auteur était professeur à l'Académie de Gênes et membre de l'Académie du Gard.

**3106.** MAZURE (F.-A.-J.). — Eloge de Montaigne... — *Angers, de l'impr. d'Auguste Mame*, 1814, in-8°, 51 pp.

L'auteur a obtenu pour cet éloge une mention honorable au concours de 1812. Il était recteur de l'Académie d'Angers.
= C.R. : — Abbé de Féletz (*J. des Débats*, 9 février 1815, pp. 3-4). =

**3107.** DUTENS (J.-M.). — Eloge de Michel de Montaigne, discours qui a obtenu une mention honorable au jugement de la classe de la langue et de la littérature françaises de l'Institut, dans sa séance du 9 avril 1812... — *Paris, Firmin Didot et Favre*, 1818, in-8°, 76 pp.

Ouvrage livré à l'impression, « à quelques coupures près », six ans après sa composition et sa présentation à l'Académie.

**3108.** MARCHAND (J.). — L' « Eloge de Montaigne » et l' « Art d'être heureux », de Joseph Droz, d'après les notes de l'auteur. (*B.S. A.M.*, 4e sér., n° 1, 1965, pp. 30-35).

Deux ouvrages publiés à six ans d'intervalle (l'*Essai sur l'art d'être heureux* est de 1806) et assez dissemblables l'un de l'autre. J. Marchand décrit ici un exemplaire d'épreuves où ils sont réunis, et qui est enrichi de notes manuscrites de J. Droz.

# Troisième centenaire de la mort de Montaigne (1892)

3109. [ALGER (John B.)]. — The Montaigne tercentenary. (*The Times*, September 3, 1892).

> Montaigne examiné sous différents points de vue, à l'occasion du tricentenaire de son décès.

3109a. ARGUS. — Causerie bordelaise. (*La Gironde*, 27 novembre 1892, feuilleton de la p. 3).

> Sur la célébration du 3e centenaire de la mort de Montaigne à l'Académie de Bordeaux (discours de Th. Froment [n° 332], Camille Jullian [n° 586] et Ch. Marionneau [n° 193]).

3110. BUSSIÈRE (G.). — [Le troisième centenaire de Montaigne]. (*Bull. de la Soc. hist. et archéol. du Périgord*, XIX : 1892, pp. 462-63).

> Communication faite à la Société, le 3 novembre 1892, pour signaler l'article du *Times* (n° 3109) relatif au tricentenaire de la mort de Montaigne, en regrettant l'oubli où un tel anniversaire avait été laissé en France.

3110a. VERNEILH-PUYRASEAU (Baron J. de). — [Le troisième centenaire de Montaigne]. (*Bull. de la Soc. hist. et archéol. du Périgord*, XX : 1893, pp. 123-25).

> Dans une lettre adressée, le 19 janvier 1893, au Secrétaire général de la Société, le baron de Verneilh fait remarquer l'erreur commise par son confrère, G. Bussière (n° 3110) : le 3e centenaire du décès de Montaigne n'a nullement été oublié en France, puisque « l'Académie de Bordeaux l'a célébré de son mieux dans une séance solennelle » (p. 124).

# Quatrième centenaire de sa naissance (1933)

## *En France*

3111. IVe centenaire de Montaigne. (*Le Périgourdin de Bordeaux*, janvier 1933, p. 12 ; — février, pp. 7-8 ; — mars, pp. 6-7 ; — avril, pp. 1-5 ; — mai, p. 5).

> L'article du n° d'avril est le plus important, car il décrit les solennités organisées par la ville de Bordeaux à l'occasion de ce 4e centenaire (expositions, conférences, excursion à Montaigne, etc.). — Le rédacteur de la plupart des comptes rendus était le Dr Paul Balard, gérant du périodique.

3111a. SALLES (A.). — A propos du 4e centenaire de Montaigne. (*J. des Débats*, 23 février 1933, p. 2).

> Regret de ce que Montaigne n'ait pas été « honoré d'une exposition d'éditions et de documents à la Nationale. Criante injustice... »

3112. LAMANDÉ (A.). — Autour d'un quatrième centenaire. De Michel de Montaigne à Fortunat Strowski. (*La Petite Gironde*, 28 février 1933, p. 1).

Considérations sur Montaigne à propos du livre de F. Strowski, *La grande ville au bord du fleuve*, qui venait d'être publié.

3113. MC DOUGALL (D.). — Montaigne : an anniversary. (*Chamber's J.*, Febr. 1933, pp. 88-92).

3114. A.P. — De Montaigne à Marquet. (*La Liberté du S.O.*, 8 mars 1933, p. 1).

Au sujet du report de date de l'ouverture des fêtes du quadricentenaire. Article de polémique complété par une lettre-pastiche de Montaigne.

3115. Le IVᵉ centenaire de la naissance de Montaigne. (*La France de Bordeaux*, 24 et 25 mars 1933, p. 4 ; — *La Liberté du S.-O.*, 20 mars, p. 3, et 25 mars, p. 4 ; — *La Petite Gironde*, 24 mars, p. 4).

Programme des fêtes. — L'album-souvenir. — L'exposition biblio-iconographique.

3116. TEULIÉ (H.). — Présentation à M. Adrien Marquet, maire de Bordeaux, député de la Gironde, de l'exposition organisée dans les salons de l'Hôtel de Ville de Bordeaux, à l'occasion du IVᵉ centenaire de la naissance de Montaigne [samedi, 25 mars 1933]. (*Montaigne, Conférences*, 1933, pp. 11-19).

3117. MARQUET (A.). — Allocution du maire de Bordeaux [samedi 25 mars 1933]. (*Montaigne, Conférences* 1933, pp. 21-25).

Dans sa réponse à H. Teulié, le premier magistrat de la ville parle de celui de ses prédécesseurs « dont le nom et l'œuvre écrasent tous ses successeurs » (p. 22).

3118. VANDÉREM (F.). — Décentralisation. (*Figaro*, 25 mars 1933, p. 5).

L'auteur considère avec regret que les fêtes du IVᵉ centenaire de Montaigne n'ont pas atteint « l'envergure de la vaste manifestation » que certains espéraient. — Cf. la réplique de G. Boissy (nᵒ 3120) et l'article compensateur d'E. Henriot (nᵒ 3121).

3119. Le quadricentenaire de Montaigne. (*La Petite Gironde*, 26 mars 1933, pp. 1-2, — 27 mars, p. 6, — 28 mars, p. 4, — 29 mars, pp. 2 et 4, — 31 mars, 1ᵉʳ, 2, 3 et 4 avril, p. 4).

Inauguration de l'exposition biblio-iconographique et d'une plaque commémorative, rue de la Rousselle. — Les différentes conférences. — Excursion au château de Montaigne, etc.

3120. BOISSY (G.). — Le IVᵉ centenaire de Montaigne. (Billet à Fernand Vandérem qui aurait voulu que l'année 1933 fut l'année de Montaigne) [cf. nᵒ 3118]. (*Comœdia*, 27 mars 1933, p. 1).

Comparaison entre le brillant centenaire du « demi-dieu » Goethe (1932) et le quadricentenaire mesuré de ce « bourgeois » de Montaigne. Pour G. Boissy, de telles restrictions sont justifiées, car Montaigne récolte exactement ce qu'il a semé : l'adhésion exclusive de « bourgeois riches et lettrés, d'universitaires sages, de penseurs à la petite semaine... »

3121. HENRIOT (E.). — Le centenaire de troisième classe de Montaigne. (*Le Temps*, 3 avril 1933, p. 1).

Réponse aux articles de F. Vandérem (n° 3118) et de G. Boissy (n° 3120). A Vandérem, E. Henriot fait remarquer que le prestige de Montaigne n'a pu souffrir d'un manque d'éclat dans les fêtes du 4e centenaire. A G. Boissy, il reprochera ses sévérités qui sont autant d'injustices, attendu que, en réalité, nous devons applaudir Montaigne qui est le « premier des hommes modernes et le père de tout équilibre. Dans le domaine instable et périlleux de l'esprit, il a inventé le balancier ».

3122. Les fêtes du quadricentenaire de Montaigne à Bordeaux. (*La Petite Gironde*, 3 avril 1933, p. 1).

Le banquet du 2 avril. — Les discours officiels.

3123. BROUSSON (J.-J.). — Montaigne à la bordelaise. (*Je suis partout*, 8 avril 1933, p. 4).

Sur l'étendue des fêtes du quadricentenaire à Bordeaux.

3124. A.P. — Qu'en pense Montaigne ? (*La Liberté du S.-O.*, 11 avril 1933, p. 1).

L'auteur de cet article juge très relative l'ampleur donnée aux fêtes du centenaire, et se plaint surtout du manque d'organisation qui s'y faisait sentir. Il en rend responsable la municipalité bordelaise.

3125. BALDE (Jean) [*pseud.* de M<sup>me</sup> Jeanne ALLEMAN]. — Le quatrième centenaire de Montaigne. (*Rev. hebd.*, XLII : 1933, 15 avril, pp. 354-61).

Compte rendu des manifestations commémoratives, avec une protestation contre l'exiguïté de celles-ci, qui ont été ramenées au strict niveau régional pour un écrivain ayant acquis une importance planétaire.

3126. THIBAUDET (A.). — L'exposition de Montaigne. (*Nouvelles litt.*, 15 avril 1933, p. 1 ; — *La Liberté du S.-O.*, 2-3 mai 1933, p. 3).

Description et discussion de l'exposition biblio-iconographique de Bordeaux.

3127. COURTEAULT (P.). — Le IVe centenaire de Montaigne. (*J. des Débats*, 18 avril 1933, p. 4).

Relation des manifestations qui ont eu lieu à Bordeaux en faveur de l'auteur des *Essais*.

3128. Montaigne. Ses livres, ses amis, son temps. Exposition organisée par la ville de Bordeaux à l'occasion du IVe centenaire de Michel Montaigne. 1533 - 1933, Salons de l'Hôtel de Ville. Catalogue. — [*Bordeaux, Imprimeries Delmas - Chapon - Gounouilhou*], *s.d.* (1933), in-8°, 39 pp., avec 4 fig. h.-t., dont, en frontispice, le portrait de Montaigne gravé sur bois par Robert Cami.

Précédé d'une vie de Montaigne (pp. 7-8).
= C.R. : — J. Véran (*Comœdia*, 19 avril 1933, p. 1). =

3129. COURTEAULT (P.). — Le IVᵉ centenaire de Montaigne à Bordeaux. (*Rev. philom. de Bordeaux*, XXXVI : 1933, nᵒ 2, pp. 75-93).

Compte rendu de l'Exposition du quadricentenaire ; il se termine par un aperçu des études sur l'habitation de Montaigne à Bordeaux (pp. 87-93).

3130. Quatrième centenaire de la naissance de Montaigne. (*Rev. du XVIᵉ s.*, XIX : 1932-1933, pp. 325-28).

Au sujet de la célébration de ce centenaire à Bordeaux, du 25 mars au 17 avril 1933.

3131. VÉRAN (J.). — Le magnifique hommage de la ville de Bordeaux à Montaigne. (*Comœdia*, 18 mai 1933, p. 1).

Réponse à des détracteurs de la ville de Bordeaux, à l'occasion des fêtes commémoratives qui étaient en préparation à Paris.

3132. [COURTEAULT (P.)]. — Le IVᵉ centenaire de la naissance de Montaigne. (*Rev. hist. de Bordeaux*, XXVI : 1933, pp. 143-44 et 191).

Sur les manifestations qui se sont déroulées à Bordeaux (du 25 mars au 23 avril 1933), à Paris et à l'étranger.

3133. MASSONNEAU (E.). — Après les fêtes du quadricentenaire de Montaigne. A travers l'exposition. (*Bull. de la Soc. des Bibl. de Guyenne*, III : 1933, nᵒ 10, pp. 33-41, et une note complémentaire au nᵒ 11, pp. 85-86).

Description des salles de l'exposition et des trésors qui y avaient été réunis.

3134. TEULIÉ (H.). — Le IVᵉ centenaire de la naissance de Montaigne. (*Bull. de la Soc. des Bibl. de Guyenne*, III : 1933, nᵒ 10, pp. 42-49 ; — nᵒ 11, pp. 67-73).

*Divisions de l'étude* : — Le livre de raison de Montaigne. — Une visite à Montaigne. —. L'Exemplaire de Bordeaux. — Décentralisation (les manifestations de Bordeaux ayant été considérées par le ministre lui-même comme les seules manifestations officielles).

3135. Le IVᵉ centenaire de la naissance de Montaigne [célébré à Bordeaux]. (*Bull. off. de l'Union synd. des Maîtres-Imprimeurs*, Paris, 1933, nᵒ spécial illustré).

3136. BENON (G.). — [A l'occasion du IVᵉ centenaire de Montaigne]. (*Rev. de Saintonge et d'Aunis*, XLV : 1933-1936, pp. 40-41).

Note concernant un arrêt du Parlement de Bordeaux rapporté par Montaigne, et dont le manuscrit figurait à l'exposition du quadricentenaire (cf. Album Deltcil — nᵒ 208 —, pl. III).

3137. RAGEOT (G.). — Montaigne à l'hôtel de Massa. (*Figaro*, 18 juin 1933, p. 1 ; — repris dans la *Chron. de la Soc. des Gens de Lettres*, LXVIII : 1933, pp. 488-89).

Annonce de la célébration du IVᵉ centenaire de Montaigne, qui devait avoir lieu le lendemain 19 juin, à l'hôtel de Massa, en présence des gens de lettres, du corps diplomatique et des représentants de la presse étrangère.

3138. DELACOUR (A.). — Le IVe centenaire de Montaigne. (*Chron. de la Soc. des Gens de Lettres*, LXVIII : 1933, pp. 459-60).

Sur la participation de la Société des Gens de Lettres de France à la commémoration du IVe centenaire de l'auteur des *Essais*.

3139. Le IVe centenaire de Montaigne. (*Chron. de la Soc. des Gens de Lettres*, LXVIII : 1933, pp. 460-67).

Texte des discours prononcés, le 19 juin 1933, en l'hôtel de Massa, par Paul Hazard (cf. n° 2590), le président Gaston Rageot et le ministre Anatole de Monzie.

3140. Commémoration du IVe centenaire de la naissance de Montaigne, à Bergerac et St-Michel-Bonnefare. (*Chron. de la Soc. des Gens de Lettres*, LXVIII : 1933, pp. 543-46).

Compte rendu de cette double manifestation, accompagné d'extraits des discours prononcés par Serge Barranx, le ministre de Monzie, le président G. Rageot et M. Extève, maire de St-Michel.

3141. AUBLANT (Ch.). — La médaille du quatrième centenaire de Michel de Montaigne. (*Bull. de la Soc. hist. et archéol. du Périgord*, LX : 1933, p. 191).

3142. Inauguration de la statue élevée à la gloire de Michel de Montaigne, à Paris, à la Sorbonne, le samedi 24 juin 1933. [Discours de Louis Barthou]. — *Paris, impr.-édit. Firmin-Didot*, 1933, in-4°, 17 pp.

3143. JALOUX (E.). — Le centenaire de Montaigne (1533-1592). — *Edité par les Laboratiores G. Beytout, Paris, s.d.* (1933), in-8°, 8 ff. et 6 héliogr.

Montaigne, « le seul grand écrivain français pouvant satisfaire à tous les esprits, dans tous les temps, dans tous les pays et dans toutes les circonstances » (f. 4).

3144. LELARGE (A.). — Le 4e centenaire de Montaigne à Bordeaux [et] à Paris. (*B.S.A.M.*, 2e sér., n° 1, 1937, pp. 6-9).

Description résumée des manifestations qui ont eu lieu dans ces deux villes, avec une reproduction photographique de la statue de Montaigne par Landowski, mise en place le 30 avril 1944 dans le square de Cluny, face à la Sorbonne.

## A l'étranger

3145. CONS (Louis). — Montaigne. 1533-1933. (*Books abroad*, VII : 1933, pp. 398-402).

*Voir* aussi le n° 407.

3146. HARVEY (E.). — Fourth centenary of a great essayist. (*National rev.*, 1933, vol. CI, pp. 779-82).

3147. NERI (Ferdinando). — Nel quarto centenario della nascita di Montaigne. I *Saggi* e il *Viaggio* in Italia. (*Illustrazione ital.*, LX : 1933, 26 febbraio, pp. 318-19).

3148. STEWART (Herbert L.). — The Montaigne quatercentenary. (*Univers. of Toronto quart.*, III : 1933-1934, pp. 208-27).

3149. TEULIÉ (H.). — Une exposition en l'honneur de Montaigne en Amérique. (*La Petite Gironde*, 29 avril 1933, p. 2 ; — réimpr. dans la *Rev. du XVI*e *s.*, XIX : 1932-1933, pp. 328-30).

Au sujet de la célébration du 4e centenaire à Wellesley College, Massachusetts (28 février — 7 mars 1933).

3150. ZEITLIN (Jacob). — Michel de Montaigne : 1533-1933. (*The Nation*, 1933, vol. CXXXVI, March 1, pp. 231-32).

3151. Algumas palavras sôbre a Comemoração do IV Centenário do nascimento de Montaigne em Portugal. (*Boletim do Inst. francês de Portugal*, IV : 1934, nos 3-4, pp. 1-4).

Ses ascendances portugaises ont valu à Montaigne des manifestations en l'honneur de son 4e centenaire, qui ont été célébrées à l'Université de Coïmbra « com un brilho particular » (p. 1).

3152. BOULENGER (J.). — Montaigne et le Portugal. (*Le Temps*, 12 janvier 1934, p. 3).

A propos de la célébration à Lisbonne du 4e centenaire de Montaigne. L'importance des manifestations qui ont eu lieu à cette occasion s'explique par l'origine portugaise que l'essayiste tenait de sa mère. — La deuxième partie de l'article est consacrée au système de Copernic que Montaigne « a été un des premiers à prendre au sérieux » (voir l'étude de J. Plattard, n° 1655).

3153. CASTRO (Eugénio de). — A Universidade de Coimbra e o IV Centenário de Montaigne. (*Boletim do Inst. francês de Portugal*, IV : 1934, nos 3-4, pp. 35-36).

L'Université de Coïmbra et le 4e centenaire de Montaigne.

## Autres manifestations

3154. [Relation de l'hommage public rendu à Montaigne, le 1er vendémiaire an IX, en application de l'arrêté préfectoral relatif au transfert de ses cendres (cf. nos 765, 773)]. (*Moniteur univ.*, 11 vendémiaire an IX-1800, p. 39, col. 1).

Au cours de cette solennité furent prononcés l'éloge de Montaigne par Pierre [de] Lamontagne, professeur de lettres à l'Ecole centrale (n° 3045) et un discours du préfet Thibaudeau qui associa la gloire de Montaigne à celle du général Bonaparte, premier consul et récent vainqueur de Marengo.

3155. Société des fidèles disciples de Michel de Montaigne. Réunion du 28 février 1807... — (*Paris*, 1807), in-4°, 8 pp. [*Impr. de Prudhomme fils*, rue des Marais].

Ces « zélés et fidèles disciples de Montaigne » se rassemblaient alors à Paris, rue St-Honoré, « pour dignement et plantureusement festoyer l'anniversaire de sa naissance » (p. 4). — La pièce désignée comprend : un « procès-verbal » dressé par les convives (pp. 4-5), un « cantique en l'honneur de Michel de Montaigne » : 5 couplets avec musique notée (pp. 6-7), enfin une reproduction du sonnet d'Expilly (p. 8). — *Voir* aussi le n° 3269.

3156. [Apposition d'une plaque commémorative sur l'hôtel *dell'Orso* habité par Montaigne pendant son séjour à Rome]. (*Bull. du bibl.*, 1883, pp. 191-92).

Le texte de l'inscription, ici donné en traduction française, a été remis sous sa forme italienne dans le *B.S.A.M.*, 2e sér., n° 11 (1941), p. 33.

3157. CHESNIER DU CHESNE (A.). — Une exposition à la Bibliothèque nationale. — Comme avant la mort de Montaigne, son « Livre de raison » et le manuscrit des « Essais » vont être réunis. (*Le Monde*, 28 mars 1951, p. 6).

« Ces deux précieuses reliques de Montaigne », son *Livre de raison* et l'Exemplaire de Bordeaux des *Essais*, allaient être présentées dans une exposition publique qui devait se tenir à la Bibliothèque nationale au mois d'avril 1951. — (L'article est enrichi de la reproduction de deux pages du *Beuther*).

3158. PALASSIE (G.). — Quadricentenaire. (*B.S.A.M.*, 3e sér., n° 2, 1957, pp. 5-7). — (*Quadricentenaire de la rencontre de Montaigne et de La Boétie*. — Séance solennelle, 10 juin 1957. — Allocution n° 1).

3159. MICHEL (P.). — Montaigne garant de l'amitié franco-italienne. (*B.S.A.M.*, 3e sér., n° 16, 1960, pp. 62-63).

Au sujet de la manifestation d'amitié franco-italienne qui eut lieu le 28 mai 1960 à Bagnia, et où fut évoquée — avec apposition d'une plaque commémorative — la visite de Montaigne à la villa Lante, en septembre 1581.

3160. BABIN (Recteur J.). — Discours prononcé pour l'inauguration d'une nouvelle statue de Montaigne à Périgueux [3 septembre 1961]. (*B.S.A.M.*, 3e sér., n° 19, 1961, pp. 5-9).

Le recteur Babin, de l'Académie de Bordeaux, a pris la parole en qualité de représentant du Ministre de l'Education nationale.

3161. GRASSÉ (Professeur). — Discours prononcé pour l'inauguration d'une nouvelle statue de Montaigne à Périgueux [3 septembre 1961]. (*B.S.A.M.*, 3e sér., n° 19, 1961, pp. 2-5).

Le Pr Grassé, lui, a parlé en tant que membre de l'Institut (Académie des Sciences) et président de l'Académie du Périgord.

3162. Lacoste (R.). — Discours prononcé pour l'inauguration d'une nouvelle statue de Montaigne à Périgueux [3 septembre 1961]. (*B.S.A.M.*, 3e sér., n° 19, 1961, pp. 9-10).

L'orateur était président du Conseil général de la Dordogne.

3162a. Saint-Martin (J.). — *Voir* n° 223.

3163. Réception [à l'Académie de Bordeaux] de la Société des Amis de Montaigne et du Congrès international des Etudes montaignistes [séance du 1er juin 1963]. (*Actes de l'Acad. de Bordeaux*, 4e sér., xix : 1963-1964, pp. 147-50).

Allocution du président Garrigou-Lagrange, réponse de Maurice Rat, président des « Amis de Montaigne », commentaires de Louis Desgraves, conservateur de la Bibliothèque municipale de Bordeaux, et présentation par lui de l'exemplaire annoté des *Essais* et du *Livre de raison* de Montaigne.

3164. Palassie (G.). — Les Travaux et les Jours. (*Mémorial*, 1963, pp. 11-66).

Ouverture du Ier Congrès international des Etudes montaignistes (Bordeaux-Sarlat, 1er-4 juin 1963) et relation de ces quatre journées, avec leurs visites et réceptions diverses, les manifestations, discours de bienvenue, séances de travail, etc.

3165. Grosclaude (P.). — Montaigne en son temps. (*Le Monde*, 22 juin 1965, p. 12).

Article relatif à l' « Exposition Montaigne » qui s'est tenue au lycée Montaigne à Paris, en juin 1965.

3166. Rat (M.). — L'Exposition « Montaigne et son temps » (Paris, 11-20 juin 1965). (*B.S.A.M.*, 4e sér., n° 4, 1965, pp. 45-57).

Catalogue descriptif de cette exposition dont la nature était surtout iconographique (152 numéros).
= C.R. : — *Studi fr.*, XI (1967), n° 33, p. 531. =

CHAPITRE XX

# ACTIVITÉS MONTAIGNISTES

## Editeurs et commentateurs

### Docteur Armaingaud (1842-1935)

3167. LABORDE (Guy). — Un ami de Montaigne : le docteur Armaingaud. (*Le Temps*, 23 juin 1933, p. 5).

Comment le Dr Armaingaud aurait pu expliquer l'amitié qui, depuis son plus jeune âge, le liait à Montaigne.

3168. CORNET (Dr L.). — Le Docteur A. Armaingaud, Montaigne et nous. (*J. de médecine de Bordeaux*, LXV : 1935, pp. 782-91). — Tirés à part : *Bordeaux, impr. Delmas, Chapon et Gounouilhou*, 1936, in-8°, 34 pp., frontisp.

Conférence donnée le 14 avril 1935 à Marseille devant l'Association des « Gascons de Provence », un mois après le décès du Dr Armaingaud. — Elle renferme l'éloge de ce dernier qui, médecin phtisiologue, fut aussi éditeur et commentateur de Montaigne. On y trouve en outre des remarques sur différents points de l'idée qu'Armaingaud se faisait de Montaigne (son portrait moral, l'existence chez lui d'une pensée positiviste, sa politique, ses opinions sur la médecine, son actualité).

3169. MORHARDT (M.) — Montaigne et son historiographe, le docteur Armaingaud. (*La Petite Gironde*, 1er septembre 1936, p. 5, avec un portrait du Dr Armaingaud).

3170. PERCEVAL (E. de). — Figures de bibliophiles bordelais de la fin du XIXe siècle au début du XXe : — Docteur Armaingaud (1842-1935). (*Bull. de la Soc. des Bibl. de Guyenne*, VII : 1937, n° 28, pp. 158-74).

Le Dr Armaingaud et son culte pour Montaigne. — Sa bibliothèque : description de quelques exemplaires précieux, notamment des *Essais*. — La controverse du *Contr'un* et ses pittoresques développements. — La fondation de la « Société des Amis de Montaigne ». — Les recherches et les travaux d'Armaingaud ; son édition de Montaigne. — Le Dr Armaingaud : l'homme de science et l'homme de cœur.

3171. SALLES (A.). — Le Docteur Armaingaud (1842-1935). (*B.S.A.M.*, 2e sér., n° 2, 1937, pp. 82-84).

Article nécrologique suivi d'une bibliographie sommaire des publications du Dr Armaingaud sur Montaigne.

— [*Voir* aussi le n° 1674].

## Charles Beaulieux (1872-1957)

3172. PALASSIE (G.). — Hommage à un montaigniste : Charles Beaulieux (1872-1957). (*B.S.A.M.*, 3e sér., n° 3, 1957, pp. 2-3).

Ancien conservateur de la Bibliothèque de l'Université de Paris, Ch. Beaulieux, qui s'était spécialisé dans les recherches sur l'orthographe française, devait s'intéresser naturellement à celle de Montaigne, et comme pour ses autres travaux, il apporta à celui-ci tout à la fois, de la méthode et de la pénétration.

## Reinhold Dezeimeris

3173. PERCEVAL (E. de). — Figures de bibliophiles bordelais de la fin du XIXe siècle au début du XXe : — Reinhold Dezeimeris (1835-1913). (*Bull de la Soc. des Bibl. de Guyenne*, VII : 1937, n° 26, pp. 56-62, et n° 27, pp. 110-19).

L'érudit et l'homme politique. — Sa bibliothèque. — Ses travaux (réimpr. des *Essais* de 1580-1582 et des œuvres de P. de Brach ; recherches sur André Chénier, Ausone, Plutarque, etc. ; publ. des annotations de Montaigne sur les *Annales* de Nicole Gilles et sur Quinte-Curce). — Ses réalisations en agronomie viticole.

3173a. BONNET (P.). — *Voir* n° 182.

## Docteur J.-F. Payen (1800-1870)

3174. SACY (Syl. de). — [Au sujet des travaux du Dr Payen sur Montaigne]. (*J. des Débats*, 17 novembre 1855, p. 2 ; — repris dans le *Courrier de la Gironde*, 18 novembre 1855, p. 1).

L'auteur rappelle les nombreuses et précieuses brochures publiées sur Montaigne par le Dr Payen, et il fait remarquer que ce sont là des « engagements à une publication plus utile », — en l'espèce, cette édition des *Essais* que tout le monde attend de lui. « M. Payen voudrait-il manquer de parole à Montaigne ? », demande-t-il.

3175. RIBADIEU (H.). — Montaigne à Paris et à Bordeaux. (*La Guienne*, 10 et 11 janvier 1856, p. 1).

Articles écrits en réponse à une lettre que Ribadieu avait reçue du Dr Payen et dans laquelle celui-ci lui reprochait d'avoir, dans son C.R. du 2 janvier (n° 1417), donné aux érudits de Bordeaux une prééminence dans toute question relative à Montaigne, alors que lui — D<sup>r</sup> Payen — s'était toujours farouchement considéré comme le seul à la détenir. Il accusait en outre son correspondant bordelais d'avoir produit « un assez mauvais bon mot » en attribuant à Montaigne la devise *que suis-je ?*, — résultat, à vrai dire, d'une simple faute d'atelier typographique !

3176. BRUNET (G.). — Le docteur J.-F. Payen et ses travaux sur Montaigne. (*Bull du bibl.*, 1870-1871, pp. 183-88).

3177. DESCHAMPS (P.). — Le docteur J.-F. Payen. (*Bull. du bibl.*, 1870-1871, pp. 170-82).

Article nécrologique terminé par une bibliographie de ses travaux.

3178. LE PETIT (J.). — Quelques mots sur le docteur J.-F. Payen, suivis d'un appendice donnant la nomenclature de ses travaux littéraires et scientifiques, et des ouvrages composant sa collection relative à Michel Montaigne... — *Paris, G. Chamerot*, 1873, in-8°, XXXII pp.

3178a. RICHOU (G.). — Notice sur la collection Payen. — Pp. I-XVII de l' : — Inventaire de la collection des ouvrages et documents sur Michel de Montaigne réunis par le D<sup>r</sup> J.-F. Payen... (n° 52).

Vie du D<sup>r</sup> Payen. — Son culte pour Montaigne. — Sa collection. — Ses travaux et ses tentatives. — L'étendue de ses relations littéraires. — Plan du catalogue de sa collection.

## Albert Thibaudet (1874-1936)

3179. RAT (M.). — Un ami de Montaigne : Albert Thibaudet. (*Mémorial* 1963, pp. 156-61).

Le bergsonien Thibaudet se montra « un lecteur constant et assidu de Montaigne » avant d'en devenir un éditeur et un interprète de première qualité (communication faite à propos des notes dont il avait laissé un dossier et que le professeur Fl. Gray venait de publier, — cf. n° 479).

## Pierre Villey

3180. CHIBON (H.). — Pierre Villey (1879-1933). (*Rev. de culture générale*, 20 décembre 1933 ; — résumé dans le *B.S.A.M.*, 2<sup>e</sup> sér., n° 1, 1937, pp. 36-37, avec une bibliographie de l'œuvre de P. Villey sur Montaigne).

Article nécrologique sur ce grand professeur dont le nom restera attaché à la science montaigniste, et qui trouva la mort, le 24 octobre 1933, dans l'accident du rapide Cherbourg-Paris.

3181. CARCASSONNE (E). — Pierre Villey (1879-1933). (*Rev. univers.*, XLIII : 1934, t. I<sup>er</sup>, pp. 117-23).

3182. MUSSET (R.). — Pierre Villey (15 octobre 1879 - 24 octobre 1933). (*Boletim do Inst. francês de Portugal*, IV : 1934, nᵒˢ 3-4, pp. 184-91).

Notice nécrologique qui est aussi « un hommage à la mémoire de ce grand érudit dont les travaux ont littéralement renouvelé notre connaissance et notre intelligence de Montaigne » (p. 184).

3183. BÉRA (M.-A.). — Comme un aveugle des couleurs... (*L'Education*, 17 juin 1971, pp. 36-38).

Souvenirs sur Pierre Villey — qui était aveugle depuis l'âge de quatre ans — Avec des réflexions concernant Montaigne et son humanisme comparé à l'humanisme actuel.

— [*Voir* nᵒ 3189].

## Etudes de travaux sur Montaigne

3184. PAYEN (Dʳ J.-F.). — Coup d'œil rétrospectif sur la vente Bignon. De Christophe Kormart et de son analyse des Essais de Montaigne. (*J. de l'amateur de livres*, II : 1849, pp. 81-88). — Tirage à part (30 exemplaires) : — *Paris, impr. de Guiraudet et Jouaust*, 1849, in-8ᵒ, 12 pp.

A l'occasion de cette vente d'une bibliothèque, le Dʳ Payen a donné ici d'amples détails sur le livre de Kormart (nᵒ 1101) qui était encore inconnu à cette époque.

3185. TAINE (H.). — M. Guillaume Guizot et son cours sur Montaigne. (*J. des Débats*, 12 janvier 1866, p. 3).

3186. SOREL (Albert). — Montaigne, études et fragments, par Guillaume Guizot. (*Le Temps*, 7 juillet 1900, p. 3). — Article repris par l'auteur dans les pp. 1-13 de son livre : *Etudes de littérature et d'histoire*... — Paris, Plon-Nourrit, 1901, in-16, 281 pp.

Ce n'est pas un simple compte rendu qu'A. Sorel présente dans ces lignes, mais une étude approfondie des jugements portés sur Montaigne par G. Guizot, et dont le critique croit pouvoir dire : « Nous devons aux *Essais* une belle méditation de plus sur les choses de l'intelligence. Ce n'est pas le premier présent de ce genre que nous fait Montaigne » (p. 13). — La conclusion de son travail a été reproduite dans le *B.S.A.M.*, 2ᵉ sér., nᵒ 4 (1938), p. 45, sous le titre : *Le moi chez Montaigne.*

3187. THIBAUDET (A.). — Montaigne et André Gide. (*Nouvelles litt.*, 30 mars 1929, p. 1).

Examen critique du *Montaigne* d'André Gide (nᵒ 1532). C'est une étude, affirme Thibaudet, qui « pourrait s'appeler *Montaigne et les problèmes gidiens* », car tout y est « exact, parfait d'intelligence et de limpidité, mais partial et partiel. Gide tire son auteur au parti de Gide, nullement en le dénaturant, mais en laissant à peu près ce qui n'est pas gidien ».

3188. MASSONNEAU (E.). — Communication [à la Société sur l'*Eloge de Montaigne* par l'abbé Talbert]. (*Bull. de la Soc. des Bibl. de Guyenne*, III : 1933, nº 10, pp. 61-62).

*Voir* nº 3097.

3189. YVON (Paul). — Montaigne chez les Anglo-Saxons : un aspect des travaux de Pierre Villey. — *Caen, impr. Caron*, 1935, in-8º, 8 pp.

3190. AMBRIÈRE (Francis). — Montaigne vivant. (*Nouvelles litt.*, 22 octobre 1938, p. 5).

Dans cet article inspiré par l'ouvrage de F. Strowski *A la gloire de Montaigne* (nº 427), l'auteur se livre à un examen chronologique des éditions de Montaigne et des études parues depuis le début du XXe siècle.

3191. SEILLIÈRE (E.). — Montaigne. — Pp. 43-49 de : — Emile Faguet, historien des idées. — *Paris, Ed. de la Nouv. rev. crit.*, s.d. (1938), in-16, 298 pp. — (*Coll. : Les Essais critiques*, nº 50).

Analyse de la conception que Faguet se faisait de Montaigne, dont il était « un admirateur sans restriction ».

3192. DESCAVES (P.). — Comment Ricardo Sáenz Hayes a établi la postérité mondiale de Montaigne. (*Nouvelles litt.*, 11 février 1939, p. 6).

Entretien avec R. Sáenz Hayes au sujet de la dernière partie de son étude sur Montaigne (nº 431).

3193. HAZARD (P.). — Sur les échanges intellectuels, à propos d'une récente publication. (*Rev. de litt. comp.*, XIX : 1939, pp. 477-82).

Considérations sur le « Montaigne » de R. Sáenz Hayes (nº 431) et en particulier sur les degrés d'influence que cet auteur croit pouvoir attribuer à l'auteur des *Essais* dans les deux Amériques et en Europe.

3194. CARAYON (M.). — Un exégète argentin de Montaigne. (*Bull. hisp.*, XLII : 1940, pp. 29-38). — (*Annales de la Faculté des Lettres de Bordeaux*, 4e série).

Ricardo Sáenz Hayes et son étude d'ensemble sur l'essayiste français.

3195. ALBERT (Mlle R.). — Réponse à plusieurs injures et railleries écrites contre Michel Seigneur de Montaigne (1667). (*B.S.A.M.*, 2e sér., nº 11, 1941, pp. 27-29).

Petite étude analytique du livre de Guillaume Béranger (nº 3023).

3196. COCHET (Marie-Anne). — Montaigne, Descartes et Pascal selon Léon Brunschvicg. (*Rev. de métaph. et de morale*, LI : 1946, t. LVI, pp. 174-80).

Examen de l'ouvrage de L. Brunschvicg : *Descartes et Pascal, lecteurs de Montaigne* (nº 2685).

3197. LENOIR (R.). — Montaigne, Descartes et Pascal d'après Léon
Brunschvicg. (*Rev. de synthèse*, N.S., XXI : 1947, pp. 114-17).

Nouvelle étude du livre de Brunschvicg (n° 2685).

3198. RAT (M.). — Montaigne, cet inconnu. (*L'Education nationale*, 1er
février 1951, pp. 3-4).

A propos des travaux d'Alexandre Nicolaï, et des découvertes qui, grâce à
lui, nous ont offert l'image d'un Montaigne « vivant », si différent du
Montaigne « un peu simple qui, depuis plus d'un siècle figé *ne varietur*,
s'imposait aux manuels scolaires ». — (Il est question en priorité dans cet
article du livre : *Les belles amies de Montaigne*, paru l'année précédente
[n° 1082]).

3199. DRÉANO (Chanoine M.). — Montaigne d'après Barbeyrac. (*B.S.
A.M.*, 2e sér., n° 16, 1953,1954, pp. 64-72).

Sur l'action de Jean Barbeyrac, professeur d'histoire et de droit (1674-
1744), dans l'interprétation du texte et de la pensée de Montaigne.

3200. LUZI (Mario). — La salute di Montaigne. — Pp. 137-40 de : —
Aspetti della generazione napoleonica, ed altri saggi di lettera-
tura francese. — *Parma, U. Guanda*, 1956, in-8°, 318 pp. —
(*Collana di testi, saggi e monografie*, 3).

Considérations élogieuses sur Sergio Solmi et son essai consacré à Montaigne (n° 2127).

3201. FRANÇON (M.). — Le Montaigne de M. René Etiemble. (*Le Lingue
straniere*, XI : 1962, n° 1, pp. 1-7).

Au sujet d'une interprétation erronée (n° 1816) des passages des *Essais* où
Montaigne fait état des voyages effectués au XVIe siècle aux Indes (occi-
dentales).

3202. FALKE (Rita). — « J'ai vécu plus négligemment ». Montaigne in
der Deutung André Gides. (*German.-roman. Monats.*, XIII : 1963,
pp. 335-37).

Un passage de Montaigne interprété par André Gide (cf. son *Journal* à la
date du 16 juillet 1942. — éd. de « La Pléiade », tome II [1954], p. 127).

3203. GANDON (Y.). — Montaigne vu par Thibaudet. (*Rev. nationale*,
XXXV : 1963, pp. 185-87).

Il s'agit du « Montaigne », ensemble de notes publié à titre posthume chez
Gallimard (n° 479).

3204. SACY (Sam. Sylv. de). — Le « Montaigne » de Thibaudet. (*Merc.
de Fr.*, 1963, t. CCCXLVIII, 1er mai, pp. 143-47).

Sur la qualité des notes relatives à Montaigne qu'avait laissées Albert
Thibaudet (n° 479).

3205. BALMAS (Enea). — Un saggio su Montaigne. (*Culture française*,
XI : 1964, pp. 353-56).

Examen du « Montaigne » de Thibaudet (n° 479).

3206. HAMEL (Marcelle). — Un critique de Montaigne au XVIIᵉ siècle : Charles Sorel. (*B.S.A.M.*, 3ᵉ sér., nº 31, 1964, pp. 44-50).

Sans se révéler un critique original, l'auteur du *Francion*, dans sa dissertation *Des Essais de Michel de Montaigne* (nº 3021), a su faire le point de la question, même s'il lui est arrivé d'emprunter à J.-P. Camus, à Plassac et à Balzac des jugements caractéristiques sur l'œuvre de Montaigne.

3207. BELLELI (Maria Luisa). — Montaigne e Butor. (*Il Mondo*, 17 août 1965, p. 8).

3208. DUPEYRON (G.). — Montaigne vu par un écriyain d'aujourd'hui (M. Michel Butor). (*B.S.A.M.*, 4ᵉ sér., nº 3, 1965, pp. 20-25).

Sur « la préface en trois parties » faite par Michel Butor pour l'éd. de la Collection 10/18 (1964-1965), et dans laquelle l'analyse de chaque livre est précédée d'un « aperçu de la dynamique intérieure et du contenu des *Essais* » (p. 21) ; les résultats de cette exégèse. — *Voir* les nᵒˢ 1131, 1132 et 1133.

3209. MÜLLER (Chanoine A.). — Montaigne et Sainte-Beuve. (*B.S.A.M.*, 4ᵉ sér., nº 1, 1965, pp. 36-47).

S'il est élogieux pour le styliste Montaigne, en revanche comment Sainte-Beuve voit-il le penseur ? — Sous un jour qui, sans doute, n'est pas très favorable à celui-ci, puisqu'il le définit comme le sergent de bande des matérialistes, un rebelle à l'idée religieuse et un sceptique « exorbitant », alors qu'il existe suffisamment d'arguments pour soutenir le point de vue contraire.

= C.R. : — *Studi fr.*, X (1966), nº 30, p. 544. =

3210. BELL (W.M.L.). — Gide's « Essai sur Montaigne » : an assessment. (*Mél. Boase*, 1968, pp. 1-28).

Même en tenant compte des tendances qui furent celles d'André Gide, on ne peut manquer d'accorder une certaine validité à ses appréciations sur Montaigne (nº 1533).

3211. FRANÇON (M.). — A propos du *Montaigne* de Bayle Saint John. (*B.S.A.M.*, 4ᵉ sér., nº 22-23, 1970, pp. 67-72).

L'auteur ne cache pas sa surprise devant les éloges qu'ont portés Dédéyan et Friedrich sur cet ouvrage (nº 296). Il leur oppose un jugement trouvé par lui dans des notes de Miss Grace Norton, laquelle dit de St. John : c'est « un auteur intelligent, mais peu soucieux de rigueur intellectuelle, d'érudition contrôlée... ; son livre n'est pas sans valeur, mais il faut le consulter en faisant constamment des réserves et des corrections » (p. 72).

= C.R. : — R. Campagnoli (*Studi fr.*, XVI : 1972, nº 47-48, p. 456). =

3212. MARCHAND (J.). — Les *Essais et Observations sur les Essais du Seigneur de Montaigne* (par Jonatan de Saint-Sernin, Londres, 1626). (*B.S.A.M.*, 4ᵉ sér., nº 25-26, 1971, pp. 71-73).

Etude de cet ouvrage, « un des plus anciens qui se rapportent directement à Montaigne » (nº 3015). — (Communication faite à la séance de la Société du 20 mars 1971).

# La Société des Amis de Montaigne

3213. ROUJON (H.). — En marge. [Fondation et prochaine réunion de la *Société des Amis de Montaigne*]. (*Le Temps*, 3 juin 1912, p. 1 ; — repris dans le *B.S.A.M.*, 1re sér., no 1, 1913, pp. 28-32).

3214. Le dîner des « Amis de Montaigne ». (*Le Temps*, 10 juin 1912, p. 4 ; — *Rev. de la Renaissance*, XIII : 1912, pp. 113-18 ; — *B.S. A.M.*, 1re sér., no 1, 1913, pp. 15-27).

Le premier dîner de la Société eut lieu le samedi 8 juin 1912 sous la présidence d'Anatole France qui, après un toast du Dr Armaingaud, prononça un discours chaleureusement accueilli.

3215. Les Amis de Montaigne. (*Le Temps*, 22 juin 1913, p. 5 ; — repris dans le *B.S.A.M.*, 1re sér., no 4, 1921, pp. 381-83).

Compte rendu du second dîner annuel de la Société donné, le 20 juin 1913, sous la présidence d'Anatole France. Texte de l'allocution prononcée par le Dr Armaingaud.

3216. LA ROUXIÈRE (J. de). — Les Amis de Montaigne. (*Rev. de la Renaissance*, XIV : 1913, pp. 103-06).

Coup d'œil sur l'activité de la Société des Amis de Montaigne en 1912-1913 : — Le second dîner annuel (no 3215), l'excursion à Ermenonville (no 3217), les réunions de travail avec examen de questions restées pendantes (p. ex. l'attitude des Jansénistes).

3217. G[ENET] (H.). — L'excursion de la « Société des Amis de Montaigne » à Ermenonville. — Le Temple de la Philosophie, dédié à Montaigne. (*B.S.A.M.*, 1re sér., no 3, 1914, pp. 268-70).

Relation de cette excursion effectuée, le 6 juin 1913, sous la conduite d'Anatole France et du Dr Armaingaud.

3218. DELBRÊL (J.). — Les « Amis de Montaigne » à Port-Royal-des-Champs. (*Nouvelle rev.*, 1919, t. XLII, 1er août, pp. 279-83).

Véritable « pèlerinage » entrepris, le samedi 5 juillet 1919, par quelques montaignistes accompagnant le Dr Armaingaud à la célèbre abbaye de la vallée de Chevreuse. Deux membres de l'expédition y exécutèrent le dialogue de Pascal et de M. de Saci « à propos de Montaigne et d'Epictète ». Le Dr Armaingaud y ajouta des commentaires qui furent très appréciés, ainsi qu'une « réponse » directe à Pascal, que l'on trouve reproduite *in extenso* dans la deuxième partie de cette communication.

3219. L'excursion de la « Société des Amis de Montaigne » à Chantilly, le 21 juin 1914. (*B.S.A.M.*, 1re sér., no 4, 1921, pp. 384-89).

Cette visite des montaignistes, conduits par le Dr Armaingaud, avait pour but de revoir deux pièces essentielles : le portrait de Montaigne que Th. de Leu a reproduit par la gravure (1608) et l'exemplaire annoté de César, objet au siècle dernier d'une lutte célèbre, dont Armaingaud a conté l'histoire sur place.

3220. LEFRANC (J.). — Promenades et visites. Les Montaignistes. (*Le Temps*, 2 avril 1922, p. 3).

Au sujet d'une récente assemblée des « Amis de Montaigne », et des souvenirs qu'en présence d'Anatole France et de Louis Barthou, le Dʳ Armaingaud y évoqua, en particulier, comment il fit de M. Thiers un « adepte » de l'auteur des *Essais*.

3221. Fête offerte au Docteur Armaingaud par la Société des « Amis de Montaigne » et ses amis personnels, à l'occasion de la publication récente de son édition des « Essais », sous la présidence de M. Louis Barthou et de M. le Maréchal Joffre. — *S.I.n.d.* (*Paris, impr. d'Art « Le Croquis »*, 1924), in-16, 61 pp., fig. : 1 bois gravé-frontispice (Montaigne, d'après Chéreau le Jeune) et 5 clichés (L. Barthou, Maréchal Joffre, Abel Lefranc, Anatole France, Dʳ Armaingaud).

La fête a eu lieu, le 7 janvier 1924, dans les salons de l'Hôtel Lutetia à Paris et réunissait 75 participants. Des discours ont été prononcés par Louis Barthou, Mᵐᵉ Valentine-Eugène Lambert, Abel Lefranc, Louis Conard et le Dʳ Armaingaud. On y lut une lettre de Mᵐᵉ Gevin-Cassal, un sonnet-acrostiche de Jules Delbrêl et une pièce en vers libres de Charles Grandmougin.

3222. MICHEL (P.). — Les « Amis » de Montaigne. (*L'Ecole*, 27 décembre 1952, p. 198).

Article relatif notamment à la disparition d'Abel Lefranc et de Fortunat Strowski, et à la venue de Maurice Rat comme nouveau président de la Société.

3223. — Montaigne toujours nouveau. (*L'Ecole*, 13 février 1954, p. 346, et 17 avril, pp. 473-74).

Sur l'activité de la Société des Amis de Montaigne.

3224. BONNET (P.). — La Société des « Amis de Montaigne ». (*B.S.A.M.*, 3ᵉ sér., nᵒ 20, 1961, pp. 1-4).

Historique de la Société depuis sa fondation (1912) jusqu'à 1960. Il sert de préface à la *Table analytique* du *Bulletin* de cette Société — 1ʳᵉ et 2ᵐᵉ séries — (nᵒ 95).

3225. Hommage à Abel Lefranc à l'occasion du centenaire de sa naissance. (*B.S.A.M.*, 3ᵉ sér., nᵒ 28, 1963, pp. 3-20).

Cet hommage, rendu, le 9 novembre 1963, par la Société des Amis de Montaigne à la mémoire de celui qui fut un de ses présidents, comprenait six allocutions successives de : Maurice Rat, Henri Busson, Stéphane Sichère, Jean Marchand, Raymond Ritter et Georges Lambin.

3226. MARCQ (Eve). — Quelques réflexions sur le Bulletin... (*B.S.A.M.*, 4ᵉ sér., nᵒ 21, 1970, pp. 69-71).

= C.R. : — *Studi fr.*, XV (1971), nᵒ 45, p. 537. =

CHAPITRE XXI

# ŒUVRES D'IMAGINATION
# INSPIRÉES PAR MONTAIGNE

## Œuvres littéraires

3227. LA BOÉTIE (E. de). — Ad Belotium & Montanum [ff. 102 r° à 103 r°], ad Michaëlem Montanum [ff. 103 v° à 105 r°], ad Michaëlem Montanum [ff. 110 v° à 116 r°], dans : — La Mesnagerie de Xenophon, les Regles de mariage de Plutarque. Lettre de consolation de Plutarque à sa femme, le tout traduict de grec en françois par feu M. Estienne de La Boetie..., ensemble quelques vers latins & françois de son invention... — A Paris, de l'imprimerie de Federic Morel, 1571, in-8° de 131 ff. — [Publication réalisée par Montaigne].

Trois poèmes latins adressés par La Boétie à son ami Montaigne vers 1559. Ils ont été traduits pour la première fois en français en 1914 par le professeur Louis Cestre (B.S.A.M., 1re sér., n° 4, 1921, pp. 351-67 ; — avant-propos par le Dr Armaingaud, pp. 343-49, et texte latin de ces poèmes, pp. 368-80).

3228. BRACH (P. de). — A M. de Montagne, conseiller à la Cour. — F. 137 des : — Poëmes de Pierre de Brach, Bourdelois, divisés en trois livres. — A Bourdeaux, par Simon Millanges, 1576, in-4°, 220 ff.

Sonnet réimprimé au tome II, p. 153, des : — Œuvres poétiques de Pierre de Brach, sieur de La Motte Montussan, publiées et annotées par Reinhold Dezeimeris. — Paris, Aubry, 1861-1862, 2 vol. in-8°. — Il figure également p. 30 de l'étude, Un ami de Montaigne : Pierre de Brach, par A. Nicolaï (n° 1087).

3229. EXPILLY (Claude d'). — Sur les Essais du sieur de Montagne. — P. 159, dans : — Les Poëmes du sieur d'Expilly, à Mme la Marquise de Monceaux. — A Paris, chez Abel Langellier, 1596, in-4°, 216 pp., titre-front. gravé par Thomas de Leu.

Ce sonnet, la première pièce de vers inspirée par le livre de Montaigne, avait déjà paru, un an plus tôt, dans l'éd. in-12 des Essais donnée à Lyon « pour François Le Febvre » (on ne le trouve d'ailleurs pas dans tous les exemplaires). — Cf. n° 3248.

3230. LA BRUYÈRE (J. de). — [Pastiche de Montaigne]. — Pp. 151-52, dans : — Les Caractères de Théophraste traduits du grec, avec les Caractères ou les Mœurs de ce siècle... (n° 3029).

Passage ajouté par La Bruyère au texte de son livre dans la 5e éd. de celui-ci (1690). — Le rappel de ce pastiche a été fait dans le *B.S.A.M.*, 2e sér., n° 8 (1940), p. 28.

3231. FONTENELLE (B. Le Bovier de). — Dialogue III : Socrate, Montaigne. — Tome 1er, 1re partie (*Nouveaux dialogues des morts*), pp. 38-42, des : — Œuvres diverses... — *A Londres, Paul & Isaak Vaillant*, 1714, 4 part. en 2 vol., in-12.

Ce dialogue qui développe le thème : « Si les Anciens ont eu plus de vertu que les Modernes », montre l'opposition des deux interlocuteurs, Montaigne paraissant certain des mérites de l'Antiquité, alors que Socrate constate la notoire imperfection des hommes à toutes les époques.

3232. BRICAIRE DE LA DIXMERIE (N.). — Dialogue entre Montagne, Bayle et J.-J. Rousseau (celui-ci n'est pas d'abord présent). — Pp. 331-96 de l' : — Eloge analytique et historique de Michel Montagne... (n° 265).

Trois personnages que, dit l'auteur, « j'ai osé mettre en présence (dans les Champs Elisées) » [p. x].

3233. ARGENSON (R.-L. de Voyer, marquis d'). — Essais dans le goût de ceux de Montagne, composés en 1736 par l'auteur des « Considérations sur le gouvernement de la France » [et publiés par son fils, le marquis de Paulmy]. — *Amsterdam*, 1785, in-8°, IV-410 pp.

Réimpr. en 1787 sous le titre : *Les Loisirs d'un ministre, ou Essais dans le goût...* etc.

3234. [HENNET (A.-J.-U.)]. — Pétition à l'Assemblée nationale par Montaigne, Charron, Montesquieu et Voltaire ; suivie d'une consultation en Pologne et en Suisse. — *Paris, Desenne*, 1791, in-8°, VI-67 pp.

Pétition (apocryphe) en faveur du divorce (A. Monglond, *La France révolutionnaire et impériale*, II, col. 286).

3235. [CHAUMAREYS (de)]. — Appel à Michel Montagne des opinions superstitieuses du 18e siècle. — Pp. 5-27 de : — Appel à Michel Montagne, suivi de Voltaire aux Champs Elisées, poëme, et précédé d'une Adresse en vers aux Français républicains. — *Paris, impr. de la Gazette de France Nationale*, 1793, in-8°, 30 pp.

L'auteur, « patriote solitaire des bords de Vézère, département de la Corrèze » (p. 30), serait le « père du capitaine de frégate si célèbre sous la Restauration par la perte de la frégate *La Méduse* » (Barbier, *Dict. des ouvrages anonymes*, I, col. 259, d).

3236. GUY (J.-H.). — Michel Montaigne, comédie en cinq actes et en vers. (Voir *La Décade philos., litt. et polit.*, 10 frimaire an VII [1799], pp. 430-35). (A. Monglond, *op. cit.*, IV, col. 1089).

Comédie donnée au Théâtre de la République (Théâtre-Français). Le philosophe en était « le héros ou si l'on veut la victime, car la pièce tomba à la première représentation » (D^r Payen, *Notice bibliogr.* [n^o 44], *1^er suppl.*, p. 76).

3237. [BERNARD DE BALLAINVILLIERS (S.-Ch.-S., baron)]. — Montaigne aux Champs-Elysées, dialogues en vers, et les Soirées de campagne, contes en vers. — *Paris, Delaunay*, 1823, in-8°, 480 pp.

La première partie de cet ouvrage (pp. 1-184) est constituée par huit dialogues en vers dans lesquels on voit Montaigne conversant abondamment avec différents personnages anciens et modernes (Esope, Démocrite, Sapho, Aspasie, Rabelais, Henri IV, etc.).

= C.R. : — *Le Miroir des spectacles*, n^o 748, 12 février 1823, pp. 3-4. =

3237a. SAINT-MARC GIRARDIN. — [Une entrevue de Montaigne avec de Thou à Bordeaux, en 1582. (Dialogue imaginé)]. — Pp. 32-35 du : — Tableau des progrès et de la marche de la littérature française au XVI^e siècle... (n^o 1767).

3238. G[ERGERÈS] (J.-B.). — Installation de Michel Montaigne, maire de Bordeaux. (*La Gironde*, février 1834, col. 682-89).

Publication du journal supposé d'un ancien serviteur de Montaigne ; ce texte, en orthographe vieillie, rapporte les conditions dans lesquelles l'auteur des *Essais* aurait pu être introduit premier magistrat de cette ville.

3239. PEYRONNET (Pierre-Denis, comte de). — De la solitude forcée. — Tome II, pp. 285-306 des : — Pensées d'un prisonnier... — *Paris, Allardin*, 1834, 2 vol. in-8°.

Pastiche de Montaigne, écrit au château de Ham et daté de 1832. Il forme le chap. XIII et dernier du second volume des *Pensées d'un prisonnier*. En note, l'éditeur a cru bon d'ajouter cette remarque : « Imiter Montaigne ! Imiter ses formes de composition et même sa langue ! C'est un jeu d'esprit un peu hasardeux. L'auteur avait supprimé ce chapitre, mais je l'ai pressé de le rétablir. Ai-je eu tort ? »

3240. FAUGÈRE (Armand-Prosper). — Du courage civil, ou L'Hôpital chez Montaigne, discours qui a remporté le prix d'éloquence décerné par l'Académie française dans sa séance publique du 11 août 1836... — *Paris, impr. de Firmin-Didot frères, s.d.* (1836), in-4°, 37 pp.

L'auteur imagine la venue chez Montaigne, un soir d'avril 1565, de quatre cavaliers parmi lesquels on distingue le conseiller Thomasseau, confesseur de la reine, et Michel de L'Hôpital, chancelier de France. La conversation roule bientôt sur les devoirs qui s'imposent à un magistrat, et, en général, à tout homme public dans des temps troublés comme ceux que traversait alors la France. C'est là, en fin de compte, assurent-ils, que se reconnaît le véritable « courage civil ».

3241. DESBORDES-VALMORE (Marceline). — [Sur Montaigne], vers 39 à 58 de la pièce : *Le Retour à Bordeaux.* — Pp. 155-56 des : — *Poésies...*, avec une notice par M. Sainte-Beuve. — *Paris, Charpentier,* 1842, in-18 jés., VIII-383 pp.

Le même passage a été reproduit par Sainte-Beuve en note du tome II (1842), p. 435, de son *Port-Royal.* Il a également été publié, à l'occasion du quadricentenaire du philosophe, dans la *Revue philomathique de Bordeaux et du S.O.,* XXXVI (1933), n° 2, accompagné de la note suivante : « Ces vers, inspirés à Mᵐᵉ Desbordes-Valmore par une promenade aux environs de Bordeaux, ont été dits, le 24 juin 1933, par Mᵐᵉ Dussane, sociétaire de la Comédie-Française, à l'inauguration de la statue de Montaigne offerte par le Dʳ Armaingaud à la Ville de Paris » (p. 94).

3242. Deux chapitres inédits de Montaigne : *De nostre œconomie humaine* [et] *Que les medecins ne sont souvent qu'affronteurs.* (*L'Artiste,* 21 septembre 1845, pp. 177-79, [et] 7 juin 1846, pp. 219-22).

Ces deux pastiches, publiés à près de dix mois d'intervalle, ont reçu la même désignation : *livre III, chap. XV.* Dès lors, il paraîtrait logique de considérer celui portant la date du 21 septembre 1845 (*De nostre œconomie humaine*) comme un chapitre XIV, pour tenir compte de la chronologie des publications.

3243. LEMESLE (Ch.). — [Montaigne à quatre moments de sa vie]. — Pp. 243-75 de : — Misophilanthropopanutopies. Tablettes d'un sceptique,... précédées d'une introduction par M. Tissot... 2ᵉ édition. — *Paris, Edmond Albert,* 1845, in-8°, LXIV-275 pp. — (*Bibliothèque philosophique*).

Dialogues et situations imaginés par l'auteur et dont voici les titres : *La philosophie dans l'amour,* — *Fanatisme et tolérance,* — *La lettre de Mlle de Gournay,* — *Recueillement* (Montaigne dans sa tour. — Les deux premières situations avaient déjà été publiées dans le *Mercure de France au XIXᵉ siècle,* XXVII (1829), pp. 345-48 et 559-62.

3244. [BOREL (Pétrus)]. — Un chapitre inédit de Montaigne : Du Iugement publicque. (*L'Artiste,* 9 janvier 1848, pp. 145-47).

Les épreuves de ce pastiche ont été corrigées, lors d'une absence de l'auteur, par un de ses amis, Charles de La Rounat, auquel on a parfois attribué le pastiche dans son ensemble.

3245. VAUVENARGUES. — Montaigne et Charron [*dialogue* n° 6]. — Pp. 21-24 des : — Œuvres posthumes et œuvres inédites de Vauvenargues, avec notes et commentaires par D.-L. Gilbert. — *Paris, Furne,* 1857, in-8°, III-370 pp.

Le sujet de ce dialogue est le caractère de relativité qu'ont les lois et les coutumes.

3246. GUILLEMOT (G.). — De la soif qu'ont aulcuns de s'estendre. Imité de Montaigne. (*Figaro,* 20 novembre 1864, pp. 2-3).

Ce pastiche renferme une satire dirigée contre les hommes de lettres de ce temps.

3247. Schlosiéz (H.). — Conférence nocturne entre la ville de Bordeaux, Montaigne et Montesquieu, sur la place des Quinconces à Bordeaux, au sujet de l'érection du Musée et de la Bibliothèque... — *Bordeaux, impr. de Lavertujon* (1864), in-8°, 45 pp.

3248. Tricotel (Ed.). — Un sonnet en l'honneur de Montaigne. (*Intermédiaire*, VIII : 1875, col. 543).

Note concernant le sonnet d'Expilly (n° 3229).

3249. Tarde (J.-G. de). — Les deux statues : La Boétie et Montaigne. — *Lyon, A. Storck* (1892), in-12, IV-45 pp.

L'auteur imagine une fête donnée à Sarlat en l'honneur de La Boétie. A cette occasion, la statue de marbre de ce dernier reçoit la visite de la statue de bronze de Montaigne, et les deux statues entament une conversation amicale inspirée par le *Contr'un*, les *Essais* et les événements politiques de leur époque.

3250. Lemaître (J.). — Poésies... Les Médaillons — Petites Orientales — Une méprise — Au jour le jour. — *Paris, Lemerre*, 1896, in-16, 279 pp., portr.

On trouve, pp. 119-20, dans la 4e section des *Médaillons* (« Lares ». Les Moralistes français) un sonnet que Lemaître composa en hommage à Montaigne. — Il a été lu par Mlle Dussane, de la Comédie française, le 8 juin 1912, au dîner des « Amis de Montaigne », à l'issue du discours d'Anatole France (le texte en est reproduit dans le *B.S.A.M.*, 2e sér., n° 16, 1953-1954, pp. 9-10).

3251. Pater (Walter Horatio). — [Monsieur de Montaigne]. — Pp. 83-144 de : — Gaston de Latour, an unfinished romance, prepared for the press by Charles L. Shadwell... — *London, Macmillan and Co*, 1896, in-8°, IX-200 pp.

Montaigne introduit dans un roman historique d'ailleurs laissé inachevé par son auteur. — Sur W. Pater, *voir* Dédéyan (n° 2790), I, pp. 413-41, ainsi que les n°s 3089 et 3253.

3252. Sedgwick (Henry Dwight). — A holiday with Michel de Montaigne. (*Atlantic monthly*, 1896, t. LXXVIII, pp. 187-200). — Repris dans les pp. 263-308 de : — Essays on great writers... (n° 2633).

3253. The romantic side of Montaigne. (*Temple Bar*, 1897, vol. CX, pp. 26-34 ; — voir aussi : *Living age*, 1897, t. CCXII, February 27, pp. 620-26).

Le côté romanesque de Montaigne (à propos du livre de W. Pater, n° 3251).

3254. Lamandé (A.). — En marge de Montaigne. — Pp. 55-56 de : — Sous le clair regard d'Athéné... — *Paris, Delalain*, 1920, in-18, 157 pp. — (*Prix national de poésie*, 1920).

Cette pièce de vers a été partiellement reproduite dans le *B.S.A.M.*, 2e sér., n° 12 (1942), p. 30.

3255. NOLHAC (P. de). — Montaigne à Rome. — Sonnet XVIII, p. 70,
de : — Poèmes de France et d'Italie. Edition définitive, augmentée de vers nouveaux. — *Paris, Garnier*, 1925, in-8°, 200 pp.

On retrouvera ce sonnet dans le *B.S.A.M.*, 2ᵉ sér., n° 11 (1941), p. 33, —
ainsi que : 3ᵉ sér., n° 29 (1964), p. 48.

3256. LANDOR (Walter Savage). — [Dialogue des morts : Joseph Scaliger, Michel de Montaigne]. — Tome VII, 2, (*Imaginary conversations*) [1928], pp. 145-50, de : — The complete works..., edited
by T. Earle Welby. — *London, Chapman and Hall, ltd.*, 1927-
1936, 16 vol. in-8°.

3257. T'SERTEVENS (Albert). — Supplément au livre III, chapitre II,
des Essais de Montaigne : Presbion, ou de la Vieillesse. Eaux-
fortes d'Emilien Dufour, bois de Jacques Boullaire. — *Paris,
Editions du Trianon*, 1928, in-16 carré, 129 pp., portr., fig. —
(Coll. : *Suppléments à quelques œuvres célèbres*).

3258. AUSSARESSES (F.). — Pour le quadricentenaire : — Une heure
chez Montaigne. Quel original ! (*La Petite Gironde*, 25 mars
1933, p. 1).

Visite imaginaire rendue par un journaliste contemporain à Montaigne
dans son château et sa librairie.

3259. BENOIT (Roubert). — A Mountagno. (*Lou Bournat*, 1933, n° 3,
pp. 92-93).

Poésie en patois périgourdin récitée à Périgueux devant la statue de Montaigne, à l'occasion des fêtes de son quadricentenaire.

3260. BERTHELOT (P.). — Les fêtes de Montaigne à Bordeaux. (*La
Petite Gironde*, 29 mars 1933, p. 1). — (Rubrique : *Chez nous et
chez nos voisins*).

Avec le pastiche d'une lettre de Montaigne « aux jurats de ma chère ville
de Bordeaux ».

3261. CUBELIER DE BEYNAC (L.). — Monluc chez Montaigne. Pièce en
un acte, en vers, représentée pour la première fois à la Comédie
Française, le 8 avril 1933, à l'occasion du quatrième centenaire
de Michel de Montaigne. — *Périgueux, Bonteix*, 1933, in-8°, 19 pp.

3262. AYMONIER (C.). — Montaigne cavalier et soldat. (*Rev. philom. de
Bordeaux*, XL : 1937, n° 1, pp. 18-26).

Conversation entre deux jeunes gens et un vieillard devant la statue de
Montaigne sur la place des Quinconces à Bordeaux. Le vieillard explique
à ses interlocuteurs qu'en dépit de préjugés défavorables, Montaigne a eu
toujours une pensée de soldat que ne devait point exclure, bien au contraire, celle de l'écrivain.

3263. SABOURAUD (Dʳ R.). — Sur les pas de Montaigne... — *Paris, De-
noël* (1937), in-8°, XIII-311 pp.

« Ecrit à bâtons rompus, ce livre remue certaines idées qui, de tout temps,
ont occupé la pensée obscure ou le cœur des hommes » (p. 1). C'est un

recueil d'essais historiques, esthétiques et philosophiques inspirés par une « dévotion » totale à Montaigne. Il a reçu une préface de Pol Neveux.
= C.R. : — J. Lefranc (*Le Temps*, 4 octobre 1937, p. 1). =

3264. LIND (L.R.). — Montaigne. (*Sewance rev.*, XLVIII : 1939, n° 2, p. 151).

Sonnet dédié à l'auteur des *Essais*.

3265. SPENCER (Théodore). — Montaigne in America. (*Atlantic monthly*, 1946, t. CLXXVII, pp. 91-97).

L'auteur imagine que des professeurs d'universités américaines font revenir Montaigne à la vie afin de l'interroger sur l'importance éventuelle de son livre pour les étudiants. Réponse de Montaigne.

3266. RITTER (R.). — Un chapitre inédit de Montaigne : « De l'excellence et utilité du vin », ou Montaigne pastiché. (*B.S.A.M.*, 3e sér., n° 3, 1957, pp. 28-32).

Contre « ces medecins de longue robe et briefve science » qui sont « bien audacieux et impertinents de tant desnigrer le vin ».

3267. SÉCHERESSE (Ch.). — Avec lui... (*B.S.A.M.*, 3e sér., nos 17-18, 1961, p. 27).

Sonnet « à Michel de Montaigne, qui fut un jour au vieux Plombière... » (juin-juillet 1960).

3268. — Sonnet à Montaigne [daté du 5 septembre 1961]. (*B.S.A.M.*, 3e sér., n° 19, 1961, p. 10).

Poésie dédiée à Maurice Rat, président de la Société des « Amis de Montaigne », et au Professeur Grassé. Elle a été inspirée par les cérémonies d'inauguration de la statue de Montaigne, à Périgueux, le 3 septembre 1961.

# Œuvres musicales

3269. BERTON (H.). — Recueil de six canons à trois et quatre voix, contenant : L'Hommage au célèbre Grétry [etc.]... — *Paris, Duban, s.d.* (1805 ?), in-4°.

A la p. 2, on trouve un « Hymne en l'honneur de Michel de Montaigne » (trio par H. Berton). Il est précédé de la notice que voici : « Tous les ans, au dernier jour du mois de février, se réunissent depuis de longues années sous la présidence de L. J. Catalan, des admirateurs de cet illustre moraliste, pour dignement et allègrement festoyer l'anniversaire de sa naissance ». — Cf. n° 3155.

3270. PALASSIE (G.). — « Les Essais », source d'inspiration musicale : « Le Tombeau de Montaigne », par Richard de Guide. (*B.S.A.M.*, 3e sér., n° 23-24, 1962, pp. 2-11).

= C.R. : — G. Mombello (*Studi fr.*, VII : 1963, n° 21, p. 538). =

# INDEX DES AUTEURS

Falke (Rita), 3202
Fama (G. Gaet.), 1957
Fandal (Carlos David), 1747
Farnam (H.W.), 1496
Fastout (Jacqueline), 1014
Faugère (Armand-Prosper), 3240
Faugère (Dr Georges), 3075
Faure (Elie), 408, 1526, 2636
Favilli (Mario), 2155
Favre (Julie Velten, Mme Jules), 1499
Favre (Léopold), 1108
Fayol (Amédée), 1567
Fayolle (Marquis Gérard de), 957
Fedelini (E.), 672
Feder (Ernesto), 685
Feis (Jacob), 2810
Féletz (Abbé Charles-Marie Dorimond de), 3050
Feller (François-Xavier de), 289
Fernand-Demeure, 1043
Fernandez (Ramon), 1542
Ferrus (Maurice), 204, 719, 780, 2976
Feugère (Léon-Jacques), 580, 1030, 1057
Feuillâtre (Emile), 2522
Feuillet de Conches (Félix-Sébastien), 303, 1402, 1405
Feytaud (Jacques de), 242, 705, 787, 843, 934, 974, 1048, 1128, 1299, 1314, 1688, 1746, 1854, 1903, 1995, 1999, 2109, 2114, 2130, 2165, 2218, 2386, 2389, 2448, 2483, 2624, 2720, 2747
Ficken (C.E.), 1962, 1970
Fiel (Abbé Ch.-P.), 663
Fisch (Harold), 2862
Fitzpatrick (Juan J.), 1129
Flasche (Hans), 1586
Fleuret (Colette), 2185, 2748
Fontenelle (Bernard Le Bovier de), 3231
Ford (C.L.), 3003
Ford (Franklin L.), 2122
Forest (Aimé), 2069
Forestier (Hubert), 1680
Forkey (Leo O.), 1374
Forton (René), 1020
Fouillée (Alfred), 2753
Fournier (Edouard), 715
Fraisse (Simone), 1676, 2534
Frame (Donald Murdoch), 83, 239, 244, 552, 617, 1139, 1637, 1713, 1722, 2091, 2214, 2756

France (Anatole), 1520, 2151
Franck (Adolphe), 2052
François (Carlo), 1756, 2650
François de Neufchâteau (Nicolas-Louis), 174
Françon (Marcel), 11, 101a, 148, 183, 243, 482, 622, 624, 698, 701, 703, 823, 829, 1053, 1183, 1184, 1186-1190, 1193, 1194, 1197, 1197a, 1218, 1322, 1330, 1337-1339, 1341, 1380, 1383, 1388, 1712, 1716-1718, 1845, 1847, 2018, 2023, 2037, 2223, 2227, 2229, 2291, ,2295, 2353a 2465, 2485, 2538, 2548, 2550, 2601-2604, 2610, 2614, 2619, 2625, 2630, 2630a, 2645, 2699, 2700, 2766, 2898, 2899, 2914a, 2917, 2927, 3084, 3086, 3088, 3089, 3201, 3211
Fränkel (Rudolf), 590
Franz (W.), 2842
Frenk (Bogumil Walter), 1683
Fréron (Jean), 1352, 2047
Frescaroli (Antonio), 233, 234, 237, 238, 1982, 2104
Friedenthal (Richard), 1752
Friedenwald (Harry), 828
Friederich (Werner P.), 93
Friedrich (Hugo), 1536, 1576, 1794
Fripp (Edgar Innes), 2839, 2849
Froidefond de Boulazac (Alfred de), 15
Froment (Théodore), 332, 2415
Fromm (Hans), 85
Fronczak (Marianna Katherine Koch), 2217
Fuchs (Albert), 2910
Fusil (C.A.), 2512


G

G.J.D., 2491
G.M., 1836
Gadoffre (Gilbert), 2688
Gagnebin (Ch.), 2913
Gagnon (François), 1824
Gaillard (Robert), 1972
Gaillon (Marquis J. de), 947, 1059
Gajda (Daniel A.), 1248
Galland (René), 2844
Galles, 1855
Galy (Dr Edouard), 940, 946, 950
Gambier (Général P.), 722
Gandey (Dr P.), 707

Gruën (William), 2083
Grün (Alphonse), 108, 576-578, 714, 1403, 1654
Grundy (Dominick Edwin), 2173, 2177
Gruyer (F.A.), 194
Gsell (Paul), 2151
Guaglianone (Manon V.), 1974
Gualtieri (Vitt. Gaspare), 1950
Guéhenno (Jean), 1561, 2428
Guenot (H.), 2194
Guéroult (Martial), 1619
Guex (François), 1944
Guggenheim (Michel), 2445, 2769
Guilhot (A.), 596
Guillaumie (Gaston), 739
Guillemaud (Mme J.), 2003
Guillemin (Henri), 446, 3080
Guillemot (Gabriel), 3246
Guinaudeau (B.), 817
Guitard (Eugène-Humbert), 1880
Guiton (Jean), 2089
Guizot (François), 1205, 1214, 1911
Guizot (Guillaume), 557, 1857, 3065
Gusdorf (Georges), 1739
Gutt (Romuald Wieslaw), 1885
Gutwirth (Marcel), 1239, 1251
Guy (Jean-Henri), 3236

## H

H.H.B., 1021
Haedens (Kléber), 1595
Haensel (Hermann) [pseud. de Pierre Jannet], 1398
Haillant (François-Marie), 1251a, 1331
Halévy (Léon), 278
Hall (Kathleen M.), 1235
Hall (Marie Louise M.), 2642
Hallam (Henry), 1484
Hallie (Philip Paul), 1622, 1749
Hallyn (Fernand), 2004
Halperin (Maurice), 2435
Halvorsen (Haakon Hofgaard), 2940
Hamel (Marcelle), 822, 1126, 2110, 2292, 2367, 3206
Hametel (Humbert de) [pseud. d'André Michelot], 864
Harmon (Alice), 2851
Harvey (E.), 3146
Hatzfeld (Adolphe), 1497

Hatzfeld (Helmut A.), 2320
Hauchecorne (F.), 605
Hauser (Henri), 435, 1465, 1467, 1472
Havens (George R.), 86
Hawkins (Richmond Laurin), 1002
Hay (Camilla Hill), 2520
Hazard (Paul), 2590, 3193
Hazlitt (William), 45, 523
Hazlitt (William Carew), 2818
Headstrom (Birger R.), 2159
Heck (Francis S.), 2043, 2297
Hein (Rebecca Patterson), 2926
Heiner (Walburga), 2264
Heisig (Karl), 1964
Hellens (Franz), 3000
Heller (Kurt), 2668
Heller (Lane M.), 2723, 2725
Helme (Dr François), 640, 1040
Helterman (Jeffrey), 1134
Hémon (Félix), 328, 1038, 1926, 1935, 2146, 2231
Hémous (Jean), 1552
Henderson (Edgar H.), 1593
Henderson (W.B. Drayton), 2850
Hendrick (Philip J.), 2556, 2561
[Hennet (Albert-Joseph-Ulpien)] 3234
Henning (Arend), 2143
Hénon (M.), 2691
Henriot (Emile), 668, 720, 1113, 1116, 1168, 1292, 1420, 2639, 2649a, 3121
Henry-Rosier (Marguerite), 673
Hensel (Elisabeth), 665
Hensel (Paul), 2513
Hérisson-Laroche, 2838
Herland (M.), 1577
Herman (Gustave), 1442
Hermans (Francis), 447
Herriot (Edouard), 374
Herrmann (W.), 1741
Hertrich (Charles), 2204
Herval (René), 709
Hervier (Marcel), 3068
Herzberg (Curt), 1771
Hess (Gerhard), 875
Hiebel (Friedrich), 1753
Highet (Gilbert), 2524
Himelick (Raymond), 2890, 2894
Hippeau (Louis), 1785, 2698
Hiver de Beauvoir (Alfred), 109
Hocke (Gustav René), 2518
Hodgen (Margaret T.), 2861
Hodgson (Geraldine Emma), 1945

Lüthy (Herbert), 1779
Lutri (Joseph Richard de), 1333, 1333a, 1826, 1850
Lux (Jacques), 879
Luzi (Mario), 3200
Lynton (Mrs. Lynn), 1503
Lyons (J.C.), 1894
Lytton, — *voir* : Bulwer Lytton

# M

M.O., 1289
Mabille (Emile), 1408
McDougall (D.), 3113
Macé (Antonin-Pierre-Laurent), 1396
McEachran (F.), 1565
McFarlane (I.D.), 1727, 2763
McGowan (Margaret Mary), 2344
Machabey (Armand), 1834, 1835
McKinley (Mary Belle), 2242
McLaren McBryde (John), Jr., 2869
McQueeny (Terence), 1350
Macray (J.), 2806
Madden (Sir Frederic), 2802
Maeda (Yôichi), 2439, 2722
Magendie (Maurice), 2673, 2674
Magne (Emile), 77
Magne (Eugène), 306, 1034
Magnus (Laurie), 415
Maiorino (Giancarlo), 2626
Maistre-Welch (Marcelle), 1849
Malcrais de La Vigne (Mlle) [*pseud.* de Paul Desforges-Maillard], 1146
Malebranche (Nicolas de), 3025
Malignon (Jean), 504
Malloch (A.E.), 2211
Malvezin (Théophile), 526, 834, 835, 845, 1019
Malvin (Charles de), 762
Malye (Jean), 686
Man (Paul de), 1594
Manchon (Léon), 1157
[Mangin (Abbé Antide)], 1910
Mann Phillips (Margaret), 2623
Mansuy (Abel), 2580
Marboutin (Abbé J.R.), 1000
Marchand (Ernest), 1721
Marchand (Françoise), 184
Marchand (Jean), 6, 18, 20, 38, 128, 131, 143, 181, 1071, 1425, 3091, 3108, 3212, 3225 ; — *voir aussi* : Mercator (Johannès)

Marcq (Eve), 2999, 3082, 3226
Marcu (Eva), 800, 1316, 1620, 2034, 2329
Maréchal (Sylvain), 2048
Mareuil (André), 90
Marichal (Juan), 2936
Marie de Saint-Georges de Montmerci (François-Jacques-Thomas), 574
Marionneau (Charles), 193, 771, 952
Mark (Harry Thiselton), 2414
Mark (Leonard), 1369
Marmande (R. de), 2973
Marot (P.), 675
Marquet (Adrien), 3117
Martellière, 1
Martin (Daniel R.), 1684
Martin (Henri), 2139
Martin (Louis-Aimé), 630
Martino (Pierre), 2570
Masius (Erich), 1929
Masson (André), 1007, 1433
Masson (G.), 1104
Masson-Oursel (Paul), 1738
Massonneau (Edouard), 123, 132, 1294, 3133, 3188
Matagrin (Amédée), 2060
Mathews (C.E.), 2775
Matthiessen (Francis Otto), 2785
Mauguin (Capitaine), 1287
Maupin (G.), 1657, 1658
Maupoint (Marcel), 2504
Maurel (André), 660
Maurevert (Georges), 2707
Mauriac (Dr Pierre), 2015
Maurois (André), 544, 2984
Maury (Alfred), 46
Mauzey (Jesse Virgil), 1693
Maxwell (J.C.), 2857
May (Marcel), 2841
Mayer (Gilbert), 2365
Mayhew (A.L.), 2776, 2868
Mazel (Henri), 1281, 1286, 1295, 1520, 1521, 2085, 2954
Mazure (F.-A.-J.), 3106
Meauldre de La Pouyade (Maurice), 841
Meerts (Christian), 1766
Mégret (Jacques), 139, 1010
Mehner (Carl Max), 2867
Meijer (Marianne S.), 1761, 2631
Meininger (Geneviève Marie Proot), 2620a

Musgrave (Wilford P.), 1793
Musset (Paul-Edme de), 1058
Musset (René), 3182
Mydlarski (Dr H.), 2749

## N

Naigeon (Jacques-André), 2049
Nakam (Géralde), 554, 1908, 2371, 3087
Narusé (M.), 2429
Nathan (Jacques), 457
Natoli (Glauco), 2643
Naudeau (Olivier), 1638, 2301
Naudet (Joseph), 1402
Nauta (G.A.), 2589
Naves (Raymond), 1696
Navon (H.), 1516
Nayrac (P.), 1275
Neri (Ferdinando), 416, 2930, 3147
Newcomb (Robert), 2923
Newfield (Wilhelmina), 1640
Neyrac (Abbé Joseph), 354
Nicéron (le P. Jean-Pierre), 252
Nich, 849
Nicolaï (Alexandre), 137, 220a, 546, 547, 603, 721, 782, 807, 865, 866, 868, 873, 931, 961, 964, 965, 1026, 1082, 1087, 2026, 2030, 2270
Nicole (Pierre), 3020, 3039
Nicoletti (Gianni), 1652
Nicollot (M.), 514
Nicolot (Maurice), 1608
Niculescu (Radu), 2281
Ninomiya (Takashi), 1700
Nisard (Désiré), 106, 279, 285, 1406, 2404
Nodier (Charles), 2507, 2646
Nolan (Donald James), 2362
Nolhac (Pierre de), 337, 3255
Norton (Glyn Peter), 1240a, 1751, 2374
Norton (Miss Grace), 355, 356, 626, 826, 837, 990, 991, 1158, 1163, 1200, 1200a, 1343-1345, 1830a, 1890, 2255, 2262, 2420, 2571, 2634, 2634a, 2776a, 2796
Nussy-Saint-Saëns (Marcel), 607, 1859

## O

O.D., 2490a
Oliveira (J.L.), 1572

Opahle (Oswald), 1958
O'Reilly (Abbé Patrice John), 581
Orlandini Traverso (Edilia). — voir : Traverso
Orloff (Comte Gregorii Vladimirovitch), 767
Ornstein (Robert), 2892
Osburn (Charles B.), 232
Ospina (C.), 1613
Oudeis (Jacques), 2551
Owen (John), 2145
Oxenford (J.), 301

## P

Page (Frederick), 2852
Paisse (Jean-Marie), 1665, 2000, 2001
Palassie (Georges), 235, 966, 2993, 3158, 3164, 3172, 3270
Palauqui (Louis), 209, 2263
Palissot de Montenoy (Charles), 3048
Papić (Marko), 2296, 2300, 2302
Pardo Bazán (Emilia), 1928
Parrott (Louis), 962
Parslow (Morris), 1219, 2323
Pascal (Blaise), 3038, 3071
Pasquier (Etienne), 3012
Passuello (Luigina), 1629, 2002
Patchouna, 1677
Pater (Walter Horatio), 3251
Patin (Guy), 1865
Pattison (Mark), 531
Paulmy (Antoine-René de Voyer d'Argenson, marquis de), 266
Paulson (Michael George), 2480
Payen (Dr Jean-François), 24, 27, 39, 44, 107, 201, 761, 1018, 1060, 1151, 1390, 1397, 1416, 2489, 3184
Peacok (E.), 2776b
Peignot (Gabriel), 105
Peignot (Jérôme), 2994
Perceval (Emile de), 570, 818, 1806, 3170, 3173
Pereyra (Carlos), 2586
Pernollet (Etienne), 702
Perreau (E.-H.), 1892
Perrens (F.-T.), 3064
Pertile (Lino), 1242, 1326, 1667, 2121, 2403, 2539, 2546, 3001
Petit (Léon), 692, 757, 1660, 2443, 2718

# INDEX DES MATIÈRES

# I

iconographie, 185-225, 286, 427, 453, 470, 497, 502, 508, 546, 925, 3141, 3142, 3160-3162a, 3165, 3166
idéalisme, 1644
ignorance, inscience, 1624, 1720-1724
images, 479, 2236, 2321, 2326, 2340, 2365, 2368, 2371, 2543, 2559, — voir aussi : *figures*
imagination, 1725-1728, 1893
immeubles familiaux à Bordeaux, 222, 1016-1022, 1024-1026, 3129
importance de Montaigne, 2953, 2961, 2966, 2970-2972, — *voir* aussi : *lire Montaigne*
incrédulité, 387, 1512, 1526, 2079, 3065 ; — *voir* aussi : *athéisme déisme*
*Index* (Montaigne et l'), 977, 3092-3095
Indiens, 1801, 1805, 1807, 1823, 2916
individualisme, 1714, 1729-1731
influence de Montaigne : — *généralités*, 60, 333, 338, 341, 377, 379, 385, 402, 408, 431, 468, 470, 496, 1508, 1551, 2632, 2634-2637, 2639-2645, 2972 ; — *son influence en France*, 421, 2646, 2647, 2650-2677, 2679-2684, 2686-2701, 2703-2731, 2734-2736, 2740-2748, 2754, 2756, 2757, 2760, 2761, 2763-2768, 2770, 2773, 2774 ; — *en Angleterre*, 267, 361, 431, 1508, 2779-2783, 2789, 2790, 2792, 2794, 2796-2811, 2814-2864, 2866-2900 ; — *en Allemagne*, 2901-2907, 2912, 2914-2916 ; — *aux Etats-Unis*, 2918-2922, 2924, 2925, 2927, 2928 ; — *en Italie*, 2929, 2930 ; — *en Espagne*, 2937, 2938 ; — *dans d'autres pays*, 2940, 2948 [Danemark], 2943 [Hollande], 2945 [Monténégro]. — *Voir* aussi : *fortune*
inscience, — voir : *ignorance*
introspection, 1541, 1640, 1719, 1729, 1732, 1737, 1738, 1740, 1743, 1745, 1747, 1750-1756, 1759-1761, 1789, 1814, 2374, 2445, — *voir* aussi : *auto-analyse, auto-portrait, psychologie*
italianisme, 1368, 2606
Italie, 626, 627, 630-634, 636, 639-644, 646, 647, 650-655, 657, 659-662, 664, 666, 668, 670-674, 676-683, 685, 688, 690, 692-695, 697-699, 701, 703, 705, 706, 748, 1351, 1352, 1359, 1360, 1362-1368, 1370, 1371, 1374-1376, 1380-1382, 1384, 1767, 2498, 2569, 2581, 2585, 2590, 2591, 2595, 2606, 2626, 2641, 2929-2933, 3147
Ives (George B.), 2784

# J

Jackson (William), 2885
James (William), 1523
Jamet (Abbé François-Louis), *dit* Jamet le jeune, 161a
Jansénistes, 505
Japon, 2950
Jaurès (Jean), 2428
Jeanson (Francis), 246a
jeu (attitude de Montaigne), 788, 1514, 1582, 1588, 1669, 1670
jeux de mots, 2358, — *voir* aussi : *comique, humour*
Jonson (Ben), 2777, 2779, 2780, 2877
Jou (Louis), 126
Joubert (Joseph), 421, 1698, 2415, 2455
Joubert (Laurent), 1870
joueur, — voir : *jeu*
*Journal du voyage en Italie*, 118, 119, 505, 630, 632-635, 637-706, 748, 751, 752, 756, 1351-1388, 1656, 1659, 1667, 2121, 2340, 2737
Jouvet (Louis), 2477
judaïsme, 666, 793
jugement (concept), 1547, 1619, 1624, 1755, 1941, 1961, 2176, 2202-2209, 2665
jugements sur Montaigne : — *par lui-même*, 1168, 3003-3007, 3068 ; — *par divers commentateurs*, 254, 256, 264, 446, 447, 3008-3091
Juifs, 647, 666, 828, 1898, 1899
Julien l'Apostat, 1291, 1311, 1908
Juste Lipse, 761, 1077, 1196, 1413, 2194a, 2309, 2583, 2620a
justice, lois, 605, 1522, 1855-1864, 1892

# K

Kant (Emmanuel), 2904, 2915
Kenkô [Kaneyoshi Yoshida], 2452, 2456, 2460, 2484

# TABLE DES MATIÈRES

*Achevé d'imprimer en 1983*
*à Genève-Suisse*